U0808672

震后都江堰二王庙

震后考古院领导带队现场调查灾情

考古队员铁路沿线调查

考古队员铁路沿线调查

王毅院长等院领导和发掘组成员在工地现场研究发掘方案

发掘组与铁路建设方在广福村李家院子发掘现场协调工作

现场物探

发掘组在波罗村遗址工地讨论出土遗迹的年代和性质

新建成都至都江堰快速铁路
考古发掘报告集

成都文物考古研究院　编著

科学出版社
北京

内 容 简 介

本书是为纪念“5 · 12”汶川大地震十周年，由成都文物考古研究院编撰的考古报告集。书中收录了为配合新建成都至都江堰快速客运铁路建设而进行的抢救性考古发掘的调查报告、发掘报告及科技分析报告，调查报告有新建成都至都江堰快速客运铁路调查报告1篇，先秦时期发掘报告有郫县天台村遗址“万达广场”地点、“天府花城”地点，郫县波罗村遗址，郫县广福村李家院子遗址，都江堰冯家院子遗址，都江堰梳妆台遗址6篇，汉唐宋时期发掘报告有都江堰潘家祠堂汉墓、都江堰界牌村及大桥村唐宋墓、都江堰沿江村唐五代灰沟及宋墓、郫县红专村唐宋遗址4篇。植物考古报告有郫县波罗村遗址“宽锦”地点1篇。

本书可供从事中国考古学、历史学研究的学者参考、阅读。

图书在版编目（CIP）数据

新建成都至都江堰快速铁路考古发掘报告集 / 成都文物考古研究院编著. —北京：科学出版社，2018

ISBN 978-7-03-056964-6

Ⅰ. ①新… Ⅱ. ①成… Ⅲ. ①铁路工程 – 考古发掘 – 发掘报告 – 成都 Ⅳ. ① K872.711.5

中国版本图书馆 CIP 数据核字（2018）第 050075 号

责任编辑：柴丽丽 / 责任校对：邹慧卿

责任印制：肖 兴 / 封面设计：北京美光设计制版有限公司

科学出版社出版

北京东黄城根北街16号

邮政编码：100717

http://www.sciencep.com

中国科学院印刷厂印刷

科学出版社发行 各地新华书店经销

*

2018年8月第 一 版 开本：889 × 1194 1/16

2018年8月第一次印刷 印张：21 3/4 插页：12

字数：626 000

定价：298.00 元

前　言

2008年5月12日下午，当时针指向14时28分，四川发生了震惊世界的“汶川大地震”，一时间山崩地裂，川泽咆哮；大地颤抖，天空变色……震区陷入了巨大的灾难之中。短短几分钟内，许多鲜活的生命永远离开了我们；许多同胞失去了挚爱的亲人和美丽的家园；许多珍贵的文化遗产也遭到前所未有的重创……这一刻，群山流泪，江河呜咽。天地之无情，令举世同哀，让历史铭记！

一方有难，八方支援。面对如此大的灾难，灾区人民没有屈服，在党中央、国务院的领导下，在亲人解放军和全国各兄弟省、市、自治区的帮助下，在省委、省政府的统一领导下，四川各地、各族人民团结起来，万众一心，以感天动地、坚忍顽强的精神展开了积极的生产自救。美丽的小城都江堰市以“青城山”和“都江堰”这两大自然和文化遗址闻名于世，这里不仅有许多珍贵的文化遗产，而且满眼是迷人的绿水青山。然而，强烈的地震使这一切遭到了极大的破坏，都江堰市成了极重灾区。为了灾区尽快恢复重建，当时的铁道部很快就决定新建一条快速客运铁路，并用最快的速度与四川省政府、成都市政府共同签署协议三方共同投资进行建设。这就是新建成都至都江堰快速客运铁路，快铁沿线经郫县（今郫都区）、都江堰市两县市，全长约40千米。

郫县和都江堰市地处古蜀族的活动中心，在古史传说中，最初以古蜀国的都邑闻名于世，古蜀国的建立和发展都和两地有不可分的关系。因此，郫县和都江堰两地不仅地面保护文物多，地下文物埋藏也异常丰富，特别是新石器时代晚期至明清时期的地下文物有大量分布。参加该项目的各方都深知：工程建设，特别是大型工程建设都必须遵循既利于工程建设又利于文物保护的“两利方针”，但是与以前任何一项工程不同的是，这项铁路建设工程时间紧、任务重，意义重大。于是，工程业主成都市域铁路有限责任公司、施工方中铁集团第二工程局和成都文物考古研究院达成一致意见：文物部门在建设方的全力配合下发扬不畏艰险、连续作战的精神，以最快的速度完成铁路沿线的文物调查和勘探发掘工作。这是一场会战，它集中了成都地区文物部门的力量，并得到了国家文物局、四川省文物局、成都市文化广电新闻出版局以及铁路经过地政府领导的关心、支持和帮助。2008年8月19～28日，成都文物考古研究院利用10天时间完成了铁路全线的调查和勘探工作，确定了包括古遗址、古墓葬共计17处较重要的地下文物分布点，时间跨度从新石器时代晚期至唐宋时期。发掘计划报四川省文物局和国家文物局并得到批准后，成都文物考古研究院立即全面展开了铁路沿线各文物点的抢救性发掘工作。

考古发掘工作是紧张和艰苦的，考古队员们放弃了休息日，吃住在工地忘我地工作。同志们只有一个信念，用最短的时间抢救、发掘、清理出铁路经过沿线地下埋藏的文物，让铁路建设顺利进行，为灾区重建做出文物工作者最大的贡献。

我们的收获也是巨大的，17处文物点包括新石器时代晚期“宝墩文化”时期的遗址，商周时期以及唐宋时期的遗址，两汉时期以及唐代、五代、宋代墓葬。对这些文物点的发掘，不仅获得了大量珍贵的古代遗物，同时对古蜀文明起源以及各时期历史发展演变的研究都具有十分重要的意义。值得一提的是一处较大型宋代民间水利设施遗址的发现，对于研究成都平原水利发展史提供了不可多得的重要实物资料。

光阴似箭，弹指之间今年已是汶川地震十周年。成都至都江堰快速客运铁路已运营多年，曾是极重灾区的都江堰市早已得到重建，并且比以前建设得更加美好。然而，经历过那场灾难的人是永远不会忘记那段历史的，呈现出的这本《新建成都至都江堰快速铁路考古发掘报告集》就是我们成都文物工作者以一种特殊的方式对那段历史的纪念。愿经历过重大地震灾难的大地明天更加美好！

编　者

2018 年 5 月 20 日

目　　录

图 版 目 录

新建成都至都江堰快速客运铁路沿线考古调查报告

成都文物考古研究院

新建成都至都江堰快速客运铁路起于成都地铁2号线成灌客运站，经犀浦、安德、聚源，止于都江堰城区，全长约40千米，经跨郫县（今郫都区）、都江堰两县市，其内地下文物分布是成都平原一带最密集的区域之一，尤以古遗址、古墓葬数量为多。2008年7月，为配合该条铁路的兴建，保护和抢救项目可能涉及地下文物古迹，根据《中华人民共和国文物保护法》、《四川省文物保护管理办法》及《成都市文物保护管理条例》的相关规定，成都文物考古研究院会同当地文物管理部门投入大量人力对所经区域及沿线进行了文物调查和勘探，整个工作从2008年7月19日至28日，历时10天完成。在此次工作中，共计确定17处较重要的地下文物分布点，所属类别包括古墓葬、古遗址等，时代跨度从新石器时代晚期至唐宋时期（图一）。现将调查的发现情况简报如下。

1号点（调查编号5）位于郫县红光镇红光机械厂东侧，北面与老成灌公路相临，西距红光机械厂约50米，地理坐标为东经103° 56′ 40″、北纬30° 46′ 17″。此处为平地，地面发现有散落的陶片、瓷片等，陶片为素面泥质灰陶或黑陶，系汉代遗物；瓷片为大饼足碗一类，灰胎、青釉，系晚唐遗物。分布面积约30米×180米，铁路由东向西穿过约180米。

2号点（调查编号7）位于郫县红光镇万仁小区旁，地理坐标为东经103° 55′ 27″、北纬30° 47′ 53″。此前为配合修建万仁小区时对此片区进行了考古探查，发现有大量商周时期文化堆积，商周遗址密集，铁路从其南穿过约200米。

3号点（调查编号8）位于郫县红光镇八晟实业公司旁边，地理坐标为东经103° 54′ 41″、北纬30° 48′ 26″。此前郫县望丛祠博物馆在此处勘查发现有商周时期文化堆积，铁路从其中穿过约100米。

4号点（调查编号11）位于郫县安德镇广福村十组李家院子旁，地理坐标为东经103° 50′ 33″、北纬30° 51′ 9″。此处为一台地，勘探发现有商周时期文化地层，距地表深0.3～0.7米，褐色土，夹杂一定数量的夹砂或泥质的黑褐陶等，可辨器形有尖底杯、尖底盏等。分布面积约50米×100米，铁路由东往西横向穿过约100米。

5号点（调查编号14）位于郫县安德镇泉水村五组，南面约100米左右为西蜀明珠公园，地理坐标为东经103° 48′ 42″、北纬30° 52′ 27″。此处为一平地，地面采集有部分泥质红陶残片，系汉代遗物。分布面积80米×100米，铁路东西走向穿过100米。

6号点（调查编号16）位于郫县安德镇安仁村五组，村间公路东侧，地理坐标为东经103° 48′ 9″、北纬30° 52′ 57″。此处为一台地，西南方向临靠一条古河道，台地上采集到瓷片、陶片等。陶片为泥质灰陶，系汉代遗物；瓷片为灰胎或红胎，青釉，可辨器形为碗一类，系唐宋时期遗物。分布面积约50米×70米，铁路东西走向穿过80米。

7号点（调查编号17）位于郫县安德镇红专村十组，东南方向约350米处为简槽堰居民点，地理坐标为东经103° 47′ 20″、北纬30° 53′ 23″。此处现为水田和玉米地，钻探时出土有较多的陶片、瓷片，其中陶片以泥质灰陶为主，素面无纹，系汉代遗物；瓷片有酱釉、青釉两种，前者器形为斗

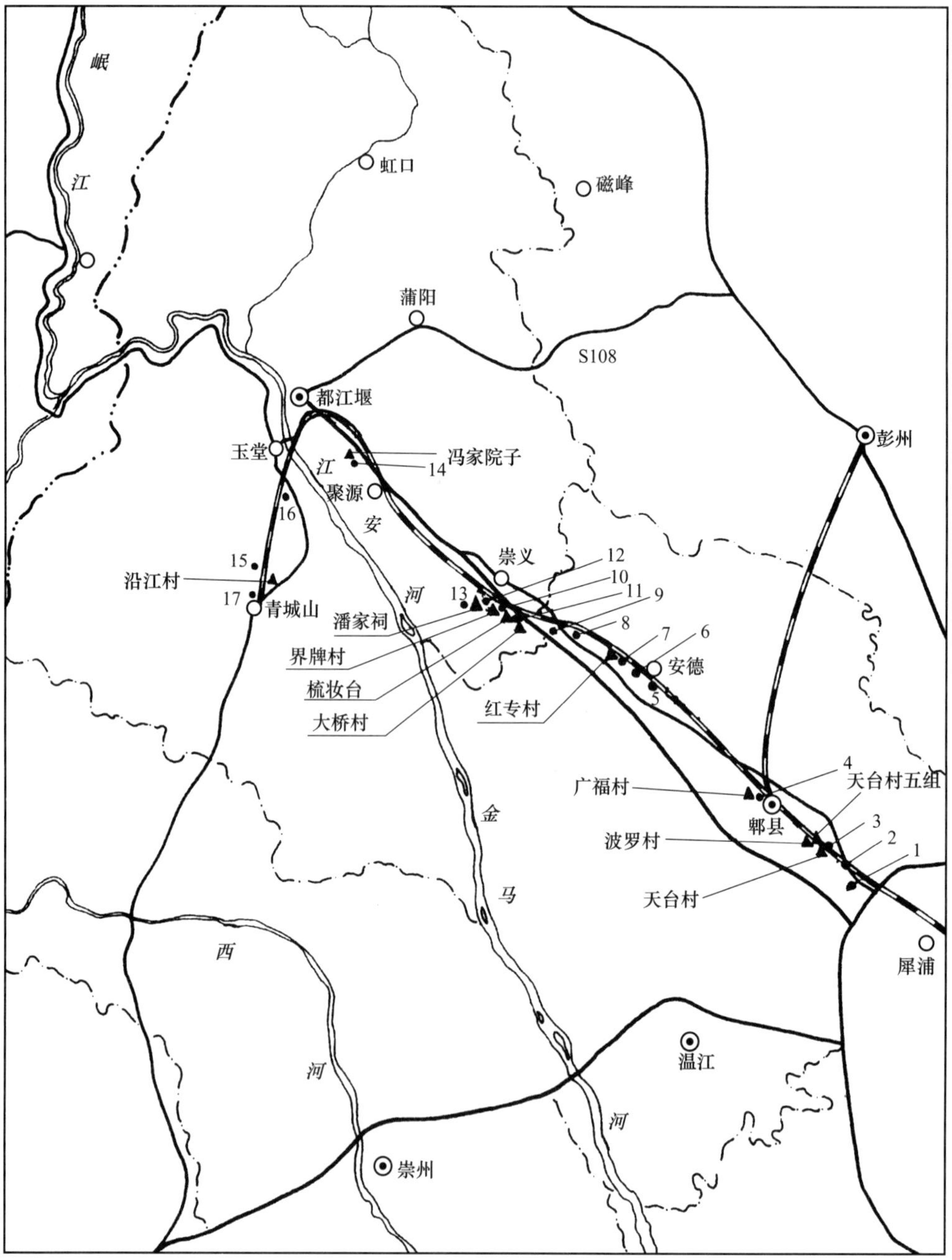

图一　调查发掘点位置示意图

笠盏一类，系北宋晚期至南宋遗物，后者基本都属碗的残片，尖唇或方唇口沿，系中晚唐时期遗物。分布面积约 120 米 ×180 米，铁路东西走向穿过约 180 米。

8 号点（调查编号 23）位于郫县新胜镇李子村 2 组，地势较高，地理坐标为东经 103° 45′ 44″、北纬 30° 53′ 39″，距离成灌高速公路 150～200 米。在该处采集到有汉代泥质灰陶和黄褐陶片、唐宋时期瓷片等，为汉代至唐宋时期遗址。分布面积约 80 米 ×100 米，铁路从其中穿过约 100 米。

9 号点（调查编号 24）位于郫县新胜镇李子村 2 组，距离 23 号点约 400 米，地理坐标为东经 103° 45′ 31″、北纬 30° 53′ 38″，地势高出周围约 3 米。经过钻探，发现有较多瓷片，灰胎或红胎，青釉，从器形判断应为初唐至盛唐遗物。分布面积约 50 米 ×80 米，铁路从其中穿过约 70 米。

10 号点（调查编号 27）位于都江堰市崇义镇界牌村 12 组，北距周家院子约 200 米，东南距范村林包装厂约 300 米，地理坐标为东经 103° 44′ 2.7″、北纬 30° 54′ 0.1″。在该处三次钻探均出土有唐宋时期瓷片和墓砖，初步推测为一唐宋时期的砖室墓。面积约 200 平方米，铁路东西走向穿过 20 米。

11 号点（调查编号 28）位于都江堰市崇义镇界牌村 12 组，距潘家拱背桥约 200 米，地理坐标为东经 103° 44′ 8″、北纬 30° 53′ 57″。在该处钻探均出土有唐宋时期瓷片，初步推测为一唐宋时期的遗址。面积约 200 米 ×50 米。10 号点与 11 号点连成一片，铁路从中间穿过近 400 米。

12 号点（调查编号 31）位于都江堰市崇义镇大桥村 6 组潘家祠堂边，地理坐标为东经 103° 43′ 44″、北纬 30° 54′ 17″，铁路经过的区域为一高出周围 1 米多的土堆。面积约 20 米 ×30 米。据村民反映附近曾出土有铜钱、砖块和瓦片等，推测此土堆可能为汉墓群，铁路穿过其中 30 米。

13 号点（调查编号 33）位于都江堰市崇义镇大桥村 13 组，地理坐标为东经 103° 43′ 2″、北纬 30° 54′ 59″，南距王家院子约 200 米，距崇义水电站约 300 米。该处钻探有汉代陶片，面积约 60 米 ×50 米，铁路穿过其中约 60 米。

14 号点（调查编号 41）位于都江堰市聚源镇羊桥村五组冯家院子，地理坐标为东经 103° 40′ 12.5″、北纬 30° 57′ 20.2″。于院子内的平地钻探时发现一黄褐色土层，土质较黏，带沙，距地表近 1 米，厚 0.4～0.5 米。土层中夹杂有少量泥质红陶片，胎面饰水波纹，具有宝墩文化二期的时代风格；另有一些瓦件残块，上有布纹，系汉代遗物。分布面积约 50 米 ×60 米，铁路东西走向穿过 70 米。

15 号点（调查编号 50）位于都江堰市中兴镇梅花村一组“珠江逸景 • 天生别墅”项目，其东与中兴镇街区相邻，西面与通往青城山的大道相邻，南侧临靠石孟江，地理坐标为东经 103° 36′ 9″、北纬 30° 54′ 8″。成都文物考古研究院与都江堰市文物局于 2007 年 10、11 月曾联合在此处做过勘探发掘，发现有用卵石铺砌的河堤、护坡等，认定为一处规模庞大的古代水利设施遗址，铁路东西走向穿过 100 米。

16 号点（调查编号 53）位于都江堰市中兴镇永胜村五组，北面与通往青城山的大道紧邻，地理坐标为东经 103° 37′ 14″、北纬 30° 56′ 15″。此处现为一片农家果树林，钻探时于黑褐色土层中发现一定数量的瓷片，灰胎，青釉或白釉，系唐宋时期遗物。分布面积约 60 米 ×80 米，铁路东西走向穿过 80 米。

17 号点（调查编号 54）位于都江堰市中兴镇沿江村五组，东与省道 S106 线相邻，南近聚青路（东软大道），西南方向与快铁线规划的青城山车站相望，地理坐标为东经 103° 36′ 19″、北纬 30° 53′ 41″。钻探时于黑褐色土层中发现一定数量的瓷片和砖瓦块，瓷片多为灰胎、青釉，系唐五代遗物。分布面积约 60 米 ×70 米，铁路东西走向穿过 70 米。

此次铁路沿线考古调查所发现的 17 处地下文物古迹点，除个别属以往的勘探发掘工作中确定外，多数为新发现，其中 4 号地点发现较多的夹砂陶尖底杯、盏残片，且文化层堆积较厚，推测该区域应分布有重要的较大型的商周时期遗址群，对于研究成都平原商周时期聚落考古特别是郫县杜宇时期的古蜀文化具有重要价值；14 号点钻探出属于新石器时代晚期的“宝墩文化”时期陶片，附近区域可能存在该时期的遗址或墓葬，且应与临近的成都平原史前城址群之一的都江堰芒城遗址关系密切，对于研究古蜀文明的起源具有重要意义；15 号点经发掘探明也是一处规模庞大的古代民间水利设施遗址，其对于研究成都平原的水利发展史具有重要的资料价值。

执笔：陈云洪　何锟宇

都江堰市冯家院子遗址试掘简报

成都文物考古研究院
都 江 堰 市 文 物 局

冯家院子遗址位于成都市都江堰聚源镇羊桥村五组冯家院子（图一），北距都汶高速公路约80米，东距成灌高速公路约70米。该遗址地处清水河北岸的台地之上，地表被竹林和树林覆盖。地理坐标为东经103° 40′ 12.5″、北纬30° 57′ 20.2″，海拔约656米。

2009年1、2月，为了配合成都至都江堰快速客运铁路工程建设，成都文物考古研究院、都江堰市文物局对冯家院子遗址进行了试掘。该遗址处于施工便道与民居之间，发掘工作只能在长约100、宽约8米的狭长地带进行，遗址的范围亦无法探明。布南北向5米 ×5米探方8个，发掘编号为“2009DJF”，探方编号为T1～T8，发掘面积200平方米（图二）。

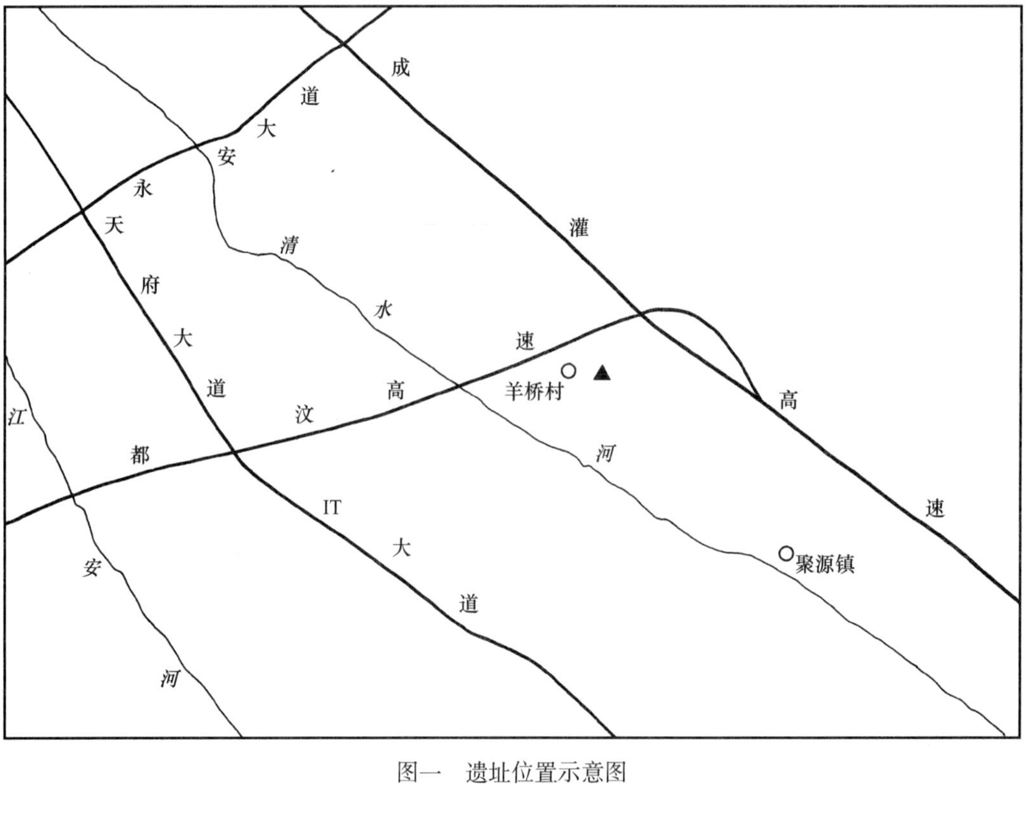

图一　遗址位置示意图

一、地层堆积

根据土质、土色及包含物，可将该遗址地层自上而下分为4层，各层在各探方内均有分布，整体上东北稍高、西南稍低。以T3南壁剖面为例说明如下（图三）：

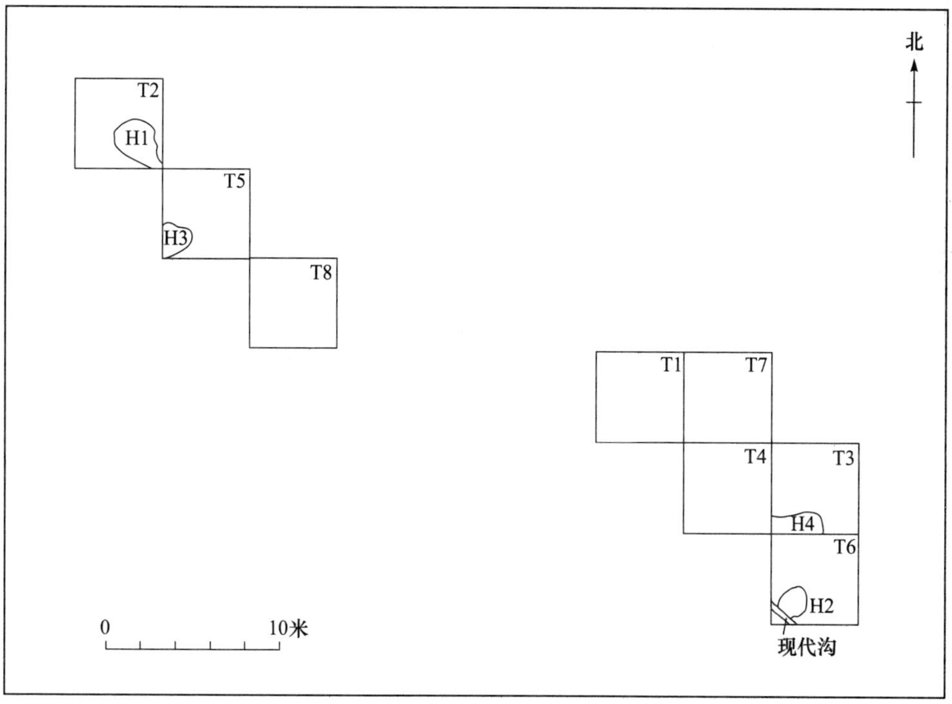

图二 发掘探方及遗迹平面图

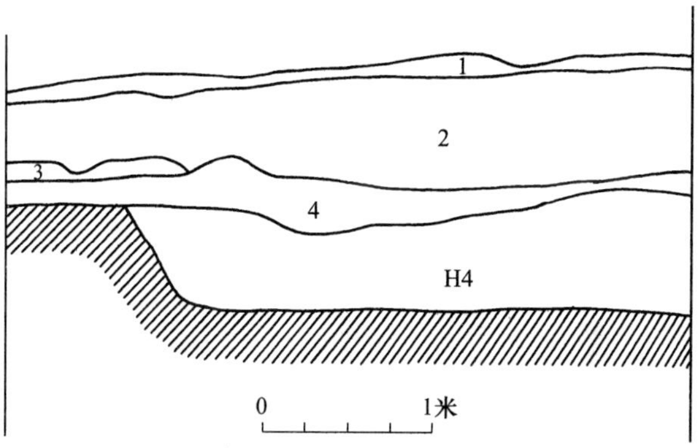

图三 T3南壁剖面图

第1层：黑色土，土质紧密，较硬，夹杂较多的石头、瓦块、植物根系等。厚0.03～0.13米。为近现代耕土层。

第2层：灰黑色土，土质疏松。厚0.33～0.63米。较为纯净，零星可见青花瓷片，为明清时期地层。

第3层：灰色土，稍泛白，夹杂少量红烧土颗粒。厚0.03～0.1米。零星可见青釉瓷片和酱釉瓷片，为唐宋时期地层。

第4层：黄褐色沙质土，含沙量较大。厚0.05～0.3米。较为纯净，可见汉代陶罐、陶瓮、板瓦以及宝墩文化时期的罐底，为冲积层。开口于该层下的遗迹有H1～H4。

第4层下为沙层，沙层之下为砾石层。

二、遗　　迹

冯家院子遗址发掘清理的遗迹较少，只有4个灰坑。

H1　位于T2东南角，延伸至东隔梁内，未扩方清理。开口于第4层下，打破生土。平面应为不规则形，弧壁，平底略有凹凸。清理部分长3.6、深0.28米（图四）。出土有少量汉代夹砂灰陶片，均较细碎，器形无法辨识。

H2　位于T6西南角。开口于第4层下，打破生土，被现代沟打破。平面形状应为不规则形，坑壁及坑底凹凸不平，极不规则。最宽处1.9、最窄处1.5、深0.3米（图五）。填土为黑褐色，土质疏松，含沙较重。零星可见夹砂陶片和泥质陶器底。

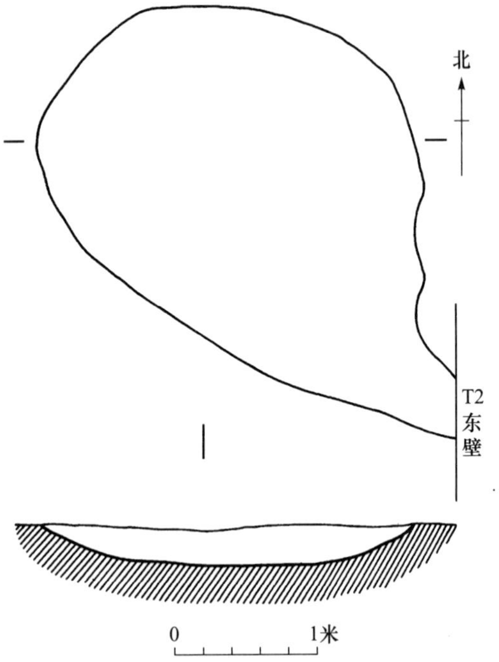

图四　H1平、剖面图

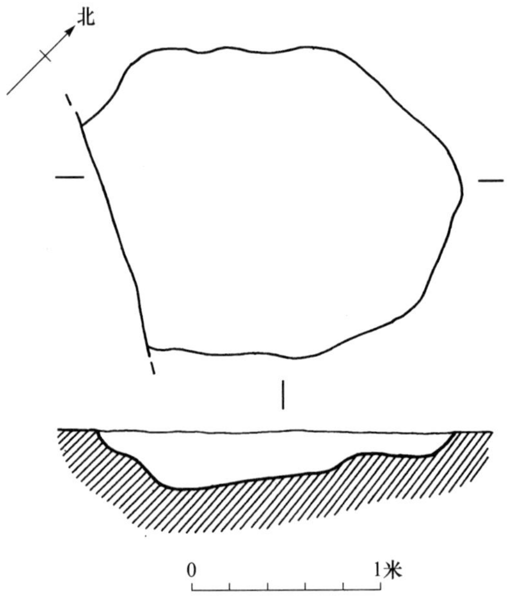

图五　H2平、剖面图

H3　位于T5西南角，延伸至西壁内，未扩方清理。开口于第4层下，打破生土。平面应为不规则形，弧壁，平底。清理部分长1.9、宽1.5、深0.26米（图六）。填土为深褐色，土质疏松，夹杂少量木炭，含沙较重。未出土任何陶片。

H4　位于T3西南角，延伸至南壁和西壁内，未扩方清理。开口于第4层下，打破生土。平面应为不规则形，剖面呈锅底状。清理部分长3、宽1.75、深0.7米（图七）。填土为黑褐色，夹杂大量的木炭及红烧土颗粒，含沙量较重。出土少量夹砂黑褐陶片和泥质橙黄、泥质灰陶片，可辨器形有绳纹花边口沿罐。

该遗址出土的遗物较少，主要包含宝墩文化时期和汉代的遗物。

三、宝墩文化时期陶器

该遗址未见宝墩文化的地层，其很可能已经被水冲毁。遗物主要出自H2、H4以及第4层。仅见陶器，且数量不多。以夹砂黑褐陶为主，还有少量夹砂灰褐陶、泥质灰陶以及泥质橙黄陶。可辨器形只有绳纹花边口沿罐和尊。

绳纹花边口沿罐　2件。H4：1，夹砂陶，黑褐色与灰褐色相间。敛口，折沿，方唇，器壁较薄。唇部饰反向绳纹，沿部饰横向绳纹，其下饰交错绳纹。残高4厘米（图八，1）。H4：2，夹砂陶，黑褐色与灰褐色相间。敛口，折沿，方唇，器壁较薄。唇部饰反向绳纹，沿部为素面，其下饰斜向绳纹。残高3厘米（图八，2）。

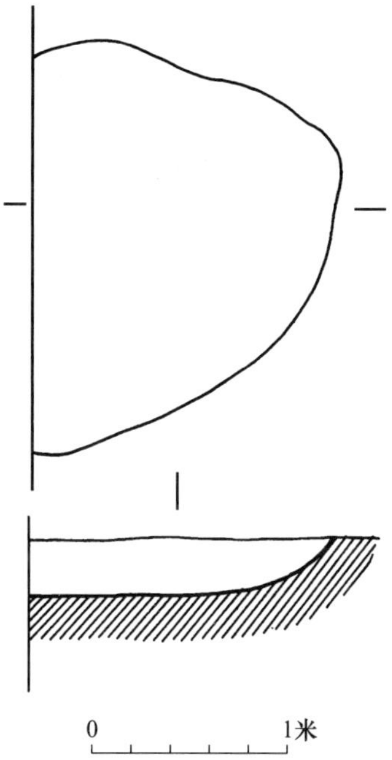

图六　H3平、剖面图

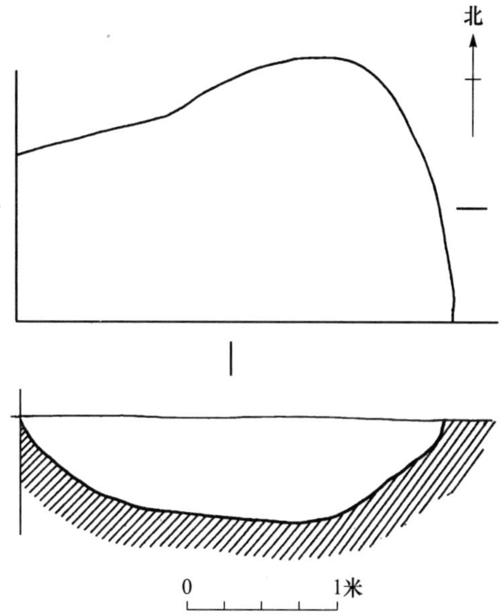

图七　H4平、剖面图

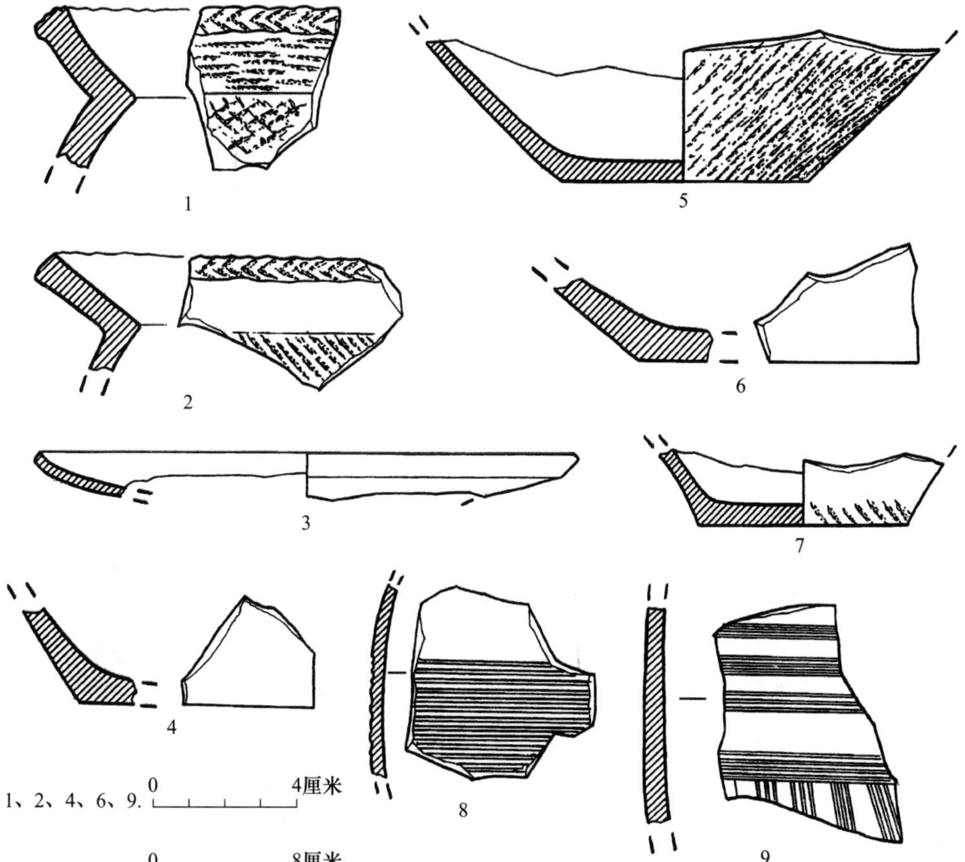

图八　宝墩文化时期陶器

1、2. 绳纹花边口沿罐（H4：1、H4：2）3. 尊（T6④：1） 4～7. 器底（T6④：3、T6④：2、H2：1、H4：3）8. 瓦棱纹陶片（H4：5） 9. 刻划纹陶片（H4：4）

尊 1件。T6④：1，夹砂褐陶。盘口，方唇。素面。口径26、残高2厘米（图八，3）。

刻划纹陶片 1件。H4：4，泥质橙黄陶。上饰四组横向的平行刻划纹，下饰四组竖向的平行刻划纹，每组平行线3～6条不等。残高5.4厘米（图八，9）。

瓦棱纹陶片 1件。H4：5，泥质灰陶。饰瓦棱纹。残高8.6厘米（图八，8）。

器底 4件。T6④：2，夹砂黑褐陶。平底。器身饰不规则的绳纹，施纹较粗。底径12、残高7厘米（图八，5）。T6④：3，泥质橙黄陶。平底。素面。残高2.5厘米（图八，4）。H2：1，泥质灰陶。平底。素面。残高2.7厘米（图八，6）。H4：3，泥质橙黄陶。平底。底缘饰斜向绳纹。底径10、残高3厘米（图八，7）。

四、汉 代 遗 物

汉代遗物均出自遗址的第4层，数量较少，可辨器形有陶罐、陶瓮、板瓦以及柱础石、石构件。

陶罐 1件。T3④：2，泥质灰陶。只残存上腹部及颈部。器身有轮修痕迹。残高5厘米（图九，3）。

陶瓮 2件。T6④：4，泥质灰陶。敛口，外折沿。素面。残高1.8厘米（图九，1）。T3④：1，泥质黄褐陶。敛口，卷沿。素面。口径14、残高3厘米（图九，2）。

板瓦 3件。T3④：3，泥质灰陶。器壁较厚，略呈弧形。饰绳纹。残长9.8厘米（图九，4）。T7④：1，泥质灰陶。器壁较厚，略呈弧形。残宽9.8厘米（图九，5）。T6④：5，夹砂黄褐陶。器壁较厚，略呈弧形。饰不规则凸弦纹。残长4.7厘米（图九，6）。

柱础石 1件。T1④：1，灰岩。圆形已残，石面凸起以接房柱，下部上凹。边缘有圆形孔。残径17.5、残高6.7厘米（图九，7）。

石构件 1件。T1④：2，灰岩。已残。器表有均匀凿痕。残径10厘米（图九，8）。

五、结 语

通过发掘得知，冯家院子遗址主要包含宝墩文化时期和汉代两个时期的遗存。但该遗址在唐宋之前、汉代或汉代之后发生过比较严重的水患，很可能导致汉代地层和宝墩文化时期地层皆被冲毁，只残留了部分灰坑。

宝墩文化时期遗物仅见陶器，且数量较少。陶器以夹砂黑褐陶为主，纹饰以绳纹为主，还有刻划纹和瓦棱纹。可辨器形只有绳纹花边口沿罐和盘口尊。绳纹花边口沿罐均为折沿，口沿稍宽，器壁较薄，整体形态与鱼凫村遗址[1]早段及郫县古城遗址[2]早段同类器形相近，处于宝墩文化三期早段[3]。

汉代出土器物很少，且极为残碎。绳纹板瓦流行于战国两汉时期，陶罐（瓮）与都江堰潘家祠堂[4]出土的瓮（M11：5）、罐（M2：17）形制接近，M2、M11的时代大致为东汉中晚期。故该时期遗存大致为汉代，下限可能至东汉中晚期。

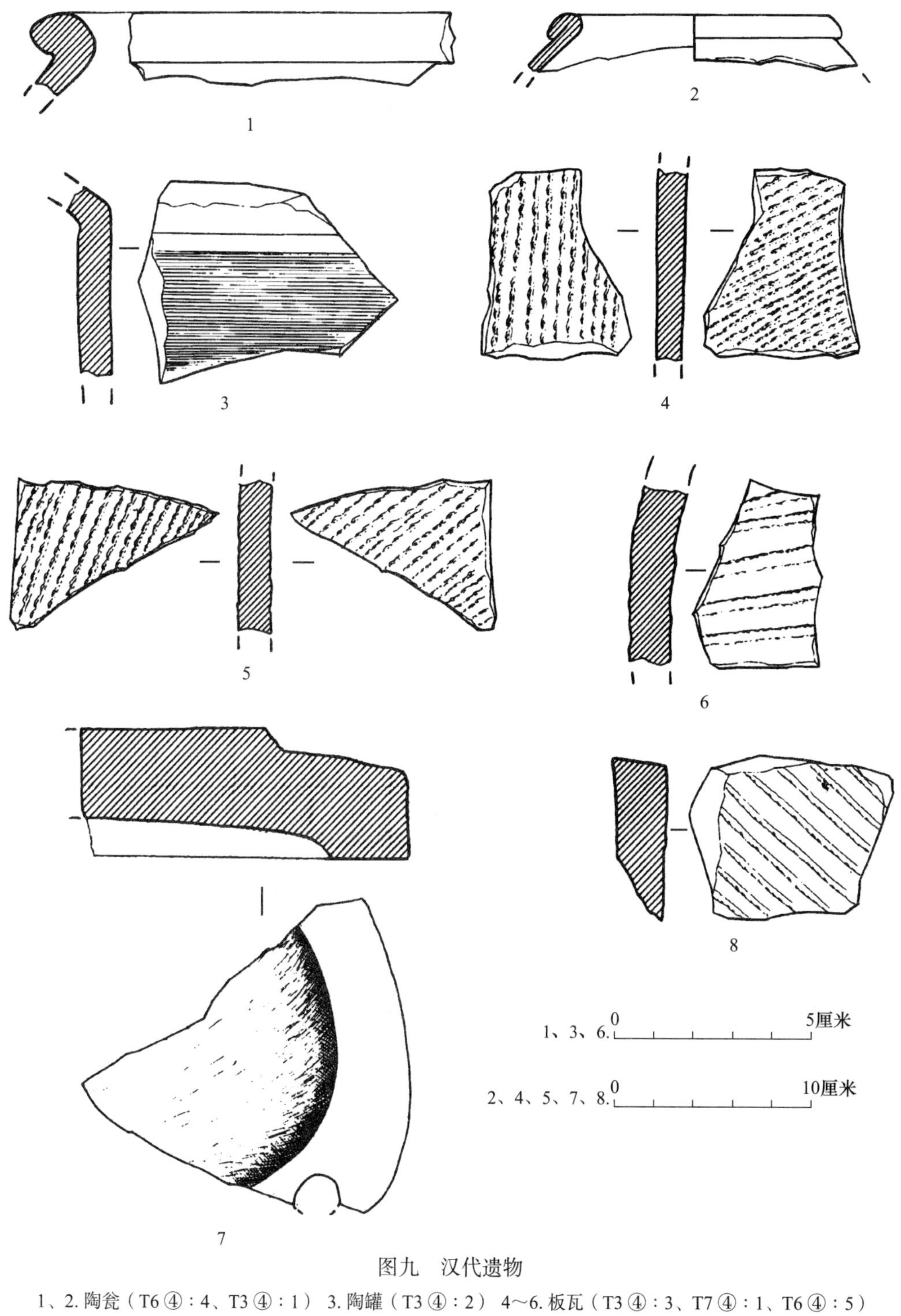

图九 汉代遗物

1、2. 陶瓮（T6④：4、T3④：1） 3. 陶罐（T3④：2） 4～6. 板瓦（T3④：3、T7④：1、T6④：5）
7. 柱础石（T1④：1） 8. 石构件（T1④：2）

附记：参加此次试掘和资料整理工作的有成都文物考古研究院刘雨茂、索德浩、李平、谢常，都江堰市文物局龙岗，新津县文物管理所颜斌。

领队：刘雨茂

绘图：曹桂梅

执笔：刘雨茂　杨占风　索德浩　朱寒冰

注　释

[1] 成都市文物考古工作队、四川联合大学历史系考古教研室、温江县文管所：《四川省温江县鱼凫村遗址调查与发掘》，《文物》1998年第12期。

[2] 成都市文物考古工作队、郫县博物馆：《四川省郫县古城遗址调查与试掘》，《文物》1999年第1期。

[3] 江章华、王毅、张擎：《成都平原先秦文化初论》，《考古学报》2002年第1期。

[4] 成都文物考古研究所、都江堰市文物局：《都江堰市潘家祠堂汉墓发掘简报》，《成都考古发现》（2012），科学出版社，2014年。

郫县天台村遗址“万达广场”地点发掘报告

成都文物考古研究院
郫县望丛祠博物馆

天台村遗址“万达广场”地点位于成都市郫县郫筒镇天台村五组（图一），北距老成灌路约130米，东距南北大道约310米，南距檬柏路约120米，西距望丛东路约475米（图二）。遗址呈西北—东南向带状分布，总面积12000平方米。地理坐标为东经30°48′30.07″、北纬103°54′29.56″，

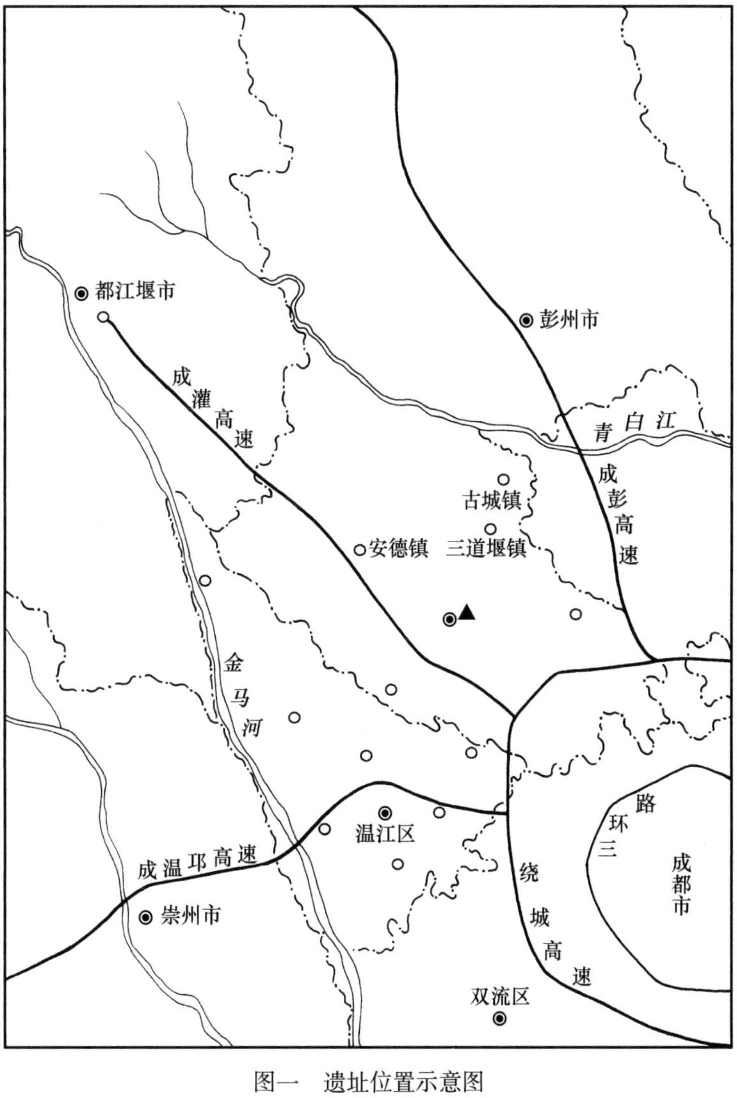

图一　遗址位置示意图

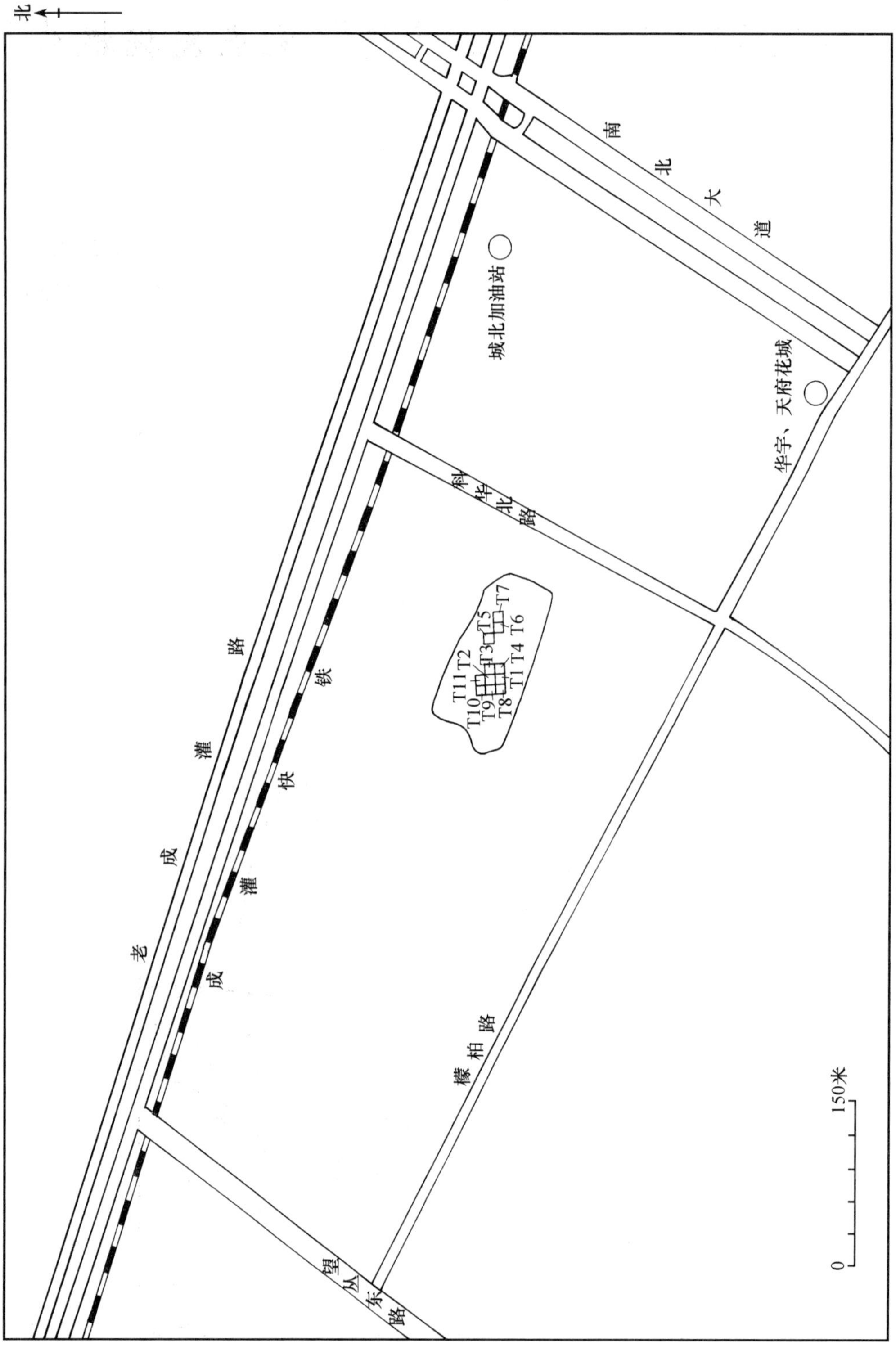

图二　遗址总平面及发掘探方分布图

海拔约为551米。遗址地表原为农田、民房和厂房旧址，地势较为平坦。该遗址的分布范围在2008年7月的考古调查中已基本探明，因铁路建设仅涉及遗址边缘，在当时时间紧迫的情况下未作发掘。2014年5月，为了配合郫县“万达广场”项目建设，成都文物考古研究院、郫县望丛祠博物馆在进行文物勘探时复勘该遗址。2014年5~9月，成都文物考古研究院、郫县望丛祠博物馆联合对该遗址进行了发掘，布正南北向10米×10米探方11个（图三、图四），编号依次为2014CPPWT1~2014CPPWT11（下文简写为T1~T11），发掘面积1100平方米。

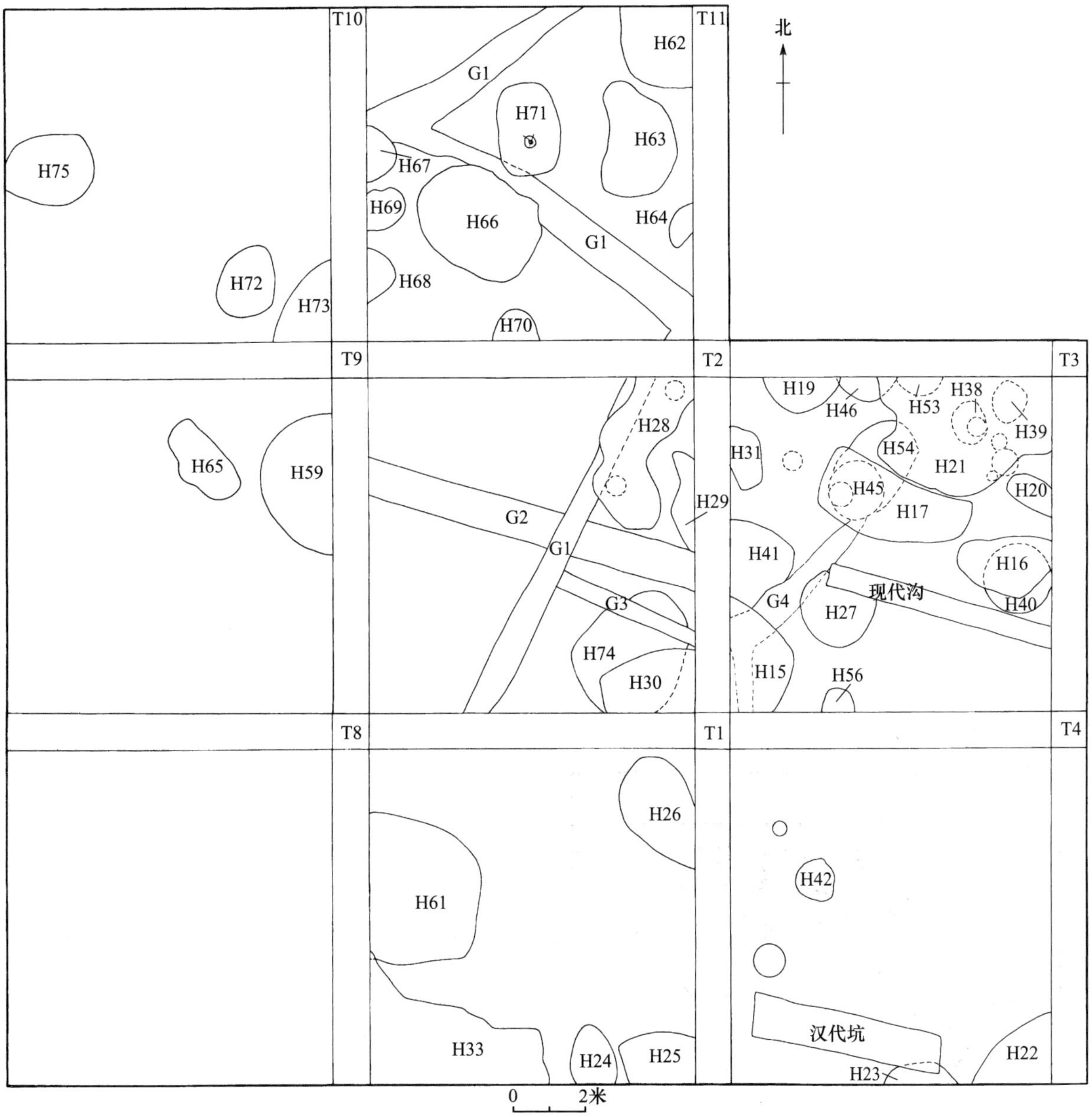

图三　T1~T4、T8~T11先秦遗迹平面图

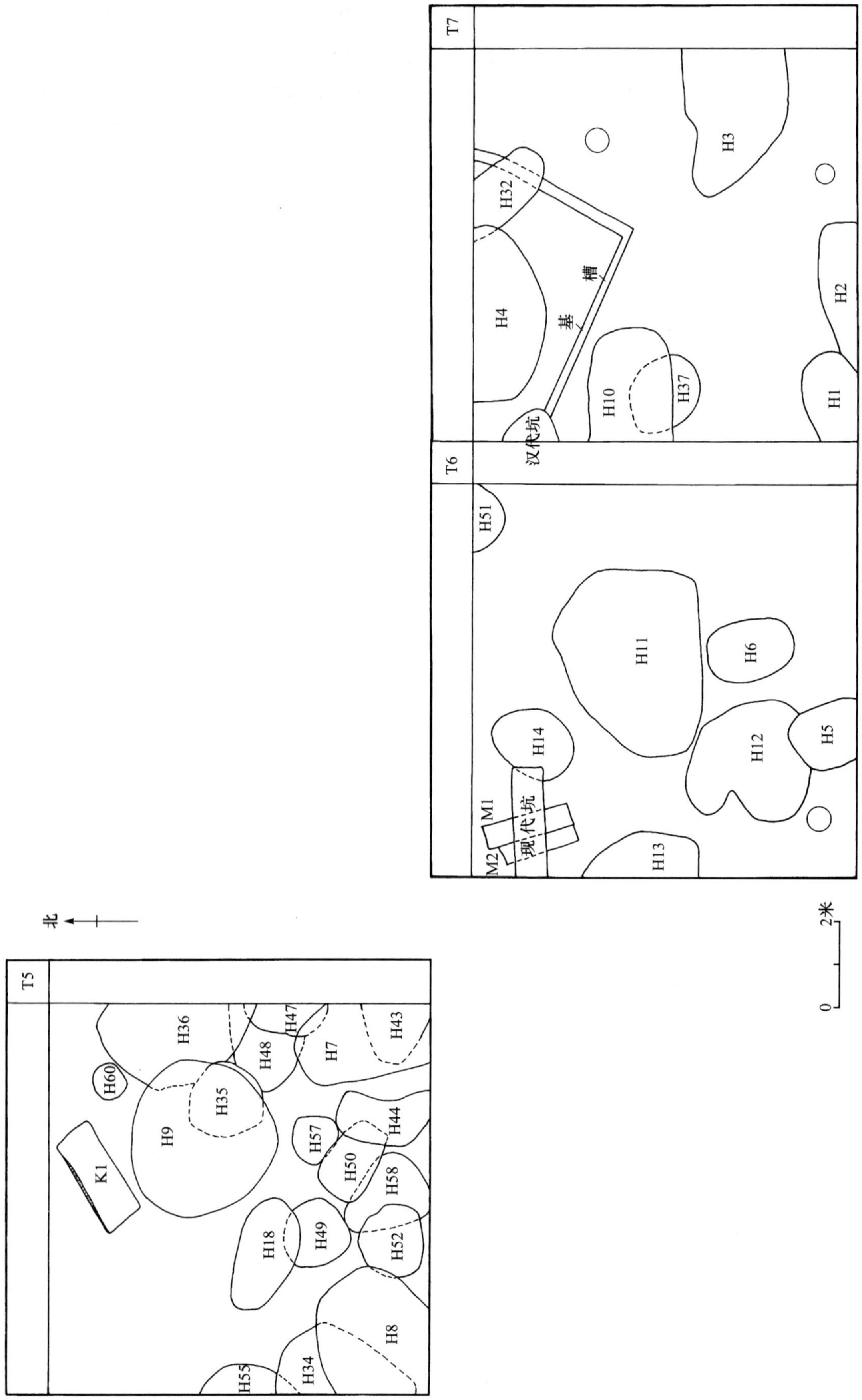

图四　T5~T7先秦遗迹平面图

一、地层堆积

各探方地层起伏不大，根据土质土色、包含物以及出土陶器，可将地层堆积自上而下统一划分为6层。现以T3西壁地层剖面为例介绍如下（图五）。

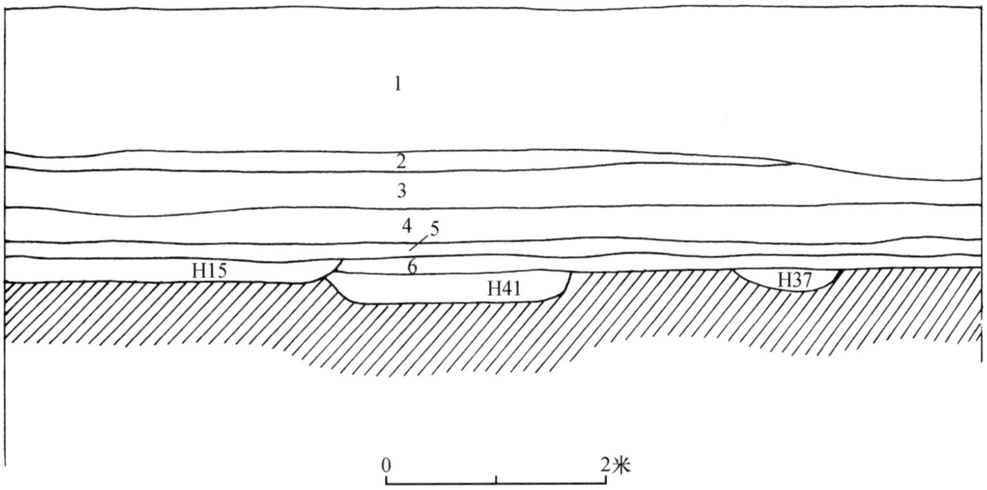

图五　T3西壁剖面图

第1层：青灰色土，土质较硬。厚1.25～1.55米。夹杂大量砖块、塑料、铁钉等现代生活及建筑垃圾，为近现代地层。

第2层：灰色土，土质稍硬，较为纯净。厚0～0.15米。出土少量青花瓷片，为明清时期地层。

第3层：灰黄色土，土质疏松，夹杂较多炭屑。厚0.25～0.4米。出土少量青釉瓷片和酱釉瓷片，为唐宋时期地层。

第4层：青灰色土，土质较硬，夹杂较多红烧土颗粒。厚0.3～0.4米。出土少量筒瓦和瓦当残片，为汉代地层。

第5层：灰褐色土，土质紧密，呈块状。厚0.1～0.15米。出土大量夹砂陶片和少量泥质陶片，可辨器形有小平底罐、绳纹敛口罐、素面敛口罐、绳纹侈口罐、素面侈口罐、曲腹罐、高领罐、尖底罐、尖底杯、尖底盏、高柄豆、器盖、盆、瓮、缸、壶、筒形器、纺轮、穿孔陶片、圈足、平底器底等，为商周时期地层。该层在T1～T11内均有分布。开口于该层下的遗迹有H1～H30、H33、H62～H71、H73、K1。

第6层：浅黄褐色土，土质紧密，夹杂少量细沙。厚0.1～0.13米。出土大量夹砂陶片和少量泥质陶片，可辨器形有小平底罐、绳纹敛口罐、素面敛口罐、绳纹侈口罐、素面侈口罐、曲腹罐、高领罐、尖底杯、尖底盏、高柄豆、器盖、盆、瓮、缸、壶、纺轮、圈足、平底器底等。该层在T1～T7、T9～T11内有分布。开口于该层下的遗迹有H31、H32、H34～H61、H72、H74、H75、G1～G3、M1、M2。

第6层以下为生土。

根据层位关系以及各单位出土陶器可知，该遗址先秦时期遗存包含了宝墩文化遗存和十二桥文化遗存两种。

二、宝墩文化遗存

宝墩文化遗存只发现 5 个灰坑，未发现地层单位。

（一）遗　　迹

宝墩文化遗迹只有 5 个灰坑，即 H41、H53、H72、H74、H75。

H41　位于 T3 西壁中部偏南，延伸至西壁内，未扩方清理。开口于第 6 层下，打破生土。开口距地表 2.5 米。平面呈不规则形，坑壁弧收，平底。清理部分长 2.65、宽 1.8、深 0.3 米（图六）。黑褐色填土，堆积略紧，夹杂有灰烬、石块等。出土陶器有绳纹花边口沿罐、喇叭口高领罐、盆、圈足等。

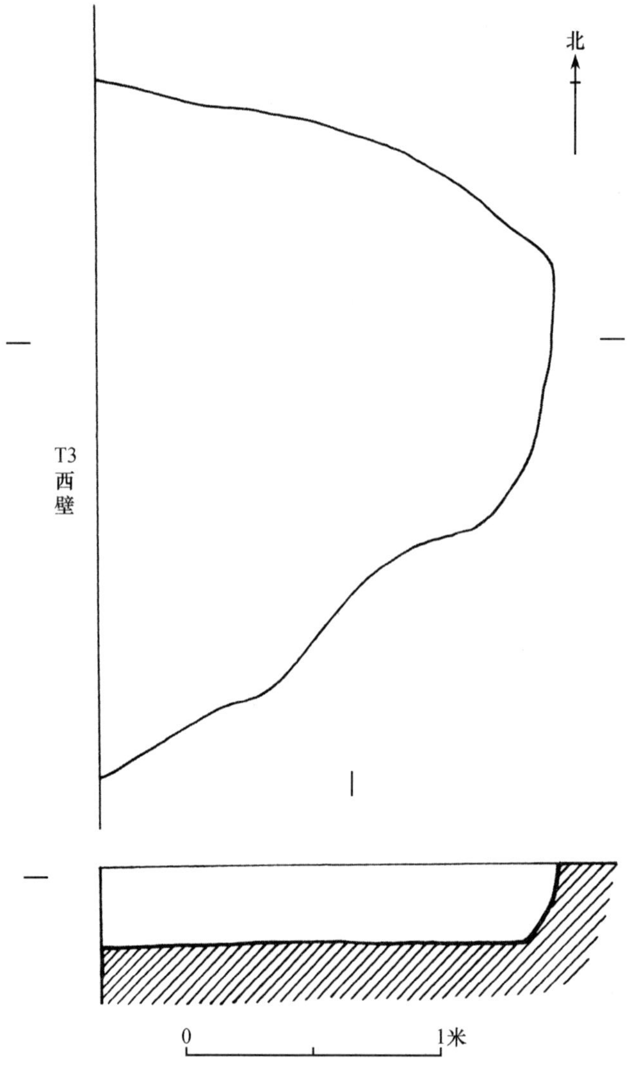

图六　H41平、剖面图

H53　位于T3北壁中部，延伸至北壁，未扩方清理。开口于第6层下，打破生土。开口距地表2.5米。平面呈圆形，坑壁弧收，圜底。清理部分长1.25、深0.36米（图七）。黑褐色填土，堆积略紧密，夹杂少量灰烬。出土陶器有绳纹花边口沿罐、器底等。

H72　位于T10中部偏南。开口于第6层下。开口距地表2.4米。平面呈椭圆形，直壁，平底。长1.94、宽1.58、深0.2米（图八）。黑褐色填土，堆积略紧，含有少量灰烬。出土陶器有绳纹花边口沿罐、器底等。

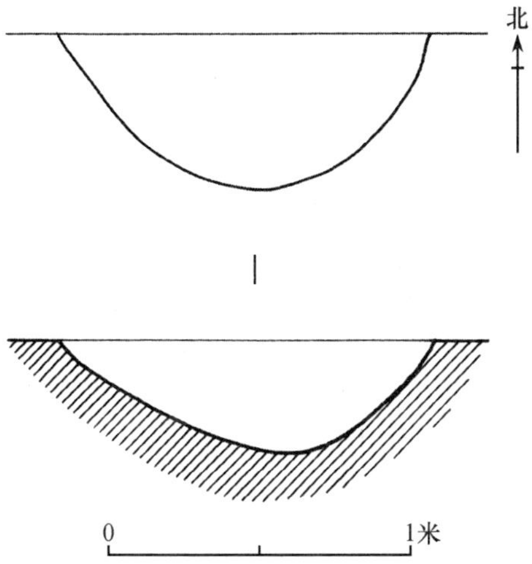

图七　H53平、剖面图

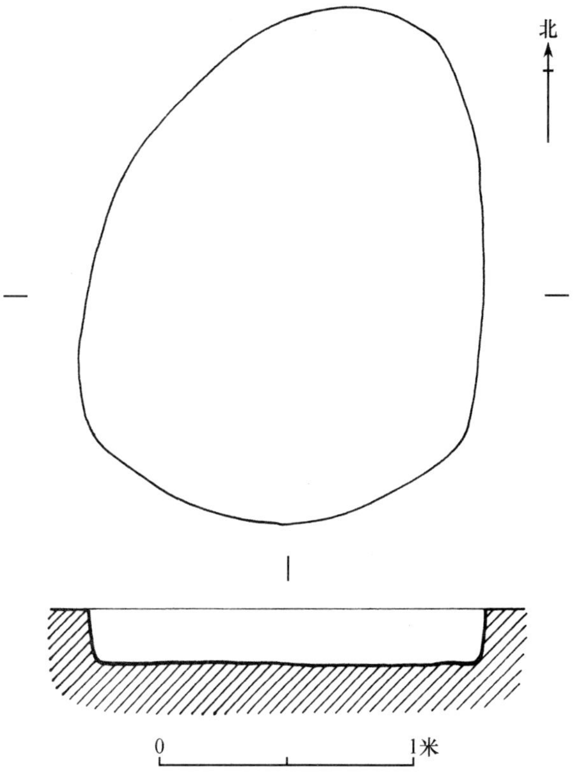

图八　H72平、剖面图

H74　位于T2东南角，延伸至T1北隔梁内，未扩方清理。开口于第6层下，打破生土。开口距地表2.5米。平面呈不规则形，弧壁，平底。清理部分长3.28、宽3.18、深0.2米（图九）。浅黑褐色填土，堆积略紧，含有少量灰烬。出土陶器有绳纹花边口沿罐。

H75　位于T10西壁中部，延伸至西壁，未扩方清理。开口于第6层下，打破生土。开口距地表2.5米。平面呈不规则形，弧壁，底近平。清理部分长2.42、宽1.94、深0.2米（图一〇）。黑褐色填土，堆积略紧，含有大量灰烬。出土陶器有绳纹花边口沿罐、喇叭口高领罐、圈足等。

（二）遗　　物

宝墩文化遗物均为陶器，以夹砂褐陶为主，泥质陶较少。施纹者较多，其中以绳纹为主，亦见有一定数量的水波纹、附加堆纹。可辨器形有绳纹花边口沿罐、喇叭口高领罐、盆、器底、圈足。

绳纹花边口沿罐　7件。H41∶5，夹砂黑褐陶。侈口，折沿，方唇。口沿内侧及沿下饰交错绳纹，唇部饰竖向绳纹。残高3.7厘米（图一一，1）。H75∶2，夹砂灰褐陶。敞口，方唇。口沿内

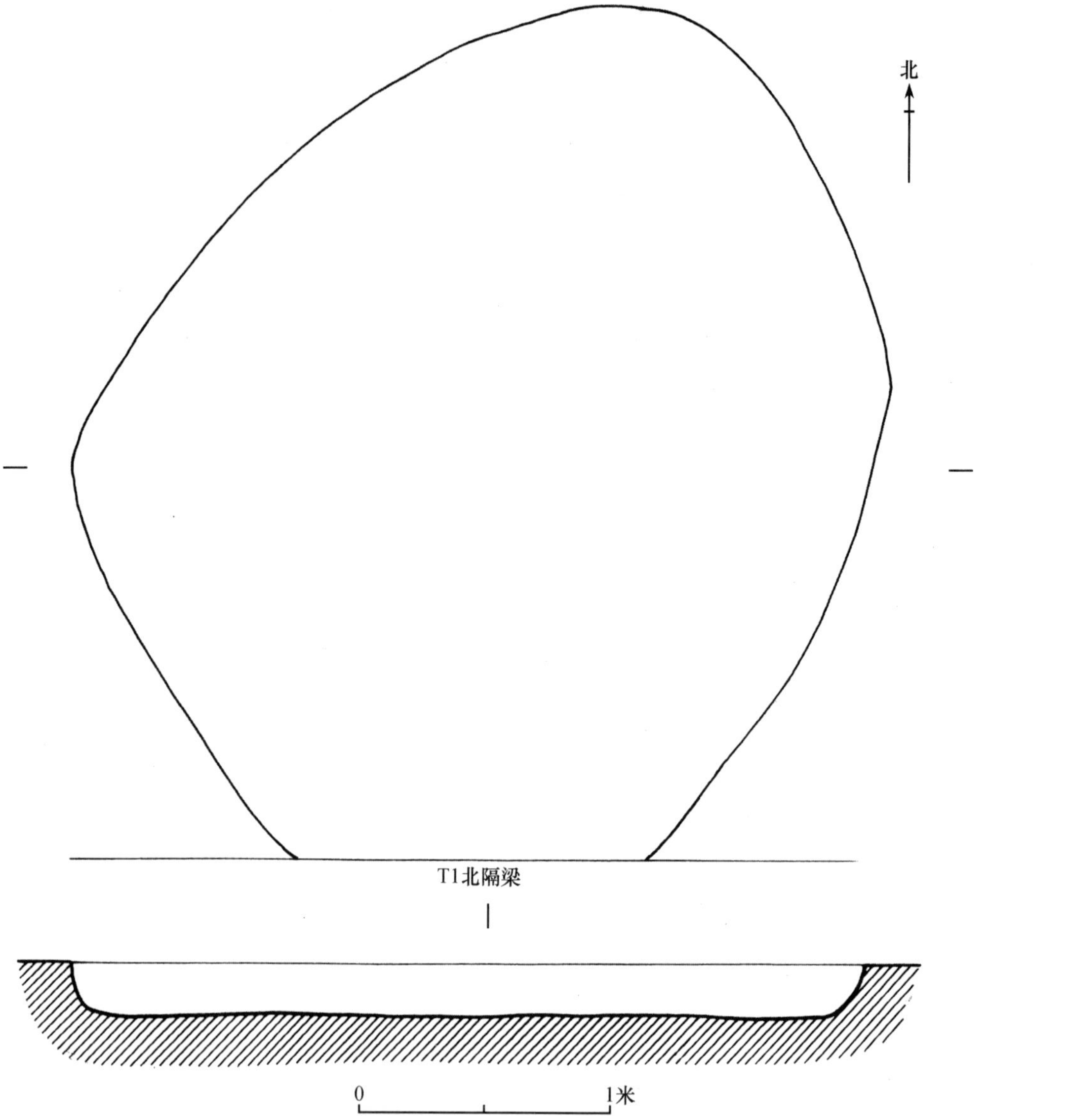

图九　H74平、剖面图

外均饰交错绳纹，唇部饰斜向绳纹。残高 2 厘米（图一一，2）。H74：2，夹砂黑褐陶。直口，尖圆唇，口沿内饰绳纹，唇部饰斜向绳纹，其下饰网格状绳纹和斜向绳纹。残高 4.6 厘米（图一一，3）。H74：1，夹砂灰黄陶。器表饰绳纹和附加堆纹，附加堆纹上按捺并压印绳纹。残高 4.6 厘米（图一一，4）。H72：1，夹砂灰褐陶。直口，尖圆唇。口沿内侧饰交错绳纹，唇部饰斜向绳纹，其下饰交错绳纹和斜向绳纹。残高 4.2 厘米（图一一，5）。H53：2，夹砂黑褐陶。直口，尖圆唇，束领。通体饰斜向绳纹。残高 6 厘米（图一一，6）。H41：6，夹砂黑褐陶。敞口，翻沿，圆唇。通体饰交错绳纹。口径 22、残高 3.6 厘米（图一一，7）。

喇叭口高领罐　8 件。H41：8，夹砂灰陶。小喇叭口，翻沿，圆唇。领部饰水波纹。口径 18、残高 6.6 厘米（图一二，1）。H41：3，夹砂灰黄陶。小喇叭口，翻沿，方唇。素面。口径 22、残高 3.6 厘米（图一二，2）。H41：1，夹砂黄褐陶。小喇叭口，翻沿，方唇，弧领。素面。残高 4.1 厘米（图一二，3）。H75：7，泥质灰陶。侈口，折沿外斜，尖唇。素面。口径 21.2、残高 4.4 厘米

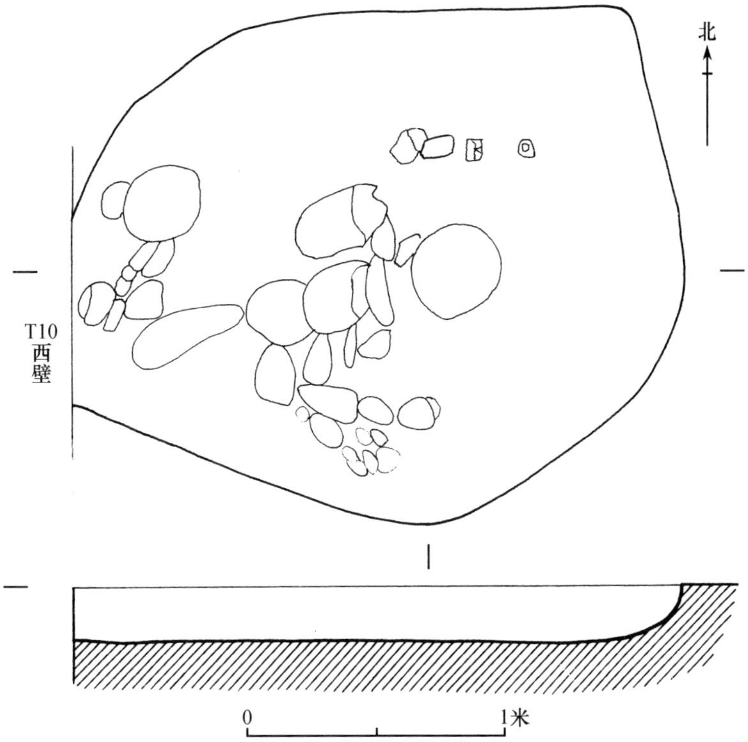

图一〇 H75平、剖面图

（图一二，4）。H75：8，泥质灰褐陶。侈口，折沿，圆唇，领部斜收。素面。口径21.2、残高3.3厘米（图一二，5）。H75：1，泥质灰陶。小喇叭口，翻沿，圆唇加厚。素面。口径22.8、残高4.3厘米（图一二，6）。H75：4，夹砂灰褐陶。侈口，方唇。素面。口径16、残高3.1厘米（图一二，7）。H75：3，夹砂红褐陶。小喇叭口，圆唇，领部斜收较甚。素面。口径14.6、残高2.9厘米（图一二，8）。

盆 1件。H41：4，夹砂灰褐陶。侈口，斜折沿，方唇，上腹斜收。口沿内侧及唇部饰斜向绳纹。残高3.9厘米（图一三，1）。

器底 2件。H72：2，泥质灰陶。下腹斜收，平底。素面。底径12、残高1.2厘米（图一三，2）。H53：1，夹砂灰陶。斜腹，平底，底部外缘微鼓。下腹部饰两个“回”字形刻划纹，底缘饰一周斜向绳纹，底部饰绳纹。底径11.4、残高2.5厘米（图一三，3）。

圈足 6件。H75：5，夹砂灰陶。足壁较高，足缘外侈。足壁饰一周圆圈纹。足径15、残高3.7厘米（图一三，4）。H75：6，夹砂红褐陶。圈足较矮，足壁斜直，足跟较圆。足壁饰斜向绳纹。足径6.2、残高2.2厘米（图一三，5）。H41：2，夹砂黑褐陶。足壁微弧，足跟较圆。素面。残高3.6厘米（图一三，6）。H41：10，夹砂灰陶。足壁微弧，足跟较圆。素面。足径20、残高5.8厘米（图一三，7）。H41：9，夹砂灰褐陶。足壁斜直，足跟较圆。素面。足径9.8、残高3.5厘米（图一三，8）。H41：7，夹砂灰陶。腹部斜收，足部外侈，足跟较圆。素面。足径6.8、残高3.3厘米（图一三，9）。

三、十二桥文化遗存

十二桥文化遗存包括遗址的第5、6层，开口于第6层下的遗迹有H31、H32、H34～H40、H42～

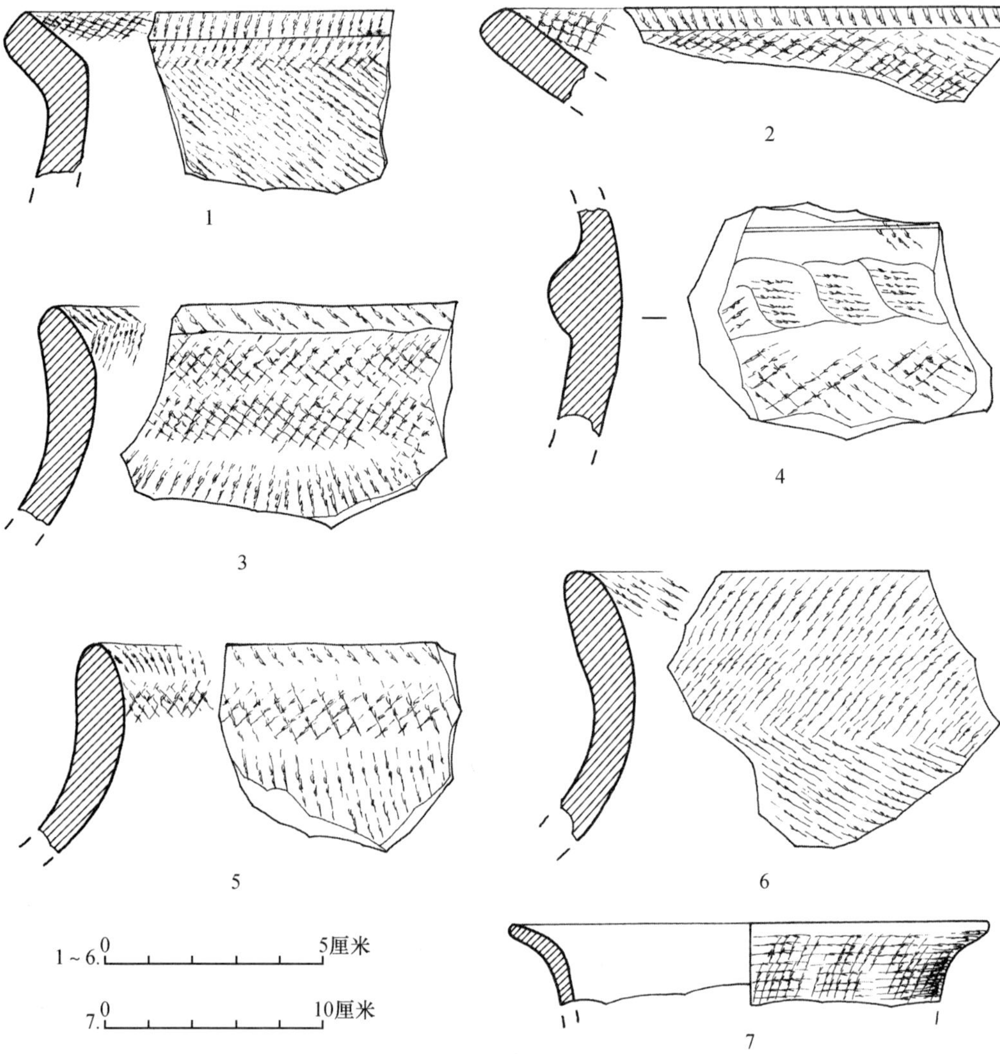

图一一　宝墩文化陶绳纹花边口沿罐

1. H41∶5　2. H75∶2　3. H74∶2　4. H74∶1　5. H72∶1　6. H53∶2　7. H41∶6

H52、H54～H61、G1～G3、M1、M2，开口于第5层下的遗迹有H1～H30、H33、H62～H71、H73、K1。

（一）遗　　迹

十二桥文化遗迹数量较多，有灰坑、积石坑、灰沟和墓葬。

1. 灰坑

70个。不见经过特殊加工、具有特殊功能的灰坑。平面形状有圆形、椭圆形、圆角方形及不规则形四种。

圆形　4个。

H40　位于T3东侧中部。开口于第6层下，打破生土。开口距地表2.5米。平面呈圆形，坑壁弧收，底部较为平整。坑口直径1.86、深0.8米（图一四）。黑褐色填土，土质紧密，夹杂砂粒，

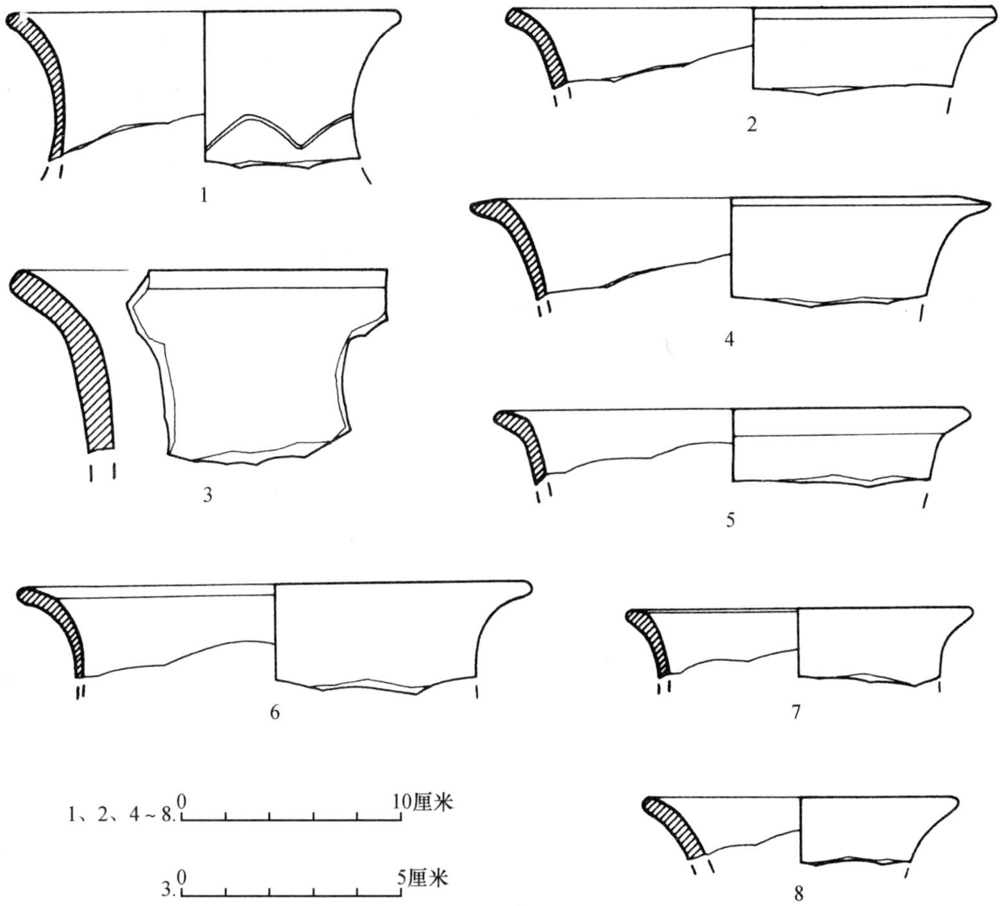

图一二　宝墩文化陶喇叭口高领罐

1. H41∶8　2. H41∶3　3. H41∶1　4. H75∶7　5. H75∶8　6. H75∶1　7. H75∶4　8. H75∶3

包含灰烬及陶片。出土陶器有小平底罐、绳纹侈口罐、素面侈口罐、高领罐、尖底杯、高柄豆、器盖、盆、壶、平底器底、圈足、器耳等。

H45　位于T3中部偏西北。开口于第6层下，打破生土。开口距地表2.5米。平面呈圆形，坑壁微内斜，底部近平。坑口直径1.6、深0.28米（图一五）。黑褐色填土，土质略紧密，夹杂较多砂粒，包含少量灰烬及陶片。出土陶器有绳纹敛口罐、素面敛口罐、尖底杯、平底器底等。

椭圆形　25个。

H9　位于T5中部偏东北。开口于第5层下。开口距地表1.85米。平面呈椭圆形，弧壁，底部近平整。口长径3.6、底长径3.5、深0.3米（图一六）。黑褐色填土，土质略紧密，包含有灰烬及夹砂陶片。出土陶器有小平底罐、绳纹敛口罐、素面敛口罐、绳纹侈口罐、素面侈口罐、高领罐、尖底杯、高柄豆、器盖、瓮、平底器底、圈足等。

H38　位于T3东北部。开口于第6层下，打破生土。开口距地表2.5米。平面呈椭圆形，剖面呈锅底状。坑口长径1.24、短径0.96、深0.26米（图一七）。黑褐色填土，土质紧密，包含有少量灰烬及陶片。出土陶器有素面侈口罐、器盖、平底器底等。

圆角方形　9个。

H6　位于T6中部偏东南。开口于第5层下。开口距地表1.3米。平面呈圆角方形，弧壁较缓，底部近平，略有凹凸。坑口长1.98、宽1.36、深0.3米（图一八）。黑褐色填土，土质松软湿润，

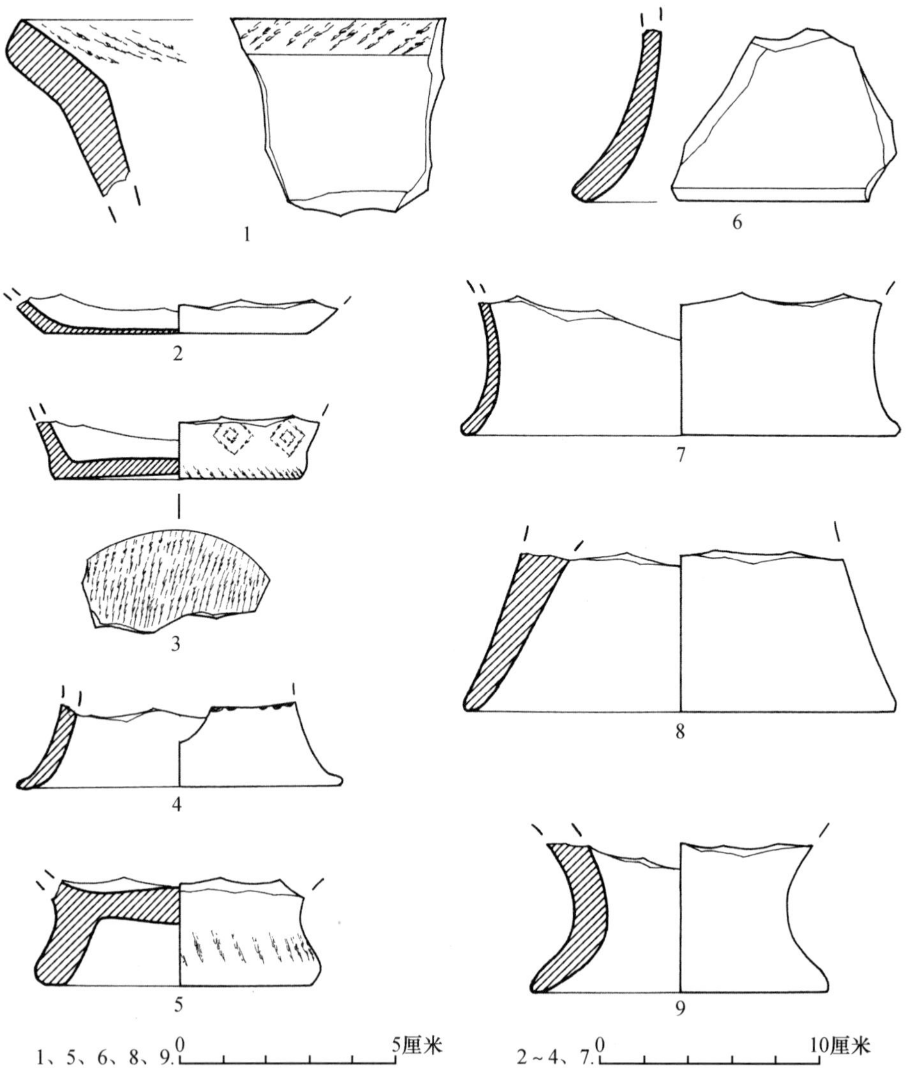

图一三　宝墩文化陶器

1. 盆（H41：4）　2、3. 器底（H72：2、H53：1）　4～9. 圈足（H75：5、H75：6、H41：2、H41：10、H41：9、H41：7）

包含少量木炭。出土少量夹砂陶片，可辨器形有小平底罐、素面敛口罐、高领罐、尖底杯、尖底盏、器盖、瓮、缸、圈足、平底器底等。

不规则形　32个。

H50　位于T5中部偏南。开口于第6层下，打破生土。开口距地表2米。平面呈不规则形，直壁，坑底较为平整。坑口长1.9、宽1.2、深0.38米（图一九）。黑褐色填土，土质略紧密，包含少量灰烬、红烧土颗粒。出土陶片以夹砂陶为主，次为泥质陶，可辨器形有小平底罐、绳纹侈口罐、曲腹罐、镂孔罐、尖底杯、平底器底等。

H2　位于T7南壁中部，延伸至南壁内，未扩方清理。开口于第5层下，被H1打破，打破第6层至生土。开口距地表1.3米。坑壁弧收，底部中间深、两边浅，不甚规整。清理部分坑口长1.18、宽0.94、深0.4米（图二〇）。黑褐色填土，土质略紧密，包含灰烬。出土陶器以夹砂陶为主，可辨器形有素面敛口罐、卷沿罐、高领罐、尖底杯、瓮、圈足、平底器底等。

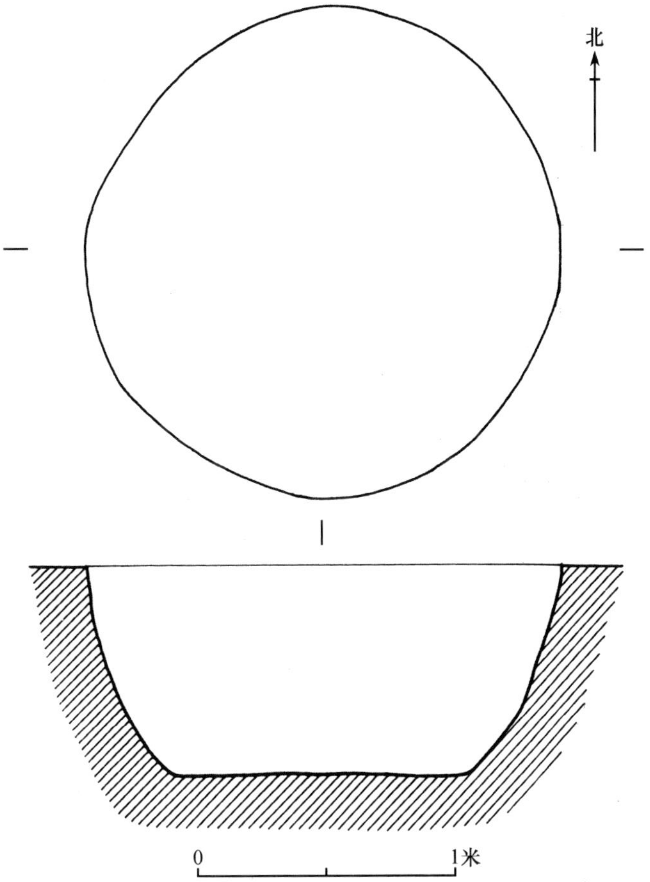

图一四 H40平、剖面图

H44 位于T5南壁中部偏东，延伸入南壁内，未扩方清理。开口于第6层下，打破生土。开口距地表2米。平面呈不规则弧形，坑壁斜收，坑底较为平整。清理部分坑口长2.2、宽1、深0.2米（图二一）。浅黑褐色填土，土质略紧密，包含少量灰烬。出土少量陶片，可辨器形有小平底罐、高领罐、瓮、盆、器盖等。

H58 位于T5南壁中部，延伸入南壁，未扩方清理。开口于第6层下，打破生土。开口距地表2.1米。平面呈不规则形，坑壁斜收，坑底平整。清理部分坑口长2、宽1.7、深0.2米（图二二）。黑褐色填土，土质略紧密，包含少量灰烬、砾石。出土有少量陶片，可辨器形有素面敛口罐、瓮、器盖、圈足等。

H63 位于T11东壁中部。开口于第5层下，打破生土。开口距地表2.3米。平面呈不规则形，坑壁斜收，坑底平整。清理部分坑口长3.06、宽1.96、深0.16米（图二三）。浅黑褐色填土，土质略紧密，包含少量灰烬。出土少量陶片，可辨器形有素面敛口罐、器盖、平底器底等。

2. 积石坑

1个。

K1 位于T5中部偏北。开口于5层下，打破第6层至生土。开口距地表1.9米。平面近长方形，坑壁较直，平底。坑壁残存烧结痕迹。坑口长2.4、宽0.95、深0.16米（图二四）。坑内堆满卵石，卵石间填土为浅黑褐色，堆积紧密，含较多灰烬，出土少量陶片，较碎无法拣选标本。

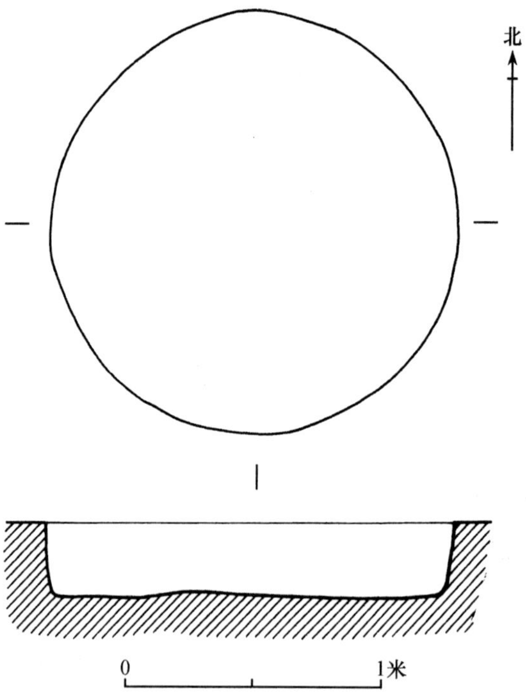

图一五　H45平、剖面图

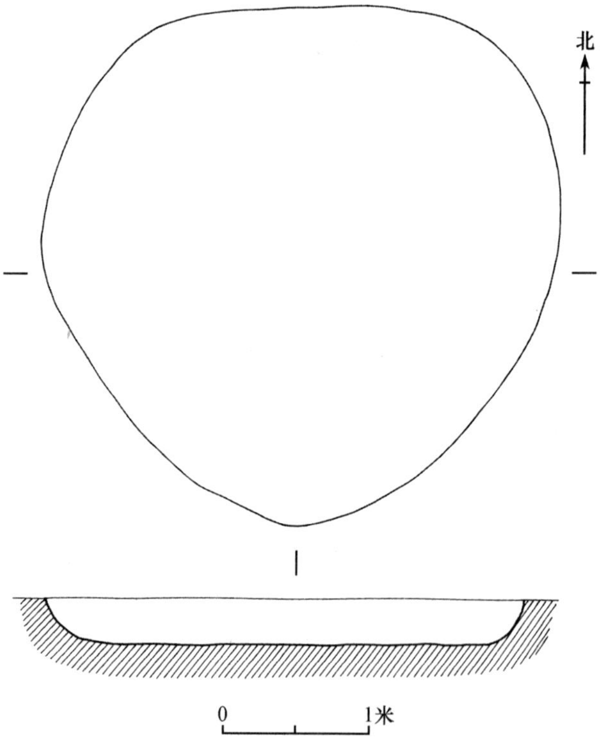

图一六　H9平、剖面图

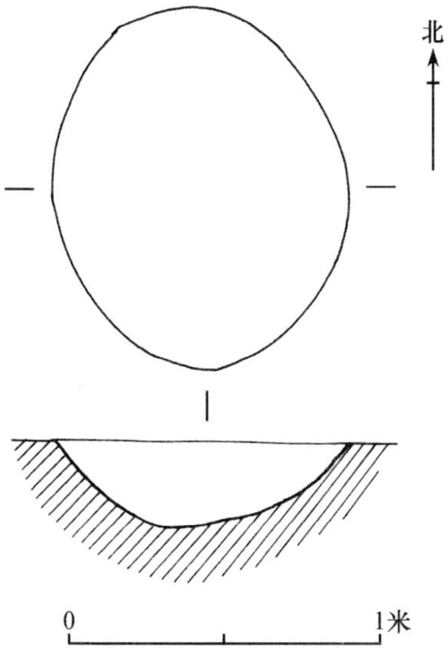

图一七 H38平、剖面图

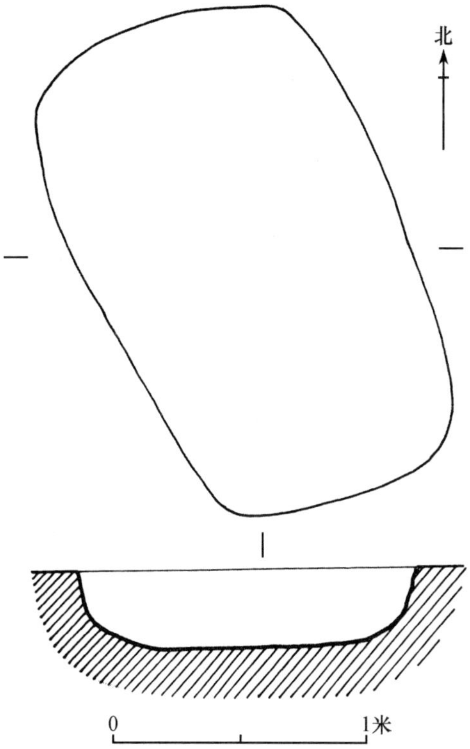

图一八 H6平、剖面图

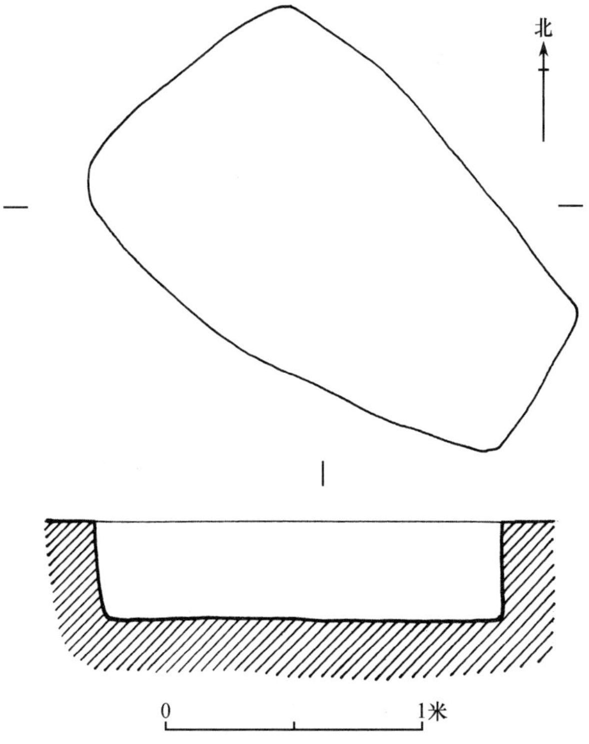

图一九 H50平、剖面图

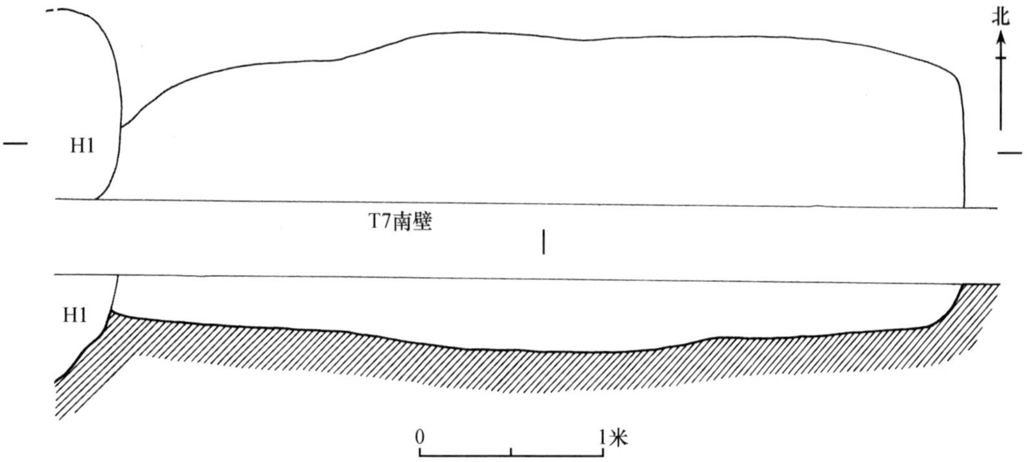

图二〇 H2平、剖面图

3. 灰沟

3 条。

G2 位于 T2 中部，向两侧探方壁内延伸，未扩方清理。开口于第 6 层下，被 G1 打破，打破生土。开口距地表 2.5 米。平面呈窄长条形，沟壁斜收，沟底较为平整。清理部分长 10、宽 1、深 0.2 米（图二五）。黑褐色填土，土质略紧密，夹杂浅褐色土及砂粒。出土少量夹砂陶片。

4. 墓葬

2 座。

M1 位于 T6 西北部。开口于第 6 层下，打破 M2。开口距地表 2.1 米。长方形竖穴土坑墓，直壁，平底。长 2.1、宽 0.5、深 0.25 米。方向 335°（图二六）。黑褐色填土，堆积略紧密，夹杂砂粒、灰烬，内含零星夹砂陶片。人骨保存较差，只能残存头骨和部分上、下肢骨。葬式为仰身直肢葬。

M2 位于 T6 西北部。开口于第 6 层下，被 M1 打破，打破生土。开口距地表 2.1 米。长方形竖穴土坑墓，直壁，平底。长 1.86、宽 0.46、深 0.16 米。方向 335°（图二七）。黑褐色填土，堆积略紧密，含有少量灰烬。骨架保存较差，只保留部分下肢骨。

（二）遗 物

十二桥文化遗物有陶器和石器。陶器以夹砂陶为主，泥质陶较少。一般为素面，少部分装饰纹饰。纹饰以绳纹为主，其次为凹弦纹，还有刻划纹、镂孔、凸棱纹等。器类有小平底罐、绳纹侈口罐、绳纹敛口罐、素面侈口罐、素面敛口罐、高领罐、曲腹罐、矮领薄胎罐、镂孔罐、敛口小罐、尖底罐、圈足杯、尖底杯、尖底盏、高柄豆、器盖、瓮、缸、盆、壶、钵、器座、筒形器、纺轮、器耳、穿孔陶片、圈足、平底器底等（附表一）。石器均为磨制，器形较小，有斧、凿、刀等。

小平底罐 145 件。复原 1 件，其余均为口沿或底部。

小平底罐（复原器） 1 件。H40：19，泥制灰陶。侈口，尖唇，弧肩，腹部斜收，小平底。素面，器壁有刮抹修整痕迹。口径 13.7、肩径 13.5、底径 2.4、高 9.8 厘米（图二八，1）。

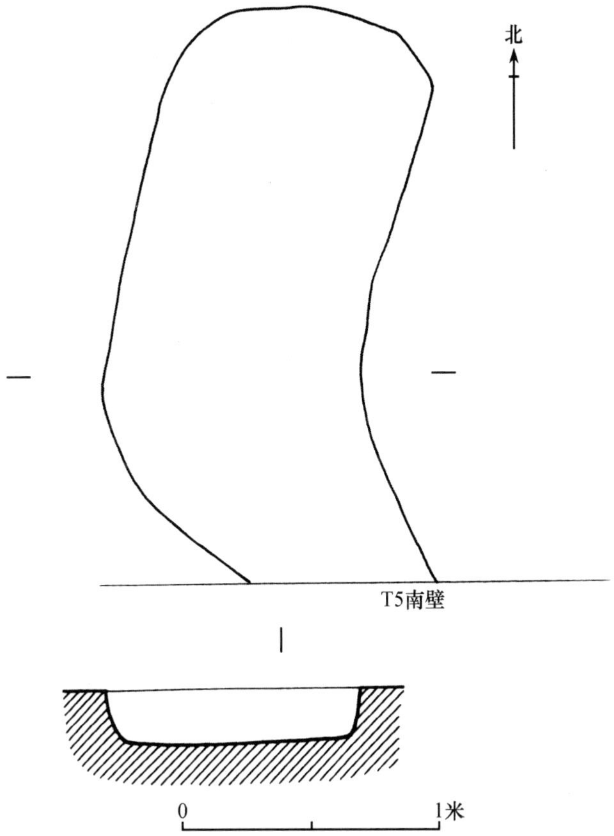

图二一 H44平、剖面图

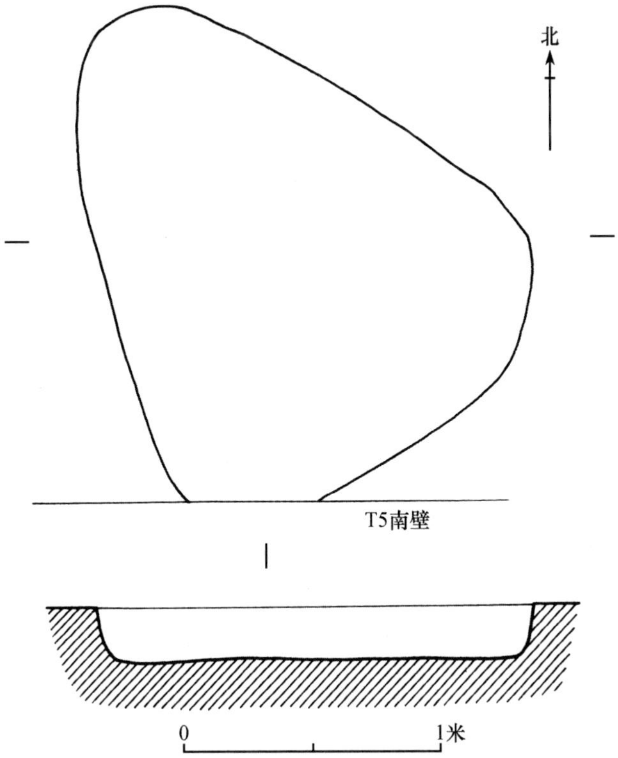

图二二 H58平、剖面图

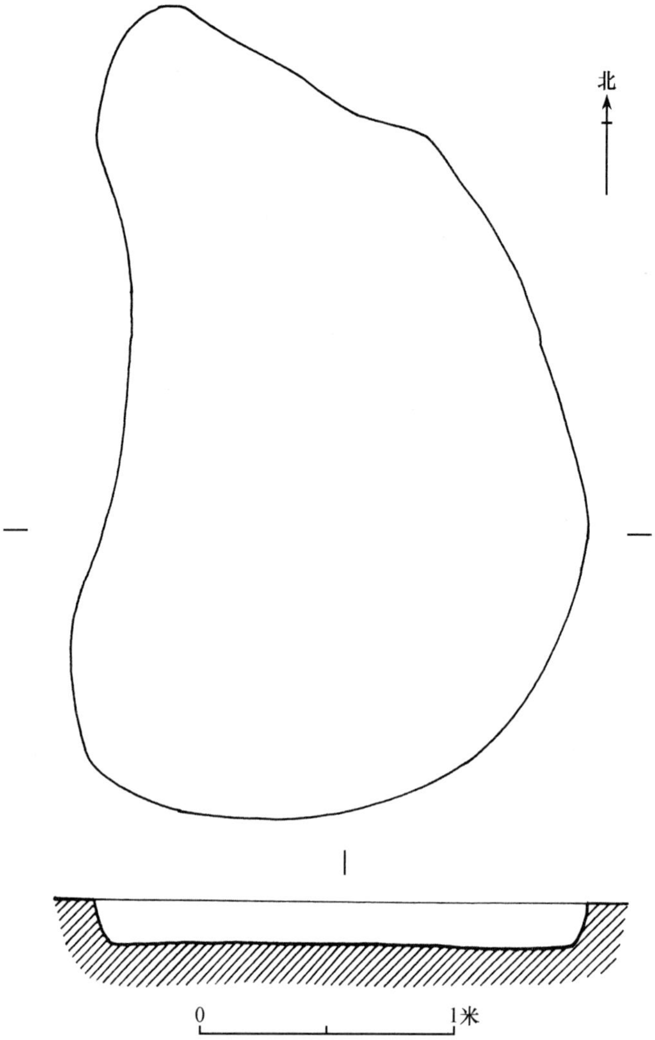

图二三　H63平、剖面图

小平底罐（口沿）　75 件。依据唇部形态的不同，分为二型。

A 型　12 件。尖圆唇。多为泥质陶，少数为夹砂陶。依据口径与肩径的大小关系，分为二亚型。

Aa 型　5 件。肩径大于口径。H52：17，泥质灰陶。侈口，尖圆唇，肩部圆鼓，斜腹弧收，小平底。素面。口径 13.7、肩径 14、残高 5 厘米（图二八，2）。

Ab 型　7 件。肩径小于口径。H50：4，泥质灰陶。侈口，尖圆唇，弧肩。素面。口径 14、肩径 13.8、残高 2.5 厘米（图二八，3）。H52：16，泥质灰陶。侈口，尖圆唇，肩部弧鼓。素面。口径 13、肩径 12.8、残高 4 厘米（图二八，4）。

B 型　63 件。方唇，器形比 A 型稍大。依据口径与肩径的大小以及肩部形态的不同，分为五亚型。

Ba 型　34 件。肩径大于口径，溜肩。T8⑤：9，夹砂灰褐陶。侈口，方唇，溜肩。素面。残高 3.9 厘米（图二八，5）。T7⑥：4，夹砂灰陶。侈口，方唇，溜肩。素面。残宽 4.4、残高 2.6 厘米（图二八，6）。T5⑥：12，夹砂黑褐陶。侈口，方唇，唇面微凹，溜肩。素面。残高 3.2 厘米（图二八，7）。T6⑥：17，夹砂灰陶。侈口，方唇，溜肩。素面。残高 2.5 厘米（图二八，8）。

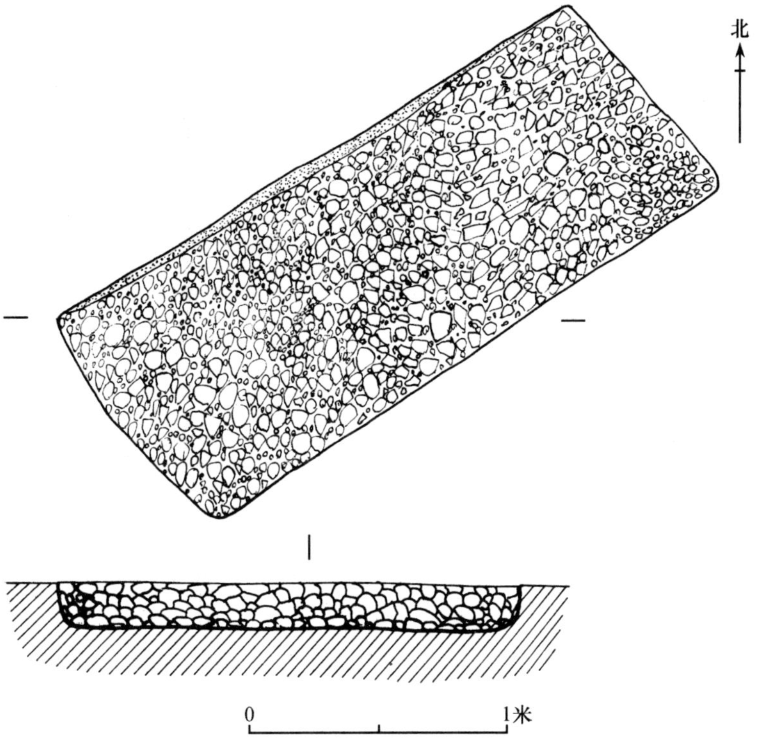

图二四　K1平、剖面图

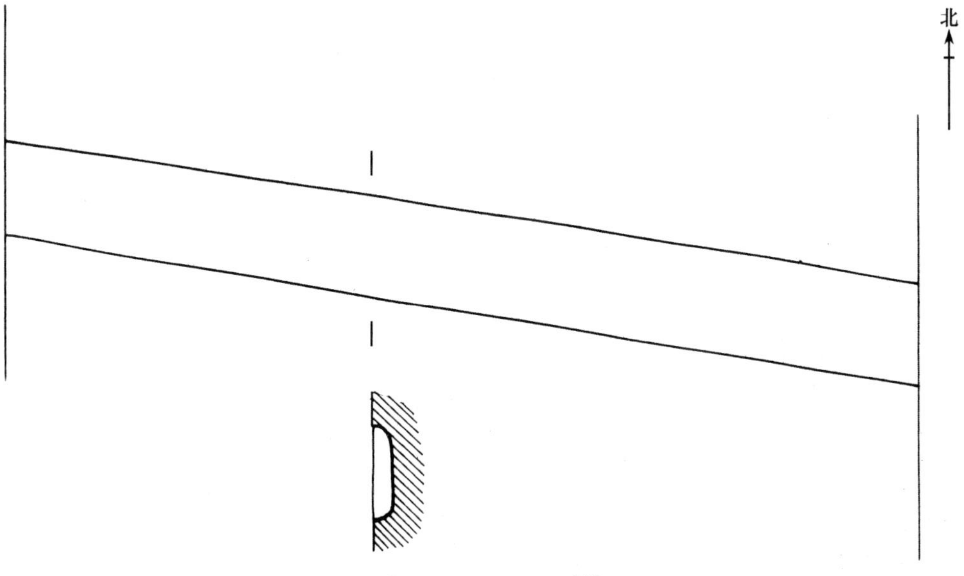

图二五　G2平、剖面图

H31：3，夹砂灰陶。侈口，方唇，溜肩。素面。残高3厘米（图二八，9）。H15：16，夹砂灰黄陶。侈口，方唇，溜肩。素面。残高3厘米（图二八，10）。

Bb型　3件。肩径大于口径，弧肩。H46：2，夹砂灰陶。侈口，方唇，弧肩。素面。口径12、肩径13、残高2.3厘米（图二八，12）。H46：1，夹砂灰褐陶。微侈口，方唇，弧肩。素面。残高2.5厘米（图二八，14）。T5⑥：13，夹砂灰褐陶。侈口，方唇，弧肩，腹部微弧。素面。口径14、

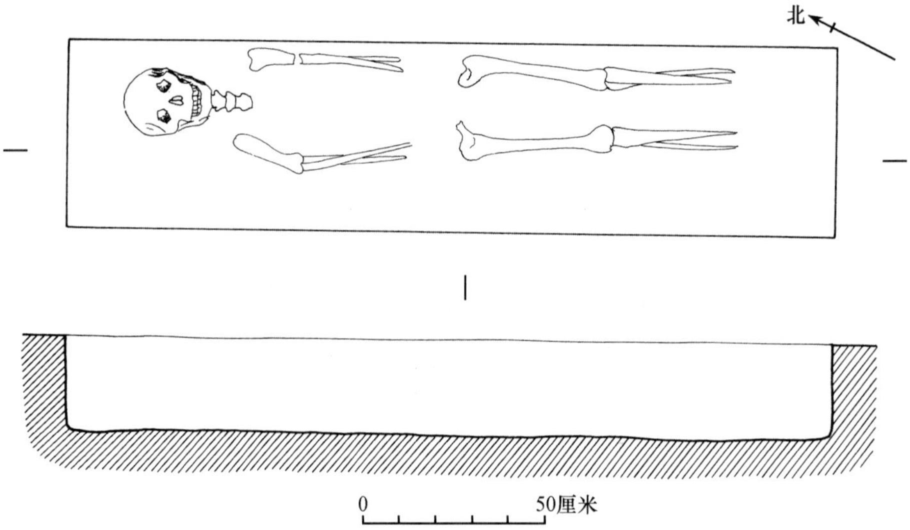

图二六　M1平、剖面图

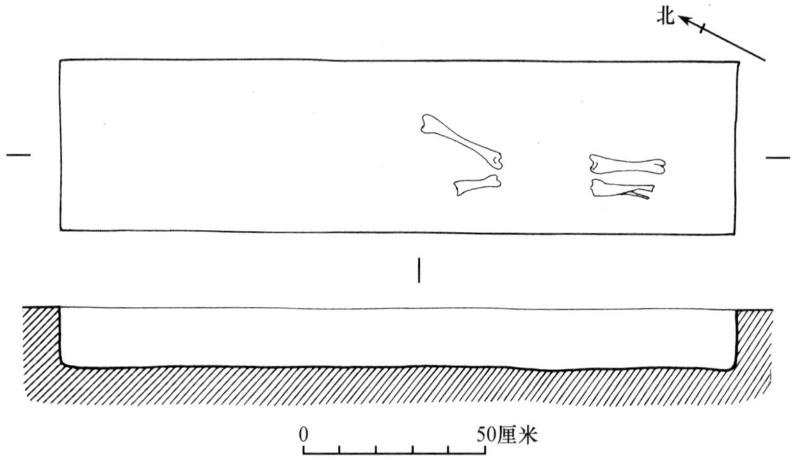

图二七　M2平、剖面图

肩径 14.8、残高 4.2 厘米（图二八，16）。

Bc 型　23 件。肩径小于口径，溜肩。H10：6，夹砂灰陶。侈口，方唇，溜肩，素面。残宽 4.5、残高 3.6 厘米（图二八，11）。T4⑥：14，夹砂灰褐陶。侈口，方唇，溜肩。素面。残高 2.4 厘米（图二八，13）。H9：3，夹砂黑褐陶。侈口，方唇，溜肩。素面。残高 4 厘米（图二八，15）。H49：14，夹砂灰褐陶。侈口，方唇，溜肩。素面。残高 4.5 厘米（图二八，17）。T6⑤：10，夹砂灰陶。侈口，方唇，溜肩。素面。残高 3.2 厘米（图二八，18）。

Bd 型　1 件。肩径小于口径，肩部不甚明显。T5⑤：9，夹砂灰陶。侈口，方唇。素面。口径 14、肩径 13.6、残高 2.8 厘米（图二九，1）。

Be 型　2 件。肩径小于口径，肩部弧鼓，器壁较其他亚型厚。H7：8，夹砂灰陶。侈口，方唇，肩部微弧。素面。口径 15、残高 4.4 厘米（图二九，2）。H50：5，夹砂黑褐陶。侈口，方唇，圆肩，斜直腹。素面。口径 14、肩径 13.6、残高 5.5 厘米（图二九，3）。

小平底罐（器底）　69 件。T6⑥：34，夹砂灰陶。素面。底径 1.6、残高 3.6 厘米（图二九，4）。

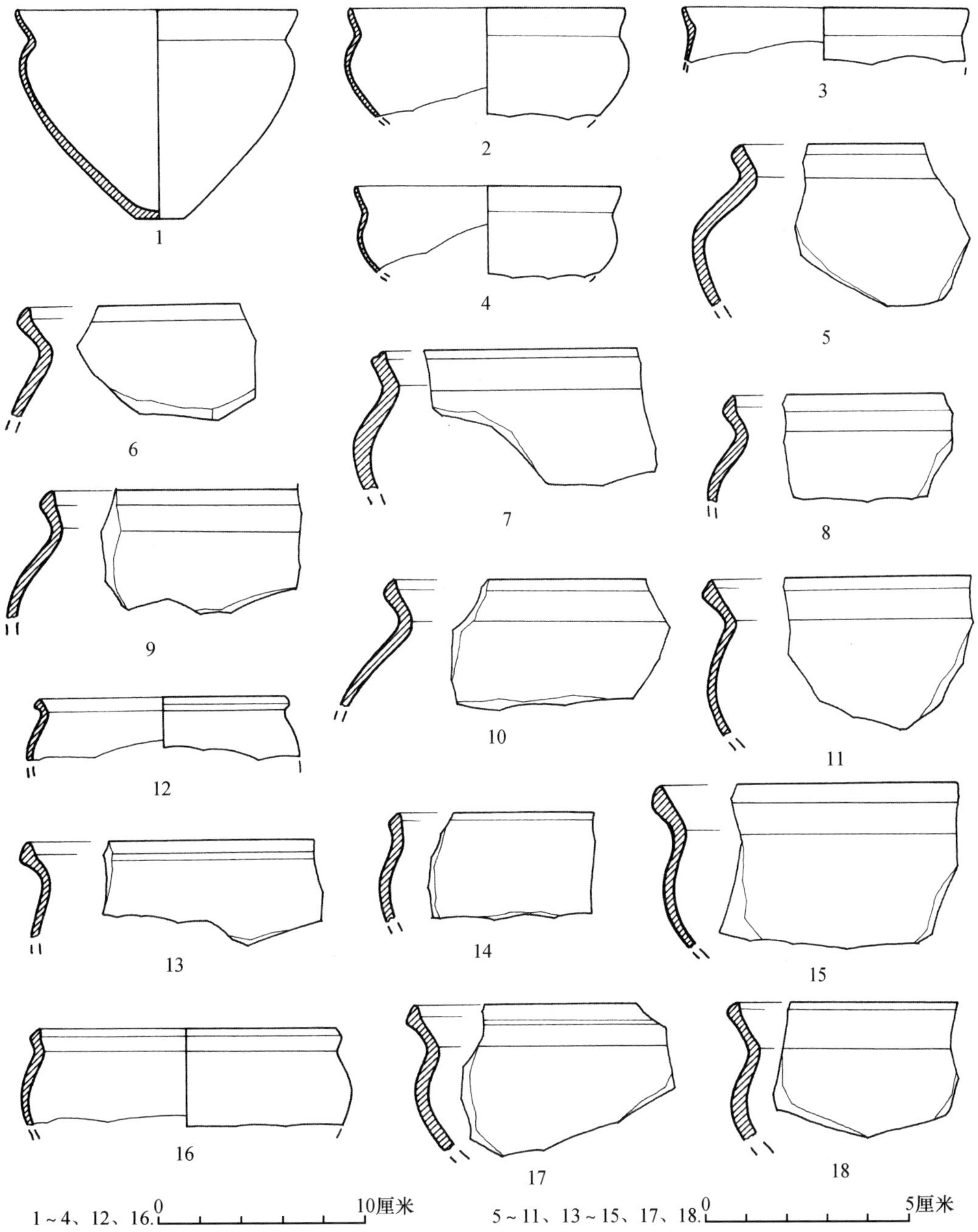

图二八　十二桥文化陶小平底罐

1. 复原器（H40：19） 2. Aa型口沿（H52：17） 3、4. Ab型口沿（H50：4、H52：16） 5～10. Ba型口沿（T8⑤：9、T7⑥：4、T5⑥：12、T6⑥：17、H31：3、H15：16） 11、13、15、17、18. Bc型口沿（H10：6、T4⑥：14、H9：3、H49：14、T6⑤：10） 12、14、16. Bb型口沿（H46：2、H46：1、T5⑥：13）

H40：9，夹砂灰褐陶。下腹弧收。素面。底径3、残高5.7厘米（图二九，5）。H90：32，夹砂灰褐陶。器表饰一周凹弦纹。底径2.4、残高2厘米（图二九，6）。H50：9，夹砂灰陶。素面。底径2.8、残高5厘米（图二九，7）。H7：27，夹砂灰褐陶。素面。底径2、残高2.8厘米（图二九，8）。T9⑤：30，泥质灰陶。底外壁微内凹。素面。底径2、残高2.5厘米（图二九，9）。H11：17，夹砂灰褐陶。素面。底径1.5、残高4.6厘米（图二九，10）。H4：13，夹砂灰陶。下腹近底处微内弧，形成假台底。素面。底径1.6、残高1.5厘米（图二九，11）。

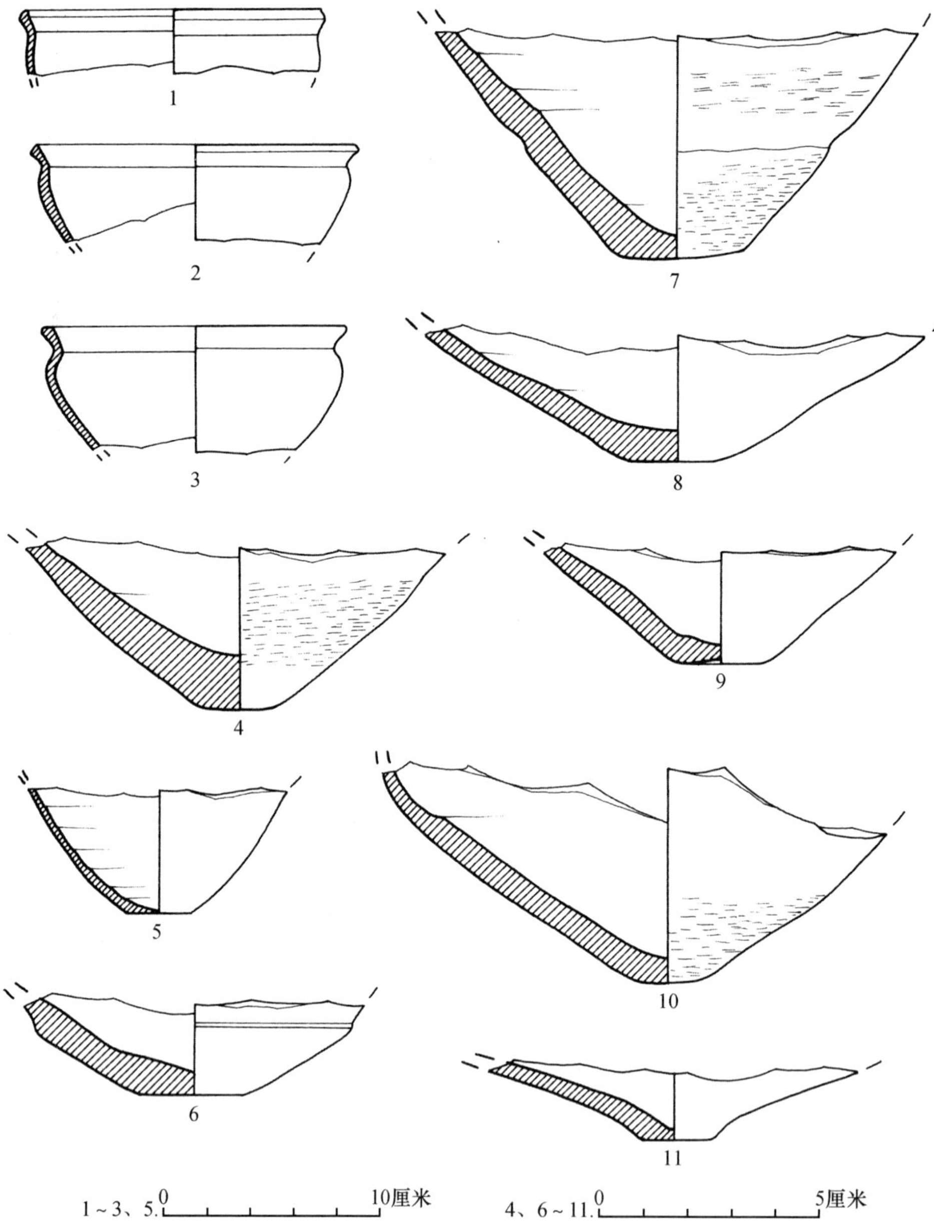

图二九　十二桥文化陶小平底罐

1. Bd 型口沿（T5⑤：9）　2、3. Be 型口沿（H7：8、H50：5）　4～11. 器底（T6⑥：34、H40：9、H9：32、H50：9、H7：27、T9⑤：30、H11：17、H4：13）

绳纹敛口罐　22 件。均为口沿残片。依据口沿形态的不同，分为二型。

A 型　12 件。假凸沿。T1⑥：16，夹砂灰白陶。敛口，斜方唇。口沿及肩部饰斜向绳纹。残高 2.6 厘米（图三〇，1）。T9⑤：3，夹砂灰白陶。敛口，方唇。口沿及肩部饰斜向绳纹，其下饰横向绳纹。残高 3.9 厘米（图三〇，2）。H9：17，夹砂灰陶。敛口，方唇。口沿及肩部饰斜向绳纹，其下饰横向绳纹。残高 4 厘米（图三〇，3）。H62：4，夹砂黑褐陶。敛口，尖圆唇。口沿饰斜向绳纹，肩部饰成组的横向绳纹。口径 33、残高 5.7 厘米（图三〇，4）。

B 型　10 件。凸沿明显。T9⑥：4，夹砂灰褐陶。敛口，沿面内凹，方唇。口沿及肩部饰斜向绳纹，其下饰横向绳纹。口径 33、残高 6.6 厘米（图三〇，5）。H68：13，夹砂黑褐陶。敛口，沿

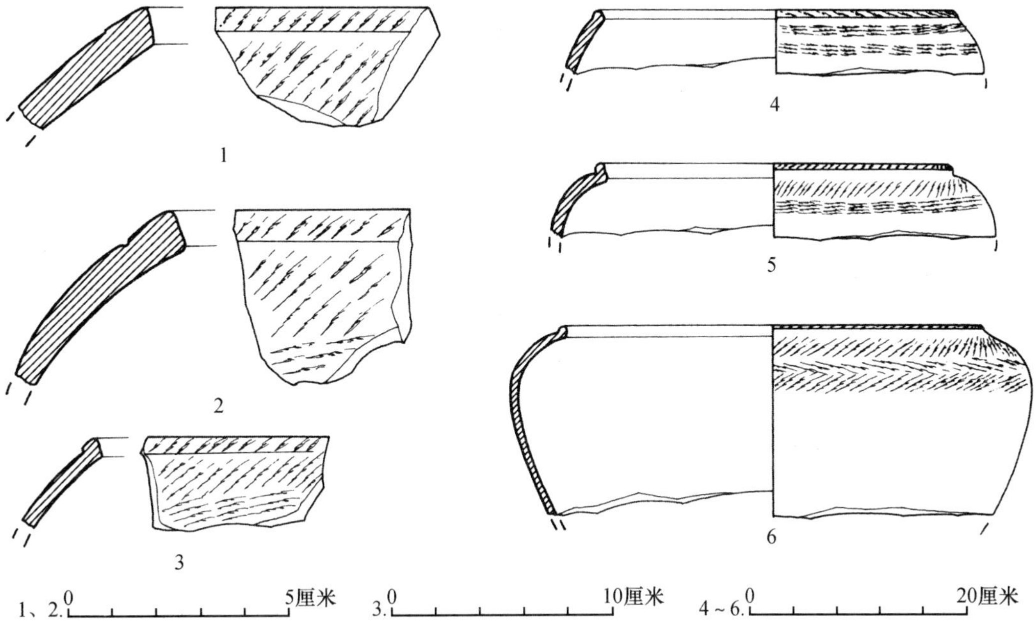

图三〇 十二桥文化陶绳纹敛口罐

1～4. A 型（T1 ⑥：16、T9 ⑤：3、H9：17、H62：4） 5、6. B 型（T9 ⑥：4、H68：13）

较窄，方唇，鼓肩。口沿及肩部饰斜向绳纹，其下饰横向绳纹。口径 39、肩径 48、残高 17 厘米（图三〇，6）。

素面敛口罐 240 件。均为口沿或及肩腹部残片。依据口沿形态的不同，分为二型。

A 型 146 件。凸沿较短。依据肩部及上腹形态的不同，分为七亚型。

Aa 型 3 件。广肩，最大径位于腹部。T5 ⑤：25，夹砂黑褐陶。敛口，尖唇，唇沿内凸。素面。口径 22、残高 12 厘米（图三一，1）。T10 ⑥：6，夹砂灰黄陶。敛口，圆唇。素面。残高 4 厘米（图三一，2）。

Ab 型 26 件。圆肩。T9 ⑤：7，夹砂灰褐陶。敛口，圆唇，沿下有一周凹槽。素面。口径 30、残高 3.3 厘米（图三一，3）。T2 ⑥：17，夹砂灰陶。敛口，方唇，沿下有一周较宽的凹槽。素面。口径 30、残高 3.3 厘米（图三一，4）。H1：33，夹砂灰褐陶。敛口，方唇，唇面较宽且微内凹，沿下有一周凹槽。素面。口径 33、残高 4.8 厘米（图三一，5）。

Ac 型 49 件。圆弧肩较窄。T3 ⑥：22，夹砂灰陶。敛口，圆唇，沿面微凹，沿下有一周凹槽。素面。口径 30、残高 6.9 厘米（图三一，6）。

Ad 型 17 件。圆折肩较窄，上腹斜收。T11 ⑤：8，夹砂灰褐陶。敛口，沿面内凹，圆唇，沿下有一周凹槽。素面。口径 40、残高 4.8 厘米（图三一，7）。T9 ⑤：5，夹砂灰褐陶。敛口，沿面微凹，圆唇。素面。口径 30、残高 3.6 厘米（图三一，8）。T5 ⑤：21，夹砂灰陶。敛口，圆唇。素面。口径 30、残高 5.1 厘米（图三一，9）。T2 ⑥：15，夹砂灰陶。敛口，圆唇。素面。口径 30、残高 5.1 厘米（图三一，10）。

Ae 型 24 件。弧肩较窄，上腹较直。H6：34，夹砂灰陶。敛口，沿面内凹，圆唇。肩部饰一周凹弦纹。口径 36、残高 9 厘米（图三一，11）。T8 ⑤：7，夹砂灰陶。敛口，方唇。素面。口径 37.5、残高 21 厘米（图三一，12）。H9：15，夹砂灰褐陶。敛口，沿面内凹，尖圆唇。素面。口径

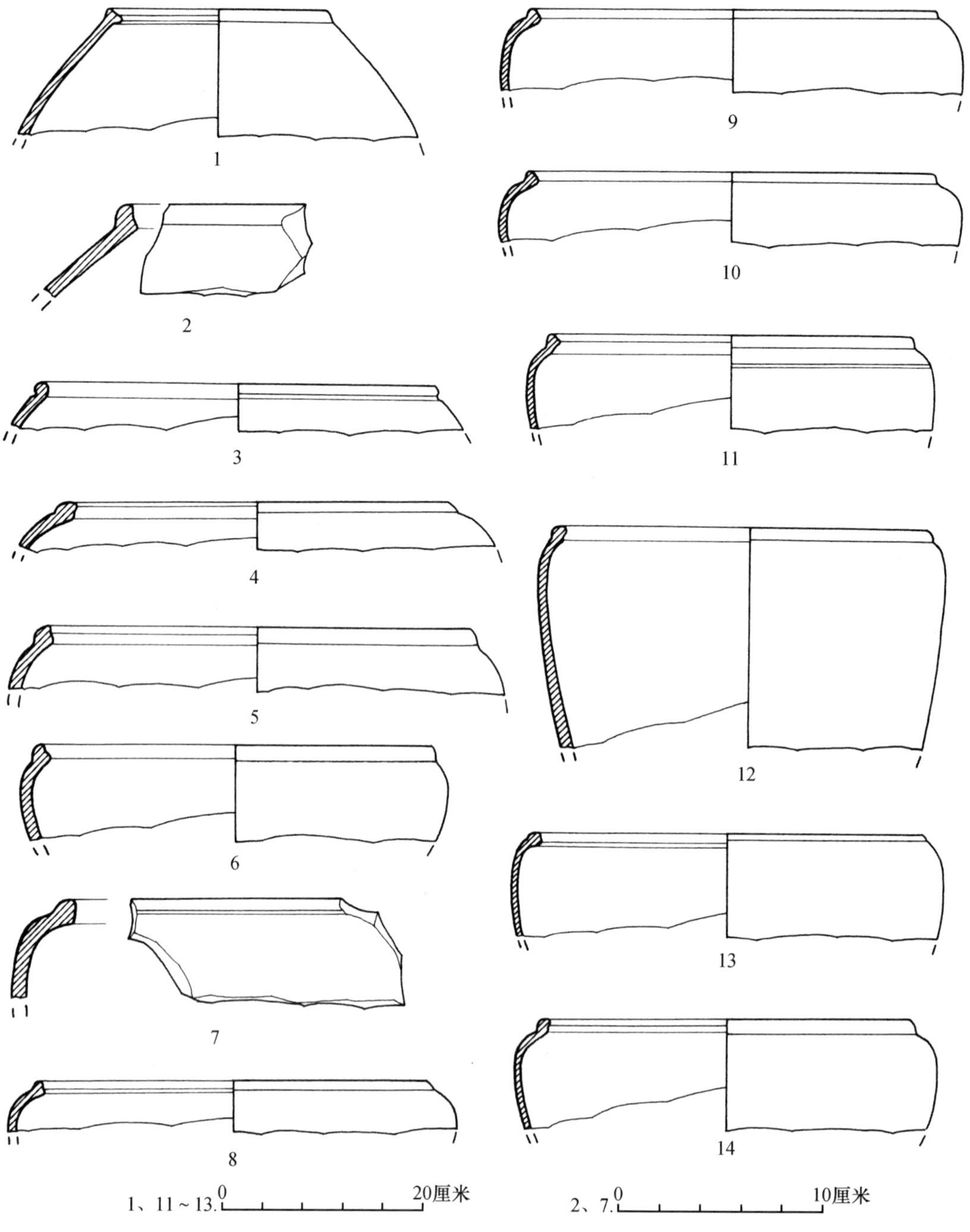

图三一　十二桥文化陶素面敛口罐

1、2. Aa型（T5⑤：25、T10⑥：6）3～5. Ab型（T9⑤：7、T2⑥：17、H1：33）6. Ac型（T3⑥：22）7～10. Ad型（T11⑤：8、T9⑤：5、T5⑤：21、T2⑥：15）11～14. Ae型（H6：34、T8⑤：7、H9：15、H5：10）

39、腹径42、残高9.9厘米（图三一，13）。H5：10，夹砂灰陶。敛口，圆唇。素面。口径28、残高8厘米（图三一，14）。

Af型　22件。鼓肩，上腹斜收。T6⑤：15，夹砂黑褐陶。敛口，圆唇。素面。口径31.5、肩径34.8、残高14.4厘米（图三二，1）。H46：3，夹砂灰褐陶。敛口，沿面内凹，圆唇。素面。口径27、肩径30.6、残高11.4厘米（图三二，2）。H39：1，夹砂黑褐陶。敛口，圆唇。素面。口径

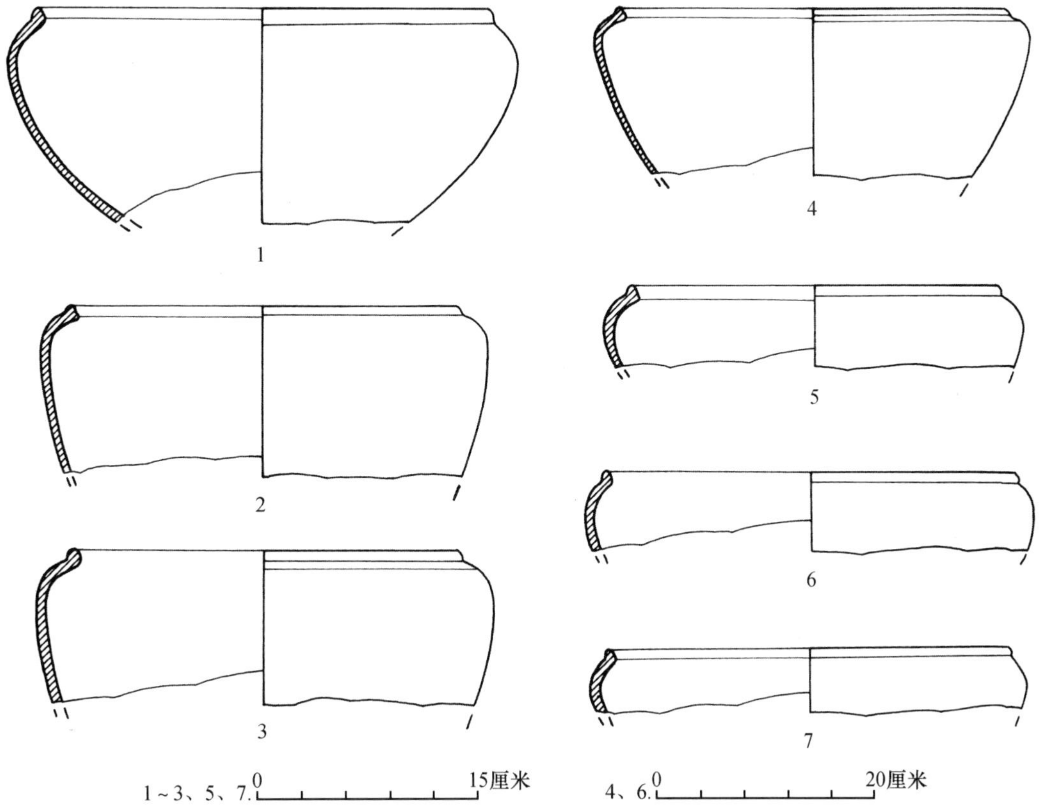

图三二 十二桥文化陶素面敛口罐

1. T6⑤:15 2. H46:3 3. H39:1 4. H31:6 5. H12:8 6. T2⑥:16 7. H6:33

27、肩径31.2、残高11.2厘米（图三二，3）。H31:6，夹砂黑褐陶。敛口，沿面内凹，圆唇。素面。口径36、肩径40、残高15厘米（图三二，4）。H12:8，夹砂灰褐陶。敛口，沿面内凹，圆唇。素面。口径26、肩径28.5、残高5.4厘米（图三二，5）。T2⑥:16，夹砂灰黄陶。敛口，圆唇。素面。口径38、肩径40.8、残高7.2厘米（图三二，6）。H6:33，夹砂灰陶。敛口，圆唇。素面。口径28、残高4厘米（图三二，7）。

Ag型 5件。弧肩，上腹斜收。T6⑥:8，夹砂灰黄陶。敛口，圆唇。素面。口径33、肩径34.2、残高6.6厘米（图三三，1）。

B型 94件。凸沿外侈，沿部较长。依据肩部形态的不同，分为二亚型。

Ba型 53件。鼓肩。H4:6，夹砂灰陶。敛口，平折沿，尖圆唇，束颈。素面。口径30、残高3.8厘米（图三三，2）。H1:29，夹砂灰褐陶。敛口，平折沿，尖唇。素面。口径25.5、残高4厘米（图三三，3）。H3:25，夹砂灰陶。敛口，斜折沿，尖圆唇。素面。口径24、残高2.8厘米（图三三，4）。H45:4，夹砂灰褐陶。敛口，折沿，尖唇。素面。口径30、肩径33.6、残高4厘米（图三三，5）。T1⑥:6，夹砂灰陶。敛口，折沿，尖唇。素面。口径24、残高2.8厘米（图三三，6）。T5⑤:14，夹砂灰陶。敛口，折沿，尖圆唇。素面。口径26、肩径29.2、残高2.5厘米（图三三，7）。

Bb型 41件。弧肩。T3⑥:18，夹砂灰黄陶。敛口，平折沿，尖圆唇。素面。口径25.5、残高5.1厘米（图三三，8）。H1:3，夹砂灰陶。敛口，折沿，圆唇，肩部有一周凹槽。素面。口径30、肩径31.2、残高7.5厘米（图三三，9）。T8⑤:4，夹砂灰陶。敛口，平折沿，圆唇。素面。口径26、肩径26、残高4.8厘米（图三三，10）。

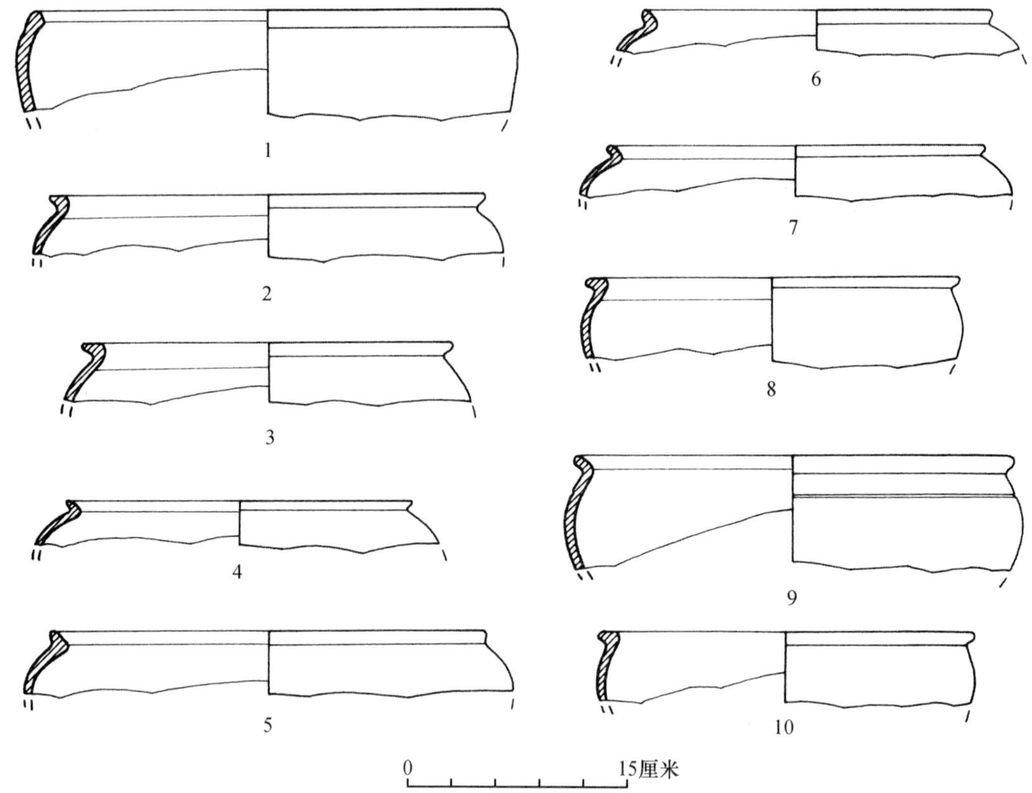

图三三　十二桥文化陶素面敛口罐

1. Ag 型（T6⑥：8）　2～7. Ba 型（H4：6、H1：29、H3：25、H45：4、T1⑥：6、T5⑤：14）　8～10. Bb 型（T3⑥：18、H1：3、T8⑤：4）

绳纹侈口罐　27 件。均为口沿残片或保留至上腹部。依据肩部形态的不同，分为三型。

A 型　24 件。溜肩。H47：8，夹砂灰褐陶。侈口，方唇。肩部饰交错绳纹，其下饰两周凹弦纹。口径 33、肩径 42、残高 24.3 厘米（图三四，1）。T10⑤：13，夹砂灰陶。侈口，方唇已磨圆。肩部饰交错绳纹。残高 3.2 厘米（图三四，2）。T5⑤：7，夹砂灰褐陶。侈口，方唇。肩部饰斜向绳纹。口径 16、残高 5.6 厘米（图三四，3）。T2⑥：14，夹砂灰黄陶。侈口，方唇。肩部饰交错绳纹。残高 5 厘米（图三四，4）。

B 型　2 件。弧肩。T1⑥：5，夹砂灰陶。侈口，方唇磨圆。肩部饰交错绳纹。口径 18、残高 5 厘米（图三四，5）。

C 型　1 件。无肩。H35：4，夹砂黑褐陶。侈口，圆唇。上腹部饰斜向绳纹。残高 4 厘米（图三四，6）。

素面侈口罐　79 件。均为口沿残片。依据器形大小及口沿、肩部形态的不同，分为五型。

A 型　41 件。器形较小，肩部弧鼓。Y1：13，夹砂灰褐陶。侈口，方唇，唇部有一周凹槽，弧肩。素面。口径 17、肩径 20、残高 3.4 厘米（图三五，1）。T6⑥：21，夹砂灰陶。侈口，方唇，弧肩。素面。口径 14、肩径 16、残高 5.4 厘米（图三五，2）。H7：10，夹砂灰陶。侈口，方唇，弧肩。素面。口径 17、肩径 17.6、残高 4 厘米（图三五，3）。H34：11，夹砂灰陶。侈口，方唇，弧肩。素面。口径 14、肩径 16、残高 5.6 厘米（图三五，4）。T5⑤：5，夹砂灰陶。侈口，方唇，弧肩。素面。口径 15、肩径 18、残高 3.4 厘米（图三五，5）。H9：1，夹砂灰陶。侈口，方唇，弧

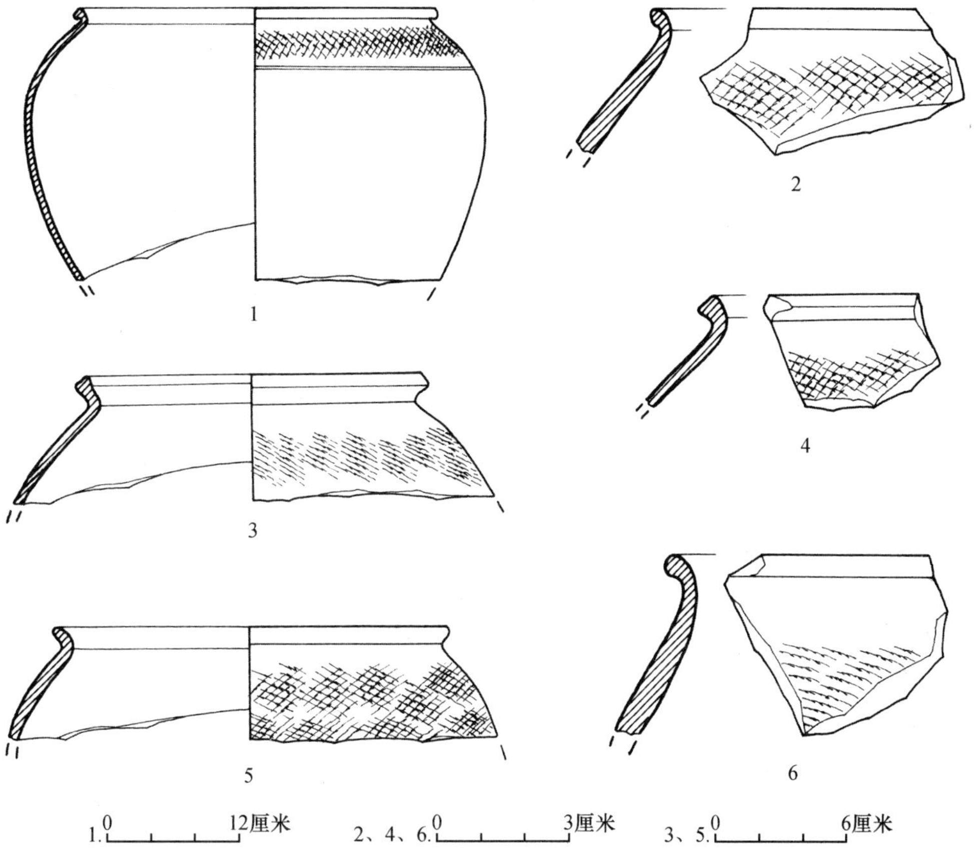

图三四 十二桥文化陶绳纹侈口罐

1～4. A型（H47：8、T10⑤：13、T5⑤：7、T2⑥：14） 5. B型（T1⑥：5） 6. C型（H35：4）

肩。素面。口径14、肩径16.4、残高5厘米（图三五，6）。

B型 28件。器形较A型稍大，溜肩。H34：15，夹砂灰褐陶。侈口，方唇，唇面稍宽微凹，溜肩。素面。口径18、残高5.6厘米（图三五，7）。T5⑤：4，夹砂灰陶。侈口，方唇，唇部有一周凹槽，溜肩。素面。口径17、残高3厘米（图三五，8）。H7：11，夹砂灰陶。侈口，方唇，溜肩。素面。口径16、残高3厘米（图三五，9）。H9：5，夹砂灰陶。侈口，方唇，溜肩。素面。口径21、残高4.4厘米（图三五，10）。T2⑥：12，夹砂灰陶。侈口，方唇，溜肩。素面。口径24、残高4.8厘米（图三五，11）。

C型 4件。器形比A型稍大，广肩。T5⑥：15，夹砂灰陶。侈口，方唇，唇部较宽且有一周凹槽，广肩。素面。口径17、残高4厘米（图三五，12）。

D型 3件。器形较小，肩部外鼓程度、弧度均较A型弱。H3：20，夹砂暗褐陶。侈口，方唇，束颈，弧肩。素面。口径14、残高4.2厘米（图三六，1）。T11⑤：13，夹砂灰褐陶。侈口，圆唇，弧肩。素面。口径19、残高3厘米（图三六，2）。H32：3，夹砂灰陶。侈口，方唇，弧肩。素面。口径14、残高3.4厘米（图三六，3）。

E型 3件。器形较小，弧肩，肩径小于口径。H14：13，夹砂灰褐陶。侈口，方唇。素面。口径15、肩径14.6、残高2.8厘米（图三六，4）。H11：82，夹砂灰褐陶。侈口，折沿，尖圆唇，弧肩。素面。口径12、肩径11.6、残高3.4厘米（图三六，5）。H38：2，夹砂黑褐陶。侈口，折

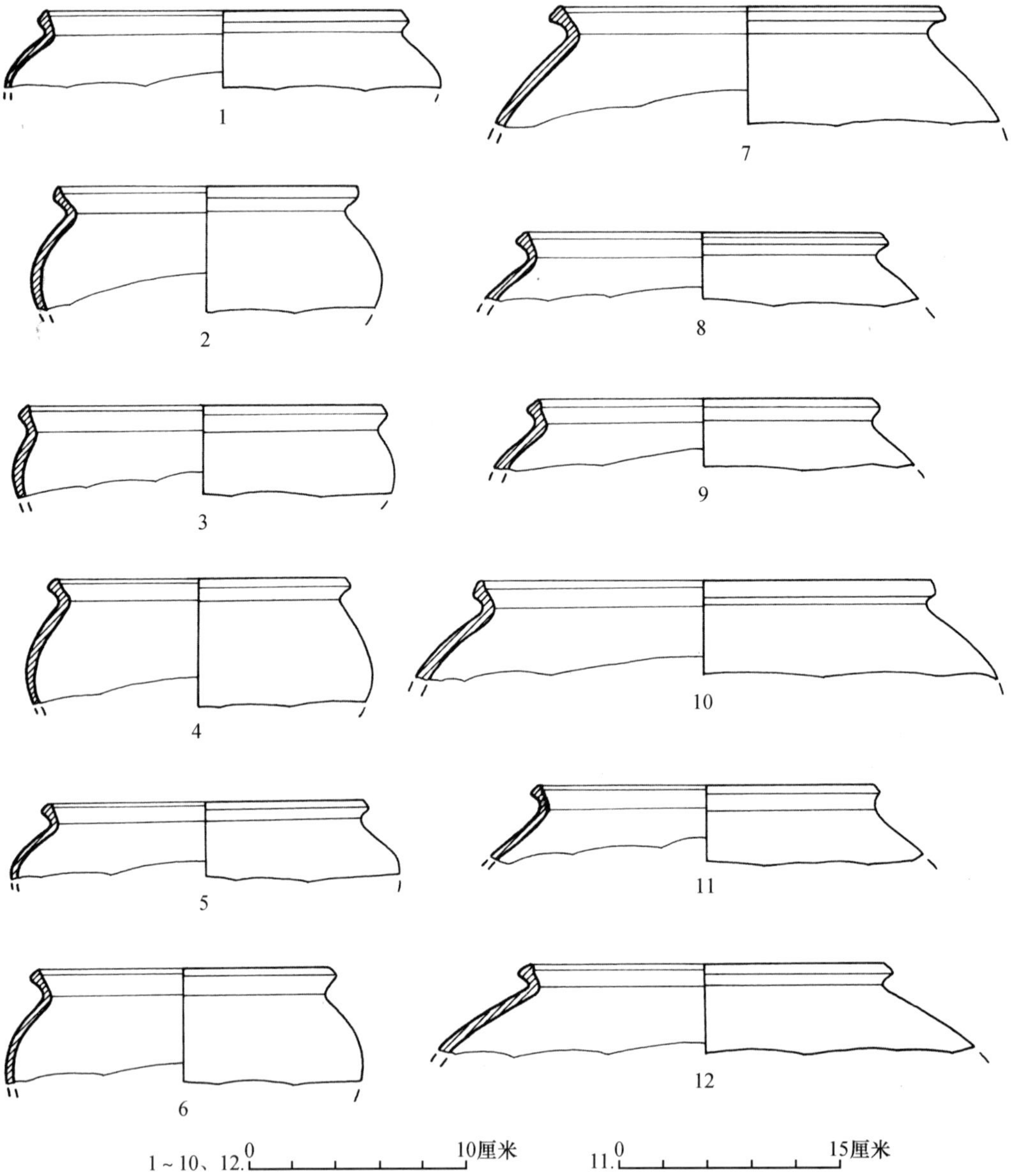

图三五　十二桥文化陶素面侈口罐

1～6. A型（Y1：13、T6⑥：21、H7：10、H34：11、T5⑤：5、H9：1）7～11. B型（H34：15、T5⑤：4、H7：11、H9：5、T2⑥：12）12. C型（T5⑥：15）

沿，尖圆唇，弧肩。素面。口径14、肩径13.6、残高3.8厘米（图三六，6）。

刻划纹侈口罐　1件。肩部饰刻划纹，但形态与素面侈口罐相近。M1：2，夹砂黑褐陶。侈口，方唇，圆鼓肩。肩部饰刻划纹。口径13、肩径16.6、残高4厘米（图三六，7）。

曲腹罐　8件。H10：8，夹砂灰褐陶。侈口，方唇，弧肩。肩部饰一周凹弦纹。口径16、残高7厘米（图三七，1）。H11：69，夹砂灰褐陶。侈口，方唇，弧肩。肩部饰一周凹弦纹。口径26、残高7.2厘米（图三七，2）。T5⑥：14，夹砂灰褐陶。侈口，方唇，弧肩。肩部饰一周凹弦纹。口径15、残高4.8厘米（图三七，3）。

卷沿罐　3件。H2：4，夹砂灰陶。敛口，卷沿，方唇，弧肩。素面。口径11、残高3.5厘米（图三七，4）。H2：3，夹砂灰陶。侈口，卷沿，圆唇，肩部斜直。素面。残高2.3厘米

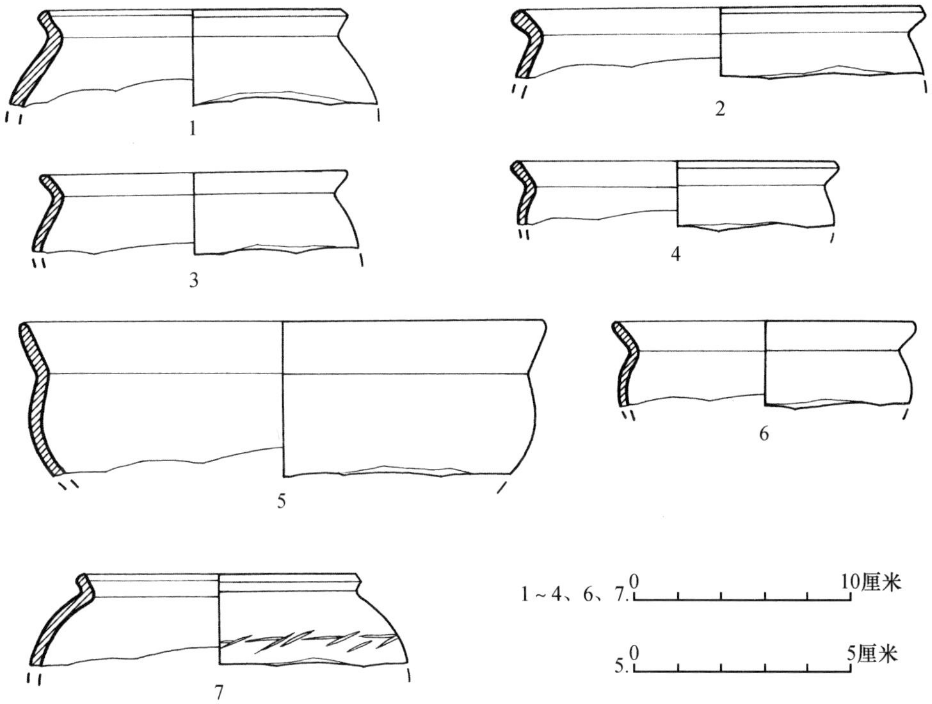

图三六　十二桥文化陶罐

1～3. D 型素面侈口罐（H3：20、T11⑤：13、H32：3）4～6. E 型素面侈口罐（H14：13、H11：82、H38：2）
7. 刻划纹侈口罐（M1：2）

（图三七，5）。H4：16，夹砂黑褐陶。卷沿较甚近平，圆唇，鼓肩。素面。口径 14、残高 2.8 厘米（图三七，6）。

敛口小罐　2 件。H16：6，夹砂灰陶。敛口，圆唇，广肩。素面。口径 11、残高 1.6 厘米（图三七，7）。H16：2，夹砂灰褐陶。敛口，圆唇，唇部加厚，圆弧腹。素面。口径 10、腹径 12.4、残高 5.8 厘米（图三七，8）。

镂孔罐　4 件。只保留口沿及肩腹残片。H49：9，夹砂灰陶。敛口，方唇，唇面微凹，弧腹。上腹饰三周凹弦纹，腹部饰椭圆形镂孔。口径 18、残高 7.5 厘米（图三七，9）。H50：13，夹砂灰陶。敛口，方唇，唇面微凹，弧腹。上腹部饰一周凹弦纹，腹部饰椭圆形镂孔。口径 15、肩径 19、残高 8 厘米（图三七，10）。

高领罐　177 件。依据领部形态及器形大小的不同，分为二型。

A 型　69 件。领部稍高，器形较小。依据领部倾斜程度的不同，分为三亚型。

Aa 型　44 件。领部微外斜。H11：58，夹砂灰陶。侈口，圆唇。素面。口径 20、残高 5.4 厘米（图三八，1）。H9：19，夹砂灰陶。侈口，方圆唇。素面。口径 16、残高 4.2 厘米（图三八，2）。T2⑥：23，夹砂灰陶。侈口，方圆唇。素面。口径 16.4、残高 4.3 厘米（图三八，3）。T3⑤：16，夹砂灰陶。侈口，圆唇。素面。口径 16、残高 4.6 厘米（图三八，4）。H9：22，夹砂灰陶。侈口，圆唇。素面。口径 17.6、残高 5.4 厘米（图三八，5）。

Ab 型　19 件。领部较直。H5：12，夹砂灰陶。侈口，圆唇。素面。口径 28、残高 14.8 厘米（图三八，6）。H6：25，夹砂灰陶。侈口，圆唇。素面。口径 19.8、残高 9.5 厘米（图三八，7）。T3⑥：24，夹砂灰陶。侈口，方圆唇。素面。口径 34、残高 5 厘米（图三八，8）。H11：56，夹砂

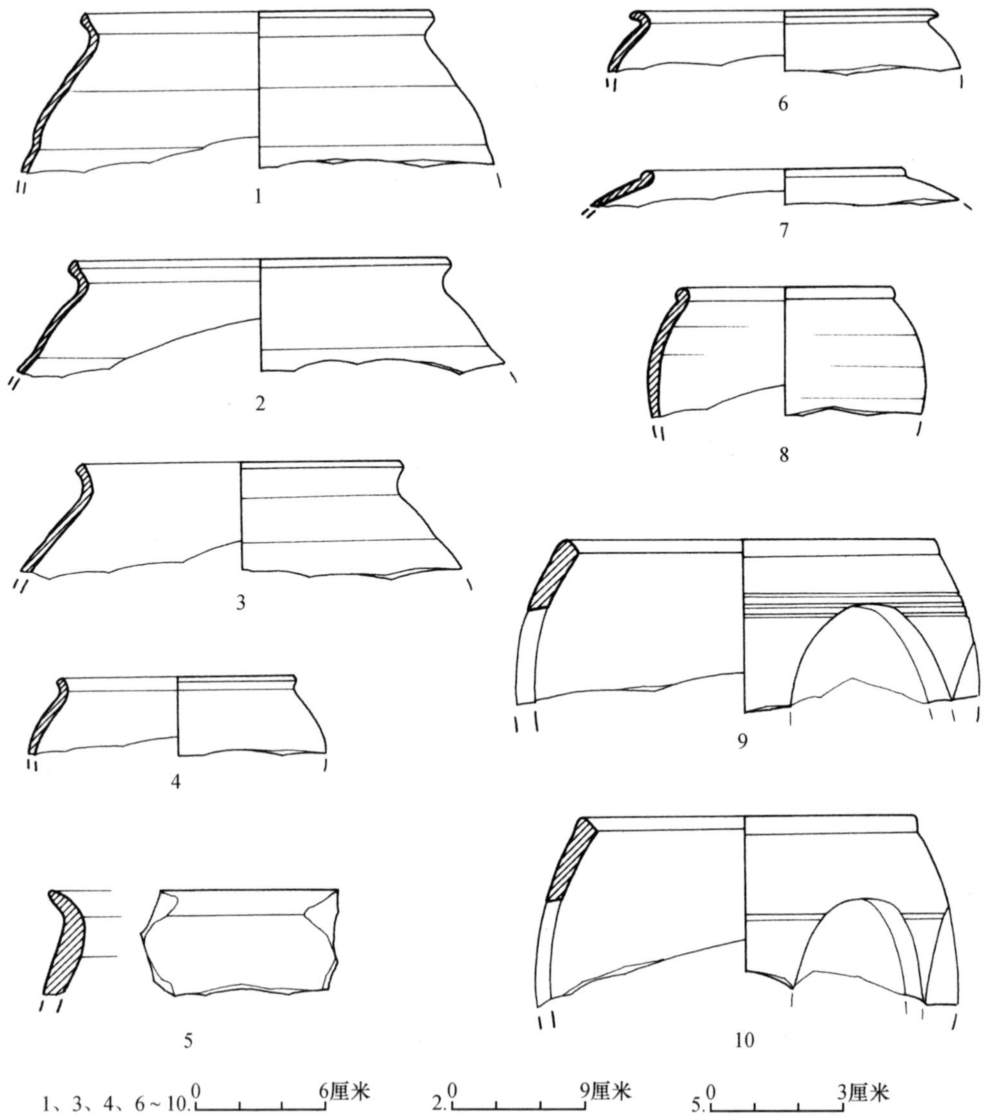

图三七　十二桥文化陶罐

1～3. 曲腹罐（H10：8、H11：69、T5⑥：14）4～6. 卷沿罐（H2：4、H2：3、H4：16）7、8. 敛口小罐（H16：6、H16：2）9、10. 镂孔罐（H49：9、H50：13）

灰陶。侈口，圆唇。沿下饰两周凹弦纹，领部饰一周凹弦纹。口径12、残高4.4厘米（图三八，9）。T5⑤：32，夹砂灰陶。侈口，圆唇。素面。口径14.4、残高4厘米（图三八，10）。H21：22，夹砂灰陶。侈口，方圆唇。素面。口径24、残高5.3厘米（图三八，11）。

Ac型　6件。领部内斜。T1⑤：11，夹砂灰陶。侈口，圆唇，唇部有一周凹槽。素面。口径32、残高3.3厘米（图三八，12）。H9：26，夹砂灰陶。侈口，圆唇。素面。口径19、残高3.2厘米（图三八，13）。

B型　108件。领部较A型高，器形比A型稍大。依据领部倾斜程度的不同，分二亚型。

Ba型　92件。领部较直。H25：21，夹砂灰陶。直口，圆唇。素面。口径18、残高4.8厘米（图三九，1）。H11：52，夹砂灰陶。侈口，圆唇，素面。口径13、残高7.8厘米（图三九，2）。H47：6，夹砂灰陶。直口，圆唇。领部饰两周凹弦纹。口径20.4、残高8.6厘米（图三九，3）。H9：29，

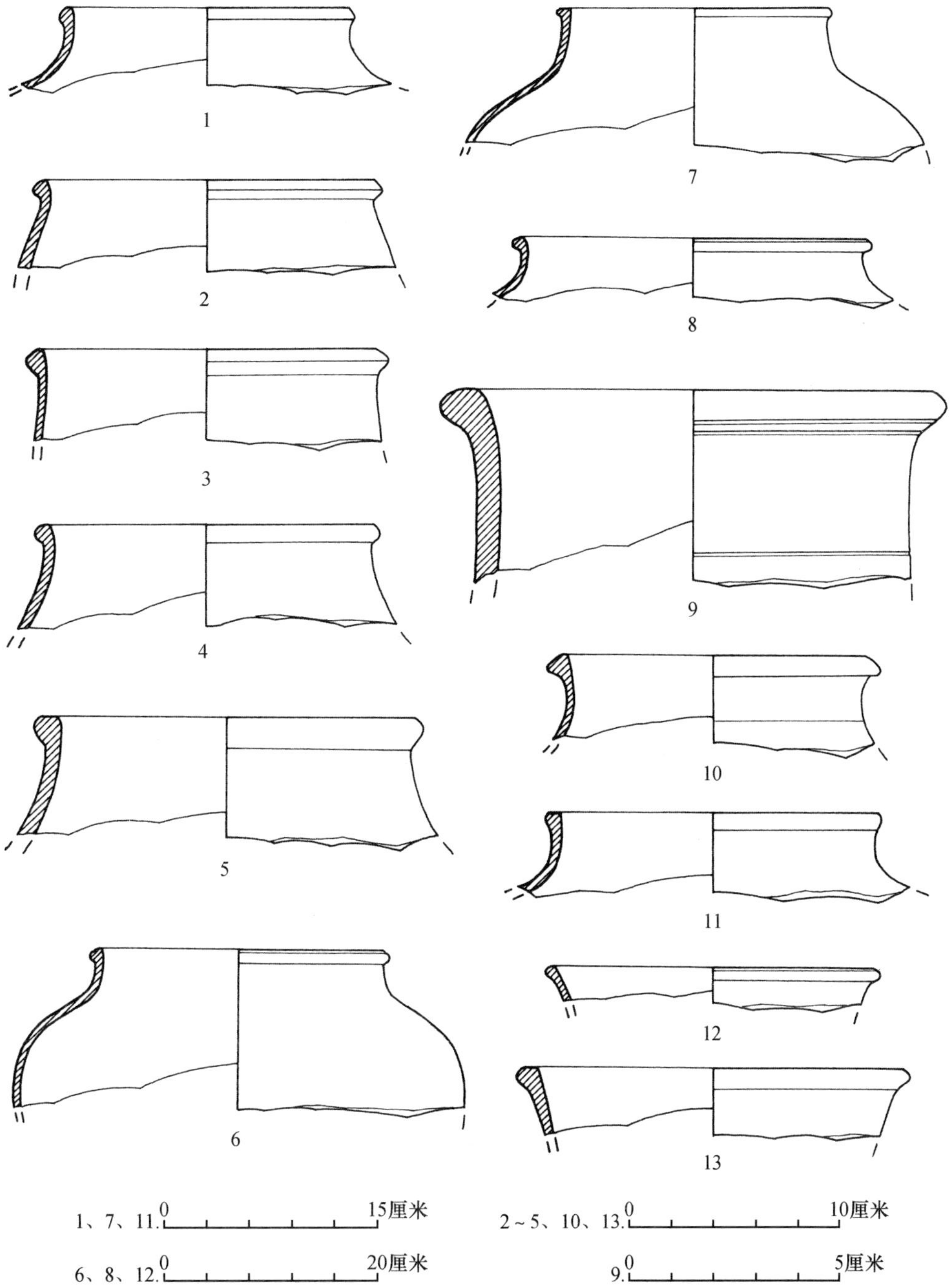

图三八　十二桥文化陶高领罐

1～5. Aa型（H11：58、H9：19、T2⑥：23、T3⑤：16、H9：22） 6～11. Ab型（H5：12、H6：25、T3⑥：24、H11：56、T5⑤：32、H21：22） 12、13. Ac型（T1⑤：11、H9：26）

夹砂灰陶。侈口，圆唇。素面。内壁有明显轮修痕迹。口径17.2、残高10.4厘米（图三九，4）。H4：9，夹砂灰陶。直口，方圆唇。素面。口径17、残高5.6厘米（图三九，5）。H1：43，夹砂灰陶。直口，圆唇。素面。口径18、残高6.4厘米（图三九，6）。H29：2，夹砂灰陶。直口，圆唇。素面。口径16、残高7.2厘米（图三九，7）。H15：13，夹砂灰陶。直口，圆唇。素面。口径17、残高11厘米（图三九，8）。T6⑤：37，夹砂灰陶。直口，方圆唇。素面。口径18、残高9.2厘米（图四〇，1）。Y1：7，夹砂灰陶。侈口，圆唇。素面。口径19、残高15.9

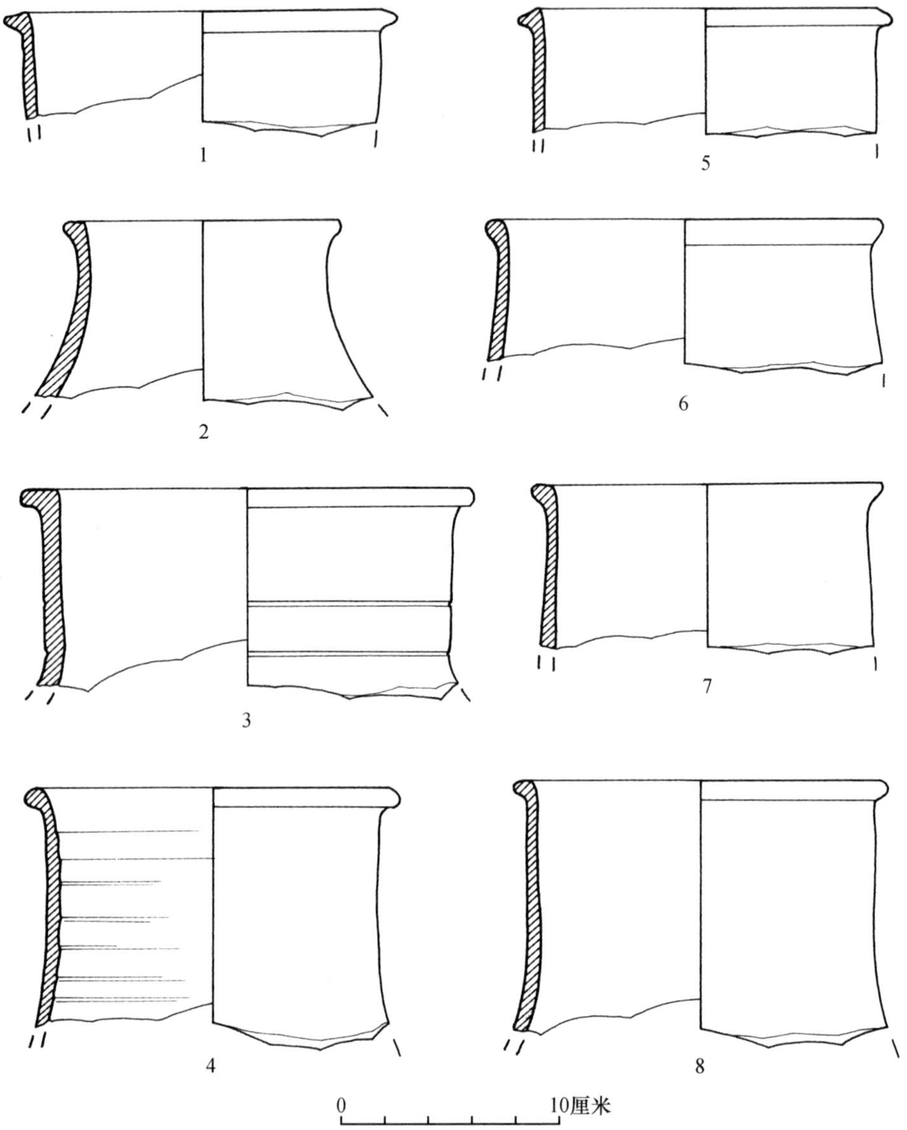

图三九　十二桥文化Ba型陶高领罐

1. H25：21　2. H11：52　3. H47：6　4. H9：29　5. H4：9　6. H1：43　7. H29：2　8. H15：13

厘米（图四〇，2）。T6⑥：3，夹砂灰陶。侈口，圆唇。素面。口径15、残高9.4厘米（图四〇，3）。

Bb型　16件。领部内斜。T5⑤：37，夹砂灰陶。侈口，圆唇。素面。口径14、残高5.3厘米（图四〇，4）。H11：59，夹砂灰陶。侈口，尖圆唇。素面。口径26、残高5.4厘米（图四〇，5）。T7⑥：9，夹砂灰陶。侈口，圆唇。领部饰两周凹弦纹。口径19、残高5厘米（图四〇，6）。

矮领薄胎罐　1件。H36：2，夹砂灰陶。口微侈，圆唇，矮领微斜收，鼓腹。素面。口径14、腹径16.4、残高7.6厘米（图四〇，7）。

尖底罐（器底）　3件。H21：25，夹砂灰黄陶。素面。残高3.8厘米（图四〇，8）。T1⑤：19，夹砂灰陶。素面。残高2厘米（图四〇，9）。H7：24，夹砂灰陶。素面。残高2.5厘米（图四〇，10）。

圈足杯　1件。H16：5，夹细砂灰陶。弧腹，喇叭形圈足，足缘上翘。素面。足径7、残高8

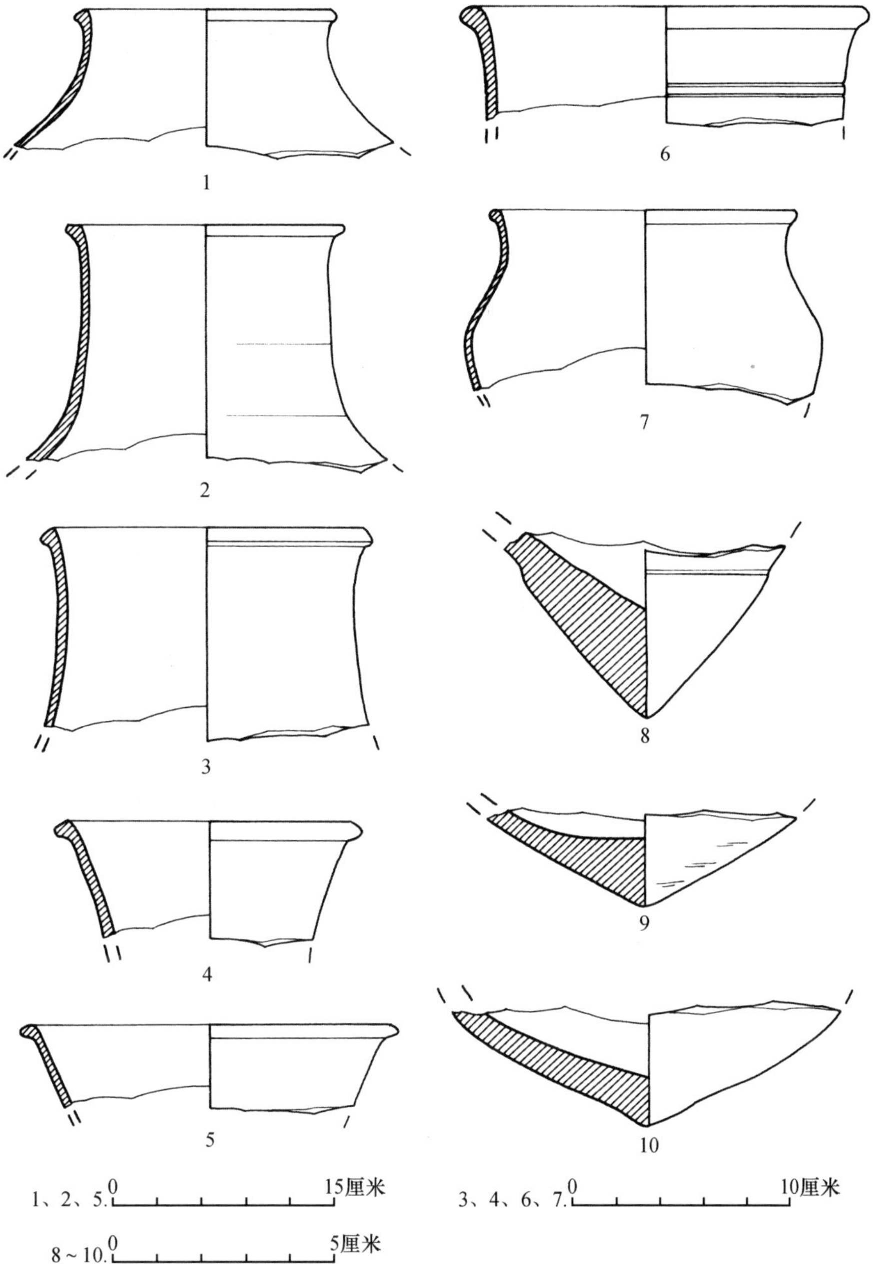

图四〇 十二桥文化陶罐

1～3. Ba型高领罐（T6⑤：37、Y1：7、T6⑥：3） 4～6. Bb型高领罐（T5⑤：37、H11：59、T7⑥：9） 7. 矮领薄胎罐（H36：2） 8～10. 尖底罐（H21：25、T1⑤：19、H7：24）

厘米（图四一，9）。

尖底杯 107件。均只保留口沿和底部残片。

尖底杯（口沿） 11件。依据陶质及器形大小的不同，分为二型。

A型 5件。泥质陶，薄壁，口径较小。H39：4，泥质灰陶。敛口，上腹较直。素面。口径10、残高4.5厘米（图四一，1）。H1：8，泥质灰陶。敛口，上腹斜直。素面。口径12、残高3.3厘米（图四一，2）。T6⑤：59，泥质灰白陶。敛口，上腹斜直。素面。口径12、残高2.1厘米（图四一，3）。H34：1，泥质灰陶。直口，上腹较直。素面。口径11、残高3.4厘米（图四一，4）。

H49：17，泥质灰陶。侈口，上腹近直，下腹内收。素面。口径 9.6、残高 5.5 厘米（图四一，5）。

B 型　6 件。夹砂陶，器壁较厚，器形较大，口径大于 20 厘米。H9：30，夹砂灰陶。直口，尖圆唇，弧腹。素面。口径 22、残高 16.7 厘米（图四一，6）。T11⑤：15，夹砂灰褐陶。敛口，尖圆唇，上腹弧收。素面。口径 32、残高 9 厘米（图四一，7）。T10⑤：10，夹砂灰褐陶。敛口，

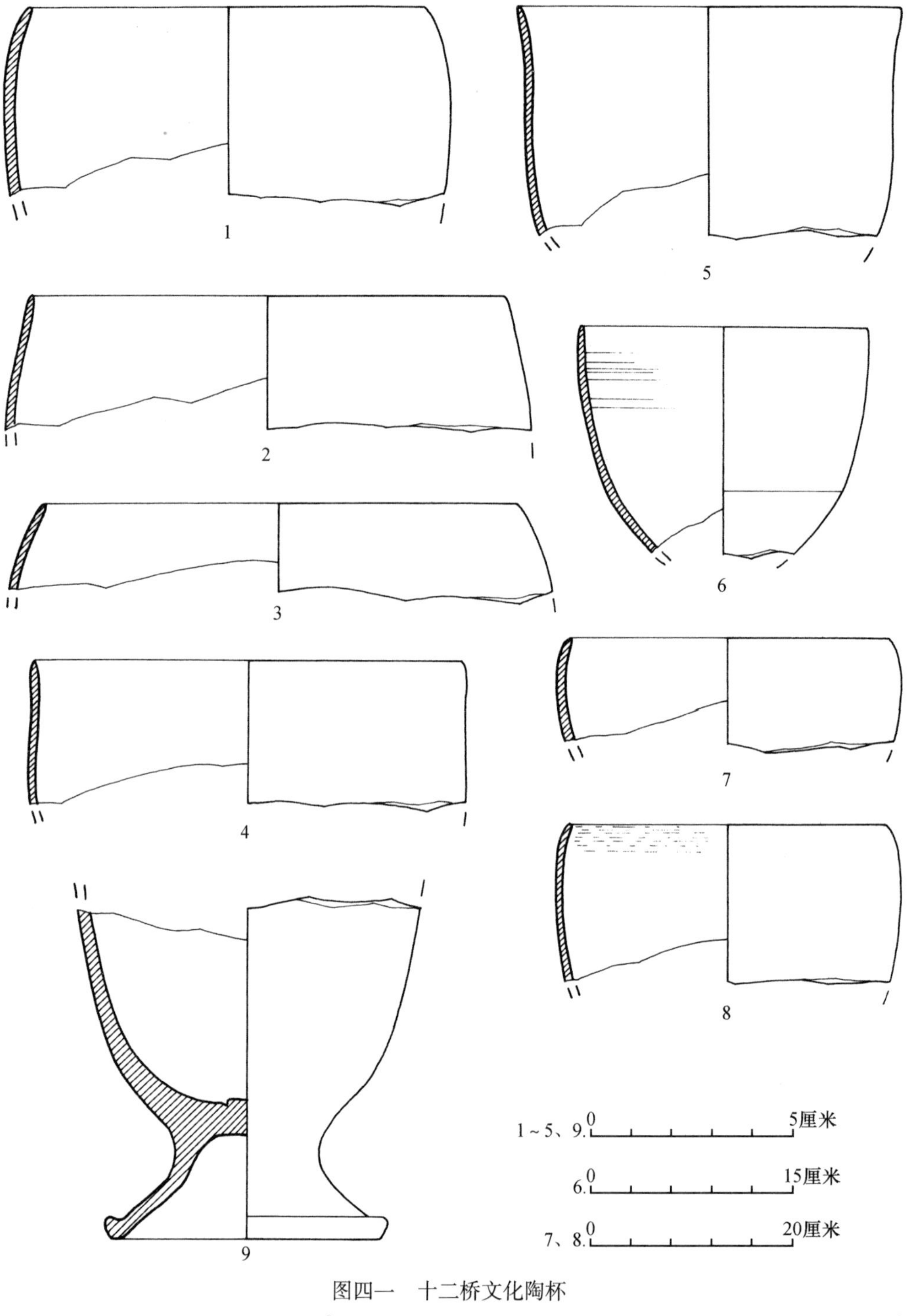

图四一　十二桥文化陶杯

1～5. A 型尖底杯口沿（H39：4、H1：8、T6⑤：59、H34：1、H49：17）　6～8. B 型尖底杯口沿（H9：30、T11⑤：15、T10⑤：10）　9. 圈足杯（H16：5）

尖圆唇，上腹弧收。素面。口径32.4、残高15.2厘米（图四一，8）。

尖底杯（器底） 96件。只保留底部或至下腹。依据底部形态的不同，分为二型。

A型 83件。小平底。H60：4，泥质灰陶。素面。底径1、残高6厘米（图四二，1）。H66：4，泥质灰陶。素面。底径1.2、残高4.2厘米（图四二，2）。T5⑤：57，夹细砂灰陶。素面。底径1、残高4.5厘米（图四二，3）。H1：18，夹细砂灰陶。素面。底径1、残高2.5厘米（图四二，4）。H9：39，泥质灰陶。素面。底径0.4、残高4.4厘米（图四二，5）。H11：26，泥质灰褐陶。素面。底径0.6、残高3厘米（图四二，6）。T1⑥：25，泥质灰褐陶。素面。底径0.8、残高3.5厘米（图四二，7）。H7：26，泥质灰陶。素面。底径1.4、残高2.1厘米（图四二，8）。H40：8，泥质黑褐陶。素面。底径2.2、残高8.4厘米（图四二，9）。

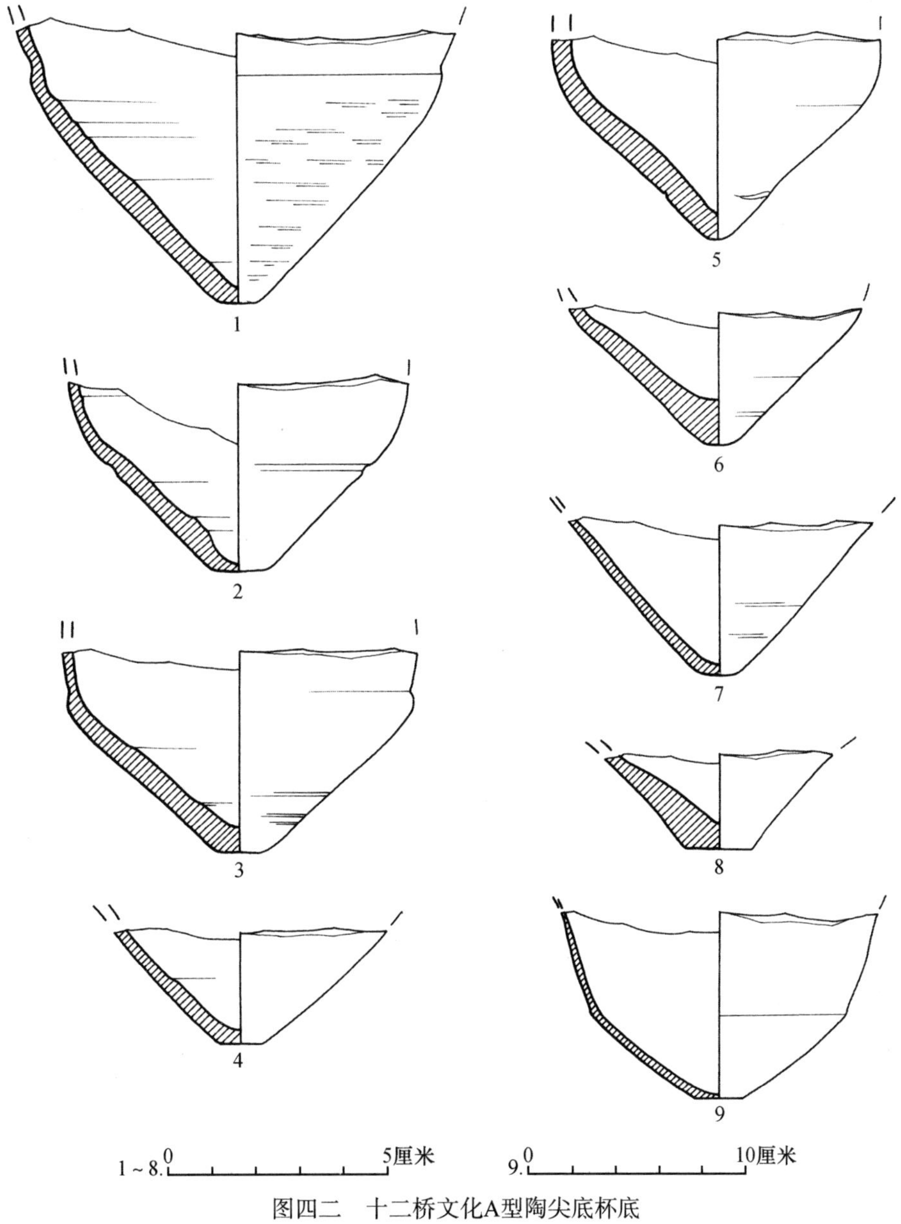

图四二 十二桥文化A型陶尖底杯底

1. H60：4 2. H66：4 3. T5⑤：57 4. H1：18 5. H9：39 6. H11：26 7. T1⑥：25 8. H7：26 9. H40：8

B型　13件。尖圜底。依据整体形态的不同，分为二亚型。

Ba型　12件。制作较好，腹部微胖。H5：4，泥质灰陶。素面。残高6.6厘米（图四三，1）。H1：17，泥质灰陶。素面。残高3.4厘米（图四三，2）。T11⑤：21，泥质灰陶。素面。残高2.9厘米（图四三，3）。H11：21，夹砂灰陶。素面。残高2厘米（图四三，4）。

Bb型　1件。制作粗糙，腹部较Ba型瘦。T11⑥：10，泥质灰黄陶。素面。残高4.1厘米（图四三，5）。

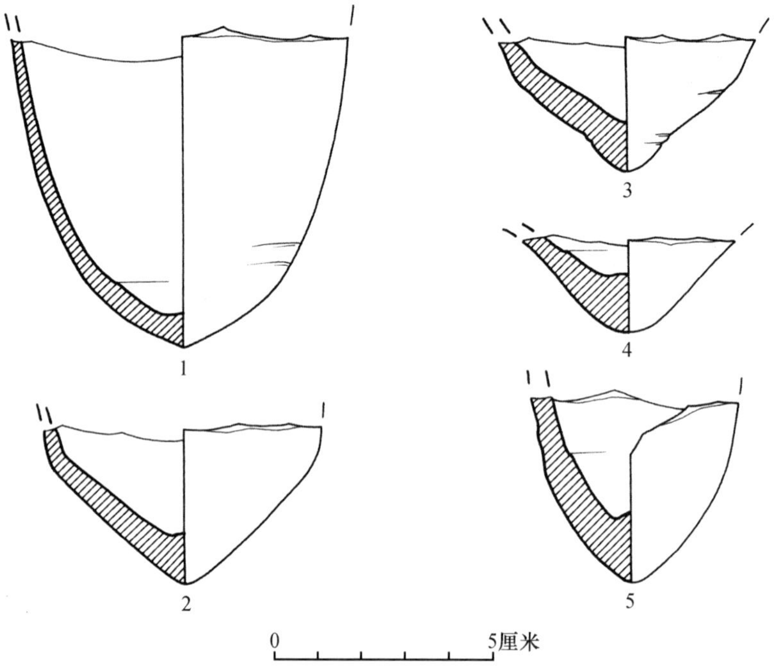

图四三　十二桥文化陶尖底杯底

1～4. Ba型（H5：4、H1：17、T11⑤：21、H11：21）　5. Bb型（T11⑥：10）

尖底盏　26件。均只保留口沿和底部残片。

尖底盏（口沿）　4件。H39：6，泥质灰陶。敛口，上腹外鼓，下腹斜收。素面。口径15.4、残高2.5厘米（图四四，1）。H39：5，夹细砂灰陶。敛口，上腹外鼓，下腹斜收。素面。口径14、残高2.7厘米（图四四，2）。H69：1，夹细砂灰陶。近口，浅弧腹。素面。口径14.2、残高2.5厘米（图四四，3）。T4⑥：16，夹细砂灰陶。微敛口，腹部弧鼓，下腹斜收。素面。口径10.4、残高2.7厘米（图四四，4）。

尖底盏（器底）　22件。均只保留底部或至下腹部。依据底部形态的不同，分为二型。

A型　9件。小平底。H42：2，夹砂黑褐陶。素面。底径0.8、残高2.5厘米（图四四，5）。H7：23，夹砂黑褐陶。素面。底径1.4、残高2.3厘米（图四四，6）。T10⑤：4，夹砂灰陶。素面。底径1.8、残高2.4厘米（图四四，8）。

B型　13件。尖圜底，底部不规则。H6：8，泥质灰陶。素面。残高1.6厘米（图四四，7）。T7⑥：17，泥质黑皮陶。腹部饰两周凹弦纹。残高2.5厘米（图四四，9）。H3：7，夹砂灰褐陶。素面。残高2.1厘米（图四四，10）。T10⑤：3，夹细砂灰陶。素面。残高3.5厘米（图四四，11）。H7：25，泥质灰黄陶。素面。残高1.8厘米（图四四，12）。

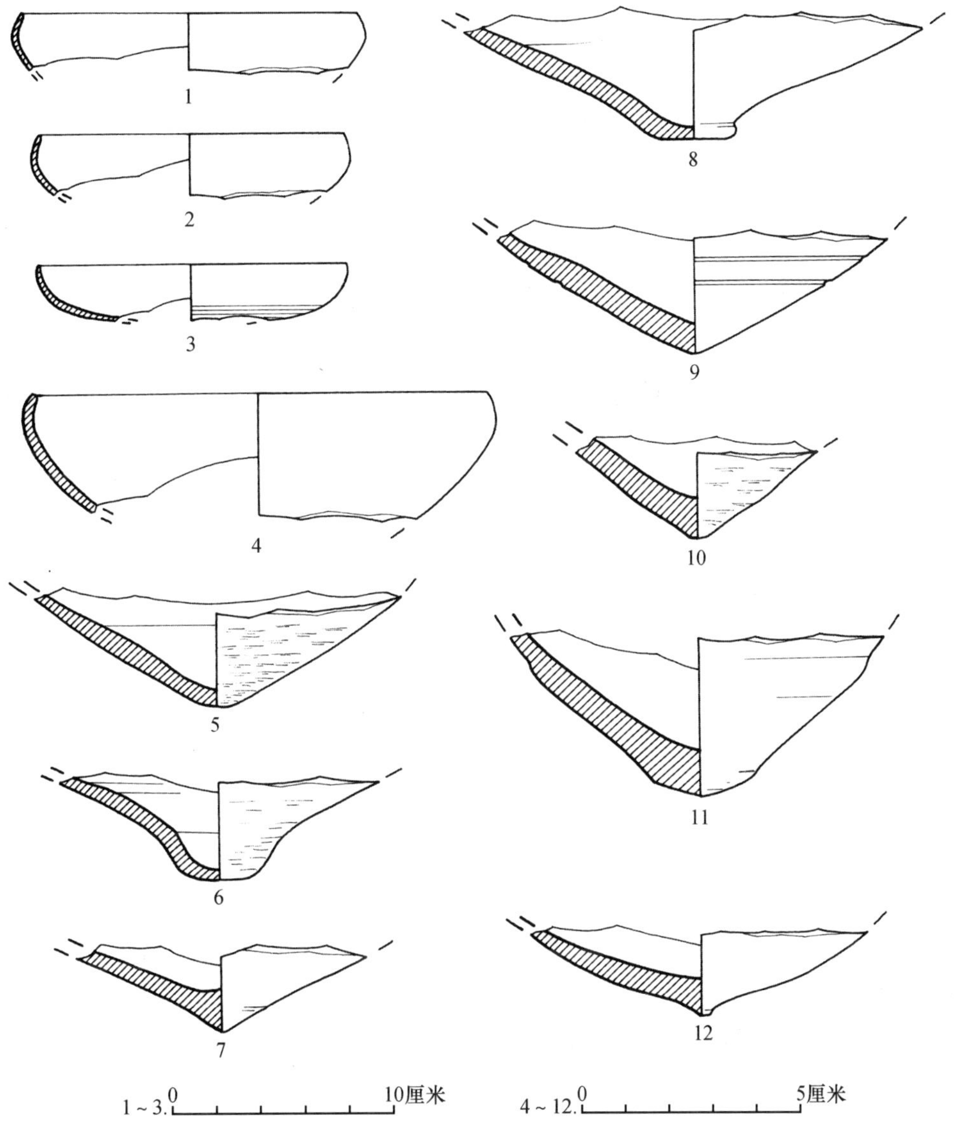

图四四　十二桥文化陶尖底盏

1～4. 口沿（H39：6、H39：5、H69：1、T4⑥：16） 5、6、8. A 型盏底（H42：2、H7：23、T10⑤：4）

7、9～12. B 型盏底（H6：8、T7⑥：17、H3：7、T10⑤：3、H7：25）

高柄豆　42 件。未发现完整者，对豆盘、豆柄和豆圈足分别加以介绍。

豆盘　3 件。H68：1，夹砂灰褐陶。杯形，侈口，尖圆唇，盘与柄相通。素面。口径 13、残高 8.7 厘米（图四五，1）。T11⑥：2，夹砂灰褐陶。杯形，侈口，尖圆唇。素面。口径 11.4、残高 5 厘米（图四五，2）。H37：3，泥质灰陶。盘形，直口，弧腹。素面。口径 16、残高 1.8 厘米（图四五，3）。

豆柄　36 件。T9⑥：21，夹砂灰黄陶。中部微鼓。素面。残高 11.1 厘米（图四五，5）。H73：3，夹砂灰褐陶。中间粗，两端细。素面。残高 14.4 厘米（图四五，6）。T9⑤：36，泥质灰黄陶。饰一周凹弦纹。残高 11 厘米（图四五，7）。T5⑤：61，夹砂灰黄陶。饰一周凸棱纹。残高 11 厘米（图四五，8）。H68：15，夹砂灰褐陶。素面。残高 10.3 厘米（图四六，1）。H11：83，夹砂灰黄陶。饰两周凹弦纹。残高 8 厘米（图四六，2）。T5⑥：52，夹砂灰褐陶。素面。残高 8.8 厘米（图四六，3）。

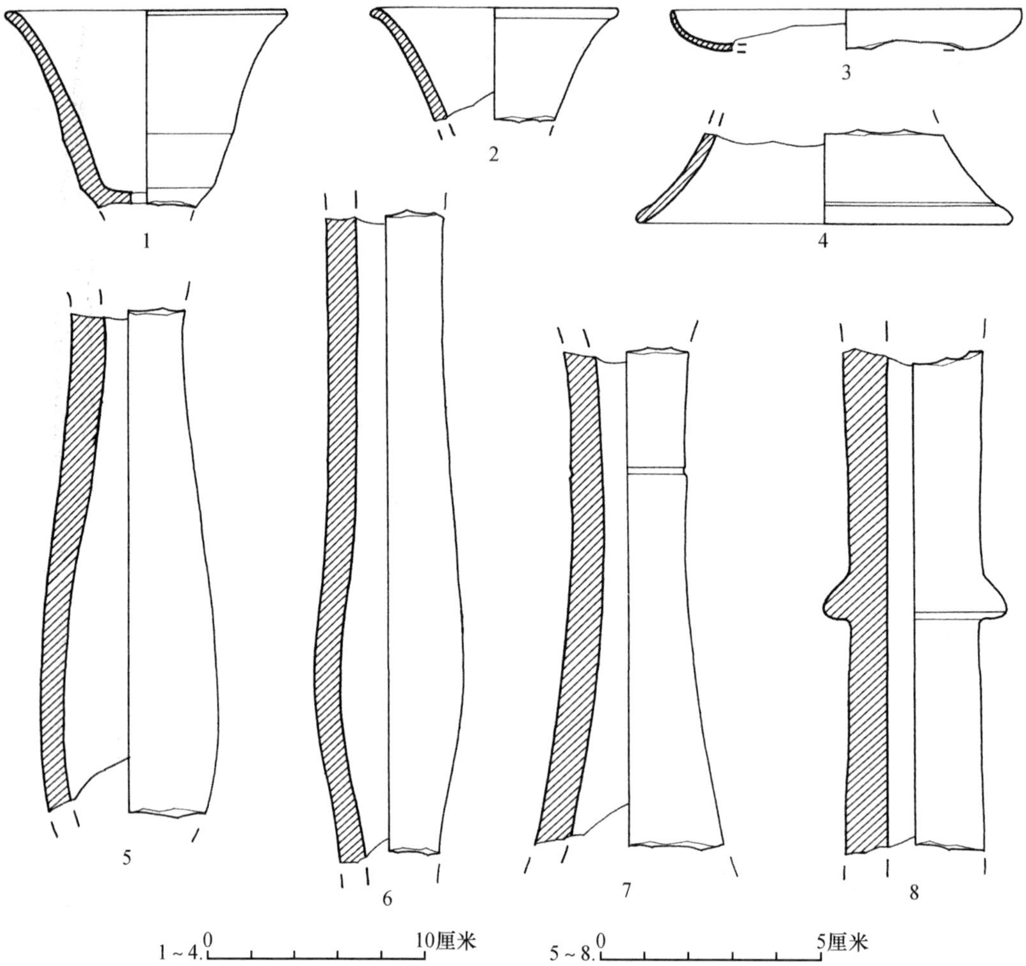

图四五　十二桥文化陶高柄豆

1～3. 豆盘（H68：1、T11⑥：2、H37：3）4. 豆圈足（H47：7）5～8. 豆柄（T9⑥：21、H73：3、T9⑤：36、T5⑤：61）

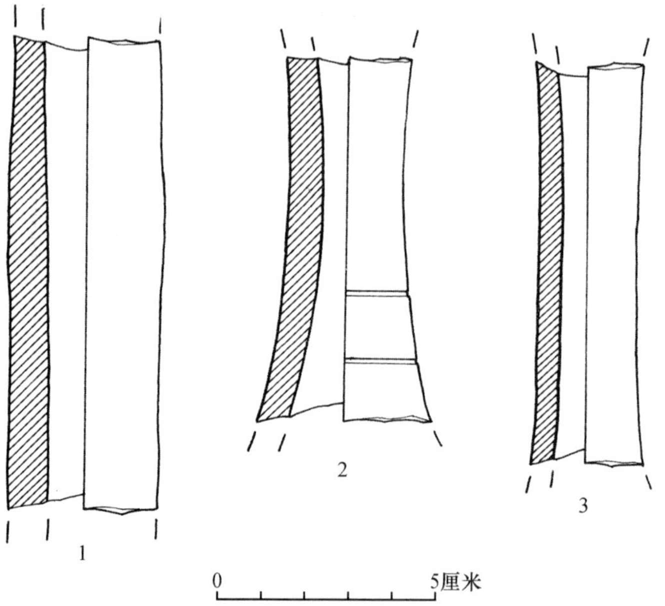

图四六　十二桥文化陶高柄豆柄

1. H68：15　2. H11：83　3. T5⑥：52

豆圈足　3件。H47：7，泥质黑皮陶。喇叭形，足缘加厚，形成假叠唇。足壁近足缘处饰一周凹弦纹。足径17.4、残高4厘米（图四五，4）。

器盖　169件。有复原器、盖纽及盖身。

器盖（复原器）　3件。H44：2，夹砂黑褐陶。呈覆碗形，盖腹较深，盖缘微上翘。喇叭状高盖纽。纽颈下部饰一周凸棱。口径17.6、纽径5.6、高13.8厘米（图四七，1）。Y1：20，夹砂黑褐陶。覆碟状，盖壁斜直，近顶处加厚。素面。口径8.5、高2厘米（图四七，2）。T5⑤：58，夹砂暗褐陶。覆碟状，盖壁斜直，不甚规整。素面。口径8.5、高2厘米（图四七，3）。

盖纽　71件。依据纽部形态的不同，分为七型。

A型　7件。锥形纽。H7：19，夹砂灰陶。素面。残高4.5厘米（图四七，4）。H11：44，夹

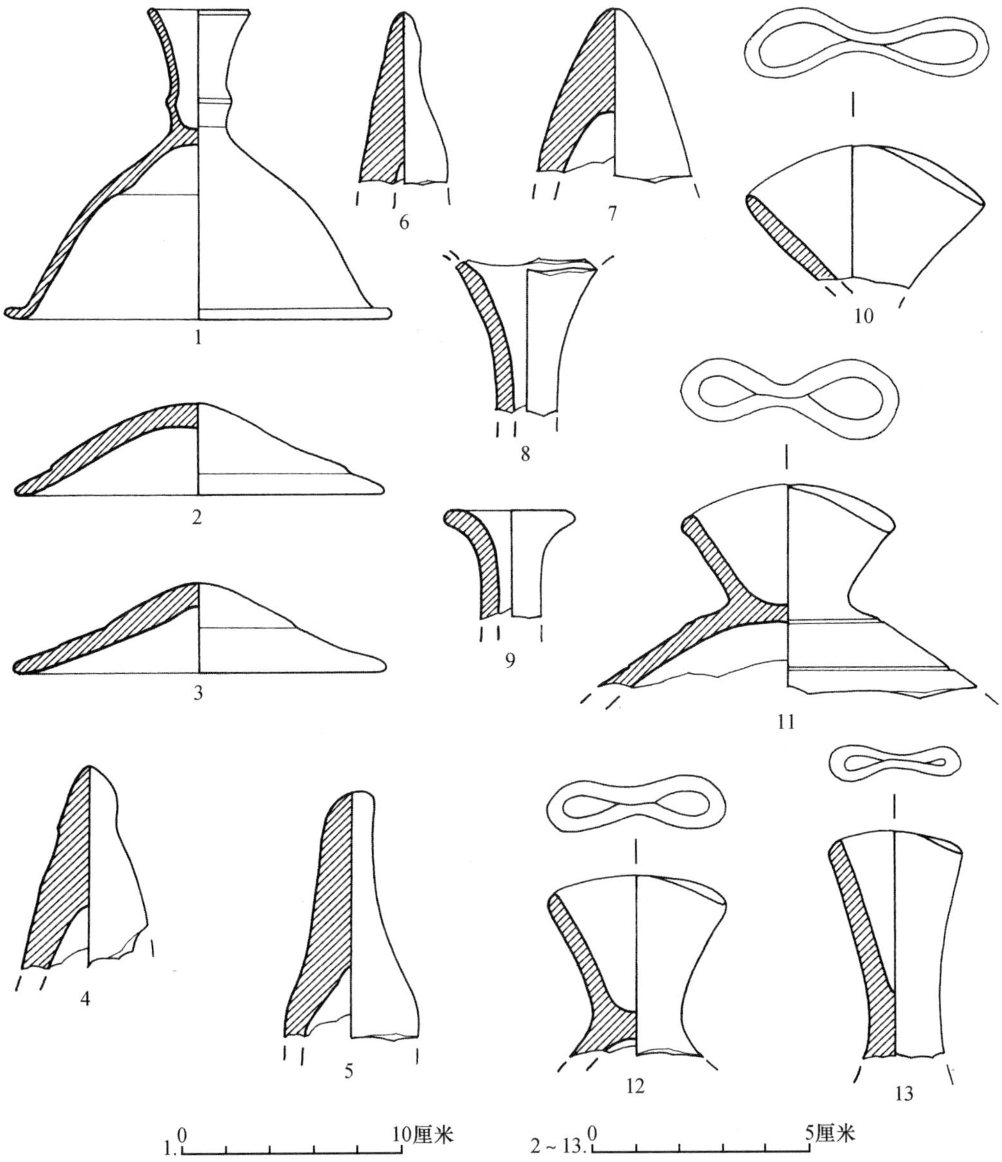

图四七　十二桥文化陶器盖

1～3. 复原器（H44：2、Y1：20、T5⑤：58）　4～7. A型盖纽（H7：19、H11：44、T2⑤：5、T6⑥：39）　8、9. B型盖纽（T5⑥：50、H67：2）　10～12. Ca型盖纽（T2⑤：6、H11：43、T5⑥：49）　13. Cb型盖纽（T5⑥：51）

砂灰陶。素面。残高 5.5 厘米（图四七，5）。T2⑤：5，夹砂灰陶。素面。残高 3.8 厘米（图四七，6）。T6⑥：39，夹砂灰陶。素面。残高 3.8 厘米（图四七，7）。

B 型　3 件。柱状纽。T5⑥：50，泥质灰陶。素面。残高 3.2 厘米（图四七，8）。H67：2，泥质灰陶。纽沿外翻。素面。残高 2.4 厘米（图四七，9）。

C 型　12 件。花瓣状纽。依据整体形态的不同，分为二亚型。

Ca 型　10 件。整体矮胖。T2⑤：6，夹砂灰陶。素面。残高 3.2 厘米（图四七，10）。H11：43，夹砂灰陶。素面。残高 4.5 厘米（图四七，11）。T5⑥：49，夹砂灰陶。素面。残高 4 厘米（图四七，12）。

Cb 型　2 件。整体瘦高。T5⑥：51，夹砂灰陶。素面。残高 4.9 厘米（图四七，13）。

D 型　45 件。圈纽。依据纽部形态的不同，分为五亚型。

Da 型　39 件。纽缘外侈，沿面向外倾斜，沿面内外两侧差别明显，内侧稍高于外侧。H14：9，夹砂灰陶。素面。纽径 4.8、残高 5.3 厘米（图四八，1）。T5⑤：60，夹砂灰陶。素面。纽径 3.6、残高 2.3 厘米（图四八，2）。H9：50，夹砂灰陶。素面。纽径 3、残高 3 厘米（图四八，3）。H9：49，夹砂灰陶。素面。纽径 3.6、残高 1.7 厘米（图四八，4）。T5⑥：46，夹砂灰陶。素面。纽径 4.2、残高 2.5 厘米（图四八，5）。H11：45，夹砂灰陶。素面。纽径 4.2、残高 2.3 厘米（图四八，6）。T1⑥：23，夹砂灰陶。素面。纽径 4.2、残高 2.4 厘米（图四八，7）。T2⑤：2，夹砂灰陶。素面。纽径 3.8、残高 2.9 厘米（图四八，8）。

Db 型　2 件。纽沿外侈，沿面垂直。T9⑥：11，夹砂灰陶。素面。纽径 3.2、残高 2 厘米（图四八，9）。

Dc 型　1 件。纽身外侈，沿内侧凸起。H14：8，夹砂灰陶。素面。纽径 4、残高 2.6 厘米（图四八，10）。

Dd 型　2 件。纽缘外翻较甚。H68：14，夹砂灰陶。素面。纽径 3.8、残高 2.6 厘米（图四八，11）。H35：5，夹砂灰陶。素面。纽径 3.6、残高 2.2 厘米（图四八，12）。

De 型　1 件。纽缘外翻，有一定弧度。T11⑥：11，夹砂灰陶。素面。口径 4.8、残高 3.6 厘米（图四八，13）。

E 型　1 件。纽身斜直，沿部近圆唇。H20：23，夹砂灰陶。素面。纽径 3.2、残高 2 厘米（图四八，14）。

F 型　1 件。器形与 Dd 型相近，较 Dd 型大。H8：12，夹砂灰陶。素面。纽径 6.2、残高 3.5 厘米（图四八，15）。

G 型　2 件。盘状纽，纽径较大。H11：10，夹砂灰陶。纽沿内侧凸起。素面。纽径 5、残高 2 厘米（图四八，16）。H38：5，夹砂灰陶。素面。纽径 6.6、残高 2.7 厘米（图四八，17）。

盖身　95 件。依据整体形态以及器形大小的不同，分为五型。

A 型　34 件。覆碗形，盖壁外弧。H12：7，夹砂灰陶。盖腹稍浅，盖缘上翘。素面。口径 20、残高 5 厘米（图四九，1）。H9：52，夹砂灰褐陶。盖壁外弧较甚，盖腹稍浅，盖缘上翘较甚。素面。口径 12、残高 2.4 厘米（图四九，2）。H11：29，夹砂黑褐陶。盖腹较深，盖缘微翘。素面。口径 14.5、残高 3 厘米（图四九，3）。H24：8，夹砂灰褐陶。盖壁外弧较甚，腹较深，盖缘平折。素面。口径 13、残高 3.5 厘米（图四九，4）。H31：8，夹砂黑褐陶。盖壁外弧较甚，腹较深，盖缘微翘。素面。口径 13、残高 4.2 厘米（图四九，5）。T3⑥：13，夹砂灰褐陶。盖腹稍浅，盖缘

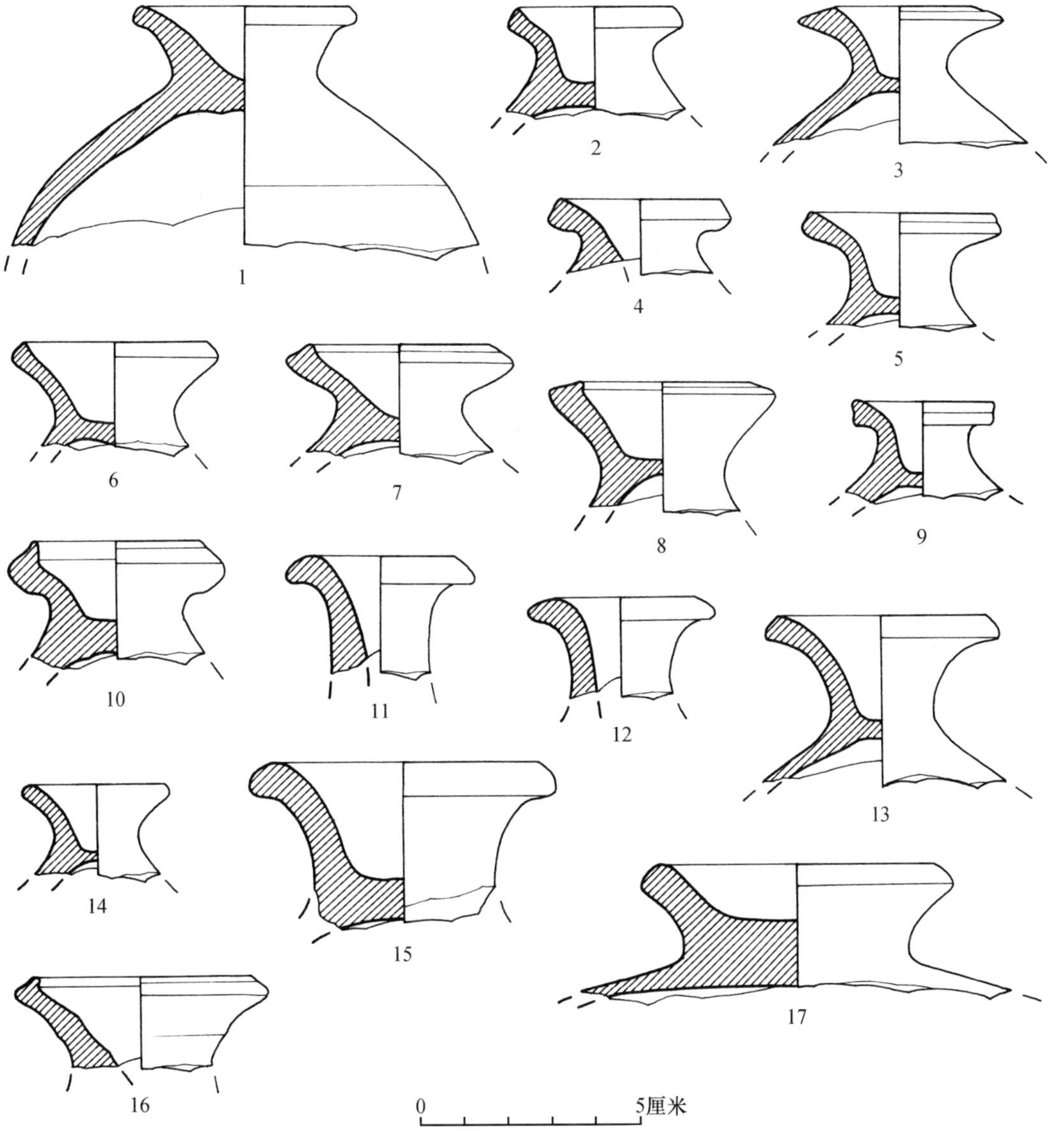

图四八 十二桥文化陶盖纽

1～8. Da 型（H14：9、T5⑤：60、H9：50、H9：49、T5⑥：46、H11：45、T1⑥：23、T2⑤：2） 9. Db 型（T9⑥：11） 10. Dc 型（H14：8） 11、12. Dd 型（H68：14、H35：5） 13. De 型（T11⑥：11） 14. E 型（H20：23） 15. F 型（H8：12） 16、17. G 型（H11：10、H38：5）

微翘。素面。口径 18、残高 2.6 厘米（图四九，6）。T1⑤：21，夹砂黑褐陶。盖腹稍浅，盖缘加厚。素面。口径 11、残高 2.7 厘米（图四九，7）。H8：2，夹砂灰褐陶。盖腹稍浅，盖缘微翘。素面。口径 20、残高 3.8 厘米（图四九，8）。H11：30，夹砂灰褐陶。盖腹稍浅，盖缘微上翘。素面。口径 22、残高 4.5 厘米（图四九，9）。T5⑥：43，夹砂灰陶。盖腹稍浅，盖缘微翘。素面。口径 16、残高 3 厘米（图四九，10）。H13：11，夹砂黑褐陶。盖壁外弧较甚，盖腹较深，盖缘上翘。素面。口径 13、残高 4.4 厘米（图四九，11）。

B 型 51 件。器形较 A 型大，斗笠状，盖壁斜直，或微外弧。T4⑤：5，夹砂灰陶。盖壁较直，盖缘加厚。素面。口径 24、残高 4.4 厘米（图四九，12）。

C 型 2 件。器壁外弧或微折，盖缘似微侈口。T7⑤：36，夹砂灰陶。盖壁外弧，腹较浅，唇面微内凹。素面。口径 24、残高 4.2 厘米（图四九，13）。H11：42，夹砂黑褐陶。弧壁微折，盖沿内斜。素面。口径 16、残高 4 厘米（图四九，14）。

D 型　3 件。覆碟状。T1⑥：24，夹砂黑褐陶。盖壁微外弧，浅腹。素面。口径 16、残高 2.8 厘米（图五〇，1）。H1：5，夹砂灰陶。盖壁斜直，盖缘微弧。素面。口径 15、残高 1.4 厘米（图五〇，2）。T11⑤：25，夹砂灰陶。盖壁斜直，盖缘微折。素面。口径 12、残高 1.6 厘米（图五〇，3）。

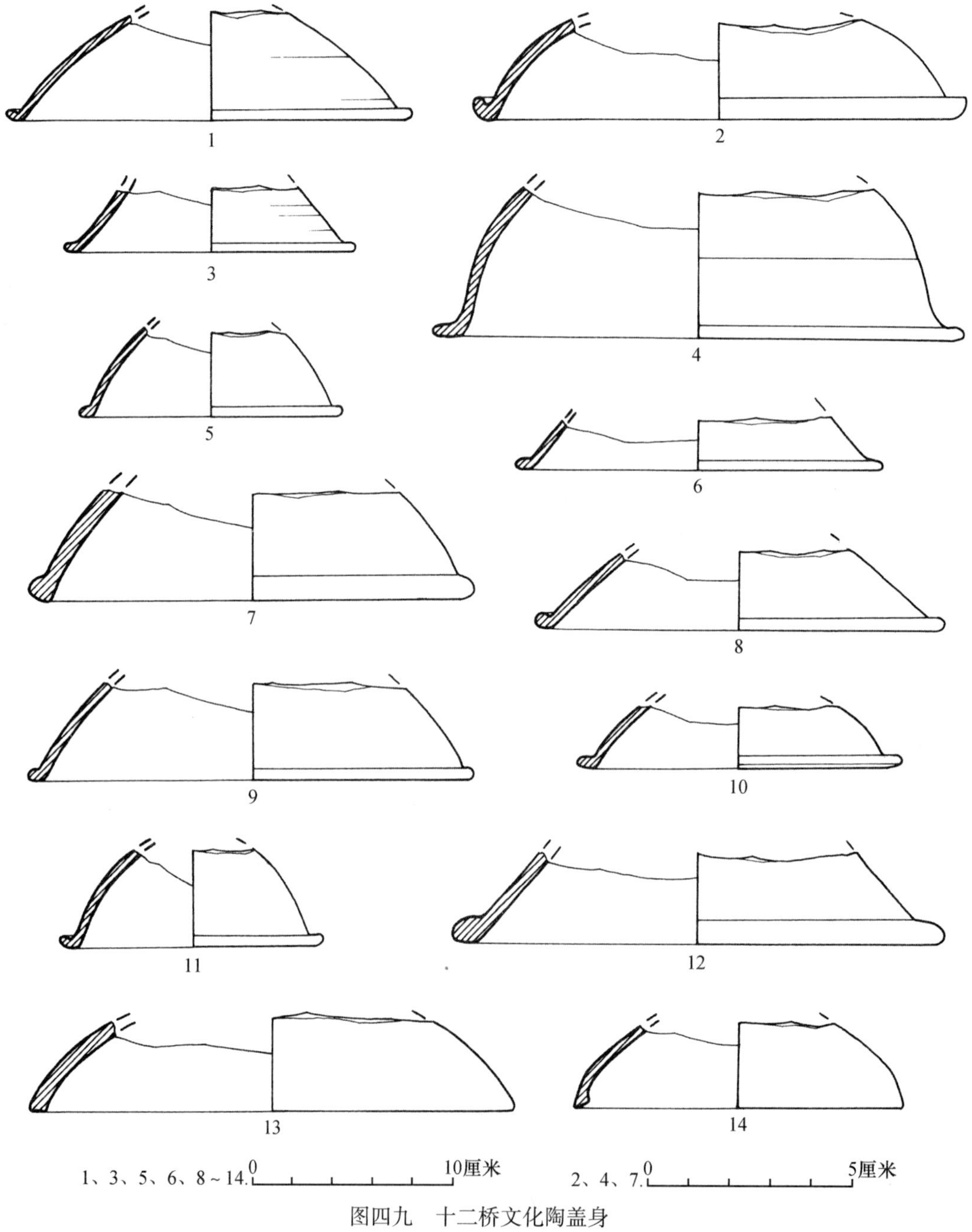

图四九　十二桥文化陶盖身

1～11. A 型（H12：7、H9：52、H11：29、H24：8、H31：8、T3⑥：13、T1⑤：21、H8：2、H11：30、T5⑥：43、H13：11）
12. B 型（T4⑤：5）　13、14. C 型（T7⑤：36、H11：42）

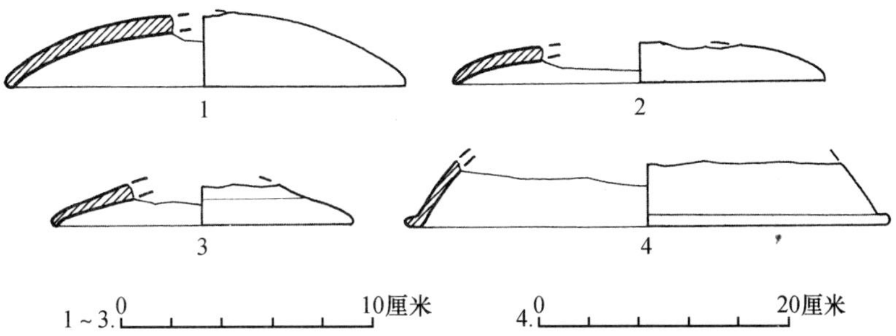

图五〇 十二桥文化陶盖身

1～3. D型（T1⑥：24、H1：5、T11⑤：25） 4. E型（H15：2）

E型 5件。整体形态与A型接近，体形硕大。H15：2，夹砂灰褐陶。盖壁微弧，盖缘外撇。素面。口径39、残高5.4厘米（图五〇，4）。

盆 32件。均为口沿残片或至上腹部。依据口部及上腹部形态的不同，分为五型。

A型 14件。沿窄，上腹外斜较甚。H40：29，夹砂灰陶。敛口，侈沿，圆唇，上腹弧鼓。上腹部饰两周凹弦纹。口径27、残高6厘米（图五一，1）。H7：1，夹砂灰陶。敛口，斜折沿，尖唇。素面。口径28.8、残高6厘米（图五一，2）。T5⑤：33，夹砂灰陶。侈口，圆唇。素面。口径32、残高4.5厘米（图五一，3）。

B型 7件。上腹较直或微外斜。H44：3，夹砂灰陶。直口，斜折沿，尖圆唇，上腹较直。素面。口径28、残高5.4厘米（图五一，4）。T6⑤：8，夹砂灰陶。直口，圆唇，上腹微外斜。上腹饰两周凹弦纹。口径24、残高5.8厘米（图五一，5）。T9⑥：8，夹砂灰陶。侈口，圆唇，上腹微外斜。上腹饰一周凹弦纹。口径34、残高8.8厘米（图五一，6）。H7：2，夹砂灰陶。敛口，平折沿，圆唇，上腹微外斜。上腹饰三周凹弦纹。口径32、残高10厘米（图五一，7）。

C型 7件。上腹斜收。H7：3，夹砂灰陶。敛口，平折沿，圆唇，沿下有一周凹槽。素面。口径30、残高4厘米（图五一，8）。T6⑥：6，夹砂灰陶。侈口，尖圆唇。素面。口径36、残高7.2厘米（图五一，9）。Y1：18，夹砂灰陶。侈口，平折沿，尖唇。素面。口径36、残高10厘米（图五一，10）。

D型 3件。口沿厚重，弧腹较深。T1⑥：4，夹砂灰陶。侈口，尖圆唇。上腹部饰一周凹弦纹。口径32、残高12厘米（图五一，11）。

E型 1件。口沿厚重，弧腹较浅。T2⑥：9，夹砂灰陶。敛口，尖圆唇。上腹部饰一周凸弦纹。口径29、残高6.9厘米（图五一，12）。

瓮 68件。均为口沿残片或至领部。依据口部及领部形态的不同，分为三型。

A型 3件。敛口。T5⑤：1，夹砂灰黄陶。圆唇较厚。素面。口径44、残高4.5厘米（图五二，1）。H9：53，夹砂灰黄陶。圆唇较厚。素面。口径42、残高4.4厘米（图五二，2）。H11：49，夹砂灰黄陶。方唇。素面。口径36、残高4厘米（图五二，3）。

B型 29件。侈口，矮领。G1：7，夹砂灰黄陶。侈口，外斜沿，圆唇，弧领。素面。口径54、残高7厘米（图五二，4）。T4⑥：5，夹砂灰黄陶。侈口，方唇，弧领。素面。口径36、残高5.3厘米（图五二，5）。H44：1，夹砂灰陶。侈口，圆唇，弧领。素面。口径37、残高6.4厘米（图五二，6）。T6⑤：3，夹砂灰黄陶。侈口，圆唇，弧领。素面。口径50、残高6.3厘米（图五二，7）。

C型 36件。领部较B型高。依据口部外侈程度的不同，分为二亚型。

Ca型 29件。侈口。H11：48，夹砂灰陶。外叠唇，斜直领。素面。口径56、残高9厘米

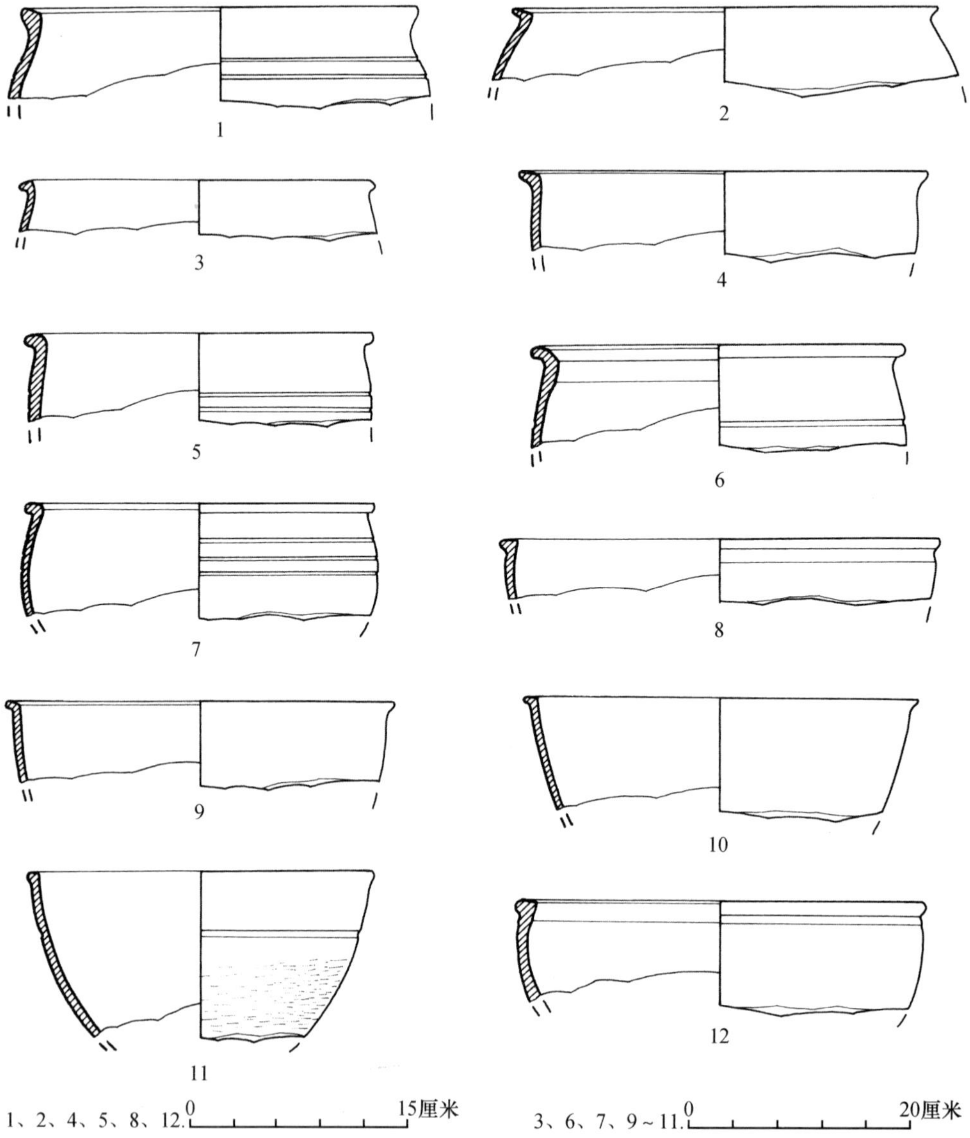

图五一　十二桥文化陶盆

1～3. A 型（H40：29、H7：1、T5⑤：33）　4～7. B 型（H44：3、T6⑤：8、T9⑥：8、H7：2）　8～10. C 型（H7：3、T6⑥：6、Y1：18）　11. D 型（T1⑥：4）　12. E 型（T2⑥：9）

（图五二，8）。Y1：14，夹砂灰陶。尖圆唇，领部较直。素面。口径 40、残高 13.3 厘米（图五二，9）。Y1：15，夹砂灰陶。圆唇，弧领。领肩交接处饰方格纹。口径 54、残高 10 厘米（图五二，10）。H9：55，夹砂黑褐陶。圆唇，弧领。素面。口径 46、残高 6.5 厘米（图五二，11）。T1⑥：1，夹砂黑褐陶。外叠唇，领部有一周凹槽。素面。口径 38、残高 6.8 厘米（图五二，12）。H58：4，夹砂灰陶。尖圆唇，弧领。素面。口径 44、残高 10.8 厘米（图五二，13）。T9⑤：14，夹砂黑褐陶。圆唇，斜直领。素面。口径 36、残高 9 厘米（图五二，14）。T5⑤：2，夹砂灰褐陶。圆唇。素面。残高 9 厘米（图五二，15）。

Cb 型　7 件。敞口。H4：2，夹砂灰黄陶。圆唇。素面。残高 7.4 厘米（图五二，16）。

缸　30 件。均只保留口沿残片或至腹部。T3⑤：18，夹砂灰陶。侈口，圆唇，上腹微斜收。上腹饰一周凹弦纹，弦纹上饰两枚对称乳钉。口径 48、残高 16.8 厘米（图五三，1）。T3⑤：17，

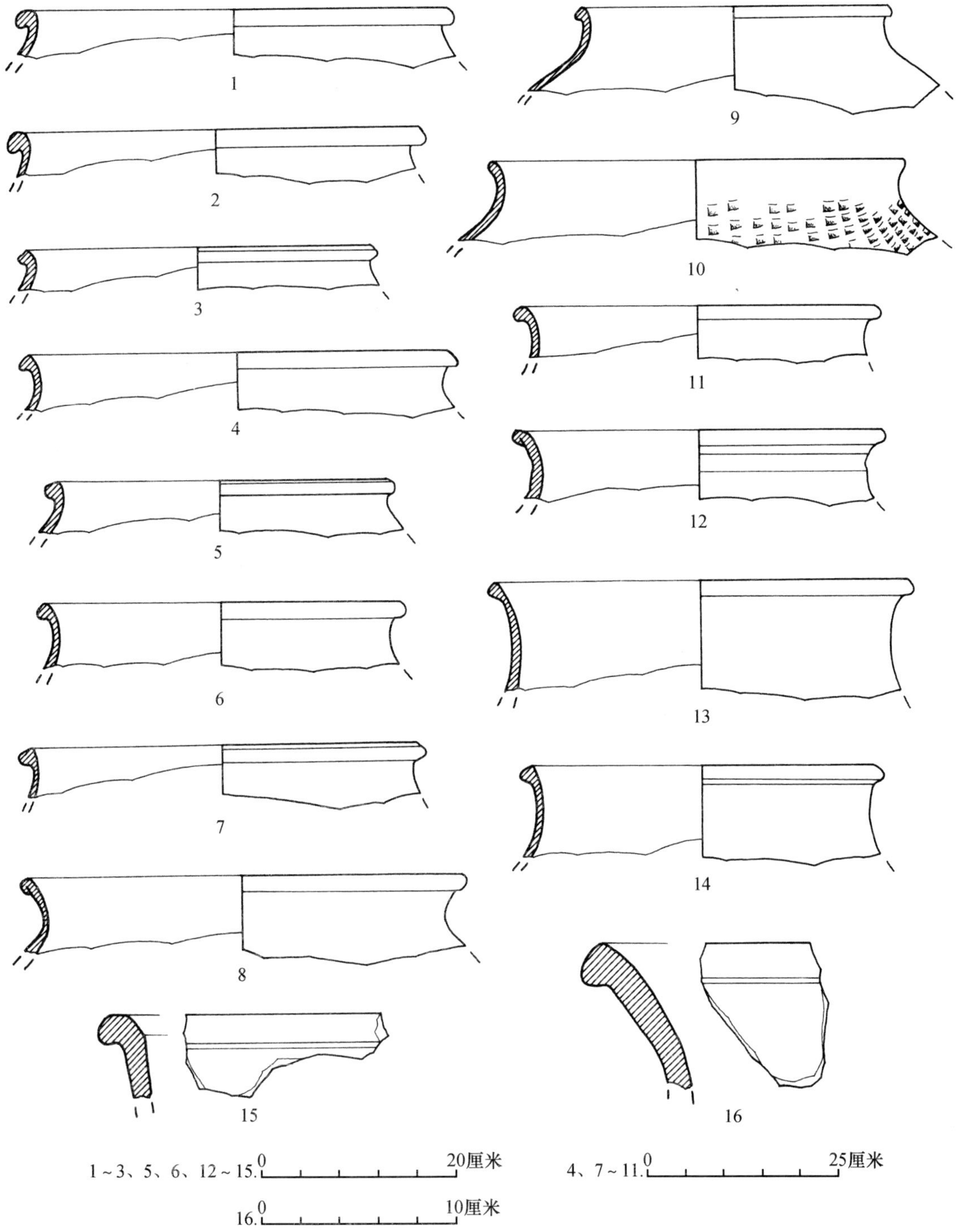

图五二　十二桥文化陶瓮

1～3. A型（T5⑤：1、H9：53、H11、49）4～7. B型（G1：7、T4⑥：5、H44：1、T6⑤：3）8～15. Ca型（H11：48、Y1：14、Y1：15、H9：55、T1⑥：1、H58：4、T9⑤：14、T5⑤：2）16. Cb型（H4：2）

夹砂灰陶。侈口，圆唇，上腹斜直。上腹饰一周凹弦纹。口径42、残高6.5厘米（图五三，2）。H47：2，夹砂灰陶。直口，圆唇，腹部微弧鼓。口沿下饰一周凹弦纹。口径45.6、残高17.3厘米（图五三，3）。T3⑥：15，夹砂灰陶。侈口，方唇，上腹弧收。上腹饰两周凹弦纹。口径50、残高9.3厘米（图五三，4）。

钵　2件。G3∶1，夹砂灰褐陶。敛口，方唇，鼓肩，下腹弧收，近圜底。素面。口径14、肩径15、残高6厘米（图五三，5）。H21∶5，夹细砂灰陶。敛口，沿面微凹。素面。口径11.4、残高3.5厘米（图五三，6）。

壶　7件。均为口沿及领部残片或至肩部。依据领部形态的不同，分为二型。

A型　6件。侈口，弧领，口沿下有一周凸棱。T1⑥∶19，泥质灰陶。侈口，尖圆唇。素面。口径14、残高4.8厘米（图五三，7）。T5⑥∶3，夹砂灰黄陶。侈口，尖唇。领部饰一周凹弦纹。口径13.6、残高8厘米（图五三，8）。

B型　1件。微敛口，领部弧收。H40∶34，泥质灰陶。微敛口，圆唇。口沿下饰一周凸棱，凸棱上下微内凹，凸棱下装饰乳钉，颈部饰一周凹弦纹。口径10、残高10厘米（图五三，9）。

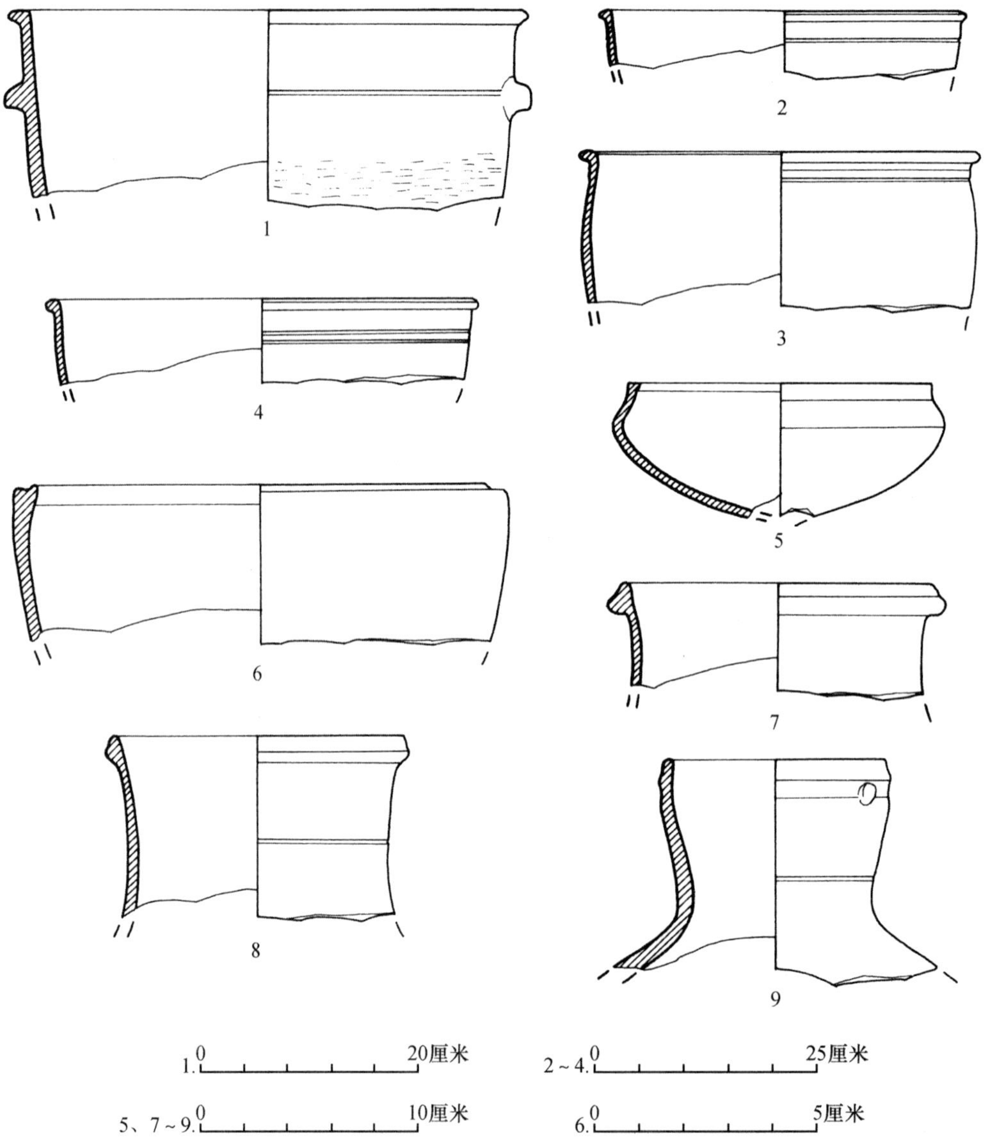

图五三　十二桥文化陶器

1～4. 缸（T3⑤∶18、T3⑤∶17、H47∶2、T3⑥∶15）　5、6. 钵（G3∶1、H21∶5）　7、8. A型壶（T1⑥∶19、T5⑥∶3）　9. B型壶（H40∶34）

器座 6件。H11：53，夹砂灰褐陶。亚腰形，底缘外侈近尖唇。素面。底径8、残高4.3厘米（图五四，1）。H49：10，夹砂灰褐陶。亚腰形，底缘外侈近方唇。素面。底径8.2、残高4.2厘米（图五四，2）。H13：2，夹砂灰褐陶。亚腰形，底缘外侈近方唇。素面。底径9.2、残高3.6厘米（图五四，3）。H10：16，夹砂灰褐陶。亚腰形，底缘外侈近方唇。素面。底径11.4、残高4厘米（图五四，4）。

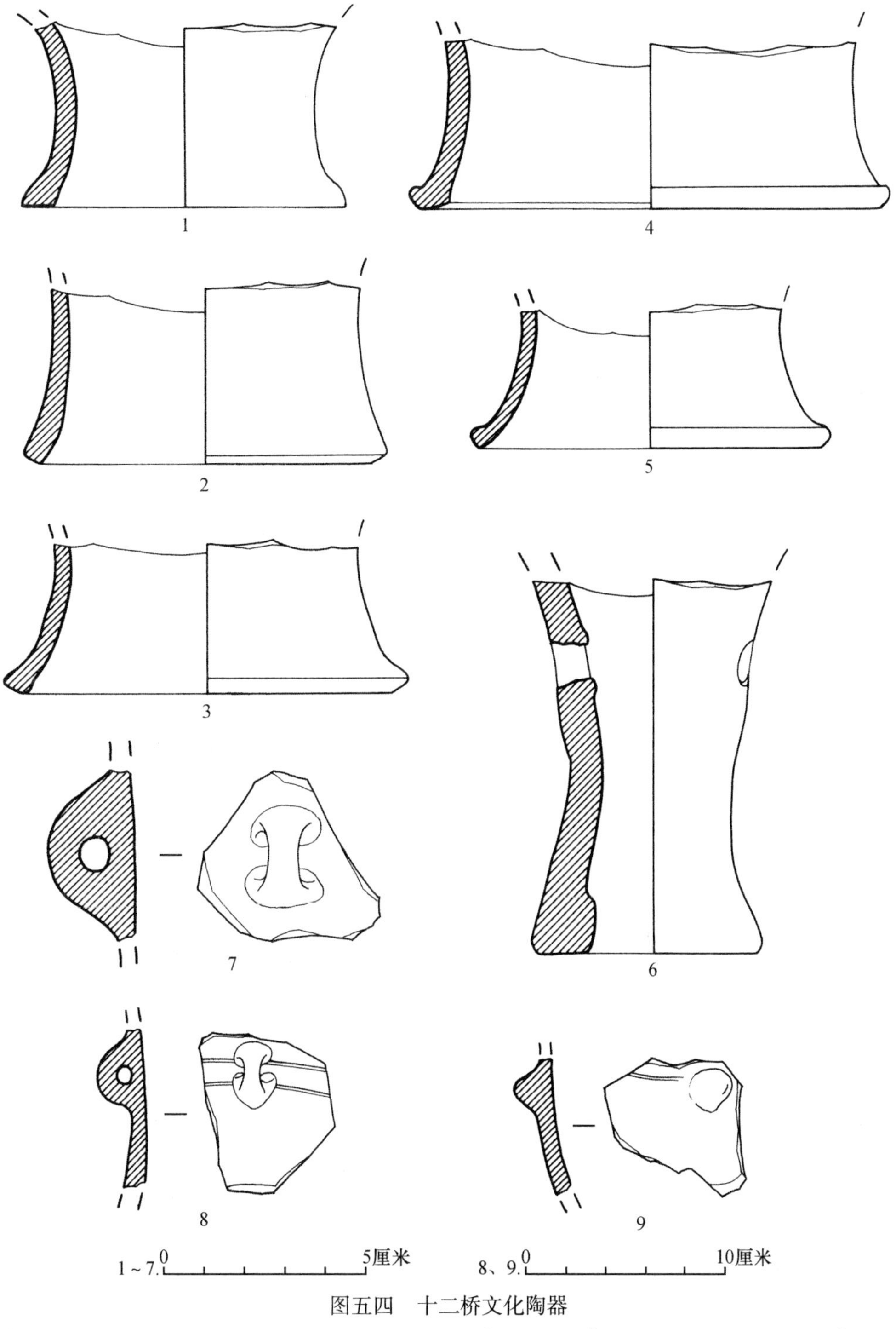

图五四 十二桥文化陶器

1～5. 器座（H11：53、H49：10、H13：2、H10：16、H39：8） 6. 筒形器（T9⑤：35） 7、8. A型器耳（T2⑥：5、H40：18）
9. B型器耳（M1：3）

H39：8，夹砂红褐陶。亚腰形，底缘外侈近圆唇。素面。底径 8.6、残高 3.3 厘米（图五四，5）。

筒形器 1 件。T9⑤：35，夹砂灰褐陶。下腹内束，底部微向外侈，底缘较厚。器壁饰圆形镂孔。底径 5.8、残高 9 厘米（图五四，6）。

器耳 4 件。依据形态的不同，分为二型。

A 型 3 件。鼻形耳。T2⑥：5，夹砂灰陶。残高 4 厘米（图五四，7）。H40：18，夹砂灰褐陶。残高 7.7 厘米（图五四，8）。

B 型 1 件。乳钉耳。M1：3，夹砂灰褐陶。残高 6.6 厘米（图五四，9）。

圈足 195 件。依据形态及尺寸大小的不同，分为六型。

A 型 121 件。足径较小，圈足稍高。H43：2，泥质灰陶。足壁微内弧，足缘较平。素面。足径 8.8、残高 3.3 厘米（图五五，1）。H40：16，夹砂灰褐陶。足壁较直。素面。足径 7.6、残高 2.6

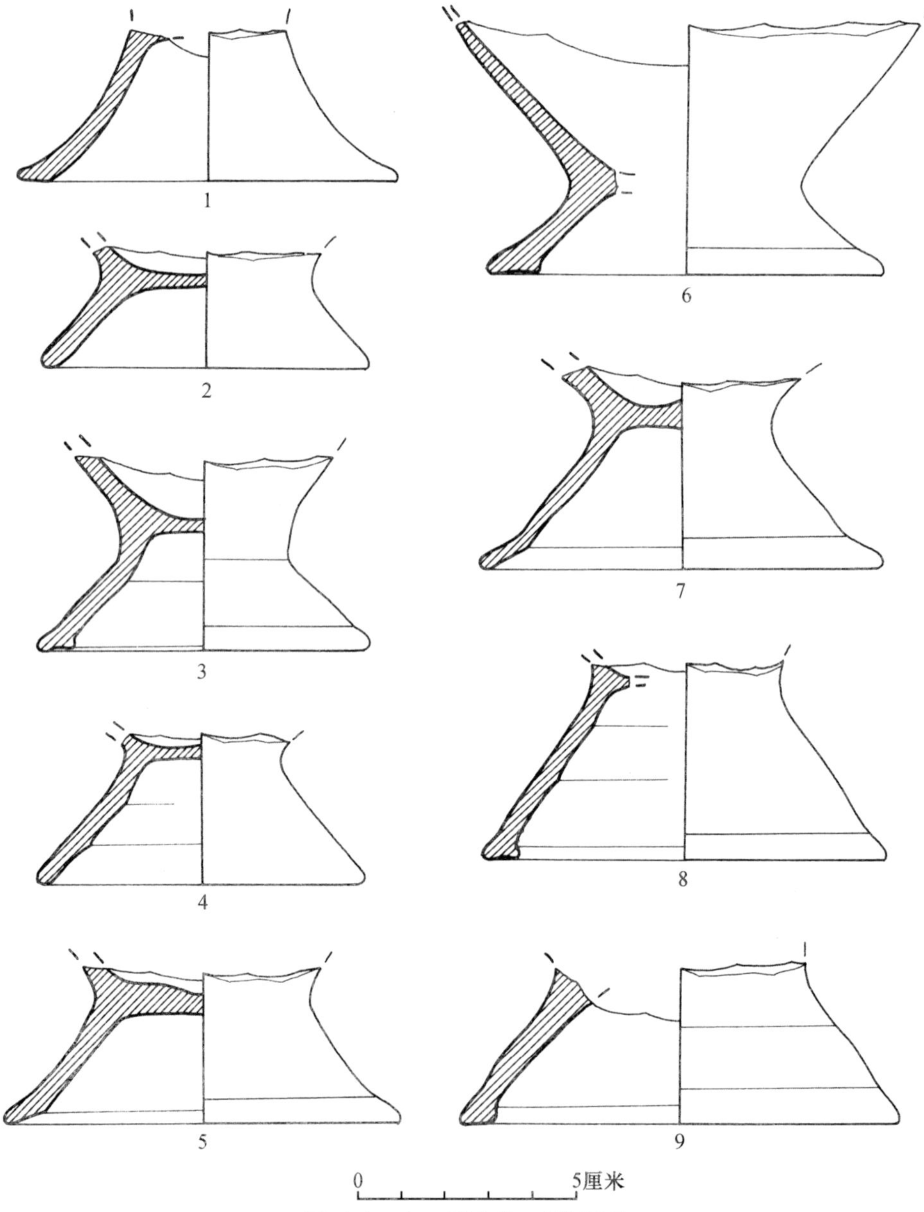

图五五 十二桥文化A型陶圈足

1. H43：2 2. H40：16 3. H36：7 4. H25：7 5. H1：38 6. H62：16 7. T9⑤：20 8. T7⑥：13 9. H9：45

厘米（图五五，2）。H36：7，夹砂灰陶。足壁较直，足缘斜内凸。素面。足径 7.8、残高 4.4 厘米（图五五，3）。H25：7，夹砂灰陶。足壁较直。素面。足径 7.6、残高 4.4 厘米（图五五，4）。H1：38，夹细砂灰陶。足壁近底处微折。素面。足径 9.2、残高 3.5 厘米（图五五，5）。H62：16，夹细砂灰陶。足壁较直，足缘内凸。素面。足径 9、残高 5.6 厘米（图五五，6）。T9⑤：20，夹砂灰黄陶。足壁较直，近底处微内折。素面。足径 9.2、残高 4.3 厘米（图五五，7）。T7⑥：13，夹砂灰陶。足壁较直，足缘微内凸。素面。足径 9.2、残高 4.2 厘米（图五五，8）。H9：45，夹细砂灰陶。足壁较直，足缘内凸。素面。足径 10、残高 3.5 厘米（图五五，9）。H2：10，夹砂黑褐陶。足壁较直，足缘微内凸。素面。足径 8.4、残高 4.5 厘米（图五六，1）。T8⑤：13，夹砂暗褐陶。足壁较直。素面。足径 13、残高 3.6 厘米（图五六，2）。

B 型 52 件。足径较 A 型大。依据圈足高矮的不同，分为二亚型。

Ba 型 15 件。圈足稍高。H58：6，夹砂灰陶。足壁较直，足缘内凸。素面。足径 13.4、残高 4.4 厘米（图五六，3）。H11：1，夹砂灰陶。足壁较直，足缘内凸。素面。足径 13.8、残高 6 厘米（图五六，4）。T5⑤：41，夹细砂灰陶。足壁较直，足缘微翘。素面。足径 13、残高 1.8 厘米（图五六，5）。T7⑥：12，夹砂灰褐陶。足壁较直，足缘内凸。素面。足径 11.8、残高 4.4 厘米（图五六，6）。

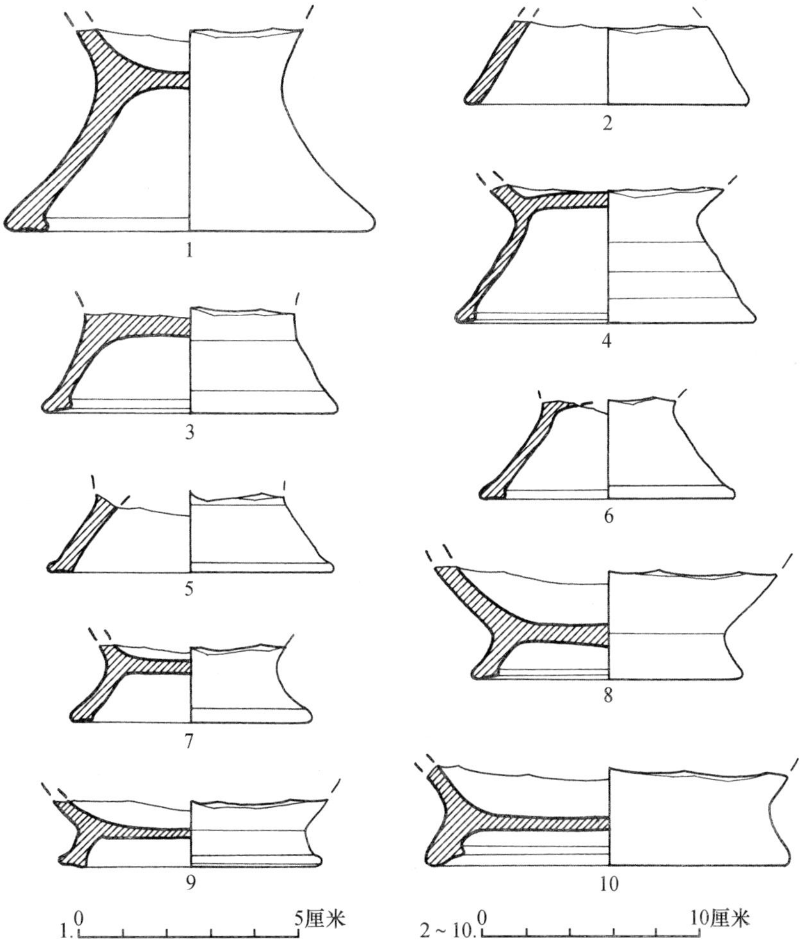

图五六 十二桥文化陶圈足

1、2. A 型（H2：10、T8⑤：13） 3～6. Ba 型（H58：6、H11：1、T5⑤：41、T7⑥：12） 7～10. Bb 型（T6⑥：29、T11⑤：16、H8：16、H6：3）

Bb型　37件。圈足较矮。T6⑥：29，夹砂暗褐陶。足壁较直，足缘微内凹。素面。足径11、残高3.5厘米（图五六，7）。T11⑤：16，夹砂灰黄陶。足壁较直，足缘内凸。素面。足径12.4、残高5厘米（图五六，8）。H8：16，夹砂黑褐陶。足壁较直，足缘外翘。素面。足径12、残高3厘米（图五六，9）。H6：3，夹砂灰褐陶。足壁较直，足缘内凸。素面。足径16.5、残高4.4厘米（图五六，10）。

C型　7件。足径较小，圈足较高，足壁内弧，足壁近底处微折。H25：5，夹砂黑褐陶。素面。足径9、残高3厘米（图五七，1）。H3：3，夹砂灰陶。素面。足径6.6、残高4.2厘米（图五七，2）。H52：7，夹砂灰褐陶。素面。足径6、残高1.5厘米（图五七，3）。T9⑤：15，夹砂灰褐陶。素面。足径5.4、残高5厘米（图五七，4）。

D型　5件。高圈足，足壁斜直或微内弧。H7：28，夹砂灰陶。素面。足径12、残高6.5厘米（图五七，5）。T3⑤：1，夹砂灰黄陶。素面。足径9、残高2.4厘米（图五七，6）。

E型　9件。喇叭状高圈足。H9：47，夹砂灰陶。足缘外翘。素面。足径25、残高7.4厘米（图五七，7）。H68：19，夹砂灰黑陶。足缘外翘。素面。足径13、残高6厘米（图五七，8）。

F型　1件。H52：8，夹砂灰陶。器形硕大，足壁斜直，近底处微向外折。素面。足径20、残

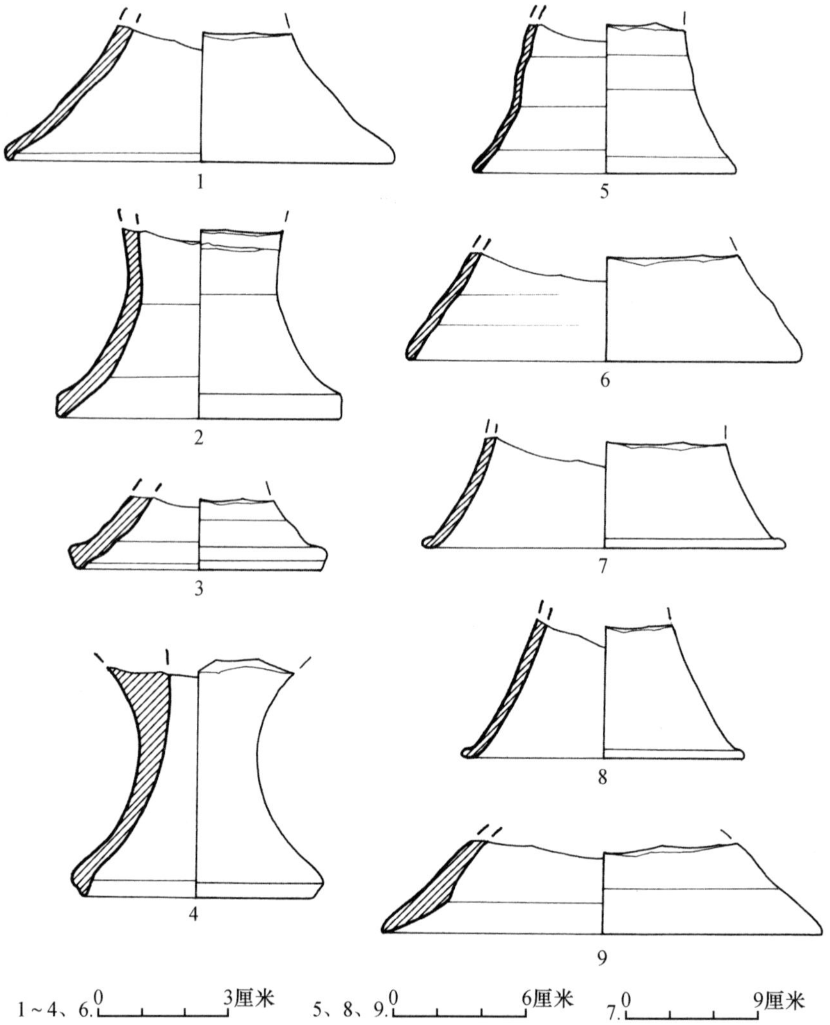

图五七　十二桥文化陶圈足

1～4. C型（H25：5、H3：3、H52：7、T9⑤：15）　5、6. D型（H7：28、T3⑤：1）　7、8. E型（H9：47、H68：19）　9. F型（H52：8）

高 4 厘米（图五七，9）。

平底器底　142 件。依据底径大小的不同，分为二型。

A 型　89 件。底径大于 8 厘米。T4 ⑥ : 32，夹砂灰褐陶。下腹斜收。素面。底径 9.8、残高 6 厘米（图五八，1）。H7 : 22，夹砂灰褐陶。下腹斜收。素面。底径 10、残高 4.5 厘米（图五八，2）。T10 ⑤ : 7，夹砂灰褐陶。素面。底径 13.8、残高 3.5 厘米（图五八，3）。T9 ⑤ : 25，夹砂灰褐陶。素面。底径 14、残高 4.2 厘米（图五八，4）。T6 ⑤ : 25，夹砂灰褐陶。腹部弧收。素面。底径 9.8、残高 7 厘米（图五八，5）。

B 型　53 件。底径小于 9 厘米。T9 ⑥ : 14，夹砂灰褐陶。素面。底径 7.9、残高 3.5 厘米（图五八，6）。H9 : 35，夹砂灰褐陶。下腹斜收。素面。底径 5、残高 4.8 厘米（图五八，7）。

纺轮　3 件。依据整体形态的不同，分为二型。

A 型　1 件。算珠形。T2 ⑤ : 7，泥质灰陶。平顶，上腹斜直，下腹内折，中有一孔，平底。

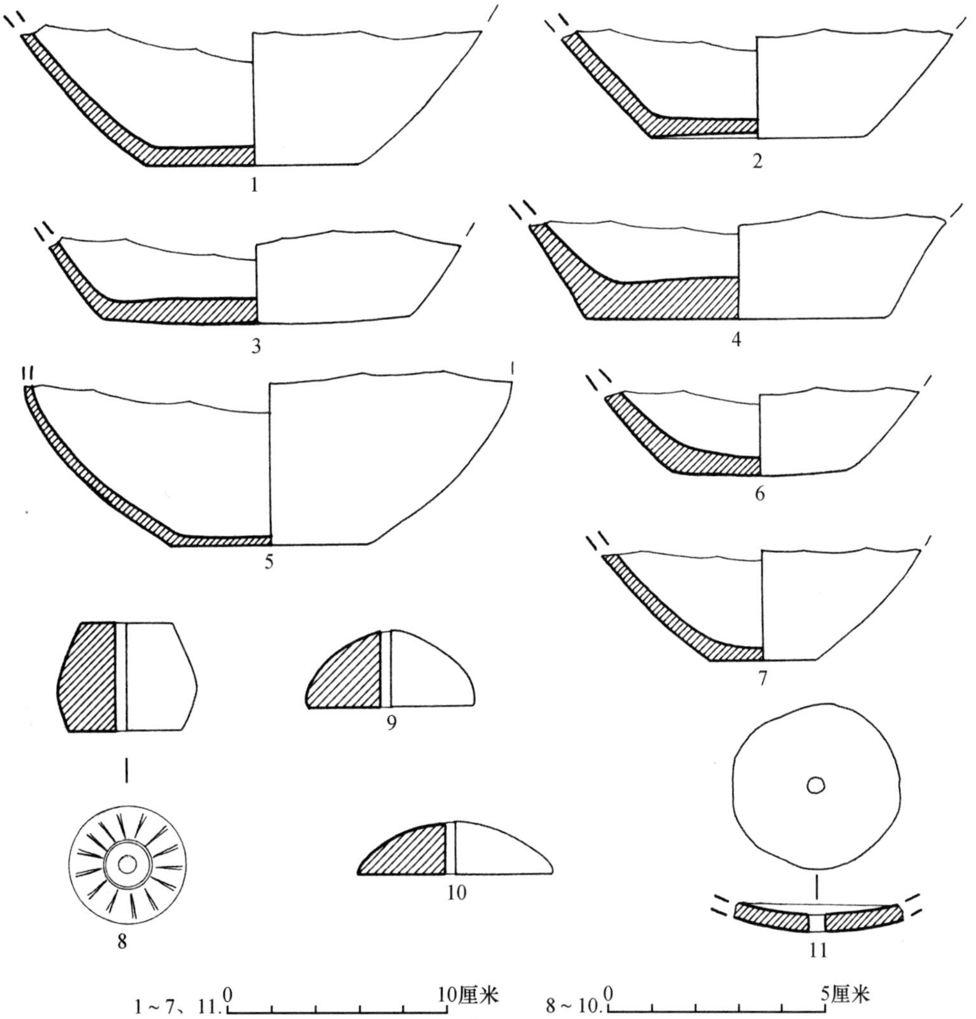

图五八　十二桥文化陶器

1～5. A 型平底（T4 ⑥ : 32、H7 : 22、T10 ⑤ : 7、T9 ⑤ : 25、T6 ⑤ : 25）6、7. B 型平底（T9 ⑥ : 14、H9 : 35）8. A 型纺轮（T2 ⑤ : 7）9. BⅡ式纺轮（T7 ⑤ : 38）10. BⅠ式纺轮（T6 ⑥ : 42）11. 穿孔陶片（T4 ⑤ : 1）

底部有放射状划纹。顶径 2、腹径 3.2、底径 2.6、孔径 0.5、高 2.4 厘米（图五八，8）。

B 型　2 件。圆丘状。依据整体器形的高矮，分为二式。

Ⅰ式：1 件。矮丘状。T6⑥：42，泥质灰陶。中有一穿孔。素面。底径 4.2、孔径 0.5、高 1.2 厘米（图五八，10）。

Ⅱ式：1 件。器身较Ⅰ式高。T7⑤：38，泥质灰陶。中有一穿孔。素面。底径 3.8、孔径 0.5、高 1.7 厘米（图五八，9）。

穿孔陶片　1 件。T4⑤：1，夹砂灰陶。平面近圆形，截面微弧。中部有一穿孔，两面对钻形成。素面。直径 7.8、孔径 0.8、厚 0.8 厘米（图五八，11）。

石斧　4 件。H71：7，平面近长方形，单面刃，顶部和刃部均残。残长 7.4、宽 4.7、厚 1.3 厘米（图五九，1）。H66：5，平面近长方形，单面弧刃，刃部留有使用痕迹。长 7.3、宽 4.8、厚 1.3

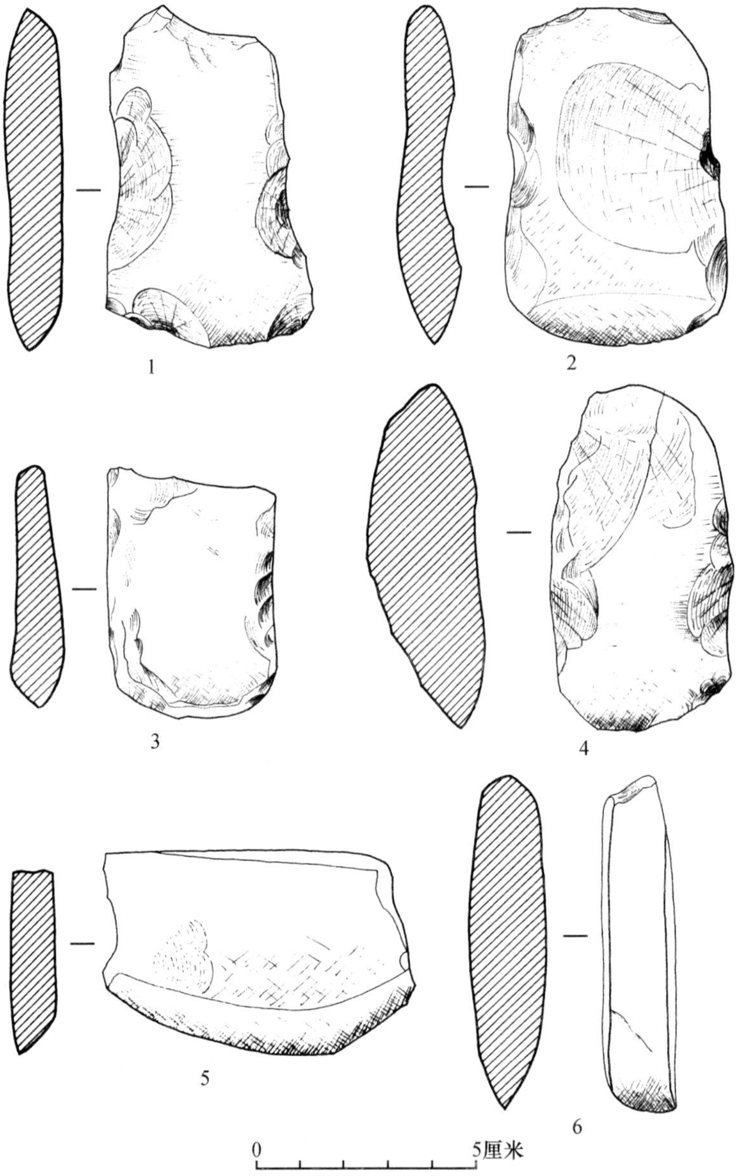

图五九　十二桥文化石器

1～4. 斧（H71：7、H66：5、H50：15、T9⑤：39）　5. 刀（T9⑥：22）　6. 凿（T7⑤：39）

厘米（图五九，2）。H50：15，平面近似长方形，刃部及顶部残损严重。残长 5.3、宽 3.8、厚 1.2 厘米（图五九，3）。T9⑤：39，残存部分近似长方形，弧刃，刃端残损。残长 7.5、宽 3.9、厚 2.5 厘米（图五九，4）。

石刀 1件。T9⑥：22，背部及两端均残，弧刃略折。残宽 6.9、残长 4.3、厚 1.1 厘米（图五九，5）。

石凿 1件。T7⑤：39，呈长条形，斜直刃。长 7.3、宽 1.7、厚 1.5 厘米（图五九，6）。

四、结 语

通过此次发掘，基本弄清了天台村遗址“万达广场”地点的文化面貌，先秦时期文化遗存包含了宝墩文化和十二桥文化两种遗存，以十二桥文化遗存为主。

遗址出土的宝墩文化遗迹只有 5 个灰坑，遗物仅见陶器。陶器以夹砂灰陶和灰褐陶为主，有少量泥质灰陶和灰褐陶等。纹饰主要为绳纹，施于绳纹花边口沿罐、圈足及器底。可辨器形有绳纹花边口沿罐、喇叭口高领罐、盆等。该遗址以夹砂陶为主的陶系特征明显不同于宝墩文化一、二期，不见宝墩文化四期流行的敛口罐、矮领圆肩罐等，其整体器形特征及风格与宝墩文化三期陶器相似，故可将其年代推定在宝墩文化三期。

遗址出土的十二桥文化遗迹较丰富，包括 70 个灰坑、1 个积石坑、3 条灰沟和 2 座墓葬。陶器以夹砂灰褐陶为主，少量泥质灰陶或灰褐陶。纹饰主要为绳纹，其次有凹弦纹，还有凸棱纹、镂孔、刻划纹等。器形主要有小平底罐、绳纹侈口罐、绳纹敛口罐、素面侈口罐、素面敛口罐、高领罐、曲腹罐、矮领薄胎罐、镂孔罐、敛口小罐、尖底罐、圈足杯、尖底杯、尖底盏、高柄豆、器盖、瓮、缸、盆、壶、器座、筒形器、纺轮、器耳、穿孔陶片、圈足、平底器底等。石器有斧、凿、刀等。

依据层位关系及类型学分析，我们将该遗址出土的十二桥文化遗存大体分为两组。

第一组：以第 6 层下 H40 为代表，包括第 6 层下 H31、H34～H39、H42～H44、H46～H50、H54～H60 等遗迹单位。本组以小平底罐、绳纹侈口罐、绳纹敛口罐、素面侈口罐、A 型素面敛口罐、高领罐、曲腹罐、尖底罐、尖底杯、尖底盏、高柄豆、器盖、瓮、缸、盆、壶及 A、B、D、E、F 型圈足为主要器物组合。

第二组：以第 5 层下 H3 为代表，包括第 6 层下 H32、H45、H51、H52、G1 等遗迹单位，第 6 层，第 5 层下 H1、H2、H4～H21、H23～H29、H62、H63、H66～H69、H71、H73、K1 等遗迹单位，以及第 5 层。本组沿用第一组的器物组合，A 型素面敛口罐的数量明显增多，新出现了 B 型素面敛口罐、C 型圈足。其中 Ba 型素面敛口罐（H45：4）凸沿明显，与金沙遗址干道黄忠 A 线地点 B 型瓮形器（T5157⑤：1）[1] 相近；C 型圈足（H25：5）足缘下折，虽不及金沙遗址万博地点 C 型圈足（T5439⑤：8）[2] 明显，但体现出相近的走势。上述金沙遗址两个单位的年代明显较晚，本组出现的这两类器物体现出十二桥文化逐渐向晚期过渡的特征，很可能是同类器中较早的形态，值得进一步探讨。

此外，第 5 层下 H22、H30、H64 出土遗物较少且残破，难以辨析其器形，H70 未出土遗物，据层位关系可将其归为第二组。第 6 层下 G2、G3、M1、M2、H61、H65 等遗迹单位出土遗物较少或未见具有分组指示意义的典型器，暂不分组。

总体来看，两组之间的器物组合相近，只有少量器类型别和数量的差异，尚不能当做早晚两期来看待。其年代晚于以小平底罐、绳纹侈口罐、绳纹敛口罐、瓮、盆、豆、器盖、尖底杯等为主的郫县波罗村商周时期早期遗存[3]，早于已经少见或基本不见小平底罐、绳纹敛口罐、绳纹侈口罐、高柄豆，以素面敛口罐、素面侈口罐、高领罐、瓮、盆、器盖等为主的西城天下[4]地点。波罗村遗址发掘者经过碳十四测定，将波罗村遗址早期遗存定为商代晚期；江章华将西城天下地点的年代定为西周早期[5]。综上，我们将该地点出土的十二桥文化遗存的年代推定在商末周初。

“万达广场”地点与其东侧的“天府花城”地点[6]之间是大片居民区和厂房，地层被破坏得非常严重，没有连接，然而两者相邻，且陶器组合相似，文化性质相同，年代相当，应属于同一个遗址，统称为天台村遗址。

附记：参加此次发掘和整理的人员有成都文物考古研究院刘雨茂、陈云洪、杨占风、王军、何洪强、陈贵元，郫县望丛祠博物馆谭颖、张德仟，成都金沙遗址博物馆吴超明，吉林大学文学院考古学系研究生朱冠星。

绘图：曹桂梅　卢斐斐
修复：余成英
执笔：杨占风　吴超明　朱冠星

注　释

［1］成都市文物考古研究所：《2001年金沙遗址干道黄忠A线地点发掘简报》，《成都考古发现》（2003），科学出版社，2005年。
［2］成都市文物考古研究所：《成都金沙遗址万博地点考古勘探与发掘收获》，《成都考古发现》（2002），科学出版社，2004年。
［3］成都文物考古研究所、郫县望丛祠博物馆：《成都郫县波罗村商周遗址发掘报告》，《考古学报》2016年第1期。
［4］成都文物考古研究所：《成都市金沙遗址“西城天下”地点发掘》，《成都考古发现》（2005），科学出版社，2007年。
［5］江章华：《金沙遗址的初步分析》，《文物》2010年第2期。
［6］成都文物考古研究所、郫县望丛祠博物馆：《郫县天台村遗址先秦文化遗存试掘简报》，《成都考古发现》（2010），科学出版社，2012年。

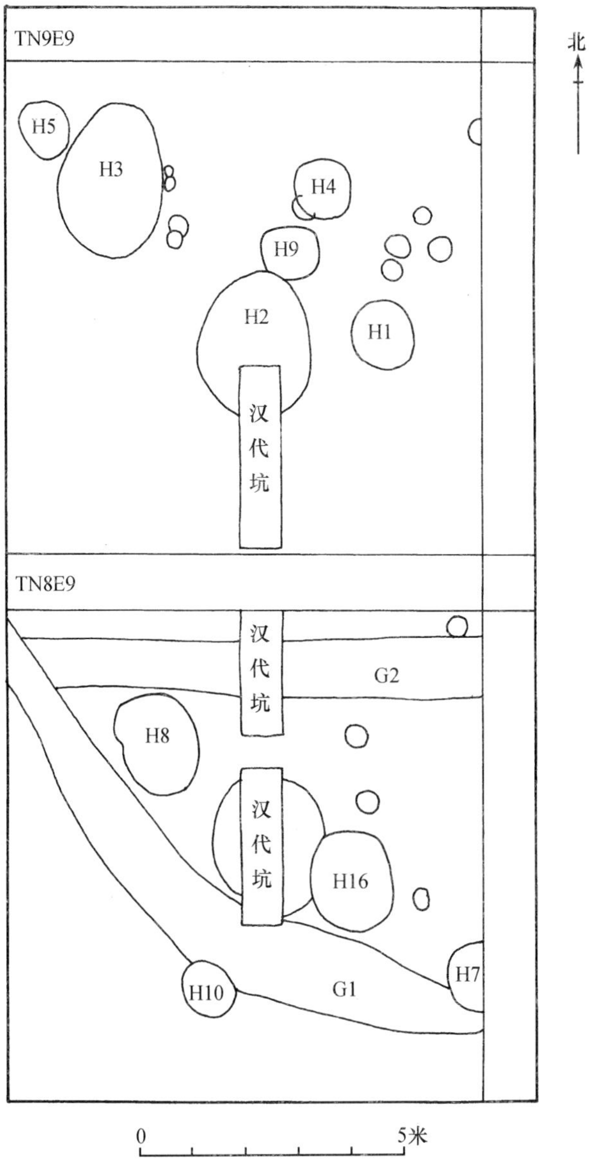

图三　TN8E9、TN9E9先秦遗迹分布图

一、地 层 堆 积

发掘区内的地层堆积较为平缓，起伏不大，深度一般为 1.45～1.5 米。根据土质土色、包含物及出土遗物，自上而下可统一划分为 7 层。现以 TN4W10 南壁剖面为例说明如下（图六）：

第 1 层：灰黑色土，土质疏松。厚 0.12～0.2 米。包含植物根茎、砖块、木炭等。为近现代耕土层。

第 2 层：灰黄色土，略含沙，土质疏松。厚 0.05～0.15 米。包含木炭、红烧土块等，出土有少量青花瓷片。为明清时期地层。

第 3 层：灰褐色土，土质疏松，夹杂少量木炭。厚 0.4～0.5 米。出土有白釉瓷片。为宋代地层。

第 4 层：灰褐色土，略泛黄，土质较疏松，含沙。厚 0.15～0.35 米。出土有酱釉瓷片。推测为唐代地层。

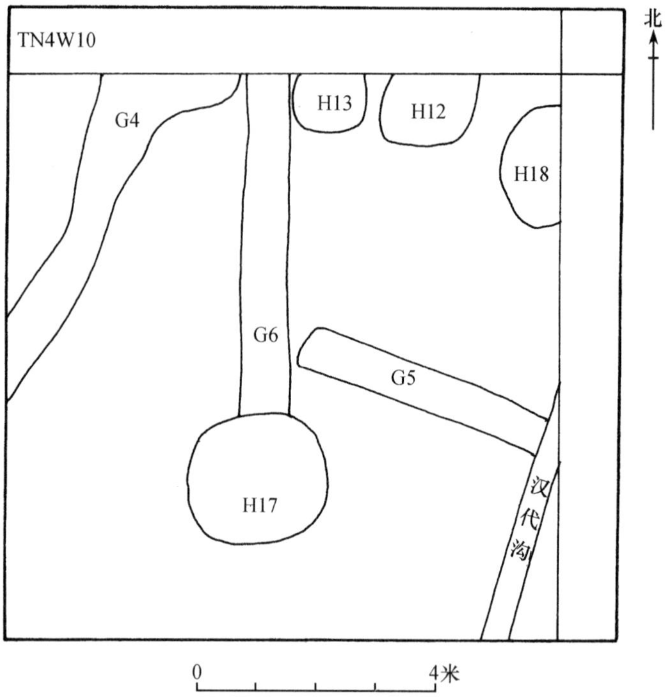

图四　TN4W10先秦遗迹分布图

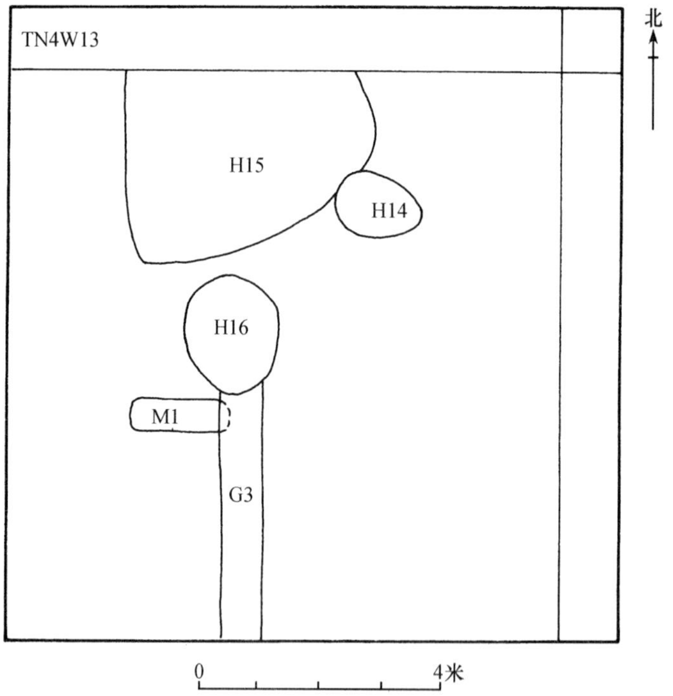

图五　TN4W13先秦遗迹分布图

第 5 层：青灰色土，略泛黄，土质较紧密，有黏性，较湿润。厚 0.1～0.2 米。出土有绳纹瓦及砖块。为汉代地层。叠压于该层下的遗迹有 H12、H13。

第 6 层：黑褐色土，土质较湿润，有黏性。厚 0.1～0.2 米。包含物有夹砂陶片，可辨器形有小平底罐、高柄豆、簋等陶器。为商周时期地层。叠压于该层下的遗迹有 H1～H11、H14 ~ H17、

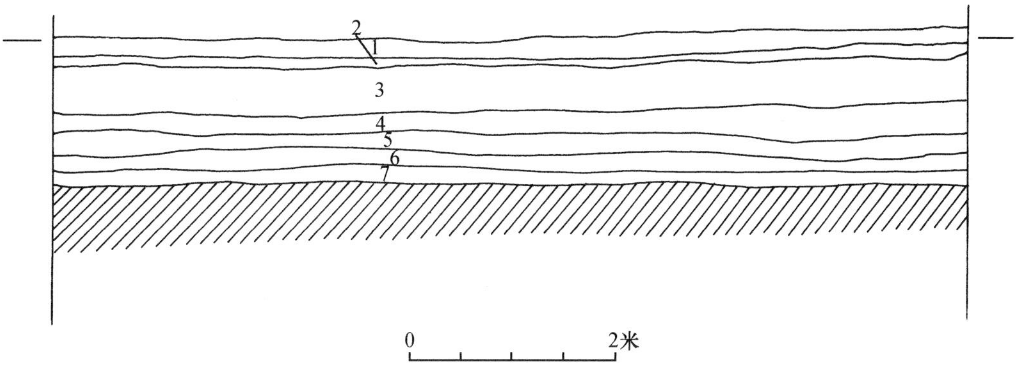

图六 TN4W10南壁剖面图

G1～G4、G6、M1。

第7层：黄褐色土，土质较湿润，有黏性。厚0.1～0.15米。出土有小平底罐、绳纹敛口罐、高领罐、瓮、豆、器盖等陶器。为商周时期地层。叠压于该层下的遗迹有H18、G5。

二、遗　　迹

发现的遗迹有灰坑、灰沟、墓葬。

1. 灰坑

18个，有近圆形坑12个、近椭圆形坑4个、圆角长方形坑1个、亚腰形坑1个。以下分别举例说明。

H10　近圆形坑。位于TN8E9南部。叠压于第6层下，打破G1。平面近圆形，直壁，平底。直径约1.7、深约0.4米（图七）。灰褐色填土，夹杂少量灰烬，土质疏松。出土陶器以夹砂暗褐陶、黑褐陶为主，还有少量夹砂黄褐陶、红褐陶、灰黄陶以及泥质黑皮陶、灰陶、灰白陶、橙黄陶等，可辨器形有小平底罐、高领罐、素面敛口罐、曲腹罐、小罐、壶、尖底杯等。

H3　近椭圆形坑。位于TN9E9西北部。叠压于第6层下，打破生土。平面近椭圆形，弧壁，坑底凹凸不平。最大径约2.9、深约0.22米（图八）。黑褐色填土，夹杂少量炭屑，土质较为湿黏。出土陶器以夹砂暗褐陶、黑褐陶为主，还有少量夹砂黄褐陶、红褐陶以及泥质黑皮陶、橙黄陶等，可辨器形有绳纹罐、盆、豆柄。

H9　圆角长方形坑。位于TN9E9中部。叠压于第6层下，打破生土，被H2打破。平面为圆角长方形，直壁，坑底西浅东深，呈斜坡状。长约1.5、宽约1.2、深0.1～0.2米（图九）。黑褐色填土，夹杂少量炭屑，土质较黏。出土陶器以夹砂暗褐陶、黑褐陶、灰褐陶为主，还有少量夹砂黄褐陶、泥质黑皮陶、泥质橙黄陶等，可辨器形有高领罐、带耳罐、曲腹罐、尖底杯、盖纽、圈足等。

H8　亚腰形坑。位于TN8E9西北部。叠压于第6层下，打破生土。平面呈亚腰形，弧壁，底部东高西低，凹凸不平。长约2.1、宽约1.6、深0.2～0.4米（图一〇）。黑褐色填土，夹杂少量红烧土颗粒，土质疏松。出土陶器以夹砂灰褐陶、黑褐陶为主，还有少量夹砂黄褐陶、红褐陶、灰黄陶以及泥质黑皮陶、灰陶、灰白陶、橙黄陶等，可辨器形有小平底罐、绳纹罐、高领罐、回形纹罐、器盖、圈足等。

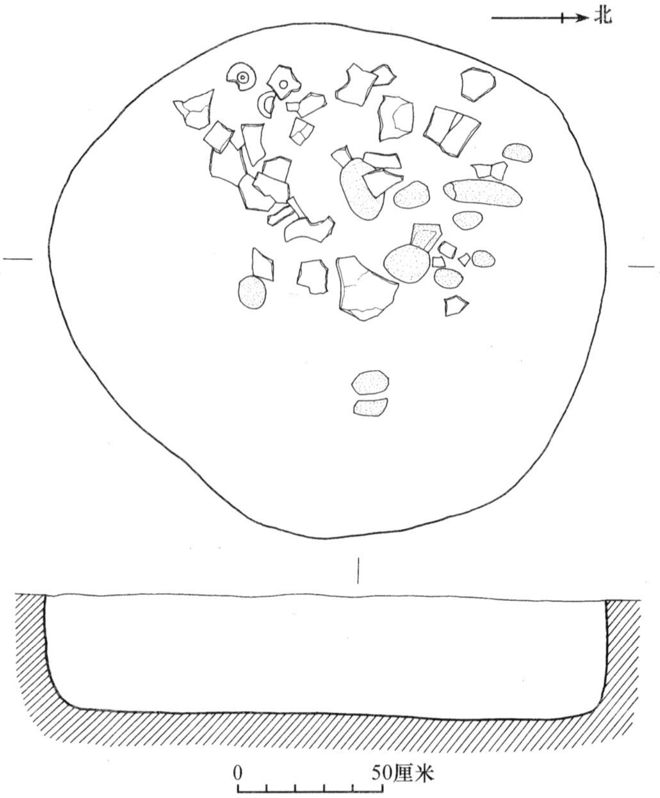

图七　H10平、剖面图

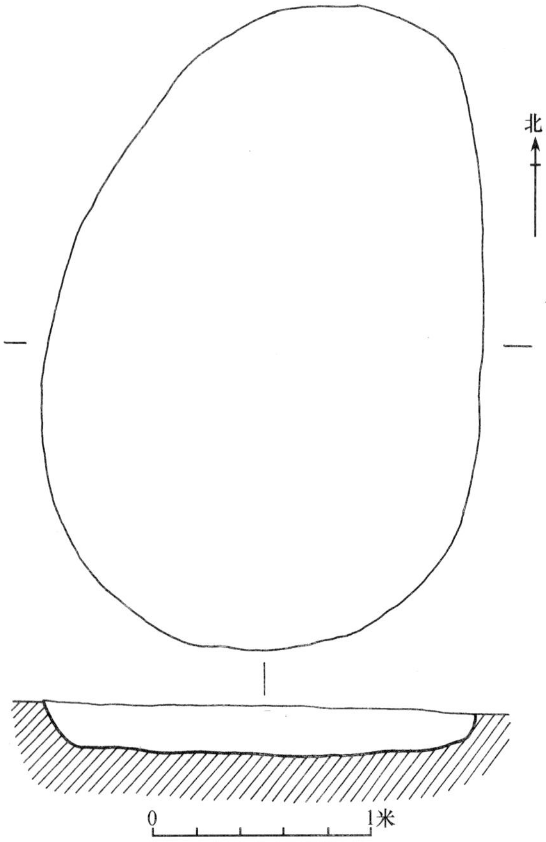

图八　H3 平、剖面图

2. 灰沟

6 条，长条形 4 条、不规则形 2 条。以下分别举例说明。

G3　长条形。位于 TN4W13 中部，伸入南壁内。叠压于第 6 层下，打破 M1，被 H16 打破。平面呈长方形，直壁，平底。清理长度 3.8、宽约 0.65、深约 0.3 米（图一一）。灰黑色填土，土质湿润、疏松。出土陶器较少，有夹砂灰褐陶、黄褐陶、暗褐陶、灰黄陶、灰白陶、橙黄陶等，可辨器形有豆柄、器盖。

G4　不规则形。位于 TN4W10 西北部，伸入北隔梁和西壁内。叠压于第 6 层下，打破生土。平面为不规则形，弧壁，圜底。清理长度 5.5、宽约 0.8～2.3、深约 0.2 米（图一二）。黑褐色填土，有少量灰烬，土质稍紧密。出土陶器不多，以夹砂暗褐陶、灰褐陶、黄褐陶为主，还有少量夹砂灰黄陶、橙黄陶以及泥质黑褐陶、灰陶等，可辨器形有小平底罐、绳纹罐、素面敛口罐、壶、盆、瓮、尖底杯等。

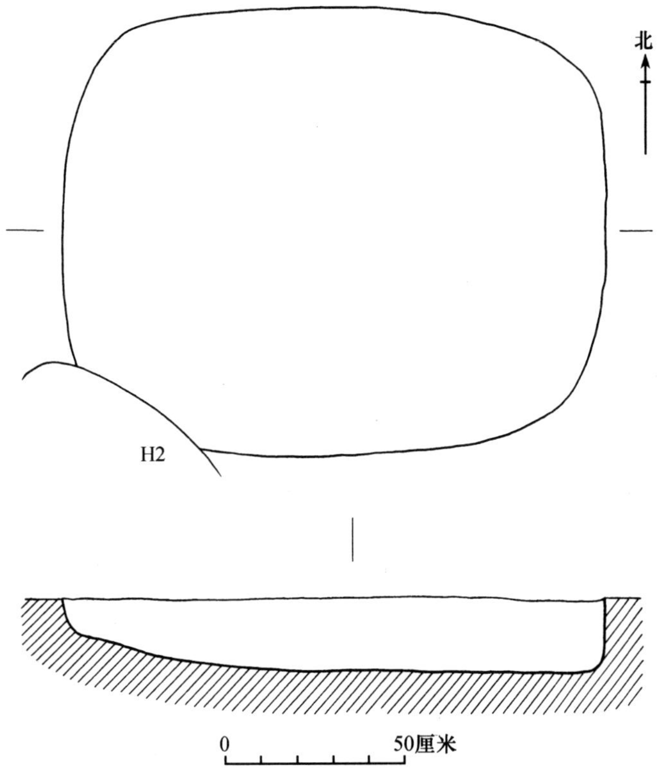

图九 H9平、剖面图

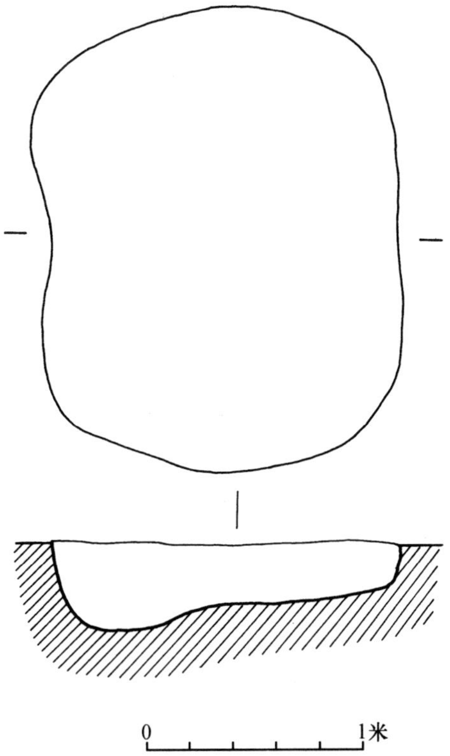

图一〇 H8平、剖面图

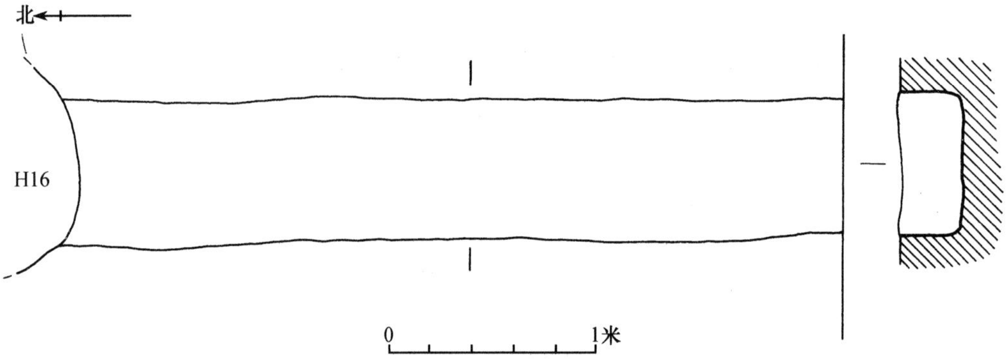

图一一　G3平、剖面图

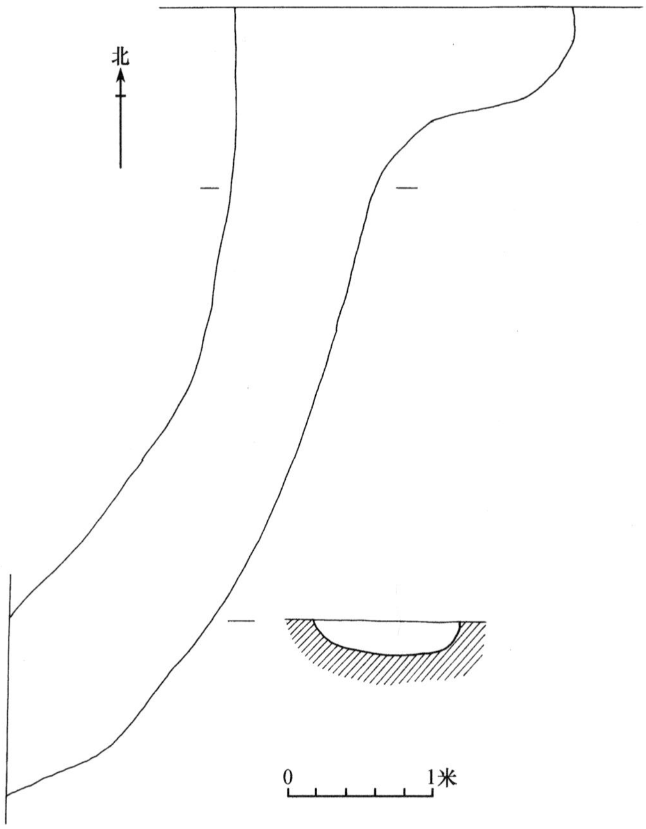

图一二　G4平、剖面图

3. 墓葬

1 座。

M1　位于 TN4W13 中部偏西。叠压于第 6 层下，打破生土，被 G3 打破。长方形竖穴土坑墓，墓壁垂直，墓坑较浅。长约 1.7、宽约 0.5、深约 0.37 米（图一三）。浅褐色填土，土质微硬。人骨保存较差，依稀可辨头骨和部分肢骨、脊骨、肋骨，头骨挤压变形严重。仰身直肢葬，头向 90°，面向朝左。

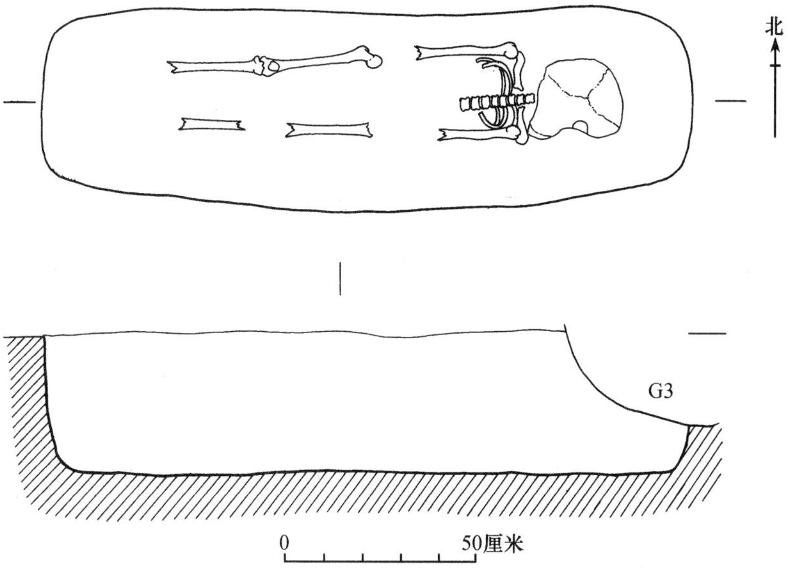

图一三 M1平、剖面图

三、遗 物

（一）第7层下遗迹单位出土遗物

H18出土陶器

小平底罐 1件。H18：3，泥质黄褐陶。侈口，斜侈沿，方唇，溜肩，肩径大于口径。素面。口径16、残高3厘米（图一四，2）。

敛口鼓腹罐 1件。H18：2，夹砂灰陶。敛口，平沿，沿面微凹，尖唇，圆肩。素面。口径26、残高6厘米（图一四，1）。

深腹罐 1件。H18：1，夹砂黑褐陶。直口，平沿，沿面微凹，圆唇。素面。口径44、残高5厘米（图一四，3）。

器底 1件。H18：4，夹砂黄褐陶。平底。素面。底径9.5、残高3厘米（图一四，4）。

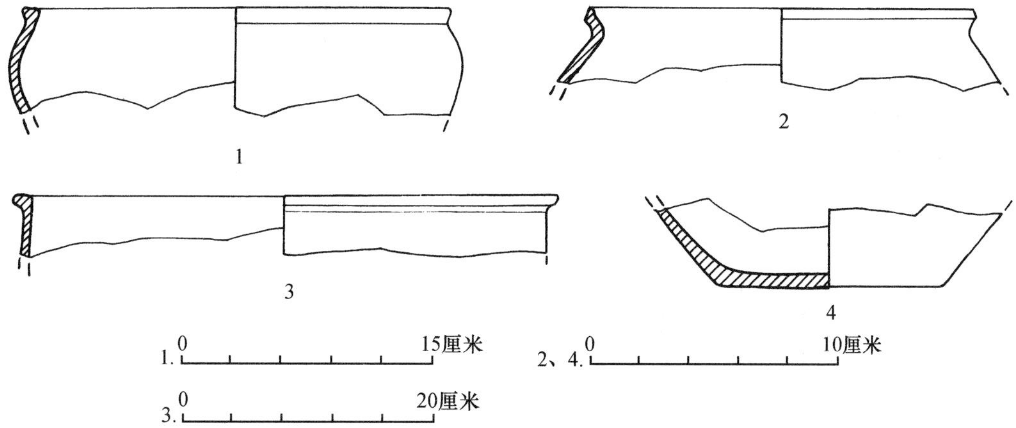

图一四 H18出土陶器

1. 敛口鼓腹罐（H18：2） 2. 小平底罐（H18：3） 3. 深腹罐（H18：1） 4. 器底（H18：4）

（二）第7层出土遗物

小平底罐　2件。TN4W10⑦：5，夹砂黑褐陶。侈口，卷沿，方唇，鼓肩，肩径大于口径。素面。口径14、残高3.5厘米（图一五，2）。TN4W10⑦：6，夹砂黄褐陶。侈口，斜折沿，圆唇，圆肩，肩径大于口径。素面。口径16、残高2.4厘米（图一五，1）。

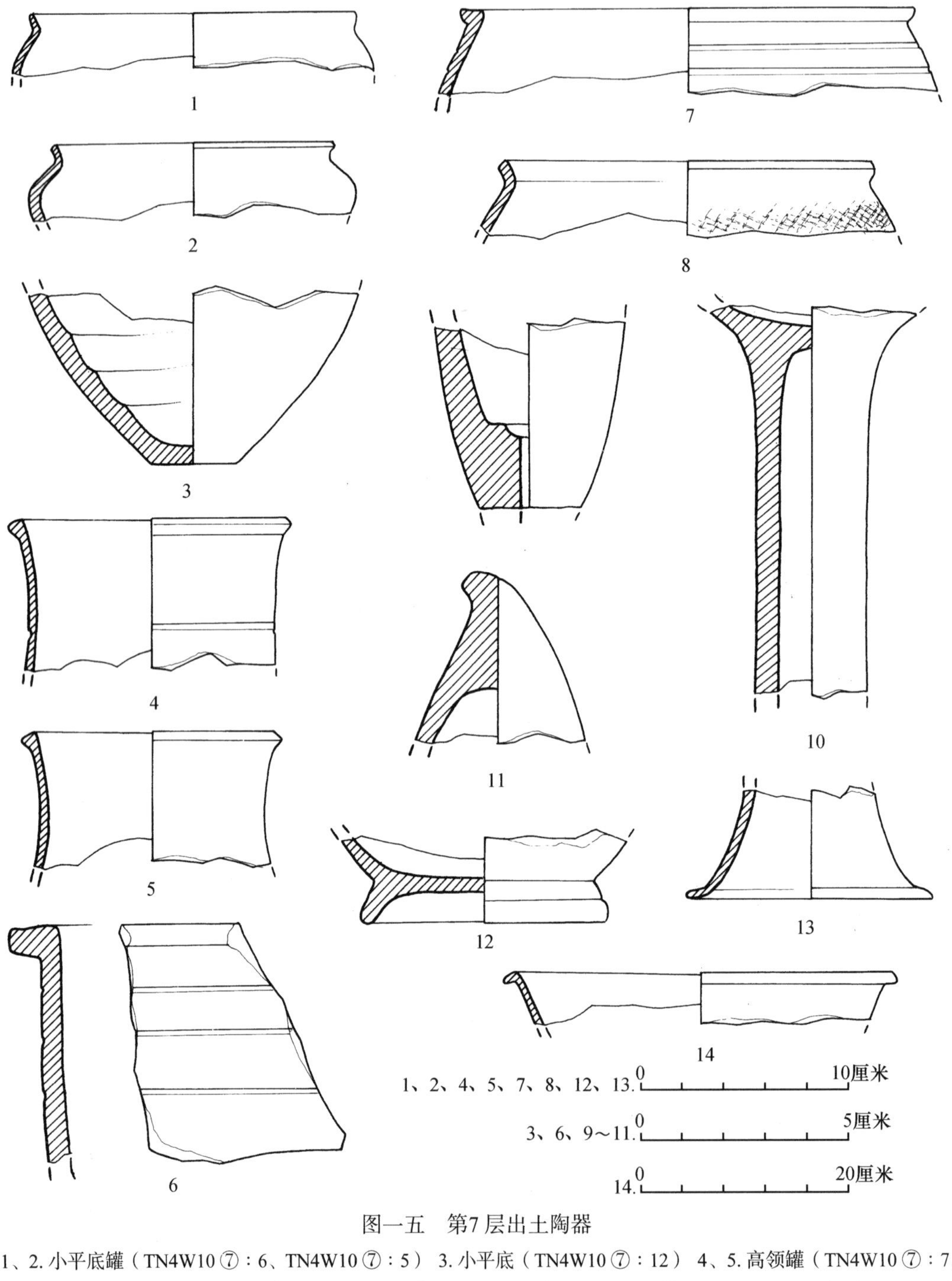

图一五　第7层出土陶器

1、2. 小平底罐（TN4W10⑦：6、TN4W10⑦：5）　3. 小平底（TN4W10⑦：12）　4、5. 高领罐（TN4W10⑦：7、TN4W10⑦：9）　6、7. 盆（TN4W10⑦：3、TN4W10⑦：4）　8. 绳纹罐（TN4W10⑦：15）　9、10. 豆柄（TN4W10⑦：16、TN4W10⑦：1）　11. 盖纽（TN4W10⑦：17）　12、13. 圈足（TN4W10⑦：2、TN4W10⑦：8）　14. 瓮（TN4W10⑦：13）

绳纹罐　1件。TN4W10⑦：15，夹砂灰黄陶。侈口，矮沿斜折，方唇，溜肩。肩部压印交错绳纹。口径18、残高3.4厘米（图一五，8）。

高领罐　2件。TN4W10⑦：7，夹砂灰黄陶。口微侈，方唇。颈部饰一周凹弦纹。口径14、残高7厘米（图一五，4）。TN4W10⑦：9，夹砂灰褐陶。口微侈，方唇。素面。口径13、残高6.4厘米（图一五，5）。

盆　2件。TN4W10⑦：3，夹砂灰陶。直口，平折沿，方唇，上腹较直。上腹部饰三周凹弦纹。残高5.5厘米（图一五，6）。TN4W10⑦：4，夹砂灰褐陶。敛口，平折沿，圆唇，斜弧腹。腹部饰两周凹弦纹。口径22、残高4厘米（图一五，7）。

豆柄　2件。TN4W10⑦：1，夹砂灰褐陶。残高9厘米（图一五，10）。TN4W10⑦：16，夹砂灰褐陶。杯底与豆柄连通。残高4.5厘米（图一五，9）。

瓮　1件。TN4W10⑦：13，夹砂灰黄陶。敞口，外翻沿，尖圆唇，高领。素面。口径38、残高4.5厘米（图一五，14）。

盖纽　1件。TN4W10⑦：17，泥质灰黄陶。盖壁较陡直。素面。残高4厘米（图一五，11）。

小平底　1件。TN4W10⑦：12，泥质灰褐陶。素面，有轮修痕迹。底径2、残高4厘米（图一五，3）。

圈足　2件。TN4W10⑦：2，夹砂灰黄陶。浅盘状。素面。足径12、残高4.2厘米（图一五，12）。TN4W10⑦：8，夹砂橙黄陶。喇叭形。素面。足径12、残高5厘米（图一五，13）。

（三）第6层下遗迹单位出土遗物

1. H2出土陶器

小平底罐　1件。H2：4，夹砂黑褐陶。侈口，斜直沿，圆唇，圆肩，斜弧腹。素面。口径14、残高6厘米（图一六，1）。

绳纹罐　4件。H2：1，夹砂灰褐陶。短沿斜侈、微卷，方唇，鼓肩，斜弧腹。肩部压印横向绳纹，绳纹下饰一周凹弦纹。口径34、残高16.5厘米（图一六，6）。H2：6，夹砂灰黄陶。短沿斜侈，方唇，圆肩。肩部压印斜向绳纹。口径16、残高2.8厘米（图一六，4）。H2：9，夹砂灰黄陶。短沿斜侈，方唇，圆肩。肩部压印交错绳纹。口径32、残高4厘米（图一六，8）。H2：12，夹砂灰黄陶。短沿斜侈、微卷，方唇，圆肩。肩部压印横向绳纹。口径30、残高6厘米（图一六，7）。

小罐　1件。H2：13，夹砂灰褐陶。侈口，斜侈沿，方唇，口沿下有凹槽，圆肩。素面。口径18、残高7厘米（图一六，2）。

盆　2件。H2：2，夹砂灰陶。直口，沿面外斜，尖唇，上腹较直。上腹饰两周凹弦纹。口径34.5、残高6厘米（图一六，9）。H2：3，夹砂灰褐陶。微敛口，平折沿，尖唇，上腹斜直。上腹饰两周凹弦纹。口径28、残高5厘米（图一六，3）。

盖纽　1件。H2：8，夹砂黑褐陶。圈纽。素面。纽径6、残高3.5厘米（图一六，5）。

2. H4出土陶器

小平底罐　1件。H4：2，夹砂黑褐陶。侈口，斜侈沿，沿部较长，方唇，圆肩。素面。口径18、残高5.5厘米（图一七，1）。

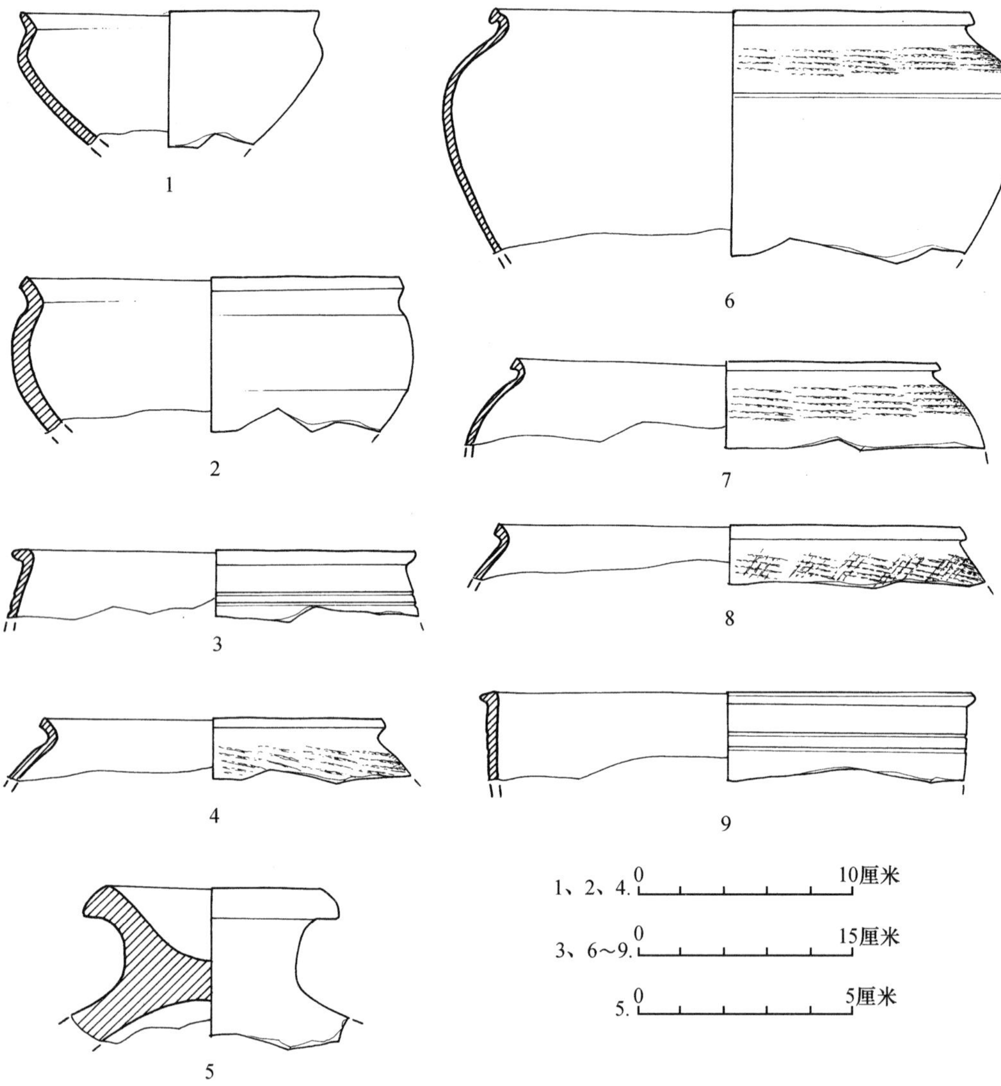

图一六　H2出土陶器

1. 小平底罐（H2∶4）2. 小罐（H2∶13）3、9. 盆（H2∶3、H2∶2）4、6～8. 绳纹罐（H2∶6、H2∶1、H2∶12、H2∶9）5. 盖纽（H2∶8）

绳纹罐　1件。H4∶8，夹砂黑褐陶。短沿斜侈，方唇，圆肩。肩部饰交错绳纹。口径28、残高5.5厘米（图一七，5）。

素面敛口罐　1件。H4∶3，夹砂黑褐陶。圆唇，圆肩。口径36、残高4厘米（图一七，3）。

高领罐　1件。H4∶1，夹砂黑褐陶。近直口，平沿，沿面微凹，尖圆唇。素面。口径16、残高7厘米（图一七，6）。

盆　1件。H4∶7，夹砂黄陶。微敛口，外斜沿，圆唇。素面。口径26、残高3.5厘米（图一七，2）。

盖盘　1件。H4∶5，夹砂黄褐陶。盖身呈喇叭状，盖沿外撇。素面。残高2.5厘米（图一七，8）。

圈足　1件。H4∶6，夹砂灰黄陶。足缘加厚内斜。素面。足径12、残高2.2厘米（图一七，7）。

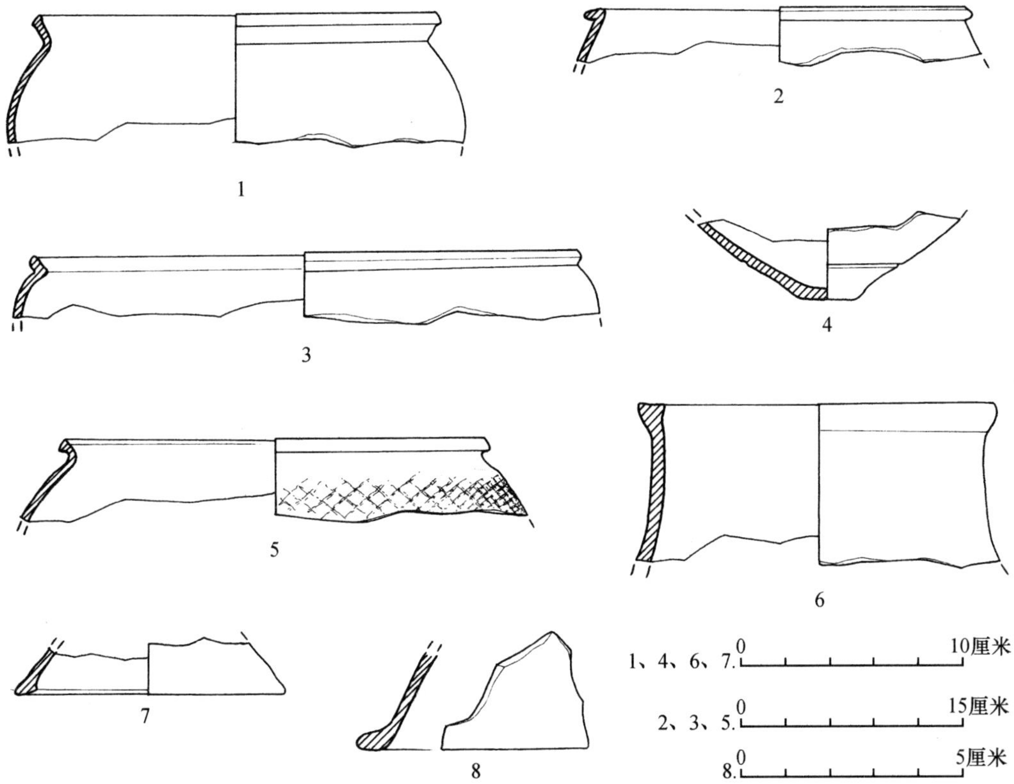

图一七 H4出土陶器

1. 小平底罐（H4：2） 2. 盆（H4：7） 3. 素面敛口罐（H4：3） 4. 小平底（H4：4） 5. 绳纹罐（H4：8） 6. 高领罐（H4：1） 7. 圈足（H4：6） 8. 盖盘（H4：5）

小平底 1件。H4：4，夹砂灰黄陶。素面。底径2.5、残高3.5厘米（图一七，4）。

3. H6出土陶器

小平底罐 1件。H6：8，夹砂黑褐陶。口微侈，方唇，圆肩。素面。口径14、残高3厘米（图一八，2）。

绳纹罐 1件。H6：5，夹砂黑褐陶。侈沿，圆唇，溜肩。肩部压印交错绳纹。残高4.3厘米（图一八，1）。

高领罐 1件。H6：3，夹砂灰黄陶。微侈口，方唇。素面。残高2.9厘米（图一八，3）。

曲腹罐 2件。H6：7，夹砂灰黄陶。侈沿，方唇，溜肩。素面。残高5厘米（图一八，5）。H6：13，夹砂灰黄陶。侈沿，方唇，圆肩。素面。口径18、残高5.5厘米（图一八，4）。

素面敛口罐 3件。H6：6，夹砂灰陶。侈口，圆唇，圆肩。素面。残高3.6厘米（图一八，8）。H6：11，夹砂暗褐陶。侈口，圆唇，溜肩。素面。口径30、残高4.5厘米（图一八，6）。H6：14，夹砂灰褐陶。侈口，圆唇，圆肩。素面。残高6.3厘米（图一八，7）。

尖底杯 1件。H6：15，泥质灰黄陶。素面。底径1.6、残高3厘米（图一八，9）。

盆 1件。H6：16，夹砂黑褐陶。直口，曲沿，方唇，折肩，斜直腹。装饰有乳状纽，已脱落。口径26、残高4厘米（图一九，1）。

器盖 1件。H6：1，夹砂灰黄陶。圈纽，弧壁，盖沿外撇。素面。纽径5、口径14、高6.5厘米（图一九，3）。

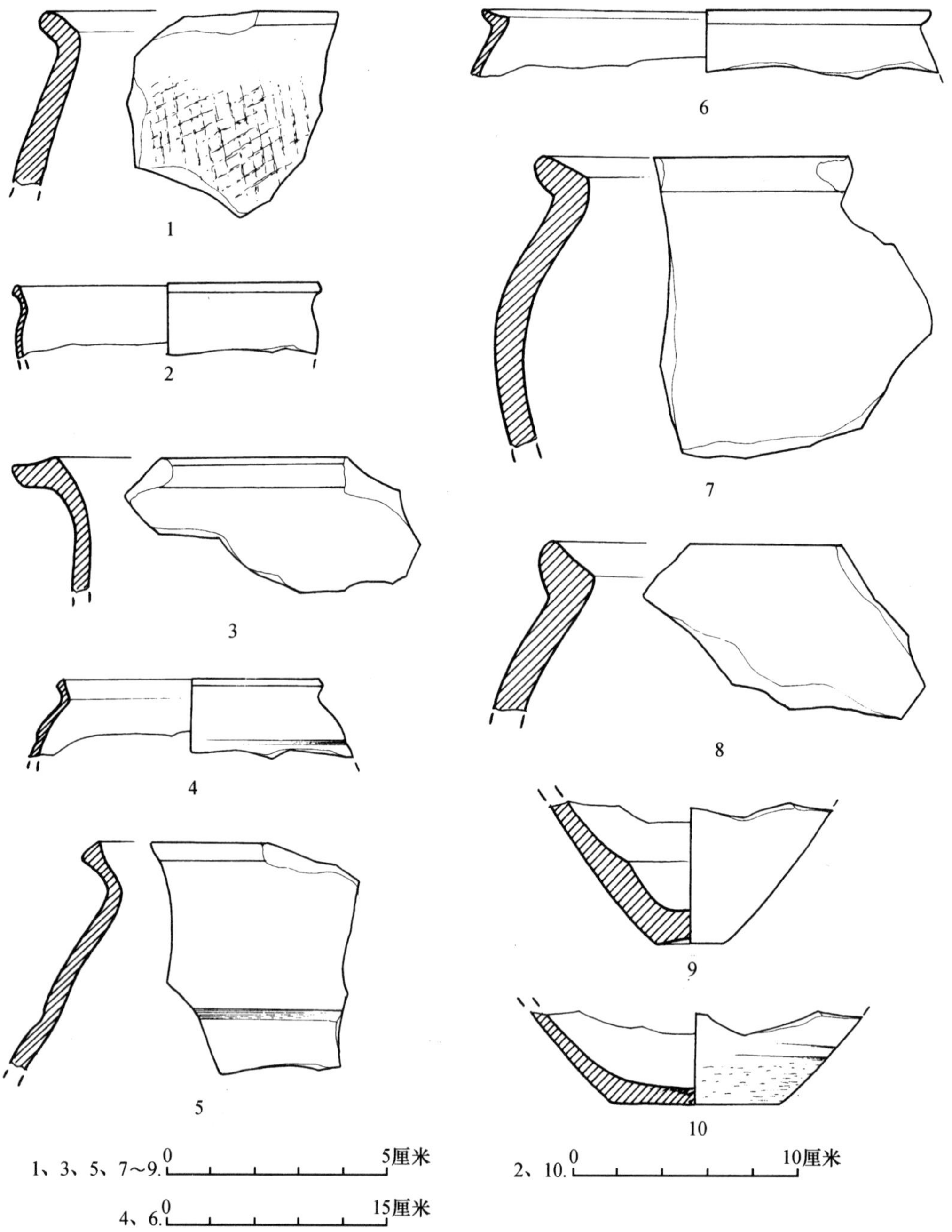

图一八　H6出土陶器

1. 绳纹罐（H6：5） 2. 小平底罐（H6：8） 3. 高领罐（H6：3） 4、5. 曲腹罐（H6：13、H6：7） 6～8. 素面敛口罐（H6：11、H6：14、H6：6） 9. 尖底杯（H6：15） 10. 器底（H6：17）

盖纽　1件。H6：12，夹砂黑褐陶。横“8”字形。素面。残高4厘米（图一九，4）。

小平底　1件。H6：10，夹砂黑褐陶。素面。底径2.5、残高2.2厘米（图一九，2）。

器底　1件。H6：17，夹砂灰黄陶。素面。底径7.5、残高4厘米（图一八，10）。

4. H7出土陶器

小平底罐　1件。H7：3，夹砂灰褐陶。侈口，侈沿，圆唇，折肩，斜弧腹。素面。口径14、残高5.5厘米（图二〇，3）。

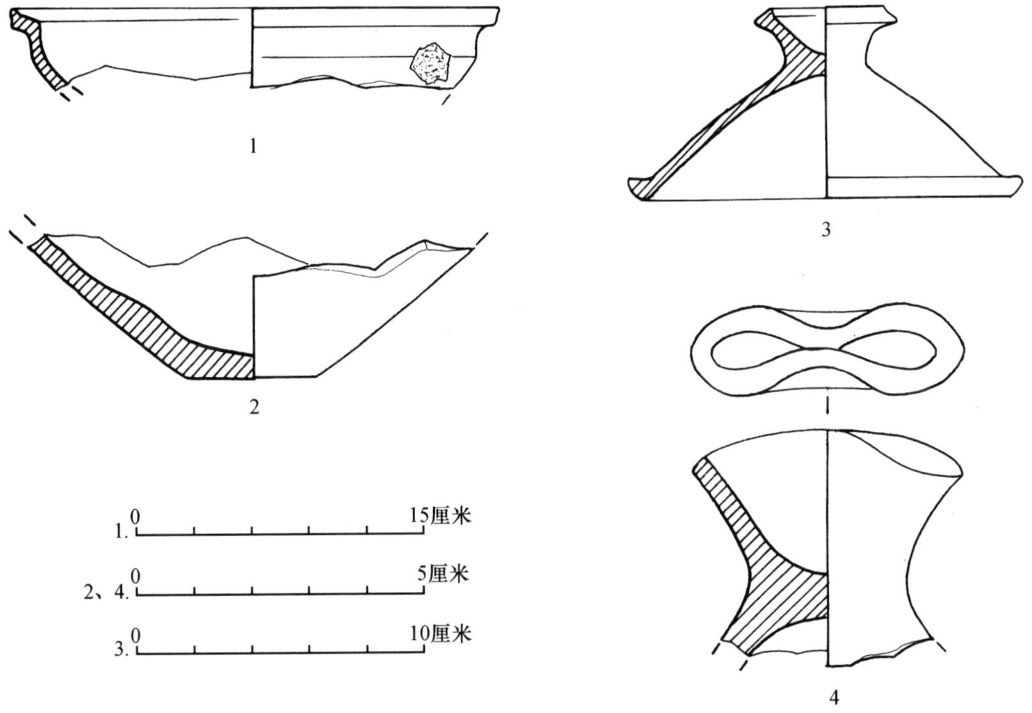

图一九 H6出土陶器

1. 盆（H6：16） 2. 小平底（H6：10） 3. 器盖（H6：1） 4. 盖纽（H6：12）

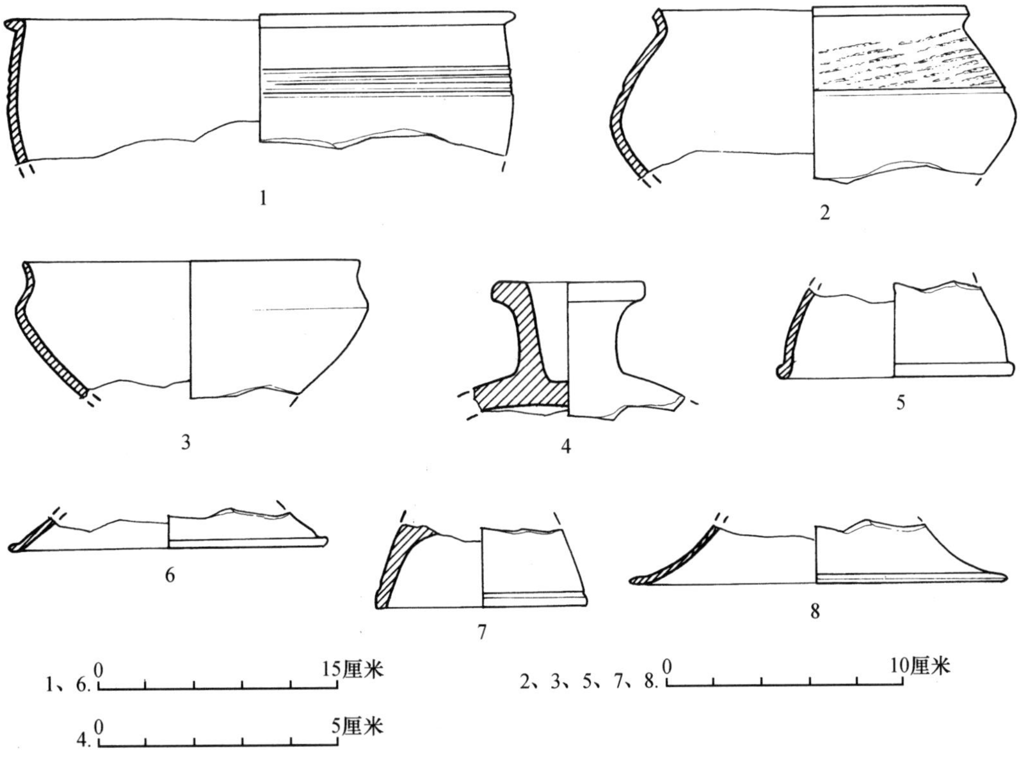

图二〇 H7出土陶器

1. 盆（H7：1） 2. 绳纹罐（H7：4） 3. 小平底罐（H7：3） 4. 盖纽（H7：2） 5、7、8. 圈足（H7：8、H7：6、H7：9） 6. 盖盘（H7：7）

绳纹罐　1件。H7：4，夹砂黄褐陶。侈口，侈沿，方唇，斜肩，折腹。肩部压印斜向绳纹及一周凹弦纹。口径13、残高6.5厘米（图二〇，2）。

盆　1件。H7：1，夹砂灰褐陶。微敛口，平折沿，尖唇，上腹较直。上腹饰四周凹弦纹。口径32、残高9厘米（图二〇，1）。

盖纽　1件。H7：2，夹砂灰黑陶。圈纽。素面。纽径3.2、残高2.6厘米（图二〇，4）。

盖盘　1件。H7：7，夹砂红褐陶。喇叭形浅盘状，盖沿微外撇。素面。口径20、残高2.1厘米（图二〇，6）。

圈足　3件。H7：6，夹砂黄褐陶。足壁斜弧微。素面。足径9、残高3.5厘米（图二〇，7）。H7：8，夹砂红褐陶。足壁斜弧，足缘外撇。素面。足径10、残高4厘米（图二〇，5）。H7：9，泥质黄陶。喇叭形。素面。足径16、残高2.5厘米（图二〇，8）。

5. H8出土陶器

小平底罐　1件。H8：9，夹砂灰陶。侈口，侈沿，圆唇，圆肩，斜弧腹。素面。口径12、残高5厘米（图二一，3）。

绳纹罐　2件。H8：7，夹砂灰陶。侈口，侈沿，方唇，斜肩。肩部压印斜向绳纹及两周凹弦纹。口径16、残高5厘米（图二一，1）。H8：13，夹砂灰黄陶。敛口，凸沿，方圆唇，鼓肩。口沿部及肩部压印横向绳纹。口径26、残高6厘米（图二一，2）。

回形纹罐　1件。H8：12，夹砂黑褐陶。侈口，侈沿，方唇，斜肩。肩部压印回形纹。残高4.7厘米（图二一，4）。

高领罐　1件。H8：14，夹砂暗褐陶。微侈口，圆唇微外卷。颈部饰一周凹弦纹。口径22、残高8.8厘米（图二一，5）。

器盖　1件。H8：10，夹砂黑褐陶。乳状纽，盖身呈喇叭形浅盘状。素面。口径10、高4厘米（图二一，9）。

圈足　1件。H8：11，夹砂暗褐陶。足壁斜直，足缘圆润、微内收。素面。足径15、残高4厘米（图二一，10）。

器底　3件。H8：3，夹砂黑褐陶。平底。素面。底径7、残高4.6厘米（图二一，8）。H8：4，夹砂黑褐陶。平底。素面。底径3、残高4.8厘米（图二一，6）。H8：5，夹砂黄褐陶。平底。素面。底径3、残高1厘米（图二一，7）。

6. H9出土陶器

素面敛口罐　3件。H9：3，夹砂黑褐陶。短沿微侈，沿面微凹，圆唇。残高3.6厘米（图二二，3）。H9：4，夹砂灰褐陶。凸沿，沿下有一周凹槽，沿内部微凹，圆唇。口径30、残高3厘米（图二二，1）。H9：7，夹砂灰黄陶。短沿微外翻，方唇。残高3.6厘米（图二二，7）。

高领罐　1件。H9：1，夹砂灰褐陶。微侈口，方唇。素面。残高6.4厘米（图二二，2）。

曲腹罐　1件。H9：8，夹砂黑褐陶。敛口，平折沿，圆唇。素面。残高4厘米（图二二，5）。

带耳罐　1件。H9：6，泥质灰黄陶。侈沿微翻，圆唇，溜肩，弧腹。腹部饰贯耳。残高9.8厘米（图二二，6）。

尖底杯　1件。H9：9，泥质灰黄陶。素面。底径2、残高4厘米（图二二，8）。

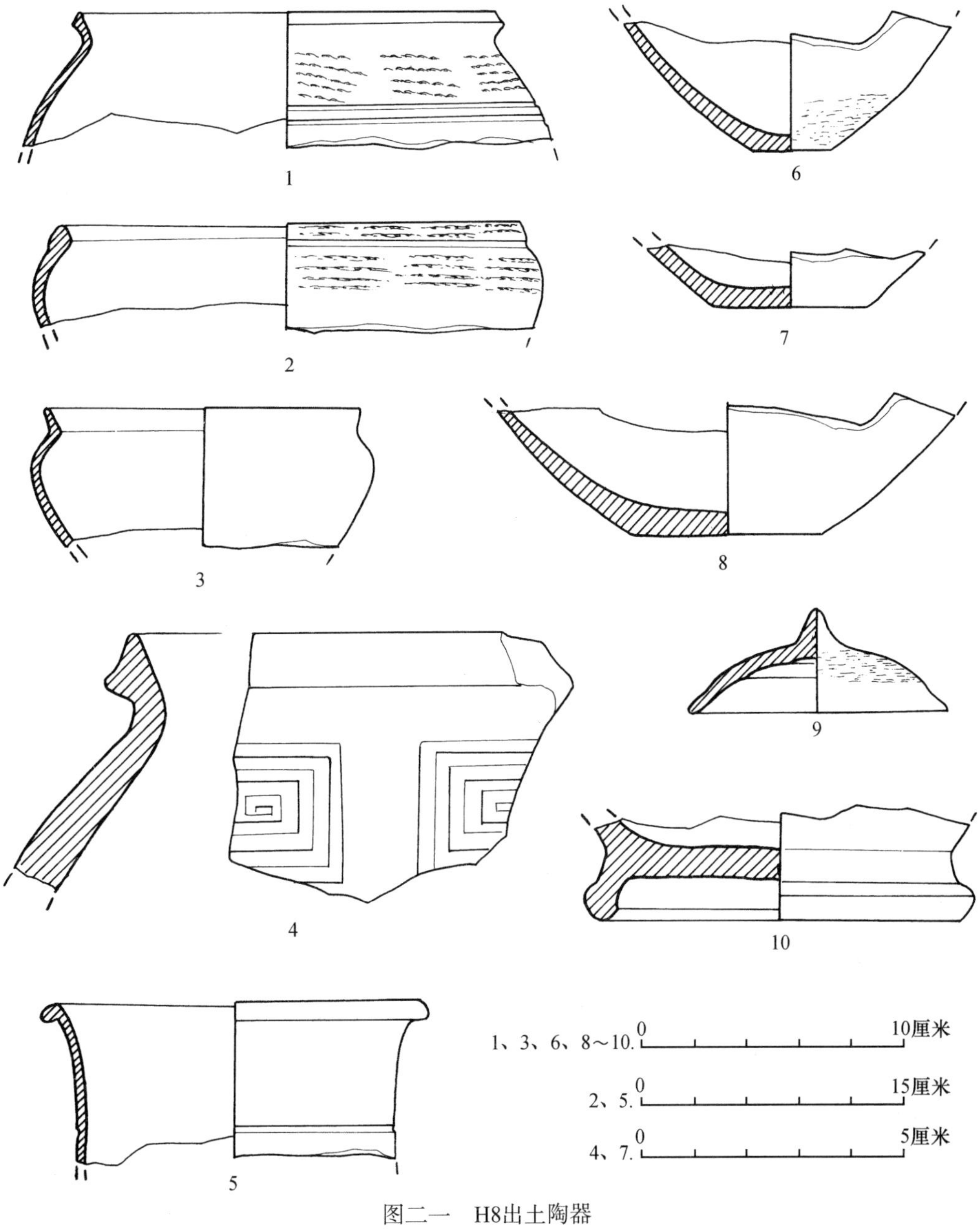

图二一 H8出土陶器

1、2. 绳纹罐（H8∶7、H8∶13） 3. 小平底罐（H8∶9） 4. 回形纹罐（H8∶12） 5. 高领罐（H8∶14） 6～8. 器底（H8∶4、H8∶5、H8∶3） 9. 器盖（H8∶10） 10. 圈足（H8∶11）

盖纽　1件。H9∶5，泥质灰黄陶。圈状纽。纽根处有四个对称的圆形穿孔。纽径4、残高2厘米（图二二，9）。

圈足　1件。H9∶2，泥质暗褐陶。足壁内弧，足跟外撇，足缘内斜。素面。残高1.8厘米（图二二，4）。

7. H10出土陶器

小平底罐　3件。H10∶12，夹砂灰褐陶。侈口，侈沿，方唇。素面。口径18、残高2.1厘米（图二三，1）。H10∶14，夹砂黑褐陶。侈口，侈沿，方唇。素面。残高2.6厘米（图二三，3）。

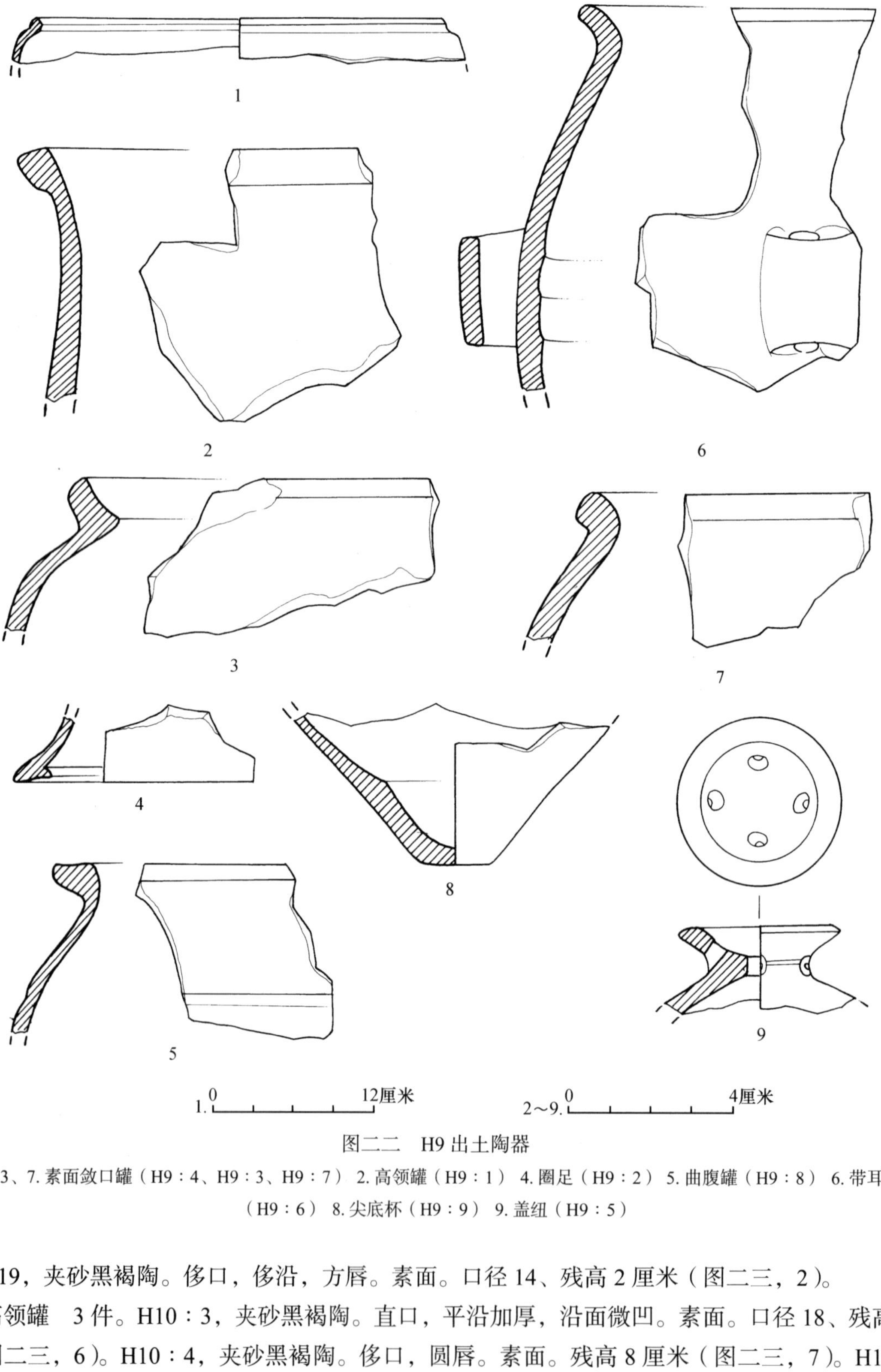

图二二　H9 出土陶器

1、3、7. 素面敛口罐（H9∶4、H9∶3、H9∶7）2. 高领罐（H9∶1） 4. 圈足（H9∶2） 5. 曲腹罐（H9∶8） 6. 带耳罐（H9∶6） 8. 尖底杯（H9∶9） 9. 盖纽（H9∶5）

H10∶19，夹砂黑褐陶。侈口，侈沿，方唇。素面。口径 14、残高 2 厘米（图二三，2）。

高领罐　3 件。H10∶3，夹砂黑褐陶。直口，平沿加厚，沿面微凹。素面。口径 18、残高 5 厘米（图二三，6）。H10∶4，夹砂黑褐陶。侈口，圆唇。素面。残高 8 厘米（图二三，7）。H10∶7，夹砂黑褐陶。侈口，圆唇。素面。口径 14、残高 4.6 厘米（图二三，5）。

素面敛口罐　2 件。H10∶9，夹砂灰褐陶。侈口，平折沿，尖唇。口径 22、残高 2.5 厘米（图二三，9）。H10∶10，夹砂灰黄陶。侈口，斜侈沿，沿面微凹，尖圆唇，圆肩。口径 28、残

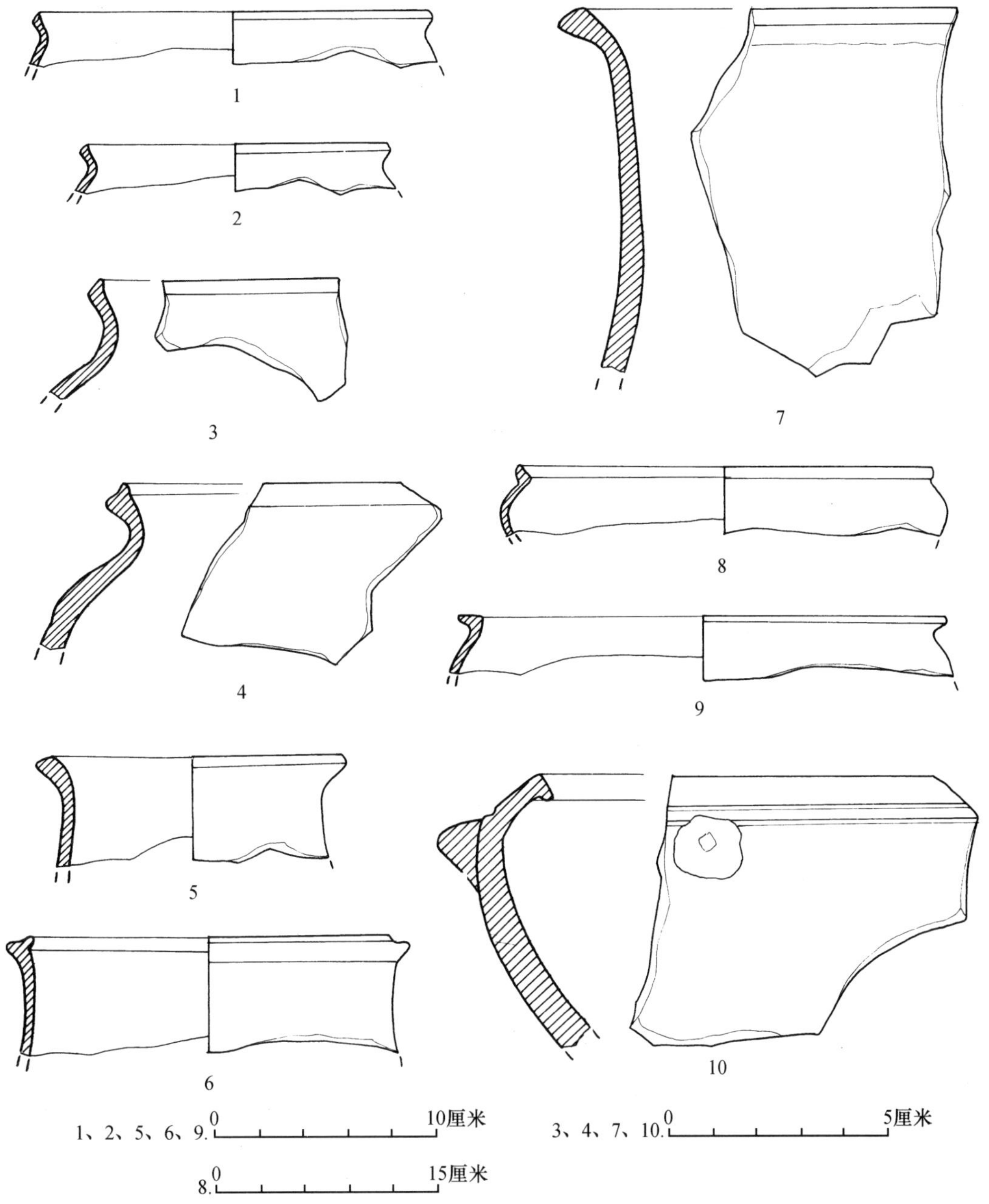

图二三　H10出土陶罐

1～3. 小平底罐（H10：12、H10：19、H10：14） 4. 曲腹罐（H10：13） 5～7. 高领罐（H10：7、H10：3、H10：4） 8、9. 素面敛口罐（H10：10、H10：9） 10. 小罐（H10：15）

高5厘米（图二三，8）。

曲腹罐　1件。H10：13，夹砂黑褐陶。斜侈沿，方唇，圆肩。素面。残高4厘米（图二三，4）。

小罐　1件。H10：15，夹砂红褐陶。敛口，方唇，鼓肩，斜弧腹。口沿饰刻划纹，肩部饰乳钉纹。残高5.9厘米（图二三，10）。

壶　2件。H10：16，泥质灰黄陶。小喇叭口，尖唇，唇外侧有一周凸棱。素面。口径12、残高2.8厘米（图二四，2）。H10：17，泥质灰黄陶。小喇叭口，圆唇加厚。素面。口径14、残高3.6厘米（图二四，1）。

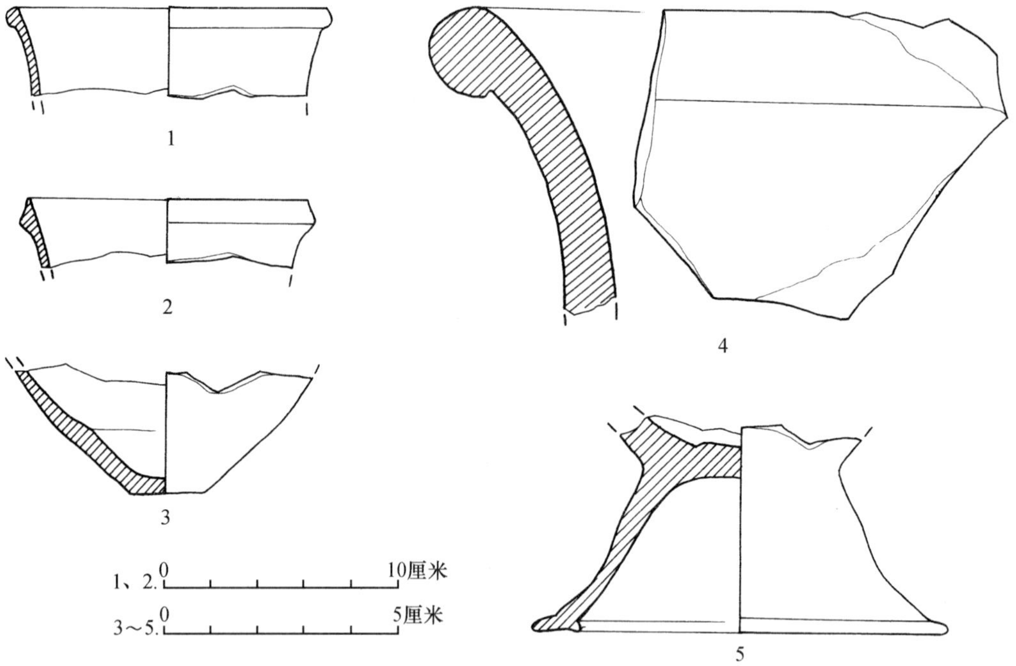

图二四 H10出土陶器

1、2. 壶（H10：17、H10：16） 3. 尖底杯（H10：8） 4. 瓮（H10：1） 5. 圈足（H10：2）

尖底杯 1件。H10：8，泥质灰黄陶。素面。底径1.7、残高2.5厘米（图二四，3）。

瓮 1件。H10：1，夹砂灰陶。敞口，圆唇加厚，高领。素面。残高6.3厘米（图二四，4）。

圈足 1件。H10：2，夹砂黑褐陶。喇叭形，足缘较平。素面。足径8.8、残高4.5厘米（图二四，5）。

8. H14出土陶器

小平底罐 1件。H14：3，夹砂灰褐陶。侈口，侈沿，方唇，圆肩。素面。口径14、残高3.5厘米（图二五，3）。

高领罐 1件。H14：2，夹砂黄褐陶。侈口，平沿加厚，尖圆唇。素面。口径16、残高5.5厘米（图二五，4）。

曲腹罐 1件。H14：4，夹砂黄褐陶。侈沿，方唇，溜肩。素面。口径18、残高4厘米（图二五，1）。

盖纽 1件。H14：6，夹砂黄褐陶。横“8”字形捉手。素面。残高4.5厘米（图二五，5）。

圈足 1件。H14：1，夹砂灰褐陶。足壁斜直。素面。足径9、残高4厘米（图二五，2）。

9. H15出土遗物

小平底罐 2件。H15：17，夹砂黑褐陶。侈口，侈沿，方唇，溜肩。素面。口径15、残高3厘米（图二六，1）。H15：19，夹砂黄褐陶。侈口，侈沿，方唇，圆肩。素面。口径16、残高3厘米（图二六，2）。

绳纹罐 2件。H15：2，夹砂黄褐陶。侈口，短沿斜侈，圆肩。口沿饰斜向绳纹，肩部饰横向绳纹。口径32、残高6厘米（图二六，5）。H15：14，夹砂黑褐陶。敛口，无沿，尖圆唇。口部压印斜向绳纹。残高2.5厘米（图二六，6）。

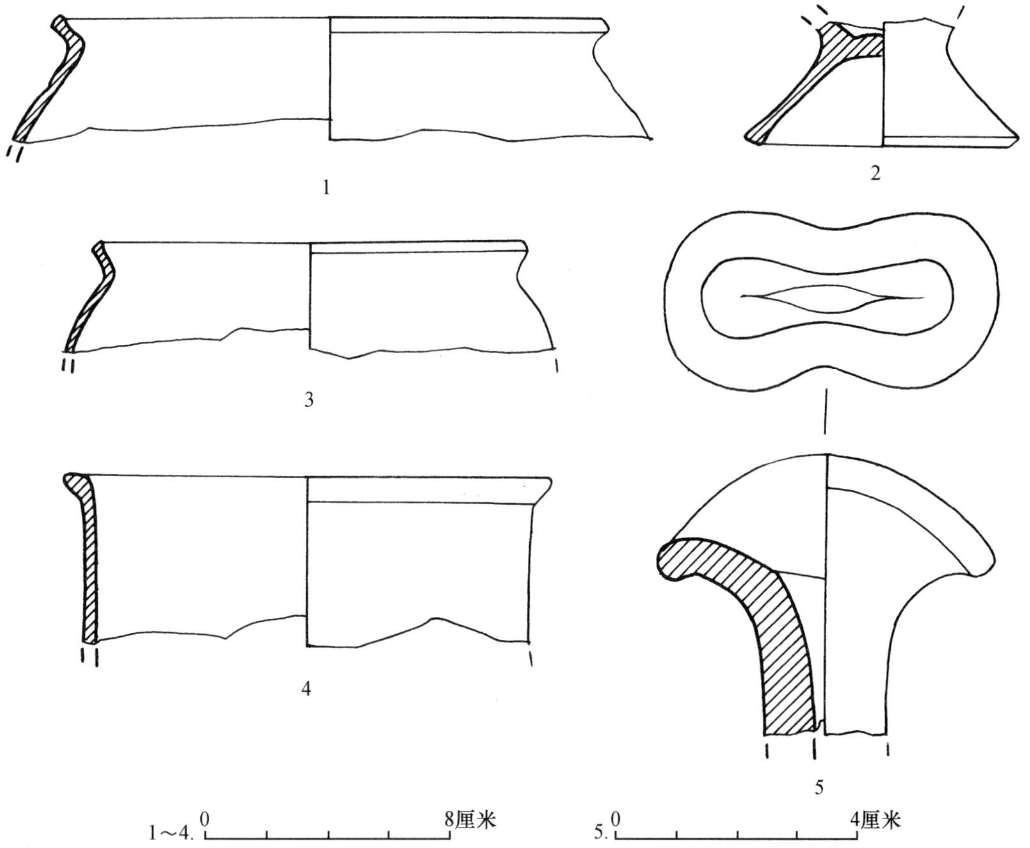

图二五 H14出土陶器

1. 曲腹罐（H14：4） 2. 圈足（H14：1） 3. 小平底罐（H14：3） 4. 高领罐（H14：2） 5. 盖纽（H14：6）

高领罐 2件。H15：4，夹砂黄褐陶。直口，沿外斜，圆唇，唇部有一周凹槽。素面。口径20、残高4.5厘米（图二六，4）。H15：6，夹砂黄褐陶。直口，圆唇加厚。素面。口径17、残高4.5厘米（图二六，3）。

素面敛口罐 1件。H15：5，夹砂黄褐陶。凸沿，沿面微凹，尖圆唇，溜肩。素面。残高4.5厘米（图二六，9）。

壶 1件。H15：12，泥质灰陶。微侈口，尖圆唇，口沿外壁有一周凸棱。口径12.5、残高3厘米（图二六，11）。

尖底杯 1件。H15：13，夹砂黄褐陶。素面。底径1.5、残高3厘米（图二六，12）。

喇叭形器 1件。H15：10，夹砂灰黄陶。素面。底径4.5、残高10厘米（图二六，13）。

圈足 2件。H15：3，夹砂黄褐陶。喇叭形，足缘内斜。素面。足径14、残高5厘米（图二六，10）。H15：7，夹砂红褐陶。足壁外弧。素面。残高5厘米（图二六，8）。

器底 1件。H15：8，夹砂黄褐陶。素面。底径15、残高3.5厘米（图二六，7）。

石斧 1件。H15：1，磨制。平面近似长方形，弧刃，弧尾。长6.6、刃宽4.3、厚2.5厘米（图二七）。

10. H16出土陶器

绳纹罐 2件。H16：5，夹砂红褐陶。敛口，凸沿，方唇。口沿以及肩部压印斜向绳纹。口径

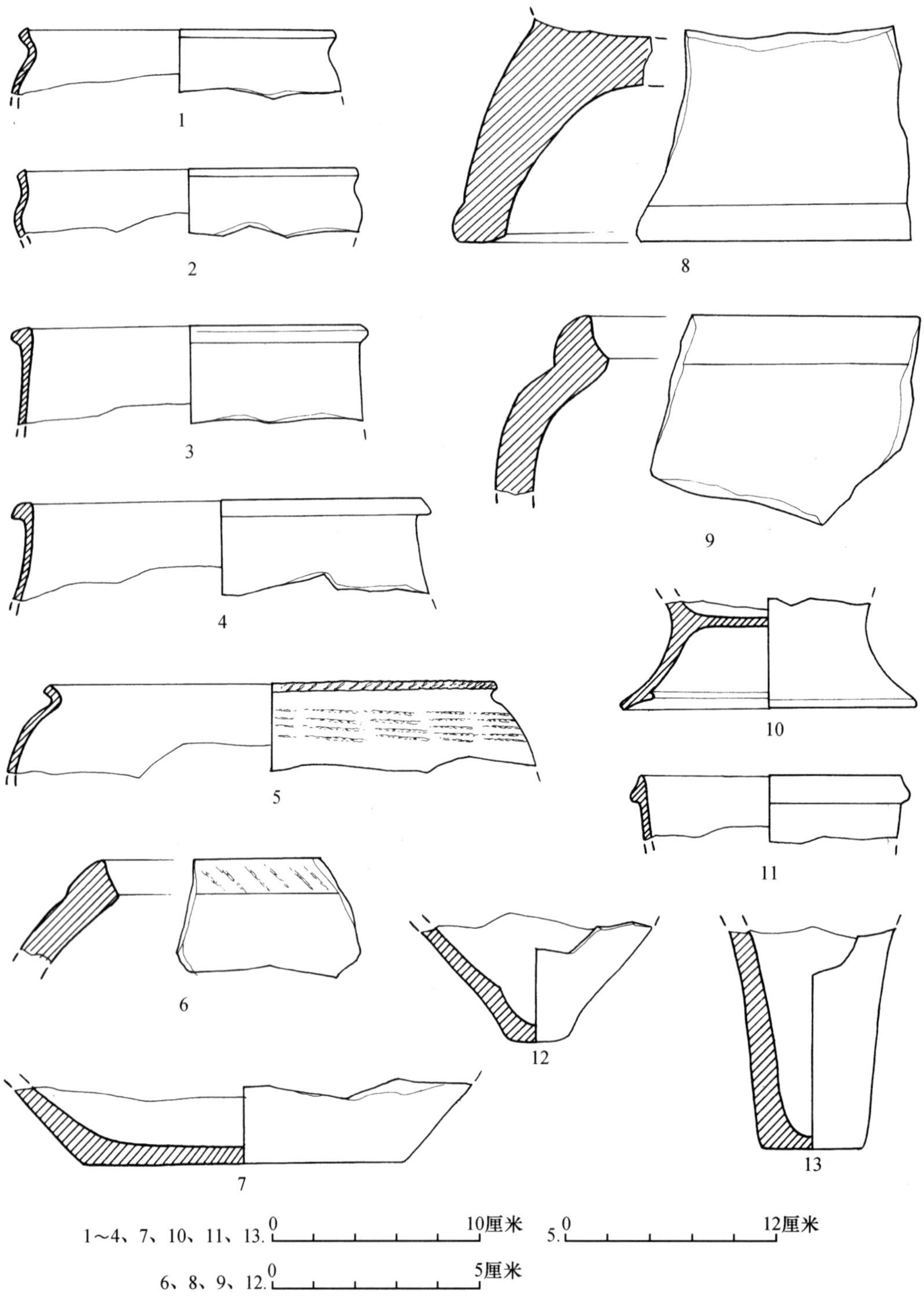

图二六　H15 出土陶器

1、2. 小平底罐（H15：17、H15：19） 3、4. 高领罐（H15：6、H15：4） 5、6. 绳纹罐（H15：2、H15：14） 7. 器底（H15：8） 8、10. 圈足（H15：7、H15：3） 9. 素面敛口罐（H15：5） 11. 壶（H15：12） 12. 尖底杯（H15：13） 13. 喇叭形器（H15：10）

26、残高 2.1 厘米（图二八，1）。H16：8，夹砂黑褐陶。侈口，侈沿，方唇，圆肩。肩部压印斜向绳纹。残高 5 厘米（图二八，2）。

素面敛口罐　5 件。H16：10，夹砂灰白陶。凸沿，圆唇，圆肩，胎体较薄。口径 17、残高 3.8

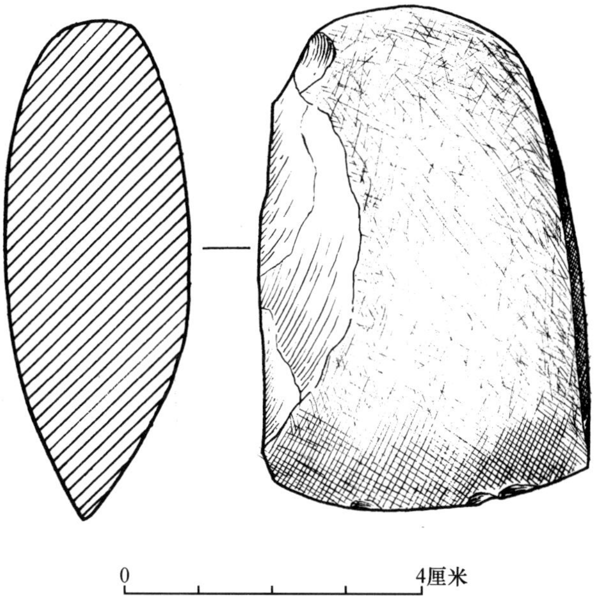

图二七 H15出土石斧
（H15：1）

厘米（图二八，3）。H16：12，夹砂灰陶。侈沿，沿面微凹，尖唇，圆肩。口径24、残高4厘米（图二八，7）。H16：19，夹砂灰陶。凸沿，圆唇，圆肩。口径33、残高2.5厘米（图二八，6）。H16：22，夹砂黄褐陶。侈沿，圆唇，圆肩。口径26、残高4厘米（图二八，5）。H16：24，夹砂黑褐陶。侈沿，圆唇，圆肩。口径27、残高5厘米（图二八，4）。

高领罐 1件。H16：21，夹砂黑褐陶。直口，外斜沿，圆唇。素面。口径15、残高6厘米（图二八，8）。

盖纽 1件。H16：13，夹砂灰陶。圈纽，纽沿外卷。素面。纽径3.5、残高2.5厘米（图二九，5）。

盖盘 2件。H16：6，夹砂灰陶。盖壁斜直。素面。口径40、残高6厘米（图二九，1）。H16：23，夹砂黄褐陶。盖壁斜直。素面。口径14、残高2厘米（图二九，2）。

器座 1件。H16：4，夹砂橙黄陶。座缘外撇。素面。底径11、残高4.6厘米（图二九，4）。

圈足 1件。H16：1，泥质黄褐陶。喇叭状，足缘外撇。素面。足径16、残高3.5厘米（图二九，3）。

小平底 2件。H16：2，泥质灰黄陶。素面。底径3、残高11厘米（图二八，10）。H16：7，夹砂黑褐陶。素面。底径2.5、残高3.5厘米（图二八，11）。

器底 1件。H16：20，夹砂黑褐陶。素面。底径10、残高4.5厘米（图二八，9）。

11. H17出土陶器

绳纹罐 4件。H17：2，夹砂黄褐陶。敛口，短沿微翻，方唇，溜肩。肩部压印横向绳纹。口径22、残高4.5厘米（图三〇，3）。H17：4，夹砂灰褐陶。敛口，无沿，方唇，圆肩。口部及肩部压印斜向绳纹。口径39、残高4.5厘米（图三〇，7）。H17：14，夹砂黄褐陶。敛口，凸沿，沿面微凹，尖圆唇，圆肩。沿及肩部压印斜向绳纹。残高5.5厘米（图三〇，1）。H17：15，夹砂灰褐陶。敛口，凸沿，方唇，圆肩。唇部及肩部压印斜向绳纹。口径30、残高4厘米（图三〇，2）。

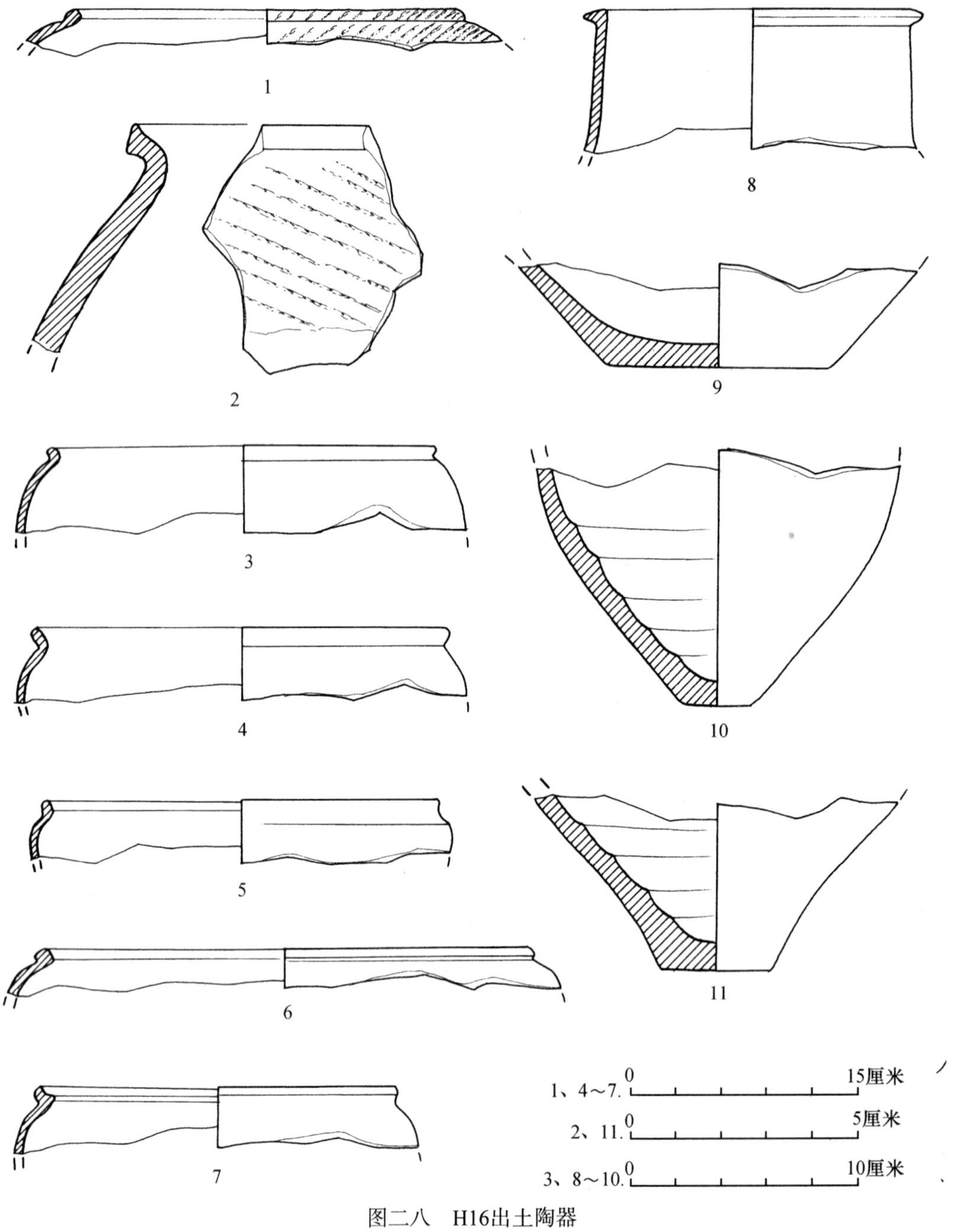

图二八　H16出土陶器

1、2. 绳纹罐（H16：5、H16：8）3～7. 素面敛口罐（H16：10、H16：24、H16：22、H16：19、H16：12）8. 高领罐（H16：21）9. 器底（H16：20）10、11. 小平底（H16：2、H16：7）

素面敛口罐　1件。H17：5，夹砂红褐陶。凸沿，沿面微凹，尖圆唇。口径28、残高3厘米（图三〇，5）。

瓮　1件。H17：12，夹砂黄褐陶。敞口，圆唇加厚，高领。素面。残高6厘米（图三〇，4）。

盆　1件。H17：11，夹砂灰褐陶。敛口，圆唇，上腹斜直。上腹饰三周凹弦纹。口径26、残高4.5厘米（图三〇，6）。

豆圈足　1件。H17：6，泥质灰陶。喇叭状。素面。残高10厘米（图三一，4）。

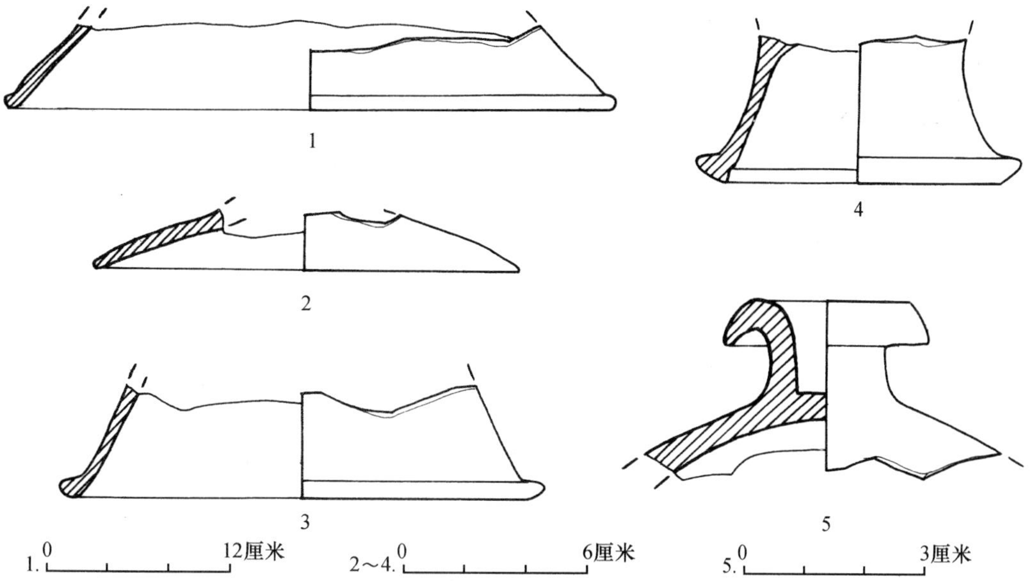

图二九 H16出土陶器

1、2. 盖盘（H16：6、H16：23） 3. 圈足（H16：1） 4. 器座（H16：4） 5. 盖纽（H16：13）

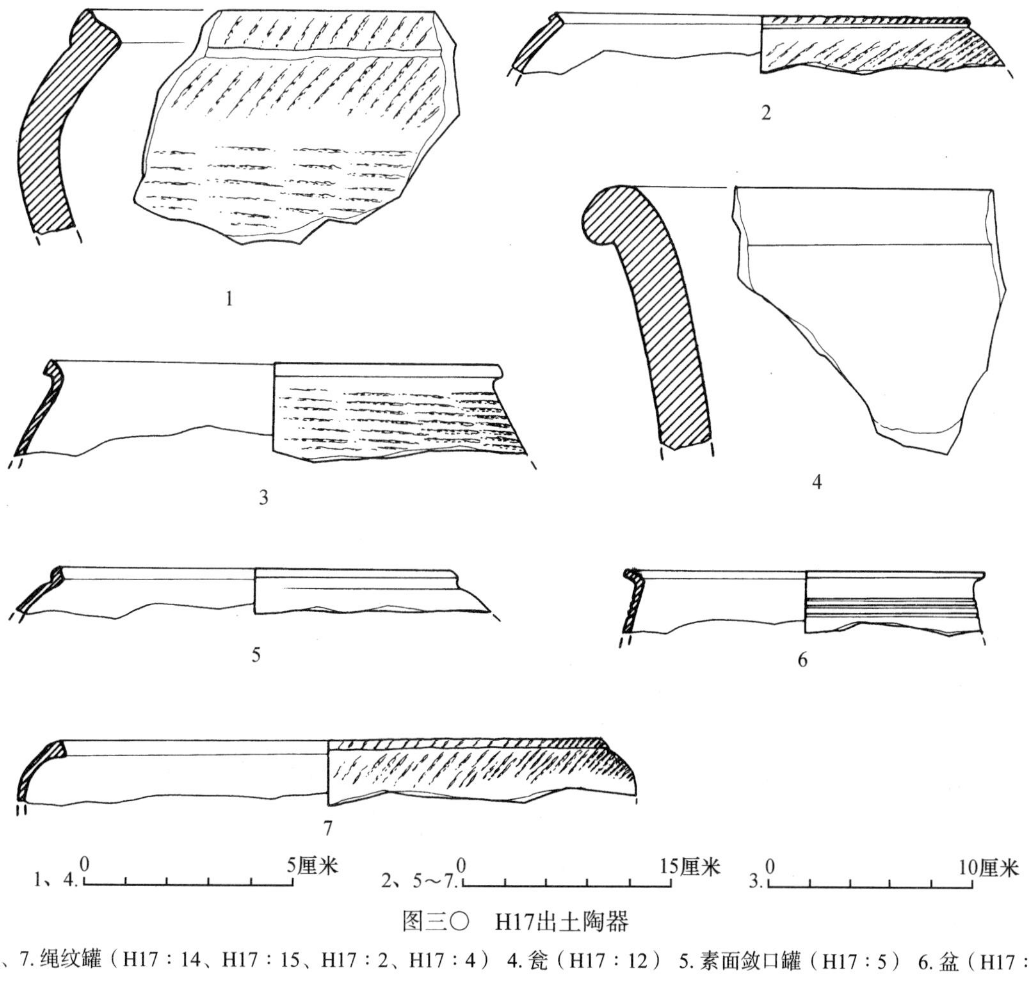

图三〇 H17出土陶器

1～3、7. 绳纹罐（H17：14、H17：15、H17：2、H17：4） 4. 瓮（H17：12） 5. 素面敛口罐（H17：5） 6. 盆（H17：11）

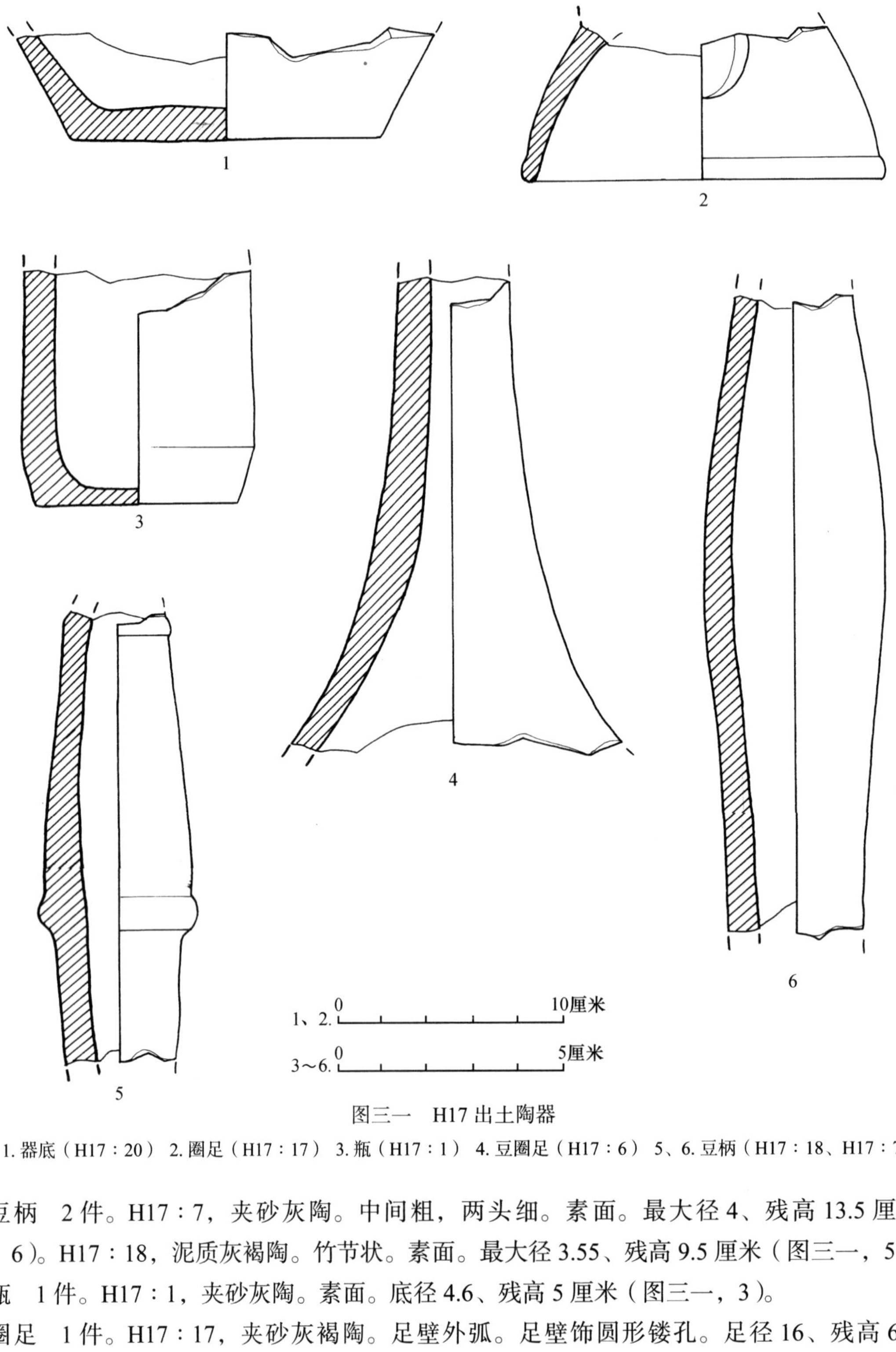

图三一　H17出土陶器

1. 器底（H17：20）2. 圈足（H17：17）3. 瓶（H17：1）4. 豆圈足（H17：6）5、6. 豆柄（H17：18、H17：7）

豆柄　2件。H17：7，夹砂灰陶。中间粗，两头细。素面。最大径4、残高13.5厘米（图三一，6）。H17：18，泥质灰褐陶。竹节状。素面。最大径3.55、残高9.5厘米（图三一，5）。

瓶　1件。H17：1，夹砂灰陶。素面。底径4.6、残高5厘米（图三一，3）。

圈足　1件。H17：17，夹砂灰褐陶。足壁外弧。足壁饰圆形镂孔。足径16、残高6.5厘米（图三一，2）。

器底　1件。H17：20，夹砂灰黄陶。素面。底径14、残高4.5厘米（图三一，1）。

12. G1出土陶器

曲腹罐　2件。G1：1，夹砂黄褐陶。侈口，斜侈沿，方唇，圆肩。素面。残高3.3厘米

（图三二，3）。G1：5，夹砂黑褐陶。侈口，斜侈沿，方唇，圆肩。素面。口径17、残高3.4厘米（图三二，4）。

高领罐 2件。G1：4，泥质黄陶。敛口，平折沿，尖圆唇。素面。残高4.3厘米（图三二，6）。G1：6，夹砂黄褐陶。微侈口，圆唇。素面。口径18、残高2.5厘米（图三二，5）。

盆 2件。G1：2，夹砂黑褐陶。直口，平折沿，圆唇。素面。口径34、残高6厘米（图三二，2）。G1：3，夹砂灰褐陶。直口，平折沿，圆唇。素面。口径27、残高4厘米（图三二，1）。

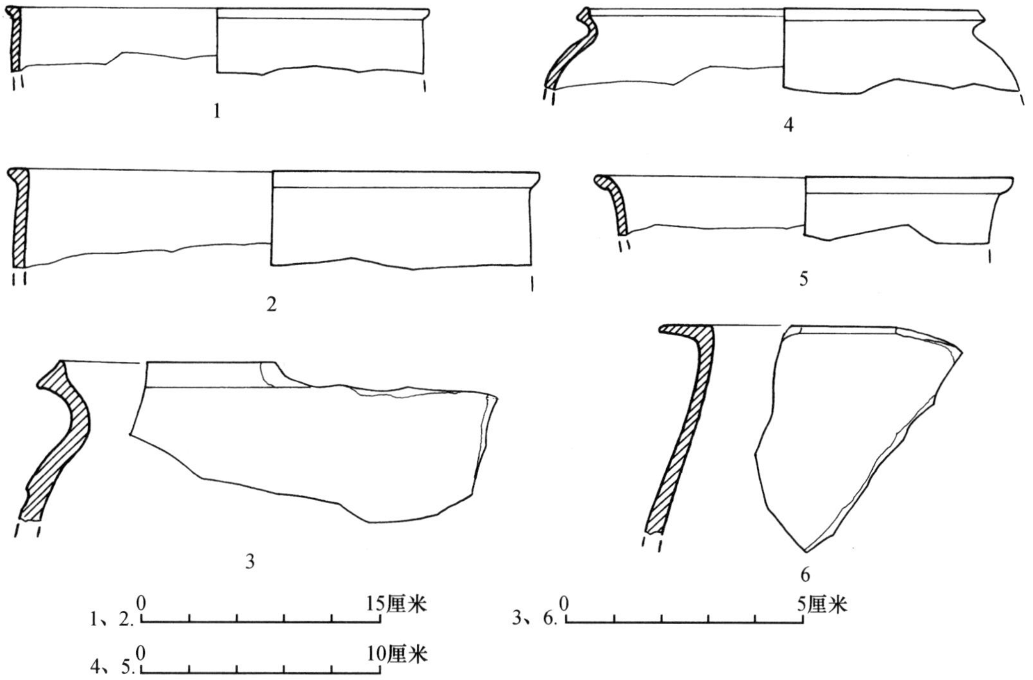

图三二 G1出土陶器

1、2. 盆（G1：3、G1：2） 3、4. 曲腹罐（G1：1、G1：5） 5、6. 高领罐（G1：6、G1：4）

13. G4出土陶器

小平底罐 1件。G4：7，夹砂黄褐陶。直口，沿竖直，方唇，鼓肩。素面。口径14、残高3厘米（图三三，3）。

绳纹罐 2件。G4：8，夹砂黑褐陶。侈口，短沿斜侈，方唇，溜肩。肩部压印横向绳纹。口径24、残高4厘米（图三三，1）。G4：11，夹砂黄褐陶。敛口，凸沿，尖唇，圆肩。沿部及肩部饰斜向绳纹。残高2.2厘米（图三三，2）。

素面敛口罐 2件。G4：4，夹砂黄褐陶。凸沿，沿面微凹，圆唇，圆肩。口径32、残高4厘米（图三三，4）。G4：6，夹砂灰褐陶。凸沿，圆唇，圆肩。口径30、残高2.5厘米（图三三，5）。

壶口 1件。G4：14，夹砂黄褐陶。微敞口，尖唇。沿外侧饰贯耳。残高4厘米（图三三，6）。

盆 1件。G4：1，夹砂黄褐陶。直口，平折沿，平唇。素面。口径48、残高6.5厘米（图三三，7）。

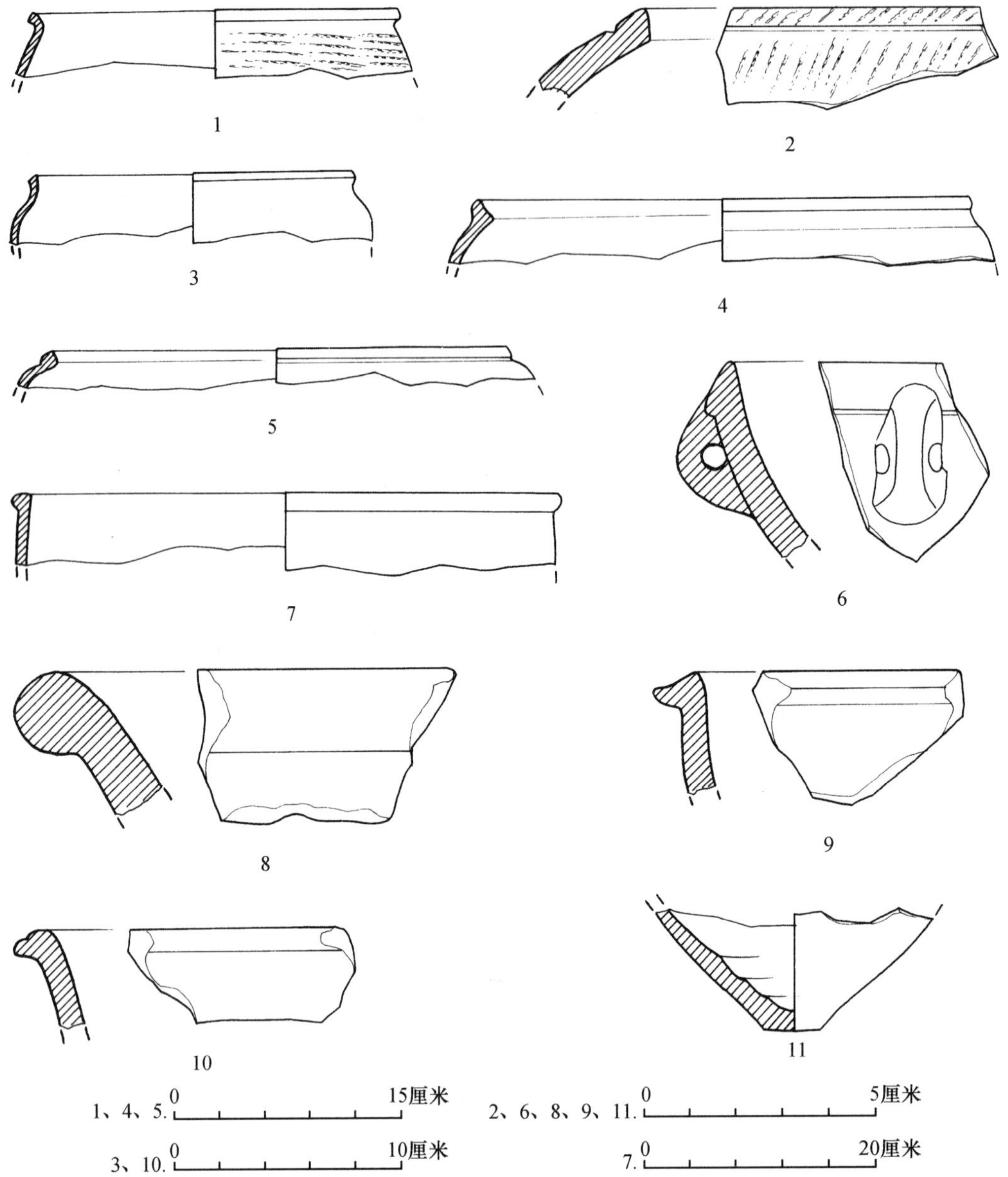

图三三　G4出土陶器

1、2. 绳纹罐（G4：8、G4：11）3. 小平底罐（G4：7）4、5. 素面敛口罐（G4：4、G4：6）6. 壶口（G4：14）7. 盆（G4：1）8～10. 瓮（G4：9、G4：12、G4：3）11. 尖底杯（G4：2）

瓮　3件。G4：3，夹砂黄褐陶。敞口，圆唇，唇部有一周凹槽，高领。素面。残高4厘米（图三三，10）。G4：9，夹砂黄褐陶。敞口，圆唇加厚，高领。素面。残高3.2厘米（图三三，8）。G4：12，夹砂黑褐陶。敞口，圆唇，唇面有一周凹槽，高领。素面。残高2.8厘米（图三三，9）。

尖底杯　1件。G4：2，泥质橙黄陶。素面。底径1.3、残高2.5厘米（图三三，11）。

14. G6出土陶器

高领罐　1件。G6：4，夹砂黄褐陶。微侈口，平唇。素面。口径18、残高4.2厘米（图三四，1）。

盆　1件。G6：1，夹砂灰褐陶。直口，平折沿，圆唇。上腹饰一周凹弦纹。残高8厘米（图三四，2）。

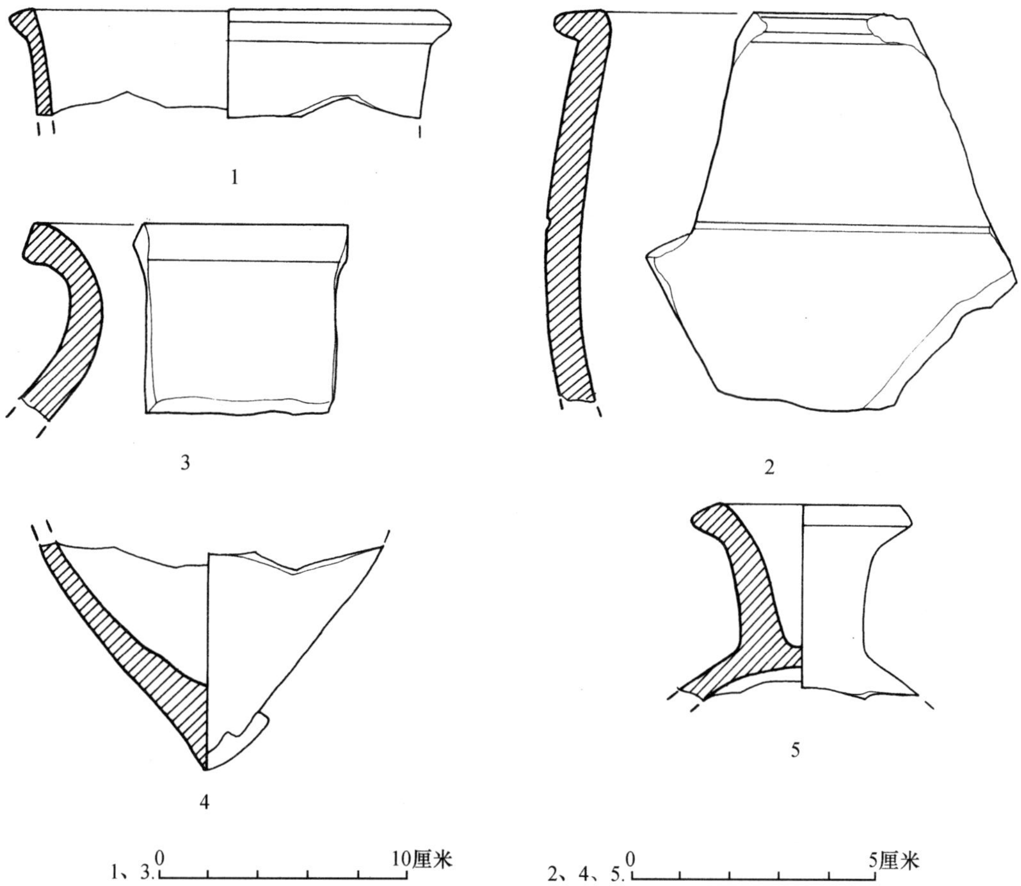

图三四 G6出土陶器

1. 高领罐（G6：4） 2. 盆（G6：1） 3. 瓮（G6：2） 4. 尖底（G6：3） 5. 盖纽（G6：5）

瓮 1件。G6：2，夹砂黄褐陶。侈口，方唇，矮领。素面。残高7.8厘米（图三四，3）。

尖底 1件。G6：3，泥质橙黄陶。素面。残高4.7厘米（图三四，4）。

盖纽 1件。G6：5，夹砂灰褐陶，圈纽。素面。纽径4.6、残高3.7厘米（图三四，5）。

（四）第6层出土遗物

1. TN4W10第6层出土陶器

小平底罐 2件。TN4W10⑥：28，夹砂黑褐陶。侈口，侈沿，方唇，溜肩。素面。口径14、残高3.5厘米（图三五，8）。TN4W10⑥：30，夹砂灰褐陶。侈口，侈沿，方唇，圆肩。素面。口径24、残高4厘米（图三五，9）。

绳纹罐 4件。TN4W10⑥：8，夹砂灰陶。敛口，无沿，方唇，圆肩。口部及肩部压印斜向绳纹。口径34、残高6.5厘米（图三五，1）。TN4W10⑥：10，夹砂灰褐陶。侈口，短沿斜侈，方唇，斜肩。肩部饰交错绳纹和一周凹弦纹。口径18、残高5厘米（图三五，3）。TN4W10⑥：27，夹砂灰陶。敛口，无沿，尖圆唇，唇面有一周凹槽，圆肩。口部压印斜向绳纹，肩部压印横向绳纹。残高4.5厘米（图三五，2）。TN4W10⑥：29，夹砂黑褐陶。侈口，短沿斜侈，方唇，斜肩。肩部压印交错绳纹。口径20、残高3厘米（图三五，4）。

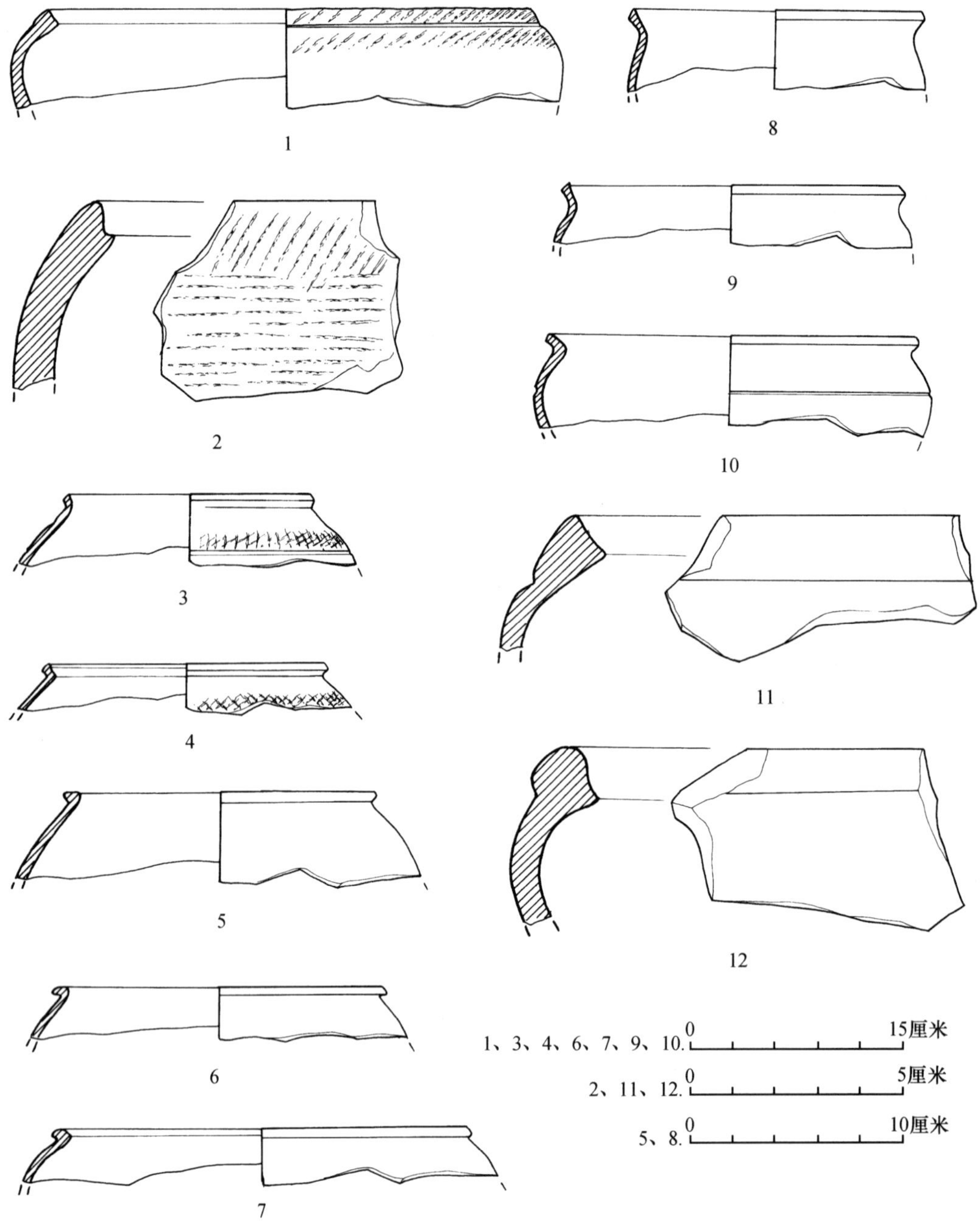

图三五 TN4W10第6层出土陶罐

1～4. 绳纹罐（TN4W10⑥：8、TN4W10⑥：27、TN4W10⑥：10、TN4W10⑥：29） 5～7、10～12. 素面敛口罐（TN4W10⑥：6、TN4W10⑥：11、TN4W10⑥：9、TN4W10⑥：3、TN4W10⑥：31、TN4W10⑥：19） 8、9. 小平底罐（TN4W10⑥：28、TN4W10⑥：30）

素面敛口罐 8件。TN4W10⑥：3，夹砂黑褐陶。短沿斜侈，方唇，圆肩。口径26、残高6厘米（图三五，10）。TN4W10⑥：5，夹砂灰陶。凸沿，沿面微凹，方唇，圆肩。口径30、残高3厘米（图三六，1）。TN4W10⑥：6，夹砂黄褐陶。短沿加厚，有一周凹槽，方唇，斜肩，器壁较薄。口径15、残高4厘米（图三五，5）。TN4W10⑥：9，夹砂黑褐陶。短沿加厚，圆唇，鼓肩。口径30、残高3.7厘米（图三五，7）。TN4W10⑥：11，夹砂黄褐陶。短沿加厚，圆唇，斜肩。口径24、残高3.5厘米（图三五，6）。TN4W10⑥：16，夹砂黄褐陶。凸沿，沿面微凹，方唇，圆肩。口径32、残高3厘米（图三六，2）。TN4W10⑥：19，夹砂黄褐陶。凸沿，沿面微凹，沿下有一周凹槽，圆唇，圆肩。残高4.2厘米（图三五，12）。TN4W10⑥：31，夹砂黑褐陶。凸沿，沿面微凹，沿下有一周凹槽，方唇，圆肩。残高3厘米（图三五，11）。

高领罐　5件。TN4W10⑥：4，夹砂暗褐陶。微侈口，方唇。沿下饰一周凹弦纹。口径16、残高7厘米（图三六，6）。TN4W10⑥：13，夹砂黄褐陶。微敛口，平沿，方唇。素面。口径16、残高7厘米（图三六，3）。TN4W10⑥：21，夹砂灰褐陶。微敛口，外斜沿，圆唇。素面。残高4.3厘米（图三六，5）。TN4W10⑥：23，夹砂暗褐陶。微敛口，平沿，尖圆唇。素面。残高5.4厘米（图三六，4）。TN4W10⑥：25，夹砂黑褐陶。微敛口，平沿，方唇。素面。口径24、残高2.6厘米（图三六，8）。

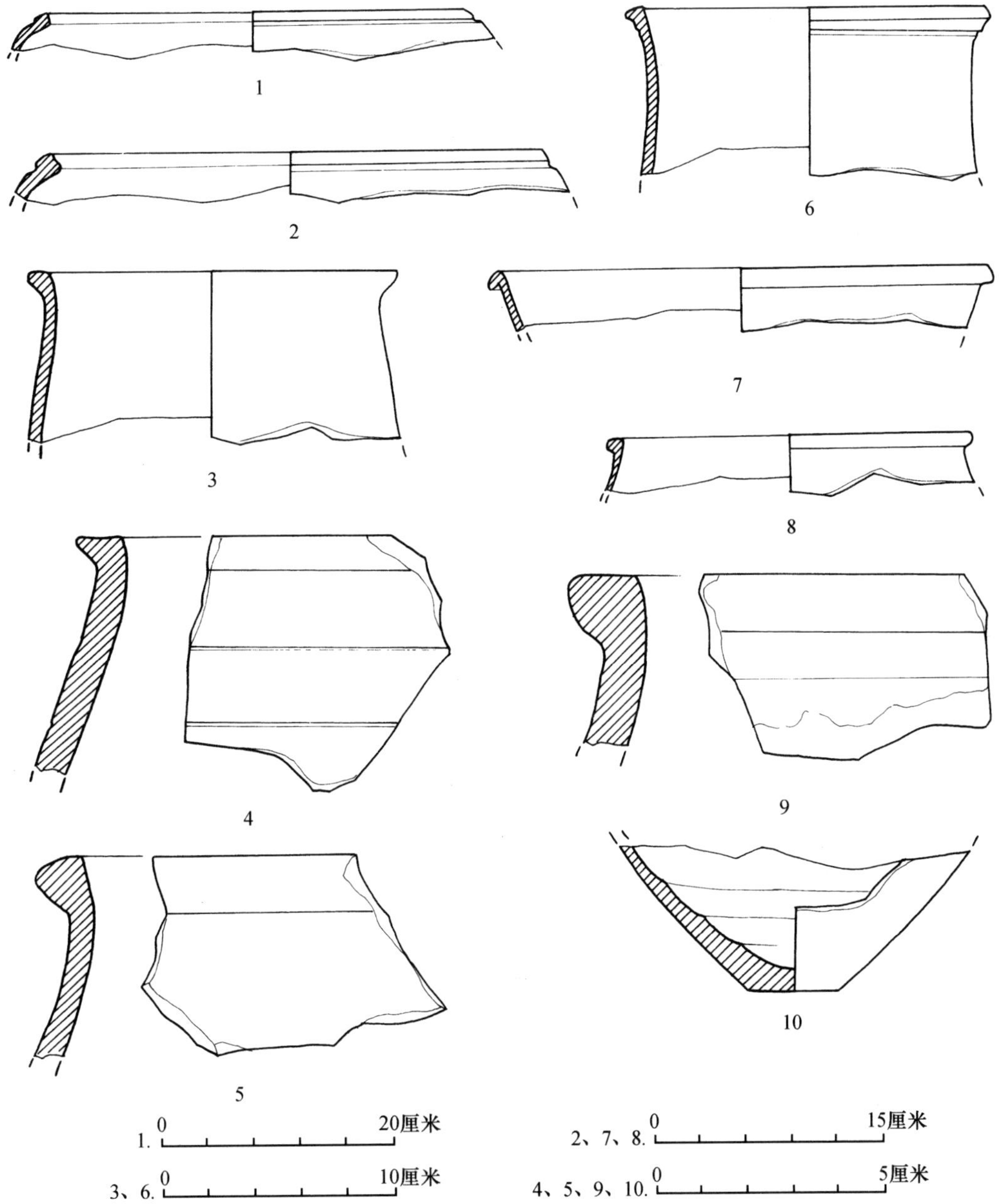

图三六　TN4W10第6层出土陶器

1、2. 素面敛口罐（TN4W10⑥：5、TN4W10⑥：16）　3～6、8. 高领罐（TN4W10⑥：13、TN4W10⑥：23、TN4W10⑥：21、TN4W10⑥：4、TN4W10⑥：25）　7. 盆（TN4W10⑥：12）　9. 瓮（TN4W10⑥：17）　10. 小平底（TN4W10⑥：15）

瓮　1 件。TN4W10 ⑥ : 17，夹砂黑褐陶。直口，平沿加厚，方唇，矮领。素面。残高 3.9 厘米（图三六，9）。

盆　1 件。TN4W10 ⑥ : 12，夹砂灰褐陶。敞口，外斜沿，圆唇。素面。口径 33、残高 4.5 厘米（图三六，7）。

盖纽　2 件。TN4W10 ⑥ : 2，夹砂灰褐陶。纽壁斜直，纽缘外卷。素面。纽径 8、残高 3.2 厘米（图三七，5）。TN4W10 ⑥ : 32，夹砂灰陶。纽壁斜直。素面。纽径 4.5、残高 2.8 厘米（图三七，4）。

盖盘　1 件。TN4W10 ⑥ : 87，泥质黄褐陶。盖壁斜直，盖缘加厚上翘。素面。残高 4 厘米（图三七，3）。

器耳　1 件。TN4W10 ⑥ : 40，夹砂灰陶。其上饰两道刻划纹。耳长 6 厘米（图三七，6）。

尖底　2 件。TN4W10 ⑥ : 20，泥质灰白陶。较尖。素面。残高 4 厘米（图三七，8）。TN4W10 ⑥ : 24，泥质橙黄陶。尖底微圆。素面。残高 2.6 厘米（图三七，7）。

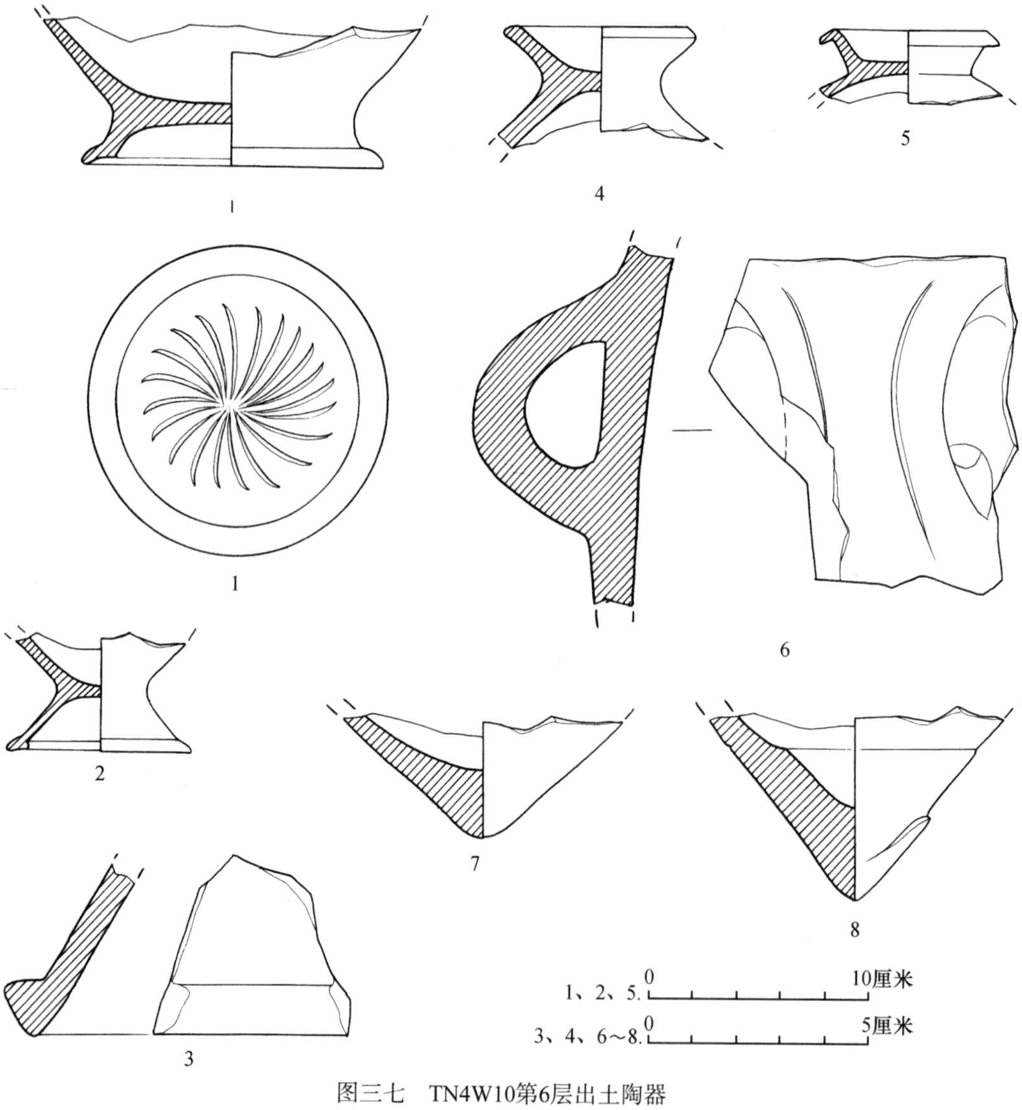

图三七　TN4W10第6层出土陶器

1、2. 圈足（TN4W10 ⑥ : 1、TN4W10 ⑥ : 7）3. 盖盘（TN4W10 ⑥ : 87）4、5. 盖纽（TN4W10 ⑥ : 32、TN4W10 ⑥ : 2）
6. 器耳（TN4W10 ⑥ : 40）7、8. 尖底（TN4W10 ⑥ : 24、TN4W10 ⑥ : 20）

小平底　1件。TN4W10⑥：15，泥质灰陶。素面。底径2、残高3厘米（图三六，10）。

圈足　2件。TN4W10⑥：1，夹砂黑褐陶。较矮，足壁外撇，足缘内斜。底部刻划“太阳纹”。足径14、残高6.5厘米（图三七，1）。TN4W10⑥：7，夹砂暗褐陶。稍高，足壁斜直，足缘微内凹。素面。足径9、残高5厘米（图三七，2）。

2. TN4W13第6层出土陶器

小平底罐　2件。TN4W13⑥：1，夹砂黑褐陶。侈口，侈沿较长，圆唇，圆肩，斜直腹，平底。素面。口径10.5、底径2.4、高7.5厘米（图三八，9）。TN4W13⑥：23，夹砂灰褐陶。侈口，侈沿，方唇，鼓肩。素面。口径14、残高4厘米（图三八，8）。

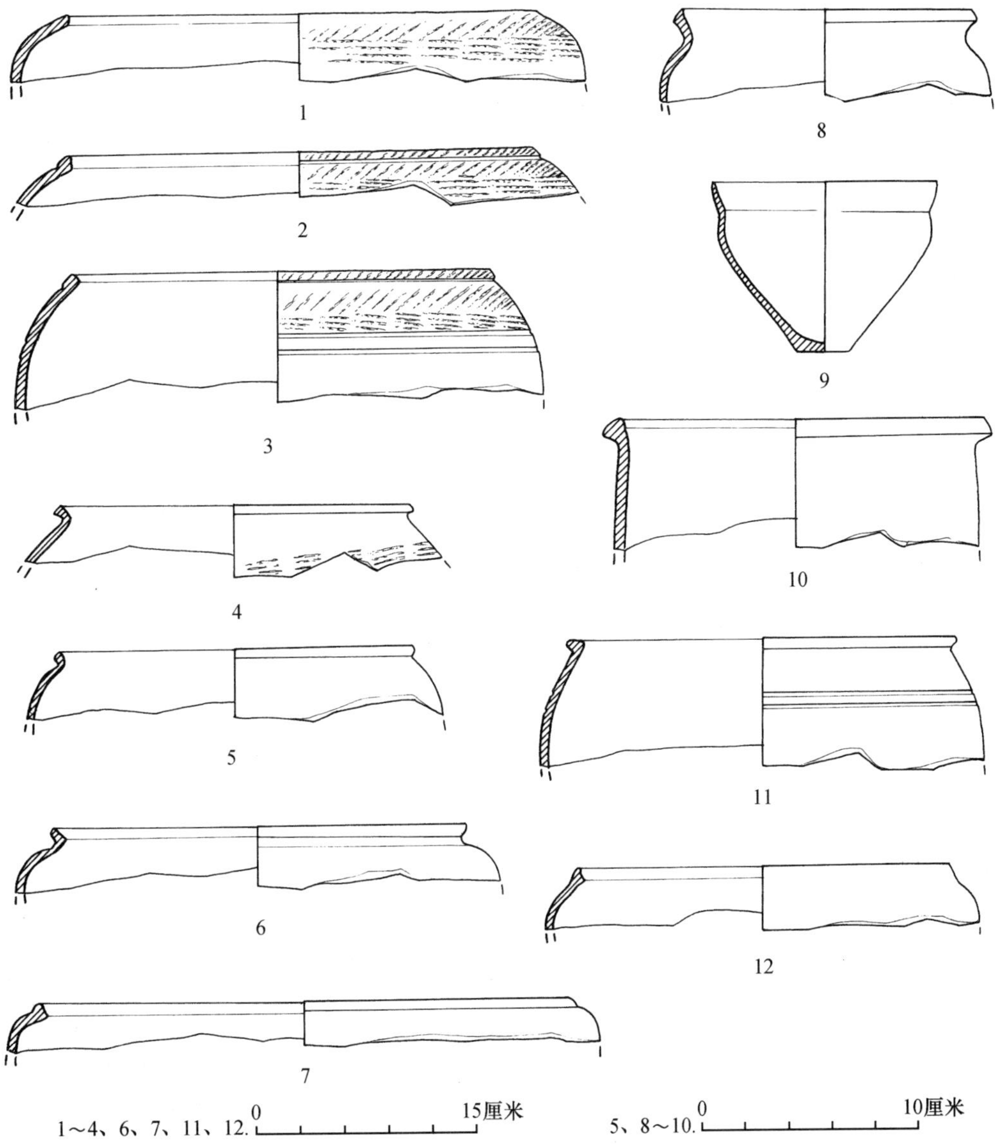

图三八　TN4W13第6层出土陶器

1～4. 绳纹罐（TN4W13⑥：12、TN4W13⑥：13、TN4W13⑥：3、TN4W13⑥：19）　5～7、12. 素面敛口罐（TN4W13⑥：25、TN4W13⑥：15、TN4W13⑥：24、TN4W13⑥：21）　8、9. 小平底罐（TN4W13⑥：23、TN4W13⑥：1）　10. 高领罐（TN4W13⑥：11）　11. 盆（TN4W13⑥：6）

绳纹罐　4件。TN4W13⑥：3，夹砂黄褐陶。敛口，假凸沿，沿下有一周凹槽，方唇，圆肩。口沿及肩部饰横向绳纹，绳纹以下饰两周凹弦纹。口径28、残高9厘米（图三八，3）。TN4W13⑥：12，夹砂灰褐陶。敛口，无沿，圆唇，鼓肩。口沿及肩部压印绳纹。口径32、残高4厘米（图三八，1）。TN4W13⑥：13，夹砂黑褐陶。敛口，假凸沿，沿下有一周凹槽，圆唇，圆肩。口沿及肩部压印绳纹。口径32、残高4厘米（图三八，2）。TN4W13⑥：19，夹砂灰褐陶。侈口，斜侈沿，方唇，斜肩。肩部压印绳纹。口径24、残高4.5厘米（图三八，4）。

素面敛口罐　4件。TN4W13⑥：15，夹砂灰陶。短沿斜侈，口沿下有一周凹槽，圆唇，鼓肩。口径28、残高4厘米（图三八，6）。TN4W13⑥：21，夹砂灰陶。凸沿，沿下有一周凹槽，尖圆唇，鼓肩。口径26、残高4厘米（图三八，12）。TN4W13⑥：24，夹砂黑褐陶。凸沿，沿下有一周凹槽，圆唇，端肩。口径36、残高3厘米（图三八，7）。TN4W13⑥：25，夹砂黄褐陶。短沿加厚，圆唇，圆肩。口径16、残高3厘米（图三八，5）。

高领罐　1件。TN4W13⑥：11，夹砂黑褐陶。直口，外斜沿，方唇。口径18、残高5.6厘米（图三八，10）。

盆　2件。TN4W13⑥：6，夹砂灰陶。敛口，平唇，微鼓腹。上腹饰两周凹弦纹。口径27、残高9厘米（图三八，11）。TN4W13⑥：7，夹砂灰陶。直口，圆唇，上腹较直。上腹饰两周凹弦纹。口径40、残高8厘米（图三九，1）。

豆柄　2件。TN4W13⑥：8，夹砂黄褐陶。素面。残高12厘米（图三九，9）。TN4W13⑥：9，泥质灰陶。素面。最大径3.7、残高12.5厘米（图三九，8）。

盖纽　1件。TN4W13⑥：14，夹砂灰陶。纽壁斜直。纽径6、残高3.8厘米（图三九，7）。

盖盘　3件。TN4W13⑥：18，夹砂灰陶。盖壁斜直。素面。口径30、残高4厘米（图三九，4）。TN4W13⑥：20，夹砂暗褐陶。喇叭形。素面。口径22、残高3厘米（图三九，3）。TN4W13⑥：22，夹砂灰陶。盖壁微外弧。素面。口径24、残高4厘米（图三九，2）。

小平底　1件。TN4W13⑥：2，夹砂黑褐陶。器身内外壁均见明显旋痕。素面。底径2.5、残高4厘米（图三九，6）。

器底　1件。TN4W13⑥：4，夹砂黄褐陶。素面。底径15、残高2.5厘米（图三九，5）。

3. TN8E9第6层出土陶器

绳纹罐　1件。TN8E9⑥：7，夹砂灰陶。敛口，无沿，尖圆唇，端肩。口沿及肩部压印斜向绳纹。口径23、残高4厘米（图四〇，2）。

素面敛口罐　2件。TN8E9⑥：2，夹砂黄褐陶。凸沿，沿下有一周凹槽，圆唇，圆肩。残高4.4厘米（图四〇，3）。TN8E9⑥：9，夹砂黄褐陶。凸沿，沿下有一周凹槽，尖圆唇，端肩。口径30、残高3.5厘米（图四〇，1）。

高领罐　5件。TN8E9⑥：5，夹砂灰陶。微侈口，平沿，圆唇。素面。口径20、残高4.2厘米（图四〇，7）。TN8E9⑥：8，夹砂灰褐陶。微侈口，方唇加厚，唇面外斜。素面。口径22、残高4厘米（图四〇，4）。TN8E9⑥：12，夹砂灰褐陶。微侈口，沿外折，方唇。素面。残高3.1厘米（图四〇，8）。TN8E9⑥：13，夹砂灰陶。微侈口，圆唇加厚。素面。口径16、残高2厘米（图四〇，5）。TN8E9⑥：14，夹砂灰褐陶。微侈口，平沿，尖圆唇。素面。口径14、残高3厘米（图四〇，9）。

盖盘　1件。TN8E9⑥：6，夹砂灰陶。盖壁斜直，盖缘加厚，盖盘较浅。素面。口径16、残

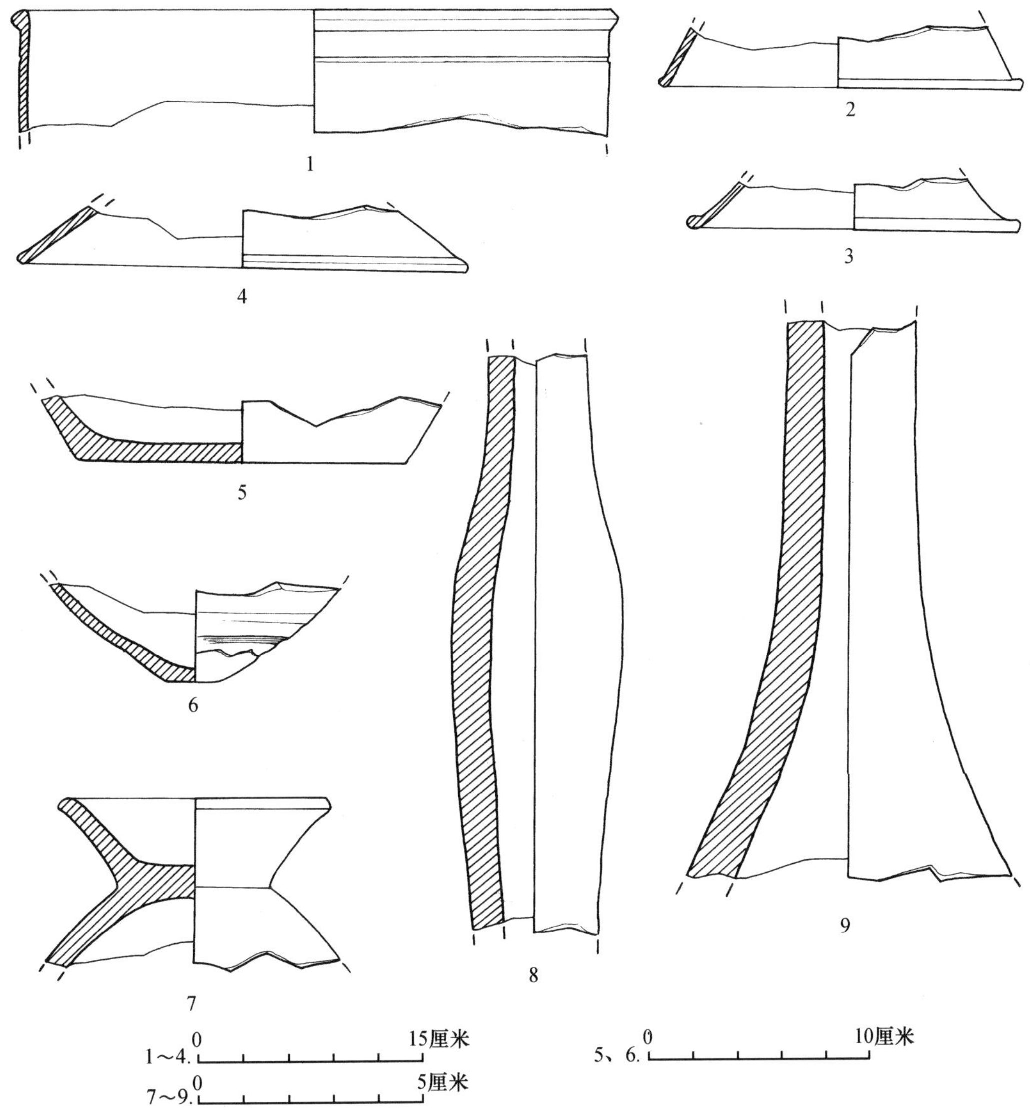

图三九 TN4W13第6层出土陶器

1. 盆（TN4W13⑥：7） 2～4. 盖盘（TN4W13⑥：22、TN4W13⑥：20、TN4W13⑥：18） 5. 器底（TN4W13⑥：4） 6. 小平底（TN4W13⑥：2） 7. 盖纽（TN4W13⑥：14） 8、9. 豆柄（TN4W13⑥：9、TN4W13⑥：8）

高2厘米（图四〇，11）。

圈足 3件。TN8E9⑥：1，夹砂黑褐陶。足壁斜直，近足缘处有一周凸棱。足壁饰两个圆形镂孔。足径22、残高6厘米（图四〇，13）。TN8E9⑥：4，夹砂黄褐陶。覆碗状，足壁外弧，足缘加厚似凸棱。足壁饰一圆形镂孔。足径10、残高4厘米（图四〇，12）。TN8E9⑥：10，夹砂暗褐陶。足壁微外弧，足缘较厚微外撇。素面。足径14、残高3.5厘米（图四〇，10）。

小平底 1件。TN8E9⑥：3，夹砂灰陶。素面。底径3.5、残高3.2厘米（图四〇，6）。

4. TN9E9第6层出土陶器

小平底罐 1件。TN9E9⑥：8，夹砂黄褐陶。侈口，侈沿，圆唇，鼓肩。素面。口径16、残高3厘米（图四一，3）。

绳纹罐 2件。TN9E9⑥：3，夹砂黄褐陶。短沿微卷，方唇，溜肩。肩部压印横向绳纹，绳

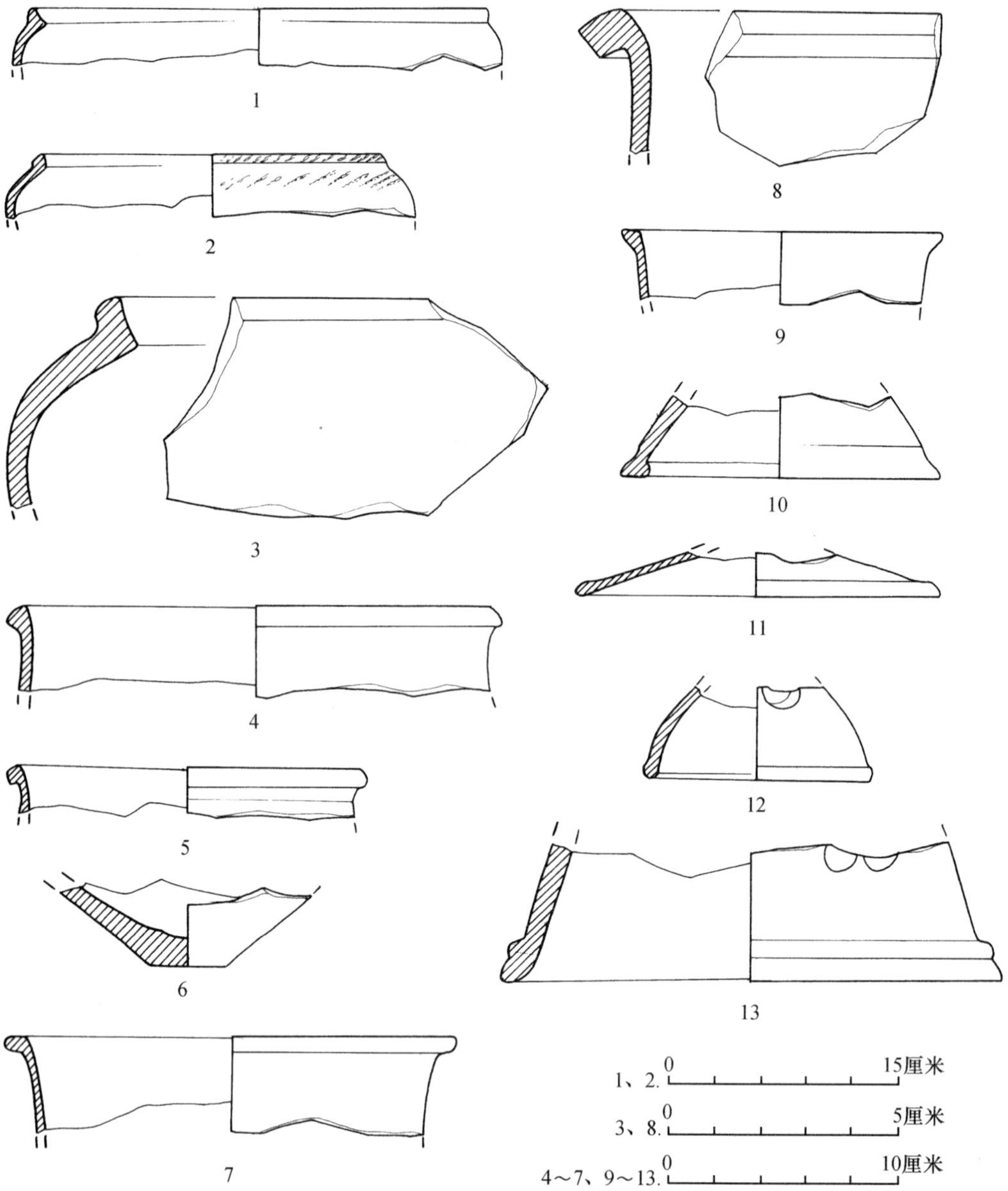

图四〇　TN8E9第6层出土陶器

1、3. 素面敛口罐（TN8E9⑥：9、TN8E9⑥：2）2. 绳纹罐（TN8E9⑥：7）4、5、7～9. 高领罐（TN8E9⑥：8、TN8E9⑥：13、TN8E9⑥：5、TN8E9⑥：12、TN8E9⑥：14）6. 小平底（TN8E9⑥：3）10、12、13. 圈足（TN8E9⑥：10、TN8E9⑥：4、TN8E9⑥：1）11. 盖盘（TN8E9⑥：6）

纹下饰一周凹弦纹。残高6.5厘米（图四一，4）。TN9E9⑥：9，夹砂黄褐陶。敛口，凸沿，沿下有一周凹槽，圆唇。口沿及肩部压印斜向绳纹。残高4厘米（图四一，2）。

素面敛口罐　1件。TN9E9⑥：5，夹砂黄褐陶。侈沿，沿面内凹，沿下有一周凹槽，圆唇，溜肩。肩部饰一周凹弦纹。残高5.7厘米（图四一，1）。

盆　1件。TN9E9⑥：4，夹砂灰褐陶。微敛口，外斜沿，圆唇。素面。口径28、残高6厘米（图四一，5）。

豆柄　1件。TN9E9⑥：2，泥质灰褐陶。素面。最大径3.6、残高10厘米（图四一，8）。

盖纽　1件。TN9E9⑥：6，夹砂红褐陶。圈形纽。素面。纽径5、残高1.8厘米（图四一，7）。

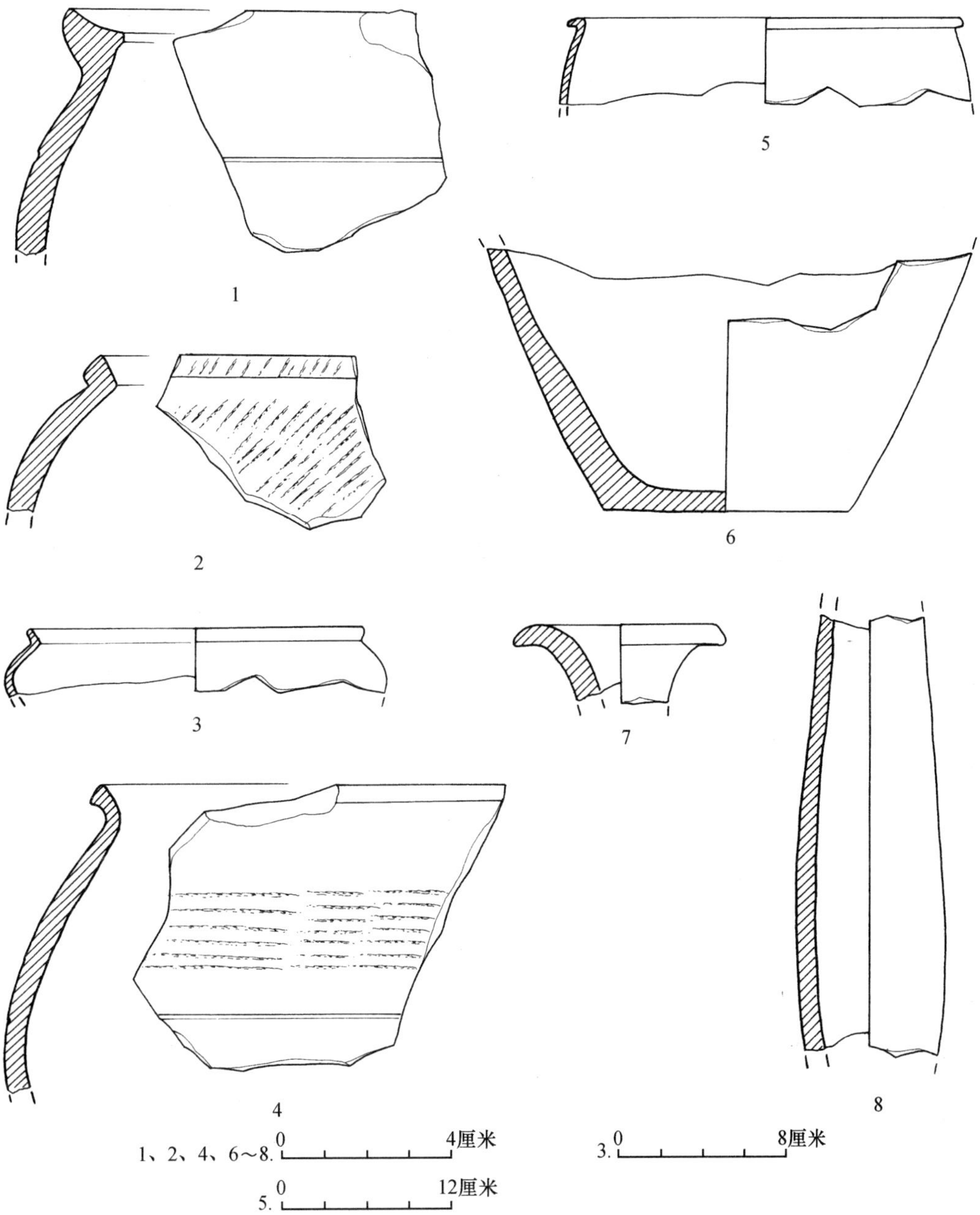

图四一 TN9E9第6层出土陶器

1. 素面敛口罐（TN9E9⑥：5） 2、4. 绳纹罐（TN9E9⑥：9、TN9E9⑥：3） 3. 小平底罐（TN9E9⑥：8）
5. 盆（TN9E9⑥：4） 6. 器底（TN9E9⑥：7） 7. 盖纽（TN9E9⑥：6） 8. 豆柄（TN9E9⑥：2）

器底 1件。TN9E9⑥：7，夹砂黄褐陶。素面。底径6、残高6厘米（图四一，6）。

（五）第5层下遗迹单位出土遗物

1. H12出土陶器

高领罐 1件。H12：3，夹砂灰褐陶。微侈口，外斜唇。素面。残高5.9厘米（图四二，1）。

盆 1件。H12：1，夹砂灰褐陶。敛口，尖唇，唇外侧有一周凸棱，上腹斜直。上腹饰两周凹弦纹。口径34、残高7厘米（图四二，2）。

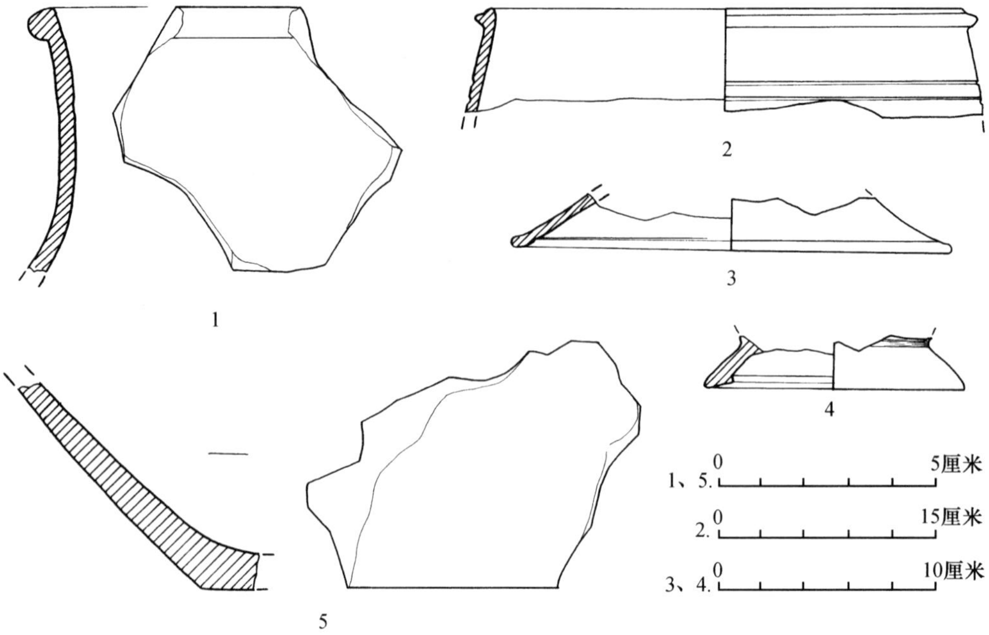

图四二　H12出土陶器

1. 高领罐（H12：3）2. 盆（H12：1）3. 盖盘（H12：2）4. 圈足（H12：5）5. 器底（H12：4）

盖盘　1件。H12：2，夹砂灰褐陶。盘较浅，盖壁斜直，盖缘有一周凸棱。口径20、残高2.4厘米（图四二，3）。

圈足　1件。H12：5，夹砂黄褐陶。较矮，足壁斜直，足缘内斜。素面。足径12、残高2.5厘米（图四二，4）。

器底　1件。H12：4，夹砂黑褐陶。素面。残高5.5厘米（图四二，5）。

2. H13出土陶器

小平底罐　1件。H13：7，夹砂黄褐陶。侈口，侈沿，沿面微凹，方唇。素面。口径16、残高3厘米（图四三，1）。

素面敛口罐　4件。H13：1，夹砂黑褐陶。凸沿，沿面微凹，沿下有一周凹槽，方唇，圆肩。口径28、残高3.5厘米（图四三，4）。H13：3，夹砂灰陶。凸沿，沿面微凹，沿下有一周凹槽，方唇，圆肩。口径30、残高4厘米（图四三，3）。H13：4，夹砂黄褐陶。凸沿，沿面微凹，沿下有一周凹槽，圆唇，端肩。口径26、残高3.5厘米（图四三，5）。H13：6，夹砂黄褐陶。凸沿，沿面微凹，沿下有一周凹槽，圆唇，圆肩。口径28、残高3厘米（图四三，2）。

瓮　1件。H13：2，夹砂灰褐陶。微敛口，圆唇，唇面微外斜，高领。素面。残高5.5厘米（图四三，6）。

盆　1件。H13：5，夹砂灰褐陶。敛口，外斜沿，尖圆唇。素面。口径28、残高3厘米（图四三，7）。

四、结　　语

天台村遗址“天府花城”地点总试掘面积600平方米，共计清理先秦时期灰坑18个、灰沟6

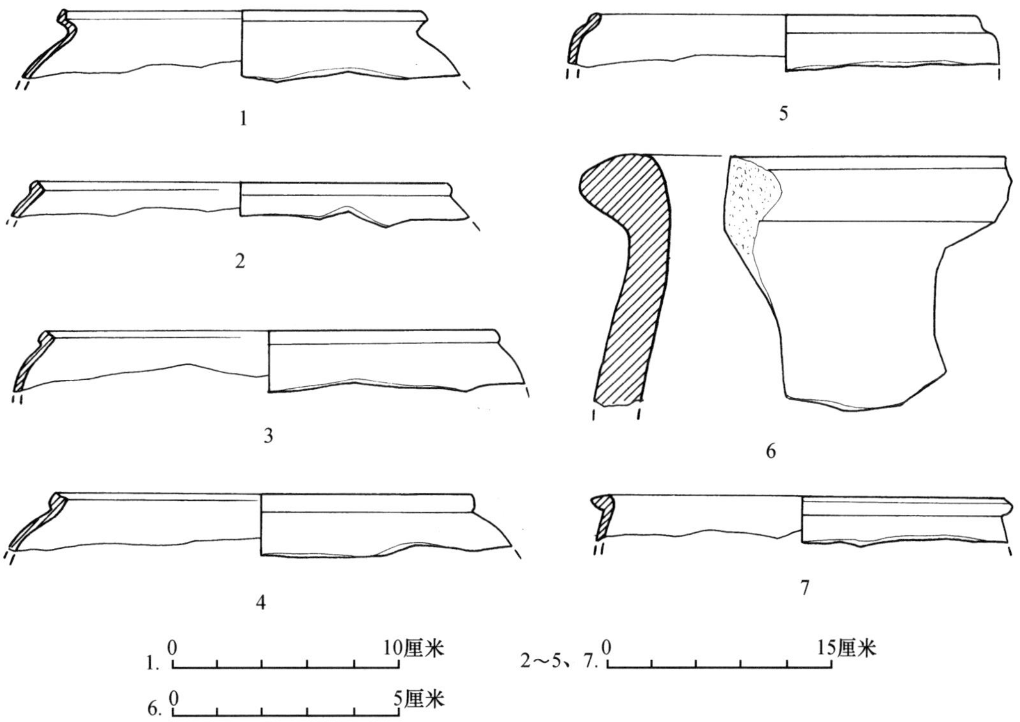

图四三　H13出土陶器

1. 小平底罐（H13：7）2～5. 素面敛口罐（H13：6、H13：3、H13：1、H13：4）6. 瓮（H13：2）7. 盆（H13：5）

条、墓葬1座。出土遗物以陶器为主，石器仅见石斧。陶器以褐陶为主，大多为素面，纹饰主要是绳纹，还见有少量凹弦纹、乳钉纹、回形纹等。器形有小平底罐、高领罐、绳纹罐、素面敛口罐、曲腹罐、尖底杯、壶、豆、瓮、盆、器盖、圈足等。各单位出土的同类型陶器形态接近，年代跨度不大，基本属于同一时期遗存，处于十二桥文化[1]早期阶段。

附记：参加此次试掘和资料整理工作的有成都文物考古研究院刘雨茂、杨占风、陈平、蒋志军、张成俊。

领队：刘雨茂
绘图：曹桂梅
执笔：杨占风

注　释

[1] 江章华、王毅、张擎：《成都平原先秦文化初论》，《成都考古研究》（一），科学出版社，2009年。

郫县波罗村商周遗址发掘报告

成都文物考古研究院
郫县望丛祠博物馆

波罗村遗址位于成都郫县郫筒镇波罗村2组和洪石村，主体部分在波罗村2组境内。遗址东南距望丛西路约700米，西北距关柏路约450米，东北临老成灌路和成都至都江堰快速客运铁路，沱江河[1]在遗址西南部自西北向东南流过（图一）。地理坐标为东经103° 52′ 03″～103° 52′ 30″、北纬30° 49′ 20.5″～30° 49′ 48″，海拔约580米。遗址地表原为农田和园林。地势向沱江河倾斜，近沱江河稍低，远沱江河稍高。遗址呈东北—西南向不规则形的带状分布，总面积317000余平方米（图二）。

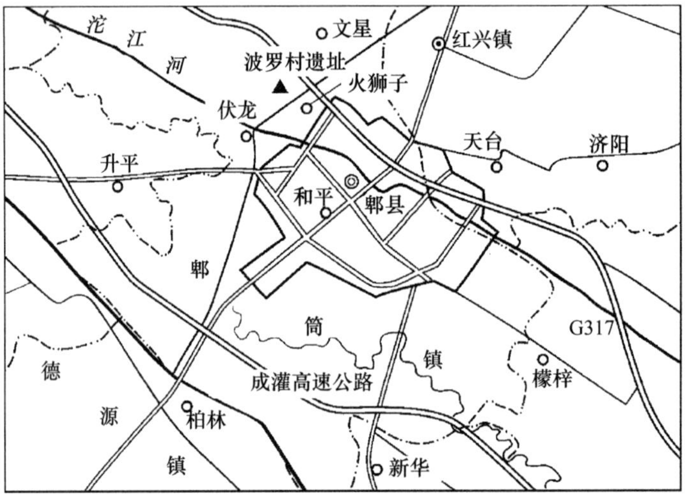

图一　遗址位置示意图

波罗村遗址于2005～2007年由成都文物考古研究院、北京大学、哈佛大学、圣路易斯华盛顿大学、台湾大学以及加州大学洛杉矶分校的考古学者组成的中美联合调查组，在成都平原开展四川盆地先秦时期遗址调查时发现。在修建成都至都江堰快速客运铁路时就已发现。但在铁路范围内处于遗址边缘，堆积又很差，且位于高架下，当时未做发掘。2009年3月，为了配合四川省冶金厅冶金生活基地灾后房地产项目建设，成都文物考古研究院联合郫县望丛祠博物馆对施工区域进行了考古发掘。此后为了配合房地产开发建设，又先后三次对该遗址进行了发掘。遗址的发掘点共四个，分别为四川省冶金厅建设的“冶金生活基地”地点（简写Y）、郫县郫筒镇建设的“望丛园安置点”地点（简写W）、成都宽锦实业有限公司开发的“宽锦”地点（简写K）和中铁八局开发的“奥维尔”地点，总发掘面积共5375平方米。“冶金生活基地”地点布10

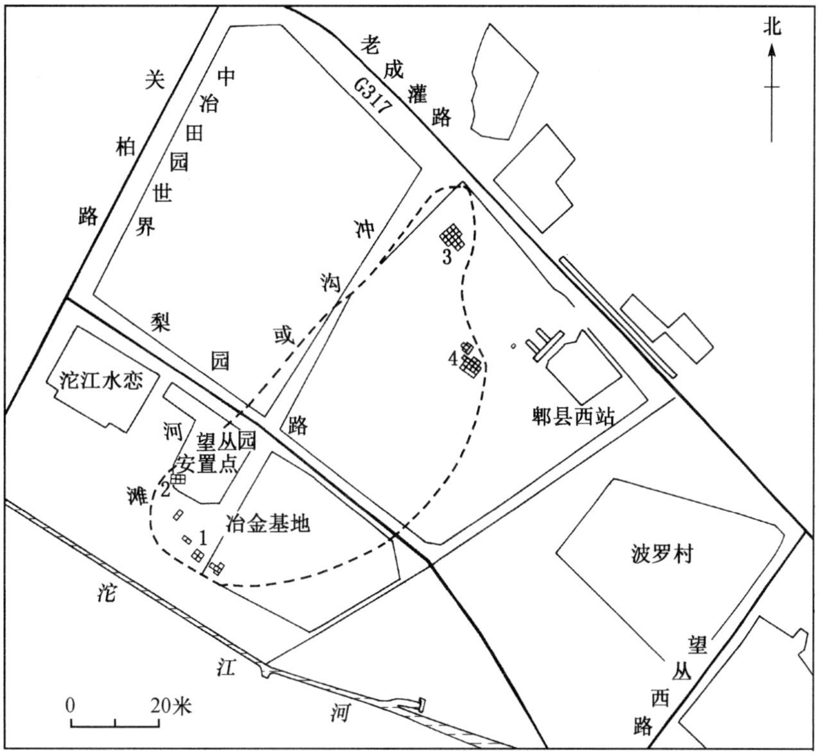

图二 遗址平面图

1.“冶金生活基地”地点 2.“望丛园安置点”地点 3.“宽锦”地点 4.“奥维尔”地点

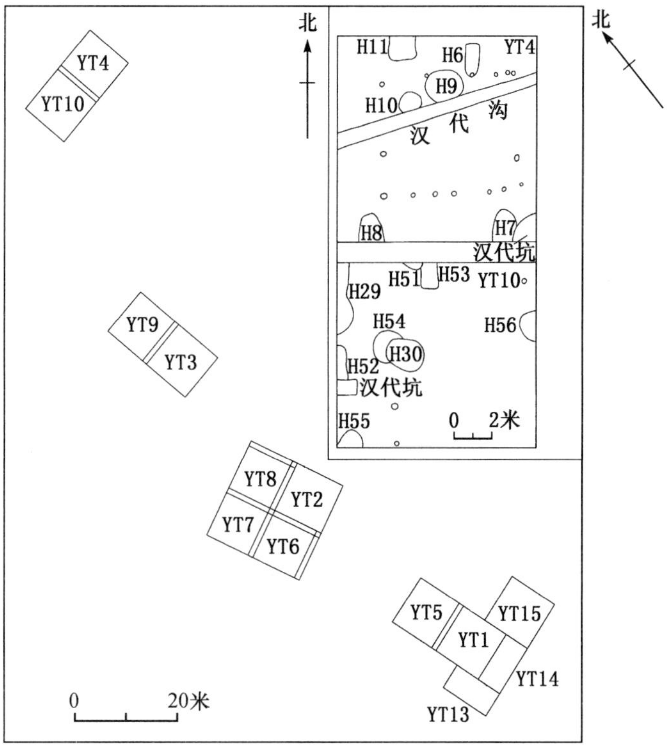

图三 “冶金生活基地”地点YT4第5层下总平面图

米 ×10 米探方 13 个[2]（图三），加上扩方，总发掘面积 1400 平方米，清理商周时期灰坑 95 个，灰沟 4 条，墓葬 9 座。“望丛园安置点”地点布 10 米 ×10 米探方 4 个（图四），发掘面积 400 平方米，清理灰坑 52 个，灰沟 8 条，墓葬 13 座。“宽锦”地点布 10 米 ×10 米探方 16 个（图五；图版一，1），发掘面积 1600 平方米，清理灰坑 143 个，灰沟 5 条，墓葬 4 座，窑址 2 座。“奥维尔”地点发掘面积 1975 平方米，该地点作为四川大学历史文化学院考古学系 2008 级田野考古实习队实习点，发掘简报已经发表[3]，本文未将其纳入。

需要说明的是，由于受基建的影响，有些发掘工作未能全面深入开展，如“冶金生活基地”地点发掘困难较大，遗址的居住区只清理了一座房址。

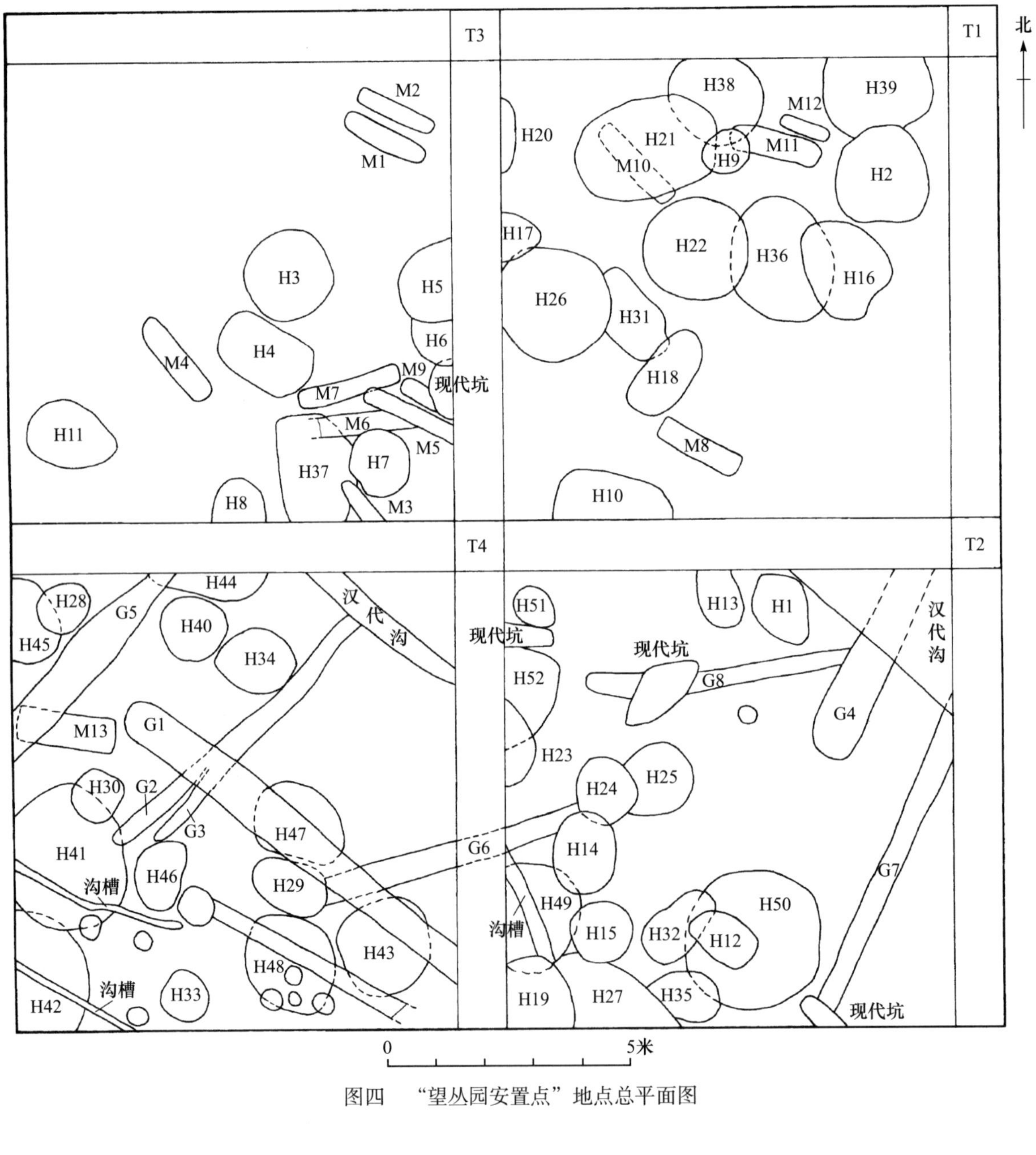

图四　“望丛园安置点”地点总平面图

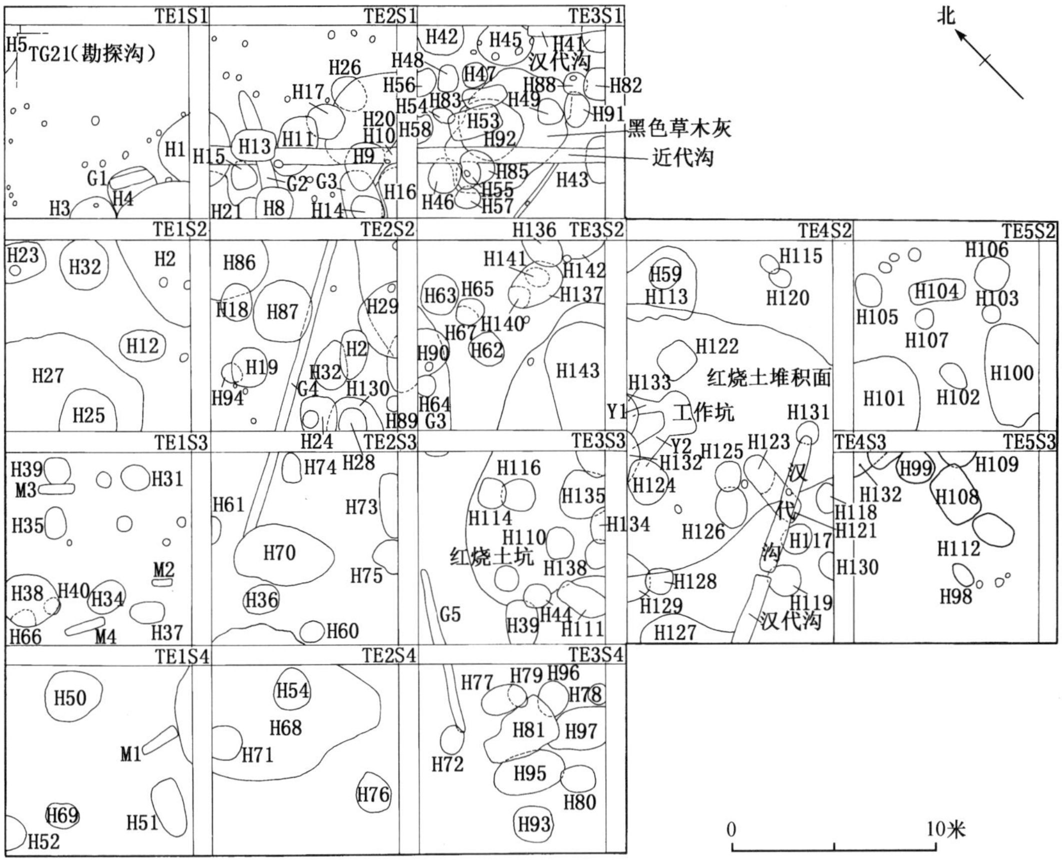

图五　“宽锦”地点平面图

一、地 层 堆 积

四个发掘点之间的距离远近不一，未统一布方，亦未统一地层。每个发掘点所布探方则统一了地层，采取同层位同步发掘的方法。

1. YT7南壁剖面（图六）

第 1 层：灰黑色土，土质疏松，夹杂较多现代垃圾以及植物根茎等。厚 0.15～0.3 米。

第 2 层：灰色土，土质细腻紧密，夹杂黄色锈斑。厚 0.05～0.1 米。出土有青花瓷片、白瓷片等。

第 3 层：灰黄色土，土质疏松，夹杂较多炭屑。厚 0.25～0.4 米。出土少量青釉瓷片和酱釉瓷片。

第 4 层：青灰色土，土质较硬，夹杂较多红烧土颗粒。厚 0.65～0.75 米。出土少量筒瓦和瓦当残片等。

第 5 层：灰褐色土，土质略紧密，夹杂较多红烧土颗粒和炭屑。厚 0.5～0.65 米。出土大量夹砂陶片和少量泥质陶片，可辨器形有小平底罐、绳纹侈口罐、绳纹敛口罐、素面敛口罐、高领罐、盆、瓮、缸、豆、盉、尖底杯、尖底盏、器盖、纺轮等。开口于该层下的遗迹有 95 个灰坑（YH1～YH95），灰沟 4 条（YG1～YG4），墓葬 9 座（YH8～YM16）。

第 6 层：浅黄褐色土，土质紧密，夹杂少量锈斑。厚 0.1～0.15 米。出土少量夹砂陶片和泥质陶片，可辨器形有小平底罐、绳纹侈口罐、绳纹敛口罐、高领罐、盆、豆等。

第 6 层下为黄褐色生土，夹杂大量锈斑。

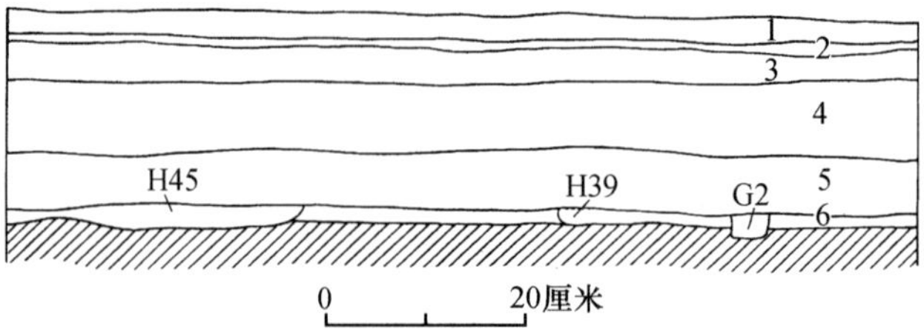

图六　YT7南壁剖面图

2. WT4东壁剖面（图七）

第 1 层：青灰色土，土质较硬，夹杂大量砖块、塑料、铁钉等现代生活及建筑垃圾。厚 0.65～0.7 米。

第 2 层：灰色土，土质稍硬，较为纯净。厚 0.2～0.3 米。出土少量青花瓷片。

第 3 层：青灰色土，土质稍软。厚 0.15～0.2 米。出有筒瓦残片。开口于该层下的遗迹有灰坑 1 个（WH1）。

第 4 层：浅灰褐色土，土质稍硬。厚 0～0.4 米。出土少量夹砂陶片，零星可见泥质陶片，可辨器形有绳纹侈口罐、绳纹敛口罐、素面侈口罐、素面敛口罐、瓮、豆、尖底杯、尖底盏等。开口于该层下的遗迹有灰坑 2 个（WH42、WH43），灰沟 1 条（WG1）。

第 5 层：灰褐色土，土质稍软。厚 0.2～0.3 米。出土大量夹砂陶片和少量泥质陶片，可辨器形有小平底罐、绳纹侈口罐、绳纹敛口罐、素面侈口罐、素面敛口罐、高领罐、盆、瓮、豆、缸、壶、尖底杯、尖底盏等。开口于该层下的遗迹有灰坑 16 个（WH2、WH9、WH10、WH12～WH17、WH19、WH20、WH23、WH28、WH33、WH44、WH45），灰沟 6 条（WG2～WG7）。

第 6 层：浅黄褐色土，厚 0～0.2 米。土质稍硬，出土有小平底罐、绳纹侈口罐、绳纹敛口罐、高领罐、瓮、盆、豆、器盖等。开口于该层下的遗迹有灰坑 34 个（WH3～WH8、WH11、WH16、WH18、WH21、WH22、WH24～WH27、WH29～WH32、WH34～WH41、WH46～WH52），灰沟 1 条（WG8），墓葬 13 座（WM1～WM13）。

第 6 层下为黄褐色生土，夹杂大量锈斑。

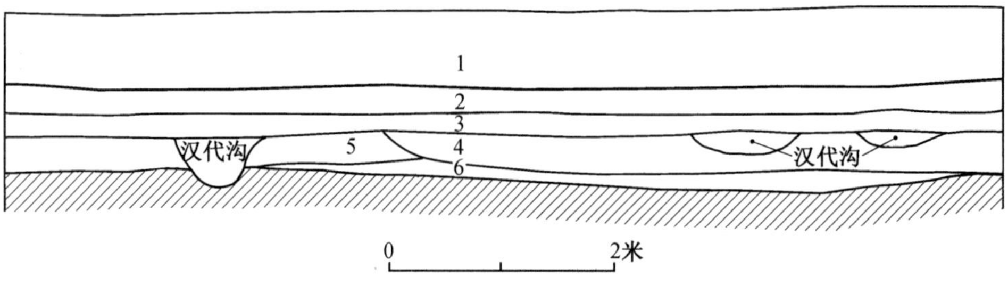

图七　WT4东壁剖面图

3. KTE4S3北壁剖面（图八）

第1层：灰黑色土，土质疏松，夹杂砖瓦等建筑垃圾以及大量植物根茎等。厚0.05～0.15米。

第2层：灰黄色土，土质紧密，夹杂有少量锈斑。厚0.05～0.35米。出土少量青釉瓷片、白瓷片、酱黄釉瓷片等，并扰有商周时期的夹砂陶片。开口于该层下的遗迹有灰坑5个（KH5、KH12、KH44、KH59、KH143）。

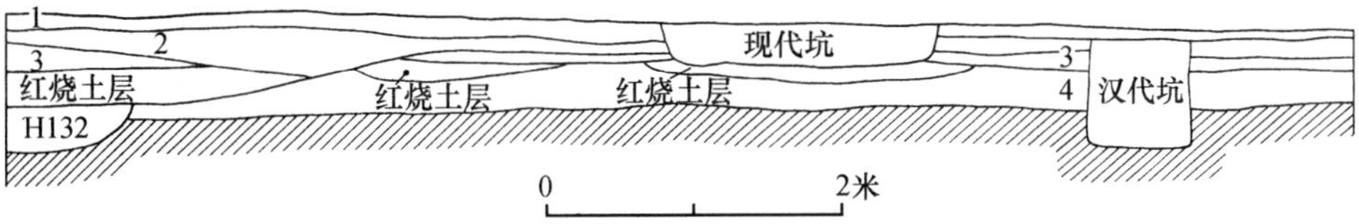

图八　KTE4S3北壁剖面图

第3层：灰褐色土，土质紧密，块状。厚0～0.15米。出土大量夹砂陶片和少量泥质陶片，可辨器形有小平底罐、绳纹侈口罐、绳纹敛口罐、素面侈口罐、素面敛口罐、高领罐、盆、瓮、缸、高柄豆、器盖、筒形器、觚形器等。开口于该层下的遗迹有灰坑106个（KH1～KH4、KH6～KH11、KH13～KH31、KH33～KH43、KH45～KH58、KH60～KH68、KH70、KH71、KH73、KH75、KH82～KH88、KH90～KH92、KH98～KH106、KH108、KH109、KH111～KH113、KH124、KH127～KH130、KH132～KH137、KH139～KH142），灰沟3条（KG1～KG3），窑址2座（KY1、KY2），墓葬4座（KM1～KM4），还有成片的红烧土遗迹和黑色炭屑遗迹。

第4层：黄褐色土，土质紧密，夹杂少量细沙。厚0.1～0.3米。出土大量夹砂褐陶和少量泥质陶片，可辨器形有小平底罐、绳纹侈口罐、绳纹敛口罐、盆、瓮、缸、豆、筒形器、觚、器盖等。开口于该层下的遗迹有灰坑32个（KH32、KH69、KH72、KH74、KH76～KH81、KH89、KH93～KH97、KH107、KH110、KH114～KH123、KH125、KH126、KH131、KH138），灰沟2条（KG4、KG5）。

第4层下为黄褐色生土，夹杂大量锈斑。

二、遗　　迹

遗迹比较丰富，主要有灰坑、灰沟、房址、窑址和墓葬。

1. 灰坑

共290个。平面形状有不规则形、近椭圆形、圆形、圆角方形、四边形五种。

（1）不规则形

110个。

KH27　位于KTE1S2西南角，延伸至西壁和南壁内，未扩方清理。开口于第3层下，打破第4层至生土，被KH25打破。底部凹凸不平，中间深，边缘浅。清理部分开口长7、宽4.6、深0.9米。黑褐色填土，土质松软，夹杂大量灰烬和少量红烧土块以及卵石。出土大量陶器，绝大多数为夹砂陶，泥质陶较少，可辨器形有小平底罐、绳纹侈口罐、绳纹敛口罐、素面侈口罐、素面敛口罐、高领罐、盆、瓮、缸、豆、器盖等。

KH68　位于KTE2S4西北部，延伸至KTE1S4和KTE2S3内。开口于第3层下，打破第4层至生土，被KH54和KH71打破。坑壁弧曲，底部凹凸不平。口长10.2、宽7.8、深0.8米。填土为灰黄色土与黑褐色土相间，土质疏松，夹杂大量的炭屑和零星的红烧土块。出土陶器数量较多，坑底布满陶片，以夹砂陶为主，可辨器形有小平底罐、绳纹侈口罐、绳纹敛口罐、素面侈口罐、素面敛口罐、高领罐、圈足罐、盆、瓮、缸、豆、筒形器、器盖、盉等（图九）。

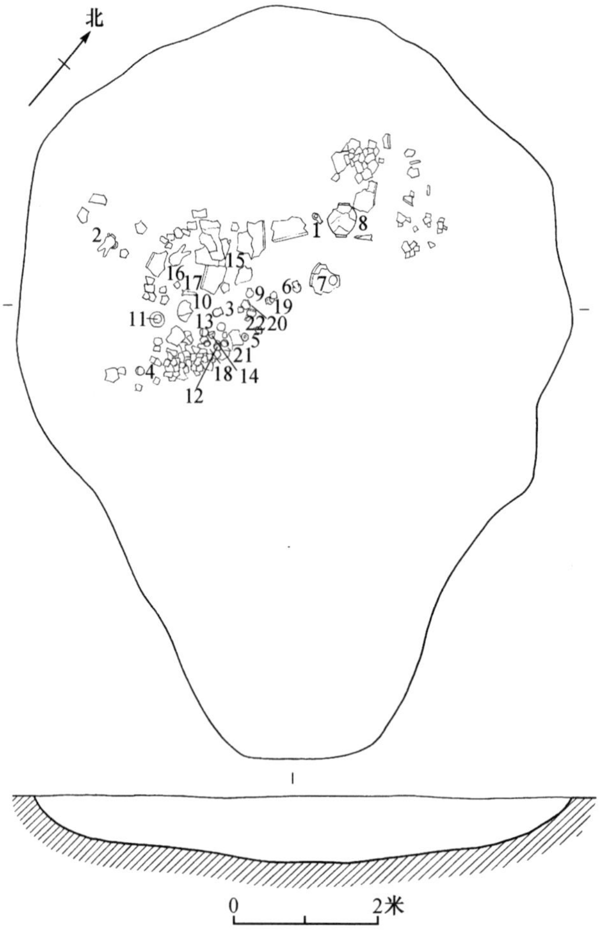

图九　KH68平、剖面图

1. 穿孔陶片　2、15～17. 陶盉　3～6、9、12～14、18～22. 陶小平底罐　7、8. 陶绳纹侈口罐　10. 陶器盖　11. 陶高领罐

KH81　位于KTE3S4中部。开口于第4层下，打破生土，打破KH95、KH96、KH97，被KH79打破。坑壁近直，底部较平。口长3.7、宽2.5、深0.4米。黑褐色填土，夹杂少量黄褐色土，含有大量炭屑和少量红烧土颗粒，坑底亦见有卵石，直径在10～25厘米，土质较紧密。坑底布满大量陶片，以夹砂陶为主，泥质陶极少，可辨器形有小平底罐、绳纹侈口罐、绳纹敛口罐、高领罐、瓮、高柄豆、器盖等（图一〇）。

（2）近椭圆形

76个。

KH34　位于KTE1S3中部偏南。开口于第3层下，打破生土。坑壁不规则，平底。口长径1.8、

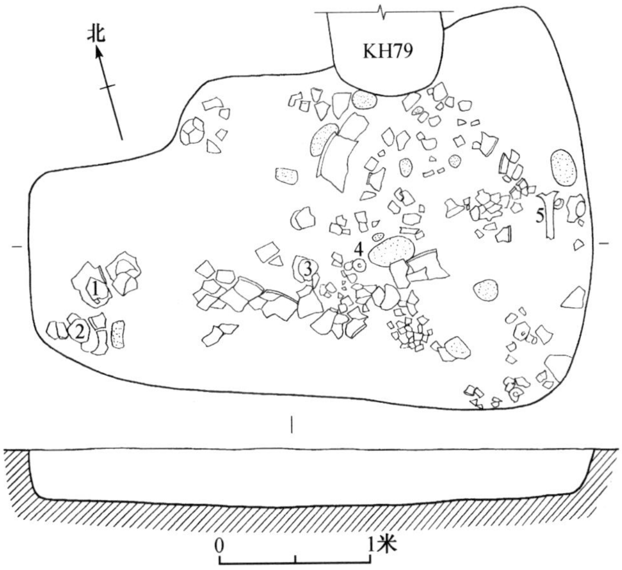

图一〇 KH81平、剖面图
1～4. 陶小平底罐 5. 陶高柄豆

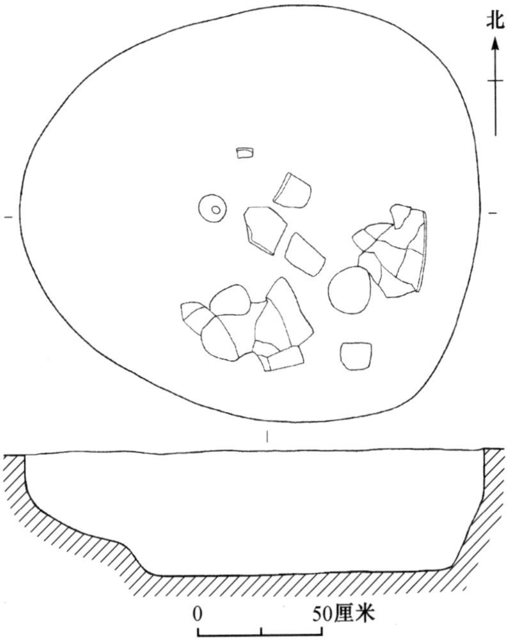

图一一 KH34平、剖面图

短径 1.6、深 0.47 米。黑褐色填土，夹杂少量灰烬，土质湿黏，结构紧密。出土较多陶片，以夹砂陶为主，泥质陶较少，可辨器形有小平底罐、绳纹侈口罐、素面侈口罐、素面敛口罐、高领罐、盆、器盖等（图一一）。

（3）圆形

72 个。

KH92 位于 KTE3S1 中部。开口于第 3 层下，打破生土，被 KH53、KH83、KH85 打破。直壁，平底。口径 3、深 0.2～0.4 米。黑褐色填土，夹杂大量的草木灰和少量红烧土，土质紧密，呈块状。出土陶片数量较多，以夹砂陶为主，泥质陶极少，可辨器形有小平底罐、绳纹侈口罐、绳纹敛口罐、高领罐、盆、瓮、缸、豆、器盖等。

KH125　位于 KTE4S3 北部。开口于第 4 层下，打破 KH126 至生土。直壁，平底。口径 1.3、深 0.6 米。褐色填土，夹杂草木灰和红烧土颗粒，土质较紧密。出土陶器以夹砂陶为主，泥质陶较少，可辨器形有绳纹敛口罐、瓮、器盖、高柄豆等。

WH22　位于 WT1 中部偏北。开口于第 6 层下，打破 WH36 至生土。直壁，平底，坑壁和坑底经过修整。口径 2、深 0.6 米。灰褐色填土，夹杂少量红烧土块和零星灰烬。在坑底发现有一件完整的陶器座（图一二）。

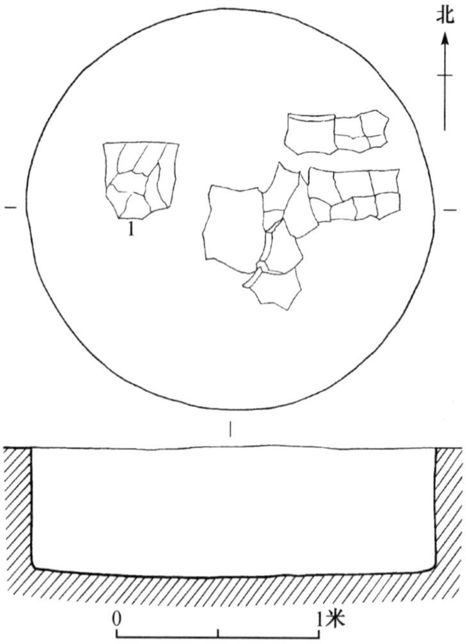

图一二　WH22平、剖面图
1. 陶器座

（4）圆角方形

31 个。

KH108　位于 KTE5S3 中部偏北。开口于第 3 层下，打破第 4 层和 KH109 至生土。直壁，平底。口长 2.6、宽 1.8、深 0.35 米。黑褐色填土，夹杂较多炭屑和少量卵石，土质较紧密。出土陶器以夹砂陶为主，泥质陶较少，可辨器形有绳纹侈口罐、绳纹敛口罐、高领罐、盆、瓮、豆、器盖等。

（5）四边形

1 个。

KH104　位于 KTE5S2 中部偏北。开口于第 3 层下，打破第 4 层至生土。直壁，平底。口长边 2.7、口短边 1.1、深 0.3 米。黑褐色填土，夹杂炭屑和少量红烧土颗粒，中间有一层黄褐色土，土质较紧密。出土陶器以夹砂陶为主，泥质陶较少，可辨器形有小平底罐、绳纹侈口罐、高领罐、缸、器盖等。

2. 灰沟

13条。

KG5 位于KTE3S3西南角，并延伸至KTE3S4内。开口于第4层下，打破生土，被KH72打破。稍有弯曲，宽窄不一，弧壁，平底。口残长7.6、宽0.3～0.6、深0.3米。黄褐色填土，夹杂少量木炭，土质湿润，结构较紧密。出土少量陶器，以夹砂陶为主，泥质陶较少，可辨器形有绳纹侈口罐、绳纹敛口罐、高领罐、缸、器盖等。

3. 房址

1座。

YF1 位于YT4中部。开口于第5层下，打破第6层至生土，被YH6打破。平面为长方形，长6.9、宽5.6米。保留有居住面，由红烧土和木炭铺成，厚0.03～0.1米。房址周围有柱洞，柱洞直径0.12～0.26、深0.36米（图一三；图版一，2）。

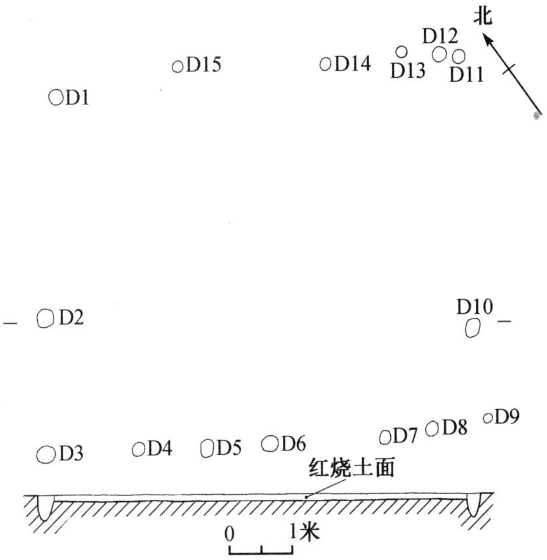

图一三 YF1平、剖面图

4. 窑址

2座。

KY1 位于KTE4S2西南角。开口于第3层下，打破第4层至生土，被KH133打破。只保留工作坑、火膛和部分窑床。工作坑平面为不规则形，直壁，长2、深0.4米，填土为黑褐色，近底部有大量的草木灰。火膛已坍塌，火膛口处宽0.4米，填土亦为黑褐色，土质疏松，底部有一层烧灰和垮塌下来的红烧土，壁上有一层红烧土烧结面，厚约0.05米。出土陶器较少，以夹砂陶为主，泥质陶较少，可辨器形有小平底罐、绳纹敛口罐、豆等（图一四；图版二，1）。

KY2 位于KE4S2西南角，延伸至南壁内。开口于第3层下，打破第4层至生土，被KH124、KH132打破。与KY1共用一个工作坑，火膛已经坍塌，窑室被KH124、KH132破坏。火膛口宽0.4米。火膛内填黑褐色土，土质疏松，底部有一层烧灰和垮塌下的红烧土，壁上有一层红烧土烧结面，厚约0.05米。出土少量夹砂陶片和泥质陶片，可辨器形有绳纹侈口罐、盆、豆等（图一四；图版二，1）。

5. 墓葬

26座。均为长方形竖穴土坑墓。根据墓坑形状不同，可分二型。

A型 23座。直壁，平底，墓坑稍宽。

WM8 位于WT1中部偏南。开口于第6层下，打破生土。长2.25、宽0.5、深0.15米，墓向115°。褐色填土，土质稍硬。人骨保存极差，只残留部分上、下肢骨和头骨，比较凌乱。头顶随葬一件陶半高领罐，体侧随葬一件陶纺轮（图一五；图版二，2）。

WM10 位于WT1西北部。开口于第6层下，打破生土，被WH21打破。长1.75、宽0.4、深0.2米，墓向145°。浅褐色填土，土质较软。人骨保存相对较好，仰身直肢葬，面向朝右，双手交置于腹部。无随葬品（图一六；图版三，1）。

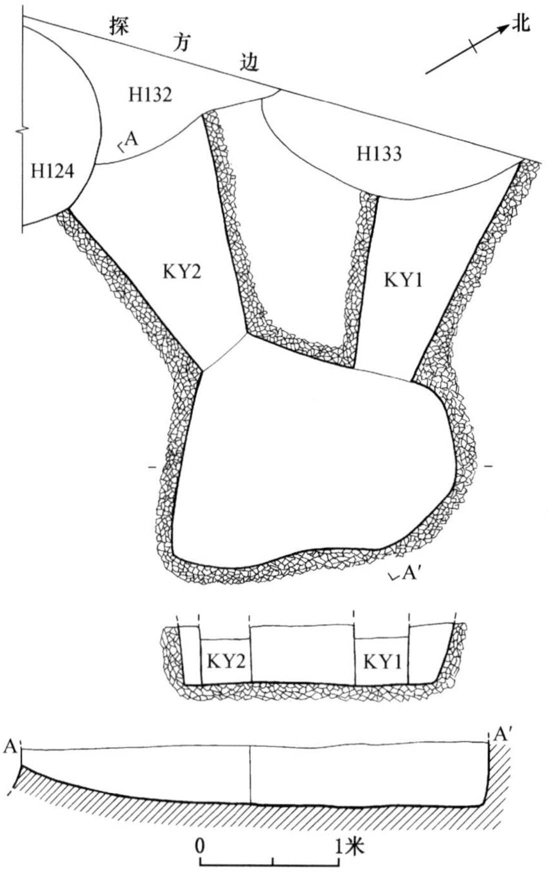

图一四　KY1、KY2平、剖面图

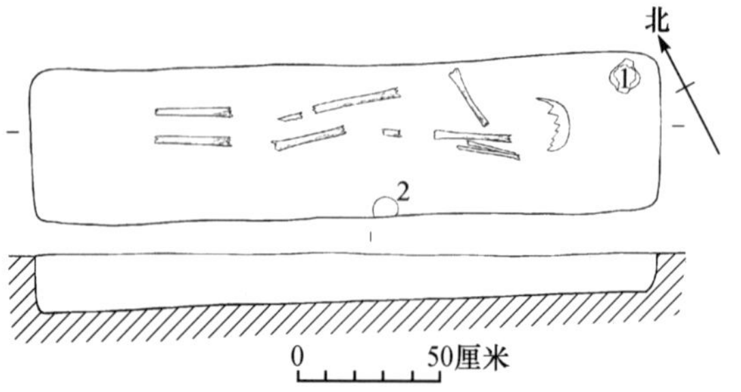

图一五　WM8平、剖面图

1. 陶半高领罐　2. 陶纺轮

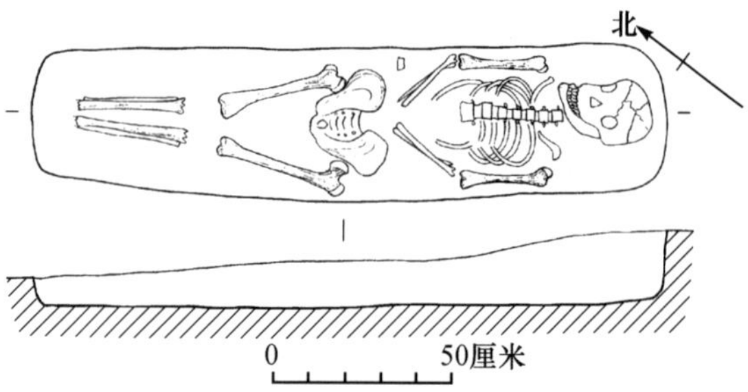

图一六　WM10平、剖面图

WM12　位于WT1北部偏东，与WM11平行。开口于第6层下，打破生土。长1、宽0.3、深0.2米，墓向110°。人骨腐朽殆尽，零星保存有骨渣，无法辨识部位。无随葬品。

B型　3座。弧壁，平底，墓坑狭长。

WM1　位于WT3东北部。开口于第6层下，打破生土。破坏严重，只残存墓底。长1.65、宽约0.4、深0.06米，墓向120°。青灰色填土，土质湿黏，填土中有少量夹砂陶片。人骨保存差，只能依稀辨认出下肢骨、髋骨和头骨。仰身直肢，头骨有移位现象。头顶随葬一件高领罐，因过于潮湿，一触即碎，无法修复（图一七）。

WM2　位于WT3东北部，与WM1并排。开口于第6层下，打破生土。破坏严重，只残存墓底。长1.7、宽约0.35、深0.03米，墓向120°。青灰色填土，土质湿黏，结构紧密。人骨保存极差，只见上、下肢骨和头骨。头顶随葬一件陶纺轮，胸部随葬较多长方形玉石条（图一八）。

WM7　位于WT3东南部。开口于第6层下，打破生土，被WM5打破。破坏较严重，只残存墓底部分。长2.2、宽0.35、深0.08米，墓向60°。浅褐色填土，土质稍硬。人骨保存较差，只能辨出上、下肢骨和头骨。未见随葬品（图一九；图版三，2）。

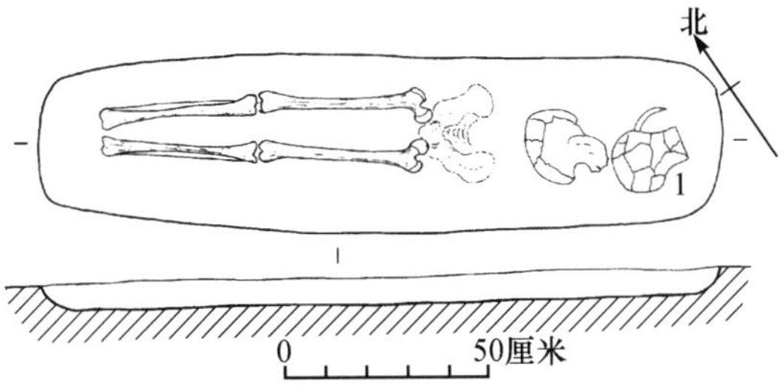

图一七　WM1平、剖面图

1. 陶高领罐

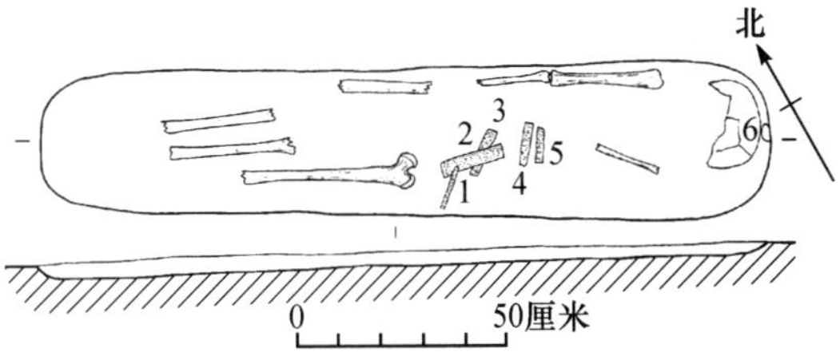

图一八　WM2平、剖面图

1～5. 玉石条　6. 陶纺轮

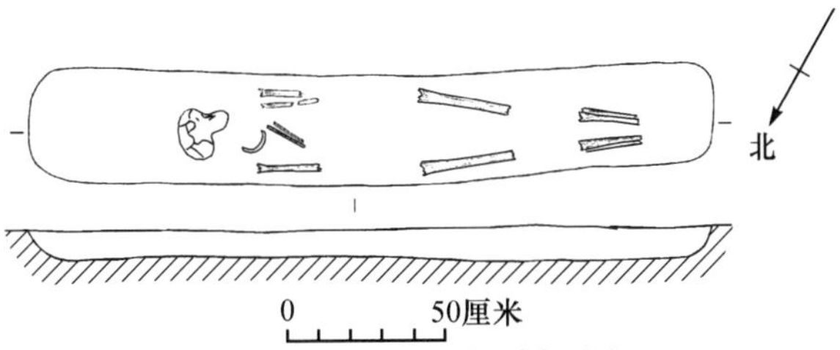

图一九　WM7平、剖面图

三、遗　　物

出土遗物有陶器和石器，陶器数量较多，石器较少。

（1）陶器

器类有侈口罐、敛口罐、高领罐、半高领罐、矮领大口罐、曲腹罐、深腹罐、小平底罐、尖底小罐、尖底杯、尖底盏、缸、瓮、盆、豆、壶、盉、甑、器耳、器盖、器座、圈足、纺轮等。

侈口罐可分为绳纹侈口罐和素面侈口罐。绳纹侈口罐的复原器有圈足和平底之分，其口沿残片无法判断是圈足器还是平底器，因而又根据肩部形态不同分型。

绳纹侈口罐　复原器4件。根据底部不同，可分二型。

A型　3件。圈足。根据肩部形态不同，可分二亚型。

Aa型　2件。溜肩[4]。WH18：6，夹砂黑褐陶。卷沿，方唇，斜腹，圈足外撇，缘内收。肩部压印成组的横向绳纹，其下饰一周凹弦纹。口径14、足径8、高22.5厘米（图二〇，1；图版四，1）。WH18：3，夹砂灰黄陶。折沿，方唇，斜腹，圈足外撇。肩部压印成组的斜向绳纹。口径13、足径6、高15厘米（图二〇，2；图版四，2）。

Ab型　1件。圆肩。WH25：7，夹砂红褐陶。卷沿，方唇，弧腹，圈足外撇。肩部压印成组的横向绳纹，其下饰一周凹弦纹。口径13、足径8.4、高17厘米（图二〇，3；图版四，3）。

B型　1件。平底。WH37：4，夹砂黑褐陶。折沿，方唇，圆肩，斜腹。肩部压印斜向绳纹，其下饰一周凹弦纹。口径33、肩径42、底径13、高34.5厘米（图二〇，8；图版四，4）。

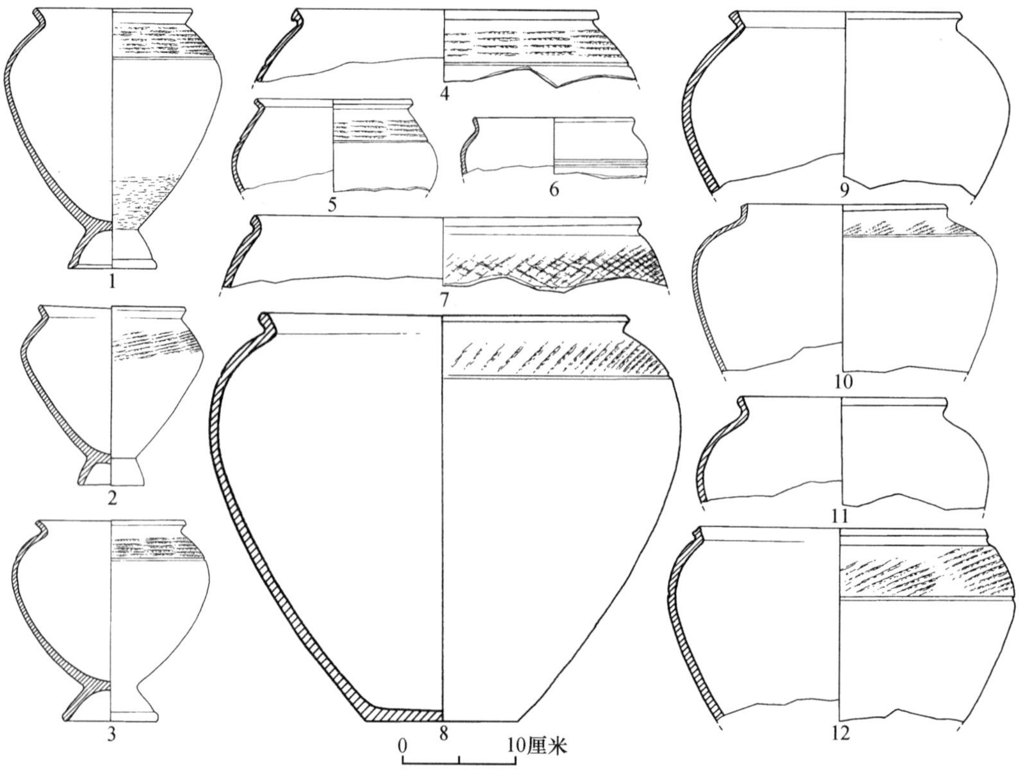

图二〇 陶罐

1、2. Aa型绳纹侈口罐（WH18：6、WH18：3） 3. Ab型绳纹侈口罐（WH25：7） 4. Aa型绳纹侈口罐口沿（KTE2S3③：46） 5. Ab型绳纹侈口罐口沿（KH68：108） 6、9、11素面侈口罐（YT8⑤：90、KH38：21、KH38：23） 7. B型绳纹侈口罐口沿（KH22：30） 8. B型绳纹侈口罐（WH37：4） 10. D型绳纹侈口罐口沿（WT2⑥：1） 12. C型绳纹侈口罐口沿（KH90：39）

绳纹侈口罐（口沿） 1267件。根据肩部形态不同，可分四型。

A型 1165件。溜肩。根据肩部弧度不同，可分二亚型。

Aa型 524件。溜肩微外弧。KTE2S3③：46，夹砂黑褐陶。卷沿，方唇。肩部压印成组的横向绳纹，绳纹下饰一周凹弦纹。口径26.5、残高6厘米（图二〇，4）。

Ab型 641件。溜肩。KH68：108，夹砂灰黄陶。折沿，方唇。肩部压印成组的横向绳纹，绳纹下饰一周凹弦纹。口径14、残高8厘米（图二〇，5）。

B型 43件。弧肩。KH22：30，夹砂暗褐陶。卷沿，方唇。肩部压印交错绳纹。口径34、残高6厘米（图二〇，7）。

C型 29件。圆肩。KH90：39，夹砂黑褐陶。折沿，方唇。肩部压印成组的斜向绳纹，绳纹下饰一周凹弦纹。口径25、残高17厘米（图二〇，12）。

D型 30件。广肩。WT2⑥：1，夹砂黑褐陶。折沿，方唇，下腹斜弧。肩部压印成组的斜向绳纹，其下饰一周凹弦纹。口径18、残高13厘米（图二〇，10）。KH27：30，夹砂灰褐陶。折沿，方唇。肩部压印成组的横向绳纹。口径20、残高5.6厘米。

素面侈口罐 95件。KH38：21，夹砂灰褐陶。折沿，方唇，圆肩，弧腹斜收。口径20.5、残高21厘米（图二〇，9）。KH38：23，夹砂黑褐陶。卷沿，方唇，圆肩。口径18.5、残高9厘米（图二〇，11）。YT8⑤：90，夹砂黑褐陶。卷沿，方唇，溜肩外弧。肩下饰两周凹弦纹。口径 14、残高 4.8 厘米（图二〇，6）。WT2⑤：71，夹砂灰褐陶。折沿，方唇，圆肩。口径 18、残高 3 厘米。

敛口罐有绳纹敛口罐和素面敛口罐两种。

绳纹敛口罐　1097 件。根据口沿及肩部形态不同，可分四型。

A 型　947 件。凸沿，圆肩。KH68：110，夹砂黄褐陶。沿面微凹，尖圆唇。沿部压印斜向绳纹，肩部压印成组的横向绳纹。口径 42、残高 5 厘米（图二一，1）。YH87：1，夹砂灰褐陶。尖圆唇，斜弧腹。口沿及肩部压印斜向绳纹，绳纹下饰两周凹弦纹，弦纹之间装饰乳钉。口径 30、残高 9 厘米（图二一，2）。

B 型　58 件。凸沿，耸肩。KTE2S3③：19，夹砂红褐陶。沿面微凹，尖圆唇，斜腹。沿及沿下压印斜向绳纹，肩部压印成组的斜向绳纹。口径 42、残高 10 厘米（图二一，3）。YH90：22，夹砂黑褐陶。尖唇，斜腹。口沿及沿下压印斜向绳纹，其下压印成组的横向绳纹。口径 38、残高 11 厘米（图二一，4）。

C 型　34 件。凸沿，最大径靠近腹部。KTE4S2③：1，夹砂黑褐陶。圆唇。口沿及肩部压印斜向绳纹，绳纹下饰一周凹弦纹。口径 30、残高 9 厘米（图二一，5）。

D 型　58 件。无凸沿。KTE2S2③：28，夹砂暗褐陶。尖圆唇，唇面内斜，弧肩。肩部压印成组的横向绳纹，其下压印斜向绳纹，施纹面积较小。口径 40、残高 8 厘米（图二一，6）。WT4⑥：3，夹砂暗褐陶。方唇，弧肩。口沿压印斜向绳纹，其下压印成组的横向绳纹。口径 40、残高 5 厘米（图二一，7）。

素面敛口罐　472 件。根据口沿形态不同，可分三型。

A 型　373 件。凸沿较短。KH38：38，夹砂黑褐陶。圆唇，圆肩，弧腹内收。口径 22、残高 5 厘米（图二一，8）。KH59：4，夹砂暗褐陶。沿面微凹，尖圆唇，斜腹微弧。口径 38、残高 12 厘米（图二一，9）。YT6⑤：62，夹砂暗褐陶。圆唇，上腹较直。口径 40、残高 13.5 厘米（图二一，10）。WG1：2，夹砂黑褐陶。圆唇，口沿内侧有一周浅凹槽。口径 42、残高 5 厘米。

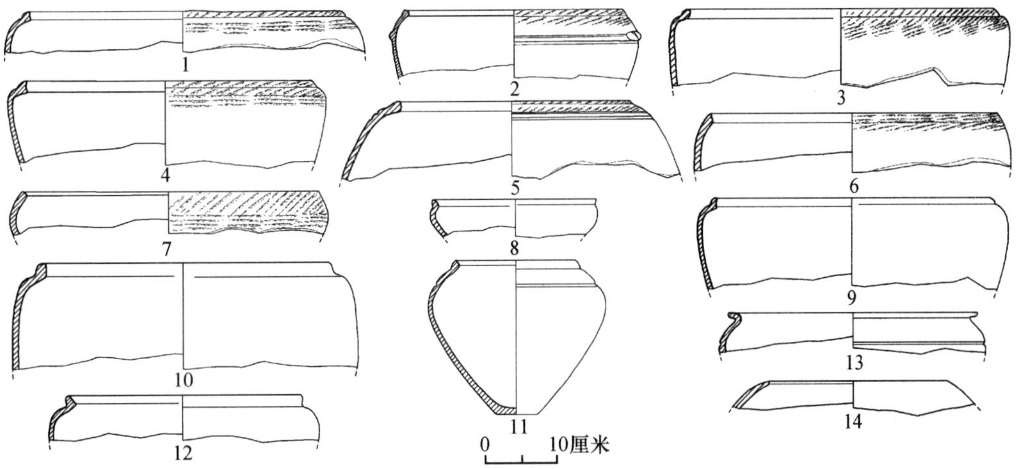

图二一　陶罐

1、2. A 型绳纹敛口罐（KH68：110、YH87：1）　3、4. B 型绳纹敛口罐（KTE2S3③：19、YH90：22）　5. C 型绳纹敛口罐（KTE4S2③：1）　6、7. D 型绳纹敛口罐（KTE2S2③：28、WT4⑥：3）　8～11. A 型素面敛口罐（KH38：38、KH59：4、YT6⑤：62、KH38：9）　12. B 型素面敛口罐（YT2⑤：299）　13. 卷沿罐（WG6：1）　14. C 型素面敛口罐（KH57：46）

KH38：9，夹砂黑褐陶。沿面微凹，方唇。肩部饰一周凹弦纹。口径 16、肩径 24、底径 6、高 20 厘米（图二一，11；图版四，5）。

B 型　96 件。凸沿稍长，外侈较甚。YT2⑤：299，夹砂黑褐陶。尖圆唇。口径 32、残高 6 厘米（图二一，12）。

C 型　3 件。无凸沿。KH57：46，夹砂灰褐陶。圆唇。口径 24、残高 3 厘米（图二一，14）。

卷沿罐　47 件。凸沿较长，外卷。WG6：1，夹砂黄褐陶。圆唇。肩部饰一周凹弦纹。口径 34、残高 5 厘米（图二一，13）。

高领罐　832 件。根据领部高度不同，可分二型。

A 型　637 件。领部较高。根据口部和领部形态不同，可分三亚型。

Aa 型　462 件。侈口，弧领。YH35：35，夹砂黑褐陶。唇部截面呈三角形。领部饰三周凹弦纹。口径 22、残高 12 厘米（图二二，1）。

Ab 型　161 件。侈口，直领外斜。KH143：2，夹砂黑褐陶。平折沿，圆唇，圆肩，斜弧腹，

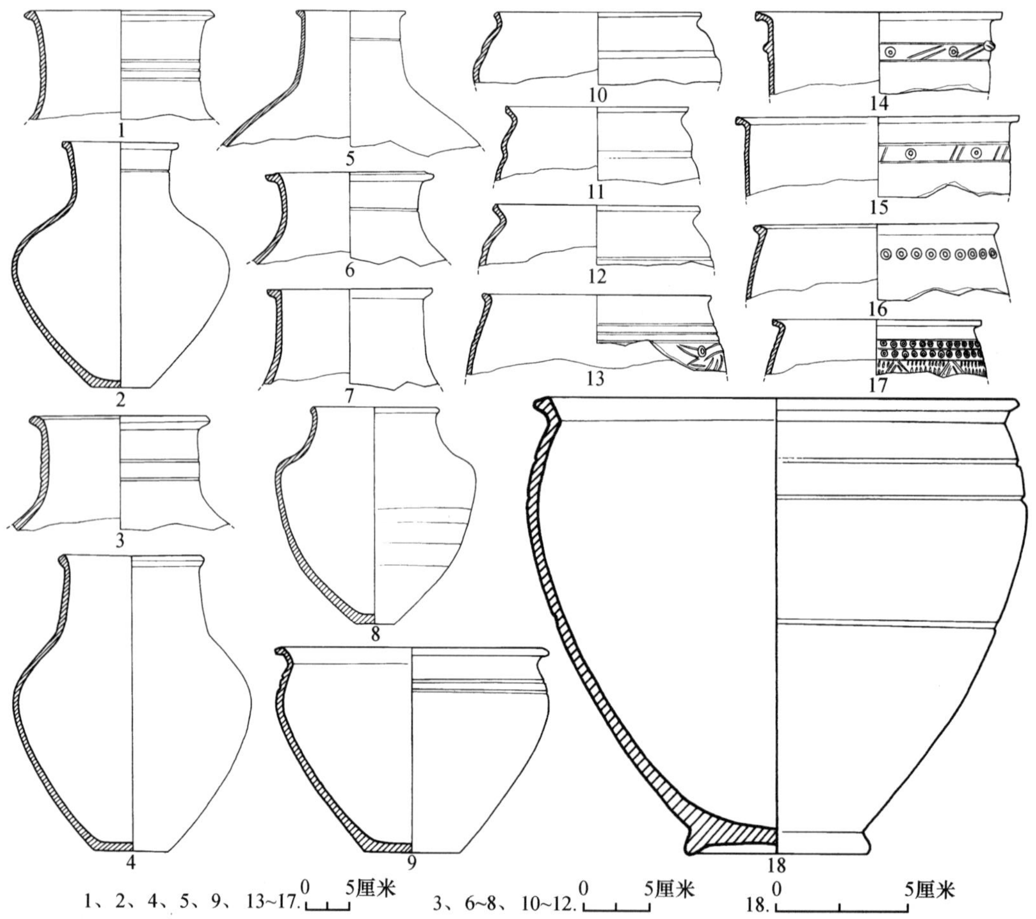

图二二　陶罐

1. Aa 型高领罐（YH35：35）　2、3. Ab 型高领罐（KH143：2、WH43：6）　4、5. Ac 型高领罐（KH38：14、KH81：11）　6. Ba 型高领罐（KH22：17）　7. Bb 型高领罐（KTE1S1③：11）　8. 半高领罐（WM8：1）　9、18. 矮领大口罐（KH68：7、KH68：8）　10～12. 曲腹罐（KH27：24、KH27：143、KH66：6）　13、16、17. A 型深腹罐（KH66：1、KTE1S2③：29、KH8：2）　14、15. B 型深腹罐（KH20：5、KH143：20）

平底。领部饰一周凹弦纹，腹外壁有明显的轮制痕迹。口径 13.5、肩径 25.2、底径 7、高 27 厘米（图二二，2；图版四，6）。WH43：6，夹砂红褐陶。尖圆唇。领中部饰两周凹弦纹。口径 14、残高 8.5 厘米（图二二，3）。

Ac 型　14 件。直领内斜。KH38：14，夹砂黑褐陶。外斜沿，方圆唇，溜肩，弧腹内收，平底。口径 16.8、肩径 27.6、底径 9、高 33 厘米（图二二，4；图版五，1）。KH81：11，夹砂黑褐陶。平折沿，尖圆唇。领上部饰一周凹弦纹。口径 13、残高 15 厘米（图二二，5）。

B 型　195 件。领部较 A 型矮。根据口部和领部形态不同，可分二亚型。

Ba 型　102 件。侈口，弧领。KH22：17，夹砂灰陶。平折沿，沿面有凹槽，尖唇。领中部饰一周凹弦纹。口径 13、残高 6.6 厘米（图二二，6）。

Bb 型　93 件。直口，直领。KTE1S1③：11，夹砂黄陶。平折沿，尖圆唇。口径 13、残高 7 厘米（图二二，7）。

半高领罐　1 件。WM8：1，夹细砂灰陶，胎体较薄。微敛口，弧领，耸肩，弧腹斜收，小平底。素面。口径 10、肩径 15.6、底径 2.8、高 16 厘米（图二二，8；图版五，2）。

矮领大口罐　43 件。KH68：7，夹砂黄褐陶。侈口，短沿外斜，尖圆唇，弧肩微鼓，斜腹，平底。肩部饰两周凹弦纹。口径 32、底径 11、高 22.5 厘米（图二二，9；图版五，5）。KH68：8，夹砂灰褐陶。侈口，短沿外斜，尖圆唇，矮领，孤肩，孤腹内收，矮圈足。肩部饰两周凹弦纹，腹部饰一周凹弦纹。口径 37.5、足径 14、高 34 厘米（图二二，18；图版五，6）。

曲腹罐　14 件。KH27：24，夹砂黑灰陶。卷沿，方唇。口径 16、残高 5.5 厘米（图二二，10）。KH27：143，夹砂灰陶。卷沿，方唇。口径 14、残高 5.6 厘米（图二二，11）。KH66：6，夹砂灰陶。卷沿，方唇。口径 16、残高 4.2 厘米（图二二，12）。

深腹罐　13 件。根据上腹部形态不同，可分二型。

A 型　8 件。上腹外斜。KH66：1，泥质黑皮陶。敛口，折沿较短，圆唇。口沿下饰三周凹弦纹，弦纹下刻划几何纹。口径 26、残高 9 厘米（图二二，13）。KTE1S2③：29，泥质灰褐陶。敛口，折沿，圆唇。口沿下饰一周连珠纹。口径 28、残高 8 厘米（图二二，16）。KH8：2，泥质红褐陶。敛口，卷沿，方唇。口沿下饰三周凹弦纹，每两周凹弦纹间饰一周连珠纹，凹弦纹下压印枣核形纹及刻划成组的折线纹。口径 24、残高 6.5 厘米（图二二，17）。

B 型　5 件。上腹竖直。KH20：5，泥质灰黄陶。直口，斜折沿，方唇加厚。上腹饰两周凹弦纹，弦纹间刻划平行线纹兼连珠纹，鋬耳，耳上饰折线纹。口径 28、残高 9 厘米（图二二，14）。KH143：20，泥质黑皮陶。直口，斜折沿，方唇加厚。上腹饰两周凹弦纹，弦纹间刻划平行线纹兼连珠纹。口径 32、残高 9 厘米（图二二，15）。

小平底罐　638 件。根据口沿长短及唇部不同，可分六型。

A 型　81 件。口沿较短，方唇。根据口径与肩径大小不同，可分三亚型。

Aa 型　40 件。口径小于肩径。KH27：140，夹砂黑褐陶。溜肩。素面。口径 16、肩径 18、高 12.4 厘米（图二三，1）。

Ab型　18 件。口径与肩径相当。KH38：126，夹砂灰褐陶。溜肩。素面。口径 16、肩径 16、残高 4 厘米（图二三，6）。

Ac 型　23 件。口径大于肩径。KH34：1，夹砂灰褐陶。溜肩，弧腹微曲近底内收。素面，下腹有轮修痕迹。口径 14、肩径 13.4、底径 1.5、高 7.5 厘米（图二三，10；图版五，3）。

B型　20件。口沿较长，方唇。根据口径与肩径大小不同，可分四亚型。

Ba型　4件。口径小于肩径。KH38：8，夹砂黑褐陶。圆肩，弧腹。素面。口径13、肩径13.8、底径3、高11.5厘米（图二三，2；图版五，4）。

Bb型　9件。口径与肩径相仿。KH81：4，夹砂黑褐陶。弧肩，弧腹。素面，肩部和腹部有轮制痕迹。口径15、肩径14.8、底径3、高10.5厘米（图二三，5）。

Bc型　4件。口径大于肩径。KH81：81，夹砂灰陶。方唇，圆肩，弧腹。素面。口径16、肩径15.6、高10.9厘米（图二三，9）。

Bd型　3件。口径大于肩径，且口沿与肩之间无明显分界。KH81：57，夹砂灰褐陶。方唇，斜腹。口径12、高8.7厘米（图二三，3）。

C型　107件。口沿较短，尖圆唇。根据口径与肩径大小不同，可分三亚型。

Ca型　55件。口径小于肩径。KH137：1，夹砂黑褐陶。圆肩，斜腹。素面，下腹部留有轮制痕迹。口径14、肩径14.8、底径3.2、高8.5厘米（图二三，4）。YM16：1，夹砂灰陶。圆肩，斜

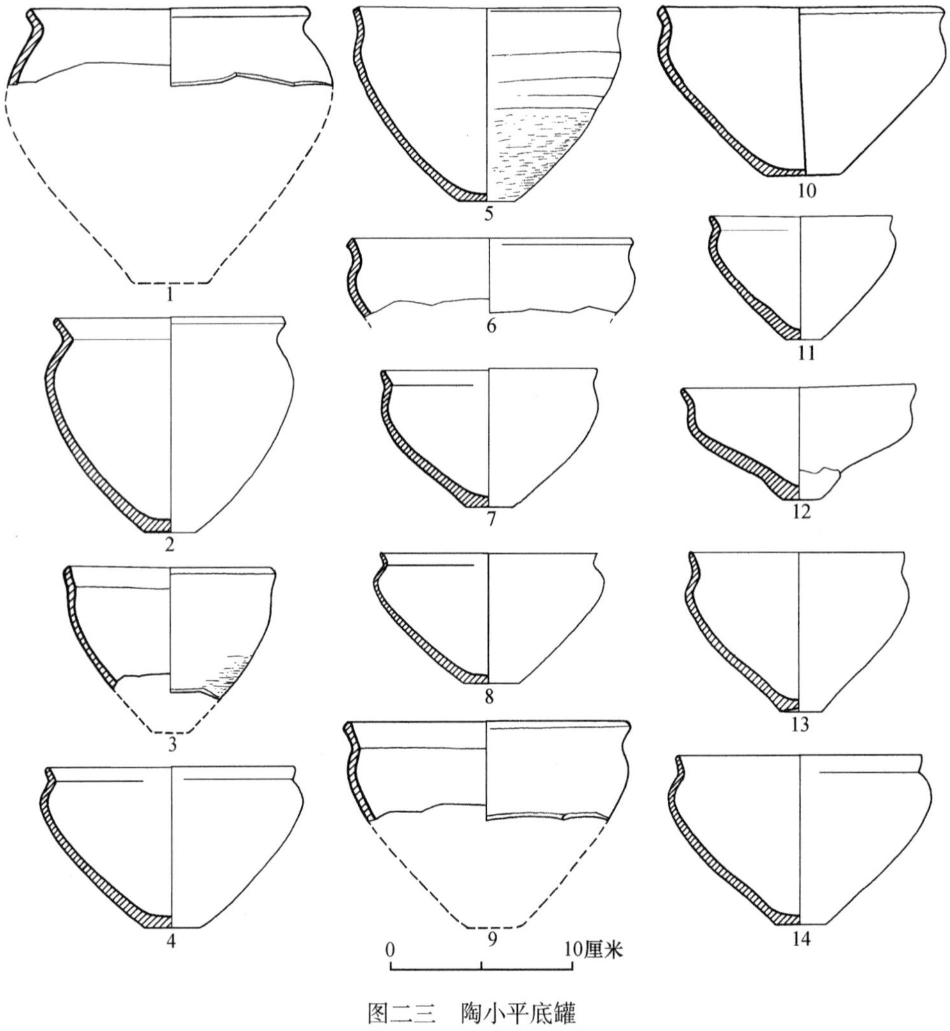

图二三　陶小平底罐

1. Aa型（KH27：140）2. Ba型（KH38：8）3. Bd型（KH81：57）4、8. Ca型（KH137：1、YM16：1）5. Bb型（KH81：4）6. Ab型（KH38：126）7、11. Cb型（KTE3S3④：2、KM3：1）9. Bc型（KH81：81）10. Ac型（KH34：1）12. Cc型（KTE3S3④：6）13、14. Da型（KH81：2、WH44：1）

腹。素面。口径12、肩径12.8、底径3、高7厘米（图二三，8）。WH26：2，夹砂灰褐陶。圆肩，斜腹。素面。口径14、肩径15.8、底径3.2、高9厘米（图版六，1）。

Cb型 43件。口径与肩径相仿。KTE3S3④：2，夹砂黑褐陶。弧肩，弧腹微内收。素面，腹部有轮制痕迹。口径12、肩径12、底径2.5、高7.2厘米（图二三，7；图版六，2）。KM3：1，夹砂黑褐陶。弧肩，斜腹。素面，下腹部有轮制痕迹。口径10、肩径10、底径1.8、高6.6厘米（图二三，11）。

Cc型 9件。口径大于肩径。KTE3S3④：6，夹砂黄褐陶。弧折肩，弧腹斜收。素面，下腹近底处贴塑泥片。口径12.8、肩径12、底径2、高6厘米（图二三，12；图版六，3）。

D型 354件。口沿稍长，尖圆唇。根据口径与肩径大小不同，可分三亚型。

Da型 83件。口径小于肩径。KH81：2，夹砂灰陶。圆肩，弧腹内收，底略内凹。素面。口径12、肩径12.4、底径2、高8.5厘米（图二三，13；图版六，4）。WH44：1，夹砂灰褐陶。圆肩，斜腹。素面。口径13.6、肩径14.4、底径3、高9厘米（图二三，14）。

Db型 172件。口径与肩径相仿。KH41：1，夹砂黑褐陶。弧肩，弧腹内收。素面，腹部留有轮制痕迹。口径15.6、肩径15.6、底径3、高9.6厘米（图二四，1；图版六，5）。

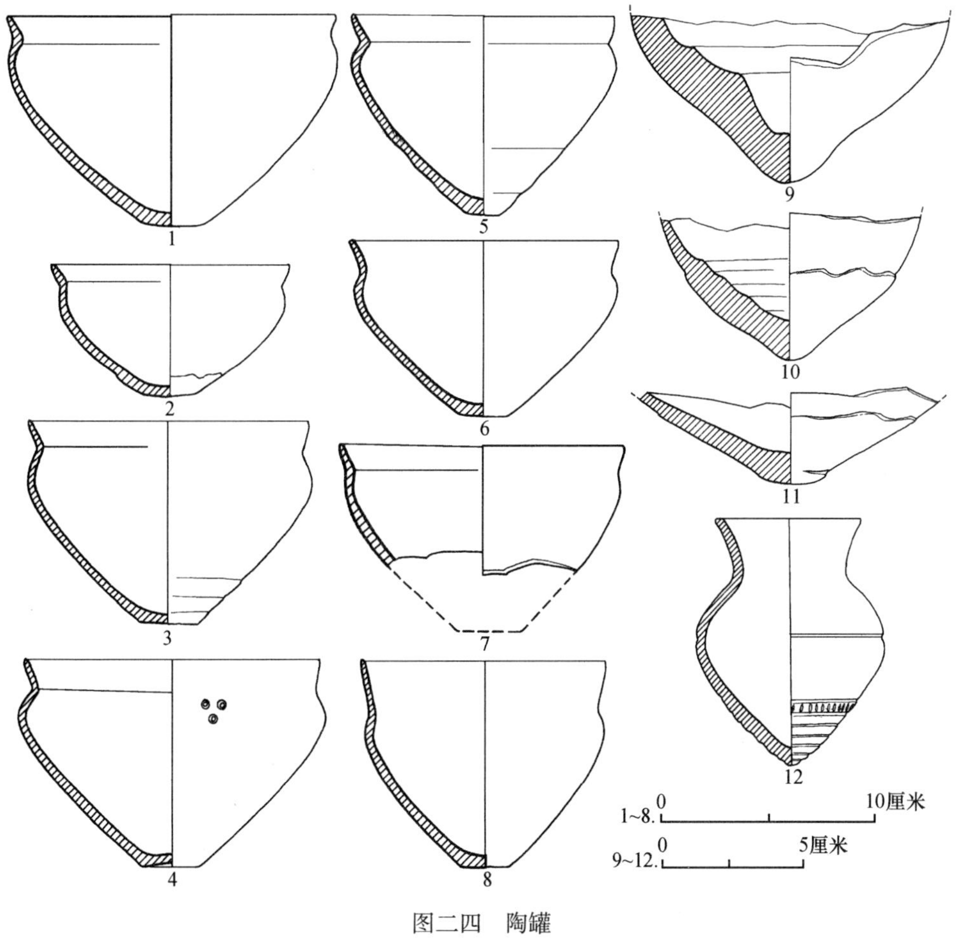

图二四 陶罐

1. Db型小平底罐（KH41：1） 2. Dc型小平底罐（KH38：3） 3、5. Eb型小平底罐（WH49：2、KH68：21） 4. Ea型小平底罐（WH34：1） 6. Ec型小平底罐（KG3：1） 7. Ed型小平底罐（KH68：43） 8. F型小平底罐（KH27：2） 9～11. 尖底罐（KH54：4、YT2⑤：154、YT6⑤：25） 12. 尖底小罐（YH84：14）

Dc 型　99 件。口径大于肩径。KH38：3，夹砂灰褐陶。弧肩，斜腹，器壁近底加厚，底不规则。素面。口径 11.5、肩径 10.6、底径 2.7、高 6 厘米（图二四，2；图版六，6）。

E 型　61 件。口沿较长，尖圆唇。根据口径与肩径大小不同，可分四亚型。

Ea 型　8 件。口径小于肩径。WH34：1，夹砂灰褐陶。圆肩，斜腹，底略凹。肩部饰一组圆圈纹，呈倒三角形排列。口径 14、肩径 14.4、底径 2.6、高 9.5 厘米（图二四，4；图版六，7）。

Eb 型　25 件。口径与肩径相仿。WH49：2，夹砂黑褐陶。弧肩，斜腹。素面，腹部近底有轮修痕迹。口径 13.2、肩径 13.2、底径 3、高 9 厘米（图二四，3；图版六，8）。KH68：21，夹砂黑褐陶。圆肩，斜弧腹。素面，下腹外壁有三道轮制痕迹。口径 12、肩径 12、底径 1.7、高 9 厘米（图二四，5）。

Ec 型　17 件。口径大于肩径。KG3：1，夹砂灰褐陶。圆肩，斜腹。素面。口径 12.5、肩径 12.1、底径 2、高 8 厘米（图二四，6；图版七，1）。

Ed 型　11 件。口径大于肩径，且沿与肩无明显分界。KH68：43，夹砂黄褐陶。弧腹斜收。素面。口径 13.6、肩径 13.2、残高 5.6 厘米（图二四，7）。

F 型　15 件。口沿较长，尖圆唇。KH27：2，泥质黑皮陶。圆肩，斜弧腹。素面。口径 11.8、肩径 11.4、底径 2.2、高 9.5 厘米（图二四，8；图版七，2）。

尖底罐　7 件。KH54：4，泥质灰陶。器壁较厚，器形较大。素面。残高 5 厘米（图二四，9）。YT2⑤：154，夹细砂暗褐陶。下腹有轮修痕迹，器底加厚。素面。残高 4.4 厘米（图二四，10）。YT6⑤：25，夹砂黑褐陶。器底加厚。素面。残高 2.8 厘米（图二四，11）。

尖底小罐　1 件。YH84：14，夹砂黑褐陶。侈口，尖圆唇，束领，肩部圆鼓，斜腹。肩部饰一周凹弦纹，下腹近底处饰六周凹弦纹，其间戳印一周枣核纹。口径 4.7、高 7.5 厘米（图二四，12；图版七，3）。

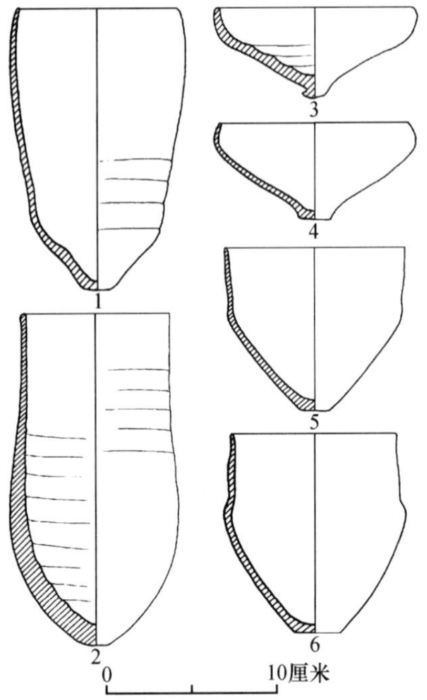

图二五　出土陶器

1、2、5、6. 尖底杯（YH26：1、KTE3S2③：2、KH40：6、KH38：2）
3、4. 尖底盏（WH22：10、YH6：1）

尖底杯　110 件。KTE3S2③：2，细泥陶，含砂量大，红褐色与黑褐色相杂，外壁有明显的烟炱痕迹。直口，平唇，上腹较直，下腹微垂。素面。口径 10、高 21 厘米（图二五，2；图版七，7）。YH26：1，夹细砂灰陶。直口，尖唇，上腹微弧，下腹圆折内收。素面。口径 9、底径 1.6、高 14 厘米（图二五，1）。KH40：6，细泥灰陶，夹少量细砂。口微侈，上壁微斜，下腹圆折斜收。口径 10.6、底径 1.8、高 10 厘米（图二五，5；图版七，5）。KH38：2，细泥灰陶。直口，尖唇，上壁近直，下腹圆折弧收。口径 9.6、底径 2、高 10 厘米（图二五，6；图版七，6）。

尖底盏　复原 2 件。WH22：10，夹砂黑褐陶。直口，尖圆唇，斜腹，底有乳状凸。素面。口径 12、高 5 厘米（图二五，3）。YH6：1，夹细砂黑褐陶。敛口，尖圆唇，圆折腹，斜腹。口径 11.8、肩径 12、底径 2、高 5.5 厘米（图二五，4；图版七，4）。

缸　140 件。根据口沿形态不同，可分五型。

A 型　25 件。折沿稍宽。KH27：94，夹砂黑褐陶。敞口，平折沿，方唇，斜腹。上腹近口沿处饰两周凹弦纹。口径 67、残高 9 厘米（图二六，1）。

B 型　12 件。卷沿较宽。KH27：4，夹砂灰黄陶。敞口，斜折沿，圆唇外叠，斜弧腹。上腹部饰两周凹弦纹。口径 62、残高 20 厘米（图二六，2）。

C 型　26 件。卷沿较窄。KH27：7，夹砂黑褐陶。直口，卷沿，方圆唇，上腹较直。上腹部饰三周凹弦纹。口径 51、残高 9 厘米（图二六，3）。YH50：5，夹砂灰褐陶。敛口，卷沿，方唇，唇上有 一周浅凹槽，斜腹。素面。口径 44、残高 7 厘米（图二六，4）。

D 型　25 件。平沿加厚，沿面压印绳纹。KH92：97，夹砂黑褐陶。敛口，斜腹。沿面压印斜向绳纹，腹部饰两周凹弦纹并压印成组的斜向绳纹。口径 43.5、残高 6.5 厘米（图二六，8）。KH100：2，夹砂灰褐陶。敛口，斜腹。沿面及上腹部压印成组的斜向绳纹，口沿下饰一周附加堆纹，附加堆纹上压印长椭圆形纹。口径 54、残高 9 厘米（图二六，9）。KH92：180，夹砂黑褐陶。敛口，斜腹。沿面压印斜向绳纹，沿下装饰三角形錾耳，耳上饰三道戳印纹。口径 48、残高 4 厘米（图二六，10）。

E 型　52 件。平沿，厚唇。YT2 ⑤：141，夹砂灰褐陶。直口，沿面有一周浅凹槽，方唇，上腹内收。素面。口径 45、残高 11 厘米（图二六，5）。WT4 ④：5，夹砂黑褐陶。敛口，方唇，上腹外撇。素面。口径 44、残高 8 厘米（图二六，6）。WG7：5，夹砂灰褐陶。直口，圆唇，上腹部较直。素面。口径 42、残高 4 厘米（图二六，7）。

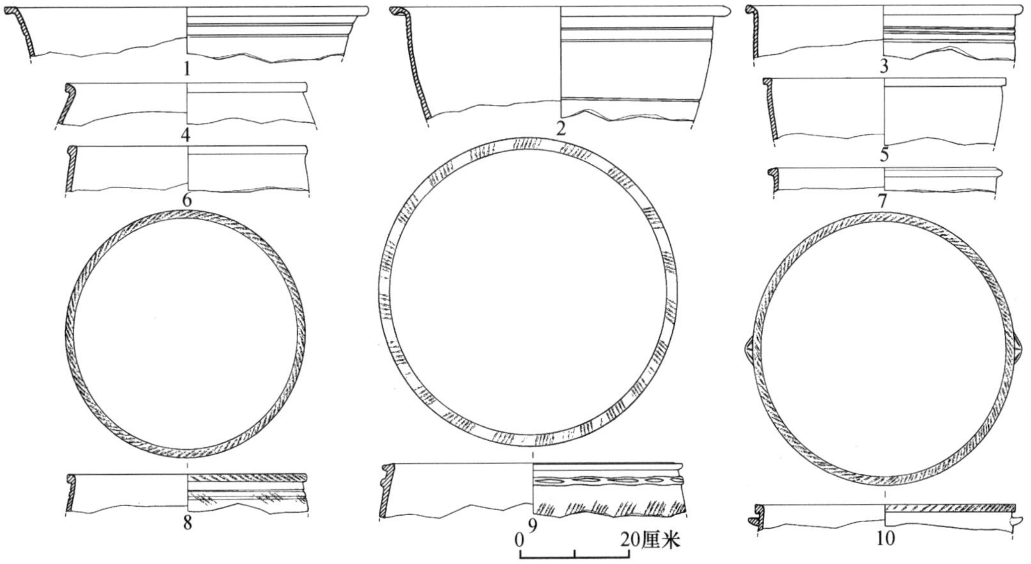

图二六　陶缸

1. A 型（KH27：94）2. B 型（KH27：4）3、4. C 型（KH27：7、YH50：5）5～7. E 型（YT2 ⑤：141、WT4 ④：5、WG7：5）8～10. D 型（KH92：97、KH100：2、KH92：180）

瓮　1194 件。根据口部及领部形态不同，可分四型。

A 型　1049 件。敞口，高领。WH3：1，夹砂灰黄陶。圆唇加厚。素面。口径 60、残高 12 厘米（图二七，1）。KH81：142，夹砂黑褐陶。唇沿外撇。肩部压印菱格纹。口径 79、残高 16 厘米（图二七，7）。

B 型　51 件。侈口，半高领。KTE2S2 ③：44，夹砂黑褐陶。领部微弧，尖圆唇。口径 29、残高 7.5 厘米（图二七，2）。

C 型　60 件。侈口，矮领。YT6⑤：151，夹砂黑褐陶。圆唇加厚。素面。口径 42、残高 10 厘米（图二七，3）。KH91：2，夹砂黑褐陶。方唇。素面。口径 44、残高 7 厘米（图二七，6）。

D 型　34 件。敛口，矮领。KH109：4，夹砂黑褐陶，圆唇加厚，广肩。肩部饰有一周凹弦纹，弦纹上下压印较小的菱格纹，并装饰鼻耳。口径 26、残高 5 厘米（图二七，4）。KG3：40，夹砂灰褐陶。方唇，唇面微凹，广肩微折。肩部饰一周凹弦纹。口径 38、残高 5 厘米（图二七，5）。

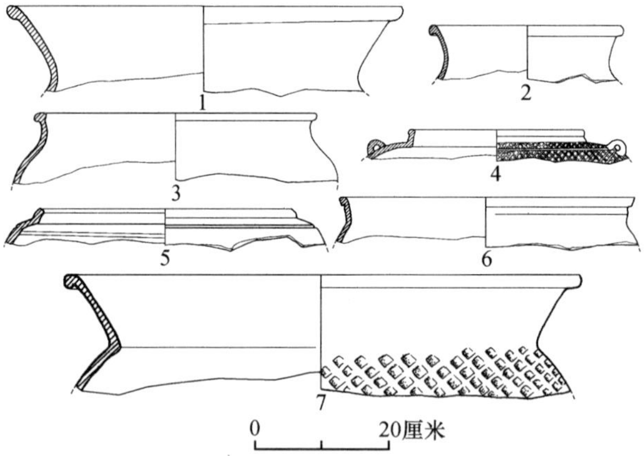

图二七　陶瓮

1、7. A 型（WH3：1、KH81：142）　2. B 型（KTE2S2③：44）　3、6. C 型（YT6⑤：151、KH91：2）　4、5. D 型（KH109：4、KG3：40）

盆　494 件。根据口沿、腹部形态及深浅不同，可分五型。

A 型　423 件。窄折沿，上腹外斜，深腹。YH5：10，夹砂黑褐陶。敛口，平沿，圆唇。腹部饰两周凹弦纹。口径 32、残高 9.6 厘米（图二八，1）。KH68：124，夹砂黄褐陶。斜沿，沿面微凹，圆唇。上腹饰两周凹弦纹。口径 30、残高 9 厘米（图二八，2）。WT3⑥：3，夹砂红褐陶。口微敛，平沿，圆唇。腹部饰两周凹弦纹。口径 34、残高 10.5 厘米（图二八，3）。

B 型　32 件。折沿较窄，弧腹较深。KH36：2，夹砂黑褐陶。方唇，器壁较薄。素面。口径 33、残高 12 厘米（图二八，4）。

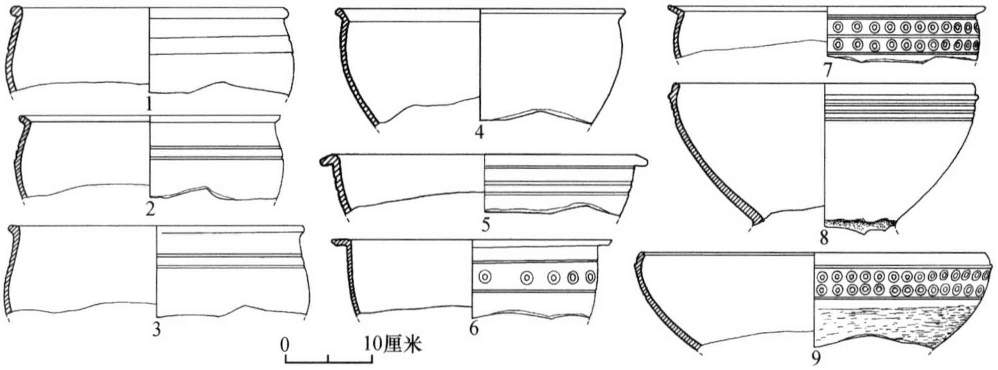

图二八　陶盆

1～3. A 型（YH5：10、KH68：124、WT3⑥：3）　4. B 型（KH36：2）　5. C 型（KH27：43）　6、7. D 型（KH93：5、H27：95）　8、9. E 型（KH20：2、KH70：6）

C型 5件。窄外折沿，弧腹较浅。KH27：43，泥质灰黄陶。敞口，圆唇。上腹饰两周凹弦纹。口径37、残高6厘米（图二八，5）。

D型 12件。宽折沿。KTE1S2③：19，泥质浅灰陶。斜沿，圆唇，弧腹较浅。口沿下饰两周凹弦纹，凹弦纹之间刻划成组的折线纹。口径29.5、残高4厘米。KH27：95，泥质灰黄陶。斜沿，圆唇，腹微鼓。口沿下饰三周凹弦纹，凹弦纹之间饰一周连珠纹。口径48、残高6厘米（图二八，7）。KH93：5，泥质灰黄陶。平沿，方唇，上腹较直。上腹饰两周凹弦纹，凹弦纹之间饰一周连珠纹。口径32、残高8.6厘米（图二八，6）。

E型 22件。敛口，弧腹，圈足。KH20：2，泥质黑皮陶，部分陶衣脱落呈红褐色。圆唇，弧腹急收，只残存部分圈足的对接痕迹。口沿下饰一周凸棱，凸棱下饰三周凹弦纹。口径34.5、残高16厘米（图二八，8）。KH26：2，泥质黑皮陶。圆唇，弧腹急收。口沿下饰一周凸棱纹，凸棱纹下饰三周凹弦纹。口径40、残高13.5厘米。KH70：6，夹细砂陶，口沿部分呈灰黄色，腹部呈灰褐色。口沿下饰一周凸棱，凸棱下饰两周凹弦纹，凹弦纹之间饰两周连珠纹。施纹部位打磨比较光滑，未施纹部分稍显粗糙。口径39、残高10.5厘米（图二八，9）。

豆柄 890件。均为高柄。根据形态及粗细不同，可分四型。

A型 591件。圆柱状柄。YT11⑤：97，泥质黑陶。柄身中间粗，两端细。柄身中部饰两周凹弦纹。残高14.5厘米（图二九，1）。KH95：13，泥质灰陶。柄上饰两周凹弦纹。残高11厘米（图二九，2）。

B型 220件。竹节状柄。KTE4S3④：1，泥质黑皮陶，多数陶皮已脱落。豆柄中部饰凸棱，

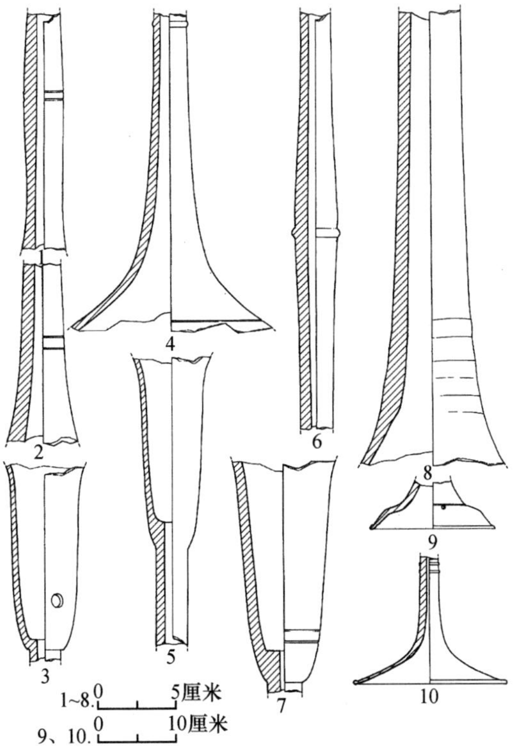

图二九 出土陶器

1、2. A型豆柄（YT11⑤：97、KH95：13） 3、5、7. C型豆柄（KTE2S3④：13、KH26：34、KH87：17） 4、6. B型豆柄（KTE4S3④：1、KH95：21） 8. D型豆柄（KTE3S3③：1） 9. B型豆圈足（KH135：18） 10. A型豆圈足（KH68：102）

圈足处饰一周凹弦纹。残高 20.5 厘米（图二九，4）。KH95 : 21，泥质黑皮陶。中间略粗，两端略细。中间装饰一周凸棱似竹节状。残高 25.5 厘米（图二九，6）。

C 型　72 件。柄上端近豆盘处肥胖似杯。KTE2S3 ④ : 13，泥质灰陶。饰圆形镂孔。残高 9.5 厘米（图二九，3）。KH26 : 34，夹砂红褐陶。素面。残高 18 厘米（图二九，5）。KH87 : 17，泥质灰褐陶。饰两周凹弦纹。残高 14.2 厘米（图二九，7）。

D 型　7 件。圆柱状柄，较 A 型柄粗大厚重。KTE3S3 ③ : 1，夹砂灰褐陶。器壁较厚。残高 28 厘米（图二九，8）。

豆圈足　52 件。根据形态不同，可分二型。

A 型　51 件。喇叭状。KH68 : 102，泥质黑皮陶。豆柄呈竹节状。残高 15、足径 20 厘米（图二九，10）。

B 型　1 件。KH135 : 18，足壁外折。夹砂黄褐陶。上部饰一周凹弦纹，其下饰圆形镂孔。足径 16.5、残高 6 厘米（图二九，9）。

壶　33 件。根据口沿及领部形态，可分五型。

A 型　19 件。高领内收。KH15 : 8，夹砂灰陶。直口微敛，圆唇。口沿下饰一周凸棱纹，领部饰两周凹弦纹。口径 10、残高 7 厘米（图三〇，1）。

B 型　10 件。高领急收。KTE5S2 ③ : 26，夹砂灰陶。直口，圆唇，弧领。口沿下饰一周凸棱纹，其上装饰乳钉。口径 12、残高 5.5 厘米（图三〇，2）。

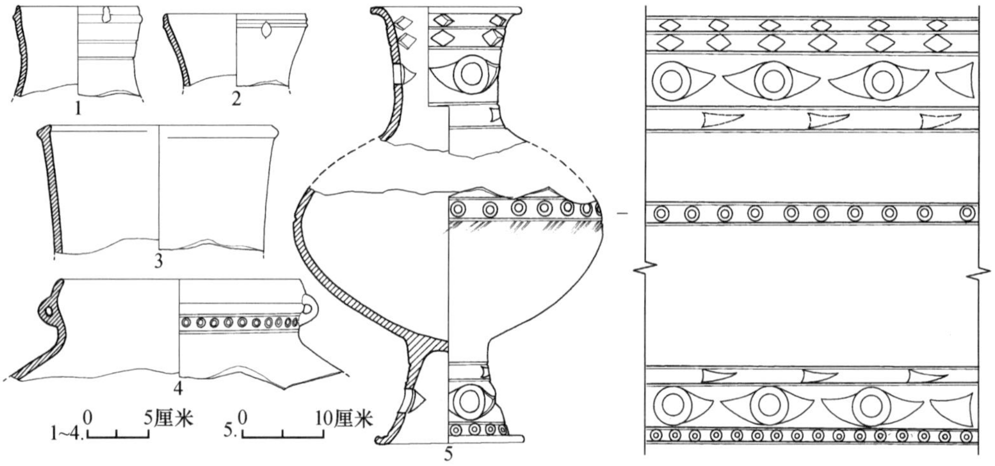

图三〇　陶壶

1. A 型（KH15 : 8）　2. B 型（KTE5S2 ③ : 26）　3. C 型（KH129 : 3）　4. D 型（KH20 : 6）　5. E 型（KH68 : 11）

C 型　2 件。高领斜收。KH129 : 3，夹砂黄褐陶。敛口，口沿下有一周凸棱。素面。口径 20、残高 10 厘米（图三〇，3）。

D 型　1 件。KH20 : 6，泥质灰陶。敛口，圆唇，矮领外撇。口沿下饰一周凸棱，凸棱下饰两周凹弦纹，弦纹之间饰一周圆圈纹，领部饰一对桥形耳。口径 20、残高 9 厘米（图三〇，4）。

E 型　1 件。KH68 : 11，泥质灰黄陶。喇叭形口，圆鼓腹，喇叭形圈足，整器上下对称。领部饰四排镂孔，由上及下分别为较小的菱形纹、稍大的菱形纹、眼睛纹、弧线三角形纹，四排镂孔用凹弦纹隔开。腹中部饰两周凹弦纹，凹弦纹之间饰连珠纹，凹弦纹下刻划成组的短平行线纹。圈足饰三排镂孔，由上及下分别为弧线三角形纹、眼睛纹、连珠纹，三排镂孔之间用凹弦纹隔开。口径18、腹径37、足径18、高52厘米（图三〇，5）。

盉 复原5件，均为罐形盉。KH68：2，夹砂黑褐陶。短沿，圆唇，折肩，束腰。管状流上扬，桥形鋬。分裆，袋足瘦长，乳状实足跟。腹中部饰一周凹弦纹。耳上刻划对称的弧线纹，其间戳印枣核形纹。口径9、肩径13、高28厘米（图三一，1；图版八，1）。KH68：15，夹砂黑褐陶。直沿，圆唇，圆肩，束腰。管状流上扬，桥形鋬。分裆，袋足瘦长，乳状实足跟。肩部饰一周凹弦纹。耳上刻划对称的弧线纹，其间戳印枣核形纹，枣核形纹下有两个圆形穿孔。口径9.5、肩径14、高30厘米（图三一，2；图版八，2）。KH68：16，夹砂黄褐陶。斜折沿，尖圆唇，折肩，束腰。流残，桥形鋬。分裆，袋足瘦长，乳状实足跟。腹部饰一周凹弦纹。鋬上刻划两条对称的弧线纹，其间戳枣核形纹。口径10、肩径13.4、高26厘米（图三一，3；图版八，3）。KH71：2，夹砂黑褐陶。侈口，短沿，尖圆唇，弧肩，束腰。管状流已残，桥形鋬残。分裆，袋足瘦长，乳状实足跟。肩部饰一周凹弦纹，腹部近足根处饰两周凹弦纹。口径9、肩径13、高27厘米（图三一，4；图版八，4）。

甑 2件。KTE2S4③：23，夹砂灰陶。底部圆箅孔较稀疏，孔径大较。残高2.8厘米。KH31：50，夹砂黑褐陶。底部圆箅孔较密集，孔径相对较小。底径16、残高1.6厘米（图三二，1）。

钵 1件。KG3：3，夹砂黑褐陶。敛口，方唇，圆肩，斜弧腹微曲，小平底。素面，下腹部有

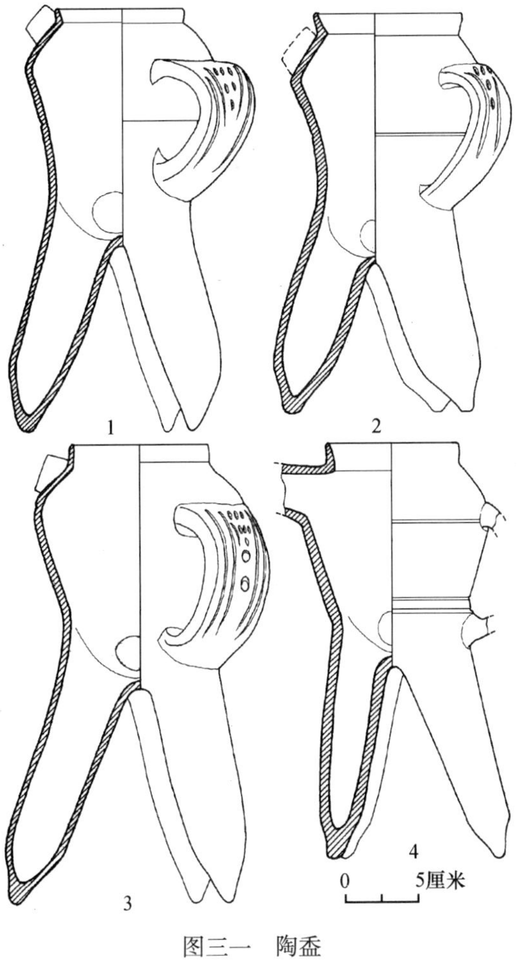

图三一 陶盉

1. KH68：2 2. KH68：15 3. KH68：16 4. KH71：2

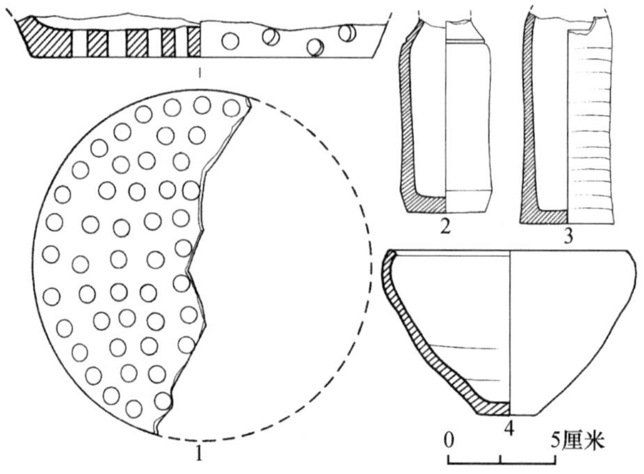

图三二　出土陶器

1.甑（KH31：50）　2、3.瓶（KH135：35、KTE4S2④：24）　4. 钵（KG3：3）

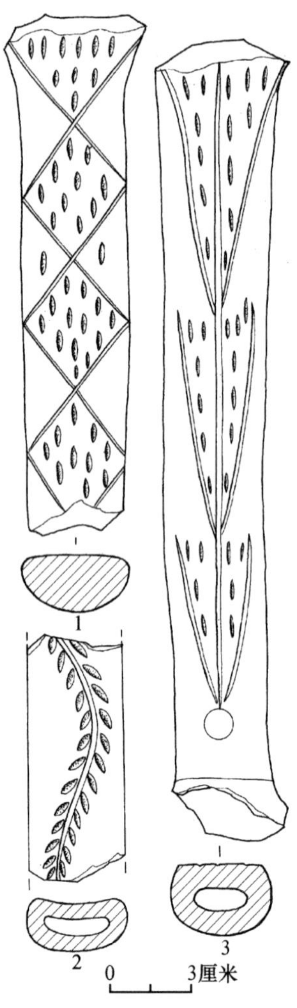

图三三　鸟头形陶勺柄

1. KTE2S1④：18　2. KH143：120　3. KTE3S3③：2

轮制痕迹。口径 11.6、肩径 12、底径 3、高 7.5 厘米（图三二，4；图版一〇，5）。

瓶　15 件。KH135：35，夹砂黑褐陶。束颈，直腹，平底，近底处微内收。肩部饰一周凹弦纹。底径 3.5、残高 8.5 厘米（图三二，2）。KTE4S2④：24，夹砂灰褐陶。直腹，平底。素面，外壁有明显旋痕。底径 4.5、残高 9 厘米（图三二，3）。

鸟头形勺柄　29 件。均为夹砂陶。大多近柄根处稍宽，近柄头处稍窄，柄头一般有穿孔。YT4⑤：100，夹砂黑褐陶。截面近圆形。近柄头处有一周凹槽。素面。残长 18 厘米。KTE2S1④：18，夹砂灰褐陶。整器较长，只保留柄身，截面近椭圆体，一面稍平。柄身刻划菱形纹，其内戳印枣核形纹。宽 3～4、残长 18.5 厘米（图三三，1）。KH143：120，夹砂黑褐陶。只残存部分勺柄，截面呈不规则的椭圆形。饰柳条纹。宽 3.5、残长 9 厘米（图三三，2）。KTE3S3③：2，夹砂黑褐陶。整器较长，柄截面近椭圆形，柄头呈横“8”字形。近柄头处有一圆形穿孔，饰叶脉纹，其间饰枣核形纹。宽 3.6～5.1、残长 29 厘米（图三三，3）。

器耳　51 件。根据形态不同，可分五型。

A 型　13 件。桥形耳。KH27：180，夹砂黑褐陶。上宽下窄。刻划四条对称的弧线纹。长 5、宽 2.6～5.7、高 2.8 厘米（图三四，1）。WT4⑥：35，泥质灰黄陶。上宽下窄。刻划四条对称的弧线纹。高 2.6、宽 3 厘米。

B 型　9 件。錾耳。KH143：141，夹砂黑褐陶。三角形。装饰三条刻划线纹。宽 4、厚 2.5 厘米（图三四，2）。

C 型　23 件。鼻耳。KH77：17，夹砂黄褐陶。素面。高 1.6 厘米（图三四，3）。YH60：43，夹细砂灰褐陶。素面。高 4 厘米。

D 型　2 件。弓形耳。YH35：21，夹砂灰褐陶。截面呈圆形。素面。残长 7.8 厘米（图三四，4）。

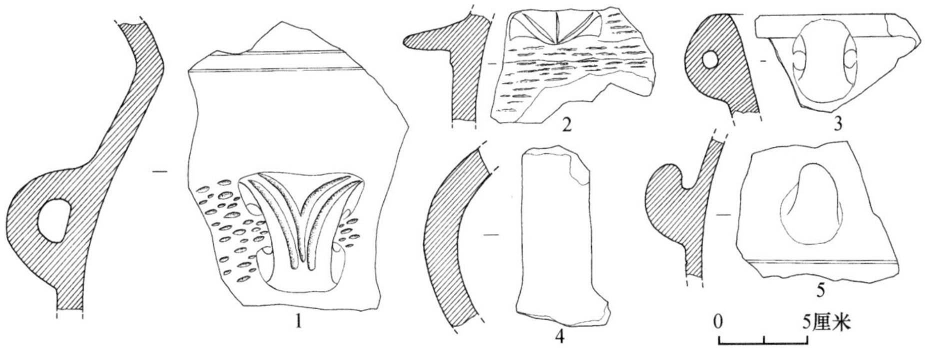

图三四 陶器耳

1. A型（KH27：180） 2. B型（KH143：141） 3. C型（KH77：17） 4. D型（YH35：21） 5. E型（YT2⑤：137）

E型 4件。钩形耳。YT2⑤：137，夹砂红褐陶。素面。耳高2.3厘米（图三四，5）。

器盖 数量多，复原27件。根据盖纽形态，可分七型。

A型 7件。圈纽。KH42：2，夹砂灰褐陶。纽沿外卷，盖壁微外弧，盖缘略上翘，方唇。素面。纽径4、口径18、高6厘米（图三五，1；图版九，1）。WT4⑥：1，夹砂灰黄陶。纽沿外卷，盖壁微外弧，圆唇。素面。纽径3.6、口径15、高6厘米（图三五，2）。

B型 2件。盘形纽。YH37：1，夹砂陶，黑褐色与红褐色相间。纽壁较直，盖缘加厚微上翘，圆唇。素面。纽径2.8、口径14、高5.2厘米（图三五，3）。KH68：1，夹砂灰褐陶。盖壁较直，

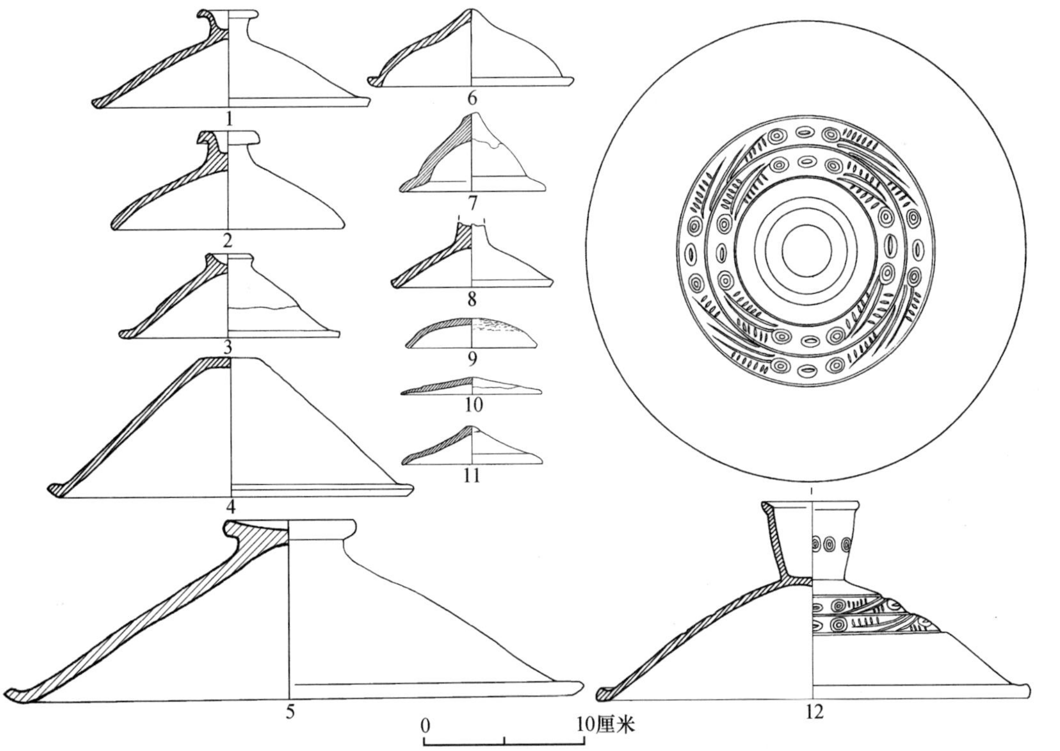

图三五 陶器盖

1、2. A型（KH42：2、WT4⑥：1） 3、5. B型（YH37：1、KH68：1） 4. F型（KH136：2） 6、7. C型（YT10⑤：1、WH41：1） 8. D型（KH70：1） 9～11. E型（WH26：1、KTE1S3③：1、KH81：7） 12. G型（KH68：10）

盖缘加厚上翘。素面，盖身有轮制痕迹。纽径 8、口径 36、高 11 厘米（图三五，5；图版九，2）。

C 型　2 件。锥形纽。YT10⑤：1，夹砂灰陶。盖壁微曲，盖缘上翘，圆唇。素面。口径 13、高 4.8 厘米（图三五，6；图版九，3）。WH41：1，夹砂灰黄陶。盖壁近口部外折，圆唇。素面。制作比较粗糙。口径 9.5、高 4.8 厘米（图三五，7）。

D 型　1 件。KH70：1，柱形纽。夹砂黑褐陶。纽残，盖壁外弧，方唇。素面。口径 10.5、残高 4 厘米（图三五，8；图版九，4）。

E 型　12 件。无纽，圜顶或尖顶，整器呈覆碟状。WH26：1，夹砂黑褐陶。圜顶，盖壁弧折，圆唇，盖腹稍深。口径 8.5、高 1.8 厘米（图三五，9；图版九，5）。KTE1S3③：1，夹砂黄褐陶。尖顶，盖壁较直近口沿处微内收，盖腹较浅，尖唇。素面。口径 9、高 1 厘米（图三五，10；图版九，6）。KH81：7，夹砂灰褐陶。尖顶加厚，盖壁较直近口沿微内折，盖腹稍深。口径 9、高 2.5 厘米（图三五，11；图版九，7）。

F 型　2 件。无纽，平顶。KH136：2，夹砂黑褐陶。斜壁，盖缘加厚上翘，方唇。素面，盖身留有轮制痕迹。顶径 4、口径 23、高 8.6 厘米（图三五，4）。

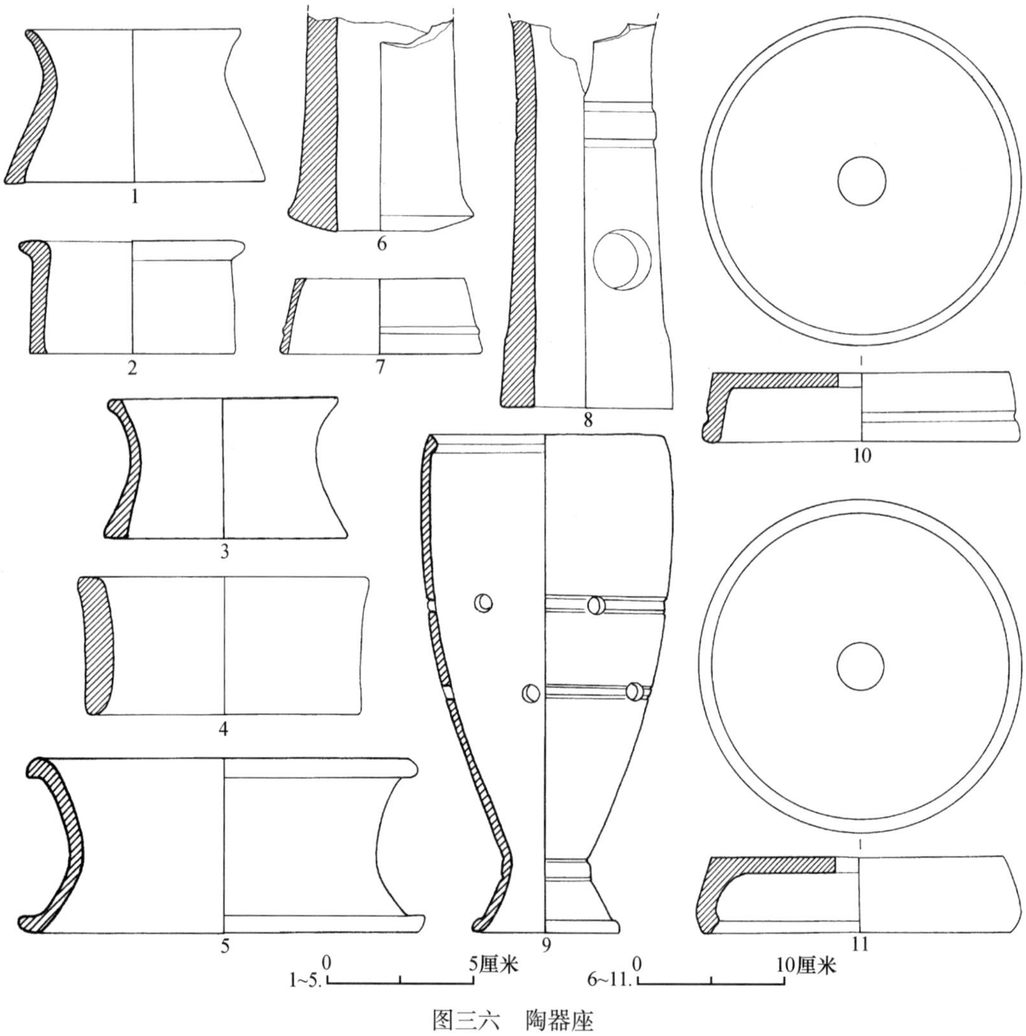

图三六　陶器座

1、3. B 型（KH92：1、YT8⑤：231）2. Ac 型（KH93：1）4. Ab 型（YT6⑤：41）5. C 型（YH17：1）6、8. D 型（KTE4S3④：30、KH63：25）7. Aa 型（YH60：7）9. F 型（WH22：1）10、11. E 型（KTE3S3④：5、KG3：5）

G 型　1 件。KH68：10，杯形纽。泥质灰黄陶。纽沿外折，纽壁外斜。盖壁微外弧，盖缘加厚上翘。纽身饰一周连珠纹，盖盘饰三周凹弦纹，凹弦纹之间装饰两周上下对称的连珠纹、刻划纹与枣核形纹组成的复合图案。纽径 6.4、口径 28、高 12 厘米（图三五，12；图版一〇，1）。

器座　42 件。根据整体形态不同，可分六型。

A 型　3 件。器形较矮，壁较直。根据座壁及上下沿部形态不同，可分三亚型。

Aa 型　1 件。YH60：7，壁外斜，上沿较平。夹砂灰褐陶。器壁近底处饰一周凸棱。口径 11.9、底径 14、高 5 厘米（图三六，7）。

Ab 型　1 件。YT6⑤：41，座壁竖直，上下沿对称。夹砂暗褐陶。素面。口径 10、底径 9.6、高 4.5 厘米（图三六，4）。

Ac 型　1 件。KH93：1，直壁，上沿平折，下沿较平。夹砂黑褐陶。素面。口径 7.8、底径 7、高 3.8 厘米（图三六，2）。

B 型　2 件。束腰。KH92：1，夹砂暗褐陶。口小底大，敞口，底缘较平。素面。口径 7.5、底径 9、高 5 厘米（图三六，1）。YT8⑤：231，夹砂黄褐陶。口小底大，口沿加厚，底缘较平。素面。口径 8、底径 8.5、高 4.5 厘米（图三六，3）。

C 型　1 件。YH17：1，亚腰形。夹砂灰褐陶。口与底对称，口沿及底沿加厚。素面。口径 27、底径 28.5、高 10.5 厘米（图三六，5；图版一〇，2）。

D 型　32 件。筒状。KTE5S2③：6，夹砂黄褐陶。上细下粗，器壁较厚。素面。底径 5.9、残高 7.5 厘米。KH63：25，夹砂暗褐陶。上细下粗，器壁厚重。器身饰两周凹弦纹，其上对穿长条形镂孔，其下有一圆形镂孔。底径 6、残高 12.5 厘米（图三六，8）。KTE4S3④：30，夹砂橙黄陶。上细下粗，器壁较厚，器壁近底处外撇。残高 7 厘米（图三六，6）。

E 型　3 件。圆形台面，圈足。KTE3S3④：5，夹砂黑褐陶。壁外斜，近底处有一周较深凹槽，足缘圆润，器形厚重。台面中心有圆形穿孔。台面径 19.8、孔径 3、足径 21.5、高 4.6 厘米（图三六，10）。YT2⑤：90，夹砂红褐陶。足壁中段较薄，足缘加厚。台面中心有圆孔，并饰三周凹弦纹。足壁中部饰一周凸棱，并装饰镂孔。台面径 20、孔径 3、足径 20、高 5 厘米。KG3：5，夹砂陶，黑褐色与灰褐色相间。足壁微外斜，底缘内斜。台面中心有圆形穿孔。台面径 19.5、足径 20、孔径 2.2、高 2.5 厘米（图三六，11）。

F 型　1 件。WH22：1，夹砂黑褐陶。杯形，微敛口，内斜唇，筒腹弧收，下接圈足，腹部与圈足相通。腹饰两组凹弦纹和镂孔组成的复合纹，每组纹饰由两周凹弦纹和等距离的五个圆形镂孔组成。圈足与腹相接处饰两周凹弦纹。口径 16.5、足径 10、高 32.5 厘米（图三六，9；图版一〇，4）。

觚形器　3 件。YT5⑤：69，夹砂黄褐陶。腹内束，近底处外凸。素面。底径 4、残高 6.4 厘米（图三七，1）。

帽形器　1 件。YH9：15，夹细砂灰白陶。上腹外弧，下腹内凹，近缘外撇，内叠。素面。口径 10、残高 4.2 厘米（图三七，2）。

灯座形器　2 件。KH31：1，夹砂黑褐陶。器壁残，中心呈筒状，筒底有一圆形镂孔，圈足。素面。

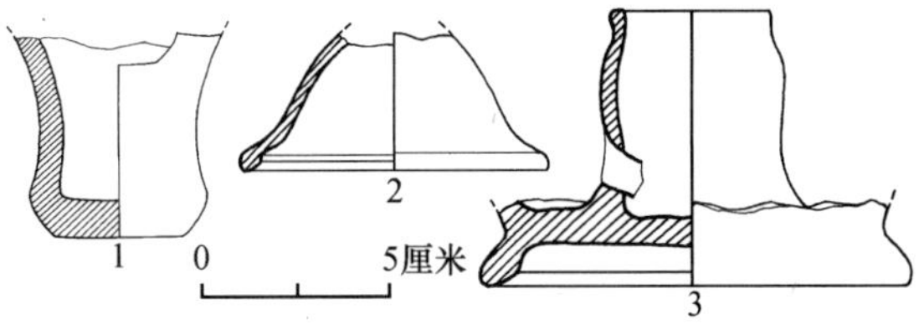

图三七　出土陶器

1. 觚形器（YT5⑤：69）2. 帽形器（YH9：15）3. 灯座形器（KH31：1）

足径 14、残高 8.5 厘米（图三七，3；图版一〇，3）。

圈足　724 件。根据圈足高矮、足径大小不同，可分五型。

A 型　170 件。矮圈足，足径较大，足壁较直。YT11 ⑤：125，夹砂黑褐陶。足底有一周凹槽。足径 13、残高 6.5 厘米（图三八，3）。KTE3S4 ④：8，夹砂灰褐陶。足缘圆润，足底戳印一周不规则的椭圆形纹。足径 14、残高 4 厘米（图三八，2）。

B 型　445 件。圈足稍高，足径较小，壁较直。KH38：92，夹砂暗褐陶。缘加厚、外撇。素面。足径 8、残高 4 厘米（图三八，5）。

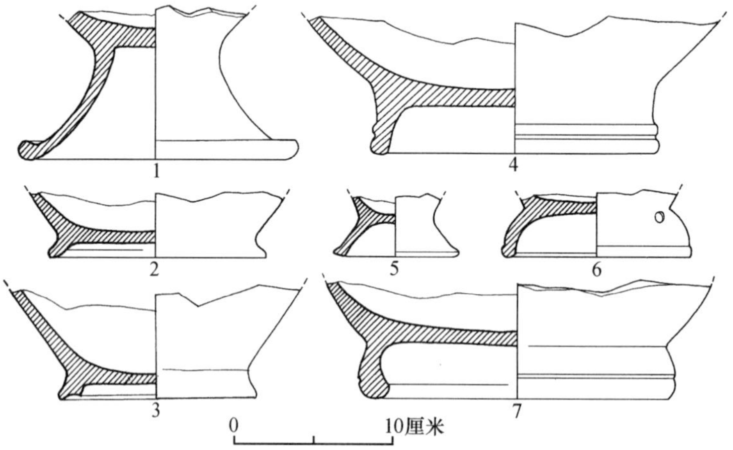

图三八　陶圈足

1. E 型（KTE1S4 ③：3）　2、3. A 型（KTE3S4 ④：8、YT11 ⑤：125）　4、7. D 型（WT1 ⑥：14、KH33：14）　5. B 型（KH38：92）　6. C 型（KTE5S2 ③：5）

C 型　33 件。圈足较高，足径较大，壁外弧。KTE5S2 ③：5，夹砂黄褐陶。足缘加厚。足壁饰有圆形镂孔。足径 12、残高 3.5 厘米（图三八，6）。

D 型　29 件。圈足较高，足径更大，体肥硕。WT1 ⑥：14，夹砂黄褐陶。壁较直外斜，近底处加厚。饰凹弦纹。足径 16、残高 3 厘米（图三八，4）。KH33：14，夹砂红褐陶。壁微弧，圈足近底处饰一周凹弦纹。足径 20、残高 7 厘米（图三八，7）。

E 型　47 件。高圈足，喇叭状。KTE1S4 ③：3，夹砂灰陶。足缘加厚。足径 18、残高 9 厘米（图三八，1）。

器底　961 件。根据底径大小不同，可分四型。

A 型　613 件。底径小于 5 厘米。YT11 ⑤：145，夹砂黑褐陶。素面。底径 3、残高 3.9 厘米（图三九，3）。KH68：107，泥质灰白陶。素面。底径 2.7、残高 3.6 厘米。

B 型　85 件。底径 6～10 厘米。KTE4S2 ④：31，夹砂灰褐陶。素面。底径 8.5、残高 4 厘米（图三九，1）。

C 型　150 件。底径 11～15 厘米。KH98：2，夹砂黑褐陶。素面。底径 11.5、残高 3 厘米（图三九，2）。

D 型　113 件。底径大于 15 厘米。KH10：18，夹砂灰黄陶。素面。底径 16、残高 8.5 厘米。WH50：12，夹砂灰褐陶。素面。底径 16、残高 5 厘米（图三九，4）。

纺轮　20 件。可分五型。

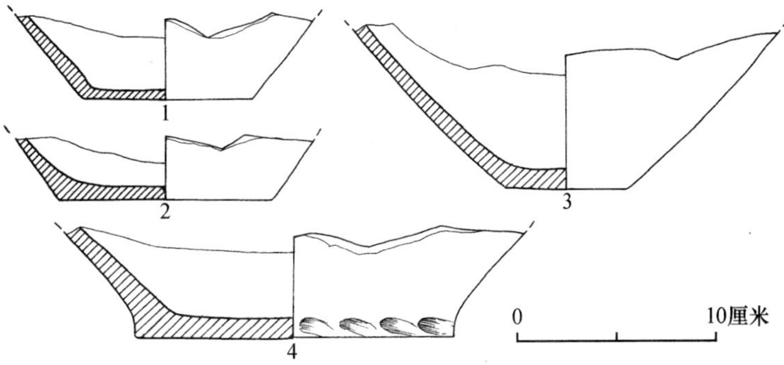

图三九 陶器底

1. B型（KTE4S2④：31） 2. C型（KH98：2） 3. A型（YT11⑤：145） 4. D型（WH50：12）

A型 13件。平顶平底，上小下大。可分二亚型。

Aa型 10件。棱上斜边。WH2：1，泥质黑陶。饰一周连珠纹。顶径1.8、底径2.4、最大径3.2、孔径0.4、高1.8厘米（图四〇，1）。KH135：1，泥质黑陶。素面。顶径2.4、底径3.7、最大径4、孔径0.4、高2.5厘米（图四〇，2）。

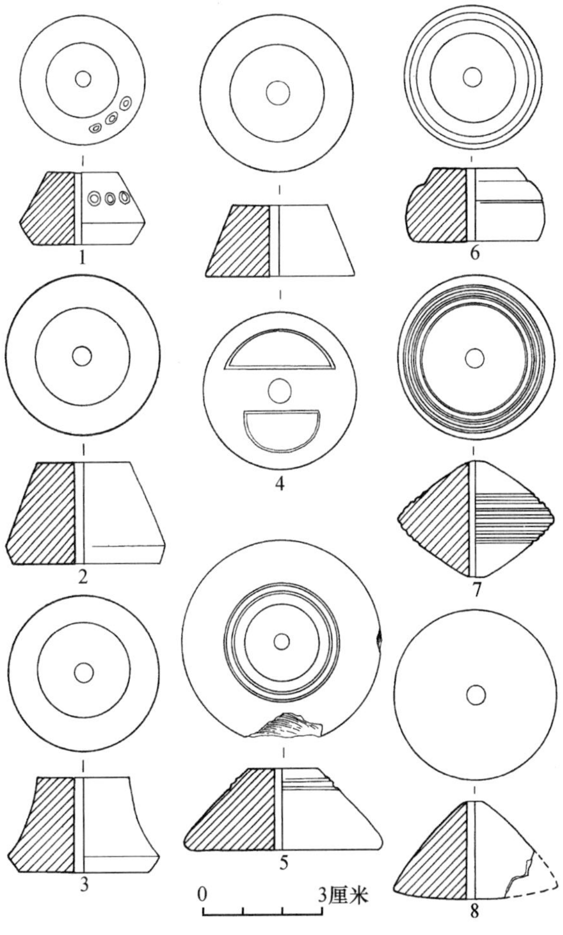

图四〇 陶纺轮

1、2. Aa型（WH2：1、KH135：1） 3. Ab型（KTE4S2④：1） 4、5. B型（KTE3S3④：1、WT2④：1）
6. C型（WT3⑥：2） 7. D型（KH135：100） 8. E型（KH38：5）

Ab 型　3 件。棱下内弧边。KTE4S2 ④：1，夹砂红褐陶。素面。顶径 2.4、底径 3.3、最大径 3.8、孔径 0.4、高 2.3 厘米（图四〇，3）。

B 型　4 件。平顶平底，上小下大，斜边。KTE3S3 ④：1，泥质灰陶。底部有一大一小半圆形纹。顶径 2.4、孔径 0.5、底径 3.8 厘米（图四〇，4）。WT2 ④：1，泥质黑陶。器壁饰两周凹弦纹。顶径 1.8、底径 5、孔径 0.4、高 2 厘米（图四〇，5）。

C 型　1 件。WT3 ⑥：2，泥质黑陶。平顶平底，上小下大，上部斜边，下弧边。饰一周凹弦纹。顶径 2.2、底径 3.4、孔径 0.4、高 1.8 厘米（图四〇，6）。

D 型　1 件。KH135：100，泥质黑陶。尖顶尖底，算珠形。中部饰八周对称的凸棱纹。最大径 4、孔径 0.4、高 2.8 厘米（图四〇，7）。

E 型　1 件。KH38：5，夹砂陶，灰色与黑色相杂。尖顶弧底，似锥状。素面。最大径 4.2、孔径 0.4、高 2.4 厘米（图四〇，8）。

（2）石器

石器数量不多，器形有斧、锛、凿以及三角形器、穿孔器、磨石、长方形石条等。

斧　1 件。KTE3S1 ③：2，青石。通体磨光。刃宽顶窄，两侧斜直，顶残，弧刃。残长 4、刃宽 5、厚 1.8 厘米（图四一，1）。

锛　7 件。KTE3S1 ③：1，黑曜石。通体磨光，制作精美。扁平长方形直刃，顶残。残长 3.8、宽 2.8、厚 1 厘米（图四一，5）。

凿　1 件。WT3 ⑥：1，磨制，刃宽顶窄，两侧斜直，圆刃。长 7、刃宽 1.5～3.2、厚 2 厘米（图四一，3）。

三角形器　1 件。WH21：19，磨制。扁平呈弧顶三角形。边长约 2.3 厘米（图四一，6）。

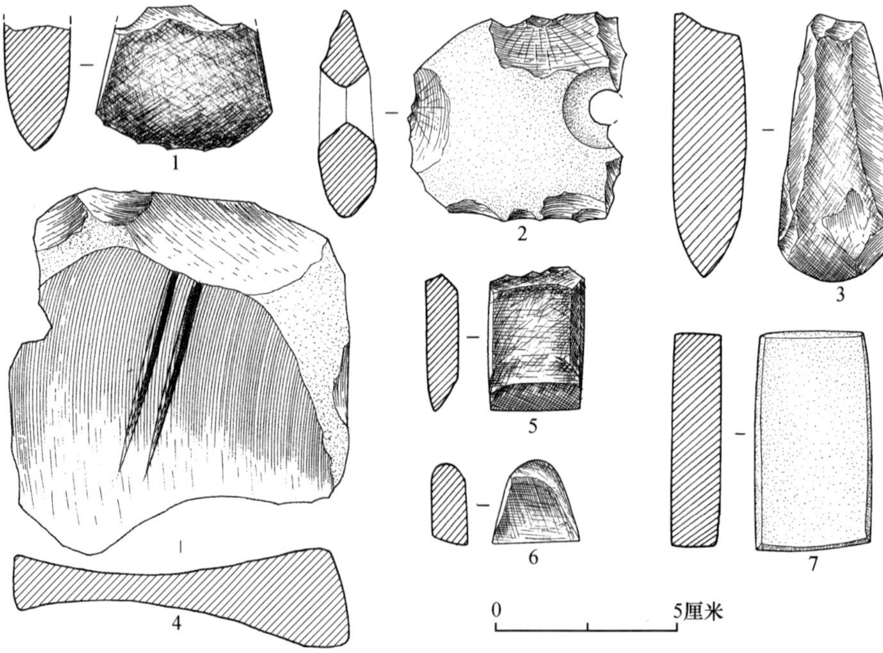

图四一　出土石器

1. 斧（KTE3S1 ③：2）2. 穿孔器（KH59：1）3. 凿（WT3 ⑥：1）4. 磨石（KH48：16）5. 锛（KTE3S1 ③：1）6. 三角形器（WH21：19）7. 长方形石条（KH101：2）

穿孔器　1件。KH59：1，砂岩。打制，器身留有大量打击痕迹。呈圆角长方形，中间穿孔。已残。残长5.9、宽5.5、厚1.7厘米（图四一，2）。

磨石　2件。KH48：16，砂岩。平面形状不规则。两面因使用形成明显的凹面，其中一面还留有磨制过程中形成的两条针状的凹窝。最宽处10、最厚处2.6、最薄0.8厘米（图四一，4）。

长方形石条　1件。KH101：2，砂岩。磨制。扁平长方形。长5.8、宽3.2、厚1.4厘米（图四一，7）。

玉石条　复原4件。WM2：3，变质岩，石料较软。长方体。两端残，正、背面留有切割和断裂痕迹。残长17、宽3.5、厚1～1.5厘米（图四二，1）。WM2：2，变质岩，石料较软。两端残，一面留有切割时残存的断痕。残长16.5、宽3～3.3、厚0.6～1厘米（图四二，2）。WM2：4，变质岩，石料较软。两端残，正面留有切割及切割时的断裂痕迹，背面留有切割痕迹。残长15、宽2.6～2.8、厚0.7～0.9厘米（图四二，3）。WM2：5，变质岩，石料较软。一端残，一端斜刃。正面留有两条平行的凹槽。残长15.7、宽2.9、厚0.8厘米（图四二，4）。

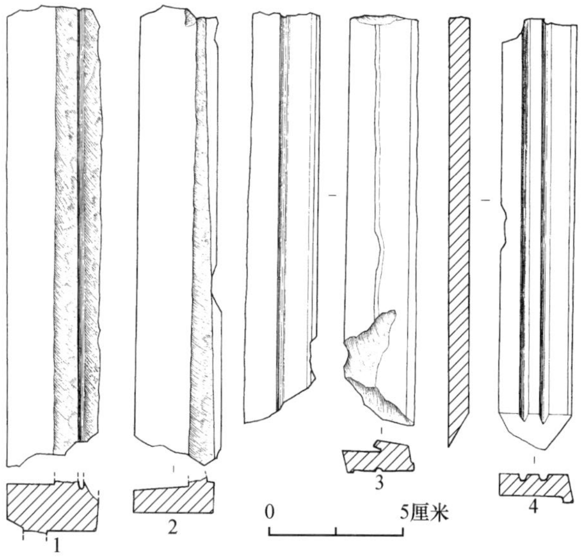

图四二　玉石条

1. WM2：3　2. WM2：2　3. WM2：4　4. WM2：5

四、结　语

波罗村遗址是成都平原商周时期的一处大型聚落址，其范围之大，遗存之丰富，在成都平原同时期遗址中较为罕见。遗址总面积达30余万平方米，复原陶器达200余件，遗址聚落功能较为齐全，有一定功能分区，大致可以划分出居住区、陶器作坊区和墓葬区。

（一）文化特征

遗迹有灰坑、窑址、房址及墓葬。灰坑近300个，平面形状有不规则形、近椭圆形、圆形、圆角方形、四边形五种，其中不规则形的数量最多，次为近椭圆形和圆形。圆形坑一般较深，坑壁竖直，坑底平坦，坑壁经过修饰和拍打，个别还有火烤的痕迹，此类灰坑当是经过精细加工的特殊坑。窑址均为馒头窑，分为窑室、火膛和工作坑三部分，窑室均被破坏，火膛内有较多烧灰，膛壁上留有较厚的红烧土烧结面。值得一提的是，KY1 和 KY2 共用一个工作坑的现象较为罕见。房址破坏较为严重，只保留四周的柱洞和居住面，平面形状为长方形，居住面由红烧土和木炭铺成。墓葬均为长方形竖穴土坑墓，其形制可分两种，一种为墓坑稍宽、直壁、平底，另一种为墓坑狭长、弧壁、圜底。

出土遗物有陶器、玉石器及动物残骸。陶器占绝大多数，其中以夹砂陶为主，泥质陶较少。夹砂陶器以褐陶最多，还见有灰陶、灰黄陶等，泥质陶有黑皮陶、灰陶、灰白陶、橙黄陶和红陶等。陶器多为素面，施纹者不多，纹饰主要是绳纹和凹弦纹，还有刻划纹、镂孔、菱格纹、戳印纹和几何形纹等。陶器的制作以泥条盘筑法为主，还有泥片贴塑法。陶器一般用泥条盘筑法制成，个别器物内壁还有泥条盘筑留下的凸棱，小平底罐的底部或器盖顶部，或再贴塑泥片。一些稍大的器物按部位分体制作，然后对接成形，如瓮的领部和肩部就有明显的对接痕迹。成形之后经过轮制修整，大部分器物的下腹部有轮修痕迹。可辨器形有小平底罐、侈口罐、敛口罐、高领罐、矮领大口罐、深腹罐、缸、瓮、盆、豆、壶、盉、甑、尖底罐、尖底杯、尖底盏、钵、瓶、鸟头勺把、器盖、器座、觚形器、帽形器、灯座形器、筒形器、纺轮等，其中小平底罐、侈口罐、敛口罐、瓮、盆、豆、器盖、尖底杯等是该遗址的主要器形。

玉石器数量较少。石器一般为磨制，都是小型工具，器形有锛、凿、斧、三角形器、穿孔器、石条、磨石。个别墓葬中随葬有少量的玉石条。

动物残骸只有零星发现，腐朽严重，暂无法识别出部位和种属。

（二）文化分期及年代

波罗村遗址商周时期的陶器主要有小平底罐、侈口罐、敛口罐、瓮、盆、豆、器盖以及尖底器等，从陶器的组合情况看，当属于十二桥文化范畴[5]。

以层位关系为据，根据陶器变化，可初步将该遗址商周时期遗存分为早、晚两期。早期主要包括 Y 地点的第 6 层及开口于第 5 层下的 YH66 等典型遗迹，W 地点的第 6 层及开口于第 6 层下的 WH26、WH31、WH39、WH49 等典型遗迹，K 地点的第 4 层及开口于第 4 层下的 KH81、KH95、KH116、KH125 等典型遗迹。早期陶器以小平底罐、绳纹侈口罐、绳纹敛口罐、瓮、盆、豆、器盖、尖底杯等为主。晚期主要包括 Y 地点的第 5 层及开口于第 5 层下的 YH22、YH30、YH7、YH8、YH29、YH58、YH59、YH60、YH68、YH93、YG1 等典型遗迹；W 地点的第 4 层及开口于第 4 层下的 WH42、WH43、WG1 等典型遗迹，第 5 层及开口于第 5 层下的 WH2、WH10、WH14、WH15、WH28、WG2、WG6、WG7 等典型遗迹；K 地点开口于第 2 层下的 KH12、KH44、KH59、KH143 等典型遗迹，第 3 层及开口于第 3 层下的 KH1、KH24、KH26、KH27、KH38、KH66、KH68、KH90、KH92、KY1、KY2 等典型遗迹。晚期阶段，早期的器形仍在沿用，但增加了素面侈口罐、素面敛口罐、曲腹罐、缸等新器形，其中以素面敛口罐为主。伴随新器形的出现，绳纹侈口罐、绳纹敛口罐的数量减少，瓮的数量增加，纹饰者比例进一步减少，素面陶所占比重进一步增加。

遗址早期陶器以小平底罐、绳纹侈口罐、绳纹敛口罐、盆、瓮、豆、器盖为主，亦见有一定数量的尖底器。绳纹较浅，成组分布，施纹面积较小，仅在口沿或肩部以上施纹，肩部以下为素面。无论从陶器组合还是绳纹特征看，应属于十二桥文化早期遗存。遗址晚期陶器虽然已经出现了素面敛口罐和素面侈口罐、曲腹罐等一些新器形，但是还未见新一村遗址出土的簋及绳纹圜底罐等[6]，所以其年代下限早于新一村遗址。

遗址测年工作由北京大学加速器质谱实验室第四纪年代测定实验室完成，共得到10个有效数据。样品BA130929（2011CPBKTE1S3③）为炭化稻，碳十四年代为距今2820±25年，校正后年代68.2%置信度为公元前1005～前930年（68.2%），95.4%置信度为公元前1050～前900年（95.4%）。样品BA130930（2011CPBKTE2S3③）为炭化稻，碳十四年代为距今2810±25年，校正后年代68.2%置信度为公元前1000～前925年（68.2%），95.4%置信度为公元前1040～前890年（95.4%）。样品BA130931（2011CPBKH12）为炭化稻，碳十四年代为距今3035±25年，校正后年代68.2%置信度为公元前1380～前1340年（24.1%）及公元前1320～前1260年（44.1%），95.4%置信度为公元前1400～前1250年（89.3%）及公元前1240～前1210年（6.1%）。样品BA130932（2011CPBKH27）为炭化稻，碳十四年代为距今2900±25年，校正后年代68.2%置信度为公元前1130～前1040年（68.2%），95.4%置信度为公元前1210～前1000年（95.4%）。样品BA130933（2011CPBKH38）为炭化稻，碳十四年代为距今2835±20年，校正后年代68.2%置信度为公元前1015～前970年（47.1%）及公元前960～前935年（21.1%），95.4%置信度为公元前1050～前920年（95.4%）。样品BA130934（2011CPBKH68）为炭化稻，碳十四年代为距今2875±25年，校正后年代68.2%置信度为公元前1120～前1100年（7.6%）及公元前1090～前1000年（60.6%），95.4%置信度为公元前1130～前970年（93.3%）及公元前960～前930年（2.1%）。样品BA130935（2011CPBKH71）为炭化稻，碳十四年代为距今2925±25年，校正后年代68.2%置信度为公元前1200～前1050年（68.2%），95.4%置信度为公元前1260～前1230年（3.6%）及公元前1220～前1020年（91.8%）。样品BA130936（2011CPBKH81）为炭化稻，碳十四年代为距今2940±20年，校正后年代68.2%置信度为公元前1210～前1115年（68.2%），95.4%置信度为公元前1260～前1230年（7.9%）及公元前1220～前1050年（87.5%）。样品BA130937（2011CPBKH93）为炭化稻，碳十四年代为距今2940±25年，校正后年代68.2%置信度为公元前1260～前1240年（3.6%）及公元前1220～前1110年（64.6%），95.4%置信度为公元前1260～前1050年（95.4%）。样品BA130938（2011CPBKY1）为炭化稻，碳十四年代为距今2960±25年，校正后年代68.2%置信度为公元前1260～前1230年（12.5%）及公元前1220～前1120年（55.7%），95.4%置信度为公元前1290～前1050年（95.4%）。其中BA130935（2011CPBKH71）、BA130936（2011CPBKH81）、BA130937（2011CPBKH93）、BA130938（2011CPBKY1）4个样品的测年数据属于早期单位的年代数据。BA130929（2011CPBKTE1S3③）、BA130930（2011CPBKTE2S3③）、BA130931（2011CPBKH12）、BA130932（2011CPBKH27）、BA130933（2011CPBKH38）、BA130934（2011CPBKH68）6个样品的测年数据属于晚期单位的年代数据。4个早期单位的碳十四数据集中在公元前1250～前1050年。6个晚期单位的测年数据中，BA130929（2011CPBKTE1S3③）、BA130930（2011CPBKTE2S3③）、BA130933（2011CPBKH38）3个测年数据集中在公元前

1050～前900年。BA130931（2011CPBKH12）的测年数据为公元前1400～前1250年，KH12层位开口于第2层下，属于所有单位中最晚的，其年代应该最晚，但其测年数据超过了所有早期单位的年代数据，且其只有89.3%的可能性，该数据偏老。BA130932（2011CPBKH27）与BA130934（2011CPBKH68）的测年数据的年代上限分别为公元前1210年和公元前1130年，其不应该早于早期单位的的年代下限，这两个数据可能偏早。如果以上测得的可信数据无误，那么该遗址的早期年代应为公元前1250～前1050年，处于商代晚期；晚期年代应为公元前1050～前900年，属于西周早中期。

（三）聚落布局

完整的房址目前只在Y地点中部发现一座，面积近40平方米，居住面经过加工，由红烧土和木炭铺成。推测这一区域的主要功能是遗址的居住区。

窑址位于K地点，窑址的火膛内留有大量的烧灰，火膛内壁有较厚的红烧土烧结面。KY1和KY2共用一个工作坑，工作坑进行了重复使用。窑址的周围有一片约200平方米的红烧土面和多片灰烬堆积，还有不规则形的较大灰坑，坑内亦有大量烧灰，出土陶器数量多，尤其是KH68坑底布满陶器。大片的红烧土、烧灰及大型灰坑出土的大量陶器，均以窑址为中心，当不是偶然现象。加上窑址本身的火膛内壁较厚的红烧土烧结面和工作坑的重复使用，可以推断窑址的使用时间不会很短，周围也可能存在其他窑址。K地点没有发现房屋，也没有成规模的墓葬，推测K地点是遗址的陶器作坊区。

墓葬集中分布于W地点和Y地点的东部，且在这两个墓葬的集中区域未发现房址和窑，推测这两处的主要功能是墓葬区。

（四）经济形态

浮选出的植物以人工水稻为主，还发现固定的居所，推断当时的经济形态是定居农业生活，且以稻作农业为主。动物遗骸的发现说明当时可能进行一定的渔猎或家畜饲养活动，但是由于动物残骸发现较少，而且保存差，无法做进一步研究。

磨石表面留有磨制器物时形成的凹槽，其状酷似针形，很可能是磨制针、锥等一类器物形成的，推断当时也存在着一定的手工业。

（五）聚落等级

波罗村遗址面积大，遗存丰富，聚落存在一定的功能分区，特别是出土了一批较为精美的非生活实用陶器，如深腹罐，D型、E型盆，D型、E型壶，G型器盖等，墓葬中随葬玉石条，诸多情形表明该遗址与一般的遗址有别，应该是具有一定级别的大型聚落。

附记：参加发掘的有成都文物考古研究院刘雨茂（领队）、杨占风、闫雪、陈西平、高攀、刘守强、陈平、姜世良、蒋志军，郫县望丛祠博物馆蔡光明、李章洪、谭颖、张德仟。碳十四测年标本由成都文物考古研究院姜铭采集送测。线图由曹桂梅绘制。照片由刘雨茂、李旭成、李升拍摄。

执笔：刘雨茂 杨占风

注释

[1] 此处的沱江河属岷江内江河分支，非四川盆地的主要河流沱江。

[2] 在“冶金生活基地”地点发掘时，就已经在之后建设的“望丛园安置点”项目区域内发掘了两个探方，即YT11和YT12。“望丛园安置点”项目启动后对该区域进行了补充发掘，布方位置紧邻YT11和YT12。

[3] 成都文物考古研究所、四川大学历史文化学院：《成都市郫县波罗村遗址Ⅱ区发掘简报》，《江汉考古》2014年第3期。

[4] 本文的绳纹侈口罐和绳纹敛口罐按肩部的形态差异分为溜肩、弧肩、圆肩、广肩、耸肩等几种。溜肩指肩部斜直，一般肩部较长，肩径相对较大，而且最大径相对靠下。弧肩指肩部略有圆度，肩径相对较小。圆肩指肩部圆度较明显，最大径相对靠上。广肩指肩部宽广，肩径较大。耸肩指肩部高耸，近似平折。

[5] 江章华、王毅、张擎：《成都平原先秦文化初论》，《考古学报》2002年第1期。

[6] 成都市文物考古研究所：《成都十二桥遗址新一村发掘简报》，《成都考古发现》(2002)，科学出版社，2004年。

都江堰市梳妆台商周遗址发掘报告

成都文物考古研究院
都 江 堰 市 文 物 局

新建成都至都江堰快速客运铁路起于成都北站，在铁路西环线安靖（郫县）站向西引出后，沿国道317线成灌高速公路走向延伸，止于都江堰市青城山镇。其中都江堰段长24.6千米，涉及崇义镇、聚源镇、幸福镇、经开区、玉堂镇、中兴镇、青城山镇7个镇。经前期考古调查，境内共发现8个文物点（10～17号），梳妆台商周遗址属于10号点，2008年12月～2009年1月，成都文物考古研究院、都江堰市文物局对该文物点进行了发掘，清理了多座汉唐时期墓葬[1]和一处商周时期遗址。

梳妆台遗址位于都江堰市崇义镇界牌村12组梳妆台东120米处，北距周家院子200米，东南距成灌铁路K35+982框架涵约8米，西北距潘家祠堂汉墓群C号点约240米（图一）。地理坐标为东经103° 44′ 2.7″、北纬30° 54′ 0.1″。因传说此处为杨贵妃的梳妆台而得名。该遗址位于一台地上，面积约3000平方米，形状不太规则，其南面堆积较丰厚，北面较薄，铁路路基穿过遗址北部，在路基内布10米 ×10米探方1个，编号08DCST1（以下简写为T1），发现灰坑2个，编号08DCSH1、08DCSH2（以下简写为H1、H2）；水沟2条，编号08DCSG1、08DCSG2（以下简写为G1、G2）（图二）。现将发掘情况报告如下。

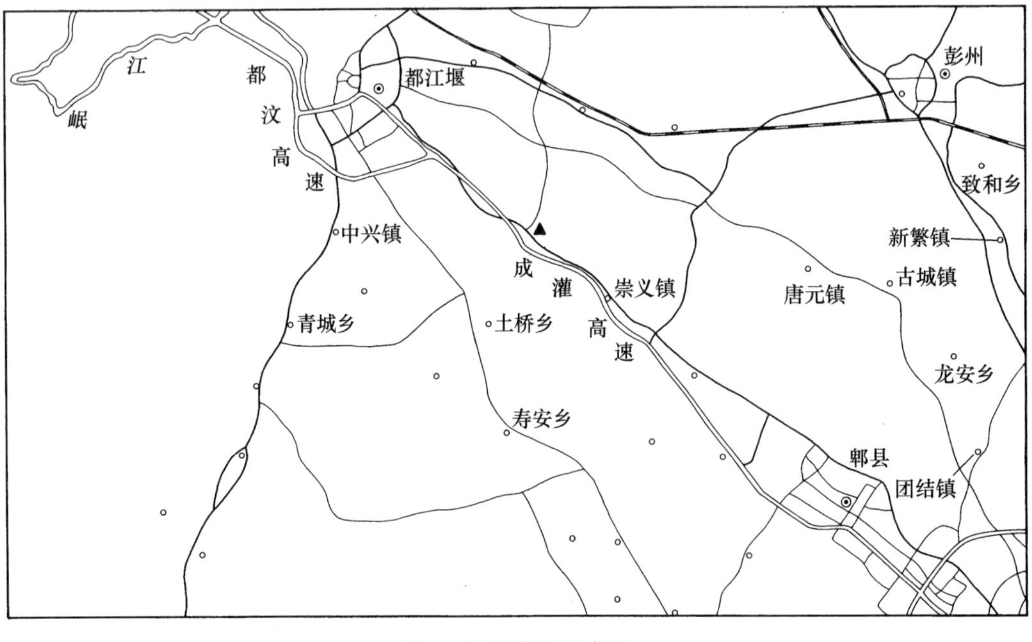

图一　遗址位置示意图

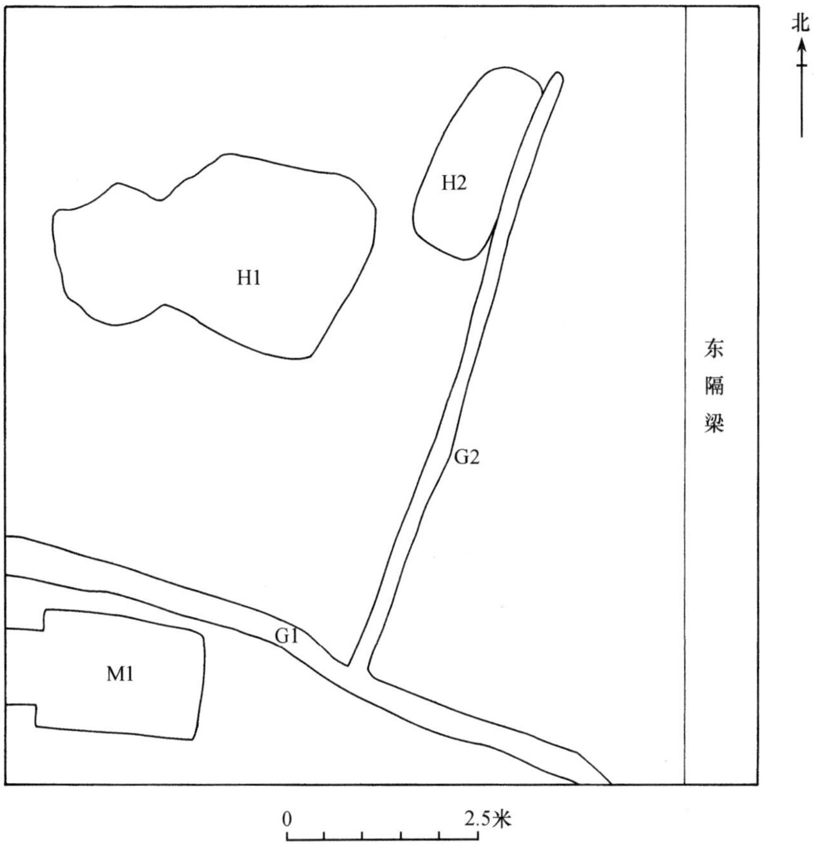

图二　T1遗迹分布图

一、堆积情况

堆积较为简单，每一层基本为水平堆积，以 T1 西壁为例说明如下（图三）：

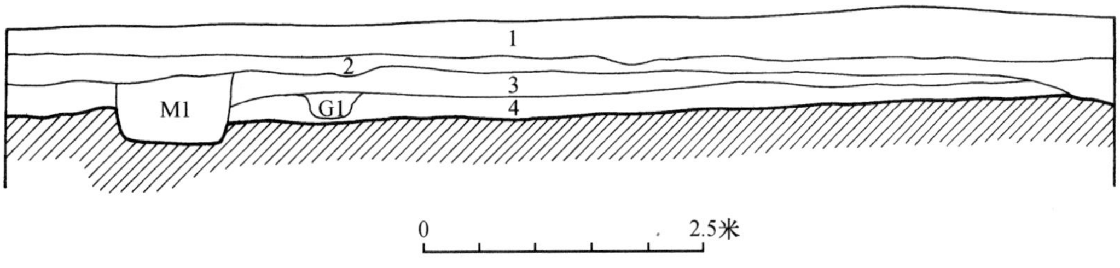

图三　T1西壁剖面图

第 1 层：耕土层，深黑色，土质较为致密。厚 0.13～0. 55 米。分布不均匀。夹杂有石块，发现有近现代瓷片。

第 2 层：灰黑色，土质致密、细腻，中间夹杂着黑褐色斑点，部分地方呈黄褐色。距地表深 0.13～0.55 米，厚 0.08～0.5 米。未发现包含物，为淤积形成的堆积。汉墓 M1 叠压于该层下。

第 3 层：黑褐色土。距地表深 0.56～0.77 米，厚 0.05～0.38 米。包含较多的夹砂黑陶、红褐陶片，可辨器形有豆、小平底罐、器盖、豆柄等。H1、H2、G1、G2 叠压于该层下。

第 4 层：青灰色土，土质致密。距地表深 0.71～0.87 米，厚 0.1～0.31 米。夹杂石块和少许炭屑，未发现遗物。应为洪水冲积形成的间隙层。

第 5 层：黄灰色土，土质紧密，含沙较多。为生土。

二、第3层遗物

第 3 层为主体文化层，出土器物最多，均为陶器。陶器以夹砂陶为主，所占比例达 98%，泥质陶极少。泥质陶主要是尖底杯残片，均为素面，有泥质灰陶和泥质褐陶两类，比例各占一半。夹砂陶包括夹砂褐陶、灰陶、灰黄陶三类，以夹砂褐陶为主，其所占夹砂陶比例达 83%，其次为夹砂灰陶，所占比例为 15%，其余的为夹砂灰黄陶。夹砂陶片大部分为素面，少量饰有绳纹、弦纹、网格纹、附加堆纹、刻划纹等（图四）。可辨器形有敛口罐、小平底罐、豆柄、器盖、器底及圈足等。器物较为残碎，下面选出 27 件标本予以介绍。

图四　陶器纹饰拓片

1～3. 弦纹（T1③：17、H1：20、T1③：30）　4～6. 网格纹（T1③：31、T1③：32、T1③：33）　7. 戳印纹（H1：21）　8、9. 绳纹（H1：22、T1③：10）　10. 镂孔（T1③：34）

敛口罐 6件。多数在口部及肩部饰有绳纹。T1③：10，夹砂灰黄陶。圆唇。唇部饰有较密的斜向粗绳纹，肩部饰细绳纹。口径48、残高3.6厘米（图五，1）。T1③：9，黄皮褐心陶。尖唇。素面。口径34、残高3.2厘米（图五，2）。T1③：18，夹砂褐陶。圆唇。口部及肩部饰有斜向粗绳纹。

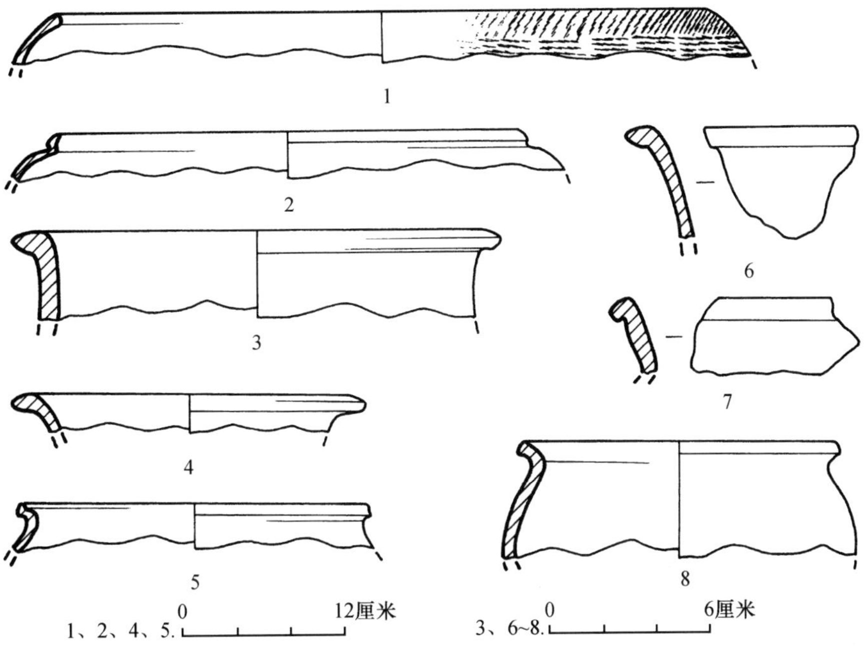

图五 T1第3层出土陶罐

1、2. 敛口罐（T1③：10、T1③：9） 3、4. 高领罐（T1③：12、T1③：6）

5～8. 小平底罐（T1③：25、T1③：26、T1③：11、T1③：21）

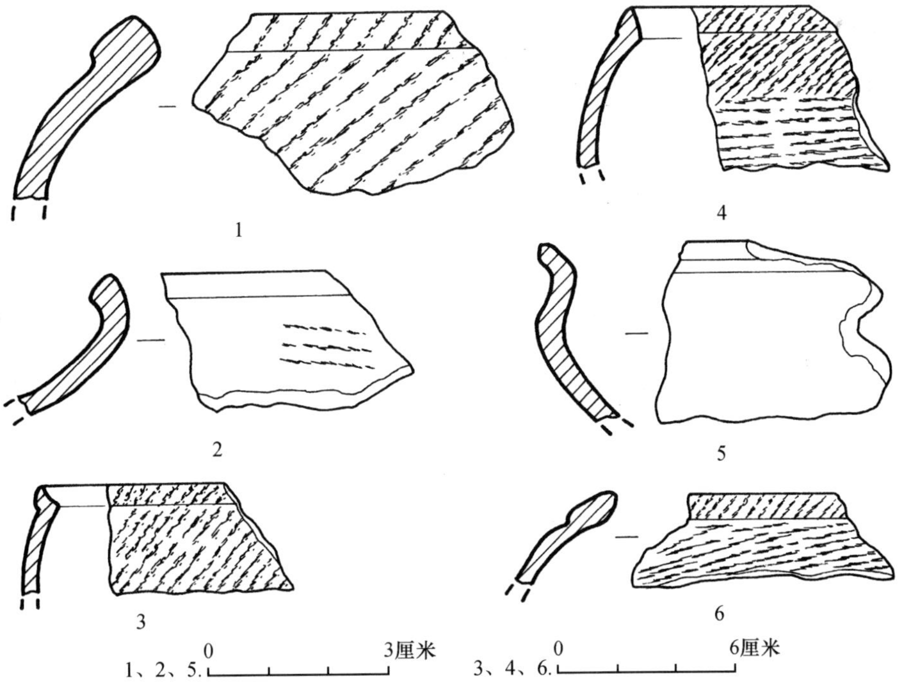

图六 T1第3层出土陶罐

1、3、4、6. 敛口罐（T1③：18、T1③：20、T1③：4、T1③：5） 2、5. 小平底罐（T1③：16、T1③：13）

残高 3 厘米（图六，1）。T1 ③：20，夹砂黑褐陶。斜沿微内凹，尖唇。口部及肩部均饰粗绳纹。残高 3.6 厘米（图六，3）。T1 ③：4，夹砂褐陶。尖唇。口、肩部饰细绳纹。残高 5.4 厘米（图六，4）。T1 ③：5，夹砂灰黄陶。圆唇。口、肩部饰细绳纹。残高 3 厘米（图六，6）。

高领罐　2 件。侈口，尖唇。素面。T1 ③：12，夹砂褐陶。口径 18、残高 3.2 厘米（图五，3）。T1 ③：6，夹砂黄皮黑心陶。口径 26、残高 2.6 厘米（图五，4）。

小平底罐　6 件。T1 ③：25，夹砂褐陶。侈口，方唇，束颈，肩部大部分残缺。素面。口径 26、残高 3.2 厘米（图五，5）。T1 ③：26，夹砂红褐陶。侈口，圆唇，斜直腹。素面。残高 4 厘米（图五，6）。T1 ③：11，夹砂灰陶。方唇。素面。残高 2.8 厘米（图五，7）。T1 ③：21，夹砂灰褐陶。侈口，方唇。素面。口径 12、残高 4.2 厘米（图五，8）。T1 ③：16，夹砂褐陶。侈口，方唇，肩部残缺。颈部饰粗绳纹。残高 2.3 厘米（图六，2）。T1 ③：13，夹砂灰陶。侈口，尖唇，溜肩，斜直腹，底部残。素面。残高 3 厘米（图六，5）。

豆柄（残件）　5 件。多呈圆柱状，中空。素面。T1 ③：24，夹砂褐陶。残高 2.6 厘米（图七，4）。T1 ③：19，夹砂褐陶。残高 7 厘米（图七，5）。T1 ③：22，夹砂灰陶。整体呈喇叭状，壁为斜直壁。残高 8 厘米（图七，6）。T1 ③：1，夹砂灰黄陶。仅剩中部，中间略粗。残高 11 厘米（图七，7）。

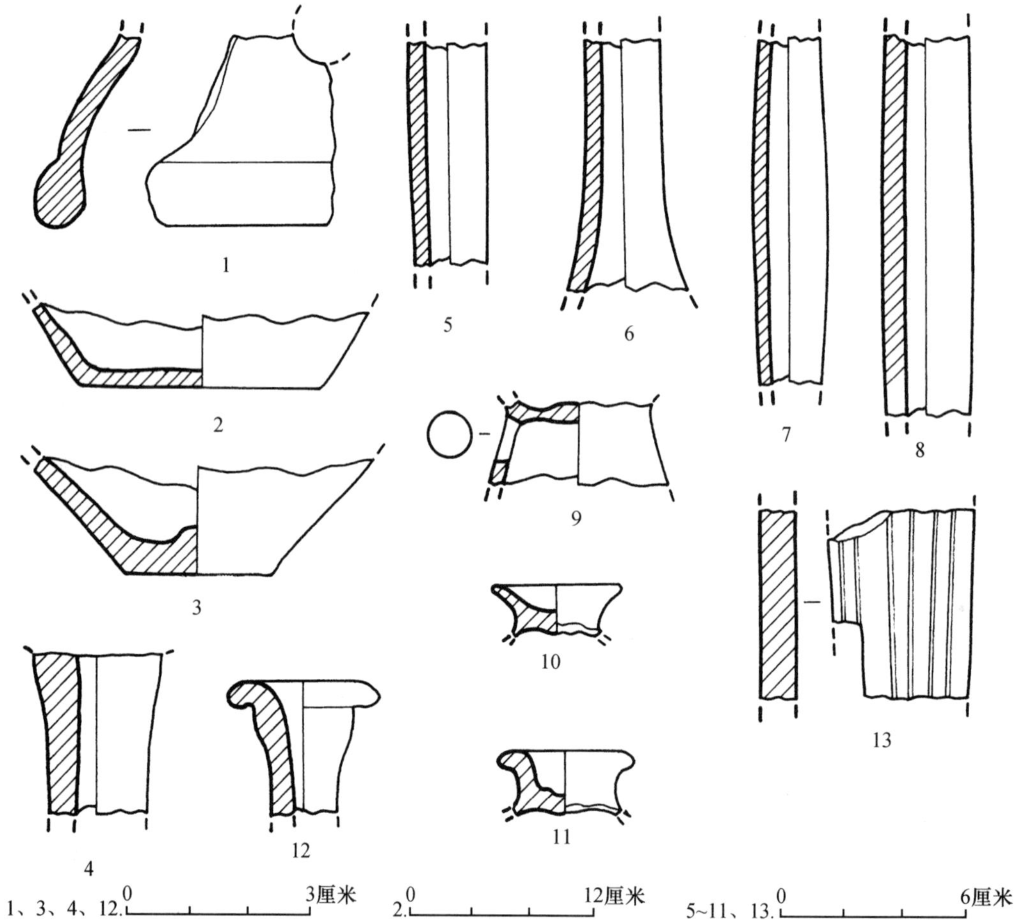

图七　T1第3层出土陶器

1、9. 圈足（T1③：23、T1③：8）　2、3. 器底（T1③：2、T1③：3）　4～8. 豆柄（T1③：24、T1③：19、T1③：22、T1③：1、T1③：15）　10～12. 盖纽（T1③：7、T1③：27、T1③：14）　13. 不明器（T1③：17）

T1③：15，夹砂灰陶。残高13厘米（图七，8）。

盖纽　3件。素面。T1③：7，夹砂灰陶。纽径4.2、残高1.5厘米（图七，10）。T1③：27，夹砂黑褐陶。纽径4.4、残高1.9厘米（图七，11）。T1③：14，夹砂灰陶。下部和盖顶有黏接痕迹。纽径4.4、残高2厘米（图七，12）。

圈足　2件。素面。T1③：23，夹砂红褐陶。足外撇，中间有一圆形镂孔。残高3厘米（图七，1）。T1③：8，夹砂褐陶。侧面有一圆形镂孔。残高2.6厘米（图七，9）。

器底　2件。素面。T1③：2，夹砂灰黄陶。残余下腹及底，斜直腹。底径16、残高5.2厘米（图七，2）。T1③：3，夹砂灰陶。底部有一凸起。底径2.4、残高2厘米（图七，3）。

不明器　1件。T1③：17，夹砂灰陶。器形不详。器壁较直，上饰弦纹。残高6厘米（图七，13）。

三、遗　迹

该遗址共发掘遗迹单位4个，其中灰坑2个，灰沟2条。

H1　位于T1西北部。开口于第3层下，打破第4层及生土。坑口距地表深约0.75米。平面形状不规则，近葫芦形，东西长3.2、深0.28米（图八）。坑底呈斜坡状，西高东低。坑内填黑褐色土，土质细腻，含少量沙。填土包含有大量陶片，以夹砂陶为主，所占比例为98%，泥质陶极少。器物仍以素面为主，很少有纹饰。可辨器形有敛口罐、小平底罐、豆柄、瓮及圈足等。

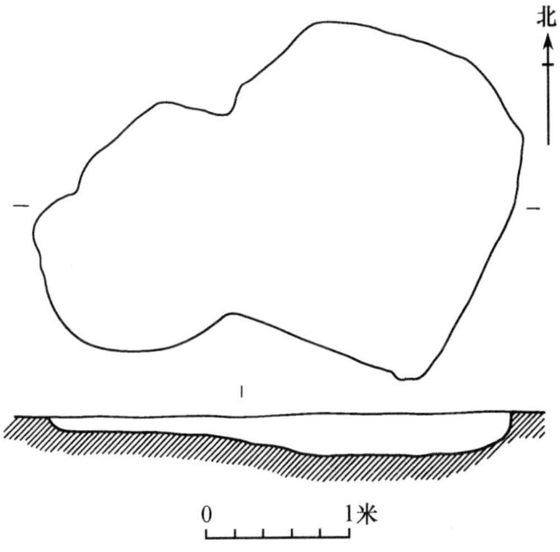

图八　H1平、剖面图

器物较为残碎，现选出标本18件予以介绍。

敛口罐　4件。口部及肩部饰有粗绳纹。H1：10，夹砂灰陶。圆唇。轮制。口径21、残高3.2厘米（图九，1）。H1：1，夹砂灰陶。圆唇。轮制。口径29、残高3.6厘米（图一〇，2）。H1：5，夹砂灰陶。圆唇。残高2.5厘米（图一〇，5）。H1：16，夹砂褐陶。圆唇。残高3.4厘米（图一〇，6）。

高领罐　1件。H1：18，夹砂红褐陶。侈口，尖唇。素面。口径19.6、残高4.2厘米（图一〇，1）。

小平底罐　4件。上腹部饰细绳纹。H1：17，夹砂红陶。口径16、残高4.2厘米（图九，2）。H1：15，夹砂红褐陶。口径14、残高3厘米（图九，3）。H1：11，夹砂灰陶。侈口，方唇。口径13.6、残高3.4厘米（图一〇，3）。H1：14，夹砂褐陶。侈口，方唇。口径13、残高2.8厘米（图一〇，7）。

器底　1件。H1：2，夹砂灰陶。上部残，仅存底部。素面。轮制。底径8、残高2厘米（图一一，6）。

圈足　5件。素面。H1：4，夹砂红褐陶。整个圈足较大。残高3.1厘米（图一一，1）。H1：7，夹砂红褐陶。圈足略外撇。轮制。残高3.2厘米（图一一，2）。H1：6，夹砂红褐陶。

残高 3.6 厘米（图一一，3）。H1：9，夹砂红褐陶。圈足略外撇。轮制。足径 6.8、残高 2.2 厘米（图一一，4）。H1：8，夹砂红褐陶。圈足略外撇。轮制。足径 8、残高 2.1 厘米（图一一，5）。

豆柄　2 件。喇叭状，中空。素面。H1：12，夹砂灰陶。残高 10.2 厘米（图九，4）。H1：3，夹砂灰陶。残高 15 厘米（图九，5）。

器物残件　1 件。H1：13，夹砂褐陶。中空。素面。残高 2.3 厘米（图一〇，4）。

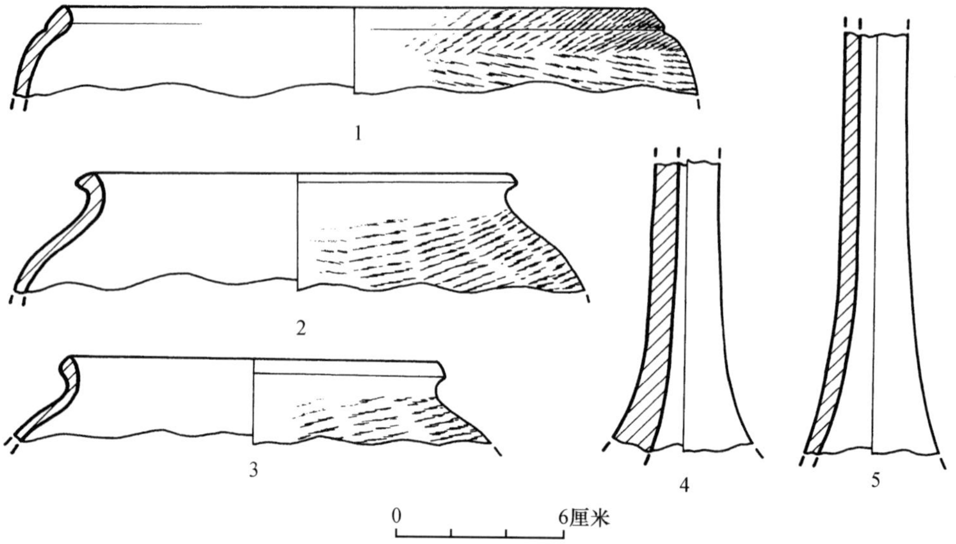

图九　H1 出土陶器

1. 敛口罐（H1：10）　2、3. 小平底罐（H1：17、H1：15）　4、5. 豆柄（H1：12、H1：3）

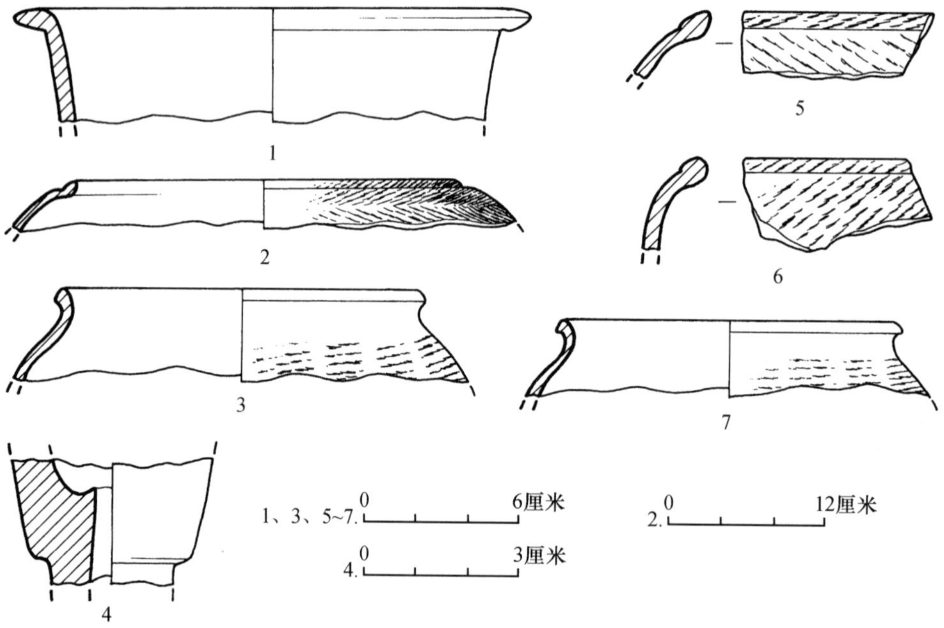

图一〇　H1 出土陶器

1. 高领罐（H1：18）　2、5、6. 敛口罐（H1：1、H1：5、H1：16）

3、7. 小平底罐（H1：11、H1：14）　4. 残件（H1：13）

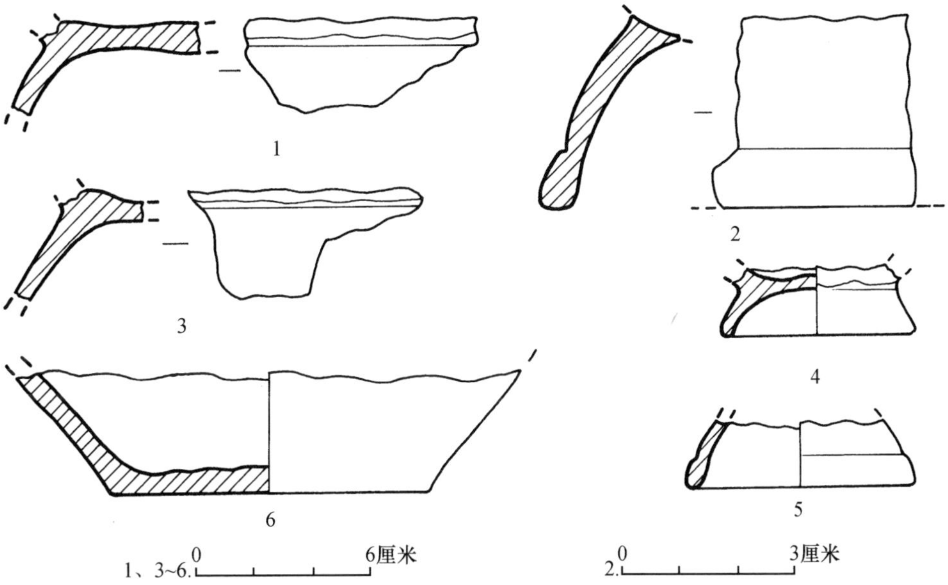

图一一　H1出土陶器

1～5. 圈足（H1：4、H1：7、H1：6、H1：9、H1：8）　6. 器底（H1：2）

H2　位于T1北部。开口于第3层下，打破第4层及生土，被G1打破。坑口距地表深0.71米。平面形状近椭圆形，长2.56、深0.2米（图一二）。坑壁呈缓坡下降至底，底部较平。坑内填褐色土，土质细腻，夹杂大量炭屑。灰坑底部有多块鹅卵石，摆放无规律，另出土少量陶器，均为夹砂陶，不见泥质陶。

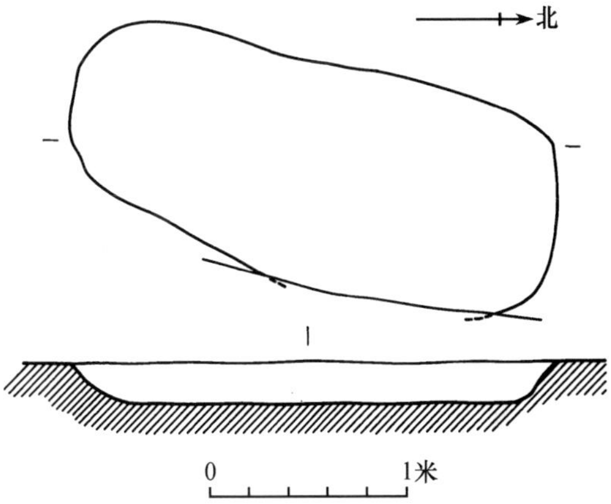

图一二　H2平、剖面图

H2出土器物极少，所选标本仅有2件，器形有侈口罐（圈足？）和器底。

侈口罐（圈足？）　1件。H2：1，夹砂红褐陶。口微侈，尖唇。素面。口径14、残高2.2厘米（图一三，2）。

器底　1件。H2：2，夹砂红褐陶。平底微凹。素面。底径6.6、残高2厘米（图一三，1）。

G1　位于T1西部，部分被T1西壁和南壁叠压。开口于第3层下，北侧与G2相连。距地表深0.6米。平面形状为长条形，长8.5、宽0.5、深0.2米（图一四）。沟内填青灰色沙土，较疏松，不见出土物。

G2　位于T1中部。开口于第3层下，其南端和G1相连。距地表深0.6米。整体呈长条形，长约8.1、宽0.2、深0.18米（图一四）。沟内填青灰色沙土，较疏松，包含物极少。

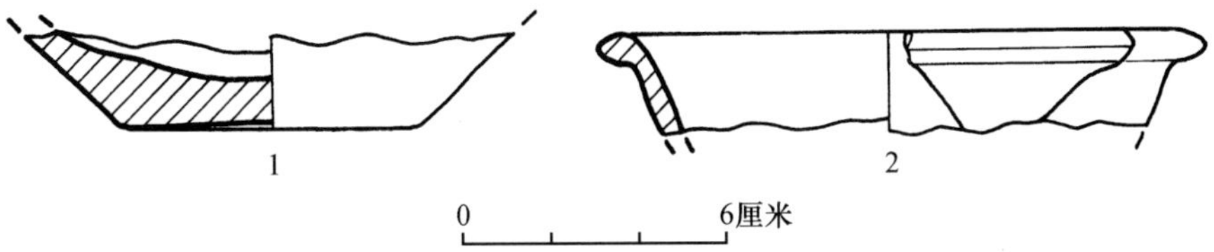

图一三　H2出土陶器

1. 器底（H2：2）　2. 侈口罐（H2：1）

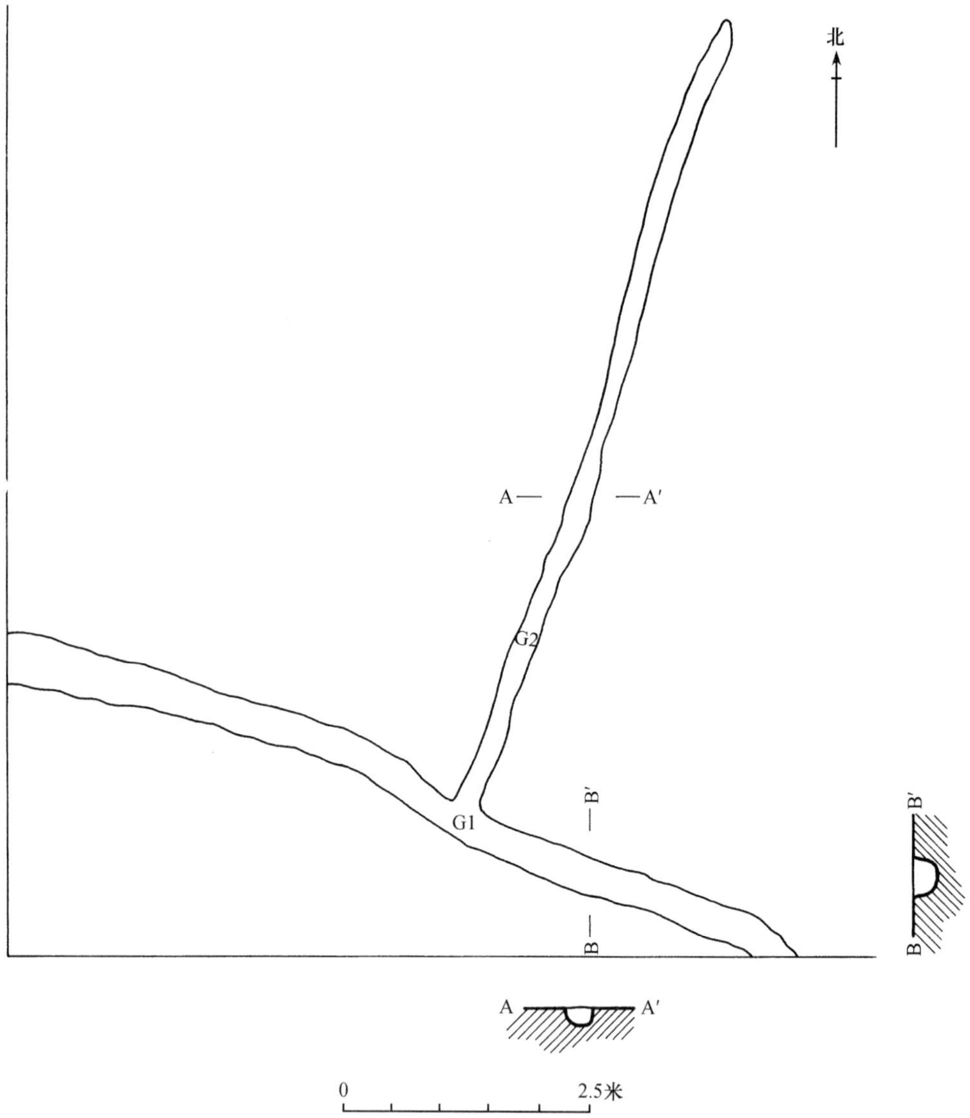

图一四　G1、G2 平、剖面图

四、时　　代

该遗址出土器物较为残碎，给时代的判定带来了一定困难。将较为完整的器物与同时期遗址比较，可发现第 3 层出土的敛口罐（T1 ③：10）与新都正因村 F 型 Ⅰ 式罐（Ⅵ T05086：26）、十二桥遗址 Aa 型罐相近，小平底罐（T1 ③：21）与新都正因村 Aa 型 Ⅰ 式罐（H192：20）相似，发掘者将正因村第 5、6 层定为十二桥文化早期[2]，十二桥遗址中 Aa 型罐出土于第 12、13 层，而这两层属于十二桥文化早期，十二桥文化早期对应殷商三、四期[3]。由于第 3 层出土的小平底罐、高柄豆等特征与三星堆第三、四期也基本吻合[4]，所以第 3 层时代应大致为商代晚期。

G1、G2、H1、H2 均开口于第 3 层下，其时代不应晚于第 3 层，两个灰坑的器物群以及敛口罐、小平底罐特征与第 3 层基本一致，所以时代与之相近，为商代晚期。

该遗址虽然保存较差，但之前在该地域未有该类遗存的发现，对于了解十二桥早期文化的分布、发展有重要意义。

附记：参加发掘人员有索德浩、颜斌、龙岗、李平、何强、谢常。参加整理人员有索德浩、颜斌、胡义。

领队：刘雨茂
绘图：逯德军
拓片：严　彬
执笔：索德浩　刘雨茂　颜　斌　朱寒冰

注　释

[1] 成都文物考古研究所、都江堰市文物局：《四川都江堰界牌村以及大桥村唐、宋墓发掘简报》，《成都考古发现》（2009），科学出版社，2011年。

[2] 成都市文物考古研究所、新都区文物管理所：《成都市新都区正因村商周时期遗址发掘收获》，《成都考古发现》（2001），科学出版社，2003年。

[3] 四川省文物考古研究院、成都文物考古研究所：《成都十二桥》，文物出版社，2009年，第131页。

[4] 陈显丹：《广汉三星堆遗址发掘概况、初步分期——兼论“早蜀文化”的特征及其发展》，《南方民族考古》（第二辑），四川科学技术出版社，1990年。

郫县广福村李家院子古遗址发掘报告

成都文物考古研究院

2008年7月，成都文物考古研究院对新建成都至都江堰快速客运铁路沿线进行了地下文物调查和勘探，整个工作中发现并确认了17处较重要的地下文物分布点，其中4号调查点位于郫县安德镇广福村十组李家院子旁，分布面积约5000平方米，中心地理坐标为东经103° 50′ 33″、北纬30° 51′ 9″，海拔587米（图一；图版一四，1）。遗址所在地南距老成灌公路约2千米，北距徐堰河约2.6千米，东北方向距郫县古城遗址约8.5千米，现为一片平坦的农田，周围地势开阔，西侧临靠村机耕道，北及西北侧为桂花树林和韭菜地。调查时经钻探发现有堆积较厚的商周时期文化层，为深褐色土，夹杂着一些夹砂和泥质陶片。2009年1月，为了配合基建进度、提高工作效率，由成都文

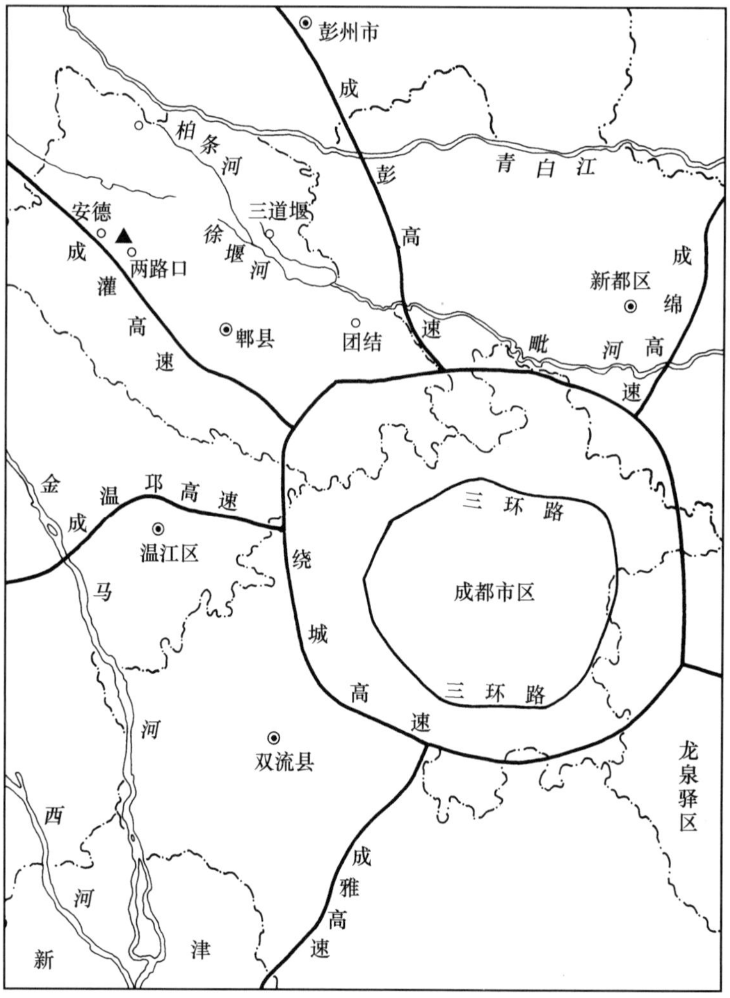

图一　遗址地理位置示意图

物考古研究院、北京大学、台湾大学、哈佛大学等多家单位组成的中美成都平原史前聚落考古调查队首先进场展开地磁探测作业，进一步明确了地下文物埋藏的重点分布区域。随后，我们在该区域内按铁路线走向开挖 10 米 ×10 米探方 8 个（编号 09PAGT1～09PAGT8，以下简写为 T1～T8），探方方向 30°，加上局部的扩方，实际发掘面积 700 余平方米（图二），共清理商周时期灰坑 20 座（编号 H1～H20）、墓葬 5 座（编号 M1～M5），并出土了大量陶器、石器等遗物。现就发掘情况简报如下。

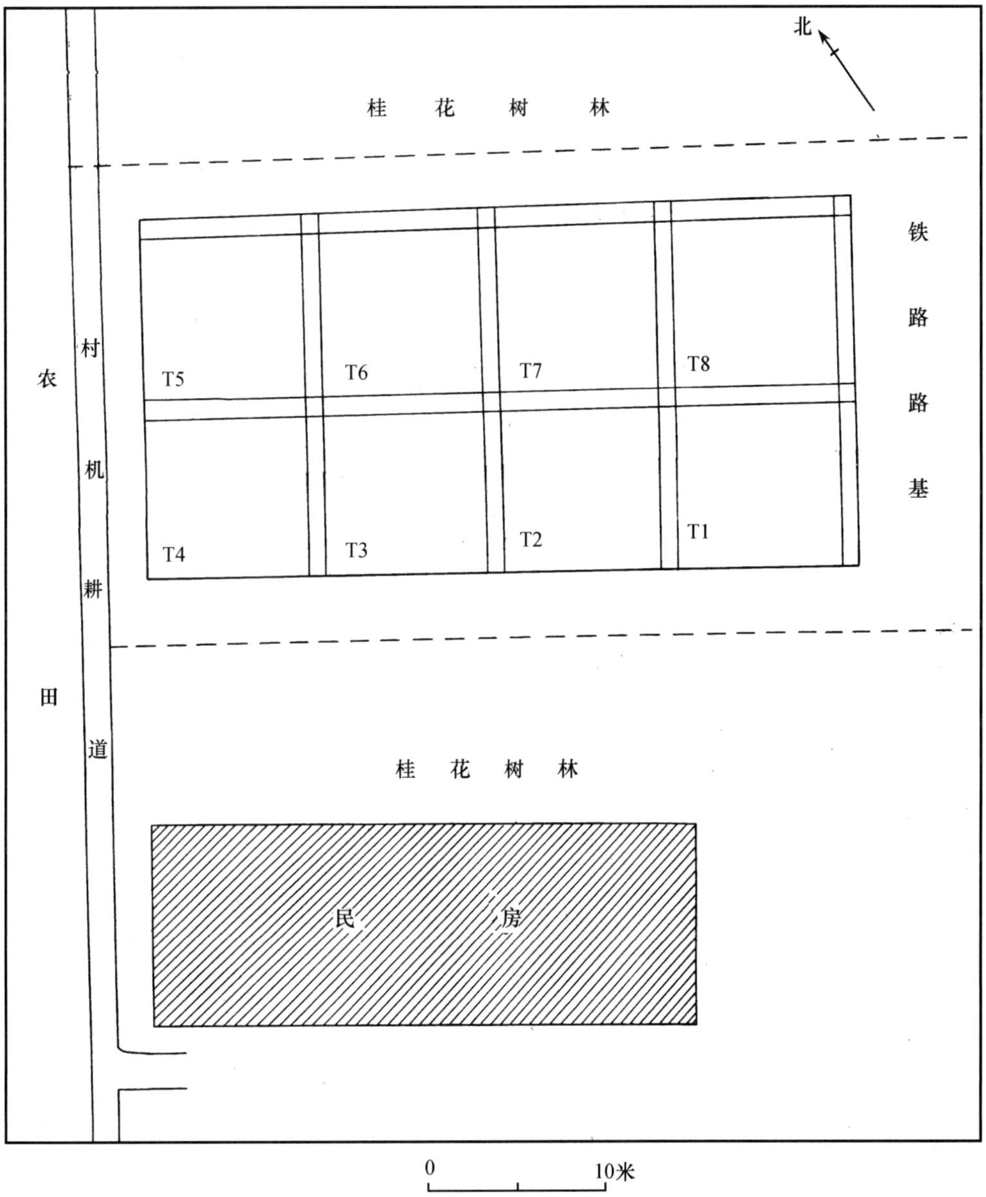

图二　遗址布方示意图

一、地层堆积

整个发掘区范围内的地层堆积西厚东薄，其中 T4 和 T5 的各文化层保存最为完好，现以 T5 南壁为例介绍如下（图三）：

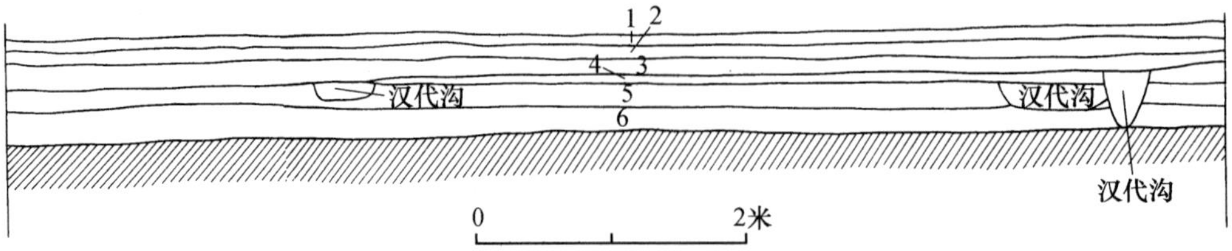

图三　T5南壁剖面图

第 1 层：灰色农耕土，土质较松软。厚 0.05～0.1 米。包含物主要是一些近现代的建筑瓦砾、生活器皿残片和草木根茎。

第 2 层：灰黄色土，土质较紧密，夹杂少量烧土颗粒、炭屑和细碎卵石。距地表深 0.05～0.1 米，厚 0.06～0.12 米。包含物发现有少量青花、白釉瓷片，为明清时期文化层。

第 3 层：灰褐色土，土质较紧密，夹杂少量烧土颗粒、炭屑。距地表深 0.11～0.22 米，厚 0.1～0.17 米。包含物中有少量酱釉、青釉瓷片和破碎砖瓦等，为唐宋时期文化层。

第 4 层：青黄色土，土质较紧密，夹杂少量褐色土团、烧土颗粒和细卵石。距地表深 0.21～0.39 米，厚 0～0.1 米。包含物除一些残碎的商周时期夹砂陶片外，还可见零星的泥质灰陶钵和唇口罐的残片，陶钵和罐在器形和胎质方面具有汉代陶器的特征，推测为汉代文化层。H1、H7 叠压于该层下。

第 5 层：深褐色土，土质较紧密。距地表深 0.25～0.45 米，厚 0.15～0.2 米。包含物主要为大量的夹砂黑灰陶、褐陶、灰陶和泥质陶片，另伴有零星的石器，为商周时期文化层。H2～H6、H8～H20 及 M1～M5 叠压于该层下。

第 6 层：深褐色夹灰褐色土，土质较紧密。距地表深 0.5～0.6 米，厚 0.15～0.25 米。包含物仍以夹砂黑灰陶、褐陶、灰陶和泥质陶片为主，数量较第 5 层大为减少，为商周时期文化层。

第 6 层下无遗迹单位，为土质紧密、含铁锰颗粒的黄褐色黏土，属于生土。

二、第6层出土器物

该层的出土物主要是陶器，包括夹砂陶和泥质陶两类，其中夹砂陶占绝对多数，火候较低，有黑灰、褐、红褐、灰等几种颜色，泥质陶基本只见尖底杯一种器形，火候相对较高。陶器表面以素面为主，仅有少量的弦纹、绳纹、附加乳钉纹、网格纹等（表一）。陶器的制作方法通常是泥条盘筑再经过慢轮修整而成，少量轮制，可辨器形比较丰富，有小平底罐、鼓腹广肩罐、敛口罐、高领罐、盆、瓮、尖底杯、豆、器盖、圈足等，石器只发现 1 件锛。

表一　第6层出土陶器（片）统计表

陶质及陶色 / 纹饰	夹砂陶			泥质陶			合计	百分比（%）
	黑灰	灰	褐	黑灰	灰	红褐		
素面	72	66	40	20	20	6	224	88.89
绳纹	10	2			1		13	5.16
划斜线纹		2		1			3	1.19
弦纹	4	3	1		1	2	11	4.37
附加堆纹			1				1	0.40
合计	86	73	42	21	22	8	252	
百分比（%）	34.13	28.97	16.67	8.33	8.73	3.17		100

（1）陶器

小平底罐　5件。翻沿，鼓肩，斜腹内收为小平底。T3⑥：15，夹砂褐陶。肩部饰一周凹弦纹。口径10、残高7厘米（图四，1）。T3⑥：42，夹砂黑灰陶。肩部饰两周凹弦纹。口径18、残高5厘米（图四，4）。T3⑥：43，夹砂黑灰陶。底径3.5、残高3.8厘米（图四，2）。

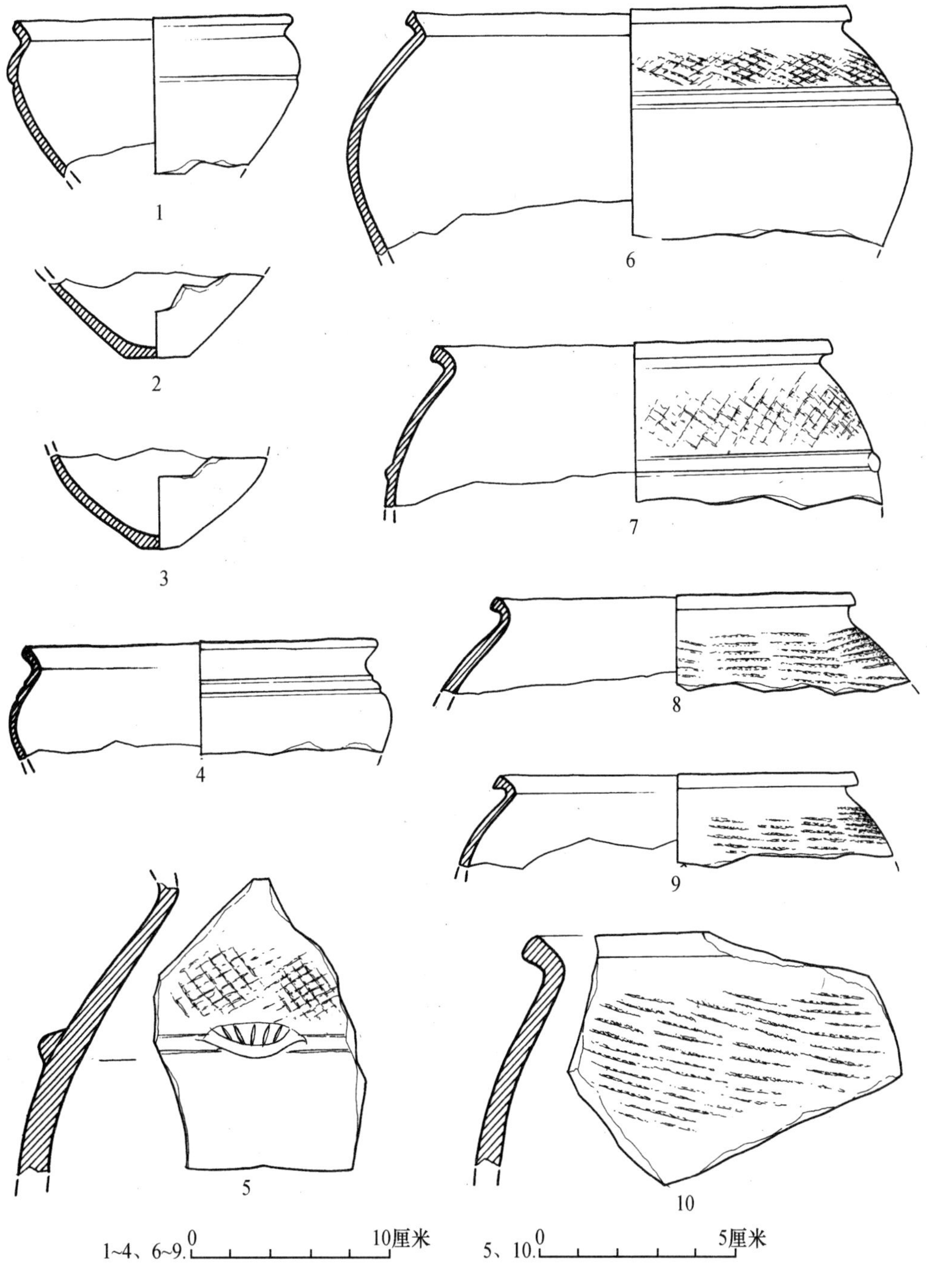

图四　第6层出土陶器

1、2、4. 小平底罐（T3⑥：15、T3⑥：43、T3⑥：42）　3. 尖底杯（T3⑥：16）
5～10. 鼓腹广肩罐（T3⑥：34、T3⑥：17、T3⑥：21、T3⑥：5、T3⑥：41、T7⑥：1）

鼓腹广肩罐　7件。翻沿，方唇，广肩，鼓腹。T3⑥：17，夹砂黑灰陶。肩部饰两周凹弦纹。口径22、残高10厘米（图四，6）。T3⑥：21，夹砂褐陶。肩、腹部饰划纹、弦纹和附加乳钉纹。口径20、残高7厘米（图四，7）。T7⑥：1，夹砂黑灰陶。肩部饰绳纹。残高5.6厘米（图四，10）。T3⑥：5，夹砂褐陶。肩部饰绳纹和弦纹。口径18、残高4厘米（图四，8）。T3⑥：41，夹砂褐陶。肩部饰绳纹。口径18、残高4厘米（图四，9）。T3⑥：34，夹砂褐陶。肩部饰网格纹和弦纹，弦纹位置附加小鋬耳。残高6.5厘米（图四，5）。

敛口罐　3件。敛口，圆唇，广肩，最大径多在肩部。肩部和口沿内外拍印绳纹。T7⑥：5，夹砂黑灰陶，胎面呈红褐色。口径36、残高4厘米（图五，2）。T3⑥：36，夹砂黑灰陶，胎面呈褐色。口径32、残高3.5厘米（图五，3）。T3⑥：28，夹砂黄褐陶。口径38、残高4.5厘米（图五，1）。

高领罐　2件。折沿，尖圆唇，领部较高。T3⑥：30，夹砂红褐陶。口径14、残高7厘米（图五，8）。T7⑥：3，夹砂黑灰陶，胎面呈浅褐色。口径20、残高9厘米（图五，7）。

盆　6件。折沿或翻沿，腹部较深。T7⑥：20，夹砂褐陶，胎面呈黑灰色。口径22、残高2厘米（图五，4）。T7⑥：6，夹砂灰陶，胎面呈浅褐色。上腹部饰一周凹弦纹。口径22、残高5.2厘米（图五，5）。

瓮　1件。高领，领部呈喇叭形。T3⑥：2，夹砂灰陶，胎面呈浅褐色。口径40、残高6厘米（图五，6）。

尖底杯　2件。折腹，下腹斜直内收成小底或尖底。T7⑥：17，泥质灰陶。底径1.6、残高2.5厘米（图五，11）。T3⑥：16，泥质灰陶，内壁呈红褐色。底径2、残高4厘米（图四，3）。

器盖　3件。盖身呈浅盘形，盖沿多带圆唇部，盖顶带小喇叭形纽。T3⑥：11，夹砂褐陶，胎面呈黑灰色。残高3厘米（图五，9）。T3⑥：40，夹砂褐陶。口径33、残高6.5厘米（图五，10）。T7⑥：7，夹砂灰陶，胎面呈浅褐色。口径38、残高6.5厘米（图五，12）。

盖纽　2件。小喇叭形纽。T3⑥：24，夹砂褐陶。纽径3、残高2.5厘米（图六，1）。T7⑥：27，夹砂黑灰陶。纽径3、残高2.2厘米（图六，2）。

圈足　2件。可能为圈足罐或簋形器的足部。T3⑥：10，足壁斜直，足端呈圆唇状。夹砂红褐陶。足径10、残高4.5厘米（图六，3）。T3⑥：29，夹砂褐陶。残高2.5厘米（图六，4）。

豆柄　4件。两端呈喇叭形，中段细长柱形，中空。T3⑥：3，柄部带两个节突。泥质灰陶。残高10.5厘米（图六，6）。T7⑥：2，夹砂黑灰陶，胎面呈红褐色。残高10.5厘米（图六，8）。T3⑥：8，夹砂褐陶。残高8厘米（图六，7）。T3⑥：28，夹砂褐陶。残高3.5厘米（图六，10）。

豆盘　1件。通体呈盘形或盏形。T3⑥：13，夹砂褐陶。残高5厘米（图六，5）。

罐底　1件。斜直腹内收，平底。T3⑥：1，夹砂褐陶。底径12、残高5厘米（图六，9）。

（2）石器

锛　1件。T3⑥：44，体形较小，顶窄刃宽。长6.6、刃宽3.5、厚1.2厘米（图六，11）。

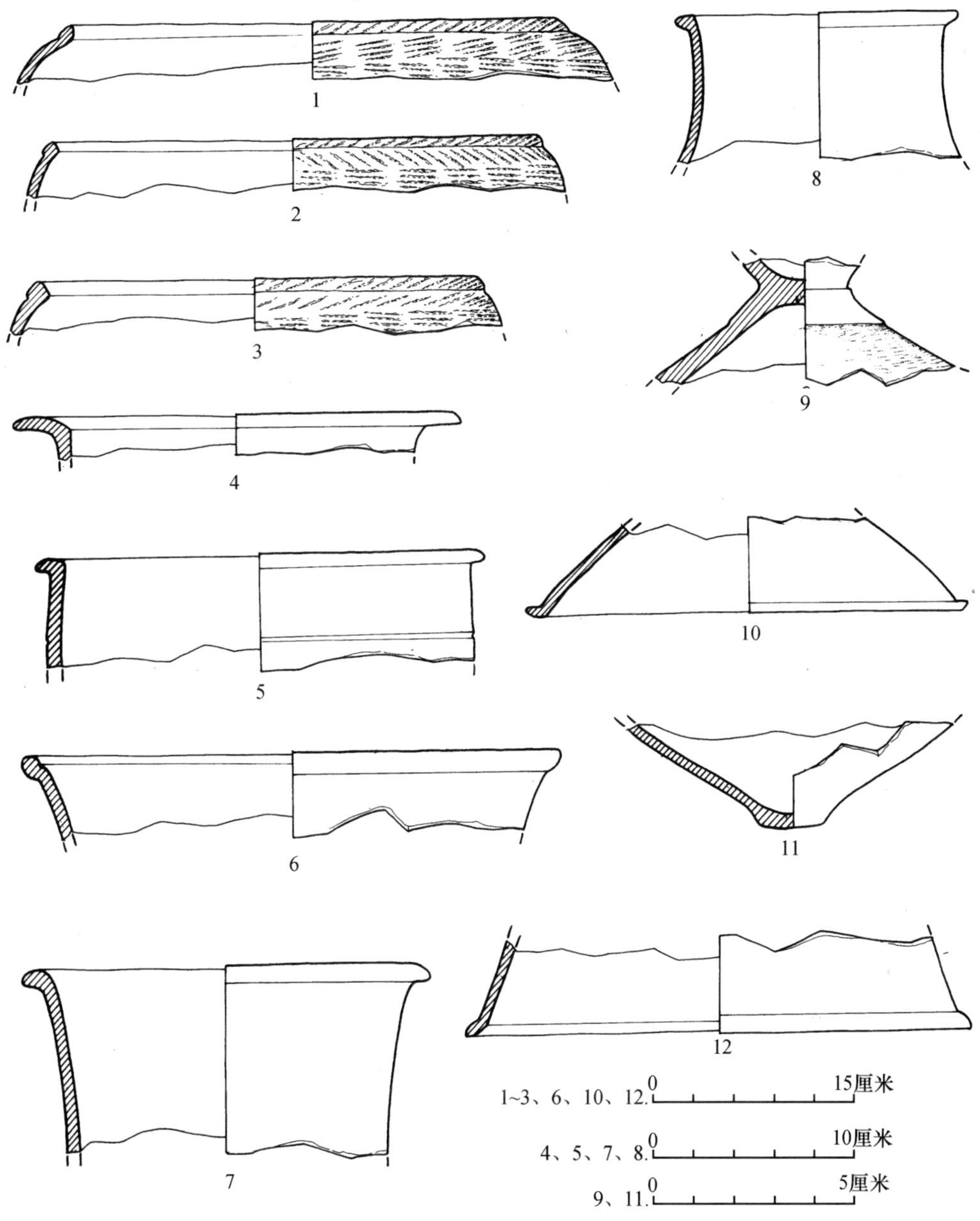

图五　第6层出土陶器

1～3. 敛口罐（T3⑥：28、T7⑥：5、T3⑥：36）　4、5. 盆（T7⑥：20、T7⑥：6）　6. 瓮（T3⑥：2）
7、8. 高领罐（T7⑥：3、T3⑥：30）　9、10、12. 器盖（T3⑥：11、T3⑥：40、T7⑥：7）　11. 尖底杯（T7⑥：17）

三、第5层下遗迹单位及出土器物

第5层下的遗迹单位包括灰坑18个（编号H2～H6、H8～H20），墓葬5座（编号M1～M5），主要集中于T3～T6内（图七），大量的出土器物都出自灰坑，以H2～H6、H8、H10、H12、H18～H20的埋藏最为集中，其余灰坑因无出土物或数量少且零碎，故暂不予介绍。

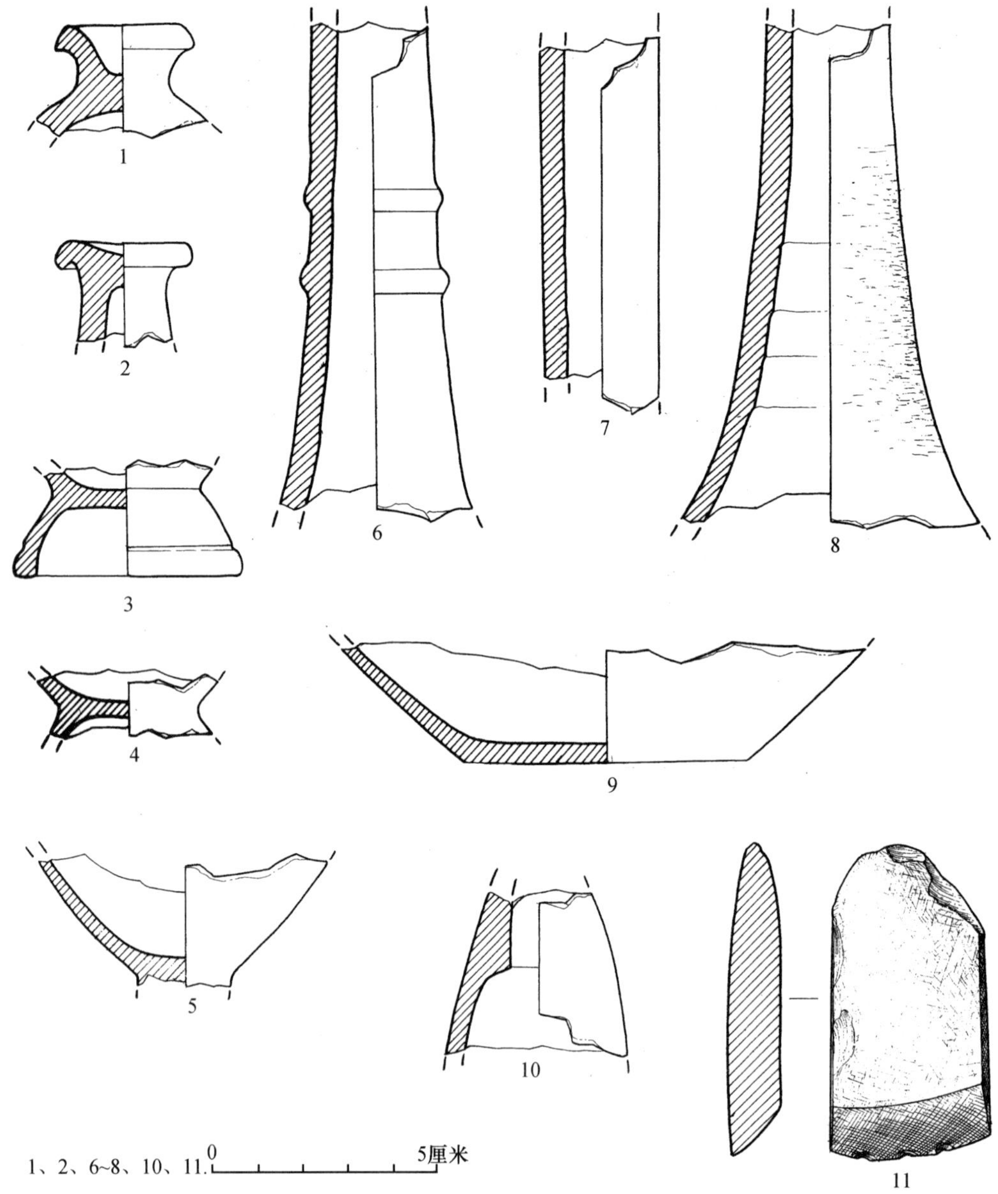

图六 第6层出土器物

1、2. 陶盖纽（T3⑥：24、T7⑥：27） 3、4. 陶圈足（T3⑥：10、T3⑥：29） 5. 陶豆盘（T3⑥：13）
6~8、10. 陶豆柄（T3⑥：3、T3⑥：8、T7⑥：2、T3⑥：28） 9. 陶罐底（T3⑥：1） 11. 石锛（T3⑥：44）

（一）灰 坑

1. H2

位于 T3 西北部。叠压于第 5 层下，打破第 6 层和生土。平面近椭圆形，斜直壁，平底。揭露部分长 2.4、宽 2.1、深 0.2～0.24 米（图八；图版一四，2）。坑内填灰褐色土，土质较疏松，夹杂大小不一的河卵石和灰烬、红烧土颗粒。出土陶器以夹砂陶居多，泥质陶很少，可辨器形包括小平底罐、

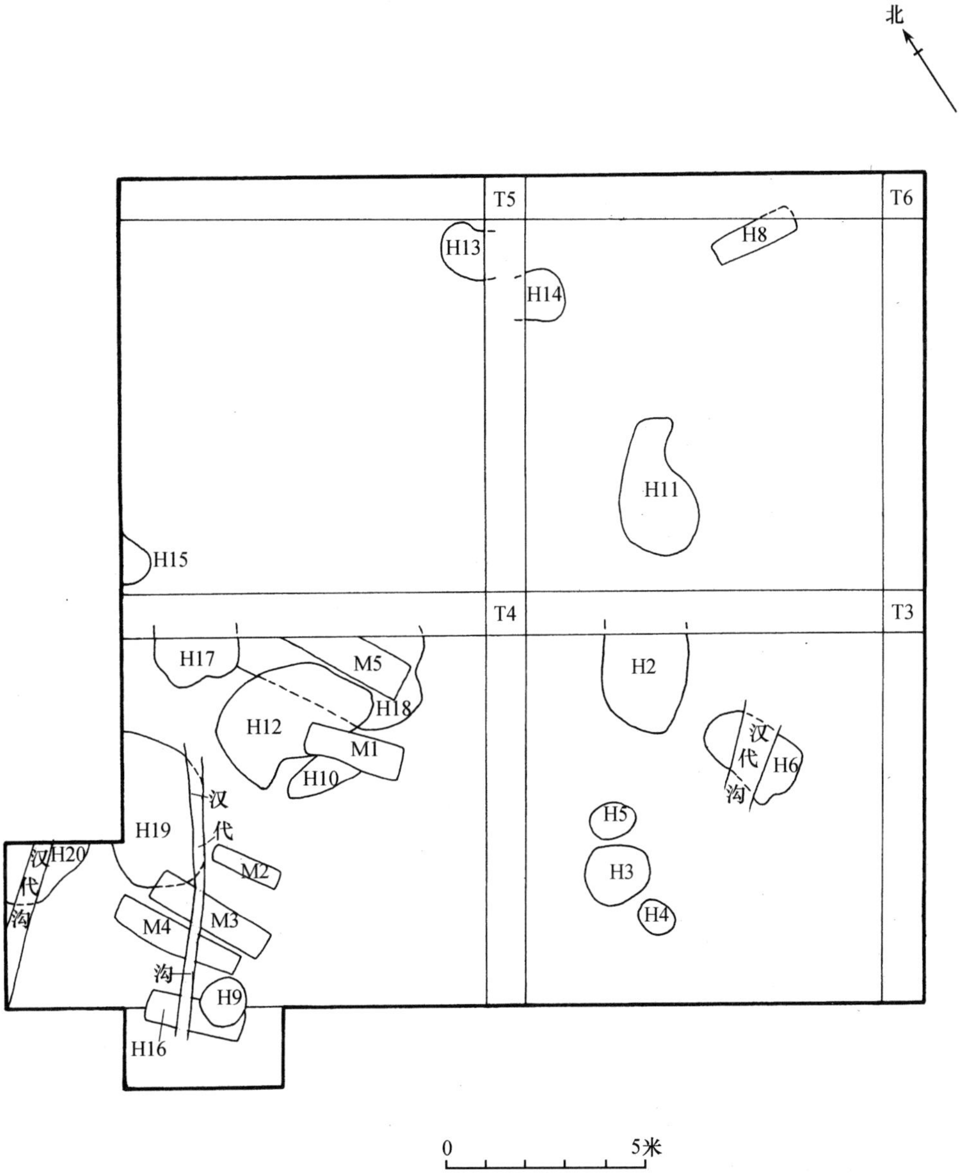

图七　T3～T6第5层下遗迹分布图

鼓腹广肩罐、敛口罐、高领罐、带系罐、尖底杯、瓮、圈足、器盖、盖纽、盉、豆柄等，石器见有锛。

（1）陶器

鼓腹广肩罐　15件。翻沿，方唇，广肩，鼓腹。H2：18，夹砂红褐陶。口径32、残高3厘米（图九，7）。H2：11，夹砂红褐陶。口径22、残高6厘米（图九，3）。H2：37，夹砂红褐陶。肩部饰绳纹。口径24、残高5厘米（图九，2）。H2：5，夹砂红褐陶。肩部饰绳纹。口径24、残高7厘米（图九，1）。H2：13，夹砂黑灰陶。口径22、残高5厘米（图九，4）。H2：19，夹砂黑灰陶。腹部饰网格纹。口径22、残高7厘米（图九，5）。

小平底罐　4件。翻沿，鼓肩，斜腹内收为小平底。H2：48，夹砂褐陶。口径10、底径2.8、高7厘米（图一○，11）。H2：49，夹砂黑灰陶，胎面呈浅褐色。口径12、底径3.2、高7厘米（图一○，13）。H2：50，夹砂褐陶。口径12、底径3、高7.5厘米（图一○，12）。

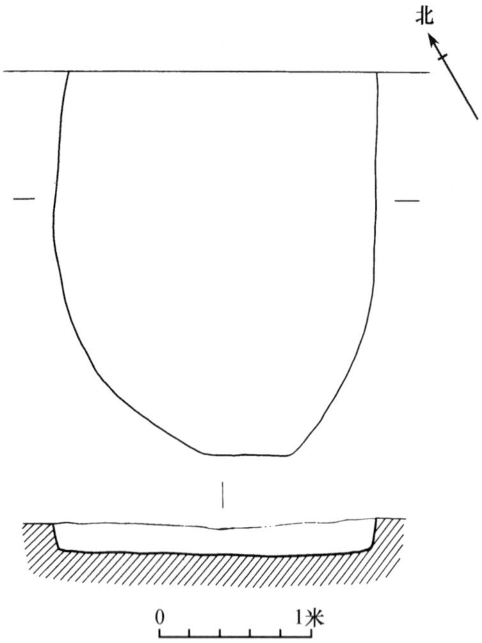

图八　H2平、剖面图

敛口罐　5件。敛口，圆唇，广肩，最大径多在肩部。H2：34，夹砂褐陶。口径30、残高4厘米（图九，11）。H2：40，夹砂褐陶。肩部刻划斜线纹。口径33、残高4厘米（图九，9）。H2：25，夹砂黑灰陶。肩部刻划斜线纹。口径28、残高5厘米（图九，8）。H2：38，夹砂褐陶。肩部和口沿内外拍印绳纹。口径28、残高4厘米（图九，12）。H2：27，夹砂褐陶。肩部和口沿内外拍印绳纹。口径30、残高5厘米（图九，10）。

高领罐　1件。翻沿，领部较高。H2：7，夹砂灰陶。腹部饰两周凹弦纹。残高10.8厘米（图九，13）。

带系罐　1件。直口，矮领，广肩，鼓腹，肩部带系耳。H2：53，泥质灰陶。肩腹部刻划三角形纹、菱形纹和弦纹，三角形纹内带戳印的麻点，菱形图案内刻划出太阳图案。口径17、残高20厘米（图九，6；图版一五，1）。

瓮　5件。高领，领部呈喇叭形。H2：8，夹砂褐陶。口径32、残高8厘米（图一〇，1）。H2：16，夹砂灰陶，胎面呈浅褐色。口径48、残高8厘米（图一〇，2）。H2：10，夹砂褐陶。口径60、残高5.5厘米（图一〇，4）。H2：20，夹砂褐陶。口径60、残高4厘米（图一〇，3）。

圈足　5件。可能为圈足罐或簋形器的足部。H2：29，夹砂褐陶。残高2厘米（图一〇，8）。H2：28，夹砂褐陶。残高3.5厘米（图一〇，6）。H2：15，夹砂褐陶。残高2.5厘米（图一〇，5）。H2：43，夹砂黑灰陶。足径8、残高8厘米（图一〇，10）。H2：46，泥质灰陶，胎面呈灰白色。足径4、残高1.5厘米（图一〇，9）。

尖底杯　1件。折腹，下腹斜直内收成小底或尖底。H2：26，夹砂灰陶。残高3厘米（图一〇，7）。

器盖　2件。盖身呈浅盘形，盖沿多带圆唇部。H2：9，夹砂黑灰陶。口径22、残高4厘米（图一一，1）。H2：31，夹砂褐陶。口径30、残高4.5厘米（图一一，2）。

盖纽　2件。小喇叭形纽。H2：45，夹砂红褐陶。纽径4.5、残高2.6厘米（图一一，4）。H2：35，夹砂黑灰陶。纽径5、残高4厘米（图一一，3）。

盉足　1件。袋足较肥胖，足端呈尖锥状。H2：51，夹砂红褐陶。残高11厘米（图一一，8）。

豆柄　6件。两端呈喇叭形，中段细长柱形，中空。H2：17，柄部带两个节突。泥质黑灰陶，胎面呈灰白色。残高14.5厘米（图一一，7）。H2：22，夹砂黑灰陶。残高9.5厘米（图一一，6）。H2：52，夹砂黑灰陶。中段饰数周弦纹。残高11厘米（图一一，9）。H2：23，泥质灰陶，胎面呈灰白色。残高5.5厘米（图一一，5）。

（2）石器

锛　2件。体形较小，顶窄刃宽。H2：54，长6.5、顶宽1.5、刃宽3、最厚处0.9厘米（图一二，1）。H2：55，长6.8、顶宽1.5、刃宽2、最厚处0.8厘米（图一二，2）。

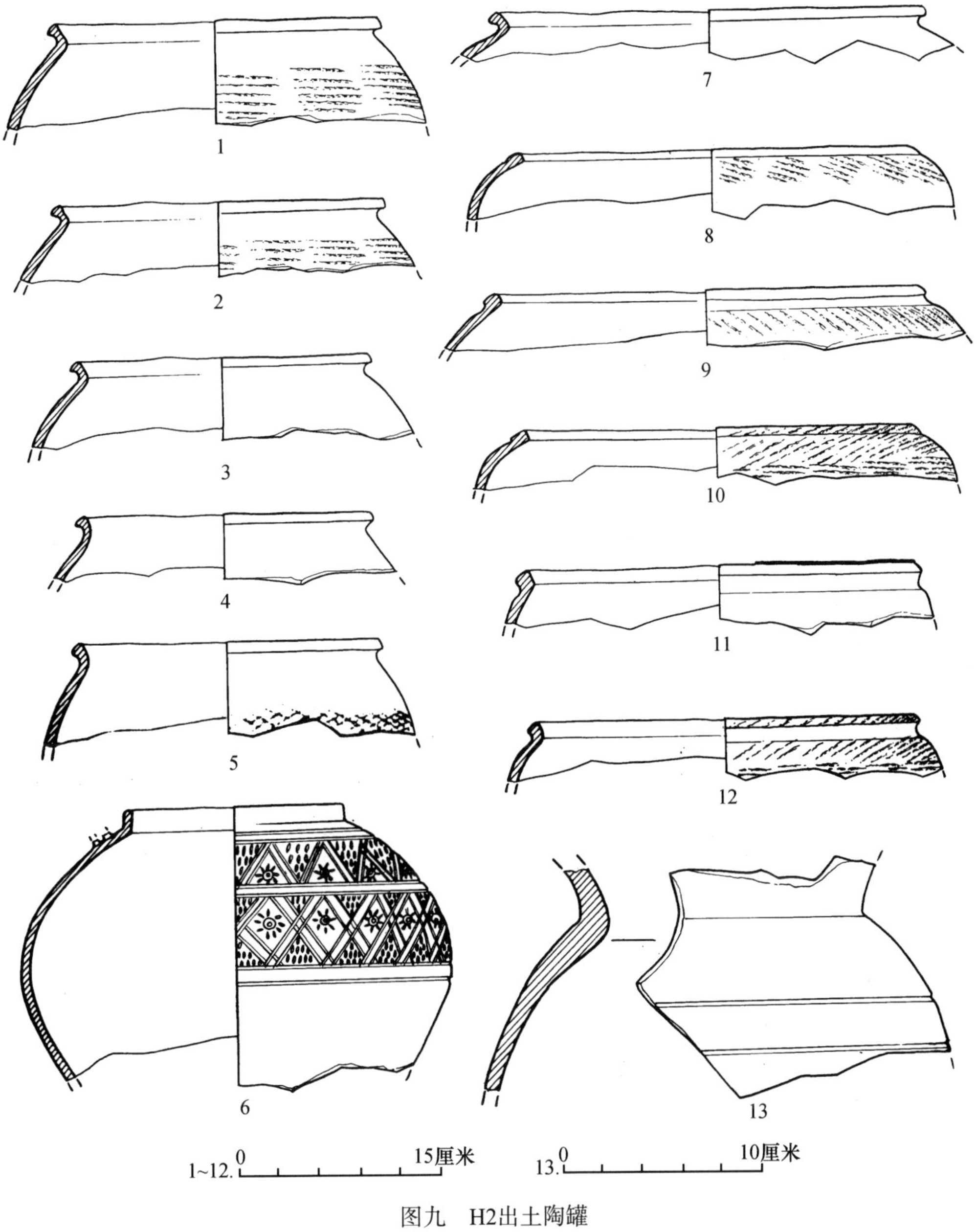

图九　H2出土陶罐

1～5、7. 鼓腹广肩罐（H2：5、H2：37、H2：11、H2：13、H2：19、H2：18）　6. 带系罐（H2：53）
8～12. 敛口罐（H2：25、H2：40、H2：27、H2：34、H2：38）　13. 高领罐（H2：7）

2. H3

位于T3西南部。叠压于第5层下，打破第6层和生土。平面近圆形，弧壁，平底。直径1.46～1.54、深0.21米（图一三；图版一四，3）。坑内填灰褐色土，土质较疏松，夹杂大小不一的河卵石和灰烬、红烧土颗粒。出土陶器以夹砂陶居多，泥质陶很少，可辨器形包括鼓腹广肩罐、敛口罐、小平底罐、尖底杯、尖底盏、高领罐、盉、圈足、器盖、簋形器、豆盘、盆等。

鼓腹广肩罐　13件。翻沿，方唇，广肩，鼓腹。H3：1，夹砂黑灰陶。肩腹部饰凹弦纹、绳纹和附加乳钉纹。口径24、残高11厘米（图一四，1）。H3：37，夹砂黑灰陶。肩部饰绳纹。口径18、

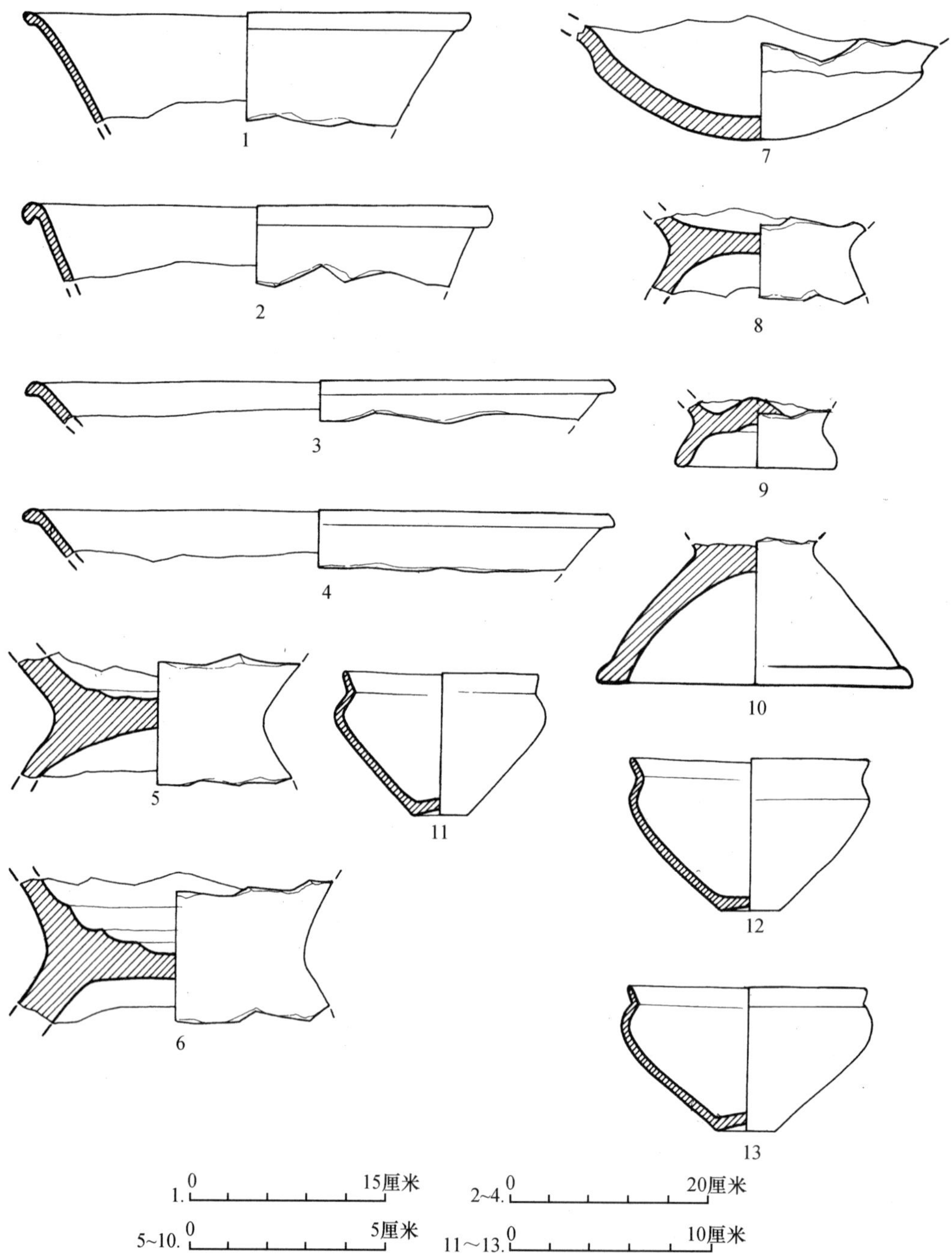

图一〇 H2出土陶器

1～4. 瓮（H2：8、H2：16、H2：20、H2：10） 5、6、8～10. 圈足（H2：15、H2：28、H2：29、H2：46、H2：43）
7. 尖底杯（H2：26） 11～13. 小平底罐（H2：48、H2：50、H2：49）

残高9厘米（图一四，2）。H3：30，夹砂黑灰陶。肩部饰绳纹。口径18、残高7厘米（图一四，3）。H3：57，夹砂黑灰陶。肩腹部饰绳纹。口径18.5、残高8厘米（图一四，5）。H3：38，夹砂褐陶。肩腹部饰绳纹。口径20、残高9厘米（图一四，4）。H3：33，夹砂黑灰陶。肩腹部饰网格纹和凹弦纹。口径29、残高7厘米（图一四，7）。H3：23，夹砂黑灰陶。肩腹部饰绳纹、凹弦纹。口径16、残高4厘米（图一四，6）。

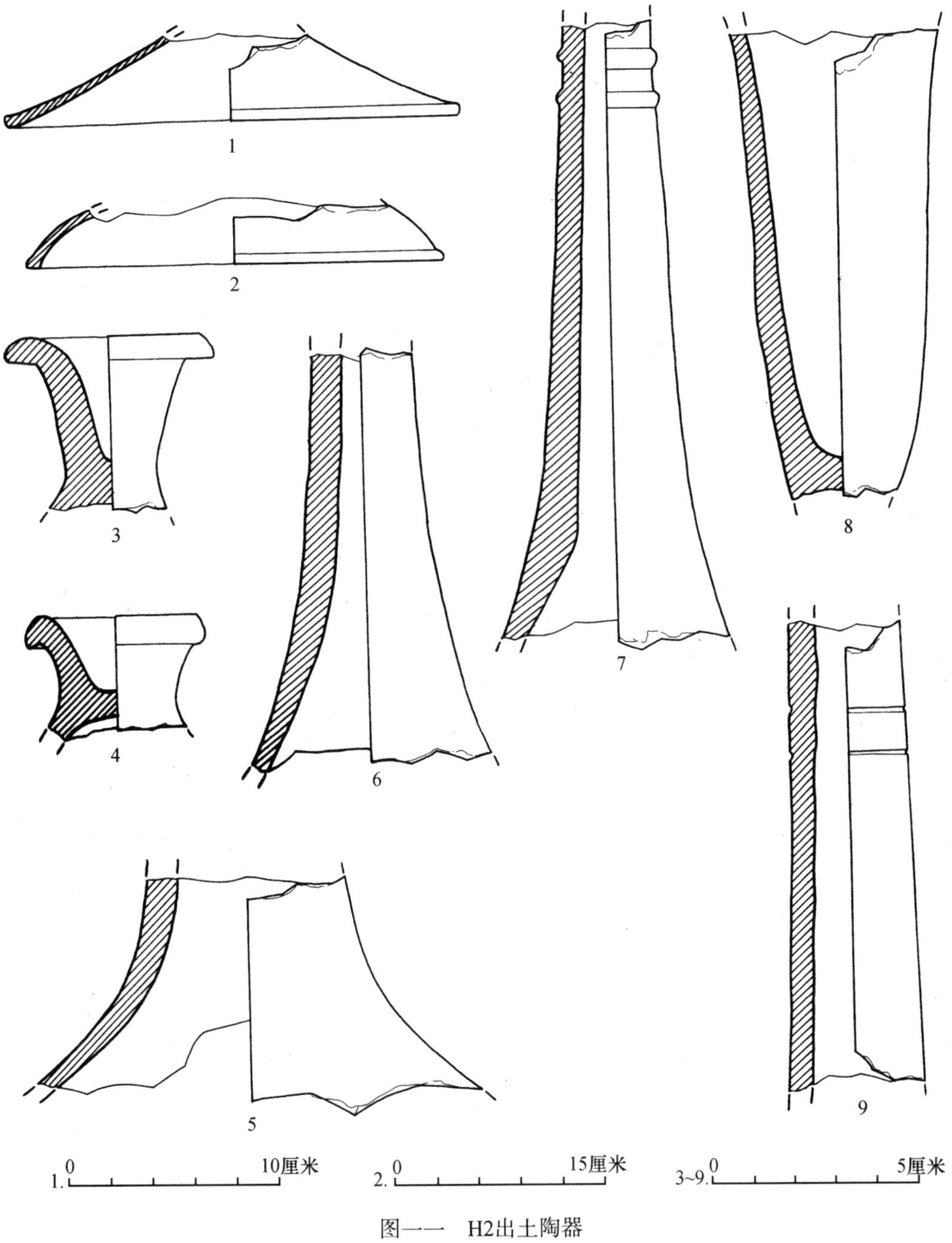

图一一 H2出土陶器

1、2. 器盖（H2：9、H2：31） 3、4. 盖纽（H2：35、H2：45）

5～7、9. 豆柄（H2：23、H2：22、H2：17、H2：52） 8.盉足（H2：51）

敛口罐 4件。敛口，圆唇，广肩，最大径多在肩部。肩部和口沿内外拍印绳纹。H3：9，夹砂红褐陶。口径32、残高4厘米（图一四，8）。H3：53，夹砂黑灰陶。口径34、残高3厘米（图一四，9）。

小平底罐 14件。翻沿，鼓肩，斜腹内收为小平底。H3：66，夹砂褐陶。口径11、残高7厘米（图一四，10）。H3：67，夹砂褐陶。口径10、底径3、高7厘米（图一四，11）。H3：61，夹砂褐陶。口径13、底径3、高8厘米（图一四，12）。H3：70，夹砂褐陶。口径16、底径3、高8厘米

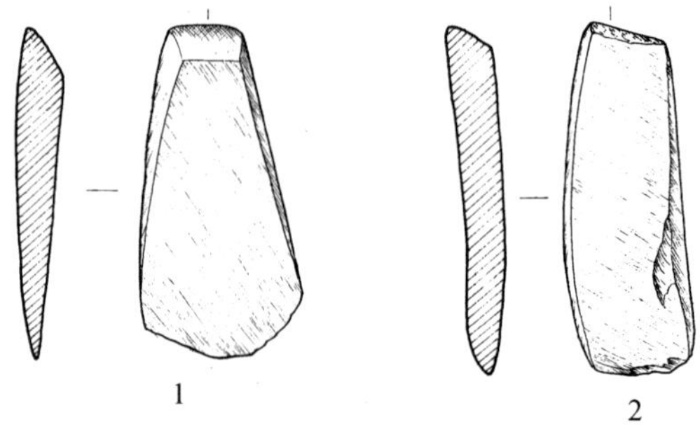

图一二　H2出土石锛

1. H2∶54　2. H2∶55

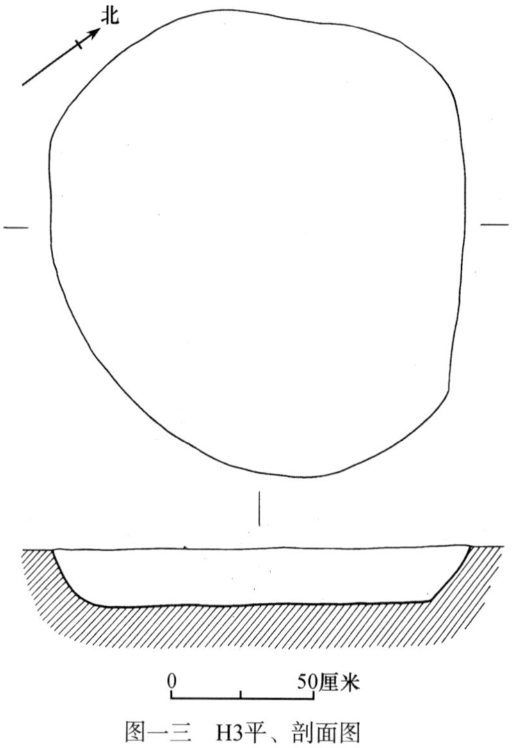

图一三　H3平、剖面图

（图一五，1）。H3∶75，夹砂黑灰陶。口径 11、底径 3、高 7.5 厘米（图一四，13）。H3∶64，夹砂黑灰陶。底径 2.5、残高 7 厘米（图一五，4）。

尖底杯　3 件。折腹，下腹斜直内收成小底或尖底。H3∶65，泥质黑灰陶。残高 4 厘米（图一五，5）。H3∶69，夹砂褐陶。底径 2.2、残高 6 厘米（图一五，2）。

尖底盏　1 件。折肩，腹部斜直内收成尖底。H3∶39，泥质灰陶，胎面呈黑色。残高 3 厘米（图一五，3）。

高领罐　1 件。翻沿，领部较高。H3∶58，夹砂黑灰陶。口径 16、残高 6 厘米（图一五，6）。

盉　2 件。敛口，腹部较深直，桥形耳柄。H3∶20，夹砂褐陶。残高 12.4 厘米（图一五，7）。H3∶68，夹砂黑灰陶，胎面呈浅褐色。口径 10、残高 12 厘米（图一五，8）。

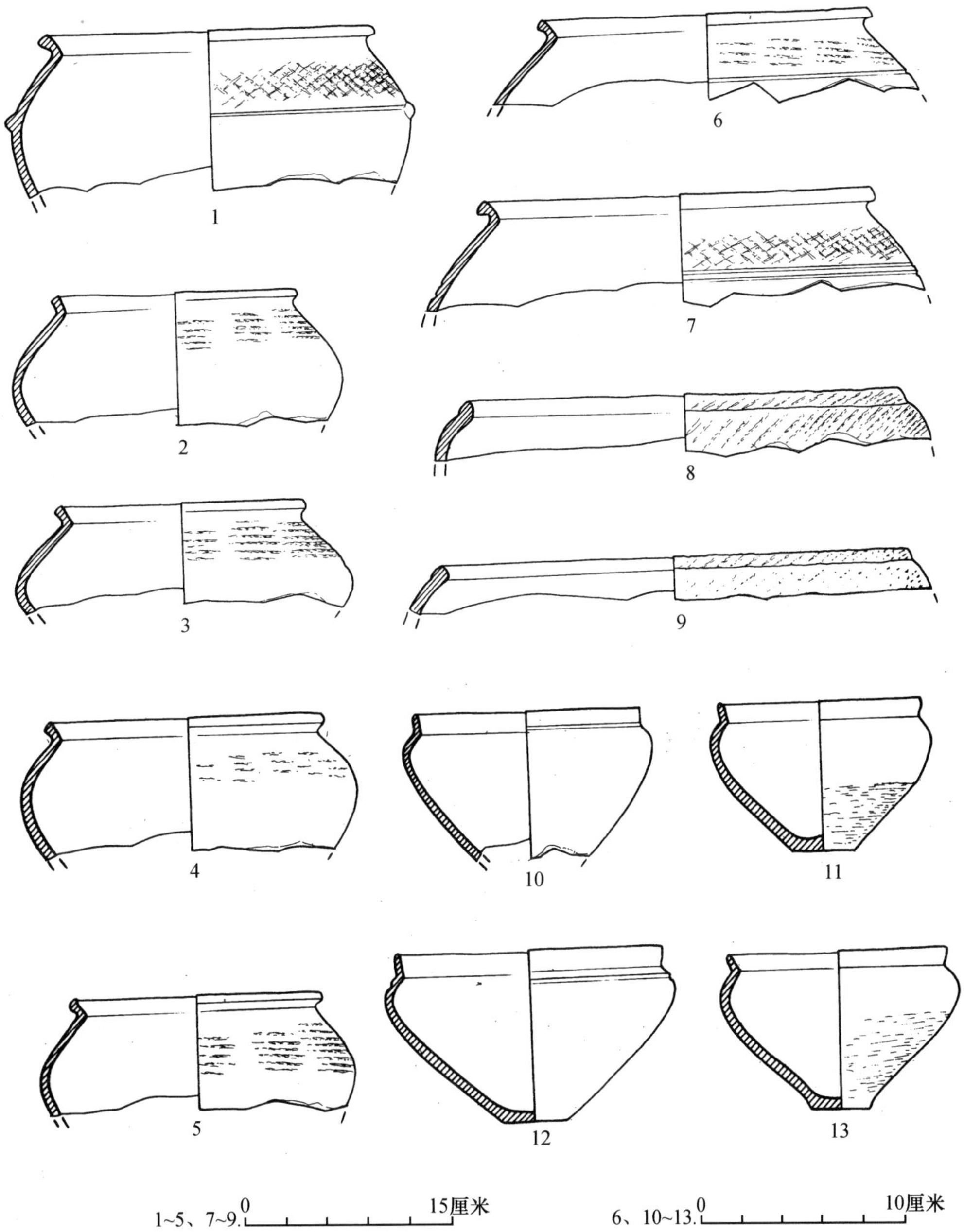

图一四 H3出土陶罐

1～7. 鼓腹广肩罐（H3：1、H3：37、H3：30、H3：38、H3：57、H3：23、H3：33）
8、9. 敛口罐（H3：9、H3：53） 10～13. 小平底罐（H3：66、H3：67、H3：61、H3：75）

盉足 1件。H3：3，夹砂褐陶。残高9厘米（图一六，7）。

圈足 3件。圈足罐或簋形器的足部。H3：43，夹砂褐陶。足径8、残高3.7厘米（图一五，12）。H3：71，夹砂褐陶。足径7.5、残高5厘米（图一五，9）。H3：62，夹砂红褐陶。足径11.8、残高4.5厘米（图一五，13）。H3：74，夹砂红褐陶。足径10、残高3.5厘米（图一五，14）。

器盖 4件。盖身呈浅盘形，盖顶带纽，盖沿多带圆唇部。H3：31，夹砂灰陶。口径16、残高

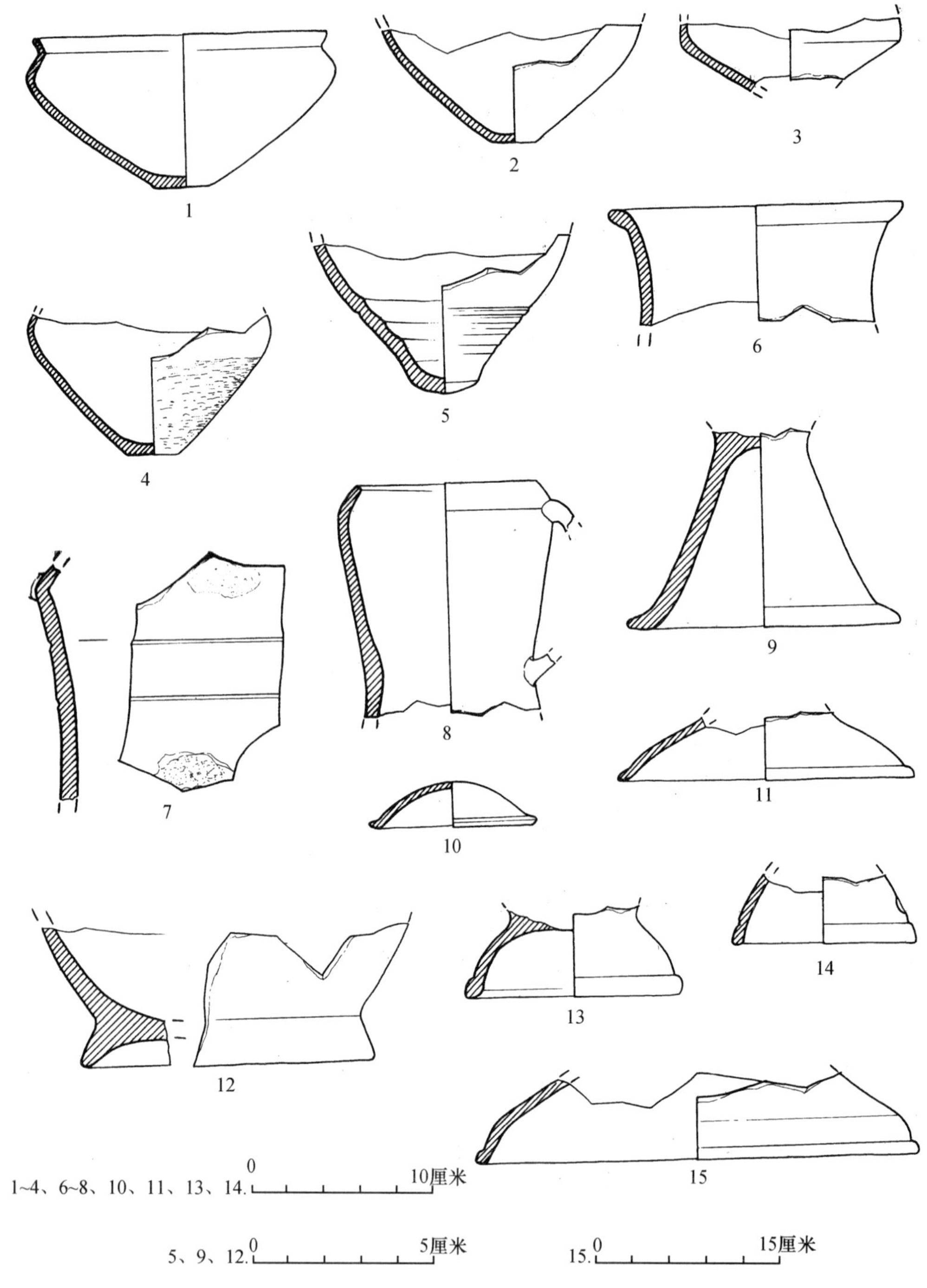

图一五　H3出土陶器

1、4. 小平底罐（H3：70、H3：64）　2、5. 尖底杯（H3：69、H3：65）　3. 尖底盏（H3：39）　6. 高领罐（H3：58）
7、8. 盉（H3：20、H3：68）　9、12～14. 圈足（H3：71、H3：43、H3：62、H3：74）
10、11、15. 器盖（H3：72、H3：31、H3：76）

3.5 厘米（图一五，11）。H3：19，夹砂灰陶。纽径 3.5、残高 2.5 厘米（图一六，5）。H3：72，夹砂黑灰陶，胎面局部呈红褐色。口径 9、高 2.5 厘米（图一五，10）。H3：76，夹砂褐陶。体形较大。口径 36、残高 6.5 厘米（图一五，15）。

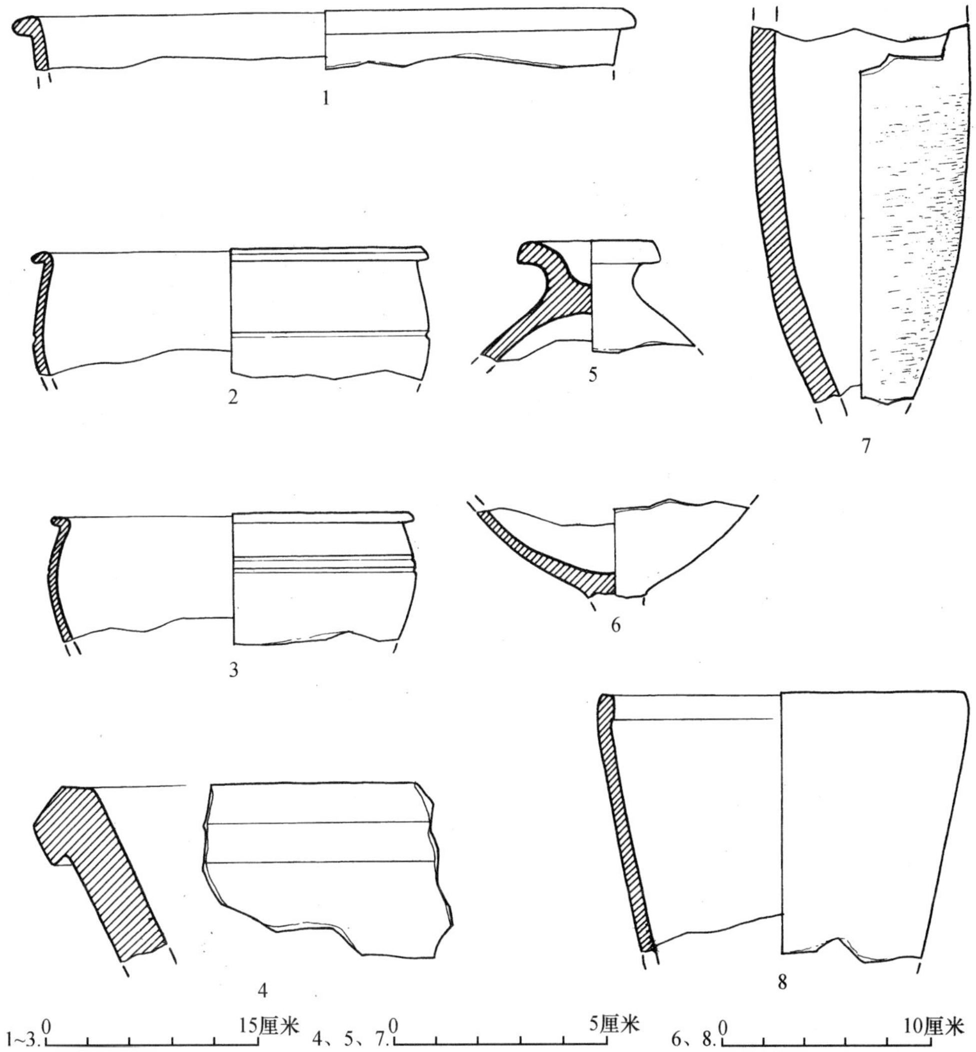

图一六　H3出土陶器

1~4. 盆（H3：49、H3：5、H3：2、H3：44）　5. 器盖（H3：19）
6. 豆盘（H3：29）　7. 盉足（H3：3）　8. 簋形器（H3：73）

簋形器　1件。口微敛，直筒形腹。H3：73，夹砂褐陶。口径16、残高12厘米（图一六，8）。

豆盘　1件。通体呈盘形或盏形。H3：29，夹砂褐陶。残高4厘米（图一六，6）。

盆　6件。折沿，腹部较深。H3：49，夹砂褐陶。口径44、残高4厘米（图一六，1）。H3：5，夹砂黑灰陶，腹部饰弦纹。口径28、残高9厘米（图一六，2）。H3：2，夹砂灰陶。肩部饰两周弦纹。口径26、残高9厘米（图一六，3）。H3：44，夹砂褐陶。残高4.1厘米（图一六，4）。

3. H4

位于T3西南部。叠压于第5层下，打破第6层和生土，平面近圆形，斜直壁，锅形底。直径0.92~1、深0.24米（图一七）。坑内填灰褐色土，土质较疏松，夹杂灰烬和红烧土颗粒。出土陶器较少，以夹砂陶为主，可辨器形有鼓腹广肩罐、小平底罐、圈足、盖纽等。

鼓腹广肩罐　1件。翻沿，方唇，广肩，鼓腹。H4：2，夹砂黑灰陶。口径20、残高4.5厘米（图一八，1）。

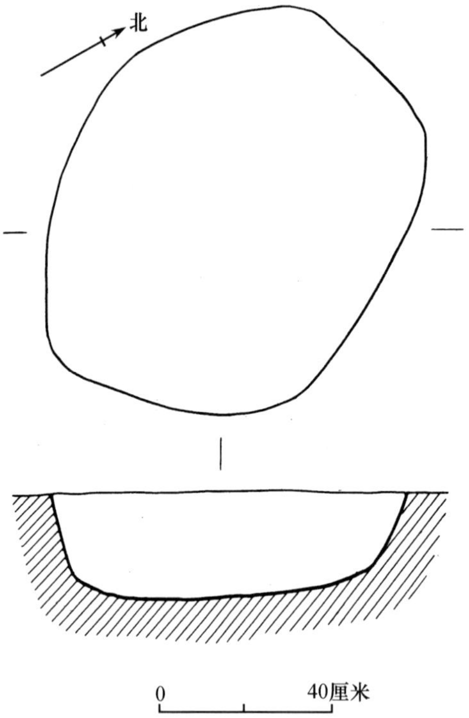

图一七　H4平、剖面图

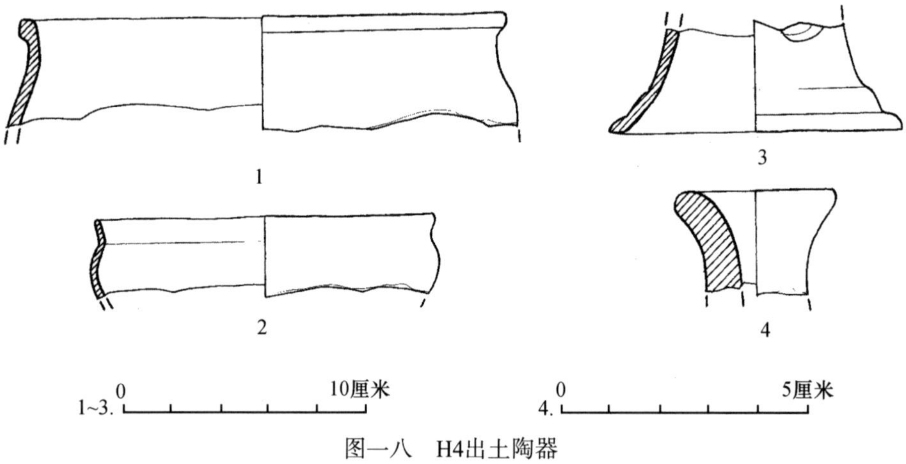

图一八　H4出土陶器

1. 鼓腹广肩罐（H4：2）　2. 小平底罐（H4：6）　3. 圈足（H4：3）　4. 盖纽（H4：5）

小平底罐　1件。翻沿，鼓肩，斜腹内收为小平底。H4：6，泥质黑灰陶。口径14、残高3厘米（图一八，2）。

圈足　1件。圈足罐或簋形器的足部。H4：3，夹砂褐陶。足径12、残高4厘米（图一八，3）。

盖纽　1件。小喇叭形纽。H4：5，夹砂褐陶。纽径3.2、残高2厘米（图一八，4）

4. H5

位于T3西部。叠压于第5层下，打破第6层。平面近圆形，斜直壁，平底。直径0.98～1.18、深0.14米。坑内填灰褐色土，土质较疏松，夹杂灰烬和红烧土颗粒。出土陶器较少，以夹砂陶为主，可辨器形有小平底罐、敛口罐、器盖、圈足、豆柄等（图一九）。

罐底　1件。斜直腹内收为平底。H5：2，夹砂黑灰陶。底径3.5、残高3.2厘米（图二〇，1）。

敛口罐　1件。敛口，圆唇，广肩。H5：1，夹砂黑灰陶。口径28、残高6厘米（图二〇，2）。

器盖　1件。盖身呈浅盘形。H5：5，夹砂黑灰陶。口径14、残高3厘米（图二〇，3）。

圈足　1件。可能为圈足罐或簋形器的足部。H5：4,夹砂黑灰陶。足径5.7、残高3.5厘米（图二〇，4）。

豆柄　1件。H5：3，夹砂黑灰陶。残高5.5厘米（图二〇，5）。

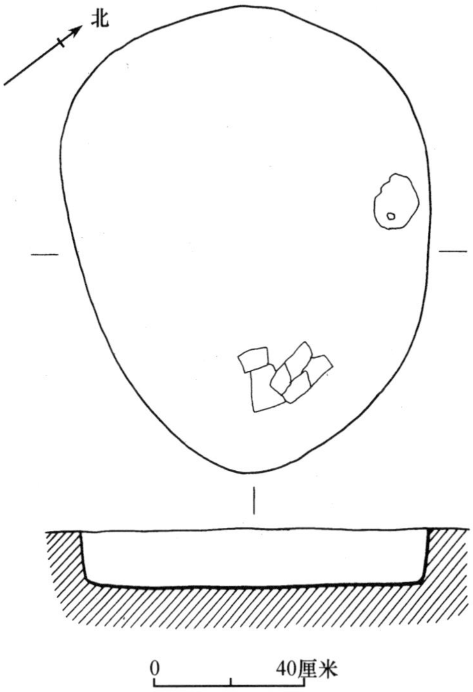

图一九　H5平、剖面图

5. H6

位于T3东北部。叠压于第5层下，打破第6层和生土,灰坑中部被一条汉代沟打破。坑平面呈不规则形，弧壁，锅形底。长2.76、最宽处1.8、深0.24～0.3米（图二一）。坑内填灰褐色土，土质较疏松，夹杂灰烬和红烧土颗粒。出土陶器较少，以夹砂陶为主，可辨器形有鼓腹广肩罐、敛口罐、小平底罐、三足器、圈足罐、圈足、器盖、罐底、器耳等。

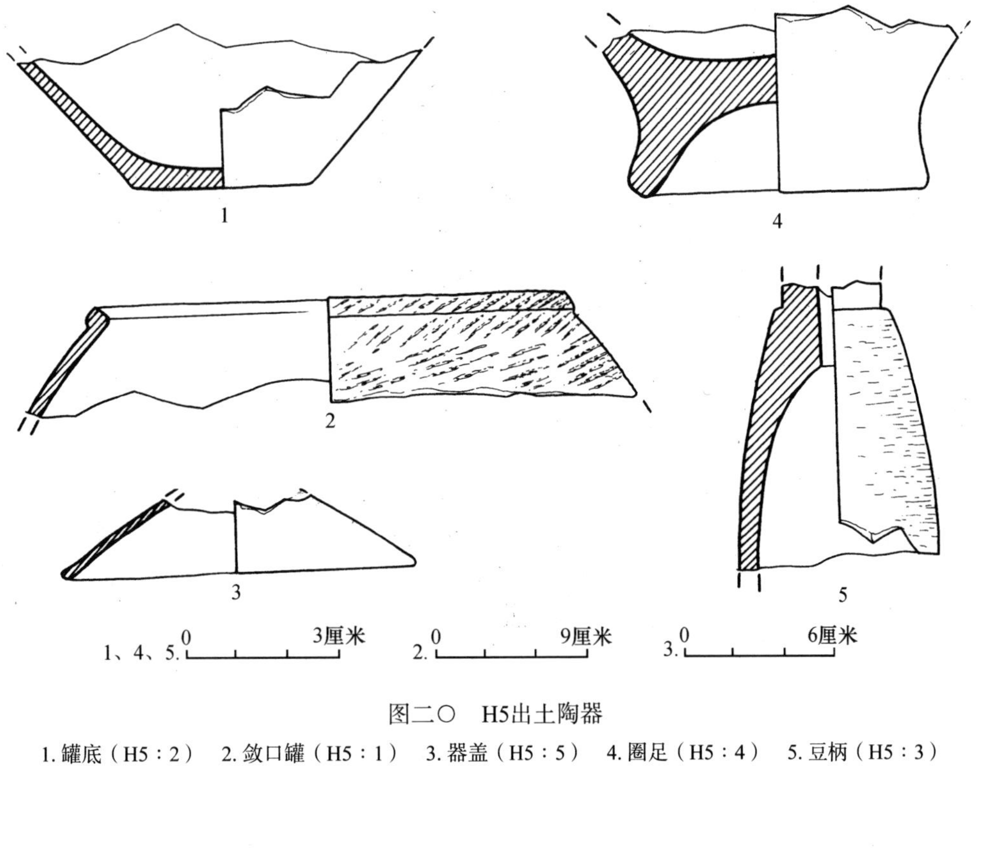

图二〇　H5出土陶器

1. 罐底（H5：2）　2. 敛口罐（H5：1）　3. 器盖（H5：5）　4. 圈足（H5：4）　5. 豆柄（H5：3）

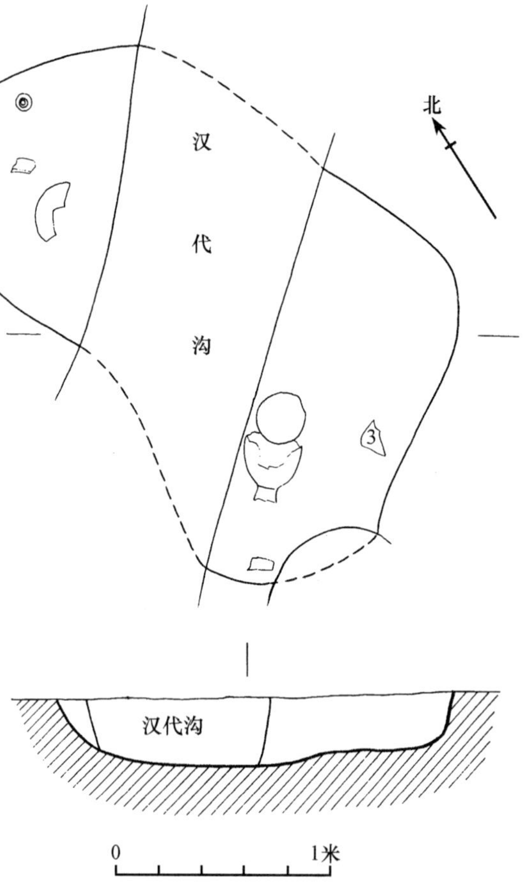

图二一　H6平、剖面图

鼓腹广肩罐　6件。翻沿，方唇，广肩，鼓腹。H6：16，夹砂黑灰陶。肩腹部饰绳纹。残高5厘米（图二二，2）。H6：6，夹砂黑灰陶。肩腹部饰网格纹。口径30、残高7厘米（图二二，1）。

敛口罐　5件。敛口，圆唇，广肩。H6：18，夹砂褐陶。口径36、残高3厘米（图二二，4）。H6：14，夹砂黑灰陶。口径36、残高4厘米（图二二，3）。

小平底罐　3件。H6：13，夹砂黑灰陶。底径1.8、残高2.5厘米（图二二，5）。

三足器　1件。体形较小，上身残缺，三足细长。H6：24，残高12厘米（图二二，8）。

圈足罐　2件。上身近似小平底罐，下接圈足。H6：1，夹砂褐陶。残高15厘米（图二二，10）。H6：2，夹砂黑灰陶。口径13、足径6、高14.5厘米（图二二，9；图版一五，2）。

尖底杯　2件。折腹，下腹斜直内收成小平底。H6：2，泥质灰陶。残高3.5厘米（图二二，7）。H6：4，泥质灰陶。残高5.5厘米（图二二，6）。

豆柄　2件。H6：12，夹砂褐陶。残高4厘米（图二三，3）。

器盖　2件。盖身呈浅盘形。H6：5，夹砂黑陶。口径20、残高4.5厘米（图二三，5）。H6：15，夹砂褐陶。残高3厘米（图二三，6）。

罐底　1件。斜直腹内收，平底。H6：8，泥质灰陶。底径10、残高3厘米（图二三，1）。

器耳　1件。壶或罐的耳部，桥形竖耳。H6：7，夹砂褐陶。残高6厘米（图二三，4）。

筒形器　1件。唇口，直筒形腹。H6：11，夹砂褐陶。口径6、残高7.5厘米（图二三，2）。

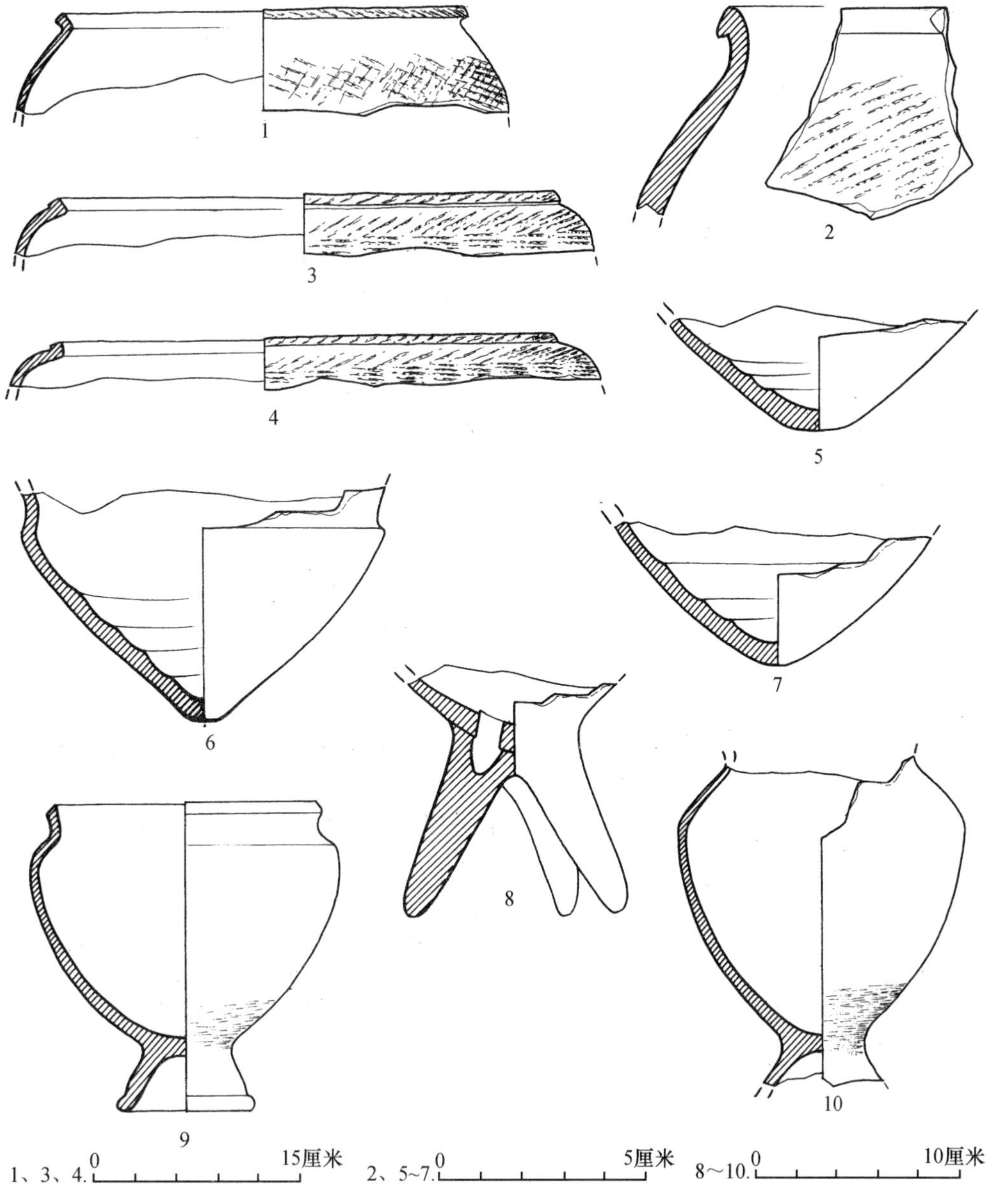

图二二 H6出土陶器

1、2. 鼓腹广肩罐（H6：6、H6：16） 3、4. 敛口罐（H6：14、H6：18） 5. 小平底罐（H6：13） 6、7. 尖底杯（H6：4、H6：2） 8. 三足器（H6：24） 9、10. 圈足罐（H6：2、H6：1）

6. H8

位于T6北部。叠压于第5层下，打破第6层和生土。平面近长方形，直壁，平底。长2.1、宽0.6～0.76、深0.36米（图二四）。坑内填灰褐色土，土质较疏松，夹杂灰烬和红烧土颗粒。出土陶器数量较多，集中于坑中部，器形均为网坠。

网坠 61件。截面呈椭圆形，穿孔，大小不一。H8：1，夹砂褐陶。最大直径2、长5厘米（图二五，3）。H8：2，夹砂褐陶。最大直径2、长5厘米（图二五，1）。H8：3，夹砂褐陶。最大直径2、长4.2厘米（图二五，2）。

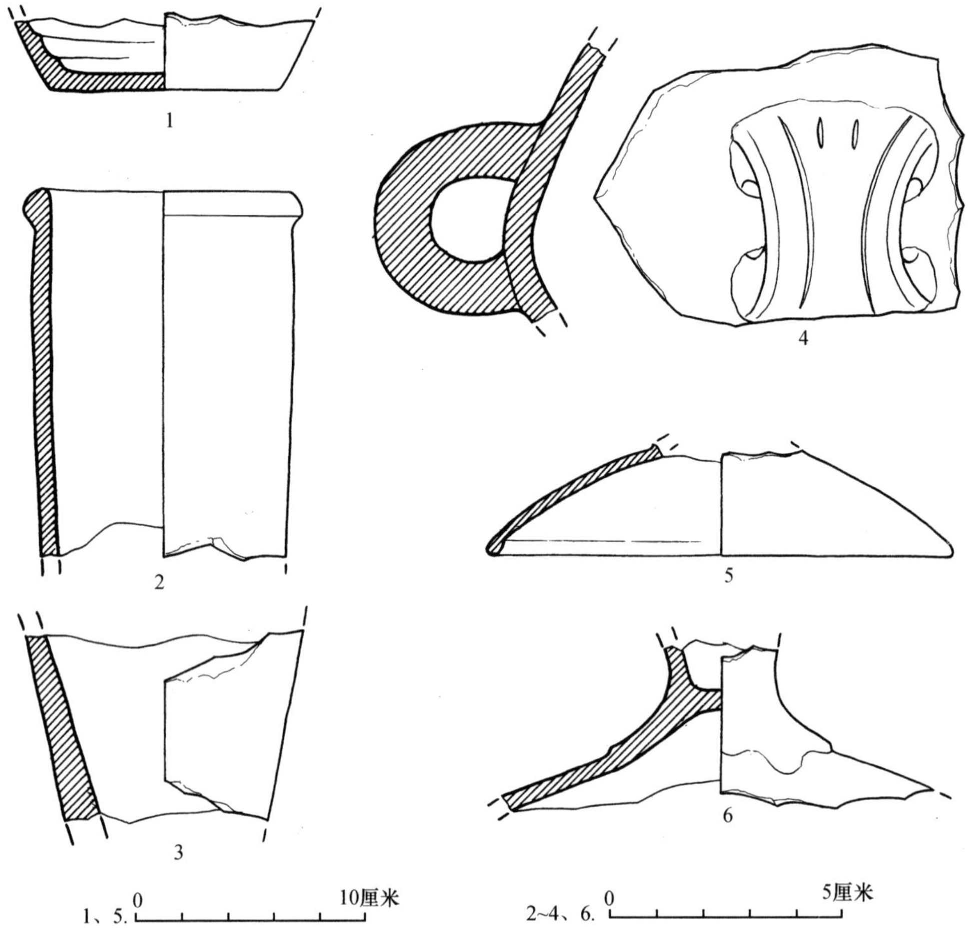

图二三　H6出土陶器

1. 罐底（H6：8）　2. 筒形器（H6：11）　3. 豆柄（H6：12）　4. 器耳（H6：7）　5、6. 器盖（H6：5、H6：15）

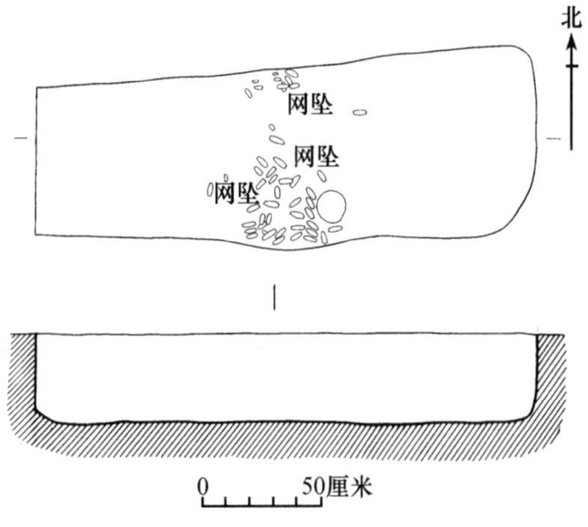

图二四　H8平、剖面图

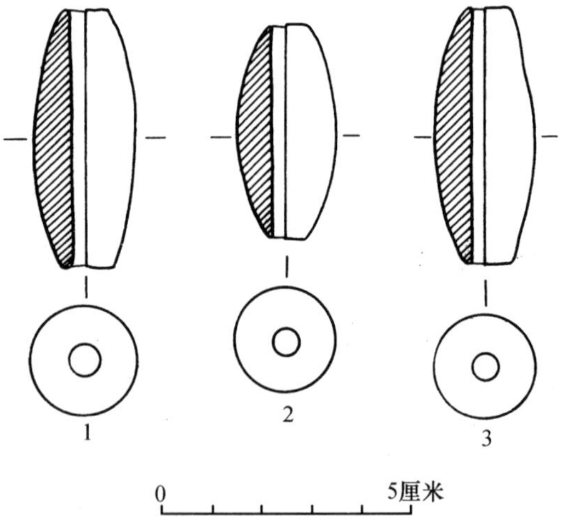

图二五　H8出土陶网坠

1. H8：2　2.H8：3　3.H8：1

7. H10

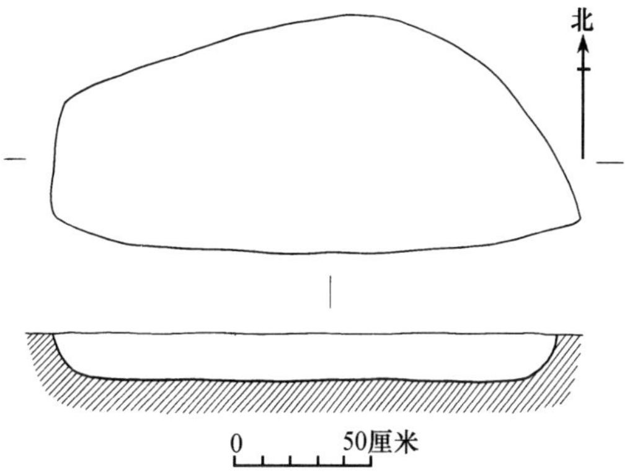

图二六 H10平、剖面图

位于T4中部偏北。叠压于第5层下，打破第6层。平面呈不规则形，弧壁，平底。长1.9、最宽处0.82、深0.16米（图二六）。坑内填灰褐色土，土质较疏松，夹杂灰烬和红烧土颗粒。出土陶器数量较少，以夹砂陶为主，可辨器形有鼓腹广肩罐、敛口罐、尖底杯、盆、圈足等。

鼓腹广肩罐 3件。翻沿，方唇，广肩，鼓腹。H10：3，夹砂黑灰陶，胎面呈红褐色，肩腹部饰网格纹。口径20、残高4厘米（图二七，1）。

敛口罐 3件。敛口，圆唇，广肩。H10：1，夹砂褐陶。残高4.5厘米（图二七，2）。

尖底杯 1件。折腹，下腹斜直内收成小平底。H10：7，泥质黑灰陶。残高4厘米（图二七，3）。

盆 2件。折沿，腹部较深。H10：6，夹砂灰陶。残高6厘米（图二七，4）。

圈足 1件。可能为圈足罐或簋形器的足部。H10：9，夹砂褐陶。足径8、残高2.5厘米（图二七，5）。

8. H12

位于T4北部。叠压于第5层下，打破第6层和生土，灰坑南部一角被M1打破。平面呈不规则形，弧壁，平底。长4.02、宽3.2、深0.14～0.2米（图二八）。坑内填灰褐色土，土质较疏松，夹杂灰

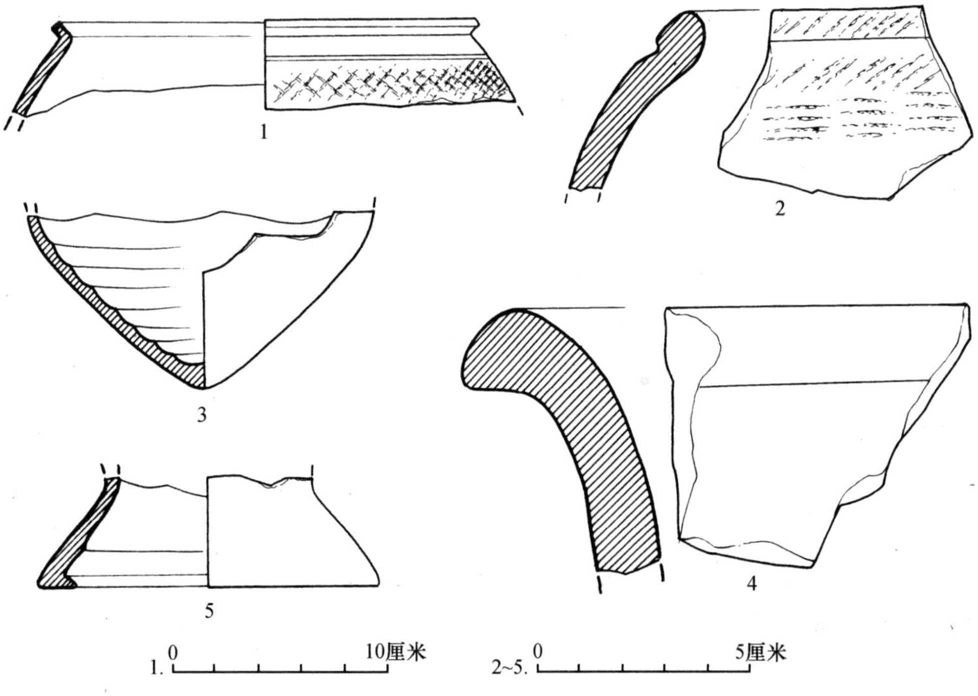

图二七 H10出土陶器

1. 鼓腹广肩罐（H10：3） 2. 敛口罐（H10：1） 3. 尖底杯（H10：7） 4. 盆（H10：6） 5. 圈足（H10：9）

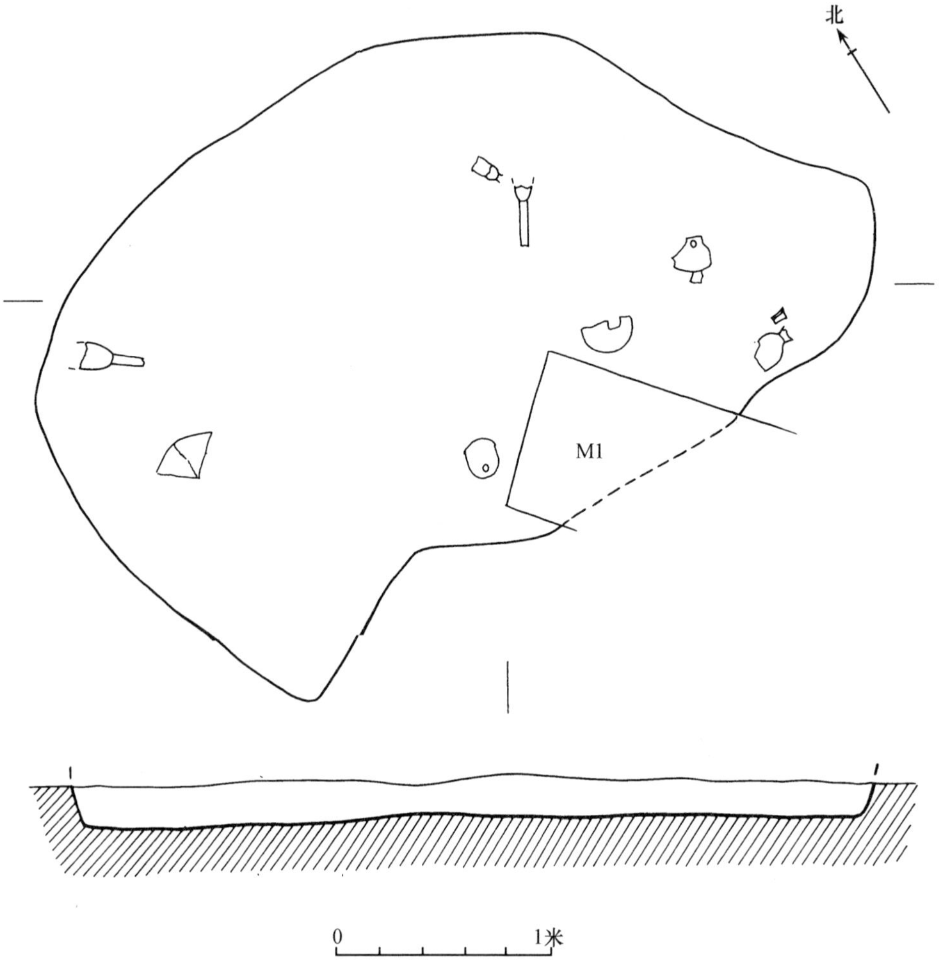

图二八　H12平、剖面图

烬和红烧土颗粒。出土陶器以夹砂陶为主，可辨器形有鼓腹广肩罐、小平底罐、敛口罐、高领罐、盆、豆、圈足、器盖、盖纽、壶、罐底等。

鼓腹广肩罐　9件。翻沿，方唇，广肩，鼓腹。H12：3，夹砂黑灰陶。肩腹部饰斜线网格纹和凹弦纹。口径34、残高9厘米（图二九，2）。H12：8，夹砂褐陶。肩腹部饰斜线网格纹和弦纹。口径18、残高8厘米（图二九，1）。H12：33，夹砂黑灰陶。肩腹部饰菱形纹。口径16、残高7厘米（图二九，3）。H12：21，夹砂褐陶。肩腹部饰绳纹和弦纹。口径15、残高4.5厘米（图二九，4）。H12：4，夹砂灰陶。腹部饰凹弦纹。底径12、残高21厘米（图三〇，5）。

小平底罐　8件。翻沿，鼓肩，斜腹内收为小平底。H12：47，夹砂褐陶。肩部饰一周凹弦纹。口径13.5、底径3、高9厘米（图二九，9）。H12：18，夹砂黑灰陶。口径14、残高8.5厘米（图二九，5）。

敛口罐　6件。敛口，圆唇，广肩，最大径在肩部。肩部和口沿内外拍印绳纹。H12：1，夹砂黑灰陶。口径36、残高28厘米（图二九，6）。H12：2，夹砂褐陶。口径30、残高16厘米（图二九，8）。H12：28，夹砂黑灰陶。口径22、残高18厘米（图二九，7）。

高领罐　2件。翻沿，领部较高。H12：20，夹砂灰陶。领部饰凹弦纹。残高12.6厘米（图三〇，1）。

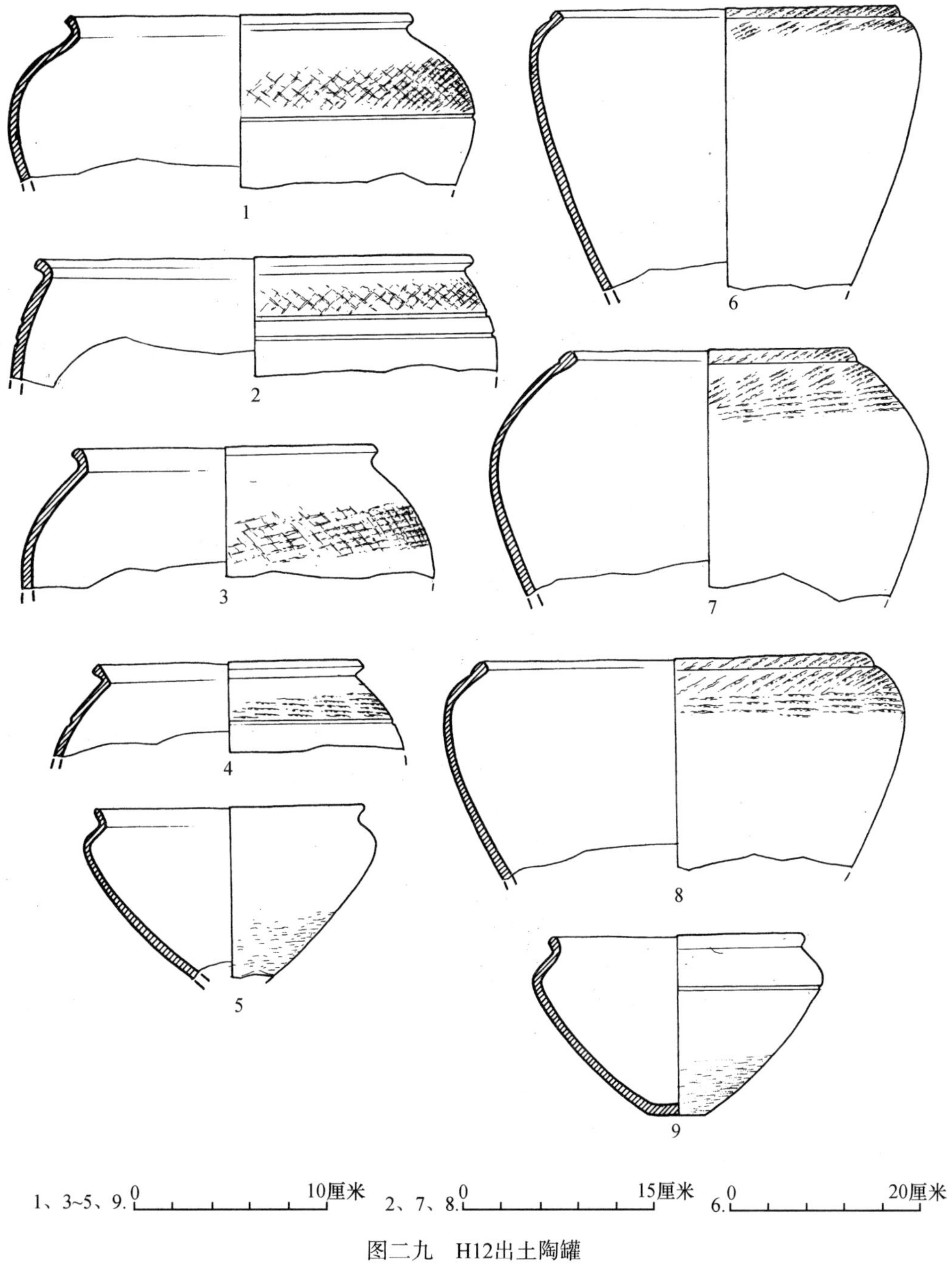

图二九 H12出土陶罐

1～4. 鼓腹广肩罐（H12：8、H12：3、H12：33、H12：21） 5、9. 小平底罐（H12：18、H12：47）
6～8. 敛口罐（H12：1、H12：28、H12：2）

盆 5件。折沿，腹部较深。H12：24，夹砂黑灰陶。腹部饰凹弦纹和戳印纹。口径28、残高7厘米（图三〇，2）。H12：26，夹砂黑灰陶。腹部饰凹弦纹和戳印纹。口径28、残高9厘米（图三〇，3）。H12：35，夹砂灰陶。残高5.1厘米（图三〇，4）。

豆柄 4件。两端呈喇叭形，中段细长柱形，中空。H12：22，泥质黑灰陶。残高16厘米（图三一，1）。H12：31，柄部带三个节突。泥质黑灰陶。残高6厘米（图三一，3）。H12：9，夹砂褐

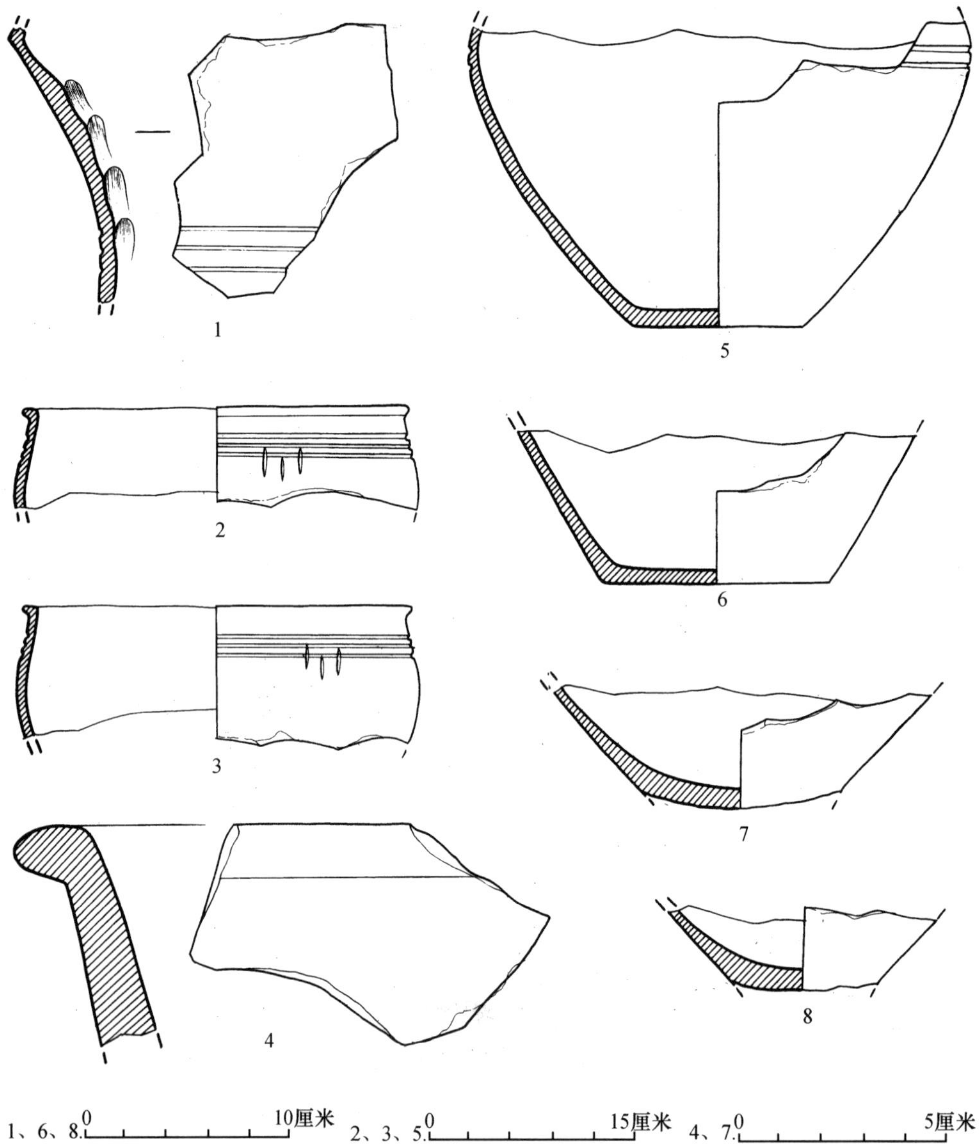

图三〇 H2出土陶器

1. 高领罐（H12：20） 2～4. 盆（H12：24、H12：26、H12：35） 5. 鼓腹广肩罐（H12：4）
6. 罐底（H12：6） 7、8. 豆盘（H12：45、H12：21）

陶。残高15厘米（图三一，2）。

豆盘 2件。通体呈盘形或盏形。H12：45，夹砂褐陶。残高2.7厘米（图三〇，7）。H12：21，夹砂褐陶。残高3.5厘米（图三〇，8）。

圈足 2件。可能为圈足罐或簋形器的足部。H12：36，夹砂红褐陶。足径9、残高4.5厘米（图三一，12）。H12：40，足径5、残高2.5厘米（图三一，10）。

器盖 3件。盖身呈浅盘形，盖顶带小喇叭形纽。H12：5，夹砂黑灰陶。口径40、残高8厘米（图三一，6）。H12：10，夹砂黑灰陶。口径21.8、纽径6、高8.5厘米（图三一，7；图版一五，3）。H12：46，夹砂黑灰陶。口径16.5、纽径4.6、高6厘米（图三一，8）。

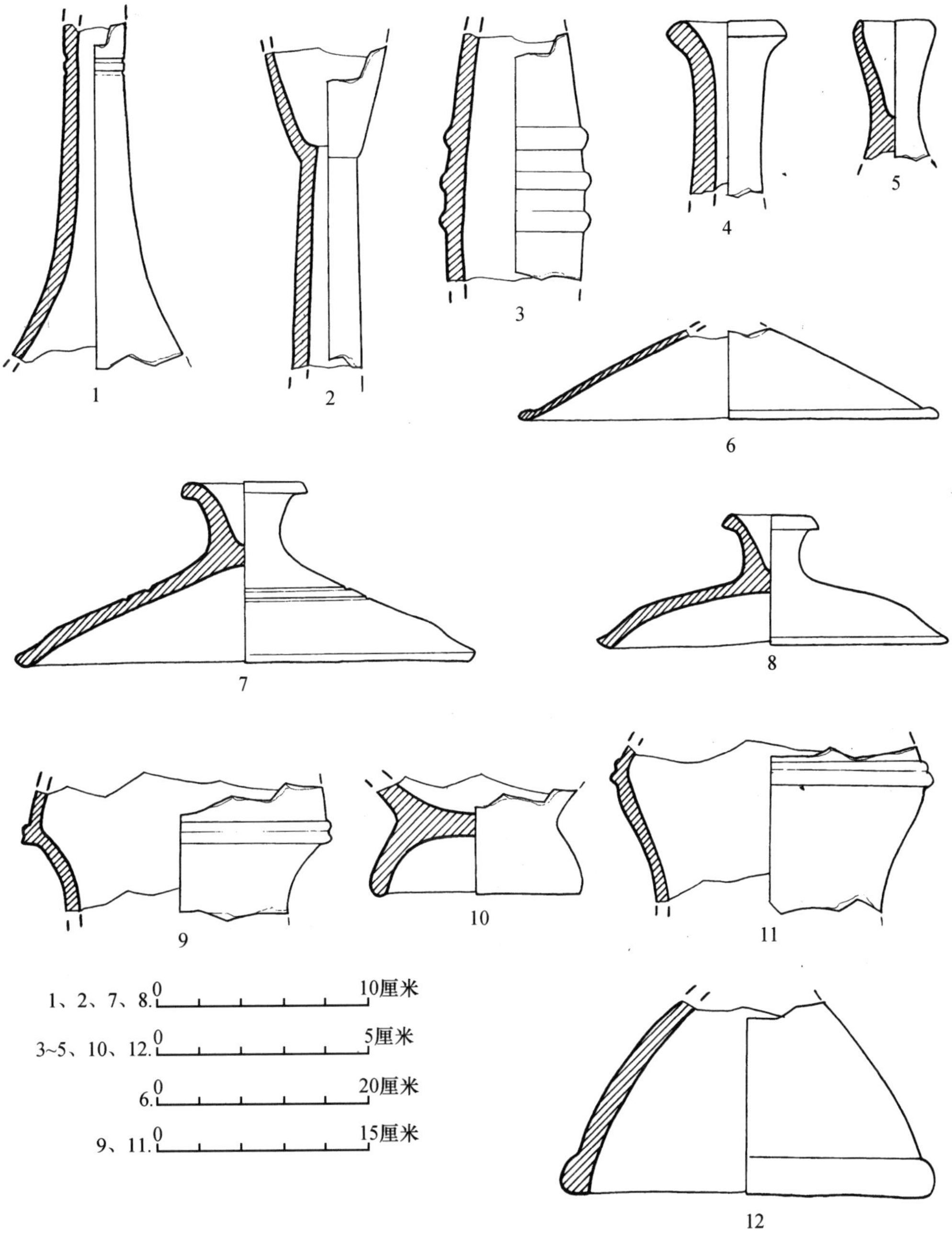

图三一　H12出土陶器

1～3. 豆柄（H12：22、H12：9、H12：31）　4、5. 盖纽（H12：41、H12：39）　6～8. 器盖（H12：5、H12：10、H12：46）
9、11. 壶（H12：29、H12：30）　10、12. 圈足（H12：40、H12：36）

盖纽　2件。小喇叭形纽。H12：39，夹砂褐陶。残高3.2厘米（图三一，5）。H12：41，夹砂黑灰陶。残高4厘米（图三一，4）。

壶　2件。均为领部或腹部残片，器表堆塑凸弦纹。H12：29，夹砂红褐陶。残高7厘米（图三一，9）。H12：30，夹砂红褐陶。残高10厘米（图三一，11）。

罐底　1件。斜直腹内收，平底。H12：6，夹砂灰陶。底径11、残高7厘米（图三〇，6）。

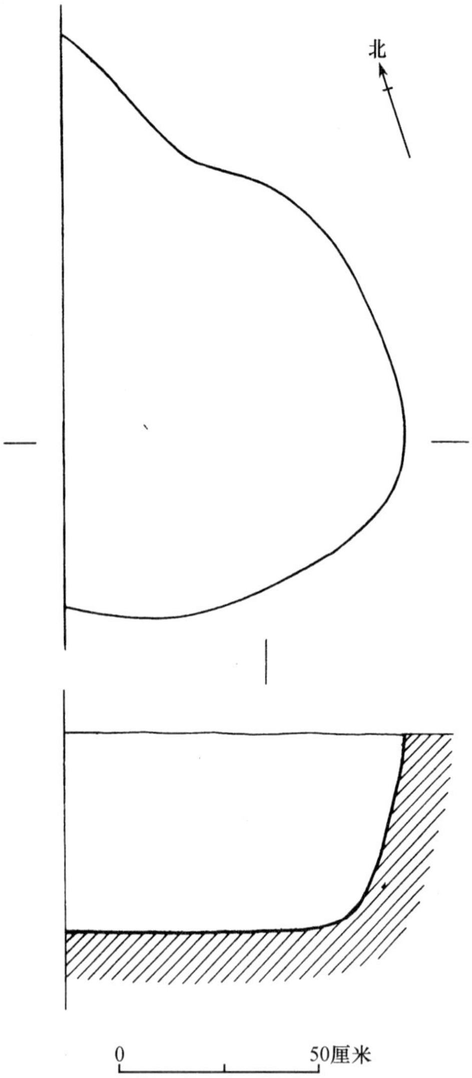

图三二　H15平、剖面图

9. H15

位于T5西南角。叠压于第5层下，打破第6层和生土。揭露部分平面呈不规则形，弧壁，平底。长1.38、宽0.86、深0.48米（图三二）。坑内填灰褐色土，土质较疏松，夹杂灰烬和红烧土颗粒。出土陶器数量较少，以夹砂陶为主，可辨器形有小平底罐、尖底杯、豆、圈足、罐底等。

小平底罐　2件。翻沿，鼓肩，斜腹内收为小平底。H15：4，夹砂褐陶。口径15、残高5厘米（图三三，1）。H15：5，夹砂褐陶。腹部饰一周凹弦纹。残高4.5厘米（图三三，2）。

尖底杯　1件。折腹，下腹斜直内收成小尖底。H15：2，泥质红褐陶。残高5厘米（图三三，3）。

豆柄　1件。两端呈喇叭形，中段细长柱形，中空。H15：6，夹砂黑灰陶。残高9厘米（图三三，7）。

豆盘　1件。通体呈盘形或盏形。H15：3，夹砂黑灰陶。残高4.5厘米（图三三，5）。

圈足　1件。可能为圈足罐或簋形器的足部。H15：1，夹砂红褐陶。残高3.5厘米（图三三，6）。

罐底　1件。斜直腹内收，平底。H15：7，夹砂黑灰陶。底径12、残高3厘米（图三三，4）。

10. H18

位于T4北部。叠压于第5层下，打破第6层和生土，分别被H12、H17和M5打破。揭露部分平面呈不规则形，弧壁，平底。长4.66、宽0.76～2.26、深0.1～0.34米（图三四）。坑内填灰褐色土，土质较疏松，夹杂灰烬和红烧土颗粒。出土陶器数量很少，以夹砂陶为主，可辨器形有鼓腹广肩罐、敛口罐、盆等。

鼓腹广肩罐　3件。翻沿，方唇或圆唇，广肩，鼓腹。H18：1，夹砂褐陶。残高8.1厘米（图三五，2）。H18：5，夹砂褐陶。口径15、残高3.6厘米（图三五，1）。

敛口罐　2件。敛口，圆唇，广肩，最大径在肩部。肩部和口沿内外拍印绳纹。H18：4，夹砂褐陶。残高3.8厘米（图三五，4）。

盆　1件。折沿，腹部较深。H18：6，夹砂灰陶。残高4厘米（图三五，3）。

11. H19

位于T4西部。叠压于第5层下，打破第6层和生土，东侧被一条汉代沟打破，南部一角被M3打破。揭露部分平面近椭圆形，直壁，平底。长3.9、宽2.38、深0.18～0.28米（图三六）。坑内填灰褐色土，土质较疏松，夹杂灰烬和红烧土颗粒。出土陶器较少，以夹砂陶为主，可辨器形有

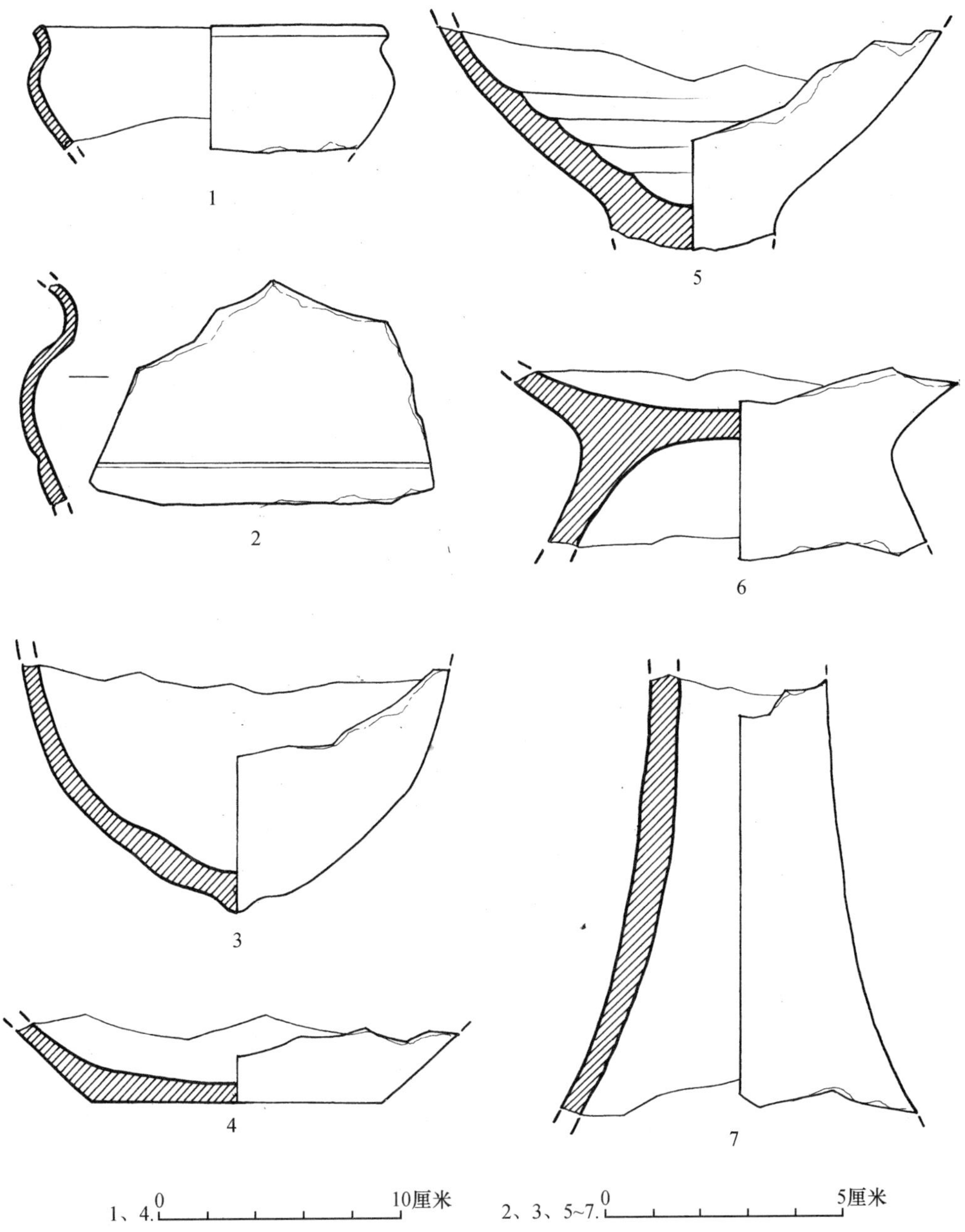

图三三　H15出土陶器

1、2. 小平底罐（H15：4、H15：5）　3. 尖底杯（H15：2）　4. 罐底（H15：7）　5. 豆盘（H15：3）　6. 圈足（H15：1）　7. 豆柄（H15：6）

鼓腹广肩罐、小平底罐、敛口罐、圈足、器盖、盖纽、豆、盆等。

鼓腹广肩罐　4件。翻沿，方唇，广肩，鼓腹。H19：14，夹砂褐陶。肩部饰斜线网格纹。口径30、残高7厘米（图三七，1）。

小平底罐　6件。翻沿，鼓肩，斜腹内收为小平底。H19：3，夹砂褐陶。底径4、残高2.7厘米（图三七，3）。H19：5，夹砂褐陶。口径17、底径4.2、高9厘米（图三七，2）。

敛口罐　3件。敛口，圆唇，广肩，最大径在肩部，肩部和口沿内外拍印绳纹。H19：20，夹砂黑灰陶。残高3厘米（图三七，6）。

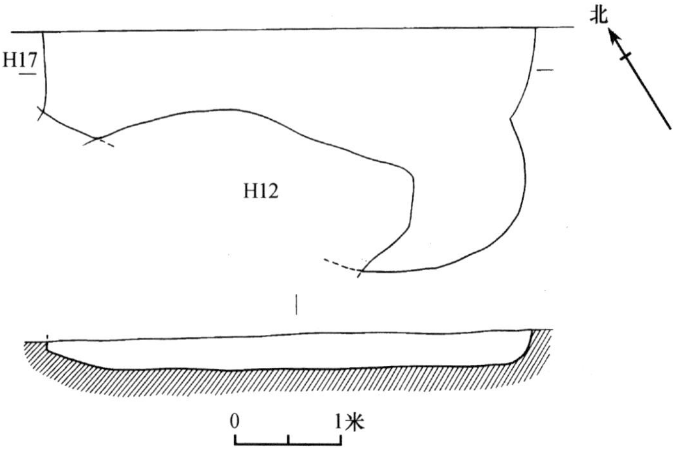

图三四 H18平、剖面图

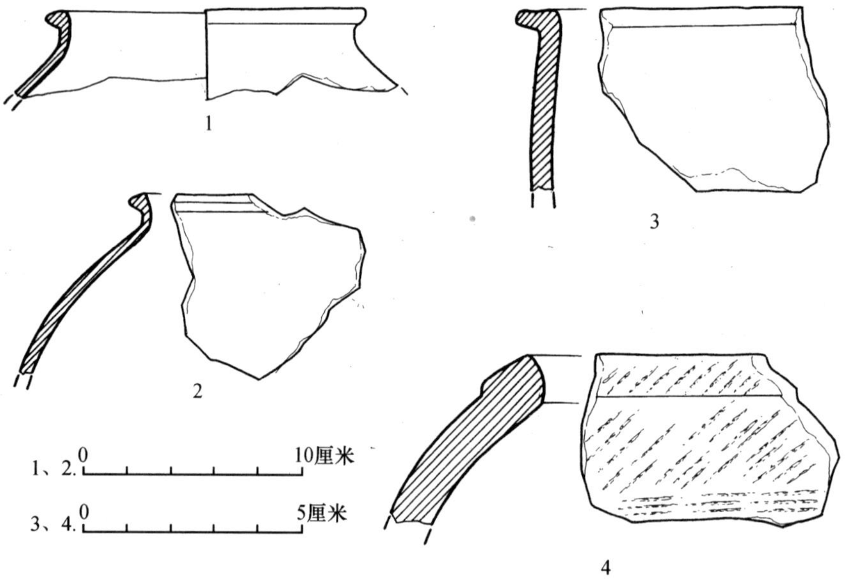

图三五 H18出土陶器

1、2. 鼓腹广肩罐（H18：5、H18：1） 3. 盆（H18：6） 4. 敛口罐（H18：4）

圈足 2件。可能为圈足罐或簋形器的足部。H19：2，夹砂褐陶。足径10、残高5厘米（图三七，4）。

器盖 1件。盖身呈浅盘形。H19：13，泥质黑灰陶。口径25.5、残高1.5厘米（图三七，5）。

盖纽 2件。小喇叭形纽。H19：4，夹砂褐陶。纽径4、残高2厘米（图三七，8）。

豆柄 3件。柱形，中空。H19：1，夹砂红褐陶。残高15厘米（图三七，9）。

盆 1件。翻卷口沿，腹部较深。H19：16，夹砂褐陶。残高4.8厘米（图三七，7）。

12. H20

位于T4扩方部分西北角。叠压于第5层下，打破第6层和生土，中部被一条汉代沟打破。揭露部分平面呈扇形，直壁，平底。长1.4～2.1、深0.3～0.4米（图三八）。坑内填灰褐色土，土质较疏松，夹杂灰烬和红烧土颗粒。出土陶器数量很少，以夹砂陶为主，可辨器形有小平底罐、尖底盏、罐底、尊形器等。

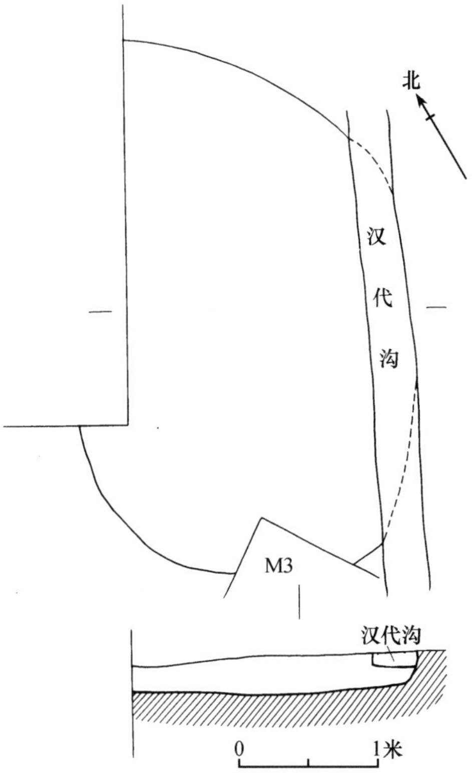

图三六 H19平、剖面图

鼓腹广肩罐 1件。H20：6，夹砂褐陶。残高2.3厘米（图三九，5）。

小平底罐 4件。翻沿，鼓肩，斜腹内收为小平底。H20：2，夹砂黑灰陶。口径10.5、底径2.9、高7厘米（图三九，2；图版一五，4）。H20：3，夹砂黑灰陶。底径3、残高5.5厘米（图三九，3）。H20：7，夹砂黑灰陶。口径12、底径3、高8.5厘米（图三九，1）。

尖底盏 1件。折肩，腹部斜直内收成尖底。H20：1，泥质灰陶。底径2.5、残高3.5厘米（图三九，4）。

罐底 1件。斜直腹内收，平底。H20：4，夹砂黑灰陶。底径14、残高4厘米（图三九，6）。

尊形器 1件。为领部或腹部残片，器表堆塑凸弦纹。H20：5，夹砂黑灰陶。残高4.3厘米（图三九，7）。

（二）墓 葬

5座，集中于T4内，开口于第5层下。均为竖穴土坑式单人墓，墓向一致，为西北—东南向。墓口平面形状多呈长方形，有的墓室内四壁筑有生土二层台，底部为圜底，两侧壁呈弧形，其形体类似船棺，但未发现明显的棺木腐朽痕迹。各墓均保存有人骨，葬法基本都属于一次葬，葬式为仰身直肢葬。墓内随葬品极少，个别墓葬出土有磨石，未见其他随葬品。

1. M1

位于T4东北部。开口于第5层下，打破H12、第6层和生土，西侧被H10打破。竖穴土坑式单人墓，墓向330°。墓口平面呈长方形，墓圹长约2.4、宽约0.8、残深0.18～0.22米，直壁，平底，

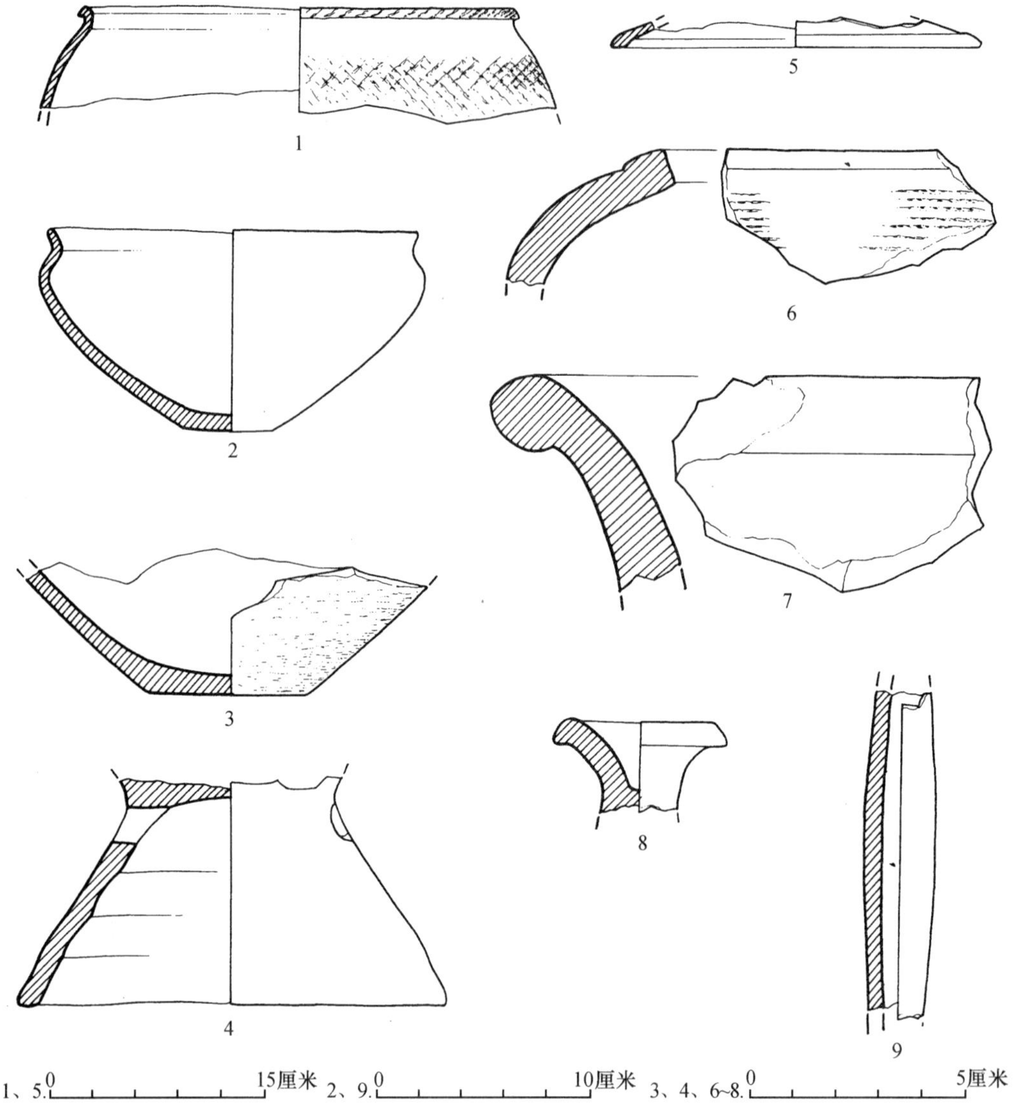

图三七 H19出土陶器

1. 鼓腹广肩罐（H19：14） 2、3. 小平底罐（H19：5、H19：3） 4. 圈足（H19：2） 5. 器盖（H19：13） 6. 敛口罐（H19：20） 7. 盆（H19：16） 8. 盖纽（H19：4） 9. 豆柄（H19：1）

未见人工处理的痕迹。墓内葬有人骨一具，保存较差，葬法推测为一次葬，葬式为仰身直肢葬，未出土随葬器物（图四〇）。

2. M2

位于T4西南部。开口于第5层下，打破第6层。竖穴土坑式单人墓，墓向140°。墓口平面呈长方形，墓圹长约1.8、宽约0.4、残深0.1～0.15米，直壁，平底，未见人工处理的痕迹。墓内葬有人骨一具，保存较差，葬法推测为一次葬，葬式为仰身直肢葬，未出土随葬器物（图四一）。

3. M3

位于T4西南部。开口于第5层下，打破H19、第6层和生土，中部偏北被一条汉代沟打破。竖穴土坑式单人墓，墓向155°。墓口平面呈长方形，墓圹长约3.1、宽约0.8、残深0.3米。墓室内四壁筑有生土二层台，二层台宽 0.12～0.22、高 0.12～0.16 米。墓底部为圜底，两侧壁呈弧形，其形体类似船棺，但未发现明显的棺木腐朽的痕迹。墓内葬有人骨一具，保存较差，葬法推测为一次葬，葬式为仰身直肢葬，未出土随葬器物（图四二）。

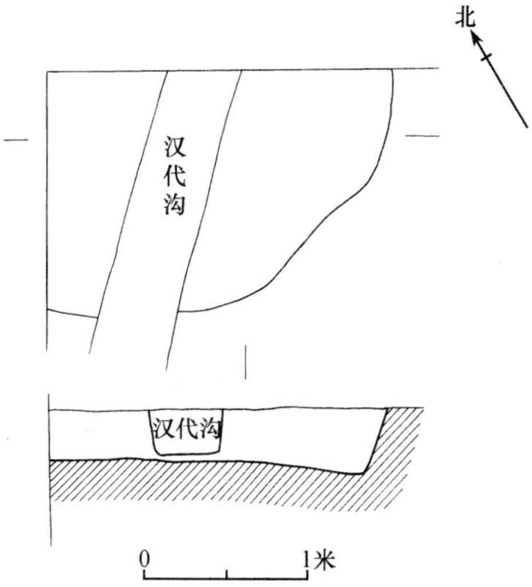

图三八　H20平、剖面图

4. M4

位于 T4 西南部。开口于第 5 层下，打破第 6 层和生土，墓中部偏南被一条汉代沟打破。竖穴土坑式单人墓，墓向 140°。墓口平面呈长方形，墓圹长约 3.26、宽约 0.7、残深 0.2～0.24 米，直壁，平底，未见人工处理的痕迹。墓内葬有人骨一具，保存较差，葬法推测为一次葬，葬式为仰身直肢葬，未出土随葬器物（图四三）。

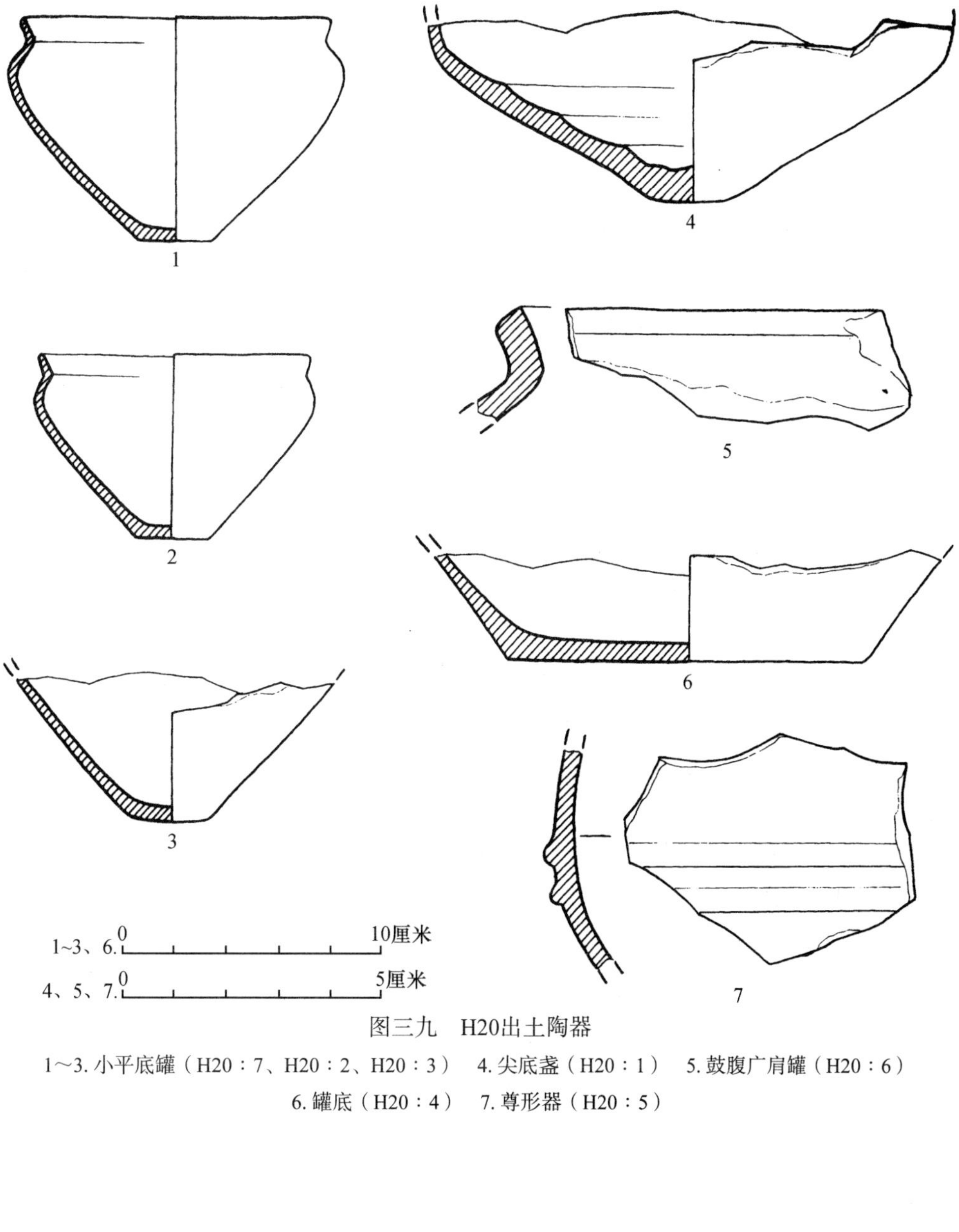

图三九　H20出土陶器

1～3. 小平底罐（H20：7、H20：2、H20：3）　4. 尖底盏（H20：1）　5. 鼓腹广肩罐（H20：6）　6. 罐底（H20：4）　7. 尊形器（H20：5）

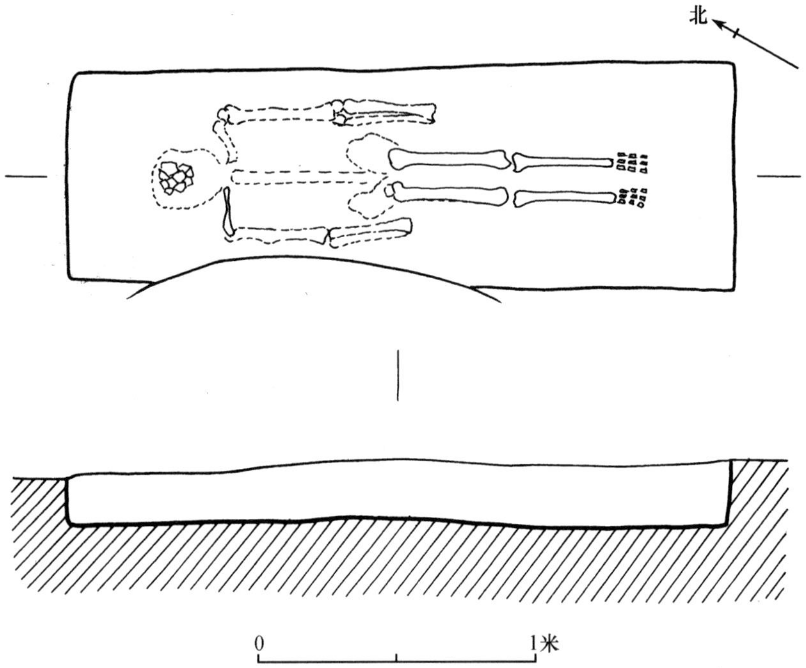

图四〇　M1平、剖面图

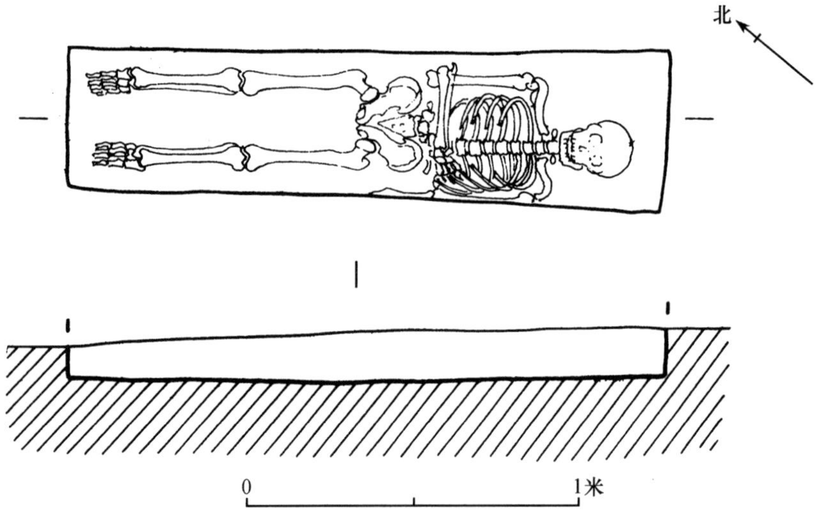

图四一　M2平、剖面图

5. M5

位于 T4 东北部。开口于第 5 层下，打破 H18。竖穴土坑式单人墓，墓向 150°。墓口平面呈长方形，墓圹长约 3.5、宽约 0.92、残深 0.24 米（图四四）。墓室内四壁筑有生土二层台，二层台宽 0.1～0.22、高 0.1～0.12 米。墓底部为圜底，两侧壁呈弧形，其形体类似船棺，但未发现明显的棺木腐朽的痕迹。墓内葬有人骨一具，保存较差，葬法推测为一次葬，葬式为仰身直肢葬，墓内随葬一件磨石。

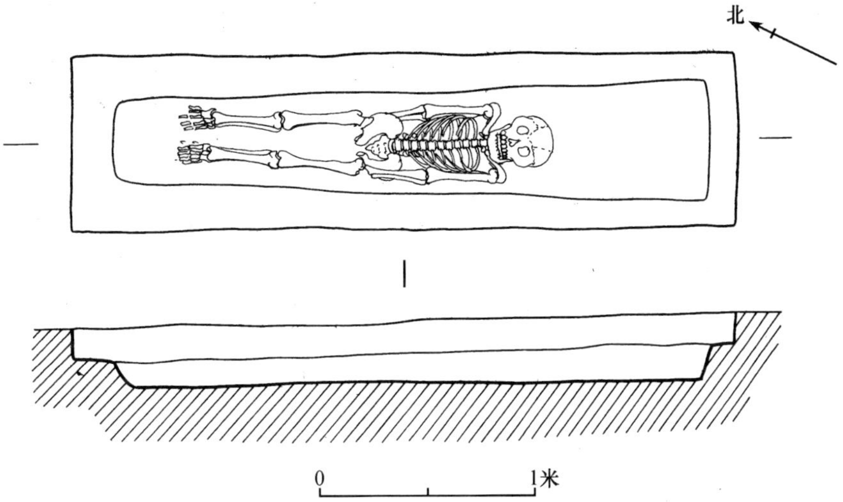

图四二 M3平、剖面图

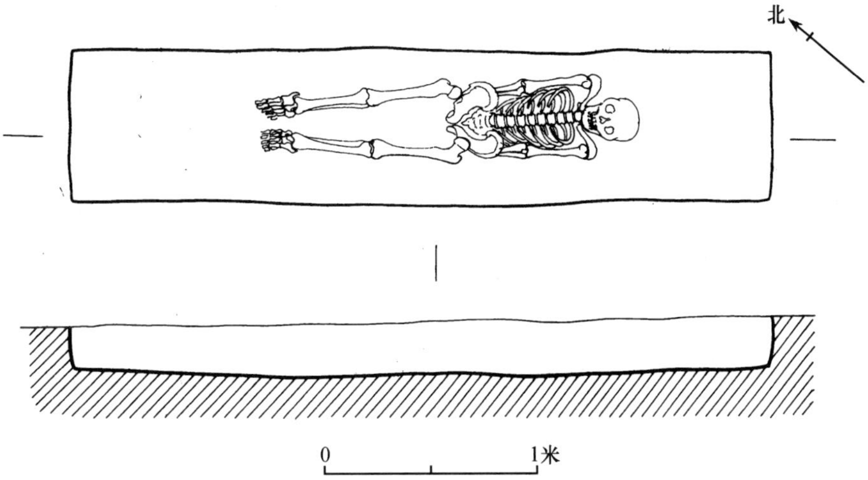

图四三 M4平、剖面图

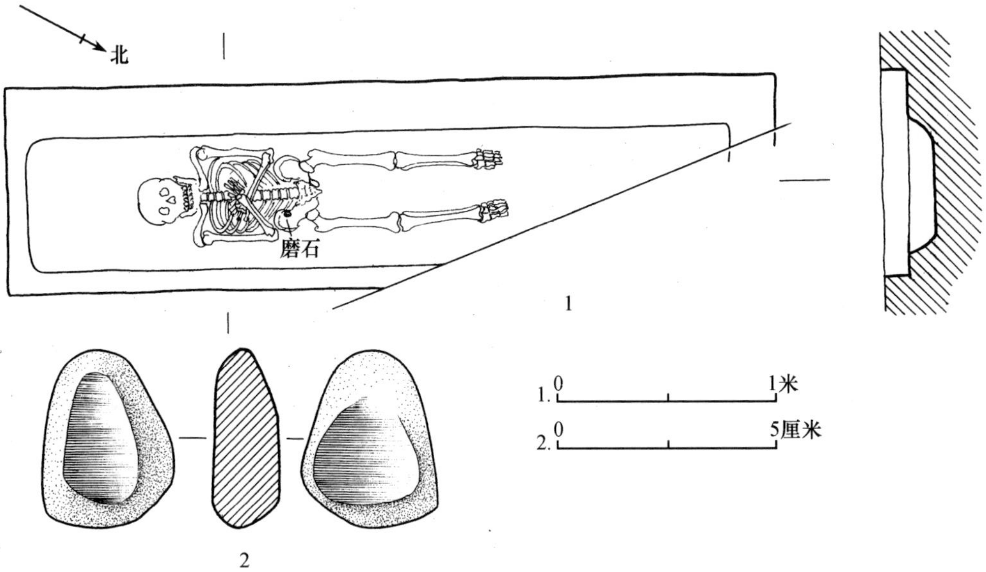

图四四 M5平、剖面图及出土磨石

1. 平、剖面图 2. 磨石（M5：1）

四、第5层出土器物

该层的出土物有陶器和石器两大类，陶器仍包括了夹砂陶和泥质陶，其中夹砂陶的比例占绝对多数，火候较低，有黑灰、褐、红褐、灰等几种颜色，泥质陶见有尖底杯、器盖、豆柄等器形，火候相对较高。陶器表面以素面为主，只是纹饰的种类有所增加，如弦纹、绳纹、席纹、附加乳钉纹、附加弦纹、网格纹和戳印纹等。陶器的制作方法通常是泥条盘筑再经过慢轮修整而成，少量为轮制，可辨器形比较丰富，有小平底罐、鼓腹广肩罐、敛口罐、高领罐、盆、尖底杯、豆、盉足、器盖、圈足、尊形器等。总体而言，第 5 层的陶器与第 6 层在陶质、陶色、器形、纹饰等方面的区别不大。石器的数量不多，可见斧、锛、凿和尖状器（表二）。

表二　第5层出土陶器（片）统计表

纹饰＼陶质及陶色	夹砂陶			泥质陶			合计	百分比（%）
	黑灰	灰	褐	黑灰	灰	红褐		
素面	340	309	448	34	62	39	1232	91.32
绳纹	21	9	6		1		37	2.74
划斜线纹	11	12	4	1			28	2.08
弦纹	5	12	8	4	2	2	33	2.45
网格纹	4	2	3				9	0.67
席纹	1						1	0.07
菱形纹	1						1	0.07
附加堆纹	3	3					6	0.44
戳印纹	1		1				2	0.15
合计	387	347	470	39	65	41	1349	
百分比（%）	28.69	25.72	34.84	2.89	4.82	3.04		100

（1）陶器

小平底罐　12 件。翻沿，鼓肩，斜腹内收为小平底。T6⑤：7，夹砂褐陶。口径 15、残高 4.5 厘米（图四五，1）。T4⑤：58，夹砂黑灰陶。残高 5.7 厘米（图四五，3）。T4⑤：20，夹砂黑灰陶。残高 4.8 厘米（图四五，4）。T4⑤：62，夹砂褐陶。口径 14、残高 4 厘米（图四五，2）。

鼓腹广肩罐　18 件。翻沿，方唇或圆唇，广肩，鼓腹。T4⑤：41，夹砂黑灰陶。肩腹部饰席纹和凹弦纹。口径 30、残高 9 厘米（图四五，6）。T5⑤：7，夹砂黑灰陶。肩部饰两周凹弦纹。口径 22、残高 6.5 厘米（图四六，3）。T4⑤：11，夹砂褐陶。肩腹部饰绳纹。残高 6 厘米（图四五，8）。T6⑤：64，夹砂红褐陶。肩腹部饰网格纹。口径 20、残高 4.5 厘米（图四五，5）。T3⑤：32，夹砂红褐陶。肩腹部饰绳纹和凹弦纹。口径 26、残高 6 厘米（图四五，7）。

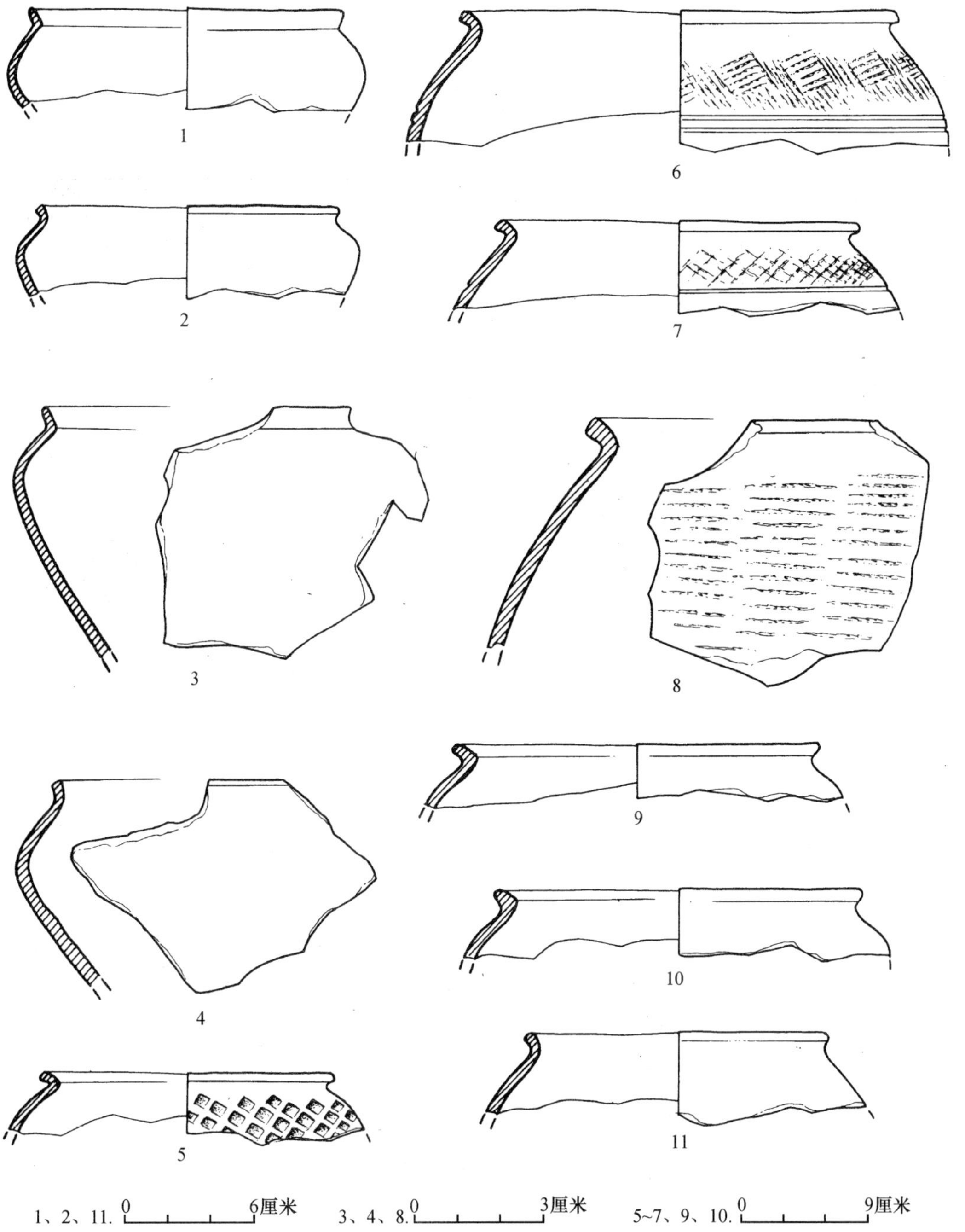

图四五　第5层出土陶罐

1～4. 小平底罐（T6⑤：7、T4⑤：62、T4⑤：58、T4⑤：20）　5～11. 鼓腹广肩罐（T6⑤：64、T4⑤：41、T3⑤：32、T4⑤：11、T4⑤：24、T5⑤：41、T6⑤：29）

T6⑤：54，夹砂黑灰陶。肩部饰绳纹和凹弦纹。残高4.7厘米（图四六，1）。T5⑤：41，夹砂黑灰陶。口径26、残高5厘米（图四五，10）。T6⑤：29，夹砂黑灰陶。口径14、残高3.5厘米（图四五，11）。T4⑤：24，夹砂红褐陶。口径26、残高4厘米（图四五，9）。T4⑤：87，夹砂红褐陶。口径24、残高3.5厘米（图四六，2）。T4⑤：6，夹砂黑灰陶。肩部饰绳纹。口径16、残高4.5厘米（图四六，5）。

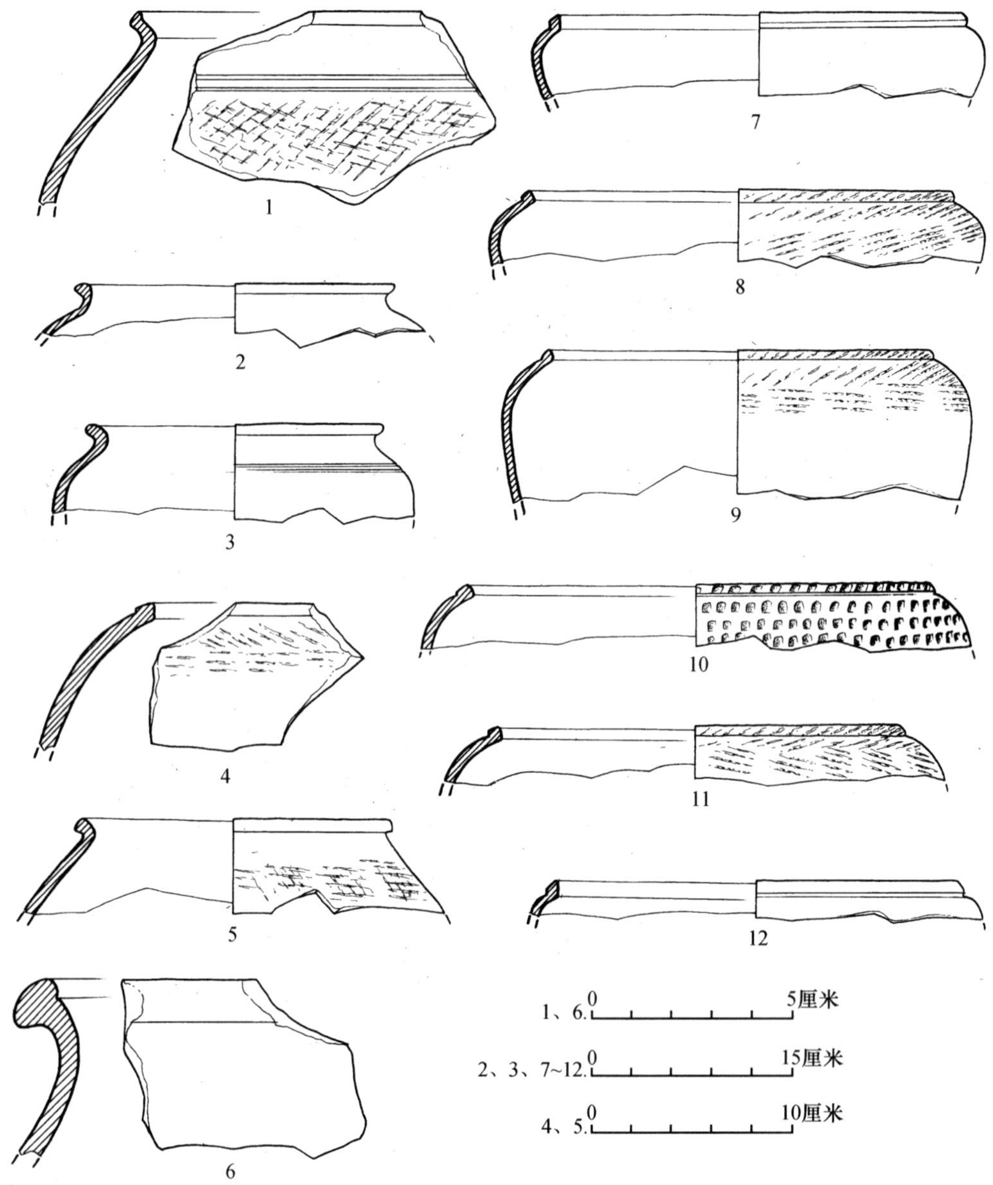

图四六　第5层出土陶罐

1～3、5. 鼓腹广肩罐（T6⑤：54、T4⑤：87、T5⑤：7、T4⑤：6）　4、7～12. 敛口罐（T4⑤：53、T6⑤：25、T4⑤：93、T4⑤：78、T4⑤：75、T6⑤：48、T6⑤：61）　6. 高领罐（T6⑤：28）

敛口罐　33件。敛口，圆唇，广肩，最大径多在肩部，肩部和口沿内外拍印绳纹。T4⑤：78，夹砂黑灰陶。口径28、残高11厘米（图四六，9）。T4⑤：53，夹砂黑灰陶。残高8.2厘米（图四六，4）。T4⑤：80，夹砂红褐陶。口径32、残高4.5厘米（图四七，4）。T4⑤：93，夹砂褐陶。口径32、残高5.5厘米（图四六，8）。T6⑤：25，夹砂黑灰陶。口径30、残高6厘米（图四六，7）。T6⑤：48，夹砂黑灰陶。口径30、残高4厘米（图四六，11）。T4⑤：75，夹砂黑灰陶。肩部及口沿处满饰戳印纹。口径34、残高5厘米（图四六，10）。T5⑤：52，夹砂黑灰陶。口径34、残高3厘米（图四七，3）。T4⑤：88，夹砂黑灰陶。残高6厘米（图四七，5）。T6⑤：61，夹砂黑灰陶。口径30、残高2厘米（图四六，12）。T5⑤：57，夹砂黑灰陶。口径36、残高6.5厘米

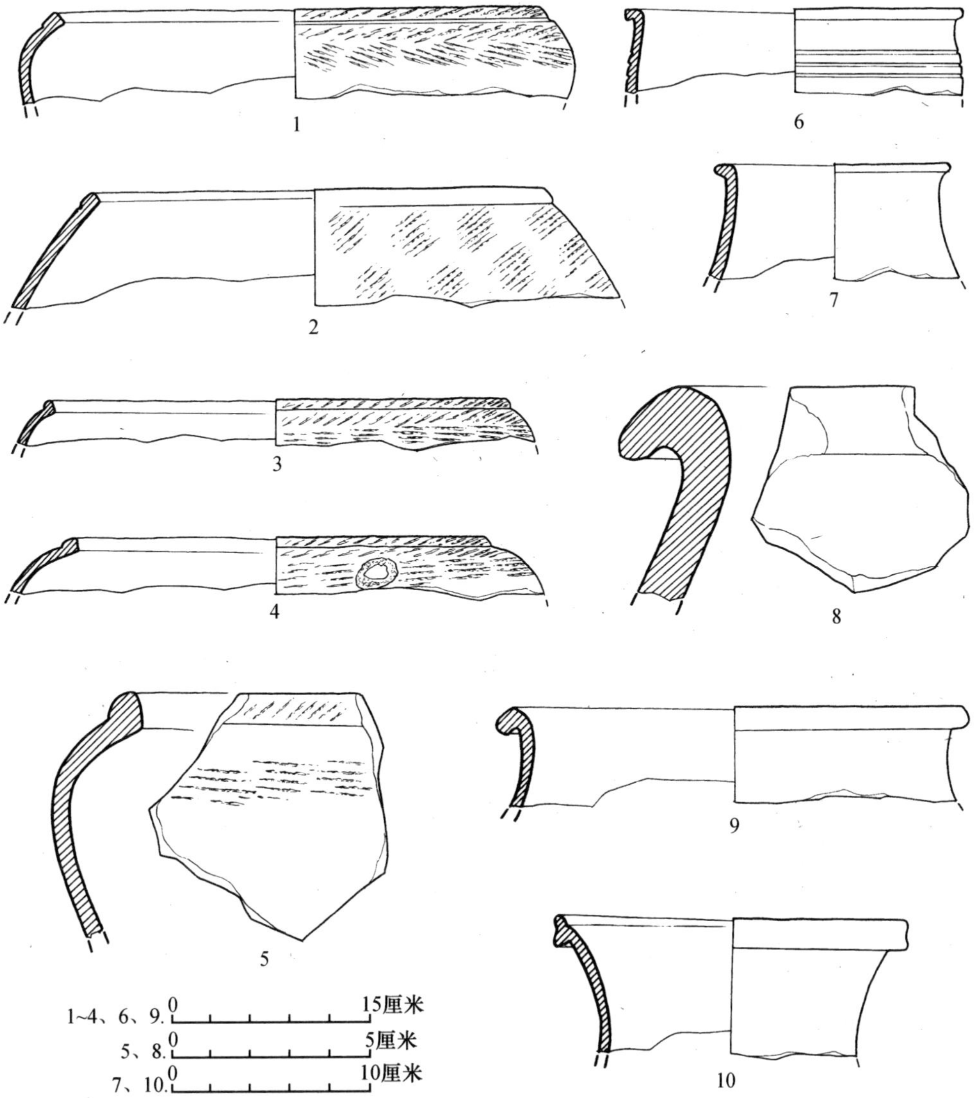

图四七　第5层出土陶器

1～5. 敛口罐（T5⑤：57、T5⑤：91、T5⑤：52、T4⑤：80、T4⑤：88）　6、8. 盆（T6⑤：31、T4⑤：68）
7、9、10. 高领罐（T6⑤：24、T6⑤：27、T3⑤：49）

（图四七，1）。T5⑤：91，夹砂黑灰陶。口径34、残高8厘米（图四七，2）。

盆　4件。折沿或翻卷口沿，腹部较深。T4⑤：68，夹砂红褐陶。残高5厘米（图四七，8）。T6⑤：31，夹砂灰陶。腹部饰三周凹弦纹。口径26、残高6厘米（图四七，6）。

高领罐　7件。翻沿，领部较高。T3⑤：49，夹砂褐陶。口径18、残高6.5厘米（图四七，10）。T6⑤：24，夹砂灰陶。口径12、残高5.5厘米（图四七，7）。T6⑤：27，夹砂灰陶。口径36、残高7厘米（图四七，9）。T6⑤：28，夹砂黑灰陶。残高4.3厘米（图四六，6）。

尖底杯　9件。折腹，下腹斜直内收成小底或尖底。T3⑤：1，泥质灰陶。残高2.5厘米（图四八，1）。T6⑤：42，泥质灰陶。残高2厘米（图四八，3）。T3⑤：59，泥质黑灰陶。残高2.3厘米（图四八，2）。T4⑤：29，泥质黑灰陶，胎面呈红褐色。残高3厘米（图四八，4）。T4⑤：14，泥质灰陶。残高2.5

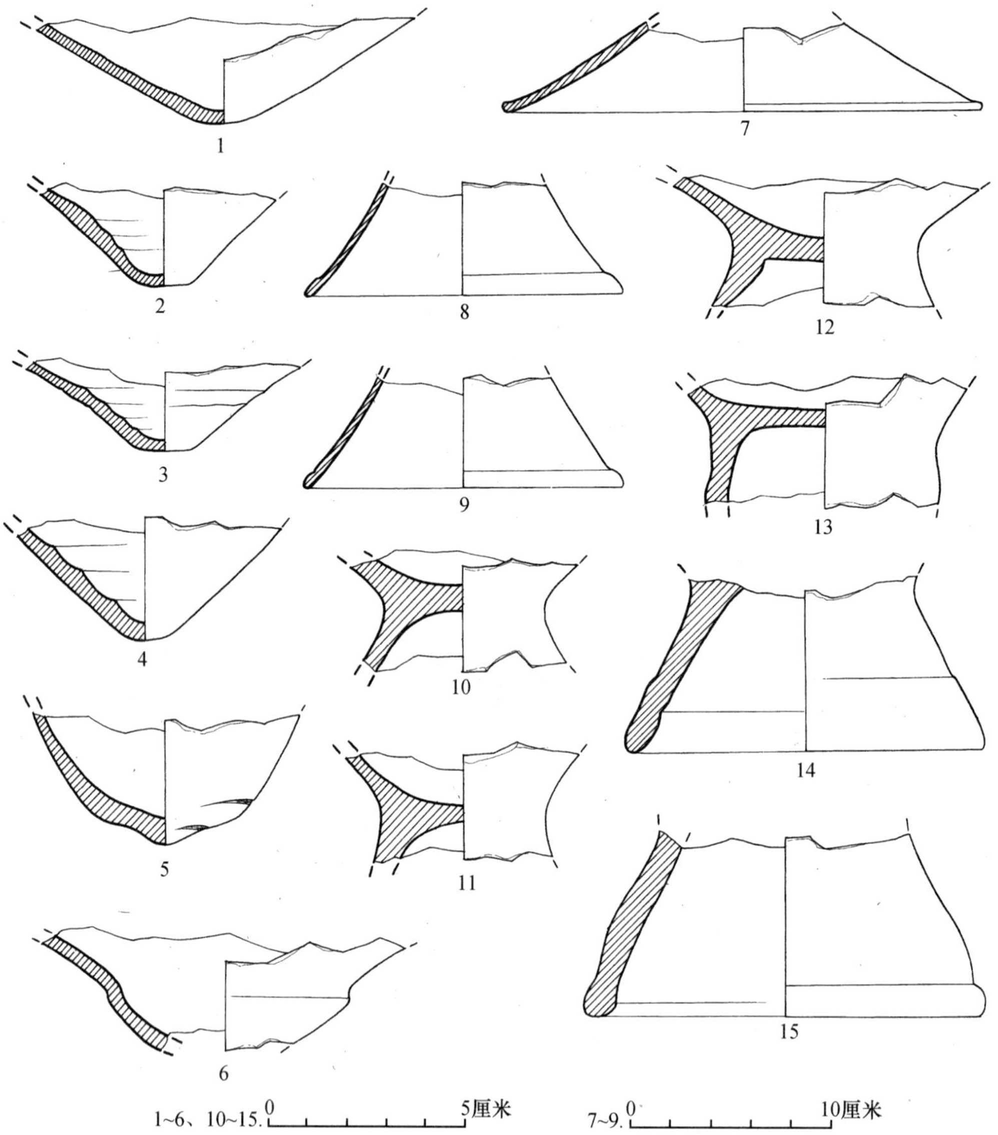

图四八 第5层出土陶器

1～6. 尖底杯（T3⑤：1、T3⑤：59、T6⑤：42、T4⑤：29、T4⑤：55、T4⑤：14） 7～9. 器盖（T4⑤：4、T6⑤：30、T4⑤：22） 10～15. 圈足（T6⑤：4、T3⑤：55、T4⑤：51、T3⑤：56、T6⑤：6、T4⑤：86）

厘米（图四八，6）。T4⑤：55，夹砂黑灰陶。残高3.2厘米（图四八，5）。

圈足 16件。圈足罐或簋形器的足部。T6⑤：4，夹砂褐陶。残高2.5厘米（图四八，10）。T4⑤：51,夹砂黑灰陶。残高3厘米(图四八,12)。T6⑤：6,夹砂红褐陶。足径9、残高4.2厘米(图四八，14)。T3⑤：55，夹砂褐陶。残高2.5厘米（图四八，11）。T3⑤：56，夹砂红褐陶。残高3厘米（图四八，13）。T4⑤：86，夹砂红褐陶。足径10、残高4.5厘米（图四八，15）。

器盖 6件。盖身呈浅盘形，盖沿多带圆唇部。T4⑤：4，夹砂黑灰陶。口径24、残高4.2厘米（图四八，7）。T4⑤：22,夹砂灰陶。口径16、残高5.5厘米（图四八,9）。T6⑤：30,泥质黑陶。口径16、残高5.5厘米（图四八，8）。

盖纽 9件。小喇叭形纽。T4⑤：25，夹砂红褐陶。纽径4.5、残高2.2厘米（图四九，3）。

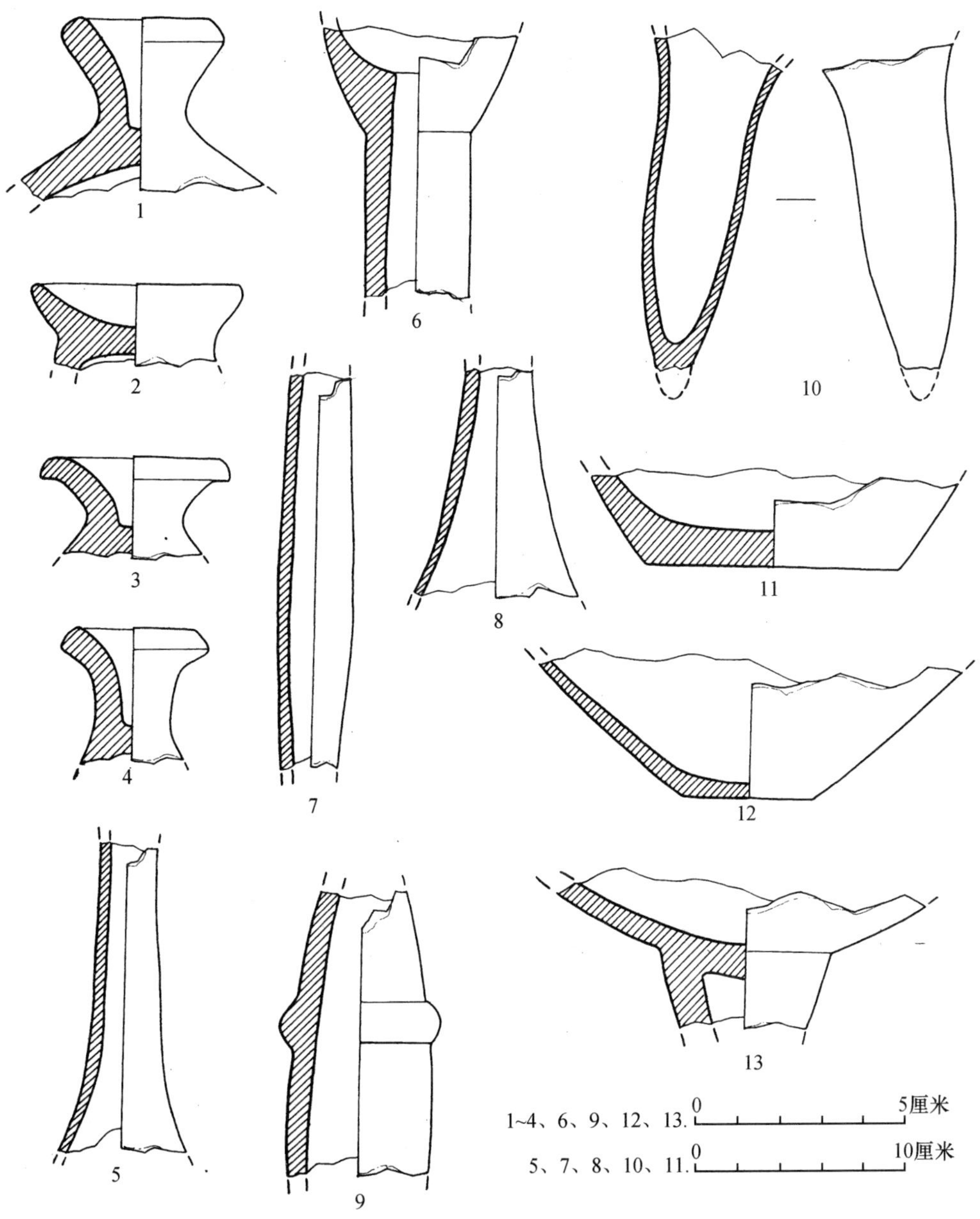

图四九　第5层出土陶器

1～4. 盖纽（T6⑤：1、T4⑤：72、T4⑤：25、T4⑤：23）　5～9. 豆柄（T4⑤：30、T5⑤：30、T4⑤：44、T4⑤：33、T4⑤：34）　10. 盉足（T4⑤：42）　11、12. 罐底（T4⑤：92、T4⑤：54）　13. 豆盘（T6⑤：36）

T6⑤：1，夹砂红褐陶。纽径3.8、残高4厘米（图四九，1）。T4⑤：23，夹砂褐陶。纽径3.5、残高3厘米（图四九，4）。T4⑤：72，夹砂褐陶。纽径5、残高2厘米（图四九，2）。

盉足　1件。袋足较肥胖，足端呈尖锥状。T4⑤：42，夹砂黑灰陶。残高16厘米（图四九，10）。

豆柄　25件。两端呈喇叭形，中段细长柱形，中空。T4⑤：33，夹砂红褐陶，胎面呈黑色。残高11厘米（图四九，8）。T4⑤：44，夹砂黑灰陶。残高18厘米（图四九，7）。T5⑤：30，夹砂黑灰陶。残高6厘米（图四九，6）。T4⑤：34，泥质黑陶。柄部带节突。残高6.5厘米（图四九，9）。T4⑤：30，夹砂灰陶。残高14厘米（图四九，5）。

豆盘 5 件。通体呈盘形或盏形。T6⑤：36，夹砂黑灰陶。残高 3 厘米（图四九，13）。

罐底 1 件。斜直腹内收，平底。T4⑤：92，夹砂黑灰陶。底径 12、残高 4 厘米（图四九，11）。T4⑤：54，夹砂黑灰陶。底径 3、残高 3 厘米（图四九，12）。

器耳残片 1 件。桥形竖耳，表面有“×”形刻划纹。T5⑤：2，夹砂黑灰陶。耳宽 3、残高 4.5 厘米（图五〇，3）。

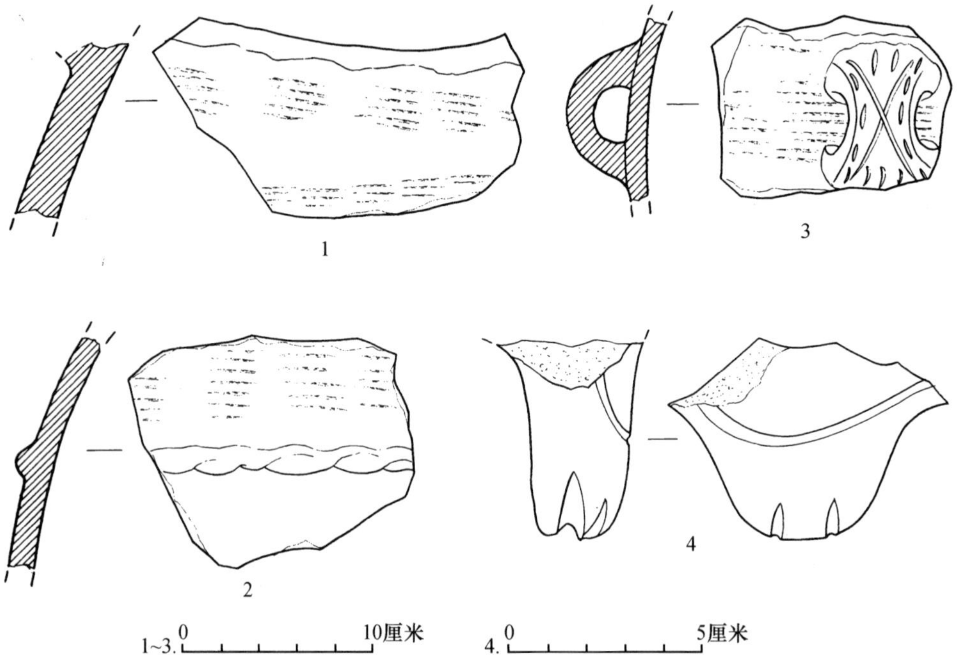

图五〇 第5层出土陶器

1、2. 尊形器（T5⑤：1、T3⑤：27） 3. 器耳残片（T5⑤：2） 4. 动物模型（T3⑤：9）

尊形器 2 件。均为领部或腹部残片，器表堆塑凸弦纹，弦纹上下刻划绳纹。T3⑤：27，夹砂黑灰陶。残高 11.8 厘米（图五〇，2）。T5⑤：1，夹砂黑灰陶。残高 9.6 厘米（图五〇，1）。

动物模型 1 件。T3⑤：9，类似蟾蜍的头部。夹砂黑灰陶。残长 5 厘米（图五〇，4）。

（2）石器

斧 3 件。体形较大，顶窄刃宽。T3⑤：1，长 9.5、顶宽 5.9、刃宽 7.5、最厚处 2.1 厘米（图五一，1）。T4⑤：81，刃宽 6.7、长 6.5、最厚处 1.3 厘米（图五一，4）。T4⑤：84，长 6.5、顶宽 3.4、刃宽 4.4、最厚处 1.4 厘米（图五一，2）。

锛 2 件。体形较小，顶窄刃宽。T6⑤：22，长 4.3、顶宽 1.9、刃宽 2.9、厚 0.7 厘米（图五一，6）。T3⑤：3，刃部缺失。残长 4.5、宽 3.2、厚 0.8 厘米（图五一，5）。

凿 1 件。窄长条形，一端刃。T4⑤：83，长 7、顶宽 1.5、刃宽 2.5、最厚处 1.2 厘米（图五一，7）。

尖状器 1 件。平面呈三角形，两端有刃。T6⑤：21，黑曜石质。长 4.8、刃宽 5.3、最厚处 1.8 厘米（图五一，3）。

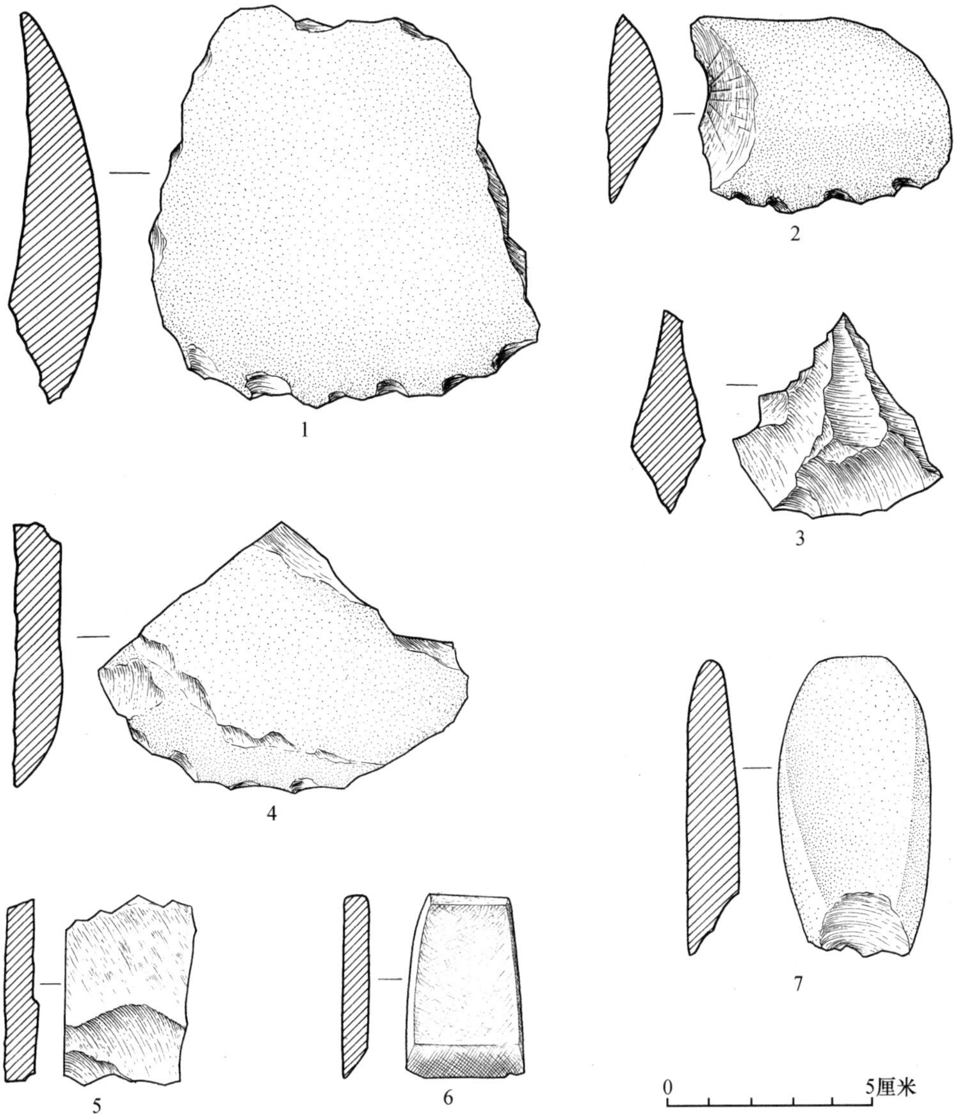

图五一　第5层出土石器

1、2、4. 斧（T3⑤：1、T4⑤：84、T4⑤：81）　3. 尖状器（T6⑤：21）　5、6. 锛（T3⑤：3、T6⑤：22）

7. 凿（T4⑤：83）

五、第4层下遗迹单位及出土器物

第 4 层下的商周时期遗迹只有 H1、H7 两个灰坑，出土器物集中于 H1 内。

1. H1

位于 T7 西南部。叠压于第 4 层下，打破第 5 层。揭露部分平面近椭圆形，斜直壁，平底。长 2.44、宽 1.94～2.1、深 0.12～0.14 米（图五二）。坑内填灰褐色土，土质较疏松，夹杂大小不一的河卵石和灰烬、红烧土颗粒。出土陶器数量较多，以夹砂黑灰陶、褐陶和灰陶为主，泥质陶的数量很少。陶器多素面，纹饰只见到一些弦纹、网格纹、绳纹等。陶器的制作方法通常是泥条盘筑再

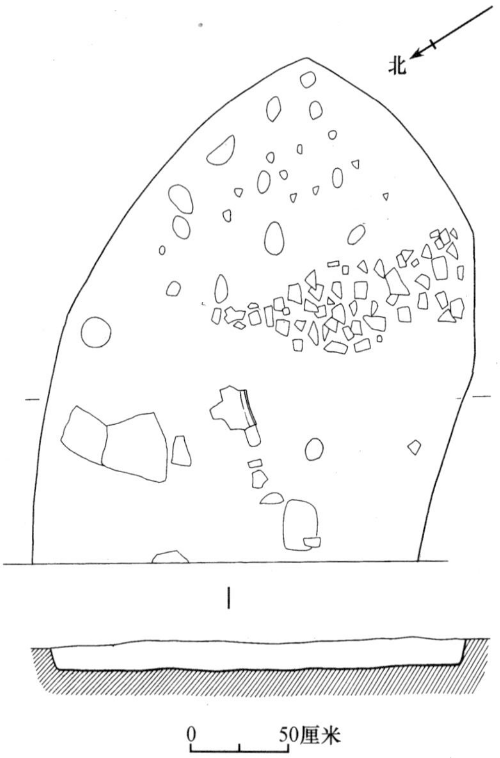

图五二　H1平、剖面图

经过慢轮修整而成，少量为轮制，可辨器形有鼓腹广肩罐、小平底罐、敛口罐、高领罐、盆、豆、器盖、罐底等。

鼓腹广肩罐　3件。翻沿，方唇，广肩，鼓腹。H1：25，夹砂黑灰陶。肩部饰网格纹和凹弦纹。口径32、残高14厘米（图五三，1）。H1：18，夹砂黑灰陶。肩部饰绳纹。口径18、残高6厘米（图五三，2）。H1：24，夹砂褐陶。肩部饰绳纹和凹弦纹。口径32、残高6厘米（图五三，3）。H1：16，夹砂黑灰陶。口径14、残高3.8厘米（图五三，4）。

小平底罐　5件。翻沿，鼓肩，斜腹内收为小平底。H1：1，夹砂黑灰陶。口径12、底径4、残高8.5厘米（图五四，2）。H1：2，夹砂褐陶。口径10.5、底径3、残高7.5厘米（图五四，3）。H1：3，夹砂褐陶。口径12、底径3、残高7.5厘米（图五四，1）。

敛口罐　2件。敛口，圆唇，广肩，最大径多在肩部。肩部和口沿内外拍印绳纹。H1：15，夹砂灰陶。口径36、残高4厘米（图五三，5）。H1：13，夹砂黑灰陶，胎面呈浅褐色。口径26、残高4厘米（图五三，6）。

高领罐　1件。翻沿，领部较高。H1：12、夹砂褐陶。领部饰一周凹弦纹。残高4.7厘米（图五三，7）。

盆　2件。折沿，腹部较深。H1：23，夹砂灰陶。上腹部饰两周凹弦纹。残高8.1厘米（图五三，8）。H1：30，夹砂灰陶。上腹部饰一周凹弦纹。残高22.8厘米（图五三，9）。

豆柄　2件。两端呈喇叭形，中段细长柱形，中空。H1：11，泥质黑灰陶。残高5.5厘米（图五四，9）。H1：9，泥质灰陶。残高10厘米（图五四，10）。

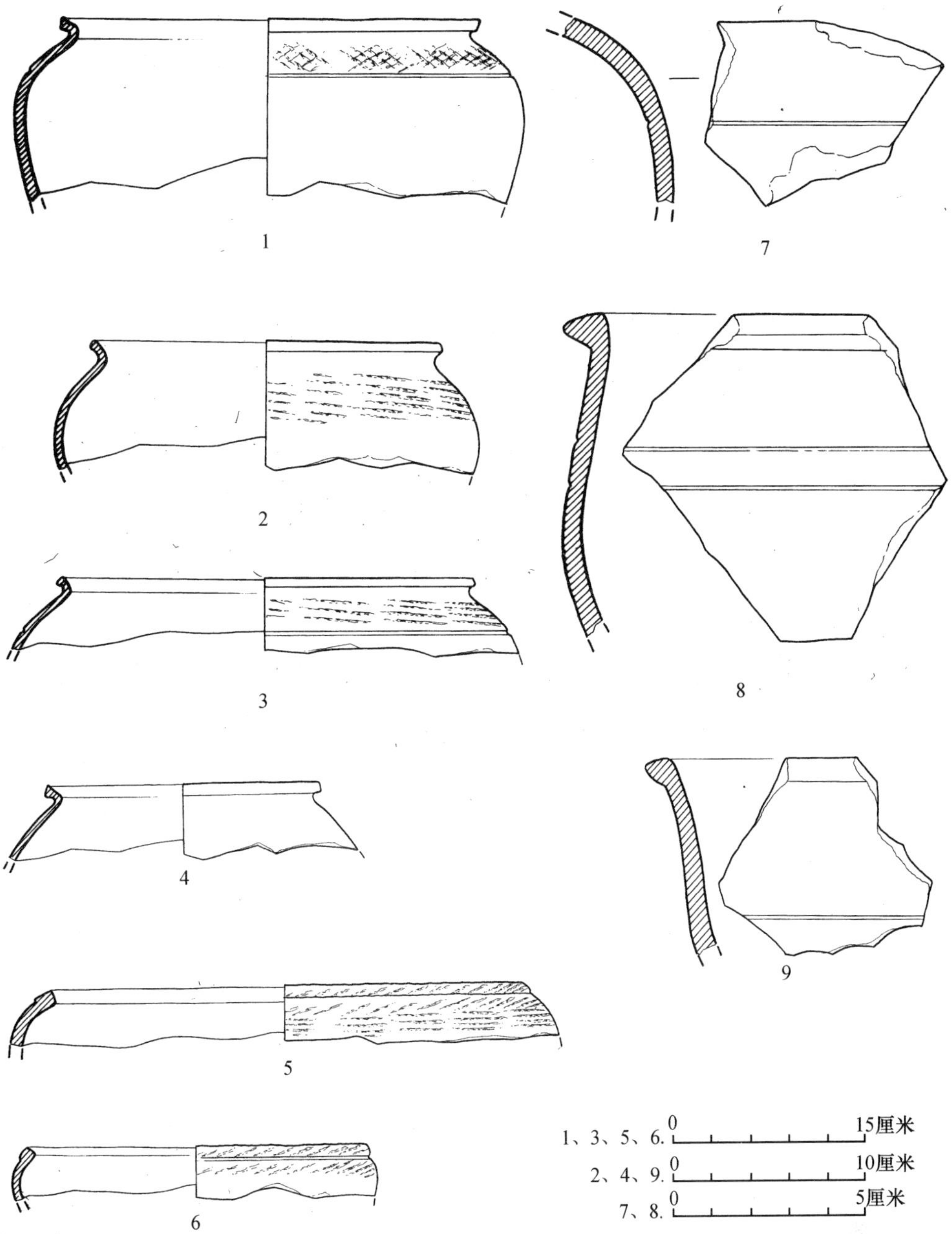

图五三 H1出土陶器

1～4. 鼓腹广肩罐（H1：25、H1：18、H1：24、H1：16） 5、6. 敛口罐（H1：15、H1：13） 7. 高领罐（H1：12）
8、9. 盆（H1：23、H1：30）

器盖 1件。盖身呈浅盘形。H1：4，夹砂灰陶。口径11.5、高2.3厘米（图五四，4）。

罐底 2件。斜直腹内收，平底。H1：5，夹砂灰陶。底径3、残高4.8厘米（图五四，5）。H1：6，夹砂灰陶。底径2.5、残高2.5厘米（图五四，7）。H1：21，夹砂褐陶。底径12.5、残高12厘米（图五四，8）。H1：22，夹砂黑灰陶。底径10、残高9厘米（图五四，6）。

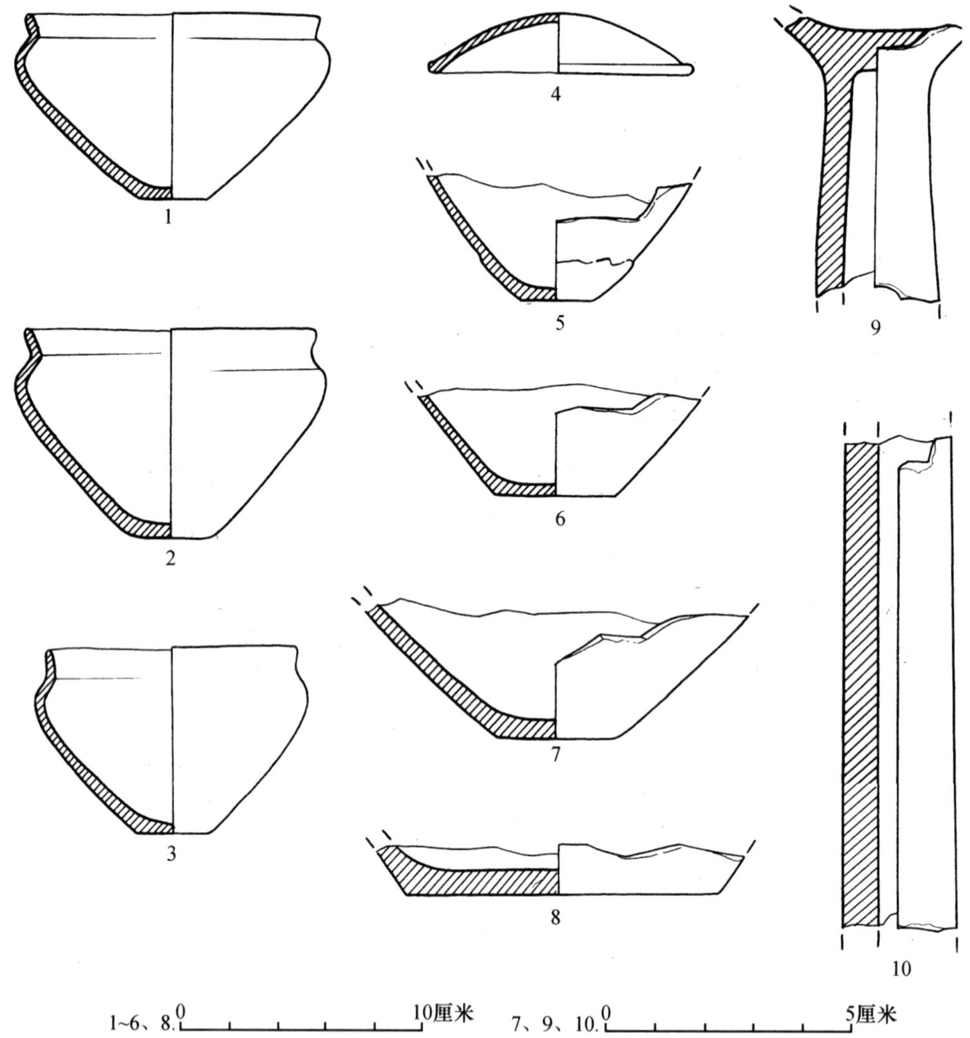

图五四　H1出土陶器

1～3. 小平底罐（H1：3、H1：1、H1：2）　4. 器盖（H1：4）　5～8. 罐底（H1：5、H1：22、H1：6、H1：21）
9、10. 豆柄（H1：11、H1：9）

2. H7

位于T5东部。叠压于第4层下，打破第5、6层和生土。平面近方形，弧壁，平底。长1.5～1.76、宽1.18、深0.66米（图五五）。坑内填灰褐色土，土质较疏松，夹杂灰烬和红烧土颗粒。出土陶器数量很少，以夹砂陶为主，可辨器形有敛口罐、盆、豆柄、罐底。

敛口罐　2件。敛口，圆唇，广肩。H7：7，夹砂褐陶。残高3.9厘米（图五六，4）。

盆　3件。折沿，腹部较深。H7：9，夹砂褐陶。残高2.4厘米（图五六，2）。H7：4，夹砂褐陶。口径24、残高3厘米（图五六，1）。

豆柄　1件。细长柱形，中空。H7：8，夹砂灰陶。残高8厘米（图五六，3）。

罐底　2件。斜直腹内收，平底。H7：3，夹砂红褐陶。底径10、残高1.5厘米（图五六，5）。

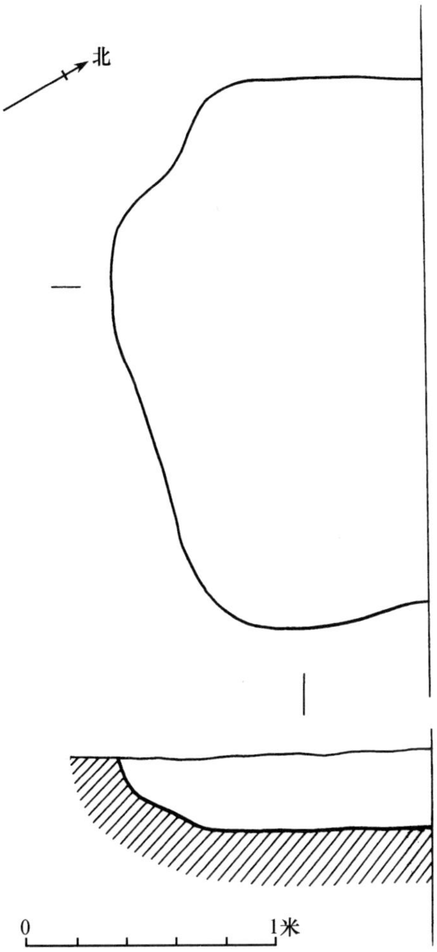

图五五 H7平、剖面图

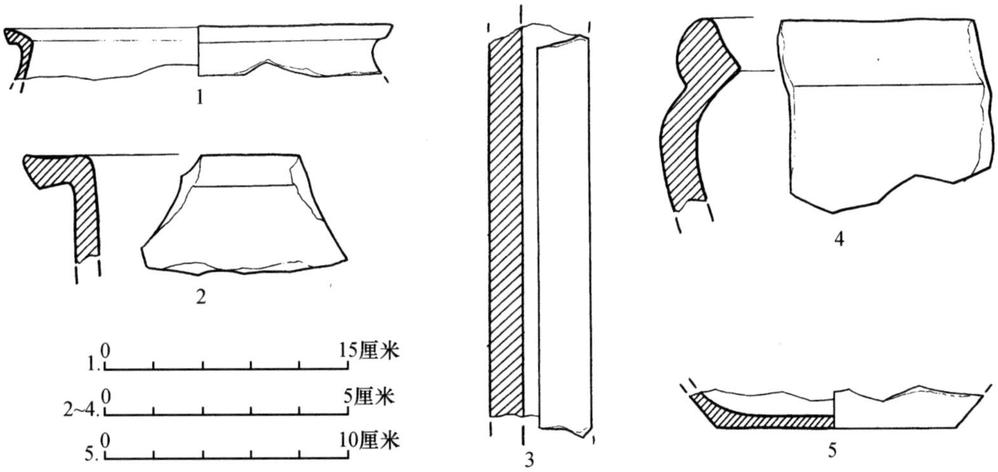

图五六 H7出土陶器

1、2. 盆（H7：4、H7：9） 3. 豆柄（H7：8） 4. 敛口罐（H7：7） 5. 罐底（H7：3）

六、结　　语

李家院子遗址出土的陶器以夹砂陶居多，泥质陶所占的比例很小。夹砂陶的胎体以黑灰和褐色为主，火候偏低；泥质陶火候则相对较高，且胎体基本只见灰陶一种。这些陶质陶色上表现出的特征与成都平原商周时期遗址出土陶器的情况大致相符，因而其应当属于商周时期的遗址。其次在器形方面，李家院子遗址出土的陶器可辨有小平底罐、鼓腹广肩罐、敛口罐、高领罐、带系罐、圈足罐、盆、尖底杯、尖底盏、高柄豆、盉、尊形器、网坠、器盖、圈足等十余种。这些器形可区分为两组，甲组以小平底罐、高柄豆、盉、尊形器为代表，属三星堆文化的典型陶器[1]，例如，地层和灰坑内数量较多的小平底罐器身通体较矮，侈口，圆折肩，口径略大于肩径，与三星堆文化早期常见的圆肩深腹类型明显有别，却与成都十二桥遗址出土的Ⅱ式和Ⅲ式小平底罐相同[2]；H2 和 H12 内出土的高柄豆柄部都带有两三道节突，与十二桥遗址的 D 型豆柄相似，唯后者有的节突之间还见有椭圆形镂孔；H3 出土的陶盉盉身（H3：68）造型上与十二桥遗址同类器（ⅠT2⑬：7）接近，H2 的陶盉袋足（H2：51）瘦高的特征亦见于成都市金沙遗址“强毅”地点[3]及新都区褚家村遗址[4]出土的陶盉。乙组器物以鼓腹广肩罐、敛口罐、高领罐、带系罐、圈足罐、盆、尖底杯、尖底盏等为代表，属十二桥文化的典型陶器，但是也应当注意到，尖底杯、尖底盏和盆的所占比例都很小，而盛行的是各种类型的罐，表明遗址在一定程度上有其独特的文化内涵。具体器物如 H2 出土的一件带系罐（H2：53）呈直口，矮领，广肩，鼓腹，肩腹部刻划三角形纹、菱形纹和弦纹，三角形纹内带戳印的麻点，菱形图案内刻划出太阳图案，无论从器形和纹饰上都与金堂县金海岸二期A区遗址H3内出土的Db型陶罐类似[5]；T3第6层出土的另一件陶罐残片（T3⑥：34）肩部弦纹位置附加小耳，与金海岸遗址 H4 出土的器耳一致，金海岸遗址的年代大约在商代中晚期，与十二桥遗址早期的年代相当。又如 H6 内的两件圈足罐（H6：1、H6：2）在造型上则与金沙遗址万博地点 M205 出土的圈足罐类同，万博地点的年代据报告推定在商代末期至西周早期[6]。综合考虑，我们认为李家院子遗址的年代应相当于十二桥遗址的早期（第 12 层和第 13 层），约在商代晚期。

李家院子遗址是郫县境内新发现的一处先秦时期堆积，它的发现为建立和研究成都平原先秦时期文化的发展演变序列提供了重要的材料。

附记：本次发掘得到成都市域铁路有限责任公司、中铁集团第二工程局及郫县博物馆的大力支持与配合，在此深表感谢！

领队：蒋　成
调查和发掘：刘雨茂　陈云洪　何锟宇　易　立
颜　斌　张德千　谢　林　刘守强
高　攀　程远福　李彦川　徐　龙
器物修复：逯德军
绘图：曹桂梅
执笔：易　立　刘雨茂　陈云洪

注　释

［1］陈显丹:《广汉三星堆遗址发掘概况、初步分期——兼论“早蜀文化”的特征及其发展》,《南方民族考古》(第二辑)，四川科学技术出版社，1990年。

［2］四川省文物考古研究院、成都文物考古研究所:《成都十二桥》，文物出版社，2009年。

［3］成都文物考古研究所:《金沙遗址强毅汽车贸易有限公司地点发掘简报》,《成都考古发现》(2007)，科学出版社，2009年。

［4］成都文物考古研究所、新都区文物管理所:《成都市新都区褚家村遗址发掘简报》,《四川文物》2010年第4期。

［5］成都文物考古研究所:《金堂县金海岸二期A区商代遗址发掘报告》,《成都考古发现》(2007)，科学出版社，2009年。

［6］成都市文物考古研究所:《成都金沙遗址万博地点考古勘探与发掘收获》,《成都考古发现》(2002)，科学出版社，2004年。

都江堰市潘家祠堂汉墓发掘报告

成都文物考古研究院
都 江 堰 市 文 物 局

新建成都至都江堰快速客运铁路起于成都北站，在铁路西环线安靖（郫县）站向西引出后，沿国道317线成灌公路走向延伸，止于都江堰市青城山镇。其中都江堰段长24.6千米，涉及崇义镇、聚源镇、幸福镇、经开区、玉堂镇、中兴镇、青城山镇7个乡镇。经前期考古调查，铁路沿线共发现8个文物点（10～17号点），潘家祠堂墓地属于12号点，2008年12月～2009年1月，成都文物考古研究院、都江堰市文物局对该文物点进行了抢救性清理和发掘，清理了多座汉、唐、宋时期墓葬[1]和一处商周时期遗址[2]。

潘家祠堂墓地位于都江堰市崇义镇大桥村6组潘家祠堂南，南距杨家院子约50米（图一）。此处地表从西至东分别有三个封土包（A、B、C点），A点中心地理坐标为东经103° 43′ 37.68″、北纬30° 54′ 14.47″，海拔642米。A点封土包保存最好，残高约3米，平面近椭圆形，其北部在施工范围内；B点封土包在进场前已经被施工方破坏，发现汉、宋、明时期墓葬，墓葬多残剩底部；C点高于地表约1米，表面已被平整，开垦为田地，其北部在施工范围内。发掘方法是通过钻探确定墓地范围，然后根据墓葬的分布方向布方发掘，因此探方大小并不固定。通过保留主要隔梁解决封土结构和复原建造过程，了解墓葬之间的关系。潘家祠堂墓地共发现汉墓29座，出土大量器物。以下按照发掘点分别予以详细报告。

一、A　　点

A点保存较好，地表有明清时期坟墓。平面近椭圆形，残高约3米，面积约1500平方米，封土北部在施工范围内。此次仅清理施工范围内的墓葬，部分压于封土南部的墓葬未能清理完。共清理汉墓9座，有M10、M11、M12、M13、M14、M15、M16、M17、M34（图二）。封土包上部被破坏，墓葬之间的关系不好判断。据北部几座墓葬的发掘情况来看，此处为一汉代家族墓地。墓地所在地略高于周围，在商周时期始有人活动，形成了第4层，地层内包含少量的商周时期陶片；至汉代，一个家族选中此处作为墓地，修建前先平整场地，形成了第3层，该层内包含有汉代陶片；然后在第3层上的正中修建了一个夯土台，在夯土台上下挖墓圹，墓圹内修建M16，M16修建完成后覆以封土；后来该家族又在封土的西、东、北[3]三处分别修建了M11、M34、M17、M13、M10、M14、M12、M15，这些墓葬均晚于M16，或打破M16的夯土台、或打破M16的封土，但墓室之间绝无破坏关系；明清时期，当地居民又将该封土包作为墓地，在上面修建了一些墓葬，形成了第2层；近现代，居民将此处开垦为农田，形成了第1层（图三·A）。下面按照墓葬发掘顺序予以介绍[4]。

M10　砖室墓，由墓室和墓道两部分组成。墓葬平面呈“凸”字形，残长6.7米。被盗扰，墓葬破坏严重。方向30°。斜坡墓道位于墓室北面，平面近长方形，长1.98米，宽1.12～1.3米。墓室平

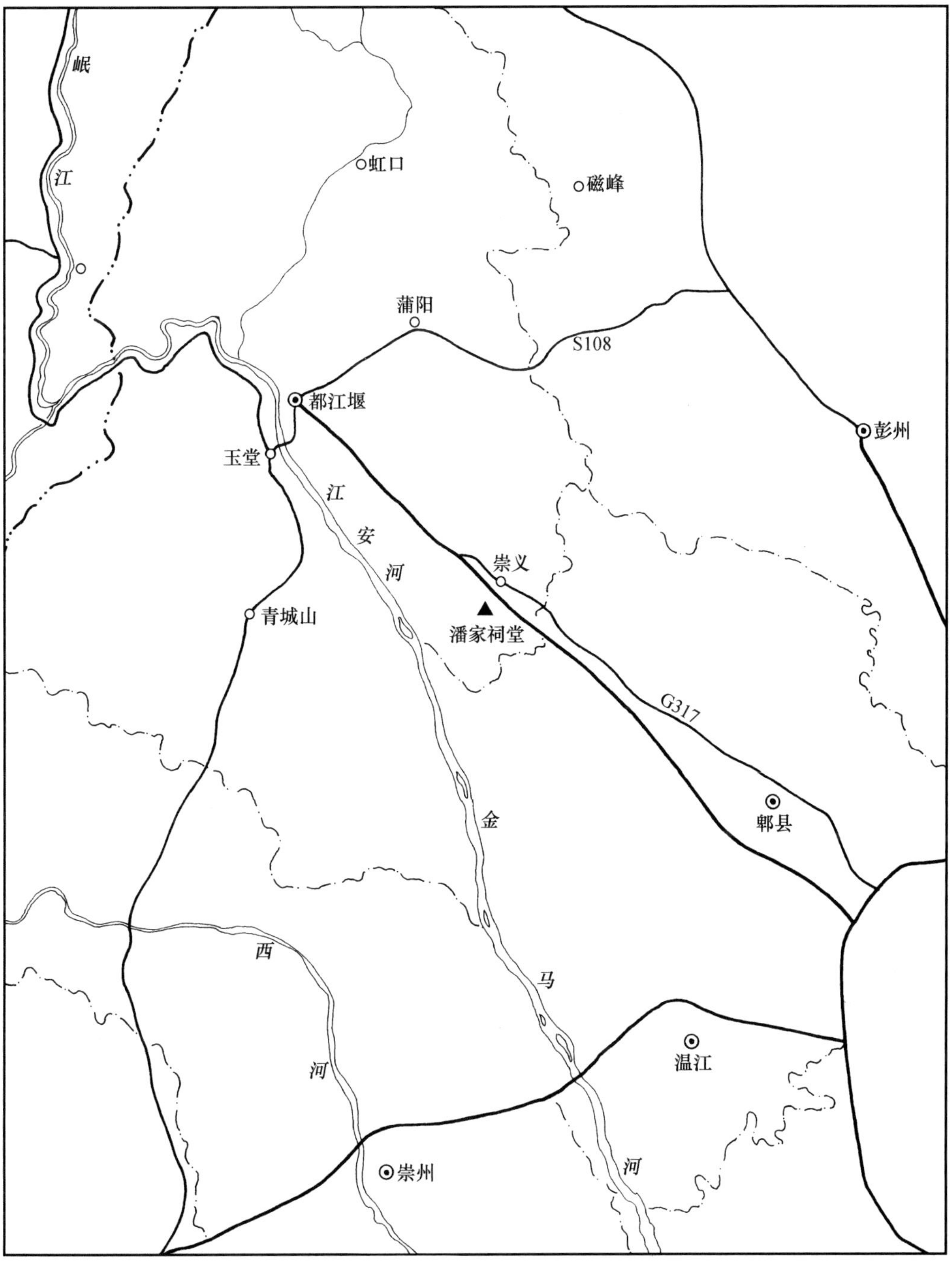

图一　汉墓群位置示意图

面呈长方形，内长 3.88 米，宽 2.06 米，残高 0.74 米。墓壁用长方形砖错缝叠砌。墓砖青灰色，有素面和花纹砖两种，花纹主要为菱形纹、联璧纹，位于墓砖一侧，规格为 32 × 20－4.4 厘米。券顶被破坏，形制不详。墓底用长方形素面砖一字形错缝斜铺。墓砖均为素面，有青灰色和红色两种，规格为 34 × 18－4.4 厘米。墓室内偏东处有三具陶棺，中部两棺略小。该墓为多人合葬墓，人骨腐朽不存（图四、图五）。

墓内随葬品被扰乱严重，主要放置于墓室西南角，较残。陶器器形有瓮、罐、盆、钵、灯及鸡、狗、俑等模型器。

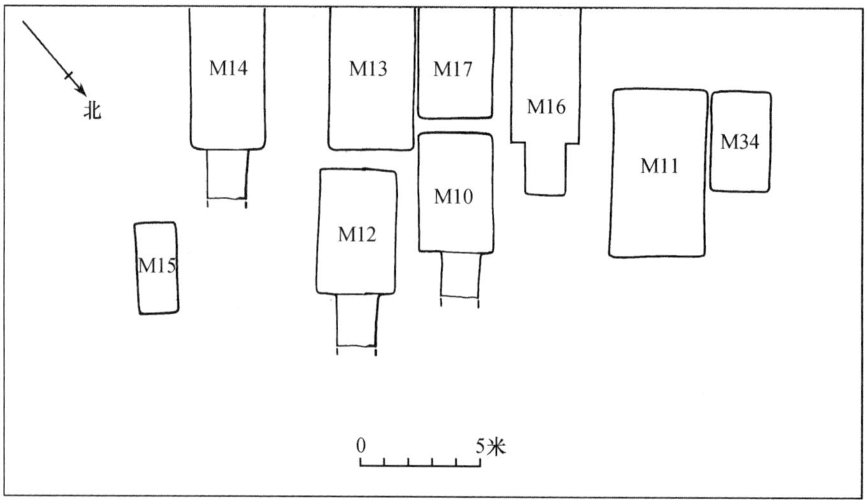

图二　A点墓葬分布图

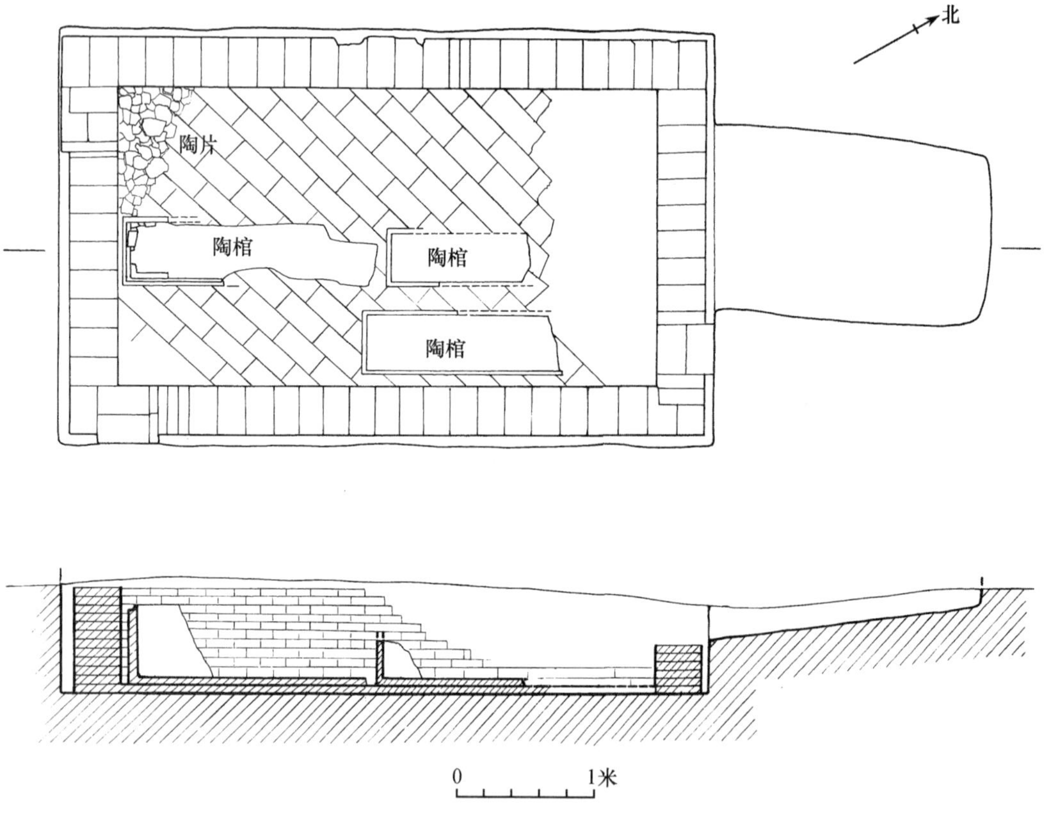

图四　M10平面、剖视图

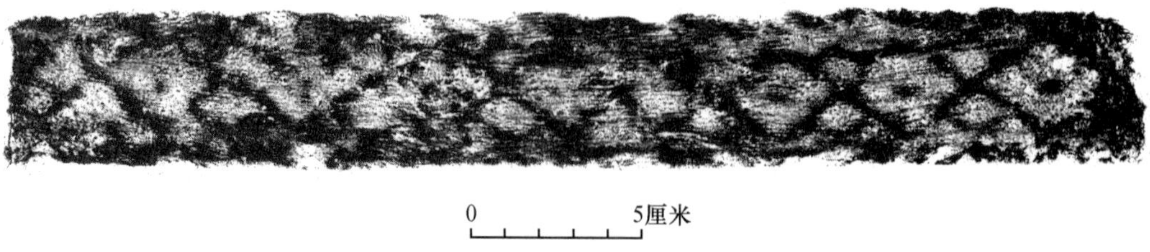

图五　M10出土墓砖纹饰（菱形纹）拓片

陶瓮　3件。M10：1，夹砂灰黑陶。敛口，略卷沿，圆唇，溜肩，肩部以下残。口下外壁饰一周凹弦纹，腹部饰网格纹。口径33.6、残高8.8厘米（图六，1；图七，2）。M10：2，夹砂灰黑陶。敛口，略卷沿，圆唇，肩部以下残。颈上饰一周凹弦纹。口径40、残高8厘米（图六，3）。M10：4，夹砂灰黑陶。敛口，圆唇，领部略高，折肩。肩腹交接处饰一周戳印纹。口径12.6、残高9厘米（图六，4；图七，3）。

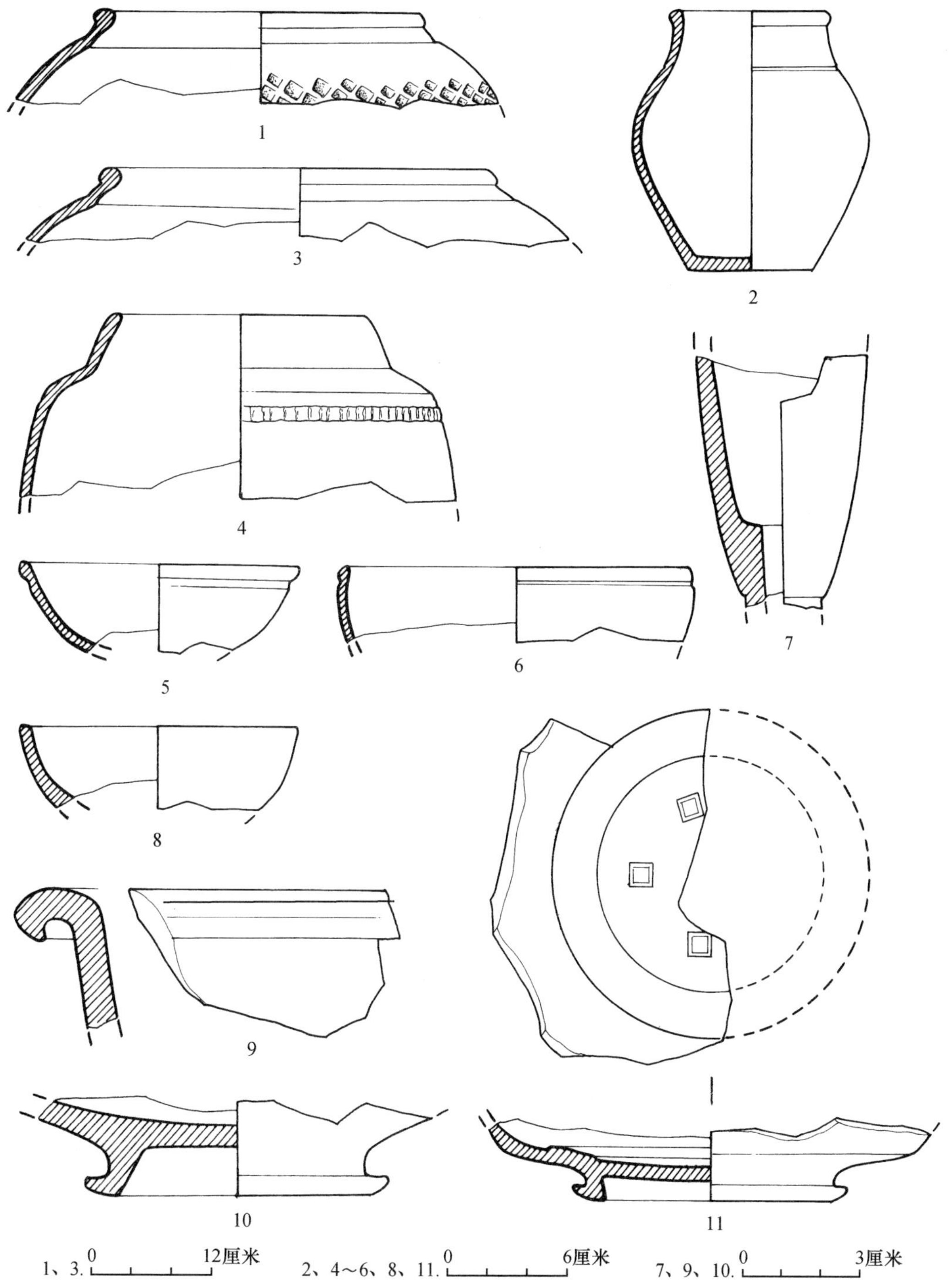

图六　M10出土陶器

1、3、4.瓮（M10：1、M10：2、M10：4）　2.罐（M10：31）　5、6、8、10、11.钵（M10：11、M10：12、M10：10、M10：17、M10：13）　7.灯（M10：15）　9.盆（M10：3）

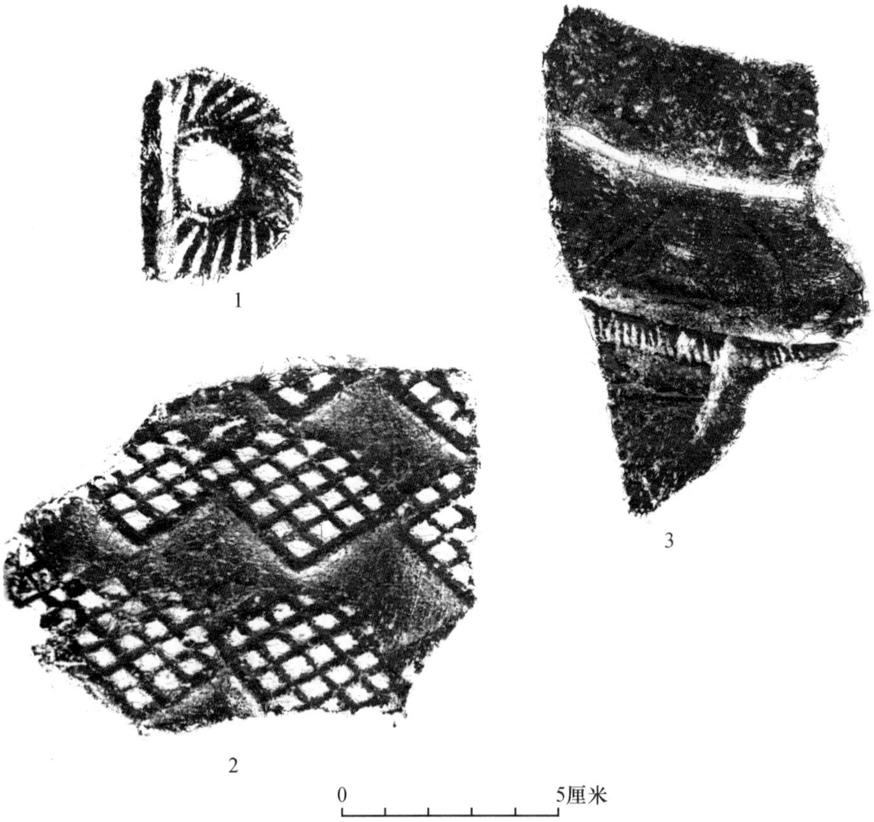

图七 M10出土陶器纹饰拓片

1. 辫索纹（M10：18） 2. 网格纹（M10：1） 3. 戳印纹（M10：4）

陶罐 1件。M10：31，泥质灰陶。侈口，沿部略卷，圆唇，高领，弧腹，上腹部略鼓，最大径位于腹部，平底。颈下饰一周凹弦纹。口径8、腹径12、底径6.5、高12.8厘米（图六，2）。

陶盆 3件。M10：3，夹砂灰黄陶。侈口，平沿，卷唇。残高3.5厘米（图六，9）。

陶钵 6件。M10：10，夹砂灰黄陶。敞口，方唇，弧腹下收。口径14、残高4厘米（图六，8）。M10：11，夹砂灰黑陶。敞口，厚圆唇，弧腹。唇下饰一周凹弦纹。口径14、残高4.2厘米（图六，5）。M10：12，夹砂灰黄陶。敛口，尖圆唇。唇下饰一周凹弦纹。口径18、残高3.8厘米（图六，6）。M10：13，夹砂灰黑陶。圈足外撇。外底有纹饰。足径14、残高4厘米（图六，11）。M10：17，夹砂灰黑陶。圈足外撇。足径7.6、残高2.5厘米（图六，10）。

陶甑 1件。M10：9，仅存底部。夹砂灰黑陶。平底，底部可见三个镂孔。底径17.8、残高6厘米（图八，3）。

陶灯 3件。M10：14，夹砂灰黑陶。灯盘弧腹、平底，灯柄中间凸起，下部中空，底座残。残高9厘米（图八，7）。M10：15，夹砂灰黄陶。残剩灯柄，中空，上粗下细。残高6厘米（图六，7）。M10：16，夹砂灰黄陶。残剩灯柄，中空，呈喇叭状。中部有两周凸棱，底部饰五周凹弦纹。残高16厘米（图八，6）。

陶器耳 1件。M10：18，夹砂红陶。整体呈环形。器表饰辫索纹。长3.7、宽4.5厘米（图七，1；图九，5）。

陶器底 6件。M10：5，夹砂灰黑陶。平底。底径15、残高7厘米（图八，5）。M10：6，夹砂灰黑陶。平底微内凹。底部有轮制痕迹。底径11、残高4厘米（图八，4）。M10：7，夹砂灰陶。

平底微内凹。底部有轮制痕迹。底径 10、残高 8 厘米（图八，2）。M10：8，夹砂灰陶。平底。底径 22、残高 7.5 厘米（图八，1）。

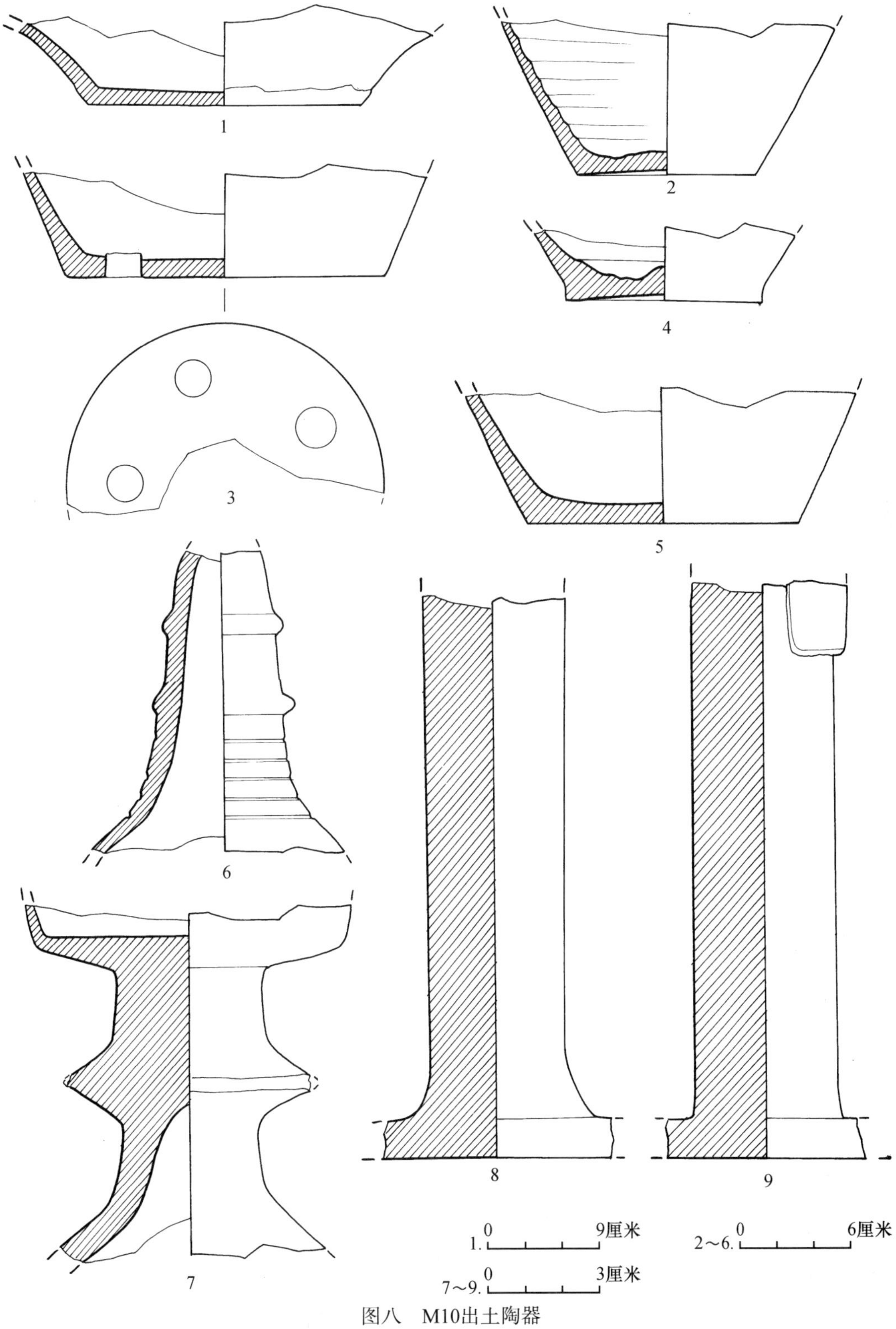

图八　M10出土陶器

1、2、4、5. 器底（M10：8、M10：7、M10：6、M10：5） 3. 甑（M10：9） 6、7. 灯（M10：16、M10：14） 8、9. 房构件（M10：30-1、M10：30-2）

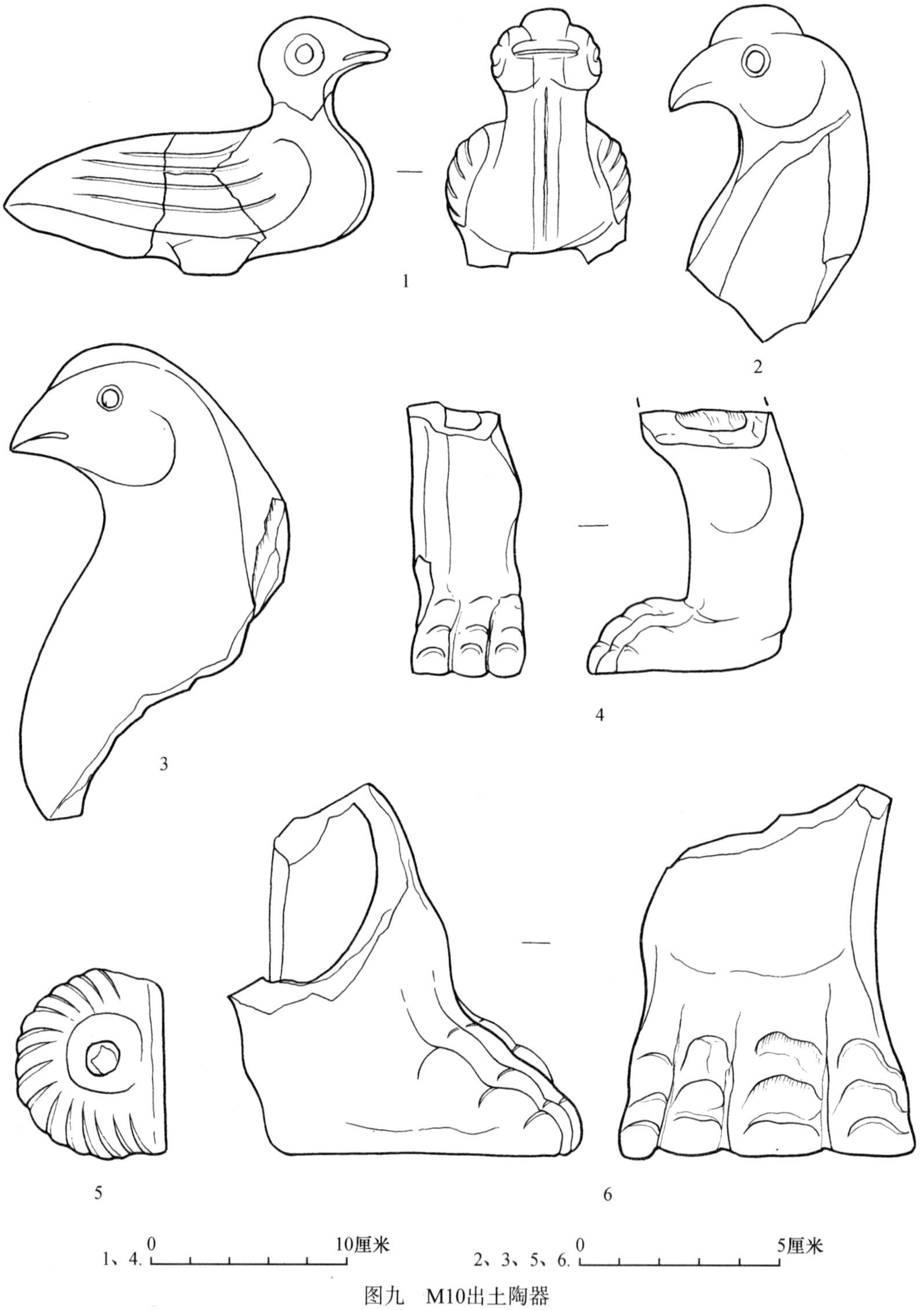

图九　M10出土陶器

1. 鸭（M10：33）　2、3. 鸡（M10：27、M10：26）　4、6. 狗足（M10：28、M10：29）　5. 器耳（M10：18）

陶鸡　2件。均残剩头部。M10：26，夹砂红陶，合模而制。低冠，尖喙，圆眼微凸。残高12厘米（图九，3）。M10：27，夹砂红陶，合模而制。高冠，尖喙，圆眼微凸。残高8.4厘米（图九，2）。

陶鸭　1件。M10：33，泥质灰陶，合模制作。短平喙，眼微凸，敛翅，羽翼清晰，腿部以下残缺。长19.6、残高12.4厘米（图九，1）。

陶狗足　2件。M10：28，夹砂红陶，合模而制，中空。直立，较粗壮，可见三脚趾，大小接近。

在腿的外侧用一道竖向凹痕来表示狗腿上肌肉。残高 13 厘米（图九，4）。M10：29，夹砂红陶，合模而制，中空。直立，较粗壮，可见四脚趾，强劲有力。残高 9.1 厘米（图九，6）。

陶俑　8 件。M10：23，夹砂红陶，头与身分别合模后相接而成，接缝处略显刮削痕。残剩上身，形体较小，头上梳圆形高髻，束巾。面部较圆润，宽鼻，嘴紧闭，面带微笑。着右衽袍服，双手合抱拱于胸前。残高 9.5 厘米（图一〇，1）。M10：19，夹砂红陶，头与身分别模制后相接而成，接缝处略显刮削痕。形体较小，躬身站立，双手抚于腹前。头顶似梳单锥髻。身穿右衽长袍，下摆露出双足。高 14.7 厘米（图一〇，2）。M10：25，俑身。夹砂灰陶，模制。右臂弯曲至腹部，手执兵器（？），腰带左侧挂一环首刀，环首上有丝带。残高 13.8 厘米（图一〇，3）。M10：24，俑身。夹砂红陶，模制。上身着交领右衽两重衣，右臂弯曲至腹部，手执短棒，左臂残。残高 9.8 厘米（图

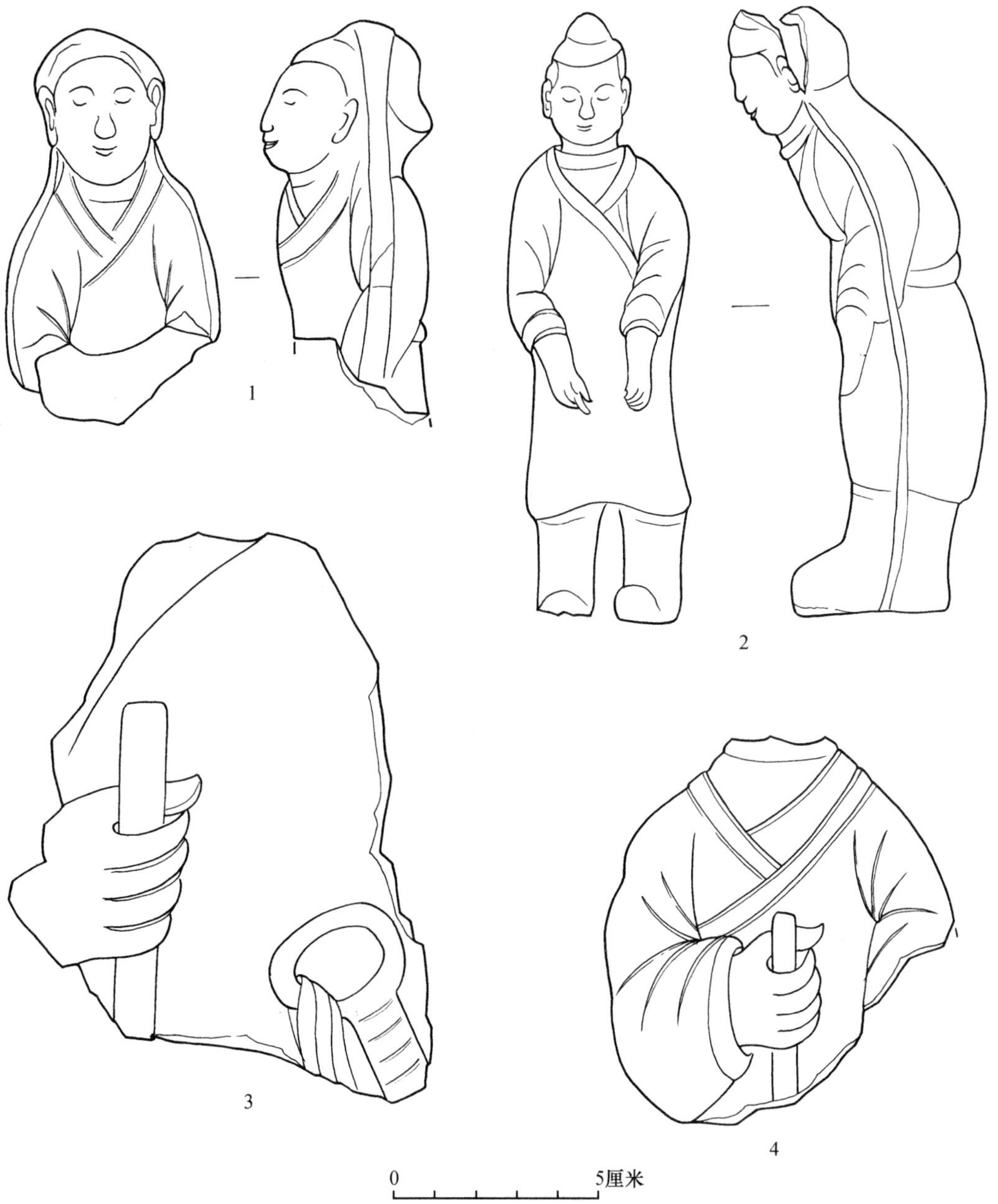

图一〇　M10出土陶俑

1. 拱手立俑（M10：23）　2. 躬身俑（M10：19）　3. 武士俑（M10：25）　4. 执棒俑（M10：24）

一〇，4）。M10：21，男俑头。夹砂红陶，模制。头部略残，头似戴巾帻。面部较圆润，宽额，高鼻，小耳，嘴微张，呈微笑状。残高 12.5 厘米（图一一，1）。M10：20，男俑头。夹砂红陶，模制。头部略残。面部较模糊，鼻梁高挺，小嘴微张，呈微笑状。残高 15 厘米（图一一，2）。M10：22，女俑头。夹砂红陶，合模而制，接缝处略显刮削痕。额处束巾，顶部残，发式不详，部分头发梳于脑后。面部圆润，高鼻，嘴紧闭，两耳带珰。残高 11.8 厘米（图一二，1）。M10：32，女俑头。头合模而制，接缝处见刮削痕。头梳对称角状双髻，余发在脑后梳作扁平髻，两侧各留有小撮鬓发。面部饱满，两眼紧闭，高鼻，小口、抿嘴，呈微笑状。残高 15 厘米（图一二，2）。

陶房　1 件。M10：30，夹砂红陶。仅剩两根房柱。M10：30-1，残高 14.1 厘米（图八，8）。M10：30-2，残高 14.5 厘米（图八，9）。

M11　砖室墓，由前、后室两部分组成，墓葬西部被一条现代水沟打破。墓葬平面呈长方形，残长 6.8 米。前后室中间用单砖墙隔开，隔墙用长方形砖错缝平砌，墓葬四壁底部用长方形砖错缝

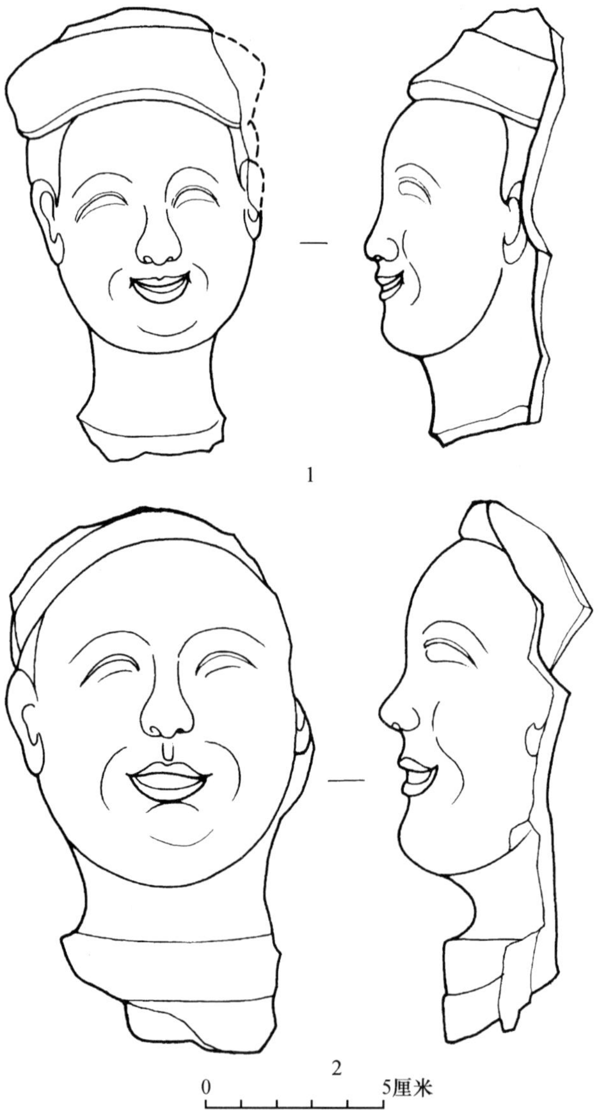

图一一　M10出土陶男俑头

1. M10：21　2. M10：20

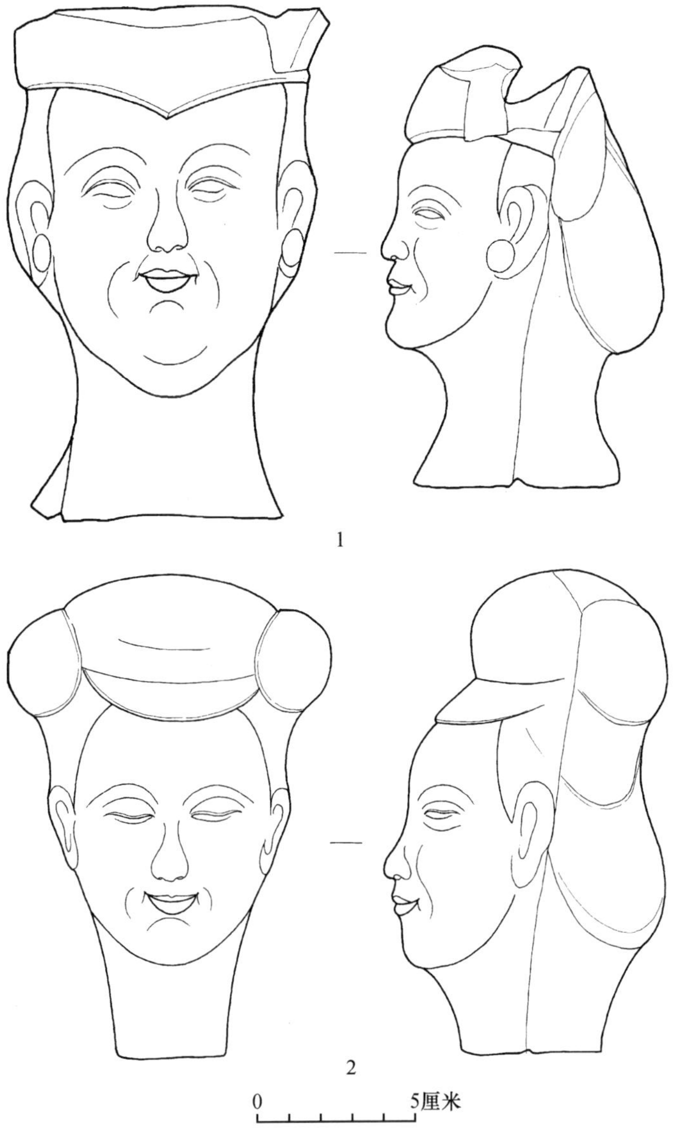

图一二　M10出土陶女俑头

1. M10：22　2. M10：32

砌筑，至起券位置用丁砖。前室较长，内长 5.06 米，宽 2.16 米，残高 0.44～0.98 米。墓底用长方形砖纵向错缝平铺而成。墓砖有素面和花纹砖两种，花纹仅见菱形纹，位于墓砖一侧。墓砖规格为 37×21−7 厘米。后室平面呈横长方形，内长 0.82 米，宽 2.16 米，残高 0.98 米。墓壁、墓底砖砌方法与前室相同（图一三、图一四）。

墓葬被破坏严重，未见葬具和人骨。随葬品主要集中在墓室东部和后室，以陶器为主，可辨器形有罐、瓮、盆、釜及狗、猪、井、房、俑、马等模型器。另有少量铁器。

陶瓮　4 件。M11：1，夹砂灰黑陶。敛口，卷沿，折肩，肩部以下残。肩部饰一周凹弦纹。口径 46.4、残高 10 厘米（图一五，1）。M11：7，夹砂灰黑陶。敛口，圆唇，高领，折肩，肩部以下残。肩部饰一周凸弦纹。口径 16.2、残高 6 厘米（图一五，8）。M11：9，夹砂灰黑陶。小口内敛，方唇，高领，折肩，肩部以下残。口径 11.6、残高 4.4 厘米（图一五，7）。

陶罐　8 件。M11：11，夹砂灰陶。敛口，尖唇，广肩，肩部以下残。肩腹交接处饰一周戳印

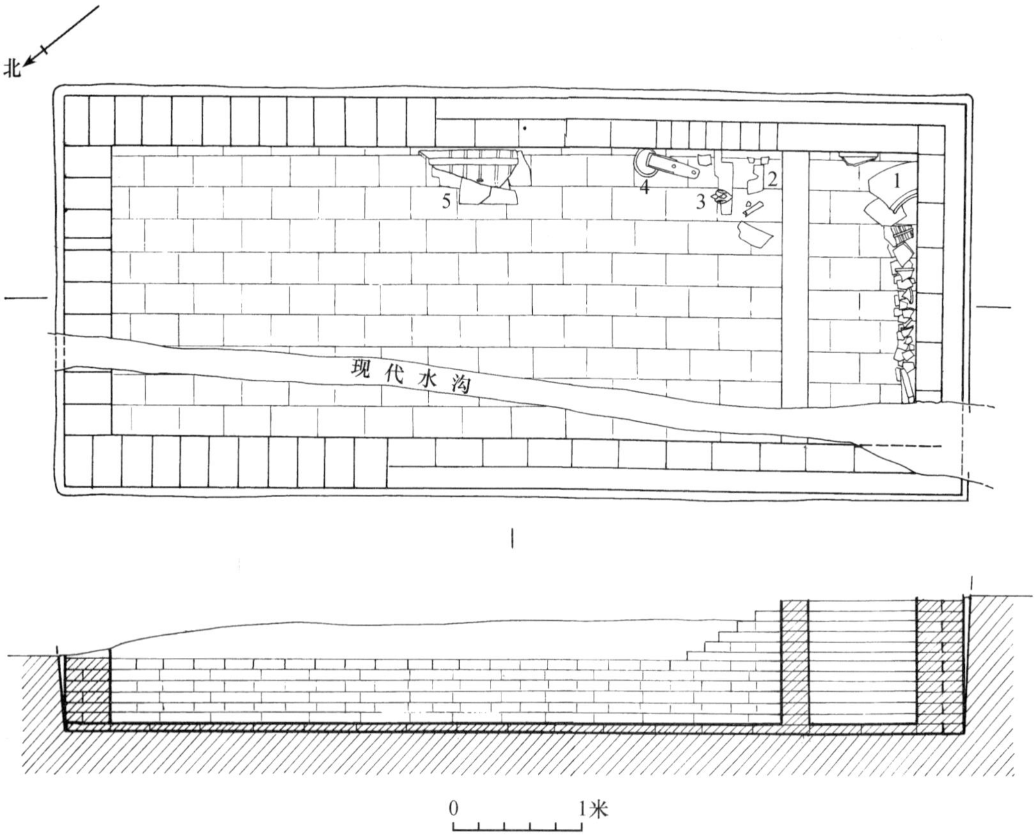

图一三 M11平面、剖视图

1. 陶瓮 2、3. 陶片 4. 陶器底 5. 陶房

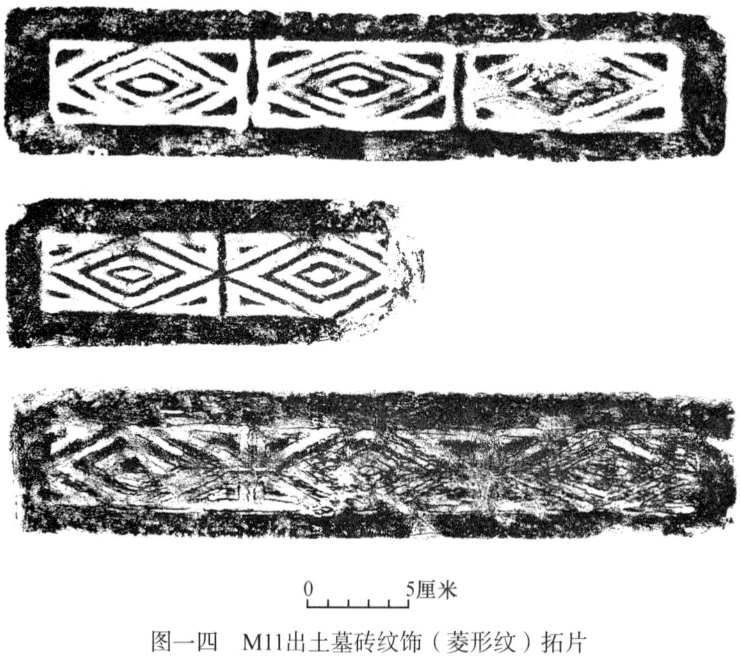

图一四 M11出土墓砖纹饰（菱形纹）拓片

纹。口径 8、残高 3.5 厘米（图一五，2）。M11∶12，夹砂灰黑陶。敛口，卷沿，尖唇，斜肩，肩部以下残。口径 12、残高 4 厘米（图一五，5）。

陶壶　1件。M11：6，夹砂灰黑陶。略带盘口，厚圆唇，束颈，圆肩，弧腹，腹部以下残。肩部饰两周凹弦纹。口径12、残高9.5厘米（图一五，3）。

陶盆　2件。M11：10，夹砂灰黄陶。敞口，平沿外折，卷唇，斜直腹，腹部以下残。口径38、残高6厘米（图一五，9）。

陶釜　1件。M11：13，夹砂灰黑陶。敛口，宽平沿外折，方唇，弧腹。沿面饰一周凹弦纹。口径22、残高4厘米（图一五，6）。

陶器底　10件。M11：4，夹砂灰陶。斜腹，平底。底径15、残高10.4厘米（图一五，11）。M11：14，夹砂灰黑陶。斜腹，平底。底径14、残高4.5厘米（图一五，10）。

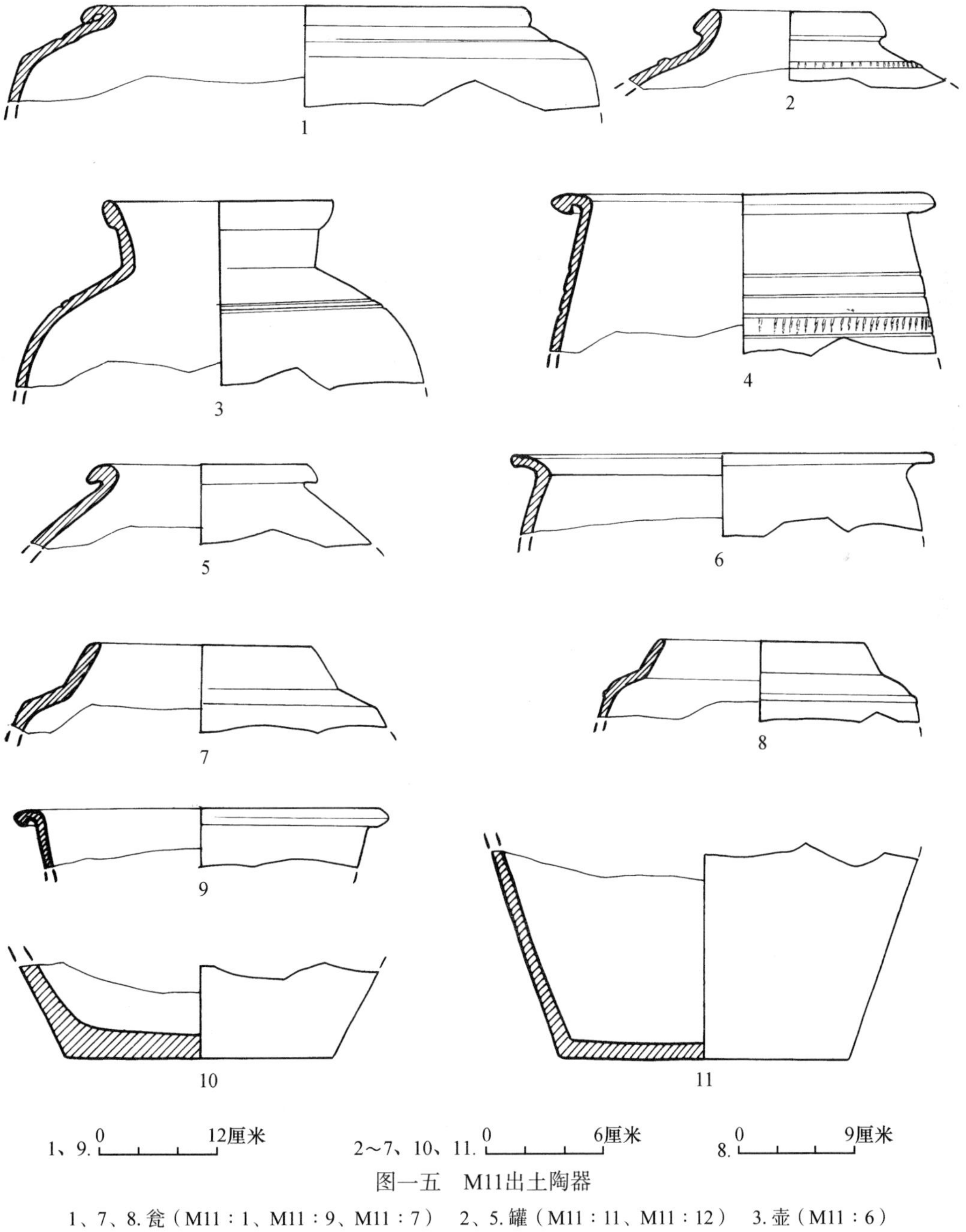

图一五　M11出土陶器

1、7、8. 瓮（M11：1、M11：9、M11：7）　2、5. 罐（M11：11、M11：12）　3. 壶（M11：6）　4. 井（M11：8）　6. 釜（M11：13）　9. 盆（M11：10）　10、11. 器底（M11：14、M11：4）

陶井　1件。M11：8，夹砂灰黑陶。敛口，平沿，卷唇，桶形腹，腹部以下残。上腹部饰四周凹弦纹和一周刻划纹。口径20、残高8厘米（图一五，4）。

陶猪　1件。M11：19，夹砂红陶，合模制作。趴卧状，身体较肥。猪头前仰，两耳残，四腿压于身下，卷尾。长31.8、高16.2厘米（图一六，2）。

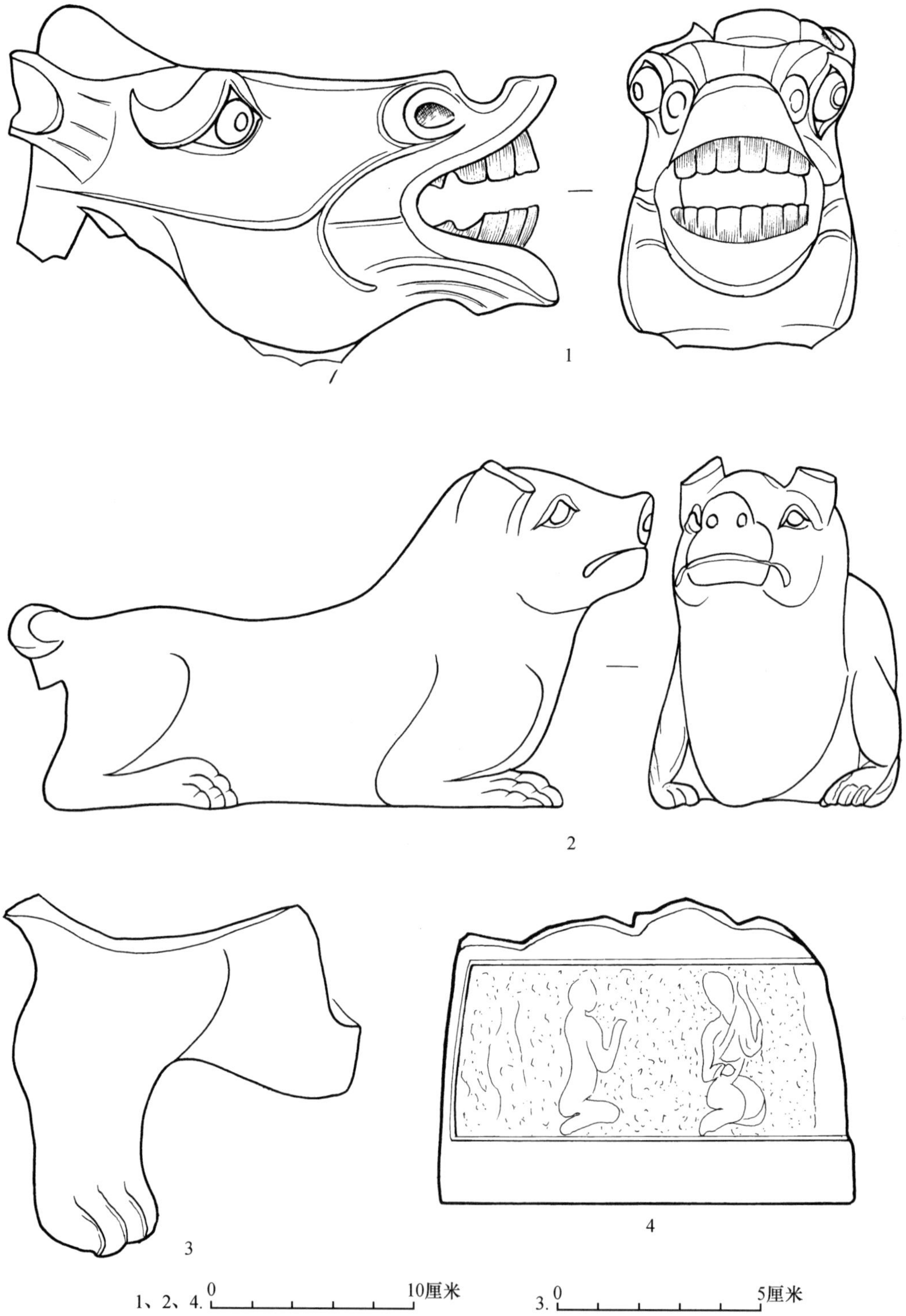

图一六　M11出土陶器

1. 马首（M11：23）　2. 猪（M11：19）　3. 狗腿（M11：16）　4. 摇钱树座（M11：21）

陶狗腿　1件。M11：16，夹砂红陶。残剩后腿，直立，较粗壮，脚趾大小接近。残高8.7厘米（图一六，3）。

陶马首　1件。M11：23，泥质灰陶。双眼圆睁、鼓凸，鼻孔较大，张嘴呈嘶鸣状，尖耳竖起。长27、高16厘米（图一六，1）。

陶俑　15件。M11：15，女俑头。夹砂红陶，合模而制，接缝处显刮削痕。扇形双高髻，其上有明显篦纹，两侧留鬓发。额头宽广，小眼，鼻子高挺，口微张，微笑状。残高16厘米（图一七，1）。M11：18，女俑头。夹砂红陶，合模而制，接缝处显刮削痕。形制较小，破损严重，发饰看不清。面部模糊，宽额，小眼高鼻，嘴紧闭。残高7.5厘米（图一七，2）。M11：24，俑头。夹砂红陶，

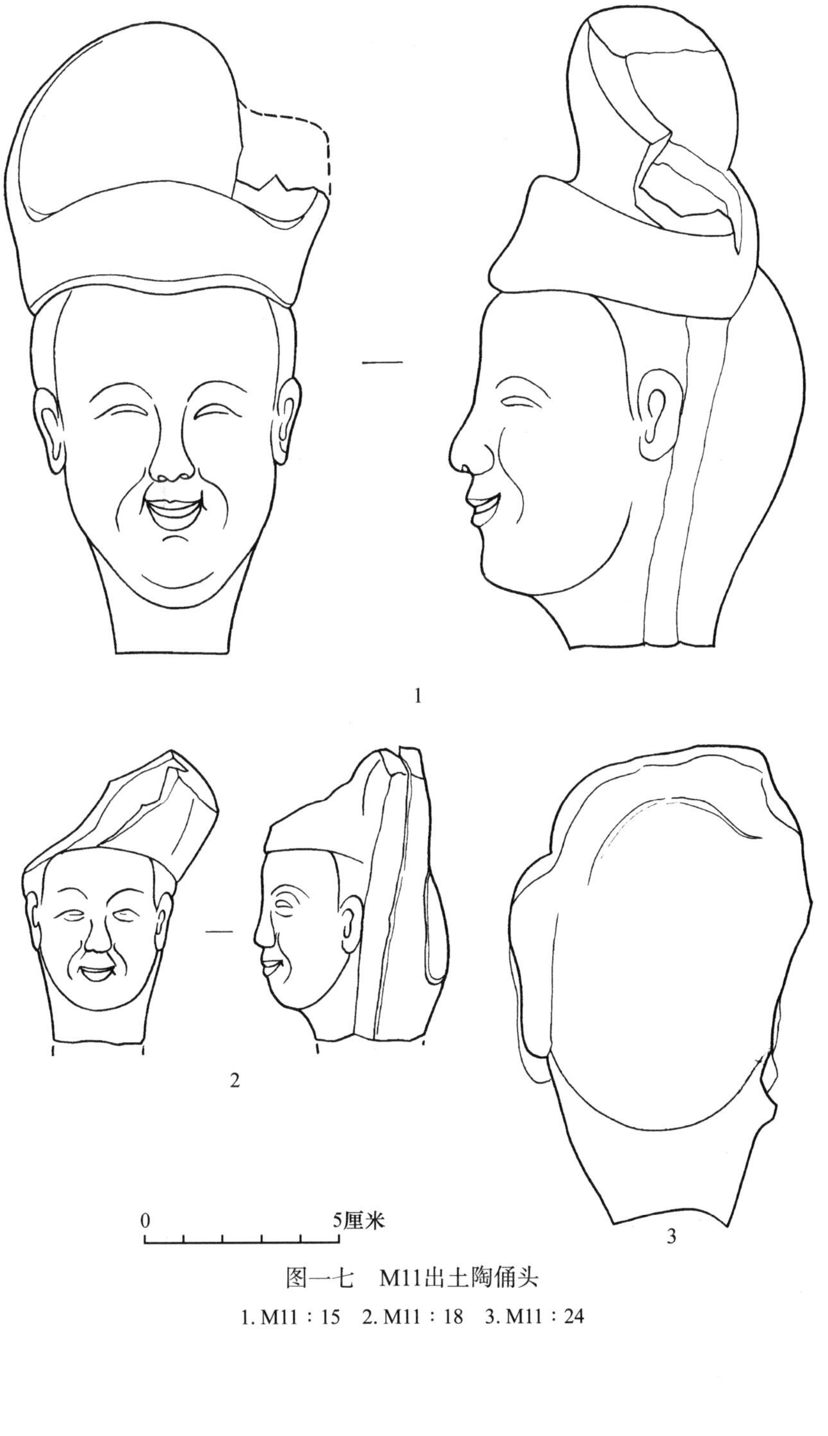

图一七　M11出土陶俑头

1. M11：15　2. M11：18　3. M11：24

合模制作。面部模糊不清。残高 12.2 厘米（图一七，3）。M11：17，执箕锸俑。夹砂红陶，模制套接中空。身体上部残，着裋褐，小腿粗壮有力。左手执箕，右手执锸。残高 15.6 厘米（图一八，1）。M11：20，夹砂红陶，合模制作。嘴以上、胸口以下残，小嘴微启。着右衽长袍，衣服褶皱明显。残高 16.8 厘米（图一八，2）。

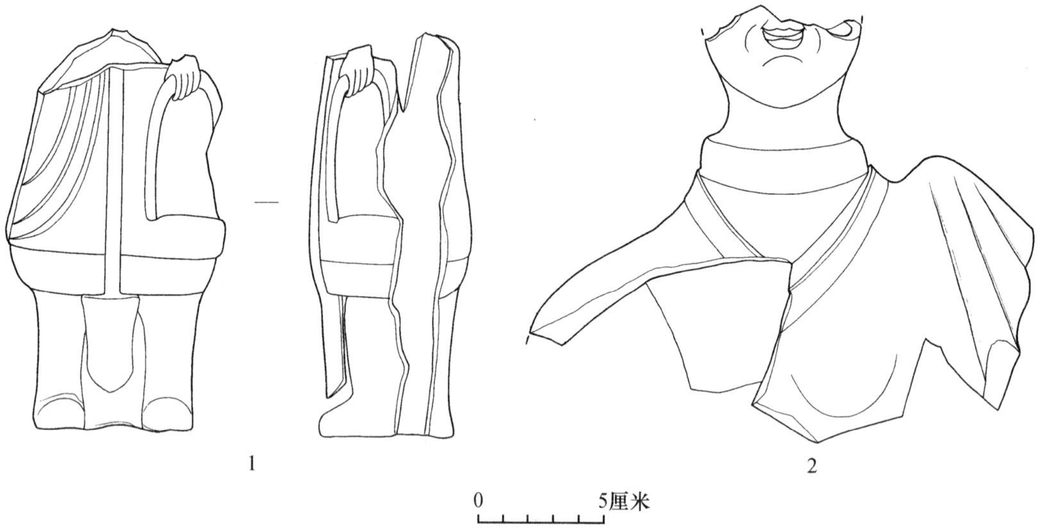

图一八　M11出土陶俑

1. 执箕锸俑（M11：17）　2. 俑身（M11：20）

陶摇钱树座　1 件。M11：21，夹砂红陶。上部残，左边跪一裸体人，右边亦跪一人，着右衽短襦，回首，左手似取物。长 20.2、残高 14.6 厘米（图一六，4）。

铁器　1 件。M11：22，锈蚀严重。

M12　砖室墓，由墓室和墓道两部分组成。墓葬平面呈“凸”字形，残长 7.66 米。破坏严重。方向 55°。先挖一竖穴墓圹，然后紧贴圹壁修建砖室墓。墓道为斜坡式，位于墓室前方。平面近长方形，长 1.2 米，宽 1.6 米。墓室上部被破坏，平面呈长方形，内长 5.76 米，宽 2.44 米，残高 0.44～0.74 米。墓室四壁用长方形素面砖错缝平砌，西、东、南三壁破坏严重，仅残存局部。墓底亦用长方形砖先纵向后横向错缝平铺而成。扰土中出土部分花纹砖，可能为券顶部分，墓砖规格为 37×23－6 厘米（图一九、图二〇）。

墓葬破坏严重，未见葬具和人骨。随葬品多发现于扰土中，少量散置墓室前部，可辨器形有瓮、盆、甑、灯、釜、盒及模型器鸡、俑等。

陶瓮　2 件。M12：6，夹砂灰黑陶。敛口，圆唇，高领。口径 19、残高 3 厘米（图二一，3）。

陶盆　3 件。M12：3，夹砂灰黑陶。侈口，卷沿，方唇，斜直腹，腹部以下残。口径 44、残高 7.4 厘米（图二一，4）。

陶釜　1 件。M12：5，夹砂灰黑陶。敞口，翻折沿，方唇，弧腹。通体有轮制痕迹。口径 20、残高 4.6 厘米（图二一，1）。

陶甑　1 件。M12：9，夹砂灰黑陶。平底，底部残存三个孔。底径 22.5、残高 2、孔径 2.4 厘米（图二一，7）。

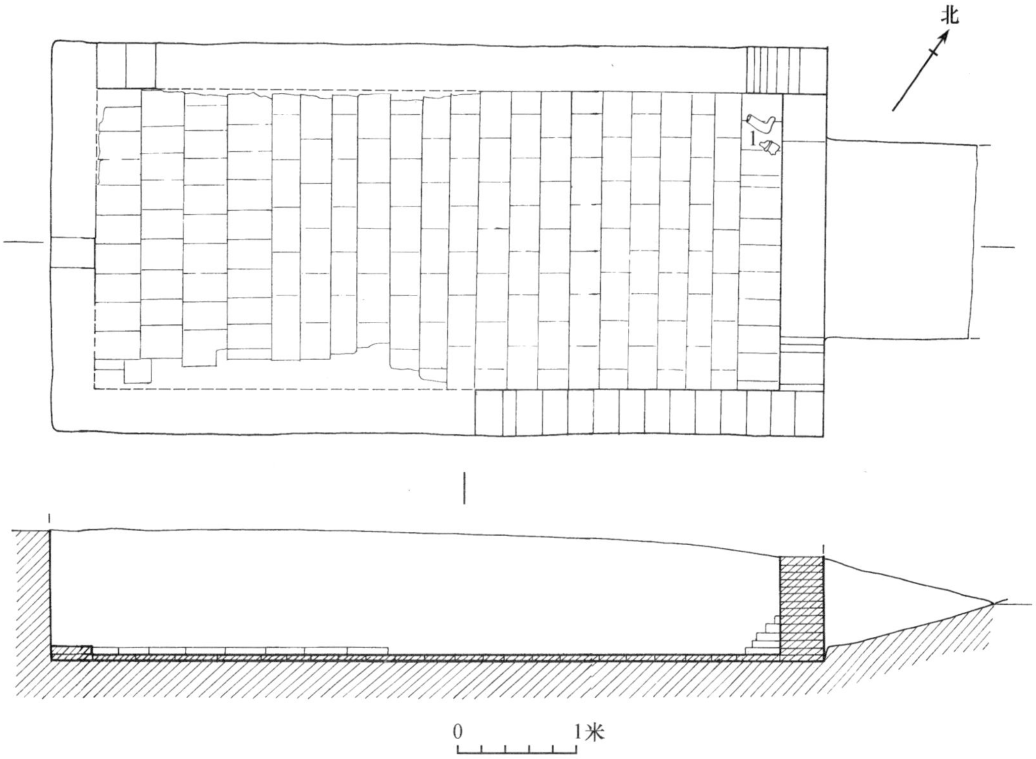

图一九 M12平面、剖视图

1. 陶俑足

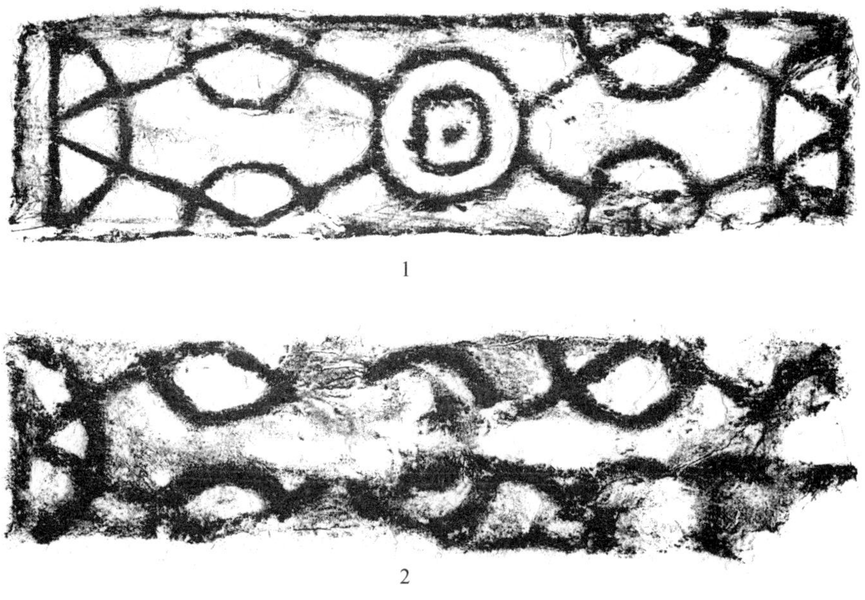

图二〇 M12出土墓砖纹饰拓片

1. 钱纹+联璧纹 2. 联璧纹

陶盒 1件。M12：13，夹砂灰黑陶。子口内敛，圆唇，腹部略直，腹部以下残。口径20、残高2.8厘米（图二一，2）。

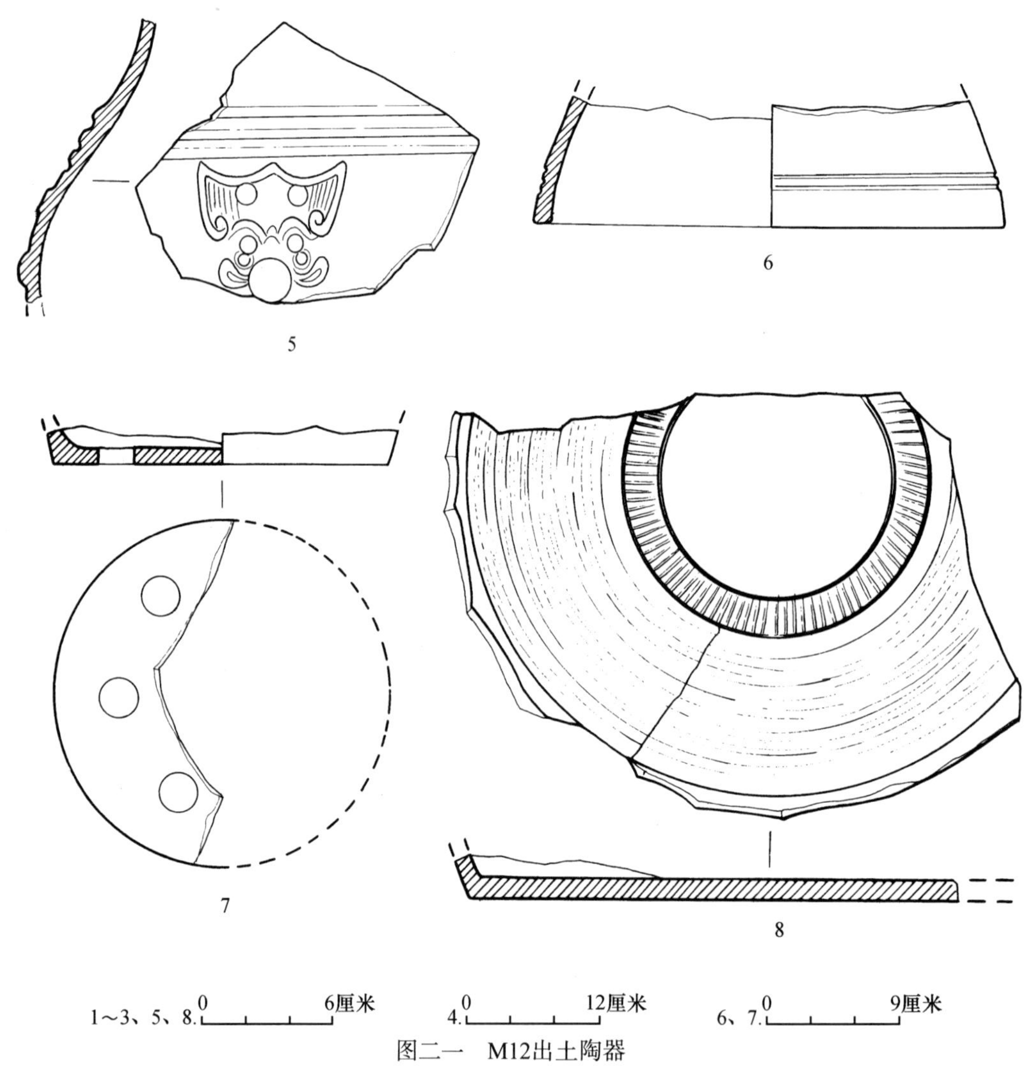

图二一　M12出土陶器

1. 釜（M12：5）　2. 盒（M12：13）　3. 瓮（M12：6）　4. 盆（M12：3）　5、6. 壶（M12：17、M12：27）　7. 甑（M12：9）　8. 器底（M12：8）

陶壶　2件。M12：17，泥质灰陶。仅残剩铺首部位。残宽16厘米（图二一，5）。M12：27，泥质灰陶。高圈足。外部饰两周凹弦纹。足径31.5厘米（图二一，6）。

陶器底　5件。M12：8，夹砂灰黑陶。平底。底内部有一周刻划纹。底径28、残高2厘米（图二一，8；图二二）。M12：7，夹砂灰黑陶。弧腹内收，平底。底径10、残高5.6厘米（图二三，3）。

图二二　M12出土陶器底刻划纹拓片
（M12：8）

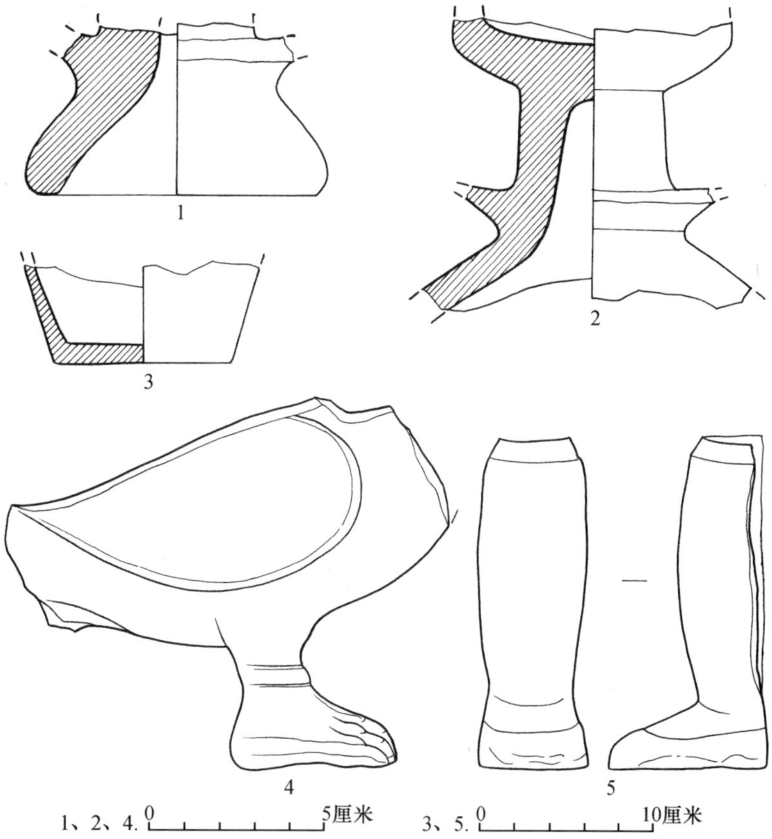

图二三　M12出土陶器
1、2. 灯（M12：11、M12：10）　3. 器底（M12：7）　4. 鸡（M12：2）　5.俑足（M12：1）

陶灯　3件。M12：10，夹砂灰黑陶。灯盘残损。灯柄较高，中空，中间凸出一周，近覆碗状，灯座残。残高7.8厘米（图二三，2）。M12：11，夹砂灰黑陶。仅残剩底座，圈足外撇，呈喇叭状。残高5厘米（图二三，1）。

陶房 1件。M12：12，仅残剩房顶及部分构件。M12：12-1，夹砂灰黑陶。正中为屋脊，两边瓦垄，由板瓦、筒瓦、瓦当等构成。房屋似有垂脊，可能为庑殿顶结构。残长13、残宽10.5厘米（图二四，1）。M12：12-2，为房屋的某个构件。长9.1厘米（图二四，2）。

陶鸡 2件。M12：2，夹砂灰黑陶，合模制作。头部残，敛翅，尾已残，腿粗壮，足厚大，作站立状。长12.6、残高10.3厘米（图二三，4）。

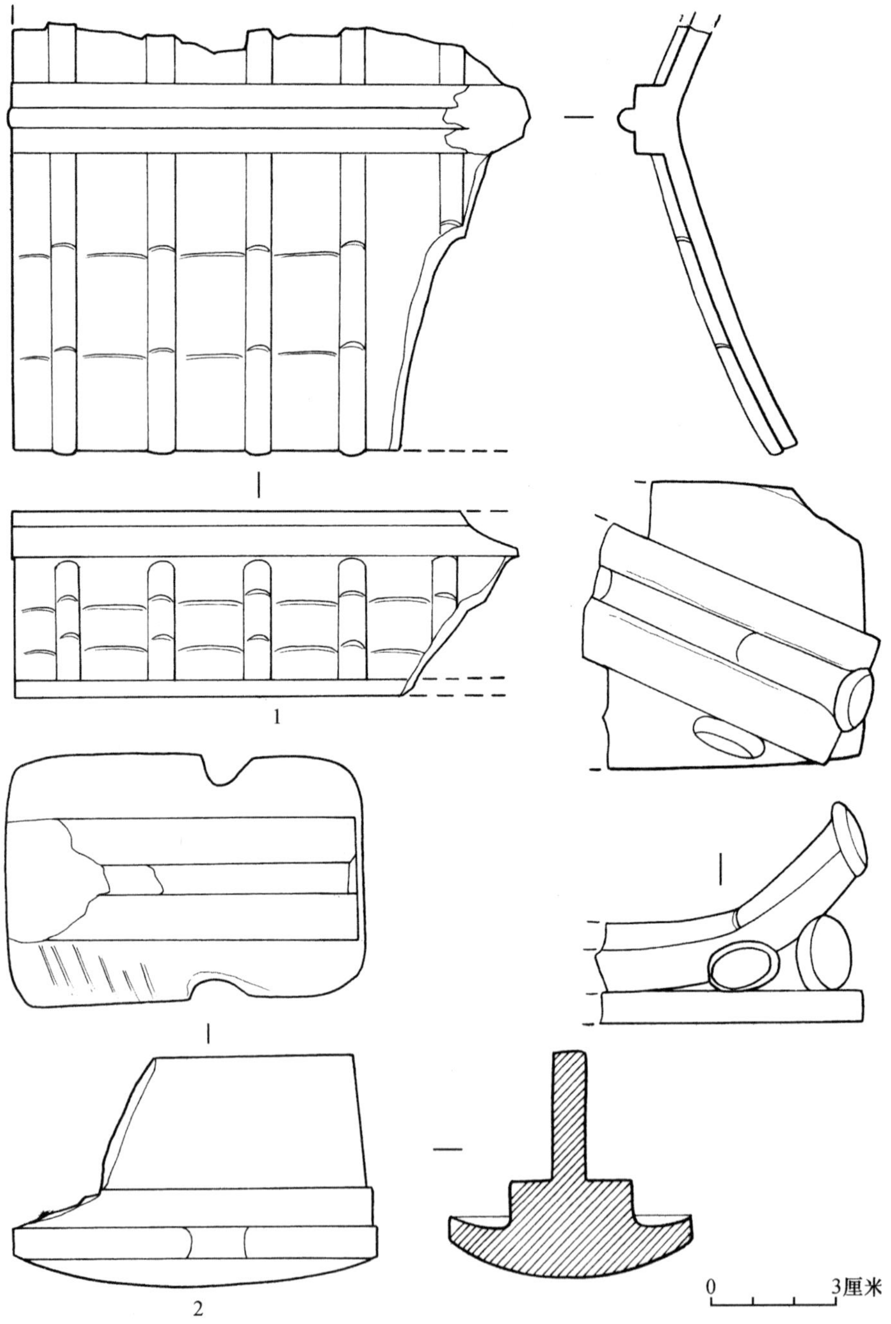

图二四 M12出土陶房

1. M12：12-1 2. M12：12-2

陶俑足　2件。M12：1，夹砂红陶，合模制作。腿部粗壮，穿方头鞋。残高18.6厘米（图二三，5）。

M13　砖室墓，破坏严重，墓室仅残剩底部。墓葬南部位于发掘区外，未能发掘。已发掘部分平面呈长方形，墓圹长5.7、宽3.2米。墓壁用长方形砖错缝平砌，墓底用长方形砖纵向错缝平铺。墓砖规格为40×24－6厘米（图二五、图二六）。

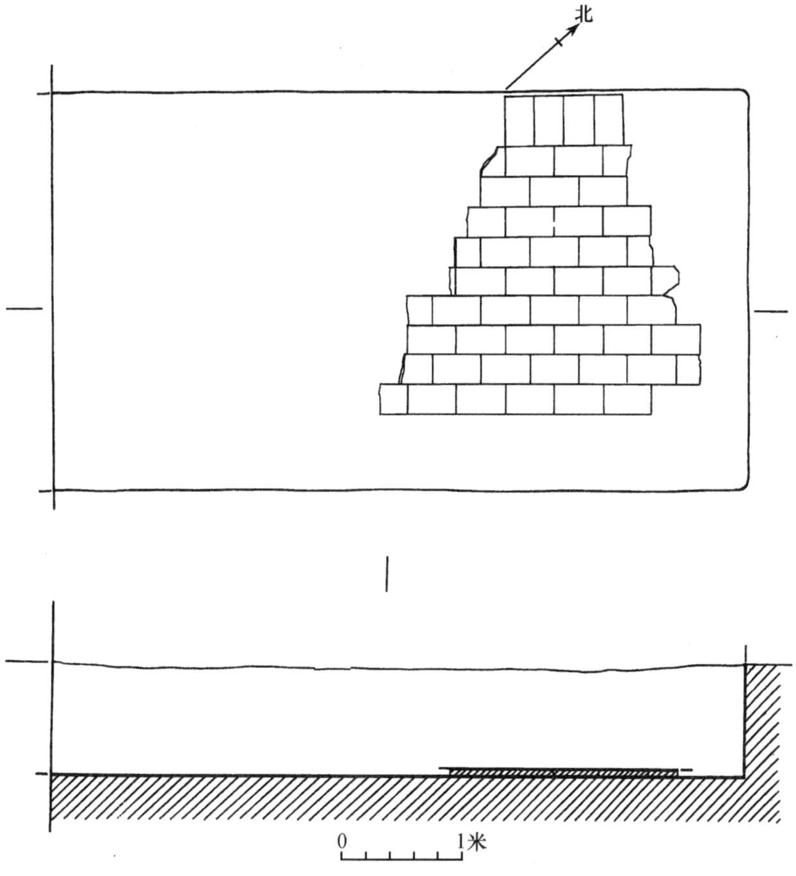

图二五　M13平、剖面图

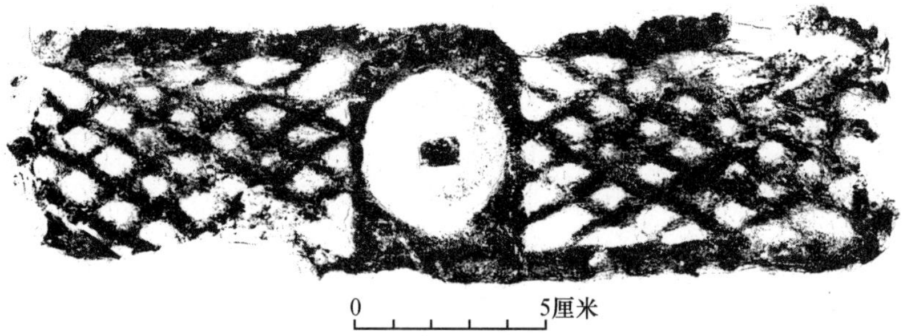

图二六　M13出土墓砖纹饰（菱形网格纹+乳钉纹）拓片

葬具、人骨不详。器物均出于扰土中，以陶器为主，以灰陶为多，纹饰有刻划纹、网格纹、绳纹等（图二七）。

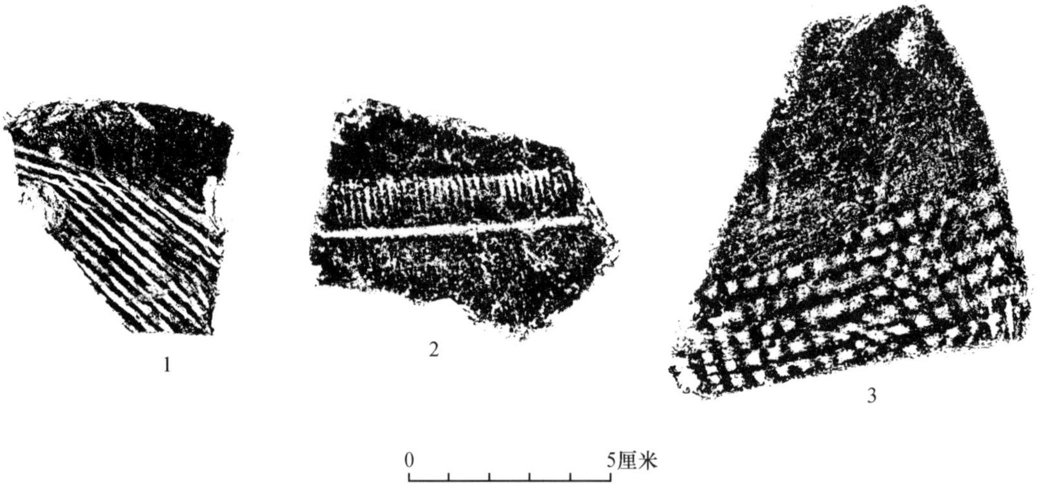

图二七　M13出土陶器纹饰拓片

1. 绳纹　2. 凹弦纹+刻划纹　3. 网格纹

陶瓮　3 件。M13：1，夹砂灰黑陶。敛口，卷沿外翻，肩部以下残。口径 47.6、残高 5 厘米（图二八，1）。M13：2，夹砂灰黑陶。侈口，卷沿。口径 40.4、残高 7.2 厘米（图二八，2）。

陶器底　3 件。M13：3，夹砂灰黑陶。腹部以上残，斜直腹，平底。内部有轮制痕迹。底径 8.4、残高 5.4 厘米（图二八，3）。

陶壶足　1 件。M13：25，泥质灰黄陶。仅剩圈足，呈覆碗状。外壁可见四周凹弦纹。足径 30、残高 12.4 厘米（图二八，4）。

陶鸡　4 件。M13：17，子母鸡。夹砂灰黑陶，合模处有刀削痕。母鸡抬头挺胸，呈卧状。双目圆睁，两腮微鼓，敛翅，尾巴残损，尾羽清晰。背上卧一小鸡，头向母鸡颈部。长 16.2、高 16 厘米（图二九，3）。M13：18，夹砂红陶，合模制作。尖喙，低冠，双目圆睁，两腮微

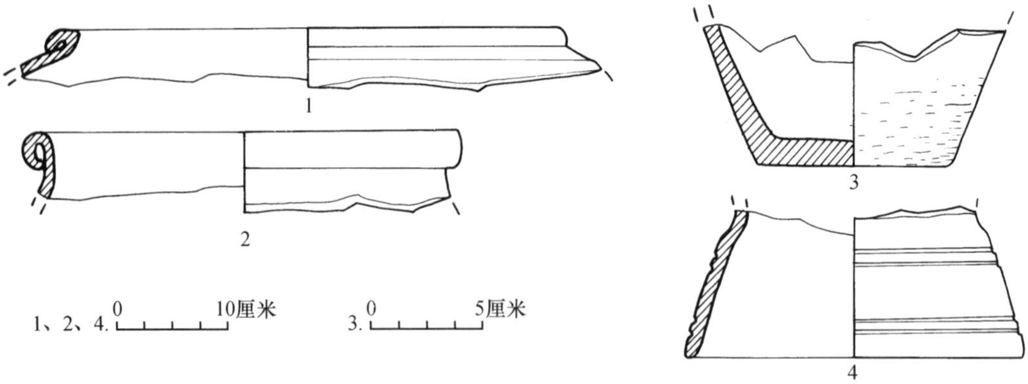

图二八　M13出土陶器

1、2. 瓮（M13：1、M13：2）　3. 器底（M13：3）　4. 壶足（M13：25）

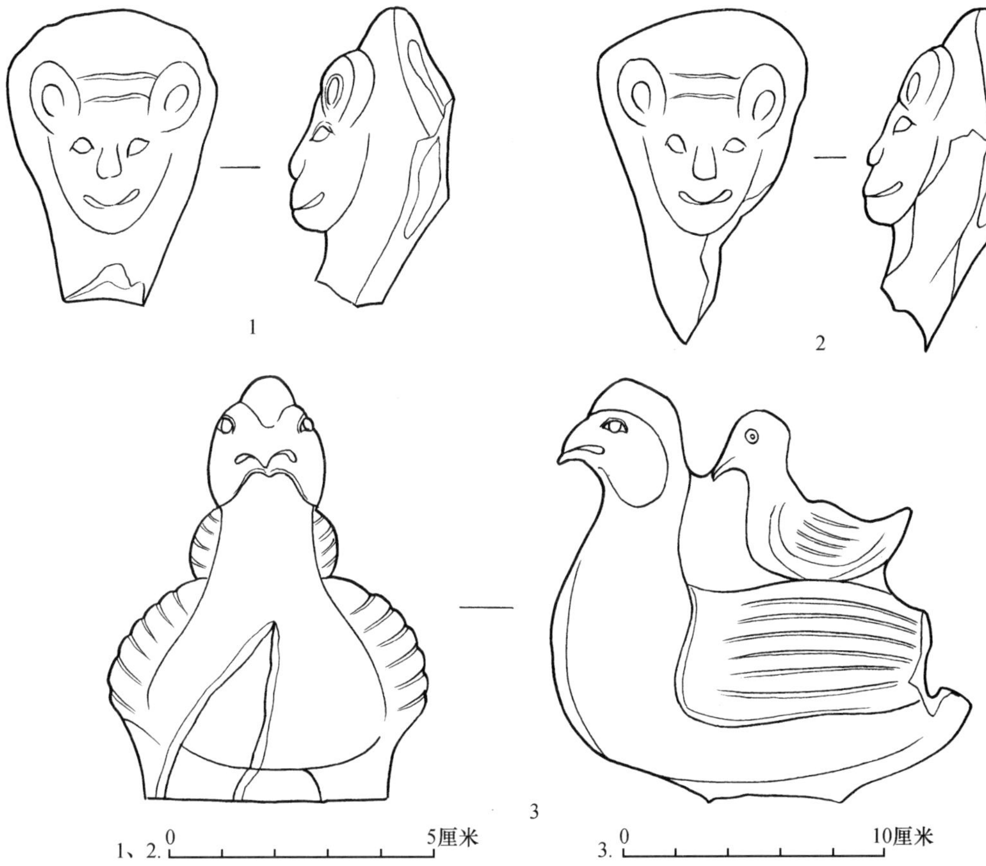

图二九 M13出土陶器

1、2. 房屋构件（M13：32-1、M13：32-2） 3. 子母鸡（M13：17）

鼓，曲颈，颈部以下残。残高 10.6 厘米（图三〇，3）。M13：19，夹砂红陶。残损严重。残高 13.4 厘米（图三〇，4）。M13：20，夹砂灰黑陶。尾部，尾上羽毛清晰可见。长 15 厘米（图三一，3）。M13：37，泥质灰陶。鸡翼。残宽 8.3 厘米（图三〇，2）。

陶狗腿 4 件。M13：21，夹砂红陶。直立，较粗壮，四根爪子清晰可见。在腿的外侧用一道竖向凹痕来表示狗腿上肌肉。残高 19 厘米（图三二，4）。M13：22，夹砂灰黑陶，中空。直立，较粗壮。在腿的外侧用一道竖向凹痕来表示狗腿上肌肉。残高 22.4 厘米（图三二，1）。M13：26，夹砂灰黑陶。直立，较粗壮。在腿的外侧用一道竖向凹痕来表示狗腿上肌肉。残高 22.4 厘米（图三二，2）。M13：27，夹砂灰黑陶，中空。直立，较粗壮。在腿的外侧用一道竖向凹痕来表示狗腿上肌肉。残高 28.6 厘米（图三二，3）。

陶狗头 1 件。M13：32，夹砂黑陶。仰头，嘴较扁，宽鼻，圆目，两耳立起。高 7.5 厘米（图三〇，1）。

陶马腿 4 件。应为一个马的四条腿，均为夹砂灰陶。三只直立（M13：28、M13：29、M13：20），圆蹄上前部有裂痕，小腿粗壮。残高分别为 20.8、20.2、20.8 厘米。一只腿微微抬起（M13：30），圆蹄子，关节处表现明显。残高 36 厘米（图三三）。

陶马车 1 件。M13：34，泥质红陶。可能为马车的横、轭部位。M13：34-3，残长 29.5 厘米（图三四）。

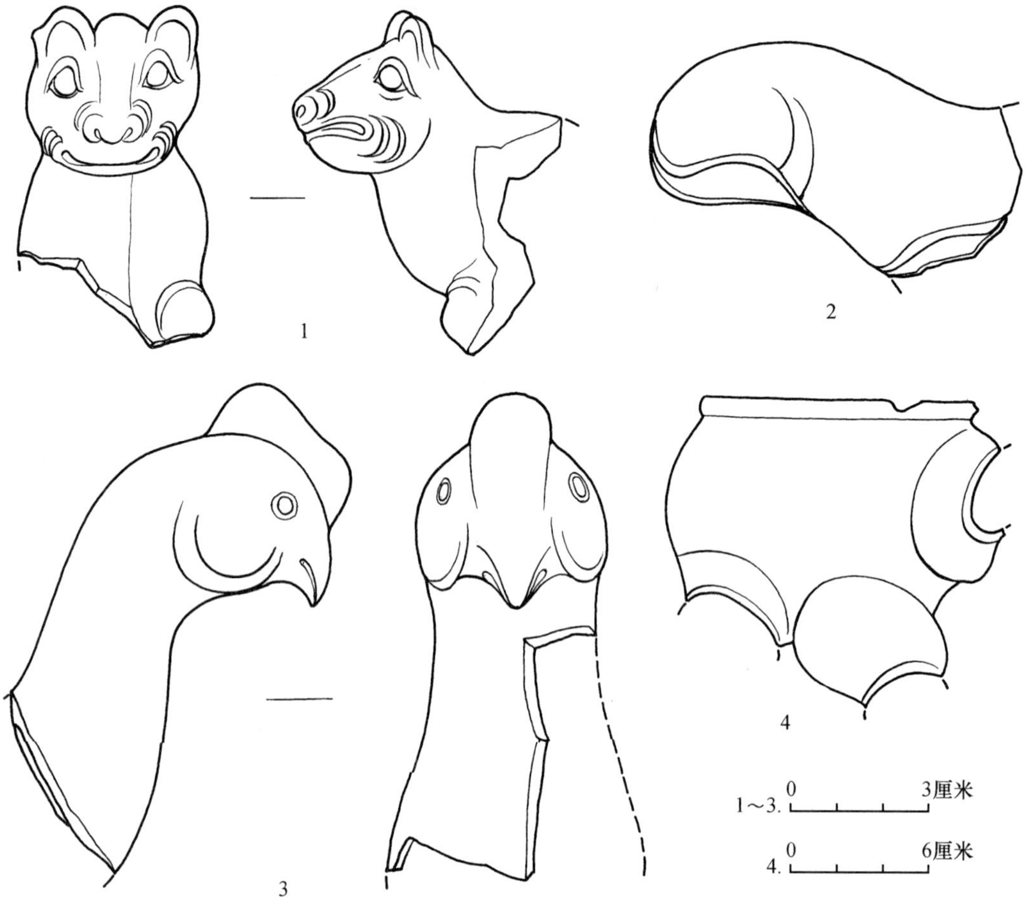

图三〇　M13出土陶俑

1. 狗头（M13∶32）　2～4. 鸡（M13∶37、M13∶18、M13∶19）

陶俑　23件。M13∶9，女俑头。夹砂灰黑陶，合模制成。扇形双高髻，其上有明显篦纹，两侧留鬓发。面部模糊，小眼，宽鼻，嘴微张露齿，面带微笑，耳上带珰。左臂上举，手抚耳，头微斜。残高25厘米（图三一，1）。M13∶4，俑身。可见着右衽交领，衣服褶皱痕迹清晰。残高8.6厘米（图三一，4）。M13∶11，俑身。夹砂灰黑陶。右手执兵器（？）。残高15厘米（图三一，2）。M13∶7，俑身。夹砂灰黑陶。破损严重，仅存颈部。残高7.4厘米（图三一，7）。M13∶48，俑身。泥质红陶。残高12.4厘米（图三一，5）。M13∶12，庖厨俑。夹砂灰黑陶。案以上部分已散失，仅见左手握鱼平置于长方形案上，案下似置一盆。残高10厘米（图三一，6）。M13∶24，俑足。夹砂灰黑陶，合模而制，中空。依稀可见足着草履。残高30.9厘米（图三五，1）。M13∶14，俑足。夹砂灰黑陶。足着履，中空。长9、残高7.4厘米（图三五，2）。M13∶16，俑足。夹砂灰黑陶。足着履，中空。与M13∶14成对。长9、残高4.6厘米（图三五，3）。M13∶15，俑足。夹砂灰黑陶。脚穿草鞋，草鞋编制简单。草绳穿过大拇指与二拇指夹缝，最后于脚踝脚背处系结。长15.8、残高6厘米（图三五，4）。M13∶49，武士俑残部。泥质灰陶。腰部挂环首刀，刀柄系带。残高17.2厘米（图三五，6）。

陶摇钱树座　1件。M13∶31，夹砂红陶。残剩下部，图案分两层，上部为怪兽，下部为人

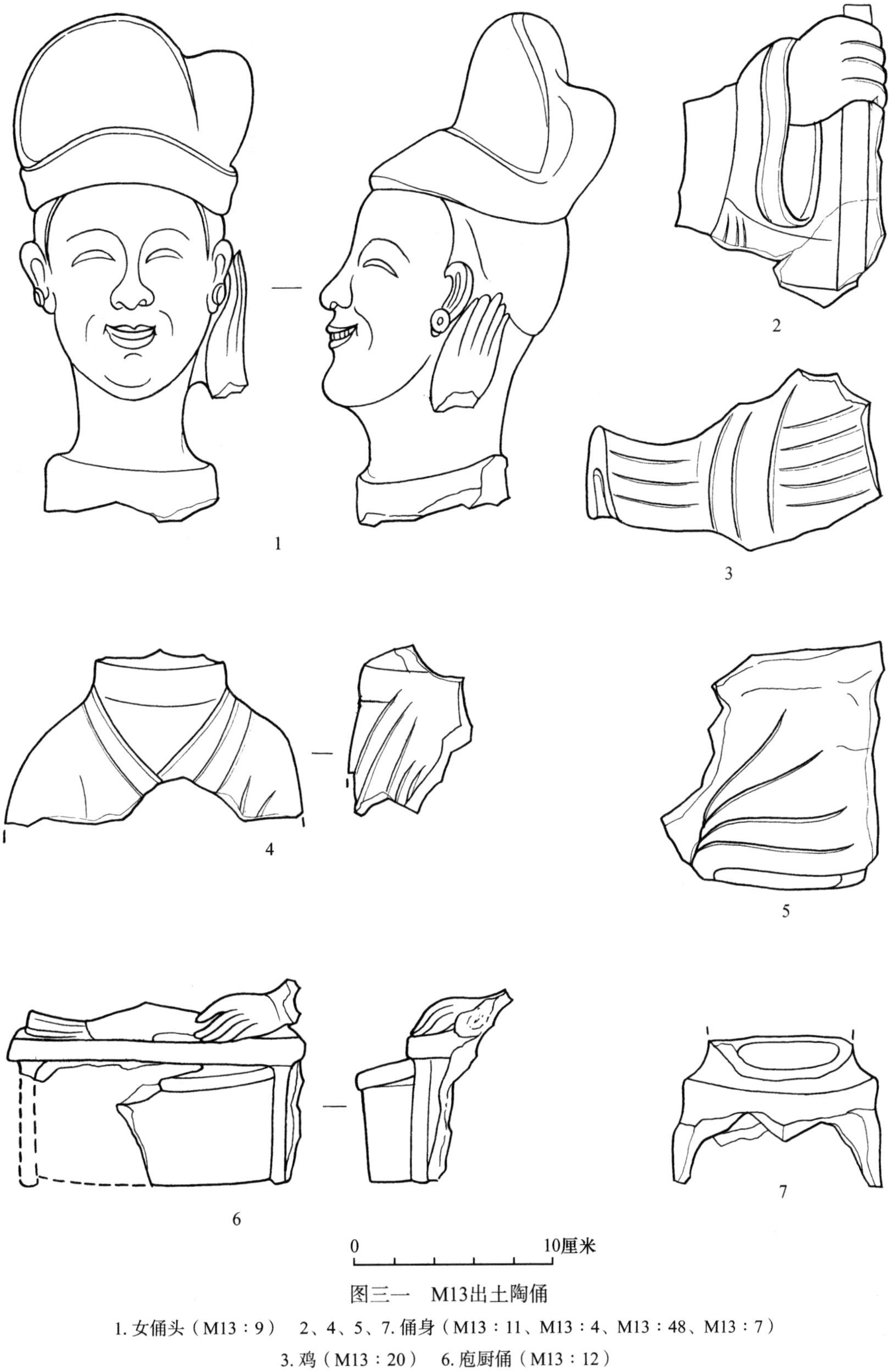

图三一　M13出土陶俑

1. 女俑头（M13：9）　2、4、5、7. 俑身（M13：11、M13：4、M13：48、M13：7）

3. 鸡（M13：20）　6. 庖厨俑（M13：12）

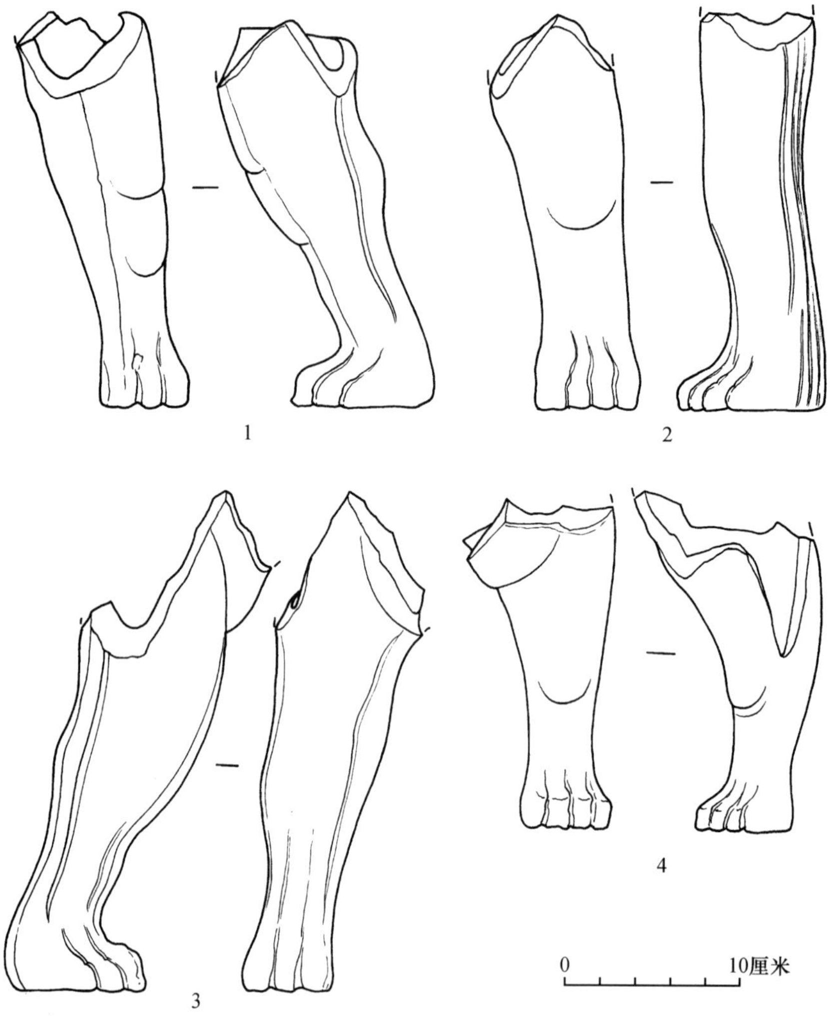

图三二　M13出土陶狗腿

1. M13：22　2. M13：26　3. M13：27　4. M13：21

物图。正面两个人物，左一人跳舞，右一人面向舞女跪坐，二人中间似有灵芝。背面为一女跪于树下。残高 29 厘米（图三六）。

陶房　1 件，夹砂灰黑陶。仅残存屋脊、瓦垄、墙及附属俑部分构件（M13：33-1～M13：33-4）。屋脊残长 19.8 厘米（图三七、图三八）。

陶熊　2 件。造型基本一致。M13：32，夹砂灰黑陶。形体较小，应为房屋构件。额上和两目之间有两道皱纹，鼻短而厚，竖耳，口微张。残高 5.5、6.3 厘米（图二九，1、2）。

陶房附属俑　1 件。M13：10，可能为陶房 M13：33 附属人物，形制较小。夹砂灰黑陶。面部模糊，较圆润，小眼，蒜头鼻，抿嘴。着右衽长袍。下身为建筑构件遮住。残高 17 厘米（图三五，5）。

M14　砖室墓，由墓室和墓道两部分组成。墓葬平面呈“凸”字形，残长 8.18 米。墓葬上部被破坏，形制不详。方向 55°。斜坡墓道，平面近长方形，长 2.3 米，宽 1.28～1.42 米。墓室平面呈长方形，内长 5.16 米，宽 2.16 米，残高 1.06 米。墓壁用长方形砖错缝叠砌，墓壁底下挖墙基，墙基内填鹅卵石。

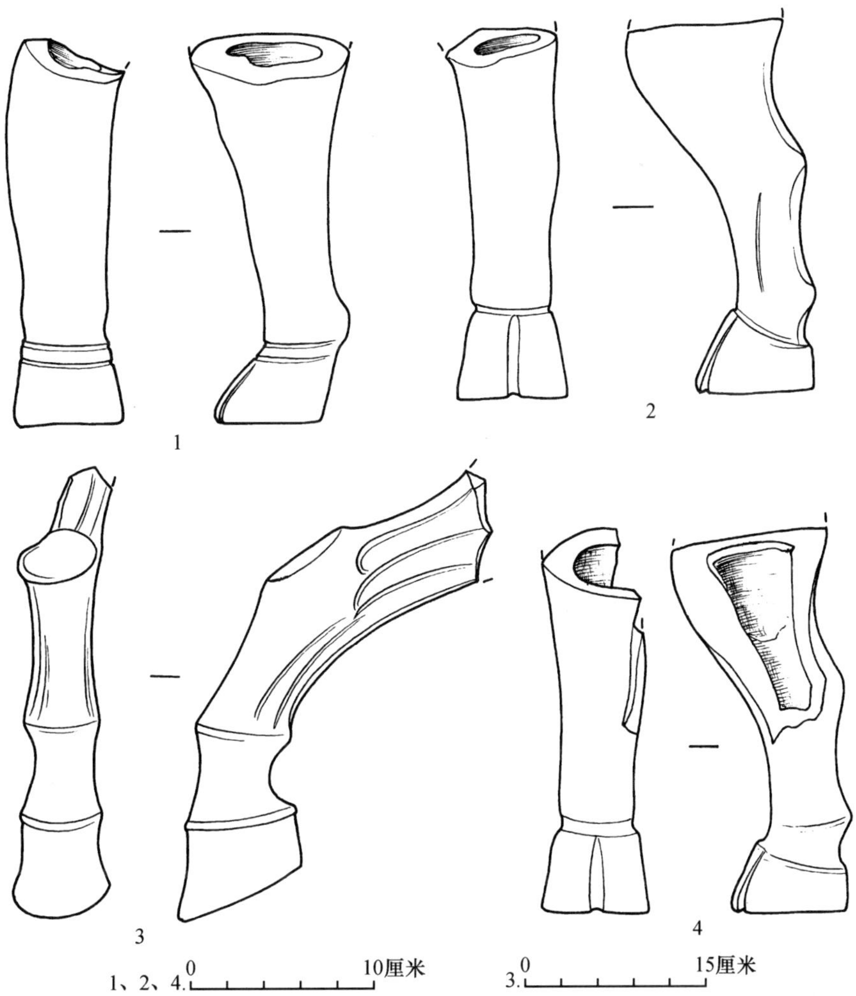

图三三 M13出土陶马腿

1. M13：28 2. M13：29 3. M13：30 4. M13：20

墓砖青灰色，侧面有钱纹、联璧纹、菱形纹、网格纹等几种。墓砖规格为40×22–6厘米。墓底平整，未见铺地砖（图三九～图四一）。

未见葬具和人骨。墓葬破坏严重，随葬品主要出于扰土之中，以陶器居多，可辨器形有瓮、罐、盆、钵、灯、甑及摇钱树座、俑等模型器。另有少量铁器。

陶瓮 2件。M14：1，夹砂灰黑陶。敛口，尖圆唇，折肩。上腹部饰网格纹。口径34、残高4.5厘米（图四二，1；图四三，2）。M14：2，夹砂灰黑陶。敛口，圆唇，高领。口径20、残高5.7厘米（图四二，3）。

陶罐 4件。M14：3，夹砂灰白陶。侈口，沿外翻，尖唇，束颈。口径10、残高4厘米（图四二，2）。

陶盆 2件。M14：4，夹砂灰黑陶。侈口，平沿，卷唇。残高3厘米（图四二，4）。

陶甑 1件。M14：8，夹砂灰黑陶。平底，底部可见两个镂孔。底径14、残高3厘米（图四二，9）。

陶钵 3件。M14：9，夹砂灰黑陶。圈足外撇。底内部中央饰柿蒂纹一个。足径9.2、残高3厘米（图四二，7；图四三，1）。M14：7，夹砂灰陶。内底下凹，假圈足。底径7.6、残高3

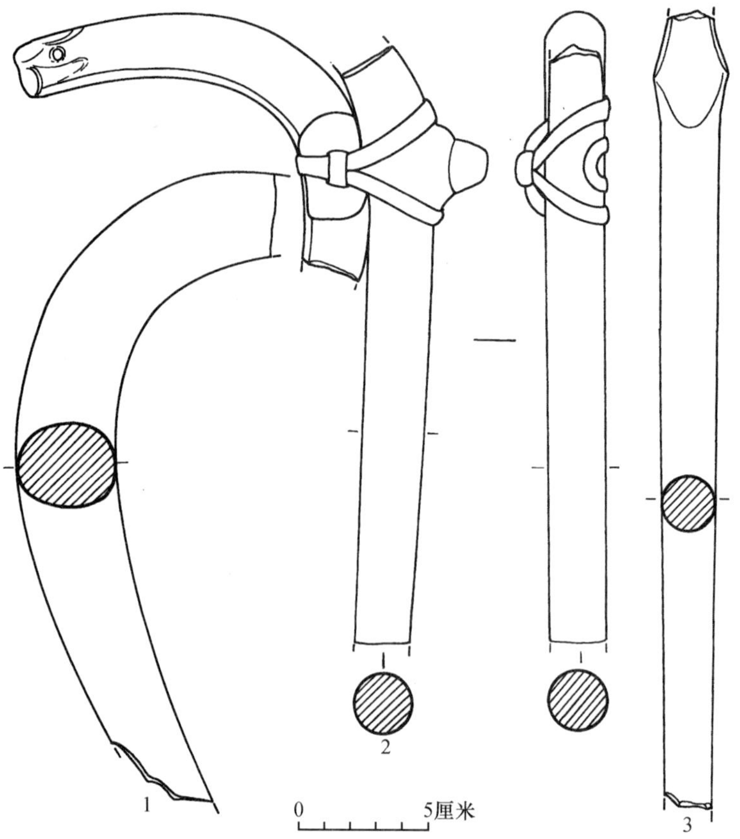

图三四　M13出土陶马车残件

1. M13∶34-1　2. M13∶34-2　3. M13∶34-3

厘米（图四二，6）。M14∶6，夹砂灰陶。折腹，圈足外撇。足径10、残高5厘米（图四二，5）。

陶灯　3件。M14∶10，夹砂灰黑陶。破损严重，残剩灯柄，中空，上细下粗，中间凸出一平台。残高11厘米（图四二，11）。M14∶11，夹砂灰黑陶。仅残剩灯柄中部。残高6.5厘米（图四二，8）。M14∶9，夹砂灰陶。残剩灯柄上部，浅弧形灯盘，灯柄中空。残高6厘米（图四二，10）。

陶鸡　2件。M14∶25，夹砂红陶，合模制作，相接处有刀削痕迹。形体较小，嘴部和腿下部残缺。颈部较长，敛翼，两翼羽毛清晰可见，短尾，作直立状。残高16.6厘米（图四四，1）。M14∶26，夹砂红陶，合模制作，相接处有刀削痕迹。头部残，敛翼，两翼羽毛不清，尾部残，作站立状。残高14.6厘米（图四四，2）。

陶背罐鸭　1件。M14∶28，夹砂红陶，合模制作。扁平喙，敛翼，可见两翼羽毛层次分明，腿部残缺。背上负罐。残高12.8厘米（图四四，3）。

陶俑　13件。M14∶12，俑头。夹砂红陶。面部模糊不清，小眼，高鼻，嘴微开，面带微笑。残高10.4厘米（图四五，1）。M14∶24，俳优俑头。夹砂红陶。只余面部，左耳和鼻子也残，额上有皱纹，两眼眯一条缝，嘴张开，舌垂下，面带微笑。残高13.5厘米（图四五，2）。M14∶13，俑头。夹砂红陶。仅见头后部，双高髻。残高10厘米（图四六，4）。M14∶14，俑

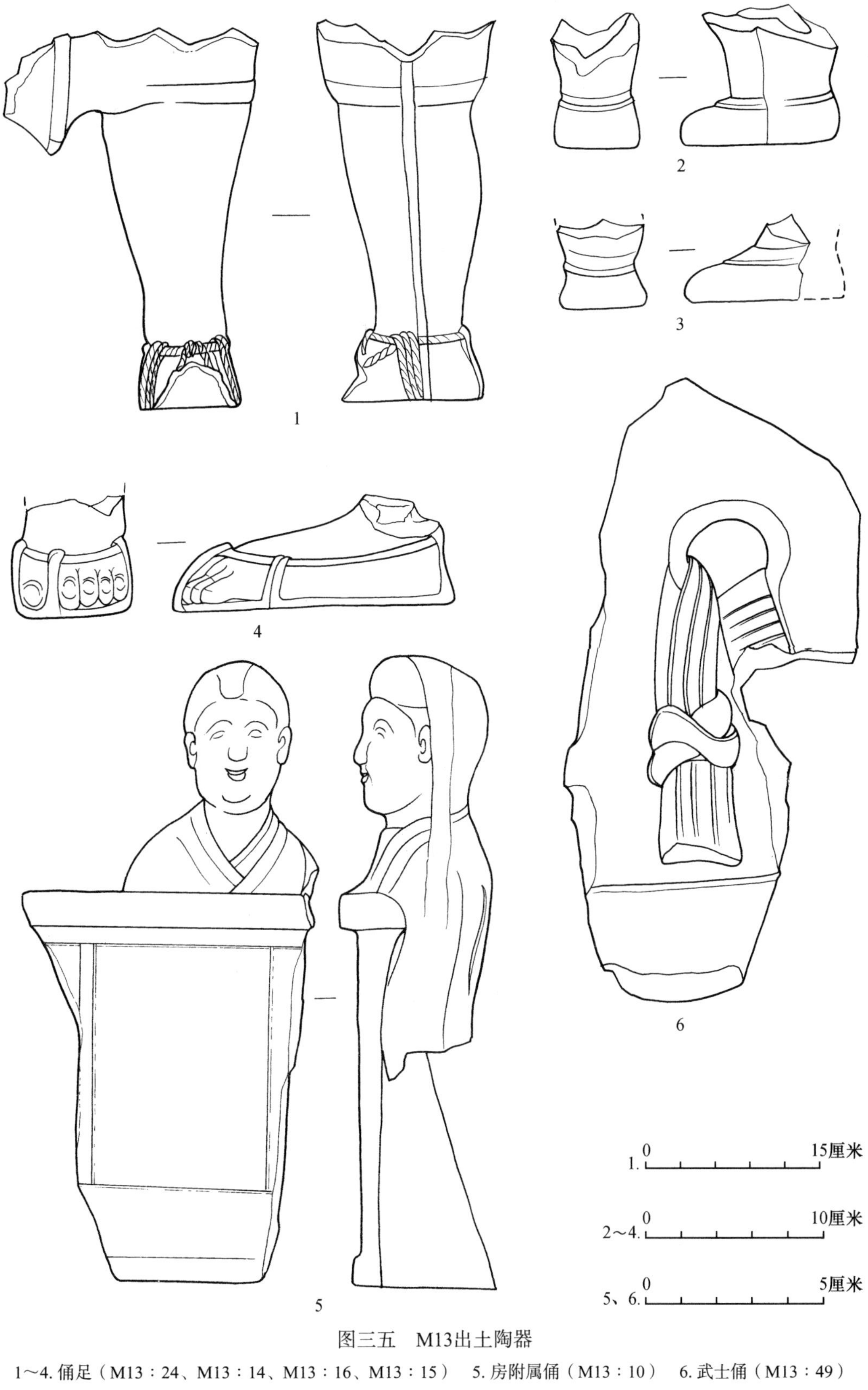

图三五　M13出土陶器

1～4. 俑足（M13：24、M13：14、M13：16、M13：15）　5. 房附属俑（M13：10）　6. 武士俑（M13：49）

1

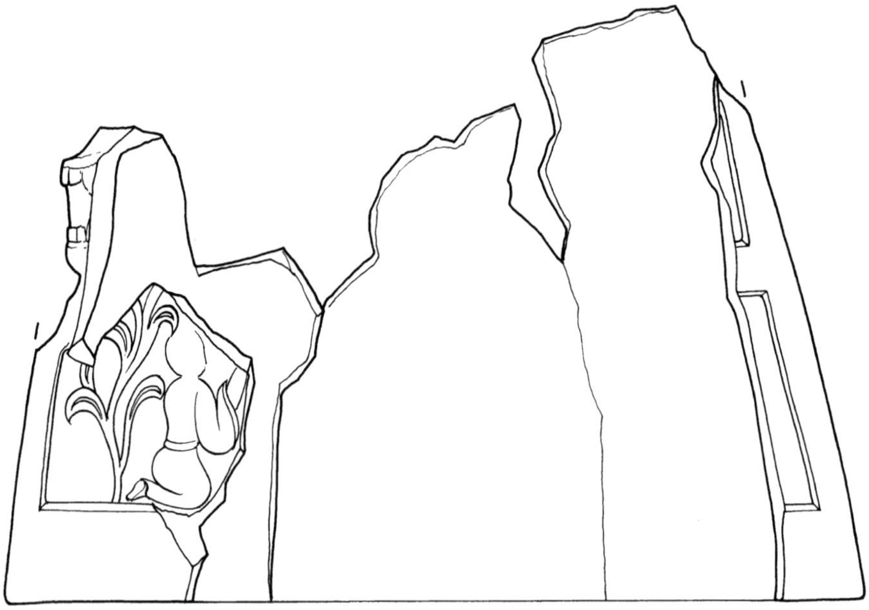

2

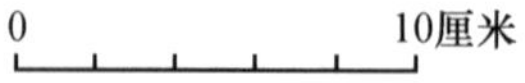

图三六　M13出土陶摇钱树座

（M13：31）

1. 正面　2. 背面

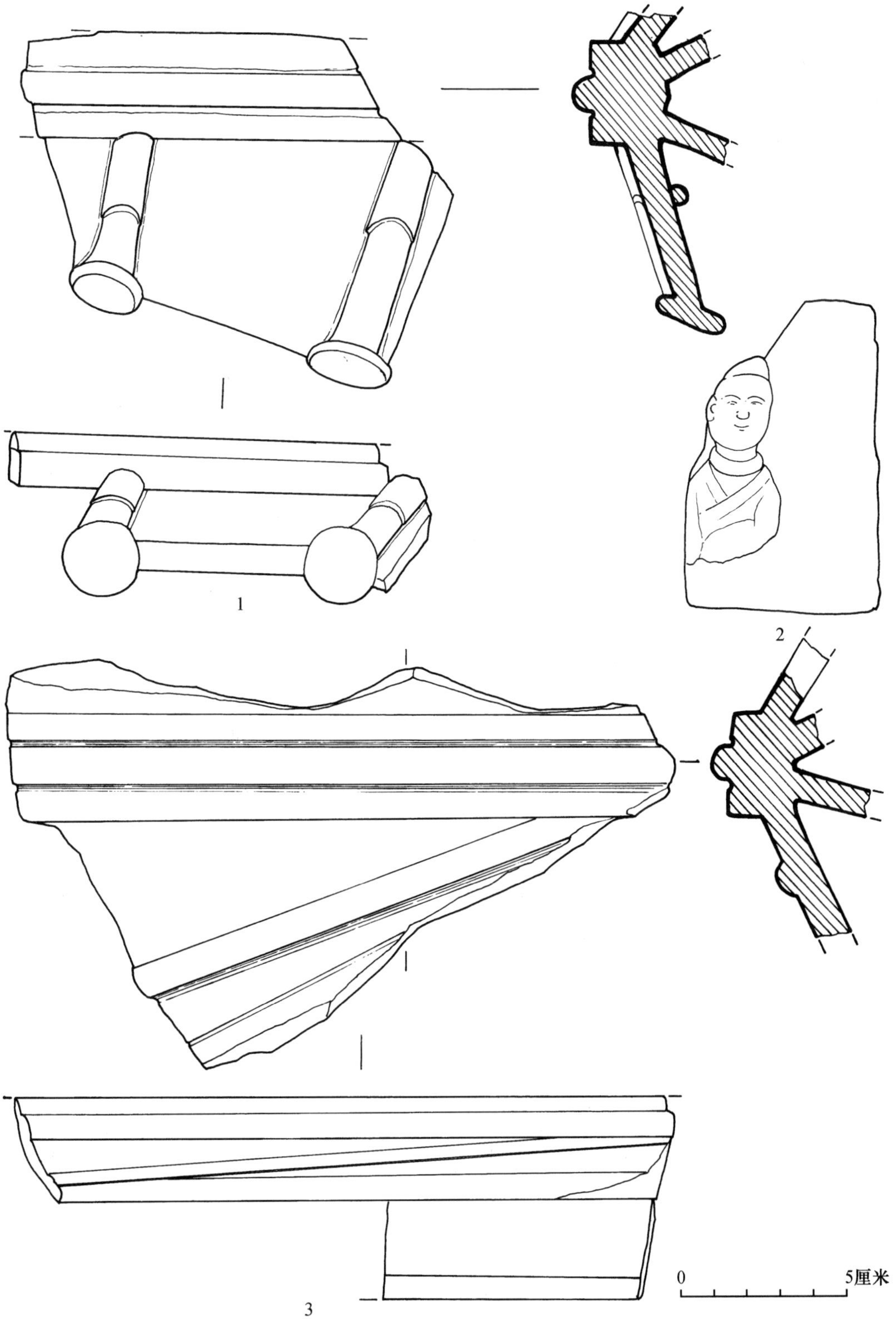

图三七　M13出土陶房

1、3. 屋顶（M13：33-1、M13：33-3）　2. 附属俑（M13：33-2）

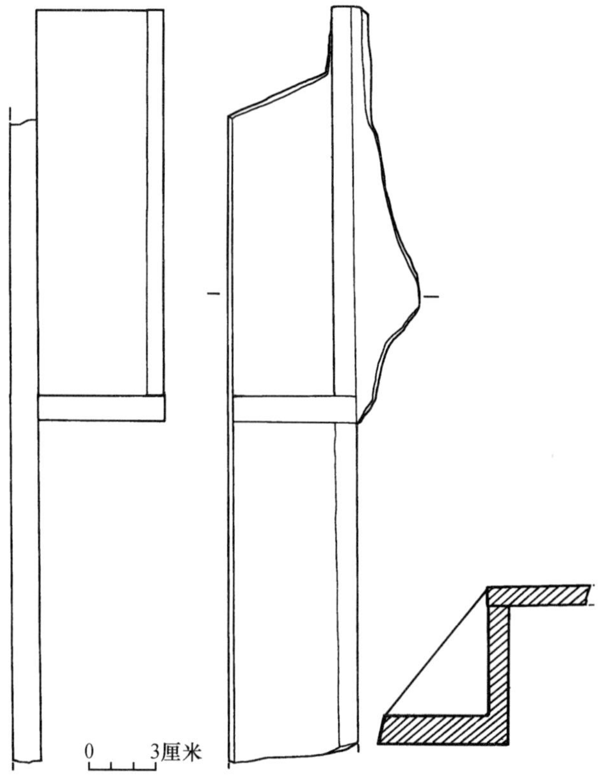

图三八　M13出土陶房构件
（M13：33-4）

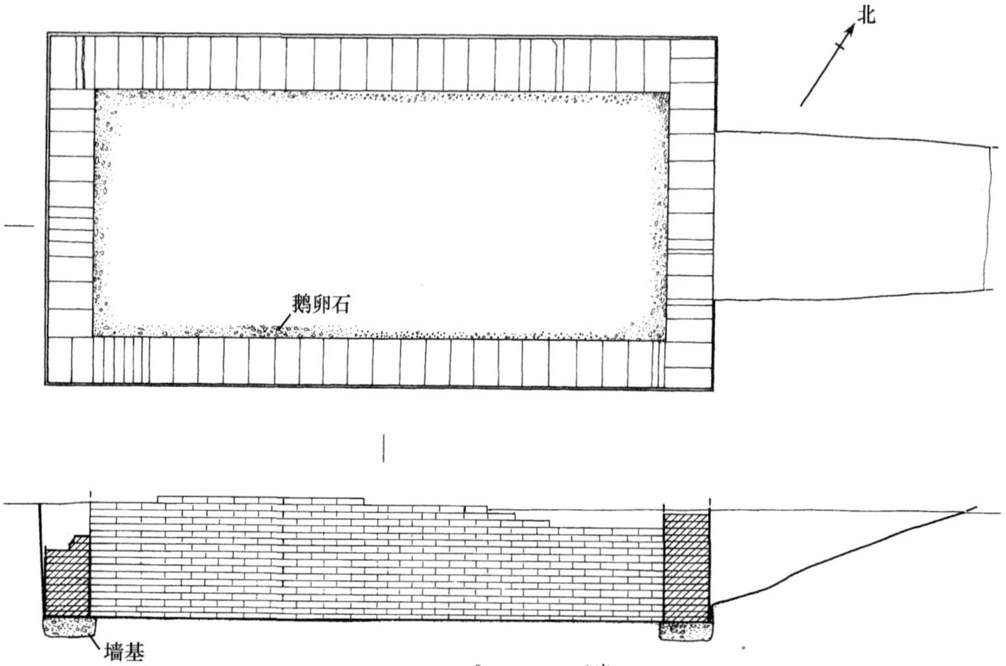

图三九　M14平面、剖视图

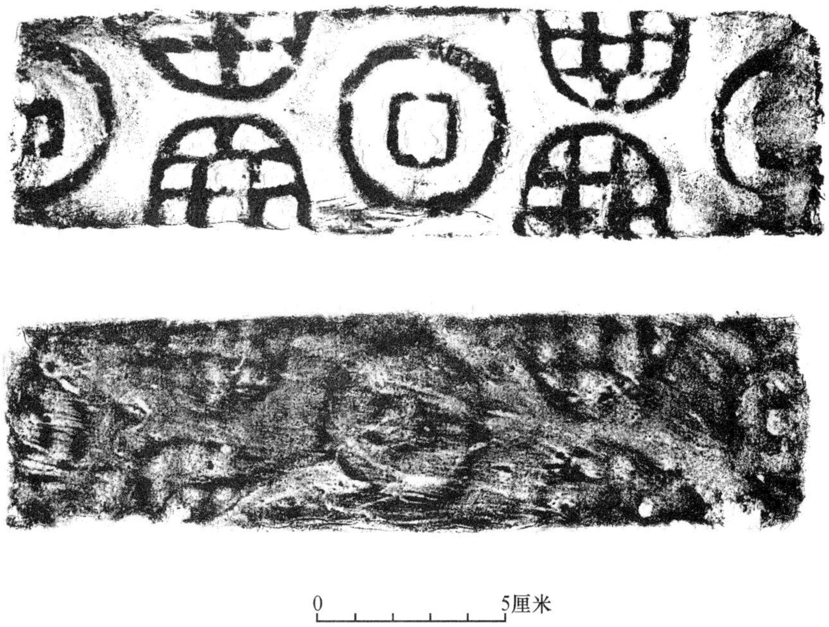

图四〇 M14出土墓砖纹饰（联璧纹+钱纹）拓片

图四一 M14出土墓砖纹饰（菱形纹）拓片

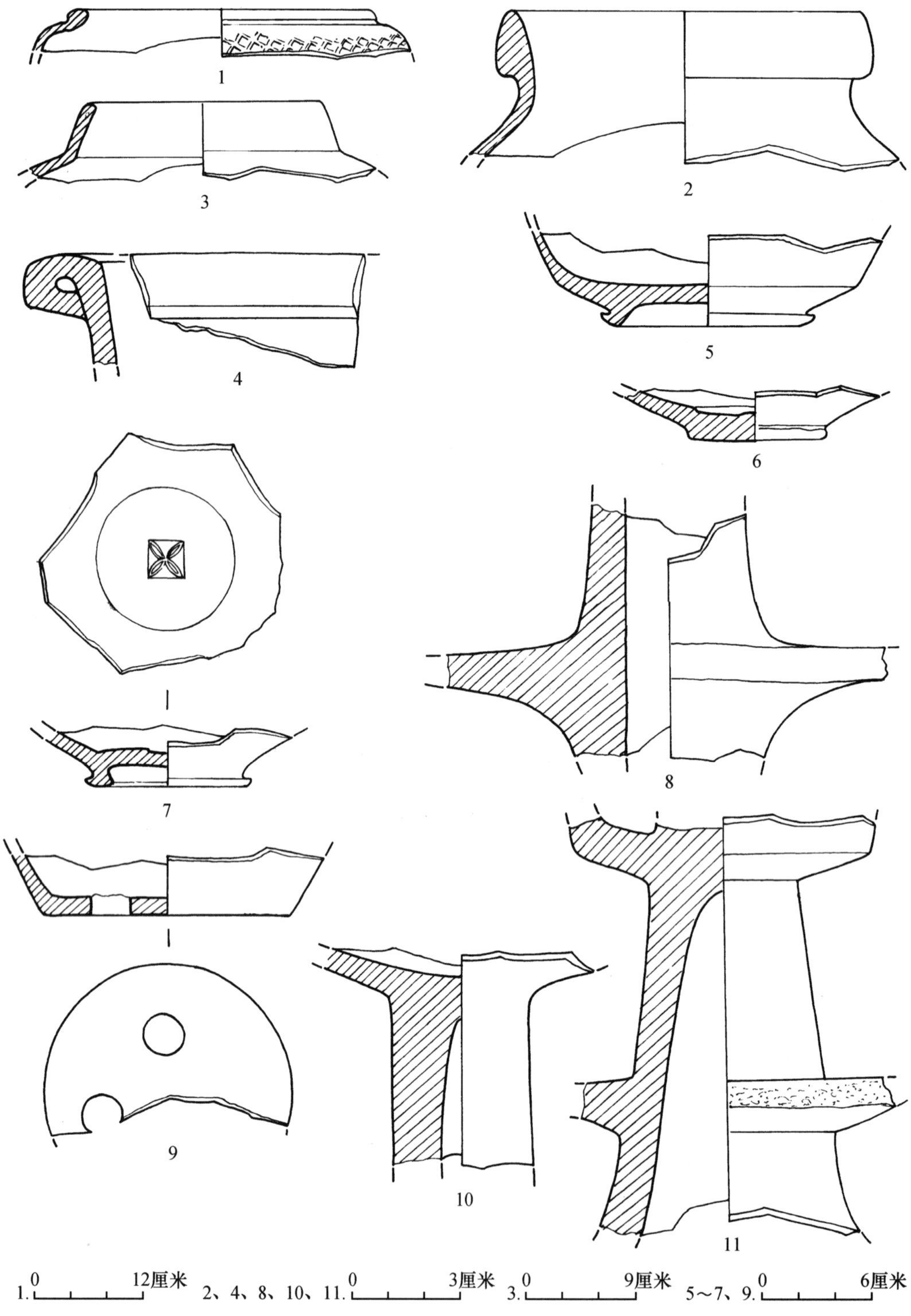

图四二　M14出土陶器

1、3. 瓮（M14∶1、M14∶2）　2. 罐（M14∶3）　4. 盆（M14∶4）　5～7. 钵（M14∶6、M14∶7、M14∶9）　8、10、11.灯（M14∶11、M14∶9、M14∶10）　9. 甑（M14∶8）

图四三　M14出土陶器纹饰拓片

1. 柿蒂纹（M14：9）　2. 网格纹（M14：1）

头。夹砂红陶。破损严重，面部模糊，宽鼻，嘴紧闭，面带笑容。残高 11.2 厘米（图四六，3）。M14：15，俑头。夹砂红陶。只剩右半脸，鼻稍矮，嘴微张，面带微笑。残高 10.4 厘米（图四六，1）。M14：16，俑头。夹砂红陶。脸部残缺，抿嘴，下巴凸出，面带微笑。残高 10 厘米（图四六，2）。M14：17，俑身。夹砂红陶。身着右衽袍，隐约可见腰带，腰间有褶皱。残高 15.2 厘米（图四七，1）。M14：23，舞蹈俑。夹砂红陶。腰部以上残，荷叶半袖；纤腰束带，下着长裙，裙纹清晰；左手握袖提裙置于腰际，握袖处袖衣堆叠，腰际下形成数道弧形褶皱，裙下缘有花边。左腿略残，左足置于裙内；右腿向右屈膝伸出，脚尖微露。残高 15 厘米（图四七，2）。M14：19，俑足。夹砂红陶。小腿略瘦，脚部刻画模糊，鞋子样式不明。残高 15.6 厘米（图四八，4）。M14：20，俑足。夹砂红陶。右足，脚穿草鞋，草鞋编制简单，草绳穿过大拇指与二拇指夹缝。残长 7.7、残高 3.8 厘米（图四八，1）。M14：21，俑足。夹砂红陶。脚穿草鞋，草鞋编制简单，草绳穿过大拇指与二拇指夹缝。残长 6、残高 3.3 厘米（图四八，2）。M14：22，俑足。夹砂红陶。右足，着方头鞋，残足上部可见着裤，中空。残高 10.2 厘米（图四八，3）。

陶摇钱树座　1 件。M14：30，夹砂红陶。破损严重，可见一兽头，头部侧面略呈长方形，圆眼鼓凸，长角，仰首，张嘴露齿，嘴中似衔物，胸部侧面刻饰出清晰羽翼。残高 16.4 厘米（图四九）。

M15　砖室墓。墓葬平面呈长方形，墓圹长 3.8 米，宽 1.56 米。墓葬上部已经被破坏，情况不详。墓壁用长方形砖错缝叠砌，墓砖质地有青色和红色，以素面居多，部分墓砖有菱形纹、钱纹和胜纹等。墓底用素面砖纵向平铺而成。墓砖规格 35 × 24－6 厘米、34 × 24－6 厘米（图五〇）。

图四四　M14出土陶俑

1、2. 鸡（M14：25、M14：26）　3. 背罐鸭（M14：28）

墓葬扰乱严重，不见葬具和人骨。出土器物很少，多发现于扰土中，以陶器为主，可辨器形有盆、鸡等。另出土 1 件瓷碗，应该是晚期扰于墓葬之中。

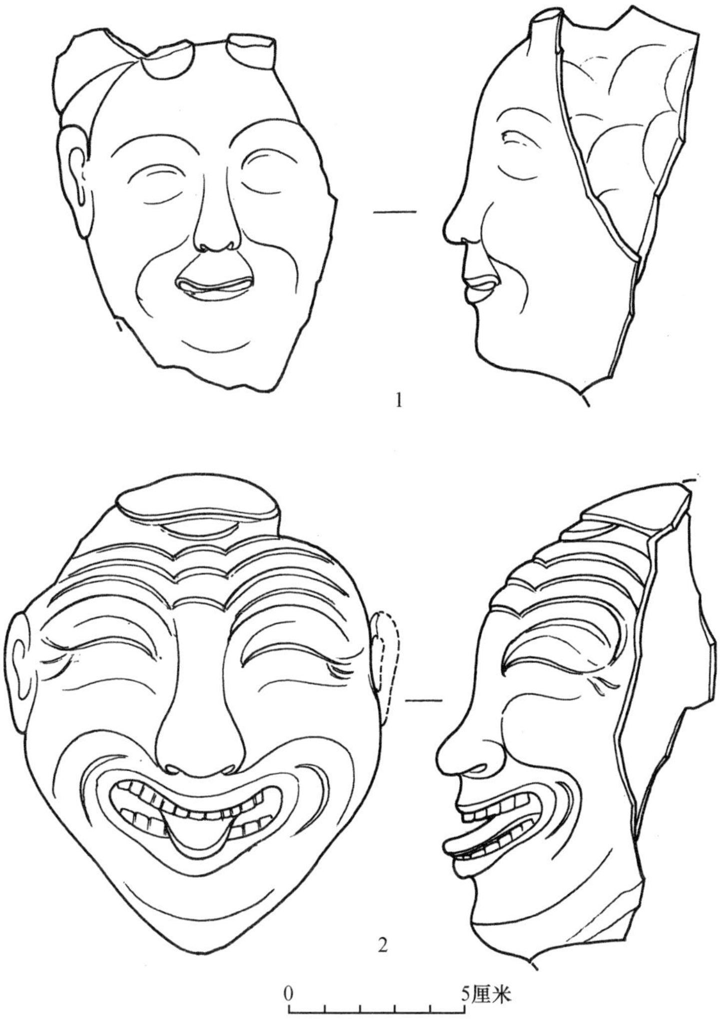

图四五　M14出土陶俑头

1. M14：12　2. M14：24

陶盆　1件。M15：1，夹砂灰黑陶。侈口，平沿，卷唇，深腹，平底。口径30、底径21、高18厘米（图五一，1）。

陶鸡　1件。M15：2，夹砂灰黑陶。只剩腿部，作直立状。残高6.1厘米（图五一，3）。

瓷碗　1件。M15：3，红胎，酱色釉。敞口，尖唇，折腹。口径15.4、残高4厘米（图五一，2）。

M16　长方形券顶砖室墓，由墓门、甬道和墓室三部分组成。墓葬平面呈“凸”字形，残长8.4米。墓葬保存略好。方向40°。封门用单砖错缝平砌，墓门两侧分别用两行菱形纹青砖纵向竖砌，中间用菱形纹青砖错缝叠砌，不甚规整。封门后接甬道，平面呈长方形，长2.2米，宽1.72米，残高2.02米。甬道用青砖错缝叠砌。券顶用楔形砖横向叠砌，券顶覆盖一层绳纹板瓦。甬道铺地砖呈“人”字形。墓室平面呈长方形，内长5.78米，宽2.66米，残高2.31米。墓顶已坍塌，形制不明。墓壁由长方形青砖错缝叠砌。墓底由长方形砖一字形斜铺而成，墓室前部似铺器物台（图五二）。墓砖花纹多样，铺地砖一端为菱形纹，规格为34×20－6厘米（图五三，2）；墓室第15、16层及甬道第17层一端为圆璧纹和菱形纹，一侧为菱形纹＋柿蒂纹＋乳钉，规格为32×20－6厘米

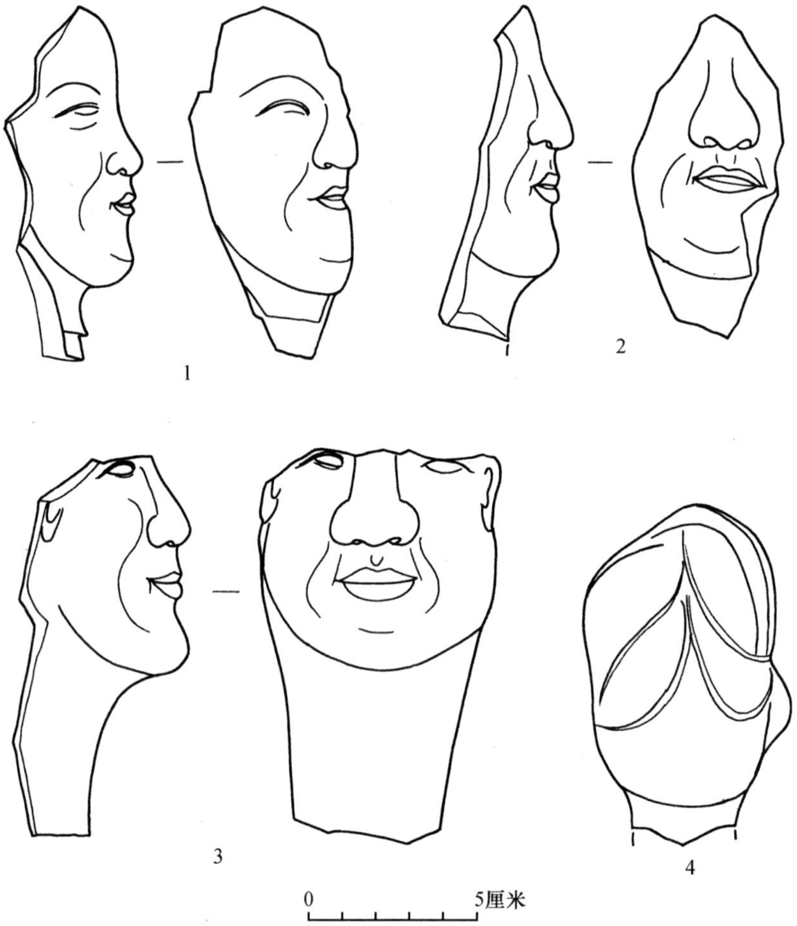

图四六　M14出土陶俑头

1. M14 : 15　2. M14 : 16　3. M14 : 14　4. M14 : 13

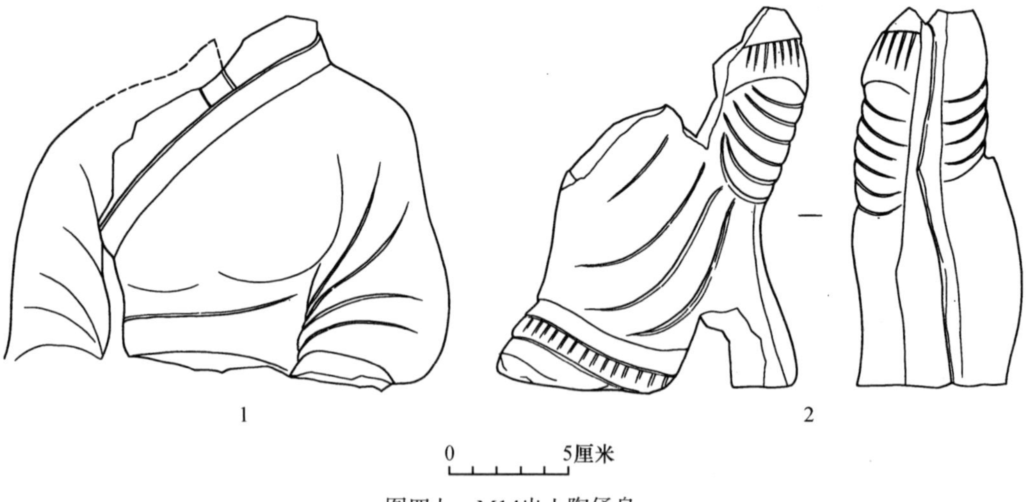

图四七　M14出土陶俑身

1. M14 : 17　2. M14 : 23

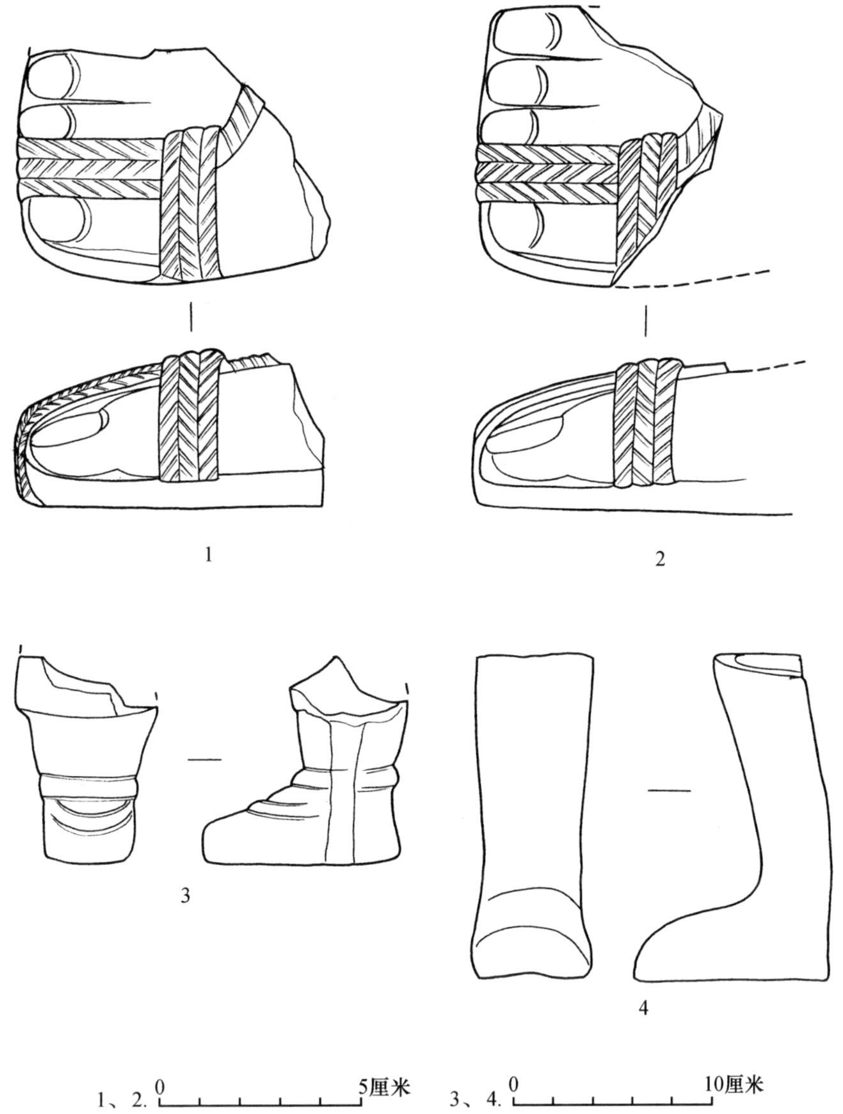

图四八 M14出土陶俑足
1. M14：20 2. M14：21 3. M14：22 4. M14：19

（图五四，1、3）；墓室第17～22层一端为狩猎纹，规格为33×22－5厘米（图五五，4）；甬道第19层一端和一侧为菱形纹＋圆形纹，规格为33×20－7厘米；墓室第1～7层一端和一侧为菱形纹和菱形纹＋柿蒂纹＋乳钉纹，规格为32×20－6厘米（图五三，1、3）；还有一种墓砖，一端为双凤衔璧纹，规格为32×20－6厘米（图五五，2）。

不见葬具和人骨。随葬品多出于扰土中，部分散置墓室西南角，以陶器为主，可辨器形有罐、釜、钵、盆、甑、灯、狗、俑等，陶器以素面为主，纹饰有凹弦纹和刻划纹、网格纹等（图五六）。另有少量石器、铜钱及构件。

陶罐 7件。M16：1，夹砂灰黑陶。敛口，方唇，高领，弧肩。肩部饰凹弦纹和刻划纹各一周。口径12、残高5厘米（图五七，2）。M16：14，夹砂灰黑陶。形体较小，最大径在腹部中央，敛口，尖唇，溜肩，鼓腹下收至小平底。肩部饰两周凹弦纹。口径3.2、底径4.3、高6.8厘米

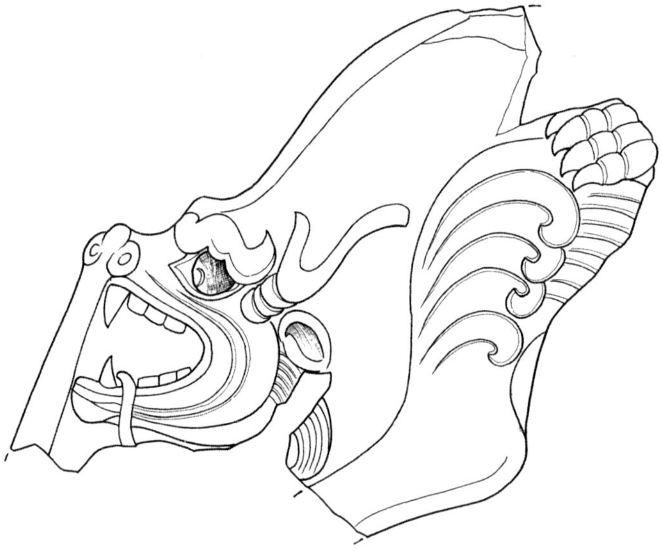

1

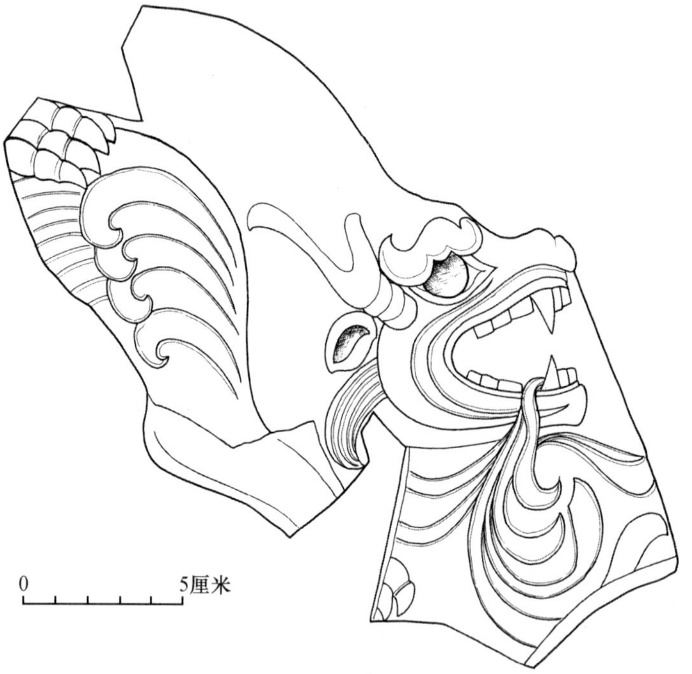

2

图四九　M14出土陶摇钱树座

（M14：30）

1. 正面　2. 背面

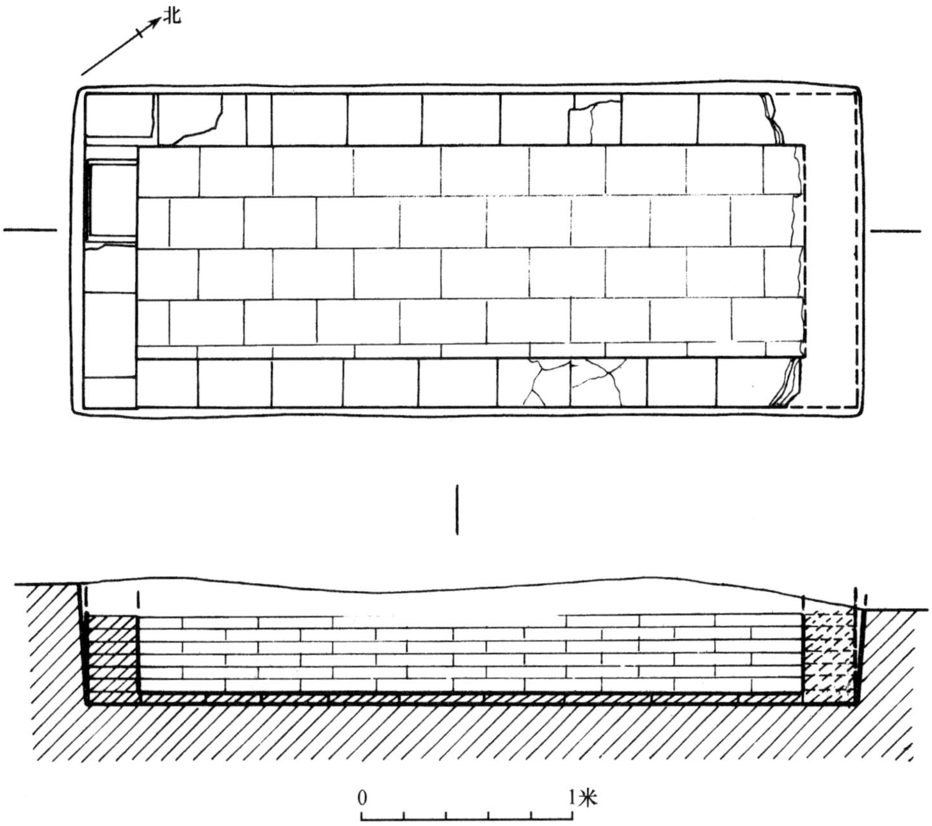

图五〇　M15平面、剖视图

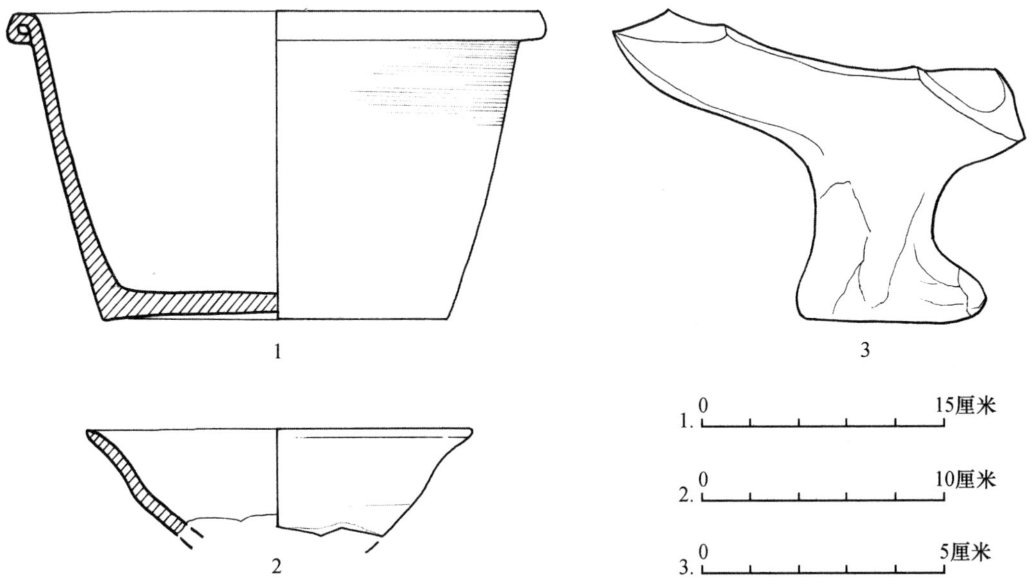

图五一　M15出土器物

1. 陶盆（M15：1）　2. 瓷碗（M15：3）　3. 陶鸡（M15：2）

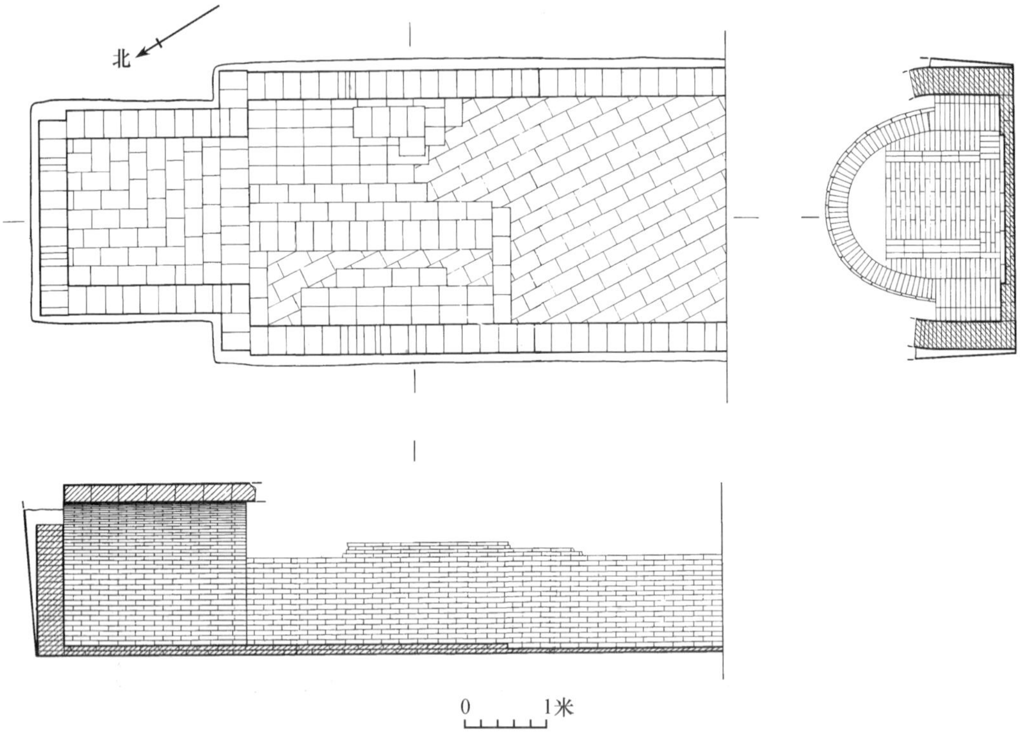

图五二　M16平面、剖视图

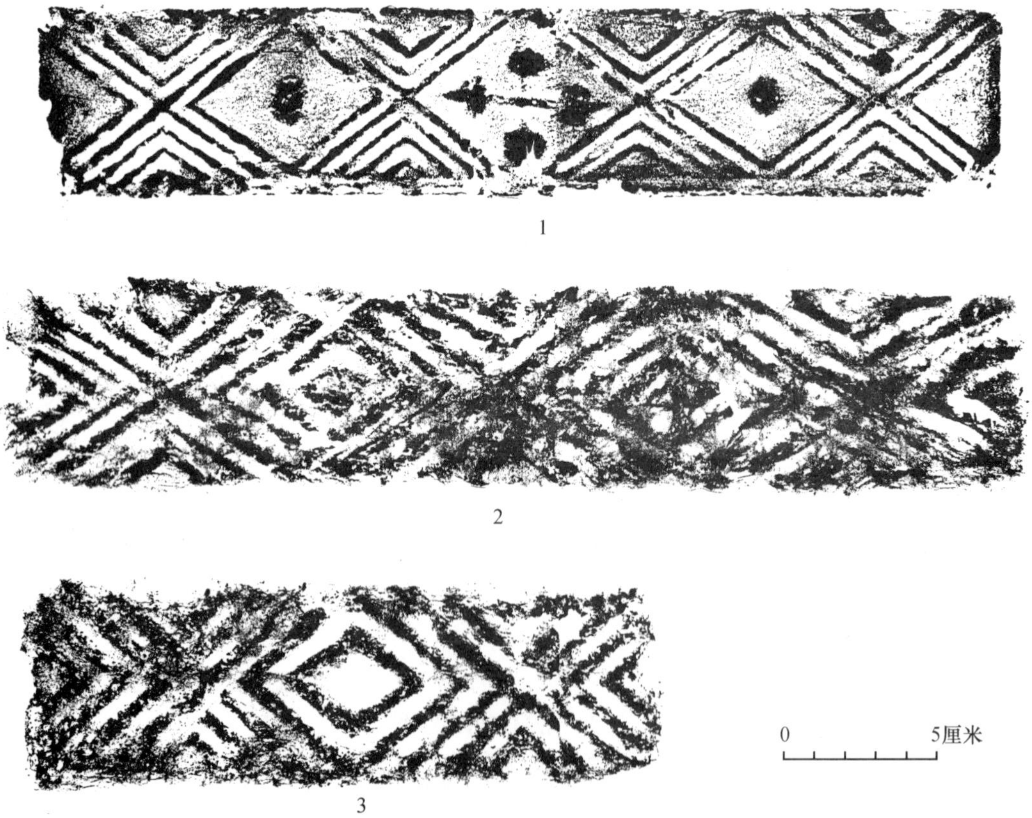

图五三　M16出土墓砖纹饰拓片

1. 菱形纹+柿蒂纹+乳钉纹　2、3. 菱形纹

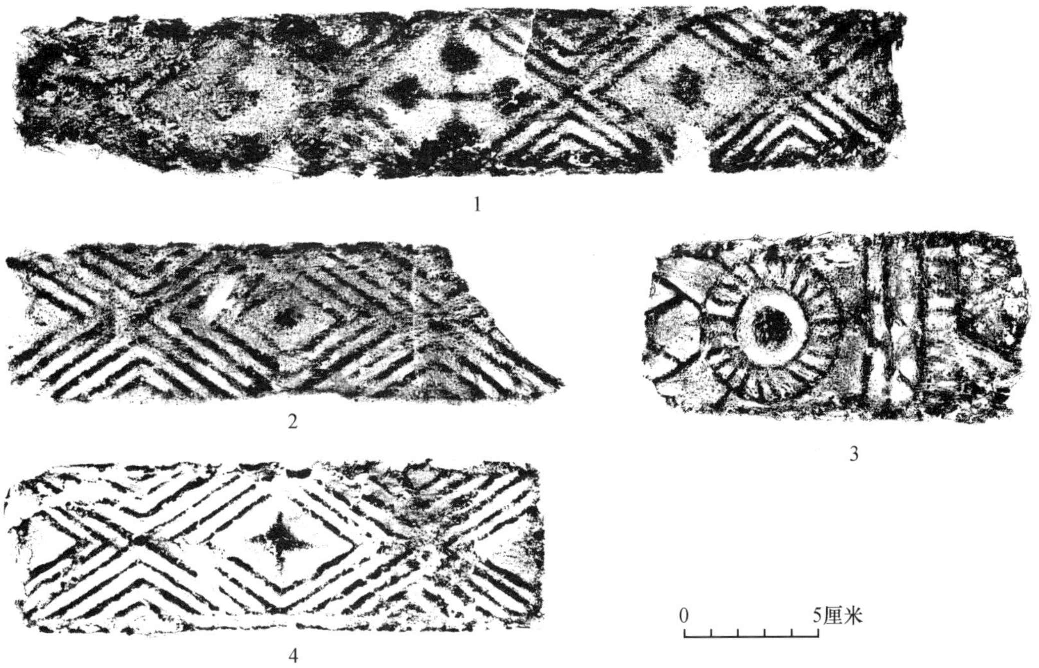

图五四　M16出土墓砖纹饰拓片

1. 菱形纹+柿蒂纹+乳钉纹　2、4. 菱形纹　3. 圆璧纹

（图五七，4）。M16：5，夹砂灰陶。侈口，尖唇，束颈。肩部饰一周凹弦纹。口径10、残高4厘米（图五七，6）。

陶釜　2件。M16：2，夹砂灰黑陶。敞口，翻折沿，圆唇，束颈，弧肩。沿上和肩部各饰一周凹弦纹。口径25、残高4厘米（图五七，7）。

陶盆　4件。M16：3，夹砂灰黑陶。敞口，平沿外翻，方唇，斜直腹。残高5厘米（图五七，3）。M16：6，夹砂灰黑陶。侈口，平沿，卷唇。口径44、残高4.2厘米（图五七，5）。

陶钵　1件。M16：4，泥质灰黑陶。敛口，尖唇，弧腹。口径22、残高5厘米（图五七，1）。

陶甑　1件。M16：9，夹砂灰黑陶。平底，可见五个镂孔。底径17、残高3、孔径2.2厘米（图五八，1）。

陶壶　1件。M16：31，仅存铺首部分。残高11.4厘米（图五八，3）。

陶灯　2件。M16：10，夹砂灰黑陶。残剩灯柄上部，灯盘浅圜底，灯柄中空。残高4.4厘米（图五八，2）。M16：11，夹砂灰黑陶。残剩灯柄部分，中空，上细下粗，中部有一凸起。下部饰凸弦纹和刻划纹各一周。残高20.6厘米（图五八，4）。

陶器底　7件。M16：7，夹砂灰黑陶。平底。内部可见轮制痕迹。底径10.5、残高6厘米（图五七，10）。M16：8，夹砂灰黑陶。平底微内凹。内部可见轮制痕迹。底径11、残高4厘米（图五七，8）。M16：13，夹砂灰黑陶。腹部以上残，斜直腹，平底。底径10.2、残高6厘米（图五七，9）。

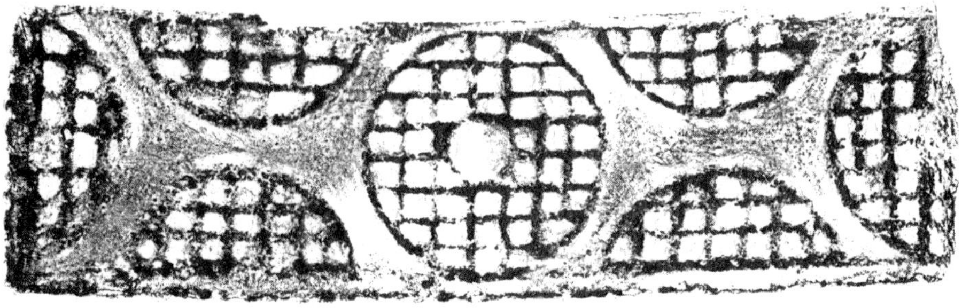

1

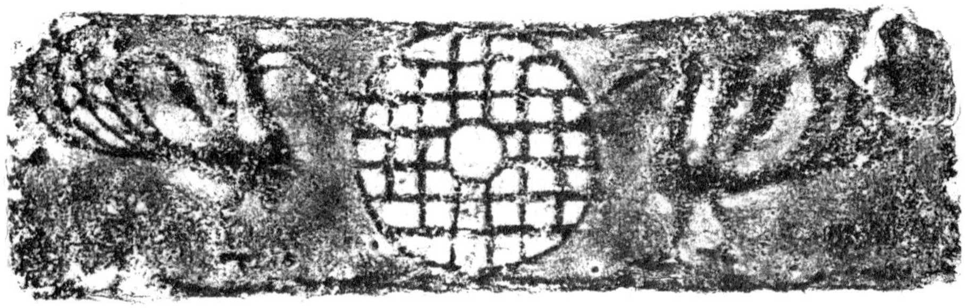

2

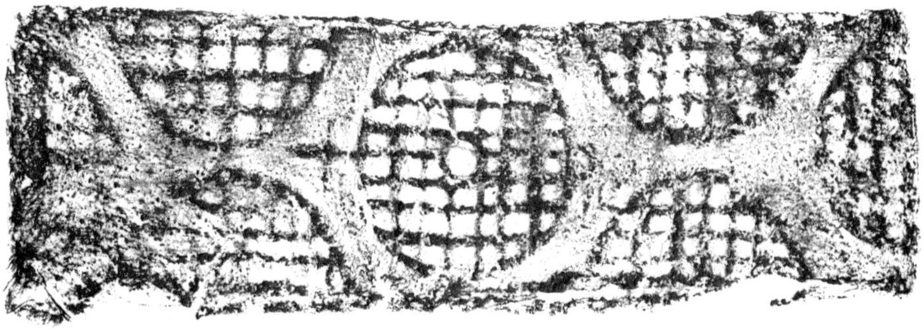

3

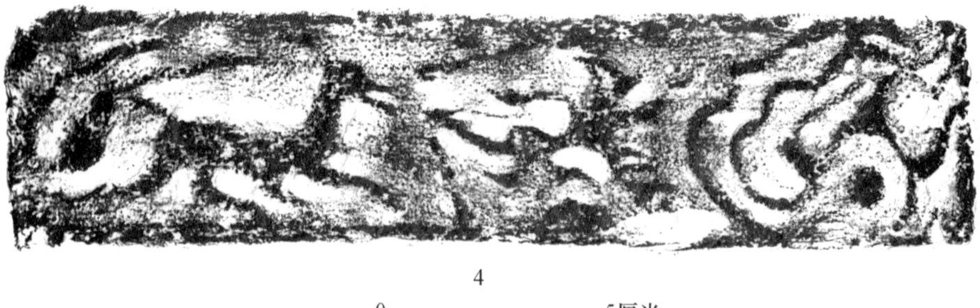

4

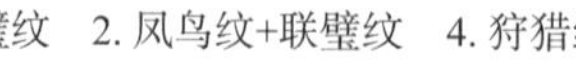

图五五　M16出土墓砖纹饰拓片

1、3. 联璧纹　2. 凤鸟纹+联璧纹　4. 狩猎纹

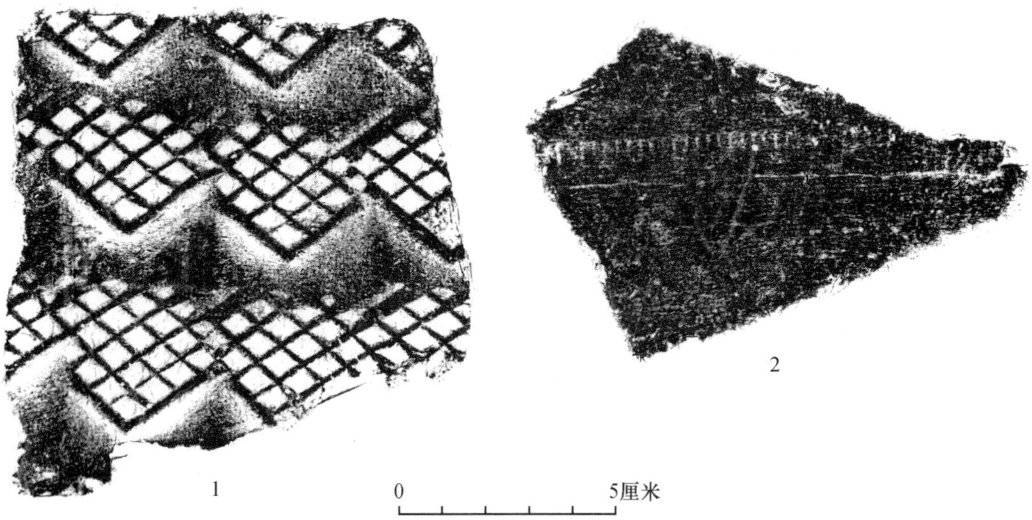

图五六 M16出土陶器纹饰拓片
1. 网格纹 2. 刻划纹+凹弦纹

陶狗腿 1件。M16∶17,夹砂红陶。粗壮,直立,三个爪子清晰可见。残高12.6厘米(图五八,7)。

陶摇钱树座 1件。M16∶15,夹砂红陶。只见一兽头。残高7.7厘米(图五八,6)。

陶俑足 2件。M16∶16,夹砂红陶。右足,脚穿草鞋,草鞋编制简单,草绳穿过大拇指与二拇指夹缝。残长5.2、残高3.1厘米(图五八,5)。

陶房 1件。M16∶18,夹砂红陶。残存房脊、垂脊及部分瓦垄。残长14厘米(图五九)。

石俑身 1件。M16∶19,右衽袍,双手置于腰间拢于袖中,袖管宽大,于腰前形成数道褶皱。残高21厘米(图六〇)。

五铢钱 6枚。M16∶23,正面书“五铢”二字,有郭,保存较好。根据形制,可分二式。

Ⅰ式:“五”字上下两横不出头,中间两笔弯曲。“铢”字形较长,结构略显松散。“金”字头呈三角形,四点较长。“铢”字“朱”旁上部虽圆折,但仍有方折之意,上部较短,两竖竖直,下部略长,上下两部分之间间距较大。钱径2.5厘米(图六一,2、6)。

Ⅱ式:“五”字变化不大。“铢”字形略宽短,结构比较紧凑。“铢”字“金”变化不大。铢字“朱”旁上部圆折,上部变长,左右两竖略向外撇,上下两部分长度接近或下部略长,中间间距变小。钱径2.4～2.5厘米(图六一,1、3～5)。

M17 砖室墓,被机器破坏,形制不详,扰土出土少量器物。出土有墓砖,一端饰有菱形纹(图六二)。

陶瓮 1件。M17∶1,夹砂灰黑陶。敛口,圆唇,高领,肩部残。口径22、残高4厘米(图六三,1)。

陶罐 1件。M17∶2,夹砂灰黑陶。侈口,唇外翻,束颈。口径14、残高4厘米(图六三,2)。

陶房构件 1件。M17∶3,夹砂红陶。仅残剩局部构件。残长11.1厘米(图六三,3)。

M34 破坏严重,情况不详。

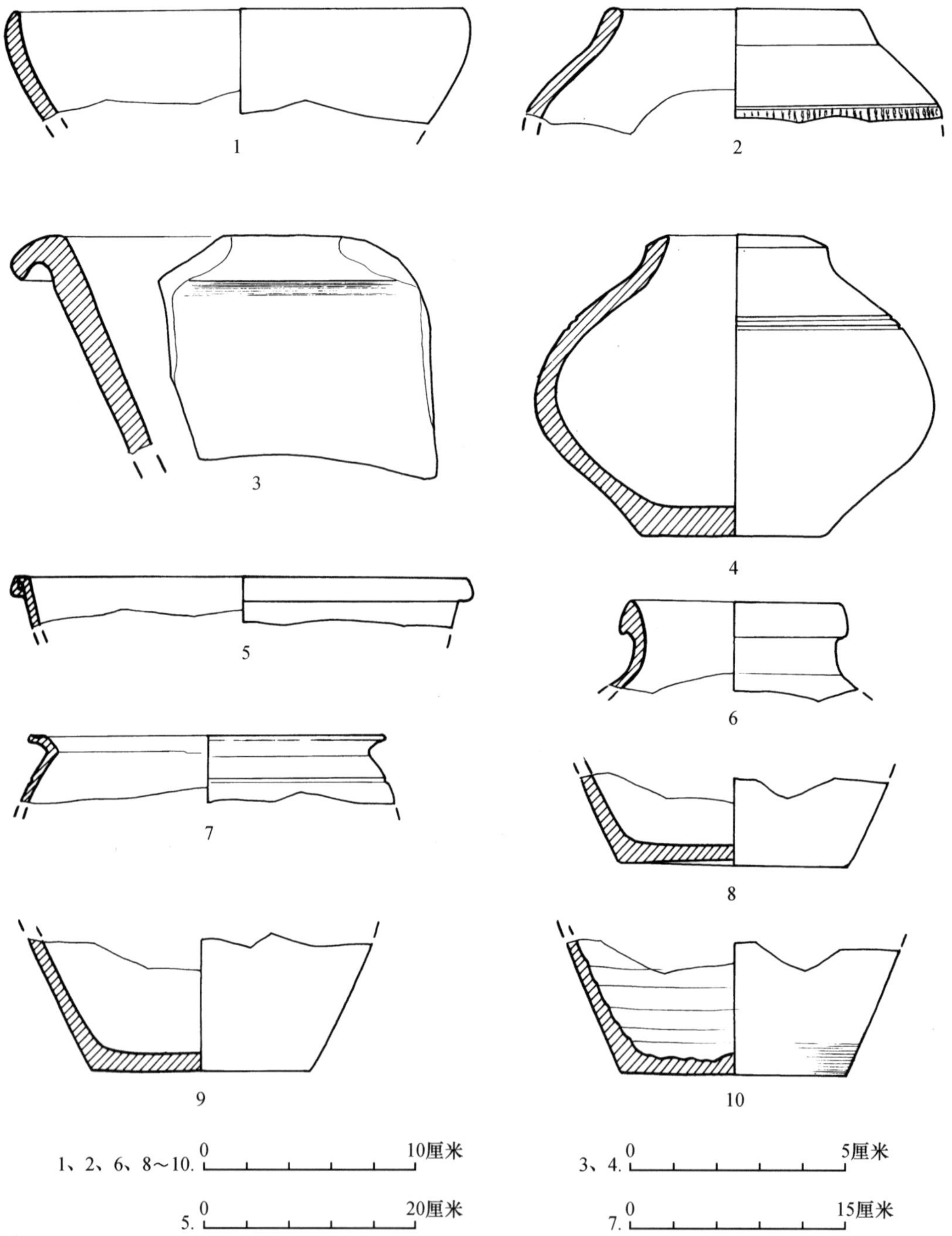

图五七　M16出土陶器

1. 钵（M16：4）　2、4、6. 罐（M16：1、M16：14、M16：5）　3、5. 盆（M16：3、M16：6）
7. 釜（M16：2）　8～10. 器底（M16：8、M16：13、M16：7）

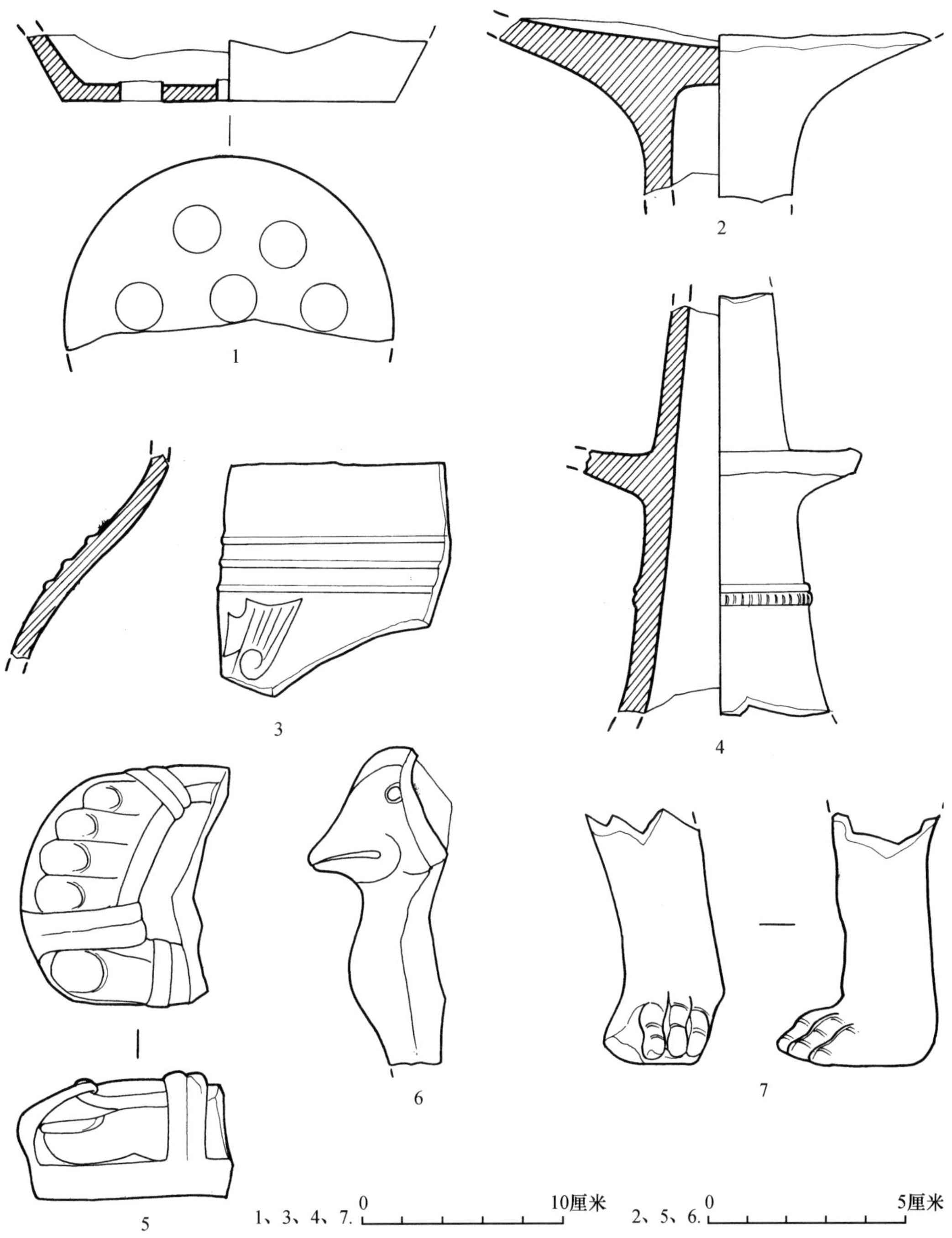

图五八 M16出土陶器

1. 甑（M16：9） 2、4. 灯（M16：10、M16：11） 3. 壶（M16：31） 5. 俑足（M16：16）
6. 摇钱树座（M16：15） 7. 狗腿（M16：17）

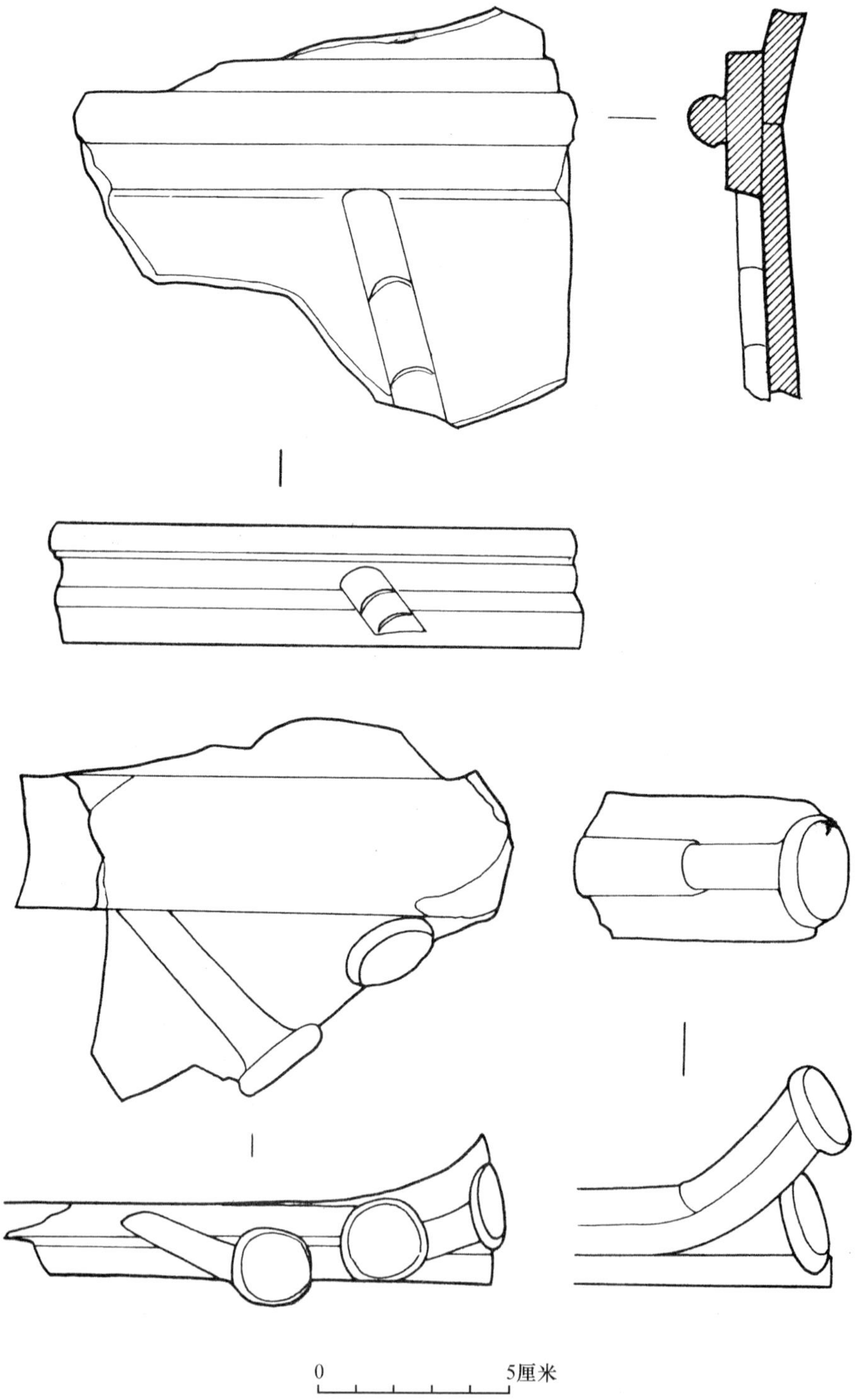

图五九　M16出土陶房构件
（M16：18）

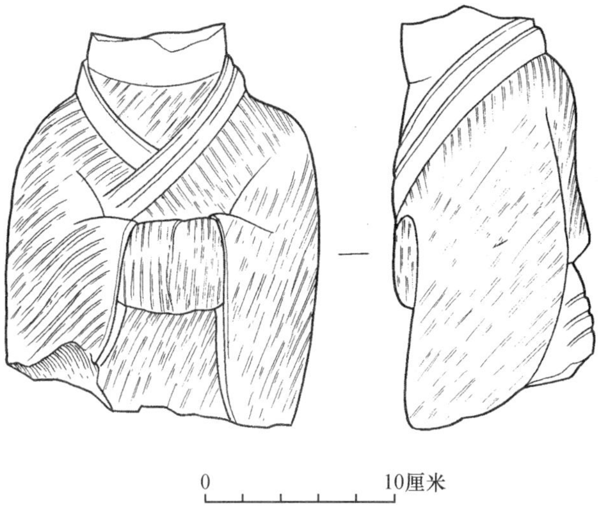

图六〇 M16出土石俑身
（M16：19）

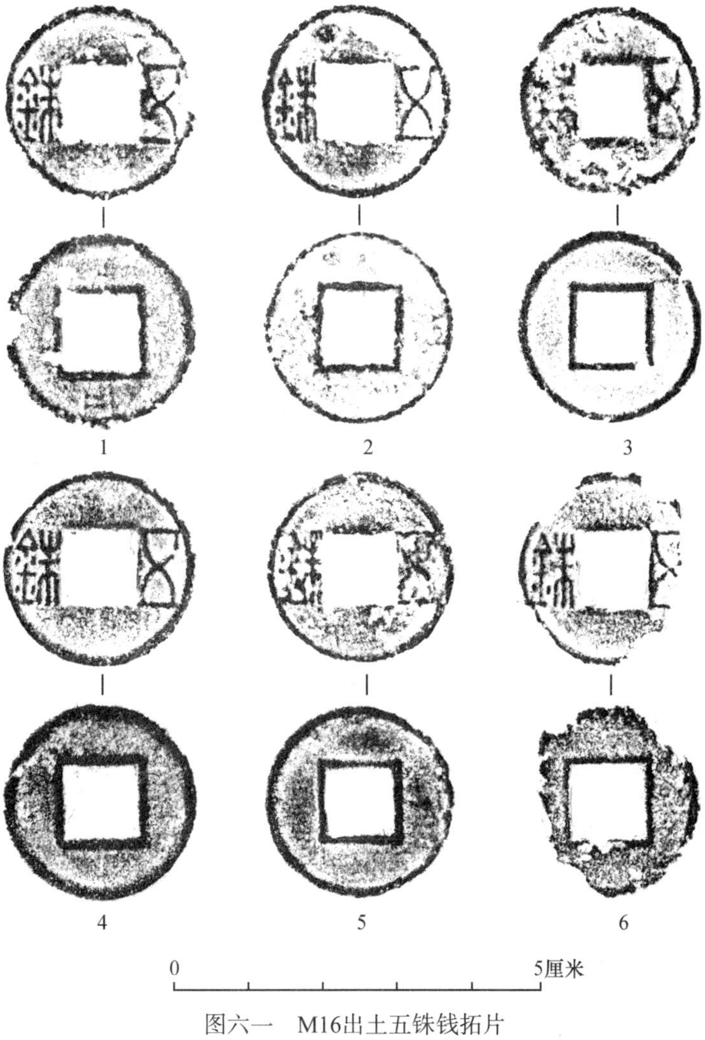

图六一 M16出土五铢钱拓片
（M16：23）
1、3～5. Ⅱ式 2、6. Ⅰ式

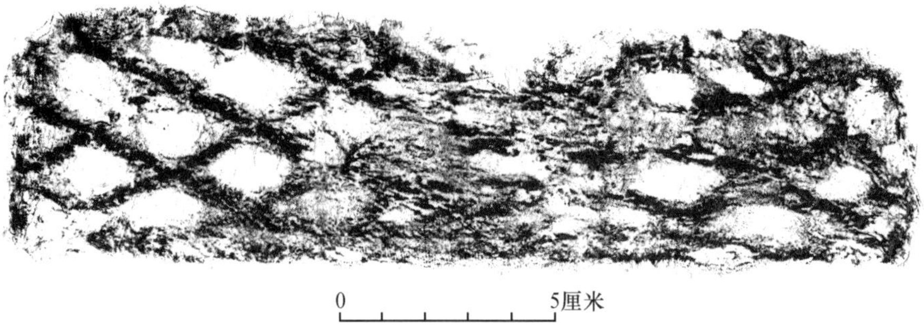

图六二　M17出土墓砖纹饰（菱形纹）拓片

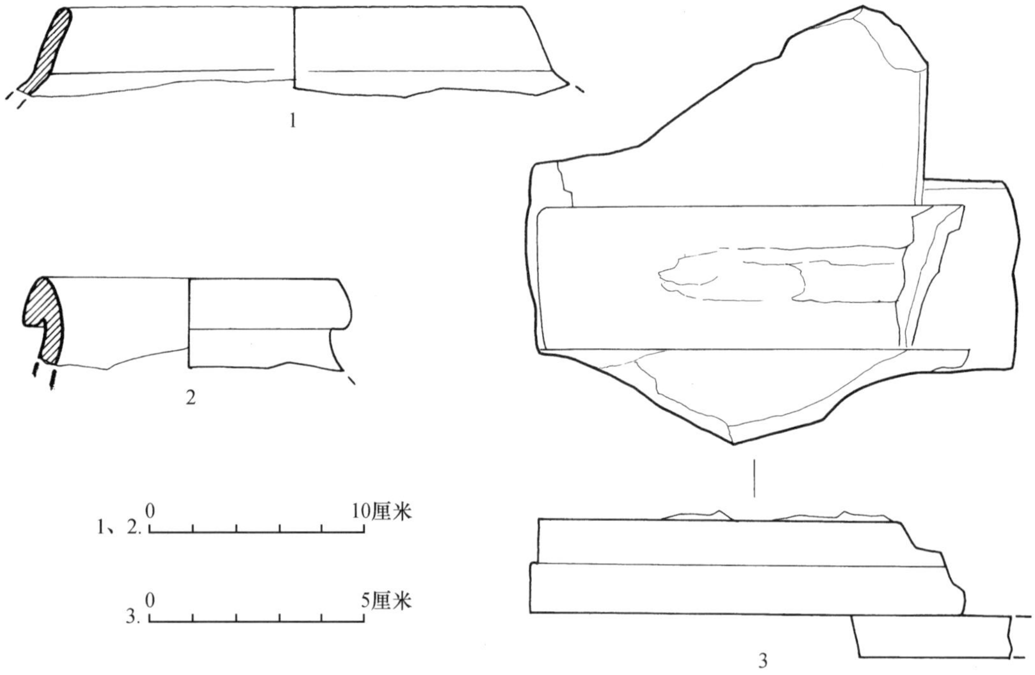

图六三　M17出土陶器

1. 瓮（M17∶1）　2. 罐（M17∶2）　3. 房构件（M17∶3）

二、B　　点

B 点封土包在进场前已经被施工方破坏，封土情况不详。该墓地发现有汉、宋、明等时期墓 20 座和 2 处近现代窑址。其中汉墓有 M1、M18、M21、M22、M24、M25、M26、M27、M28、M29、M30、M31、M32、M33、M35 十五座，但这些墓葬保存较差，形制多无法知晓，或被机械完全破坏，或残存一角，或仅剩几块残砖，或在扰土中残剩几块碎陶片。此处仅报告保存稍好的墓葬。

M1　砖室墓。墓葬破坏严重，仅残存铺地砖局部。墓圹残长 4.8 米，残宽 2.8 米。墓壁仅在北部残存两层砖，用长方形砖错缝叠砌。墓砖青灰色，有素面和菱形纹两种，规格为 34 × 14－6 厘米。墓底用长方形青砖一字形错缝斜铺而成，规格为 36 × 22－6 厘米（图六四）。

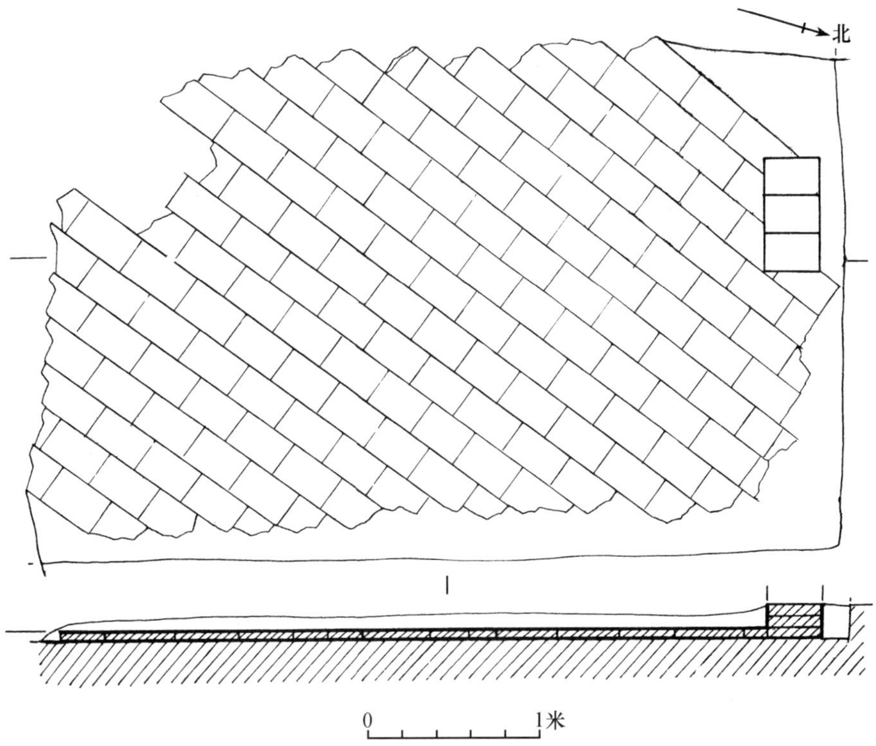

图六四 M1平面、剖视图

墓葬破坏严重，不见葬具和人骨。随葬品主要发现于扰土中，数量很少，均为陶器，可辨器形有盆、钵等。

陶盆 1件。M1：1，夹砂灰黄陶。侈口，窄平沿，尖唇。口径32、残高2.4厘米（图六五，2）。

陶钵 2件。M1：2，泥质灰陶。敛口，折腹，圈足外撇。口径17、足径9、高8厘米（图六五，1）。

M18 砖室墓。墓葬平面呈长方形，内长3.4米，宽2.2米，残高0.34米。墓顶已坍塌，形制不明。墓壁由长方形青砖错缝叠砌。墓砖纹饰以菱形纹居多，规格为34×20－7厘米。墓底平整，由素面青砖横向平铺而成，规格与墓壁用砖相同（图六六、图六七）。

墓葬被严重扰乱，保存较差，未见葬具、人骨和随葬器物。

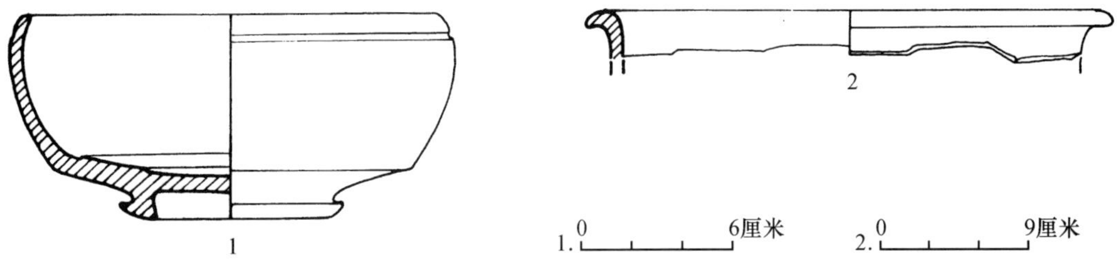

图六五 M1出土陶器

1. 钵（M1：2） 2. 盆（M1：1）

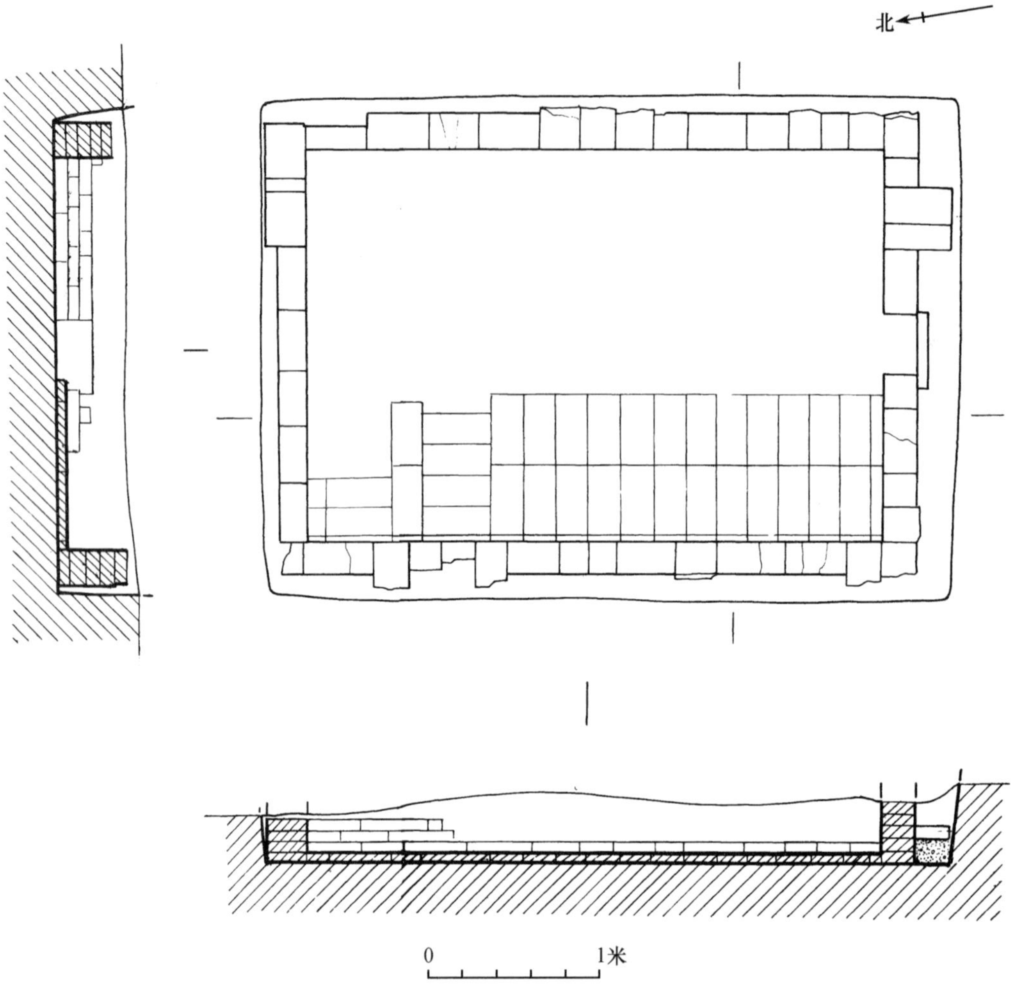

图六六　M18平面、剖视图

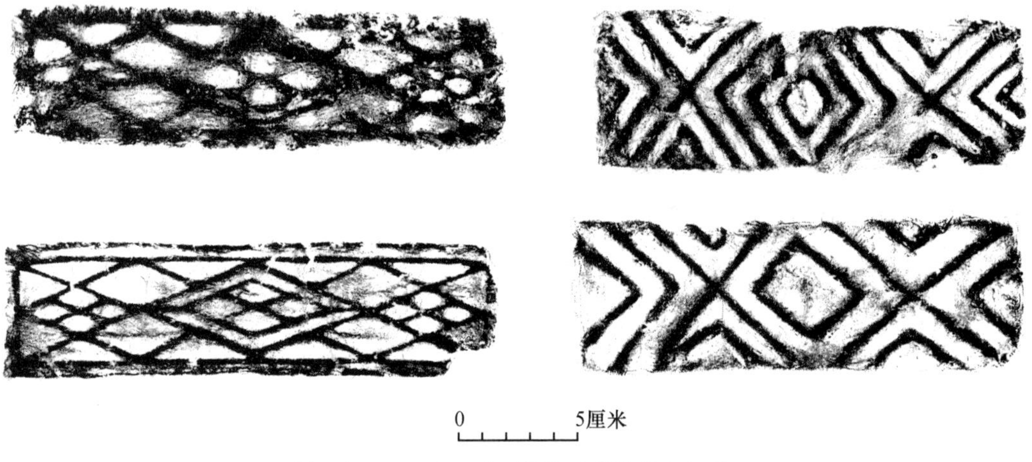

图六七　M18出土墓砖纹饰（菱形纹）拓片

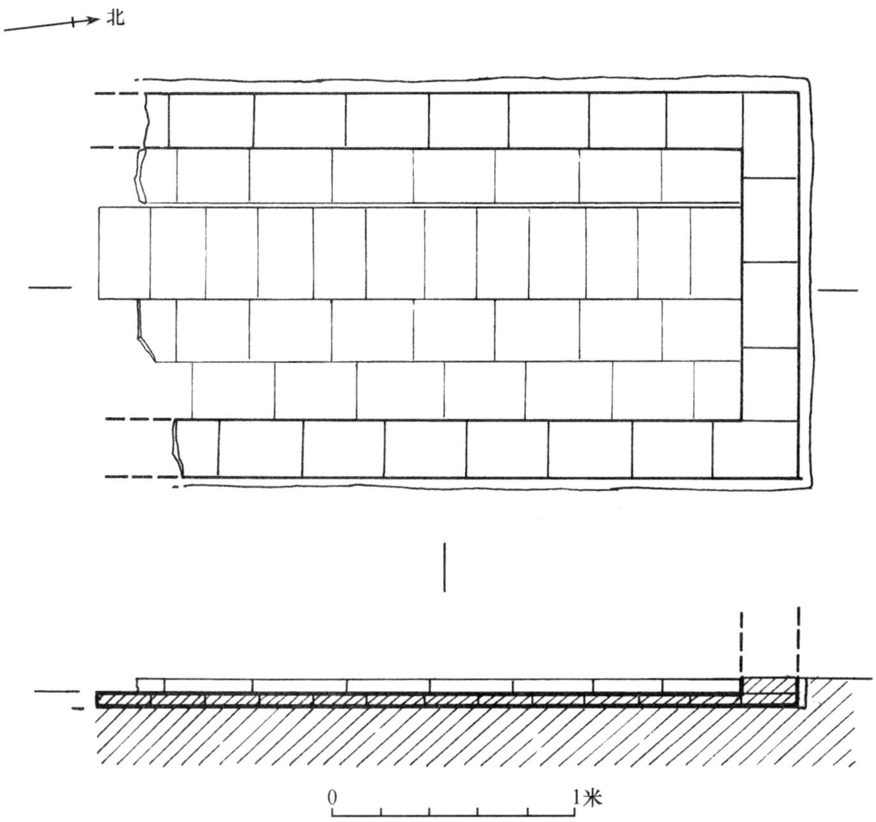

图六八 M21平面、剖视图

图六九 M21出土墓砖纹饰（菱形纹）拓片

M21 砖室墓。墓葬平面呈长方形，残长2.92米，宽1.54米，残高0.12米。墓顶已坍塌，形制不明。墓壁由长方形青砖错缝叠砌。墓砖侧面有菱形纹，规格为34×24-5厘米。墓底由长方形素面青砖纵横相间平铺而成，墓砖规格为38×22-5厘米（图六八、图六九）。

墓葬被严重扰乱，破损严重，不见葬具、人骨、随葬器物。

M22 砖室墓。墓葬破坏严重，仅残剩墓葬西部，残长2.06米，宽2米。墓葬上部不存，形制不明。墓壁用长方形青砖错缝叠砌，墓砖有素面和菱形纹两种。墓底用长方形砖一字形错缝斜铺而成，墓砖有青灰色和红色两种。墓砖规格为38×22-6厘米（图七〇）。

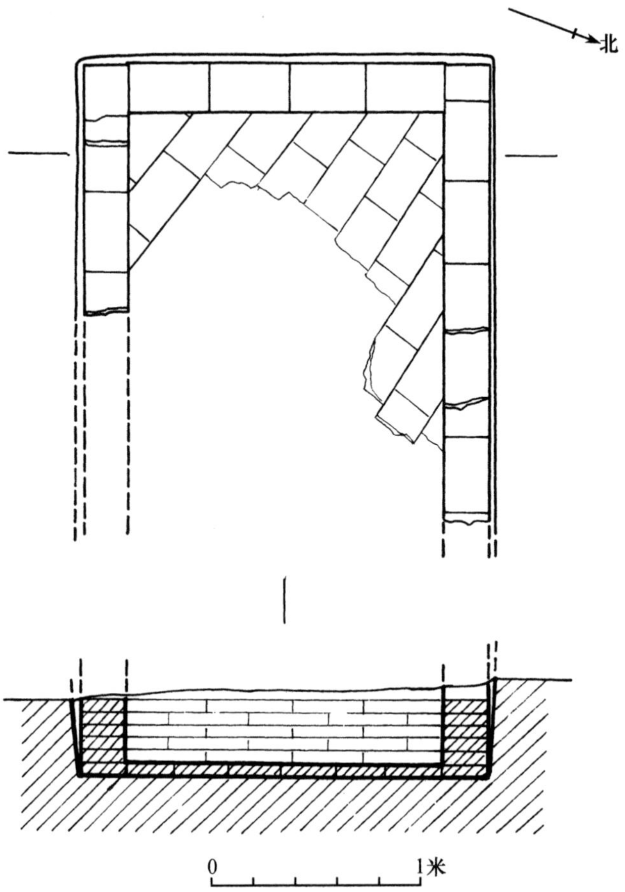

图七〇　M22平面、剖视图

随葬品主要出土于扰土中，以陶器为主，器形有釜、鸡、俑等。

陶釜　1件。M22：1，夹砂灰陶。敞口，翻折沿，尖圆唇。口径30、残高6厘米（图七一，1）。

陶鸡尾　1件。M22：6，羽毛清晰可见。残长15.2厘米（图七一，4）。

陶俑头　3件。M22：2，夹砂红陶，合模而制。头戴平上帻，面部圆润，鼻子高挺，嘴巴紧闭，面带微笑。残高13.2厘米（图七一，5）。M22：3，夹砂红陶，合模而制。形体较小，头戴平上帻，面部圆润。残高7.4厘米（图七一，3）。M22：5，夹砂红陶，合模而制。形体较小，头残，面部模糊不清。残高6.3厘米（图七一，2）。

M24　墓葬完全破坏，形制不明，仅在墓圹扰土中发现少许陶片。

M29　墓葬破坏严重，仅见几块铺地砖。不见葬具和人骨。扰土中有少量陶片和瓷器。瓷器应为晚期扰乱。

陶壶　1件。M29：1，夹砂灰黄陶。残剩足部，高圈足，呈覆碗状。外壁饰两周凹弦纹，有轮制痕迹。足径21.8厘米（图七二，1）。

瓷碗底　1件。M29：2，红胎，内施青釉。圈足。足径5.6厘米（图七二，2）。

M33　扰乱严重，仅在扰土中发现少量铁器。

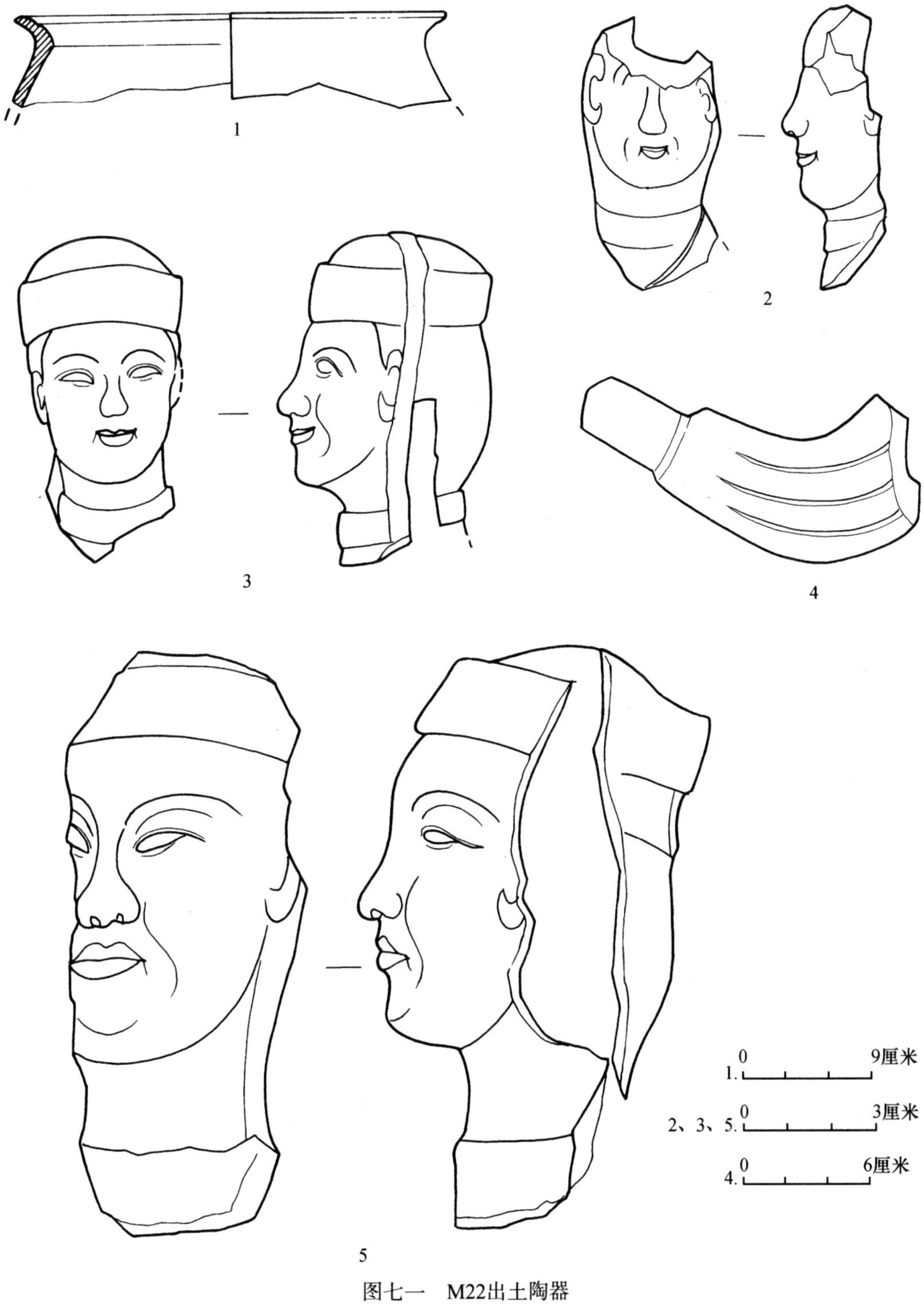

图七一　M22出土陶器

1. 釜（M22：1）　2、3、5. 俑头（M22：5、M22：3、M22：2）　4. 鸡尾（M22：6）

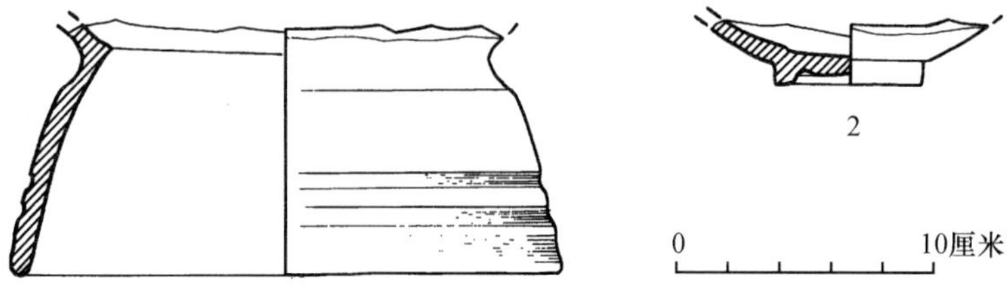

图七二　M29出土器物

1. 陶壶（M29：1）　2. 瓷碗底（M29：2）

三、C　　点

C点高于地表约1米，地表已经被平整，开垦为田地，其北部在施工范围内。由于后世将此处平整为田地，封土包上部破坏严重。进场前施工方又将表土及墓地部分夯土破坏，因此墓葬大部封土不详，仅残存部分夯土。墓地修建前，在汉代的地表上平整场地形成第3层，然后在第3层上夯筑一个较大的平台，平台的夯土仅保存了4层（H①、H②、H③、H④层），在夯土台的中间下挖M2墓圹，墓砖和墓圹之间回填夯土。后来在M2的西边修建M3、M4、M8、M9，均打破夯土台，其中M3打破M2的墓圹。唐宋时期的居民破坏部分封土修成了第2层，近现代人耕作又形成了第1层（图三・B）。该墓地共发现5座汉墓，介绍如下。

M2　墓葬由墓道、砖室墓、土坑墓三部分组成。该墓为砖室和土坑相结合的形制，先修建土坑墓，后在土坑墓的北部接砖室墓，无券顶，用砖墙封堵。墓葬平面呈“凸”字形，残长9.06米。方向48°。斜坡墓道，内宽外窄，平面呈梯形，长2.14米，宽1.18～1.44米。砖室墓平面呈横长方形，长0.94米，宽2.94米。墓室东、西、南三壁分别由长方形青砖错缝叠砌而成，墓砖侧面有菱形纹，规格为37×20-6厘米。墓底用素面青砖横向平铺而成，规格为37×20－6厘米。土坑墓平面呈长方形，长5.44米，宽3.42米，残高0.96米。墓圹内修建木椁，木椁腐朽，残留少许木炭痕迹。墓底留有大量夯窝，西壁下挖有一条沟槽，长2.52米，宽0.2米，似为渗水用（图七三、图七四）。

椁内东南角有木棺，已经腐朽，形制不详。棺内有人骨，保存较差，可见股骨及一些骨渣，人骨附近分布有大泉五十铜钱。

土坑墓未遭盗扰，随葬品主要集中在墓室东部，出土陶罐、陶盒、漆器、铁器以及铜钱等，铜钱为大泉五十。砖室墓被盗扰，出土随葬品较少，分散于墓室东侧，器形有罐、水田模型等，陶器以素面为主，纹饰有网格纹（图七五）。扰土中出土有铁器。

陶罐　7件。M2：10，夹砂灰黑陶。侈口，圆唇，束颈，弧肩，弧腹内收，大平底。口径14、腹径23.4、底径17、高20.2厘米（图七六，1）。M2：8，夹砂灰黑陶。侈口，卷沿，圆唇，束颈，广肩，鼓腹斜内收，大平底。沿下饰一周凹弦纹，肩部饰两周凹弦纹。口径11、底径19厘米（图七六，3）。M2：17，夹砂灰白陶。侈口，圆唇，束颈，弧肩，弧腹斜内收，平底。肩部饰两周凹弦纹，内部有轮制痕迹。口径11.2、腹径25、底径15.8、高20.6厘米（图七六，2）。

陶瓮　4件。M2：23，夹砂灰黑陶。敛口，卷沿，圆肩。口径32、残高7.5厘米（图七六，7）。

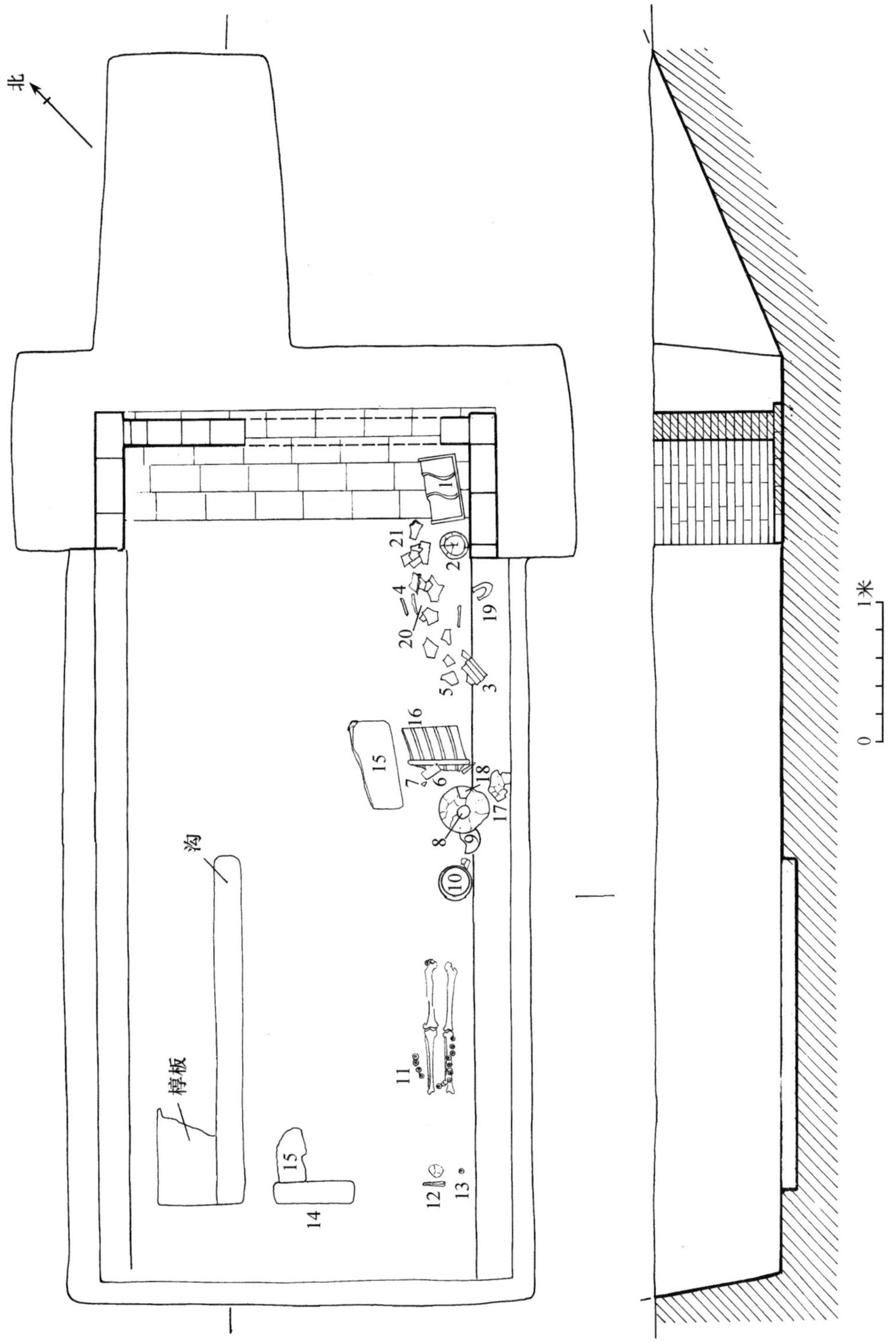

图七三 M2平面、剖视图

1. 陶水田模型 2、18. 陶器底 3、16. 陶房 4. 铁剑 5、8、10、17. 陶罐 6. 陶砚（？） 7. 铜铃 9. 陶盒盖 11、13. 大泉五十铜钱 12. 铁器 14、15. 木炭灰 19. 铁锸 20. 陶盒 21. 陶壶足

图七四　M2出土墓砖纹饰（菱形纹）拓片

图七五　M2出土陶器纹饰（菱形网格纹）拓片

M2：24，夹砂灰陶。敛口，卷沿，圆肩，颈肩转折较明显。口径 36、残高 7 厘米（图七六，5）。M2：25，夹砂灰白陶。敛口，卷沿，圆肩，颈肩转折较明显。口径 26、残高 5 厘米（图七六，4）。M2：26，夹砂灰黑陶。敛口，卷沿，圆肩，颈肩转折更为明显。口径 36、残高 8.5 厘米（图七六，6）。

陶盒　4 件。M2：9，盒盖。夹砂灰黑陶，外表残存红漆。母口，弧形顶，盖上无纽。饰太阳纹。口径 21.5、高 5 厘米（图七七）。M2：20，夹砂灰黑陶。残剩圈足部分。足径 10.5 厘米（图七八，9）。M2：22，盒身。夹砂灰黑陶。子口内敛。口径 18、残高 3.2 厘米（图七八，2）。M2：32，盒身。夹砂灰黑陶。子口内敛。口径 20、残高 4.4 厘米（图七八，1）。

陶壶足　1 件。M2：21，夹砂灰黑陶。高圈足。外壁饰三周凹弦纹。足径 36、残高 13 厘米（图七八，6）。

陶壶口沿　1 件。M2：33，夹砂灰黑陶。盘口。外壁饰一周凹弦纹。残高 2.7 厘米（图七八，5）。

陶鼎足　2 件。M2：31，泥质灰陶。足呈锥状。残高 13.5、13.3 厘米（图七九，1、3）。

陶盆　2 件。M2：27，夹砂灰黑陶。敞口，卷沿，方唇，斜直腹。沿下饰两周凹弦纹。口径 42.6、残高 8 厘米（图七八，4）。M2：28，夹砂灰黑陶。敞口，宽平沿，尖唇，弧腹。腹部饰一周凸弦纹。口径 40、残高 4.5 厘米（图七八，3）。

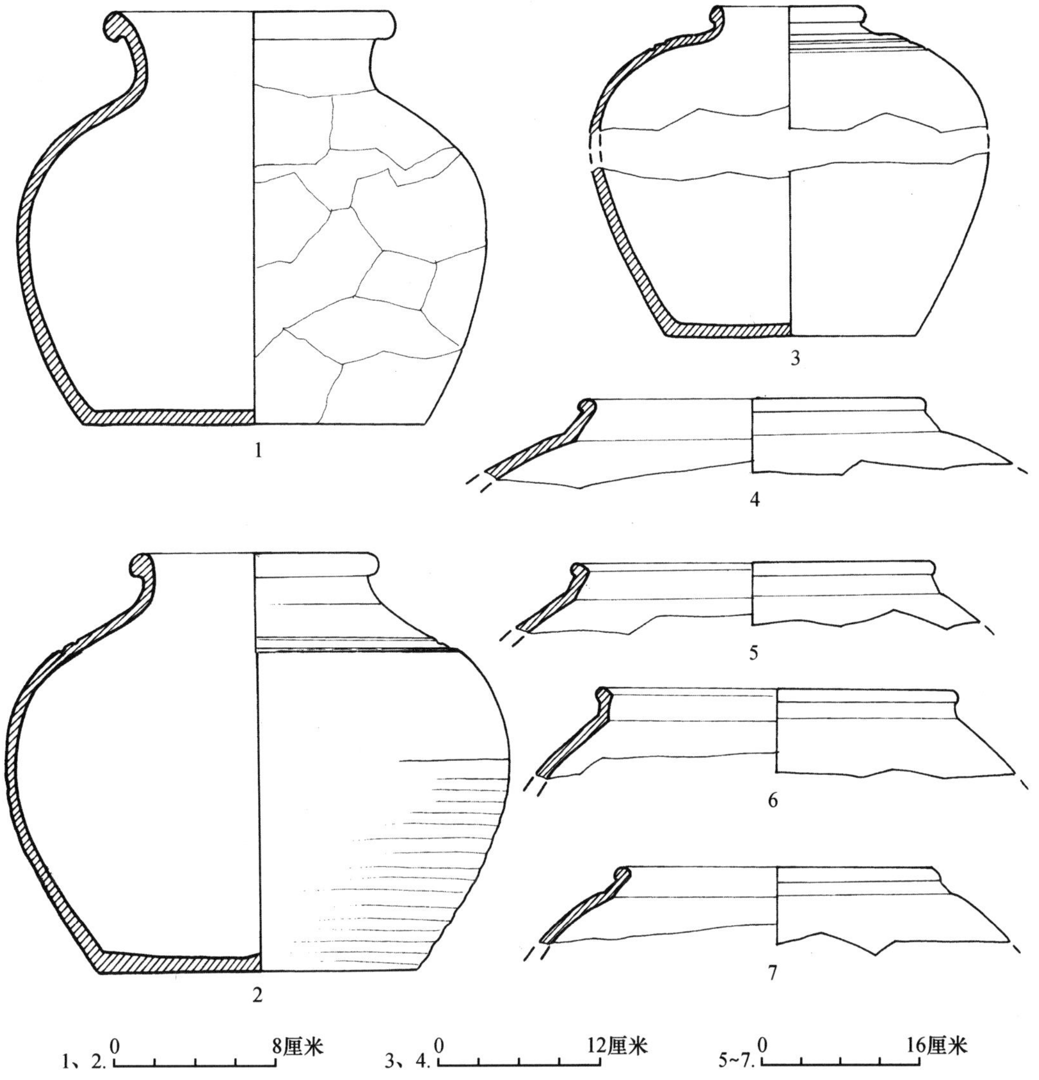

图七六　M2出土陶器

1～3. 罐（M2：10、M2：17、M2：8）　4～7. 瓮（M2：25、M2：24、M2：26、M2：23）

陶器底　3件。M2：2，夹砂灰黑陶。弧腹，平底。底径16.8、残高9厘米（图七八，8）。M2：18，夹砂灰黑陶。平底。底径18、残高5厘米（图七八，7）。

陶砚（？）1件。M2：6，泥质灰陶，上部涂漆。下方上圆。上面似饰龙纹。长3.3、厚1.6厘米（图七九，4）。

陶水田模型　1件。M2：1，夹砂灰黑陶。长方形，沿面较宽，直壁，平底。中部被两道曲尺形隔梁横向分成三部分，内置一条泥质鱼模型。长47、残宽29厘米（图八〇）。

陶房　1件。仅残剩屋顶、房柱及部分墙板（M2：16、M2：3）。夹砂灰黑陶。房顶由房脊、瓦垄构成。柱子中空。房顶残长30、柱子高16.2厘米（图八一）。

陶俑　1件。M2：30，俑身。夹砂红陶。左臂弯曲，左手置于上腹部，似执棒。残高14厘米（图七九，2）。

M3　砖室墓，由墓室和墓道两部分组成。墓葬平面呈“凸”字形，残长6.38米。方向40°。斜

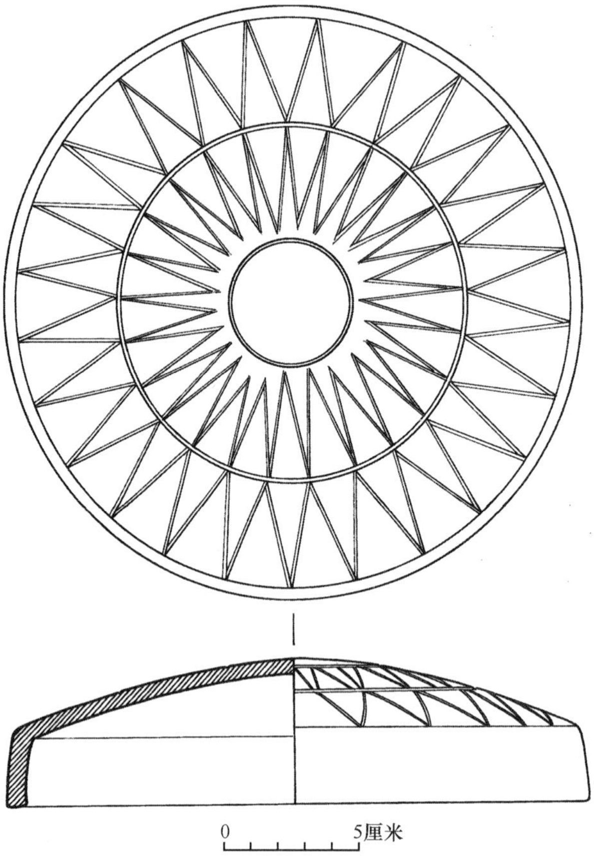

图七七　M2出土陶盒盖
（M2∶9）

坡墓道，平面呈长方形，长 1.2 米，宽 1 米。墓室平面呈长方形，内长 4.3 米，宽 1.9 米，残高 0.8 米。墓室仅存四墙，墓顶已坍塌，形制不明。墓壁由长方形青砖错缝叠砌而成。墓砖一侧有菱形纹，规格为 35×23-7 厘米。墓底用长方形素面砖纵向错缝平铺而成，规格为 35×23-7 厘米（图八二、图八三）。

葬具和人骨不详。该墓被盗扰严重，器物均出土于扰土中，以陶片居多，可辨器形有罐、瓮、壶及鸡、狗、灶、俑、水田、房等模型器，陶器以素面为主，纹饰有凹弦纹、网格纹等（图八四，2、3）。另有少量铁器。

陶罐　3 件。M3∶16，夹砂灰黑陶。肩部以上残，弧肩，弧腹内收，平底。底径 14、残高 16.5 厘米（图八五，3）。

陶壶　4 件。M3∶3，夹砂灰黑陶。直口，尖唇，高领，广肩，最大径在肩部。肩上饰一周凹弦纹。口径 10.6、残高 6 厘米（图八五，1）。M3∶4，夹砂灰黑陶。盘口，方唇，高束颈，颈部以下残。口径 24、残高 7.5 厘米（图八五，6）。M3∶1，夹砂灰黑陶，铺首和圈足上涂朱。盘口，方唇，高束颈，溜肩，肩部贴对称铺首，圆腹，圜底，高圈足。肩上、下腹部各饰三周凹弦纹，圈足上饰两周凹弦纹。口径 28 厘米（图八四，1；图八五，7）。M3∶27，夹砂灰黑陶。弧腹，圜底，矮圈足。可能与 M3∶3 为同一器物。足径 8 厘米（图八五，5）。

陶瓮　1 件。M3∶5，夹砂灰陶。敛口，圆唇，溜肩。上腹部饰网格纹。口径 36、残高 8 厘米（图八五，2）。

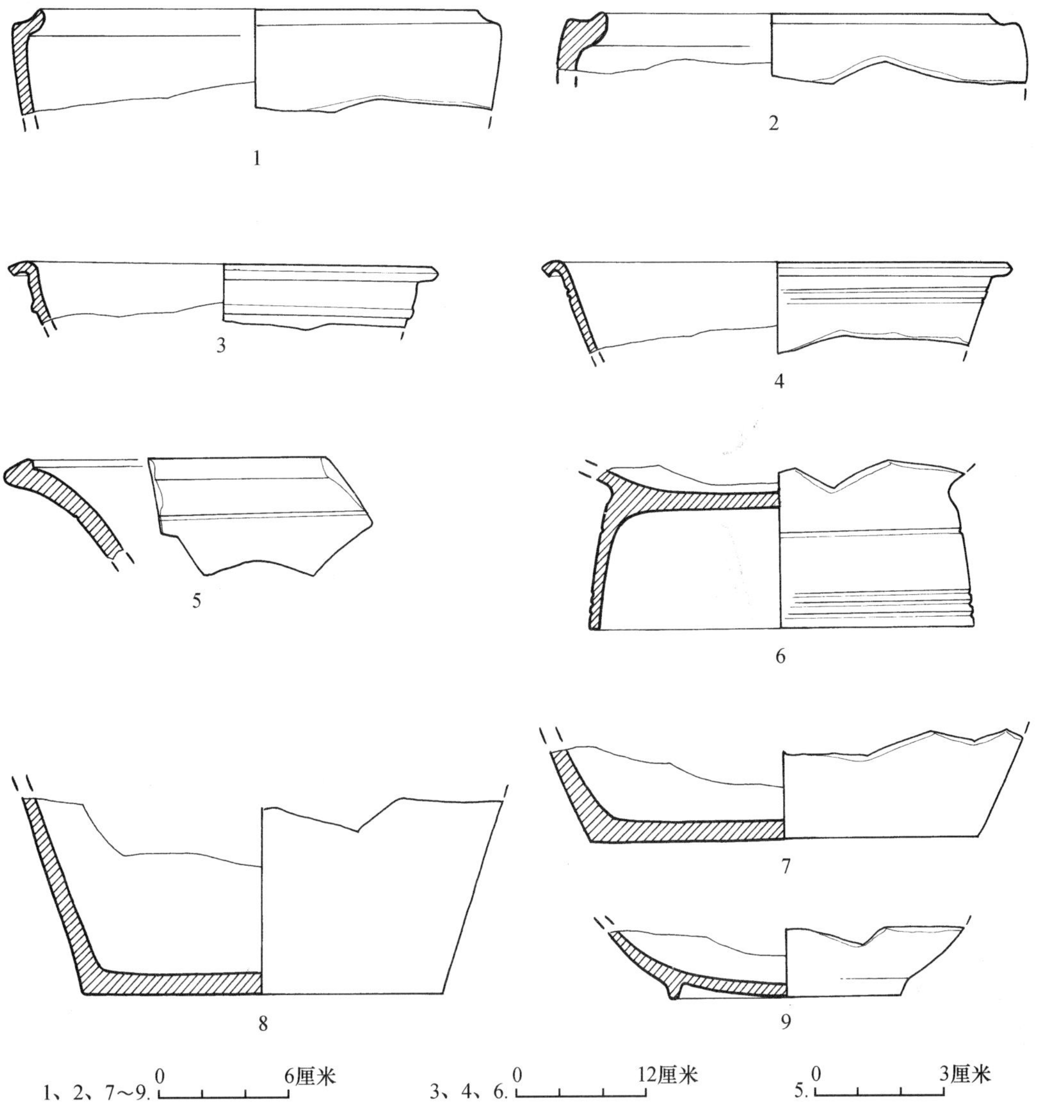

图七八　M2出土陶器

1、2、9. 盒（M2∶32、M2∶22、M2∶20）　3、4. 盆（M2∶28、M2∶27）　5. 壶口沿（M2∶33）　6. 壶足（M2∶21）　7、8. 器底（M2∶18、M2∶2）

陶器底　5 件。M3∶14，夹砂灰黄陶。斜直腹，平底。底径 13、残高 8 厘米（图八五，4）。

陶子母鸡　1 件。M3∶2，头向前倾，顶有冠。尖喙，双目圆睁，两腮鼓出，直颈微弧，背脊较平，翘尾敛翅，尾部残缺，可见下垂尾羽四根。呈卧状，背上应有一小鸡，残缺不见。长 19、高 15.2 厘米（图八六，4）。

陶狗　3 件。M3∶17，狗头。泥质灰陶。头短，两耳下耷，双目圆睁，眉骨突出，双眼之上各有三条抬头纹，纹路清晰，宽嘴，张嘴，露出两犬齿，表现凶恶神情。残高 9.4 厘米（图八六，2）。M3∶18，狗头。双目圆睁，以凹陷显出眼窝，眉骨突出，宽嘴，嘴微紧闭。残高 9.2 厘米（图八六，3）。M3∶19，狗身，可能与 M3∶18 为一体。站立状，平腹，圆臀，四腿站立，腿部肌肉明显。残长 21.2、残高 12 厘米（图八六，5）。

陶水田模型　1 件。M3∶9，夹砂灰黑陶。长方形，沿面较宽，直壁，平底。中部被三道曲尺

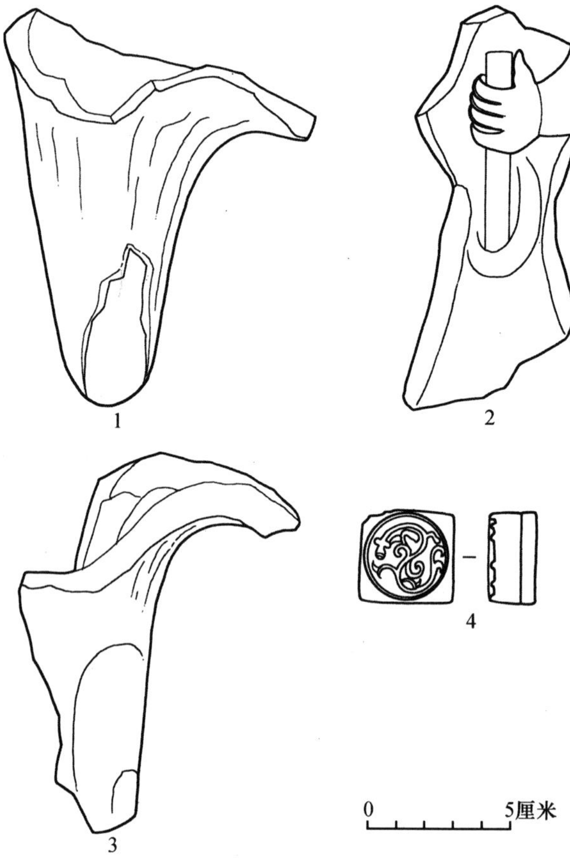

图七九 M2出土陶器

1、3. 鼎足（M2：31） 2. 俑（M2：30） 4. 砚（？）（M2：6）

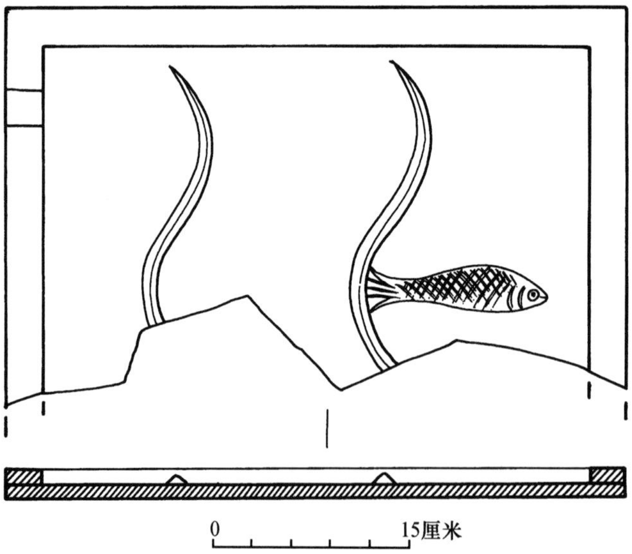

图八〇 M2出土陶水田模型

（M2：1）

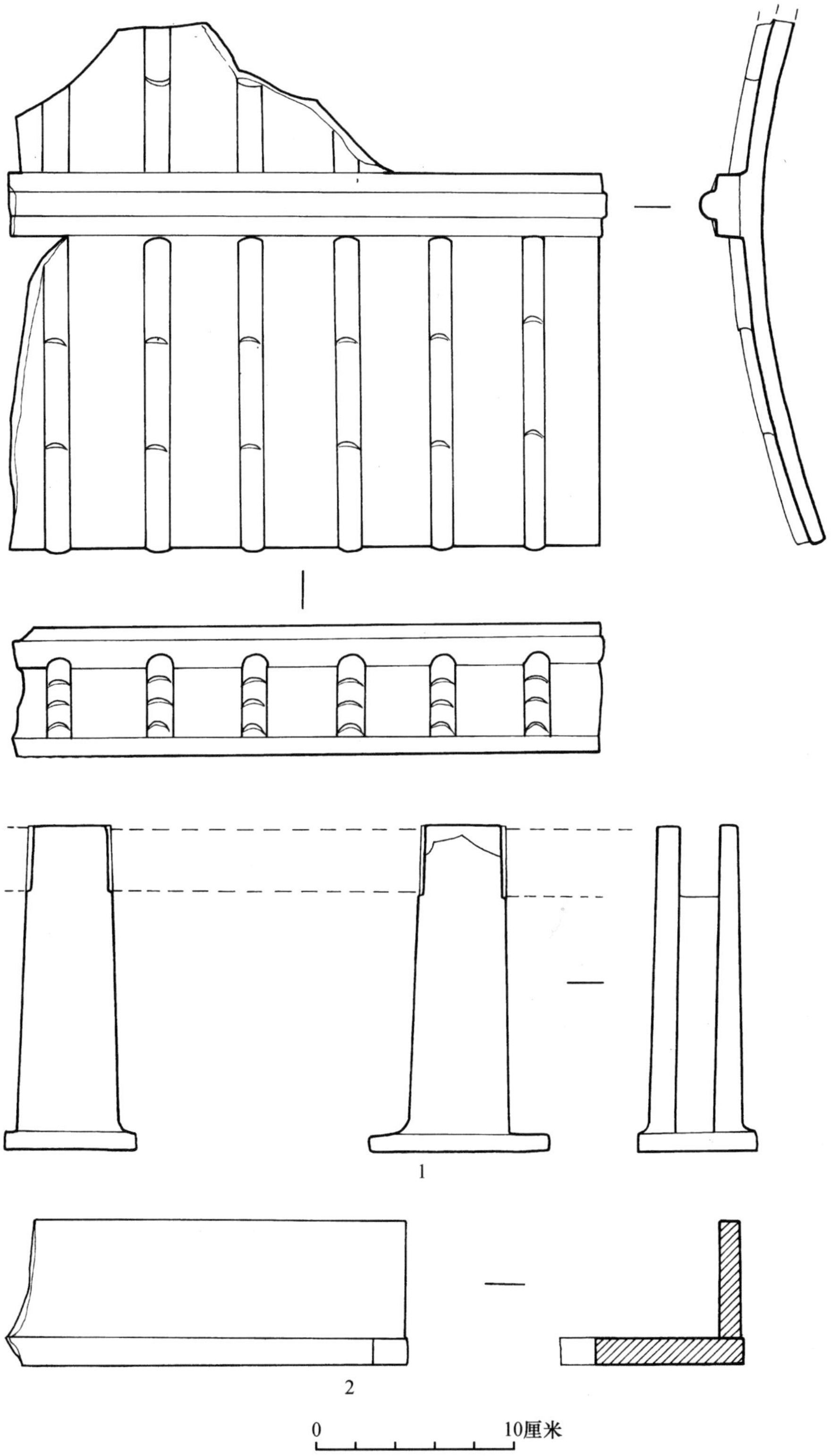

图八一 M2出土陶房构件

1. M2∶16 2. M2∶3

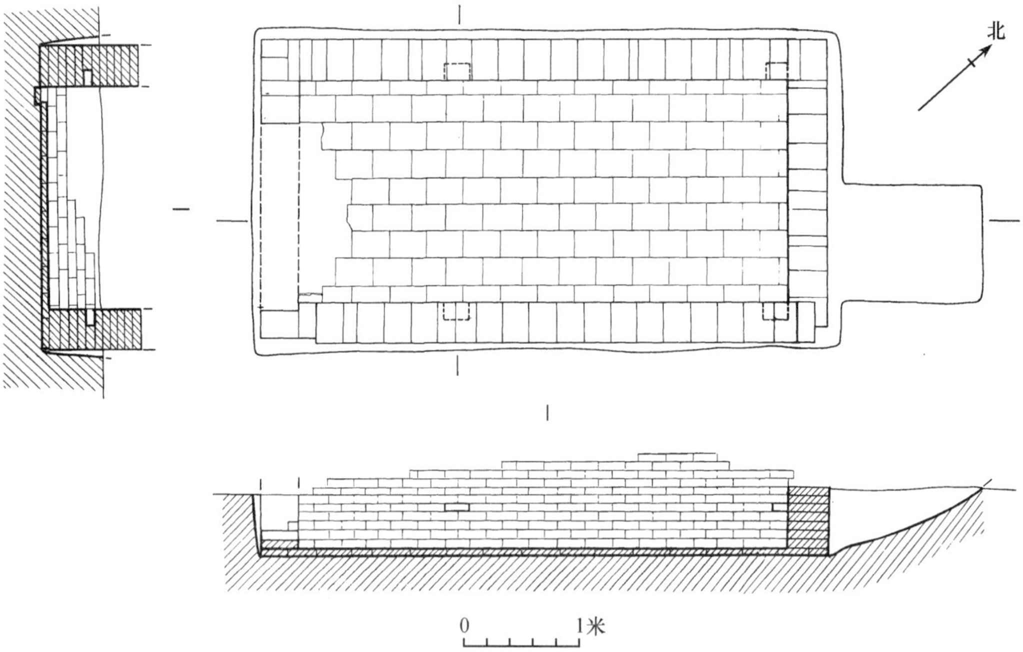

图八二　M3平面、剖视图

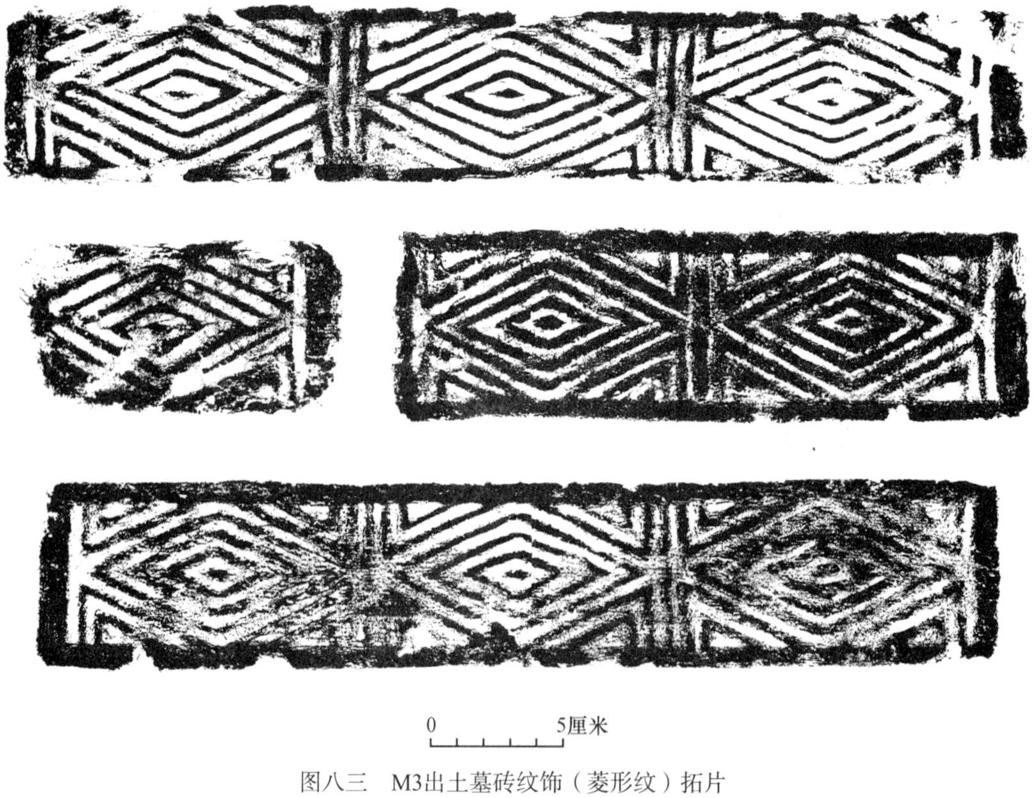

图八三　M3出土墓砖纹饰（菱形纹）拓片

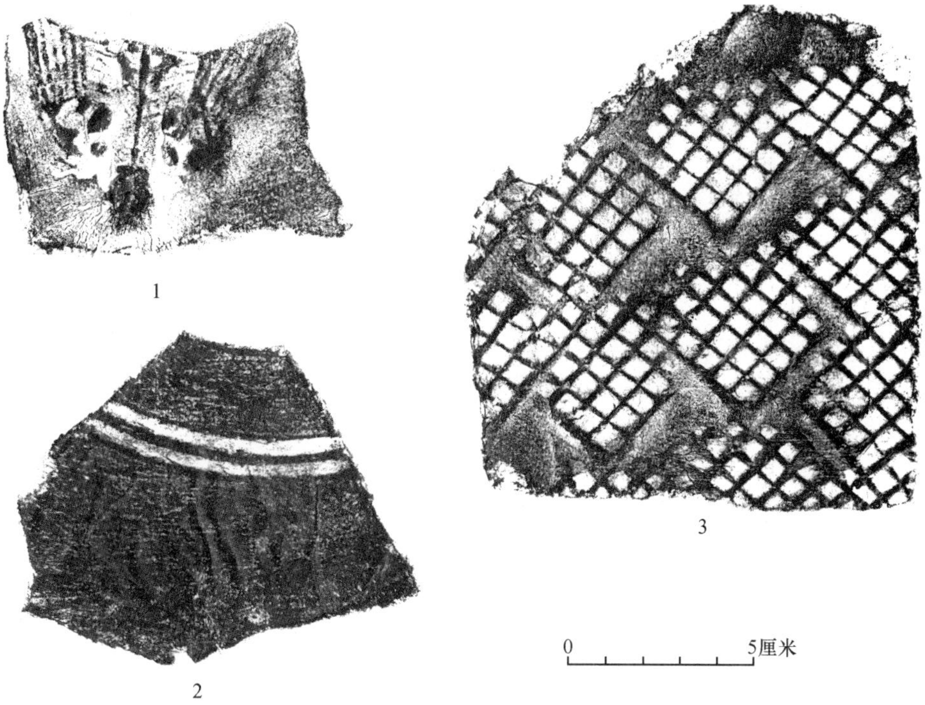

图八四 M3出土陶器纹饰拓片

1. 铺首 2. 凹弦纹 3. 网格纹

形隔梁横向分成四部分，两端各有一呈三角形封闭状的空间。水田内置两条泥质鱼模型。长48.6、宽35、高5.4厘米（图八七）。

陶灶 1件。M3：12，夹砂灰黄陶。灶整体呈长方体。灶门前有一挡板，挡板上有一圆拱形灶门。灶面上有两个圆形灶眼，灶头有一小烟囱，截面呈倒“U”字形。长23、宽15、高14厘米（图八八）。

陶房 1件。M3：11，夹粗砂灰黄陶。残剩房顶、房底、房柱等构件。屋底长49.2、残高28.1厘米（图八九）。

陶俑 4件。M3：7，俑身。夹砂灰黑陶。两手微抬，可见窄袖口，褶皱明显。残高9厘米（图八六，1）。M3：20，俑足。中空，呈站立状。残高13.4厘米（图八六，6）。

M4 砖室墓，由墓道、封门、甬道和墓室四部分组成。墓葬平面呈“凸”字形，残长8.1米。该墓被盗扰，仅残存墓壁，墓顶被破坏，形制不详。方向28°。斜坡墓道，前部被破坏，残长0.5米，宽1.2米。墓道后接封门，宽1.36米。封门两侧分别用两行菱形纹青砖纵向竖砌，中间用菱形纹青砖错缝叠砌，不甚规整。封门后为甬道，甬道位于墓室前方，平面呈长方形，长2.36米，宽1.46米，残高0.8米。甬道两壁由长方形菱形纹青砖错缝叠砌而成，底部由青砖横纵向平铺而成，墓砖规格为34×22-7厘米。甬道内有一具陶棺。墓室东南角被破坏，平面呈长方形，内长4.48米，宽2.14米，残高1米。墓壁由长方形素面青砖错缝叠砌而成，规格为34×22-7厘米。墓底由长方形青砖一字形错缝斜铺而成，规格与壁砖相同。墓内有三陶棺，两大一小（图九〇）。

墓内扰乱严重，扰土中出土少量器物，有铁器、陶摇钱树座、铜摇钱树叶等。

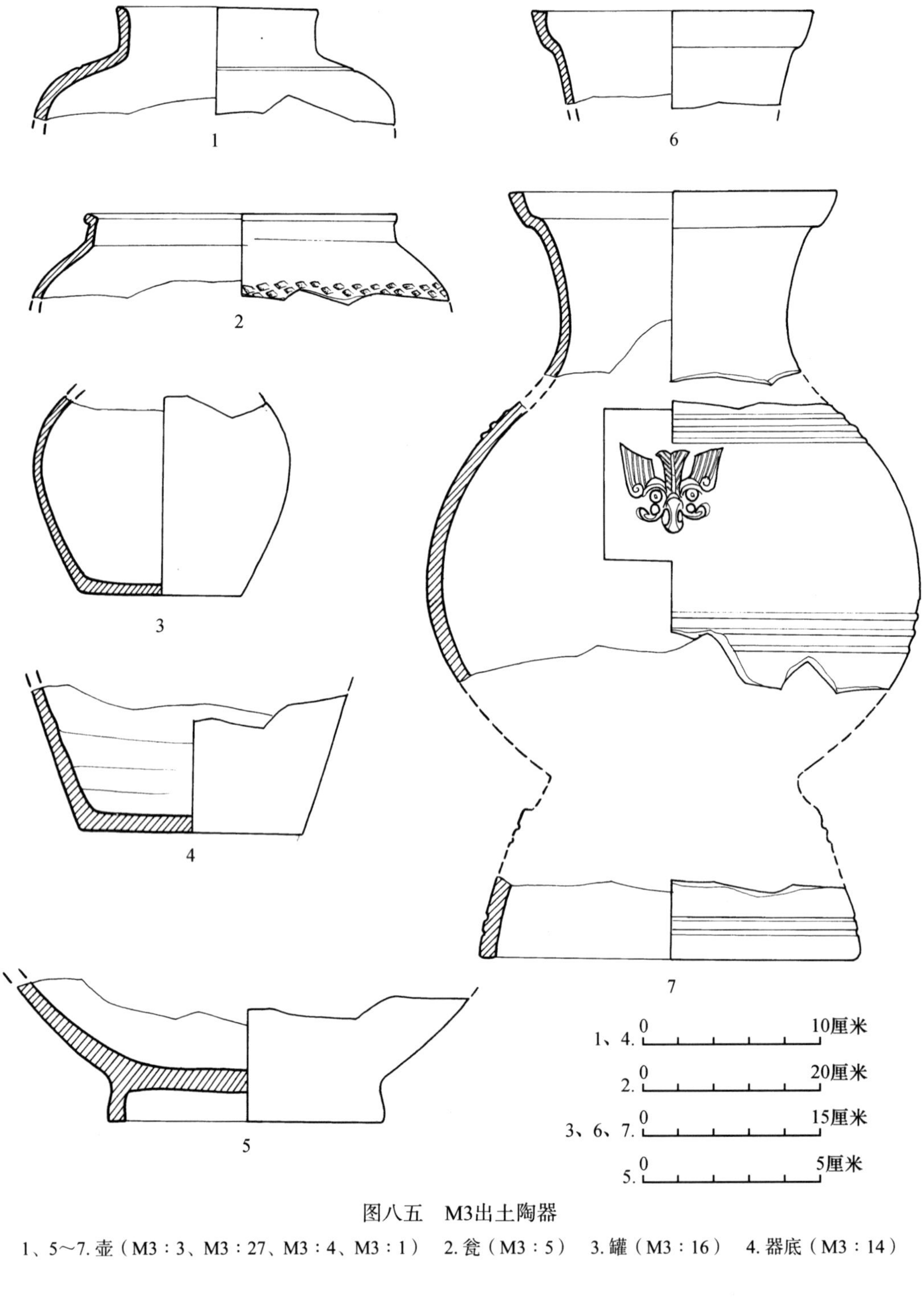

图八五　M3出土陶器

1、5～7. 壶（M3：3、M3：27、M3：4、M3：1）　2. 瓮（M3：5）　3. 罐（M3：16）　4. 器底（M3：14）

图八六　M3出土陶俑

1、6. 俑（M3：7、M3：20）　2、3、5. 狗（M3：17、M3：18、M3：19）　4. 子母鸡（M3：2）

陶摇钱树座　1件。M4：1，夹砂红陶，表面施一层较厚的白色釉。残损严重，分成上下两部分，上部应是一神兽，可见爪、翼、嘴等部位，下部为菱形图案（图九一、图九二）。

M8　砖室墓。墓葬平面呈长方形，残长3.8米。墓葬被扰乱，西墓壁被墓圹挤压，向内倾斜。墓室平面呈长方形，内长3.26米，宽1.14米，残高0.2～0.42米。墓壁用长方形青砖错缝叠砌，墓砖有素面和菱形纹两种，规格为34×20–8厘米。墓底用长方形砖一字形错缝斜铺而成。墓砖有青灰色和红色两种，规格与墓壁相同。墓顶被破坏，情况不详（图九三、图九四）。

墓葬破坏严重，随葬品主要出于扰土中，以陶器为主，可辨器形有罐、灯、鸡、房等。

陶罐　1件。M8：1，夹砂灰陶。侈口，卷沿，圆唇，束颈。口径28、残高6.6厘米（图九五，1）。

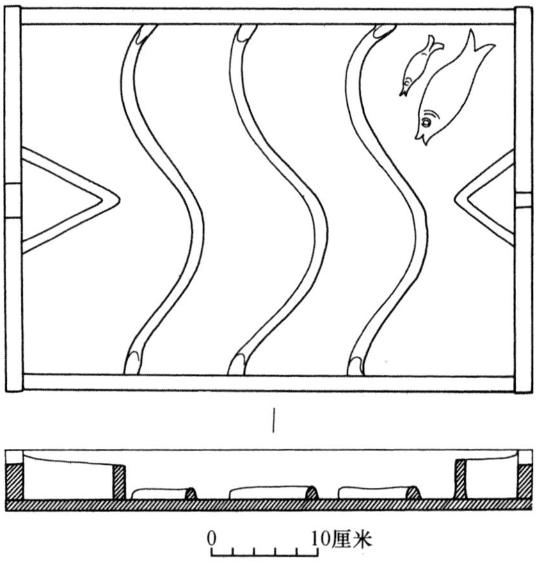

图八七　M3出土陶水田模型
（M3：9）

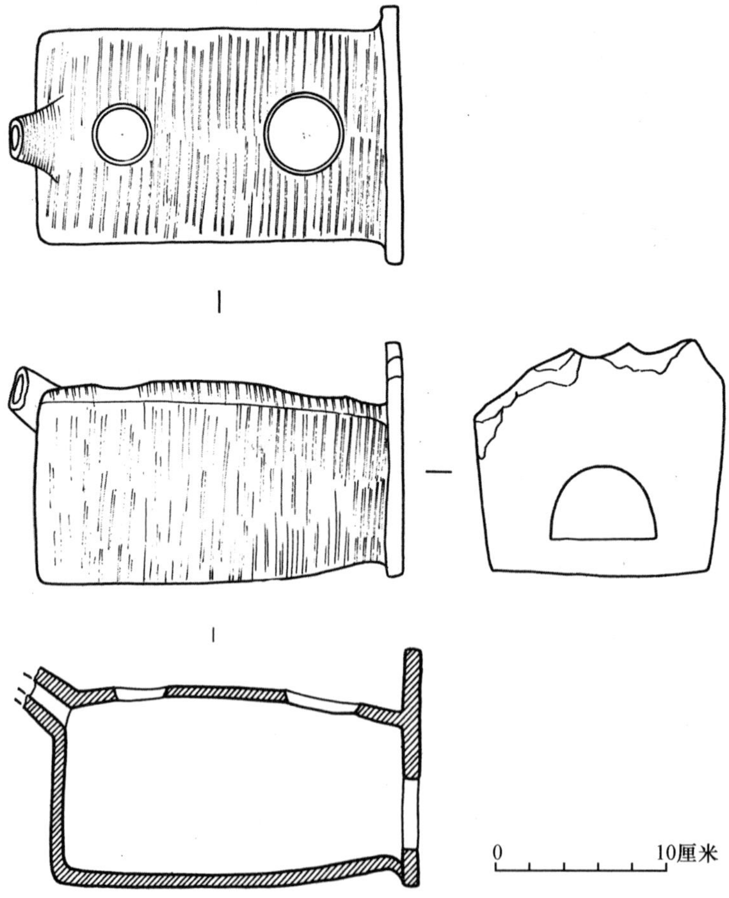

图八八　M3出土陶灶
（M3：12）

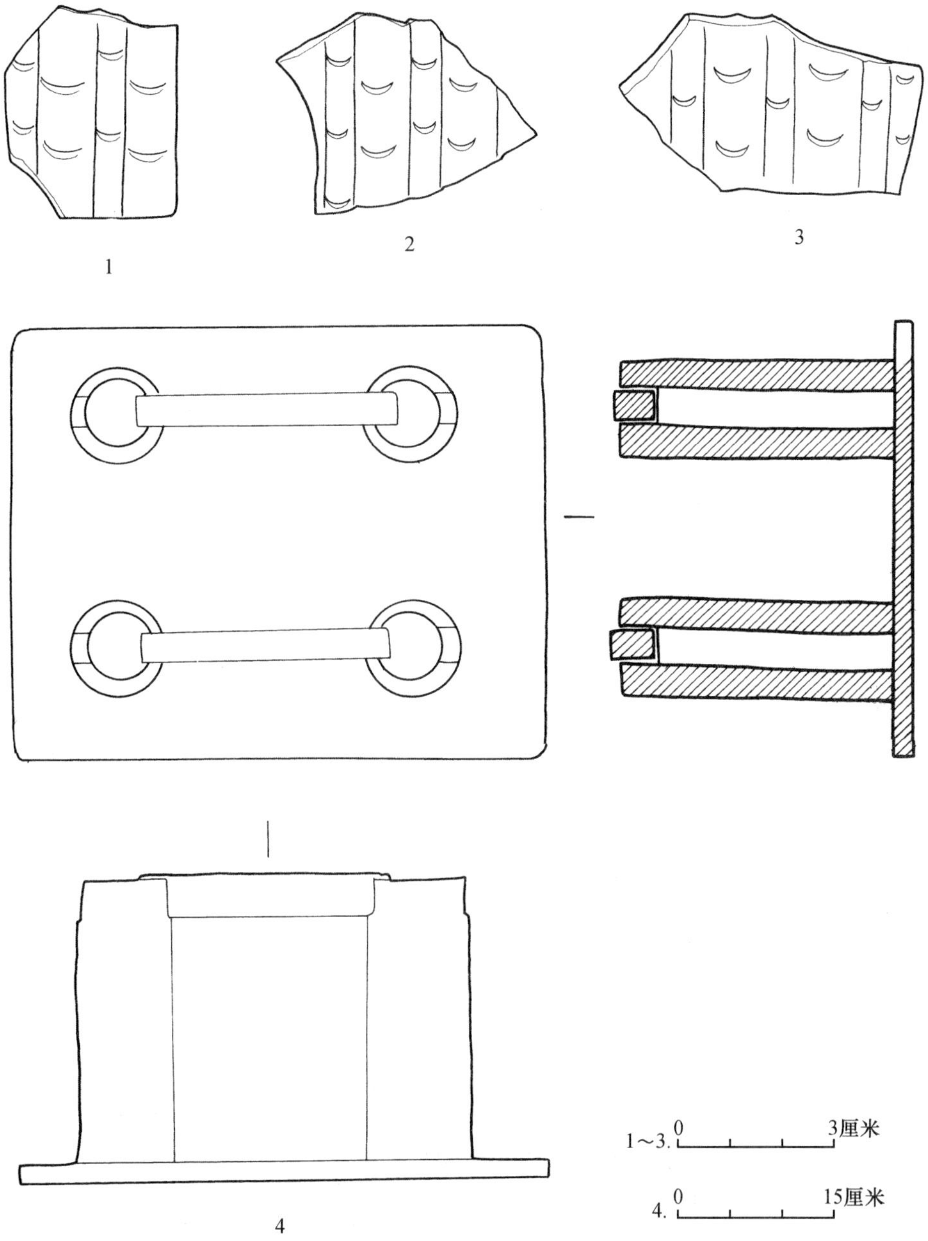

图八九 M3出土陶房构件
（M3：11）
1～3. 屋面瓦棱 4.房底及梁柱

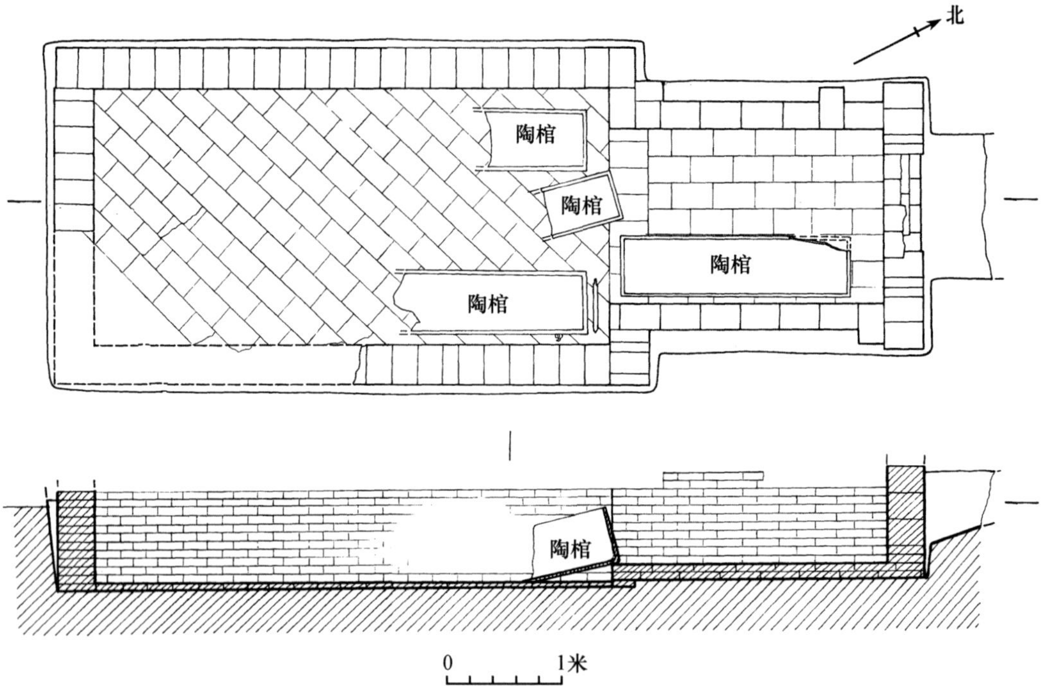

图九〇　M4平面、剖视图

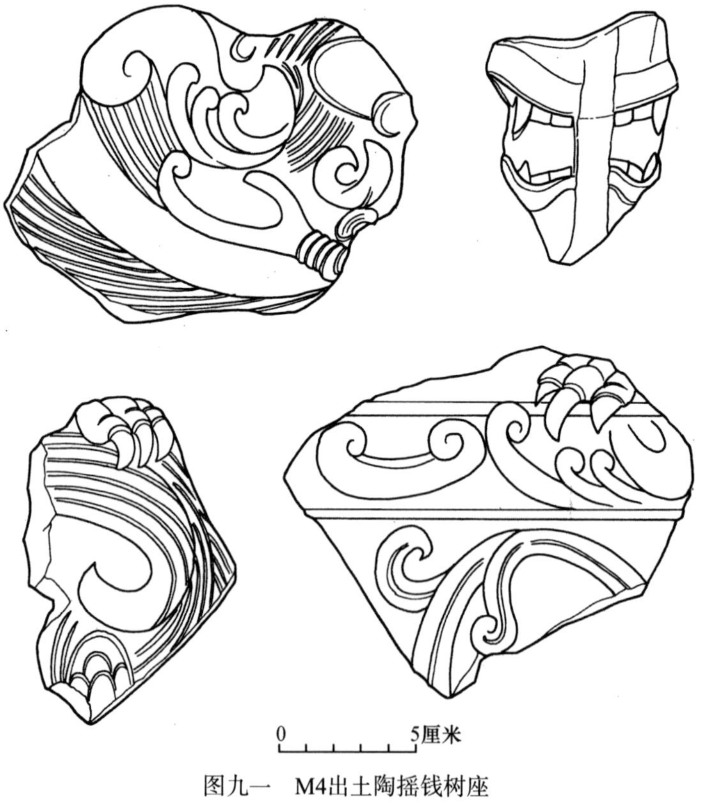

图九一　M4出土陶摇钱树座
（M4：1）

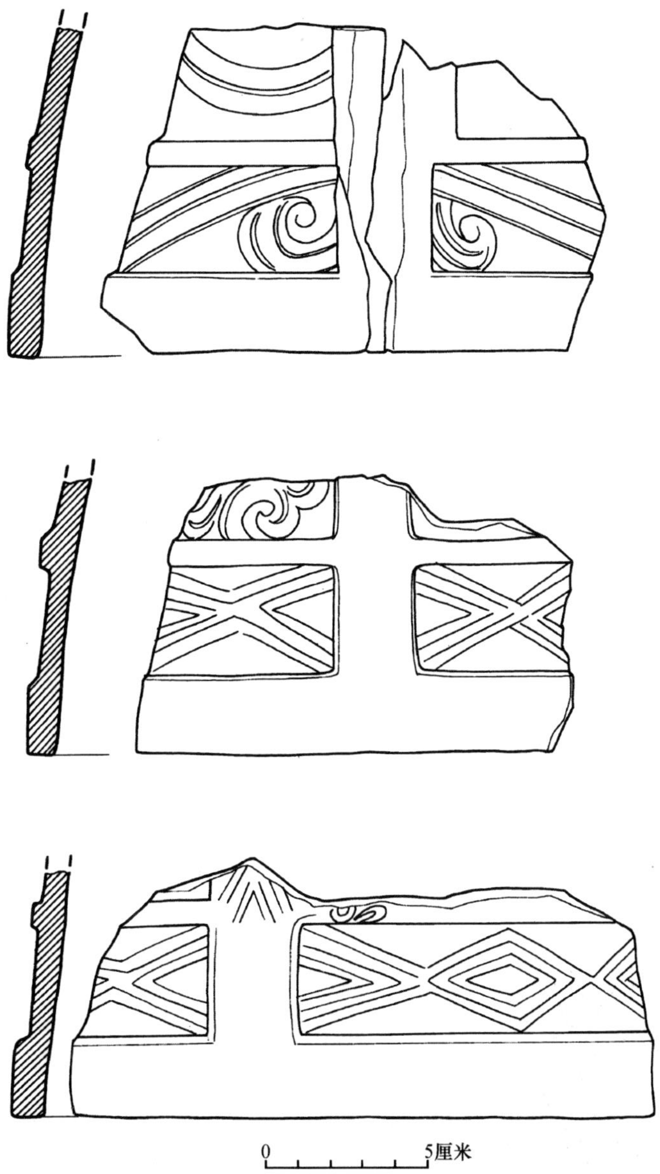

图九二　M4出土陶摇钱树座
（M4：1）

陶灯　1件。M8：2，夹砂灰黄陶。残剩底座，呈覆碗状。底径13、残高4.2厘米（图九五，2）。

陶鸡　1件。M8：4，颈部以上残。曲颈，敛翅，翼羽清晰，尾上翘，呈站立状。长29.6、残高22厘米（图九五，3）。

陶房　1件。M8：3，夹粗砂灰黄陶。残存构件。残长11.2厘米（图九五，4）。

M9　仅挖了墓圹，平面呈长方形，口大底小，长3.4米，宽2.1米，深1.04米。墓葬未修建完成，未葬入死者（图九六）。

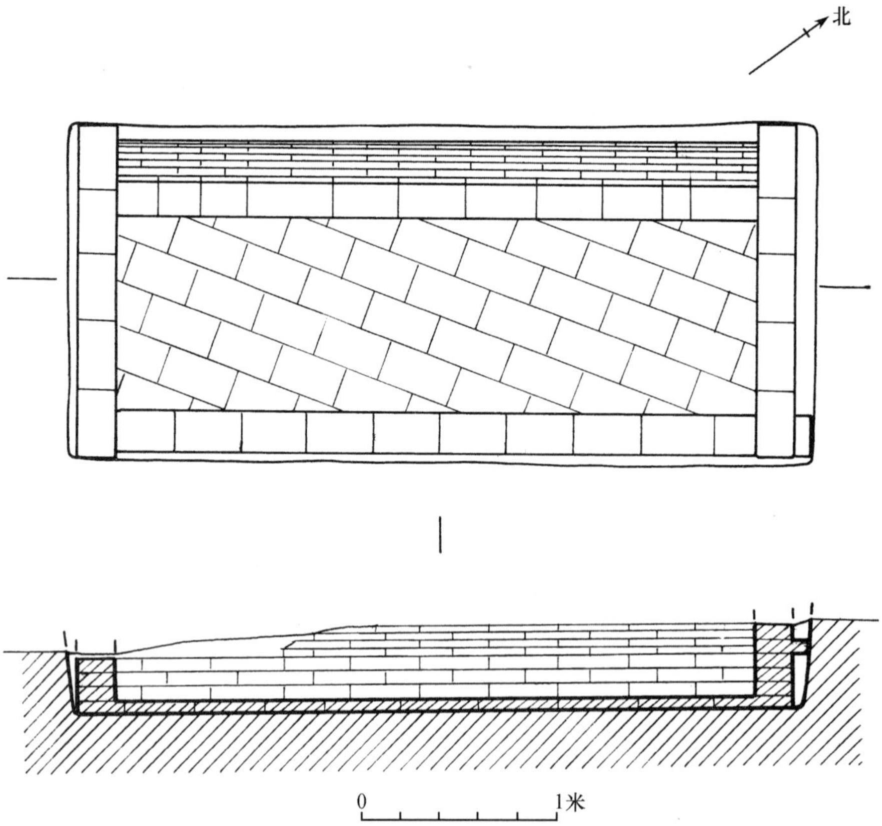

图九三 M8平面、剖视图

图九四 M8出土墓砖纹饰（菱形纹）拓片

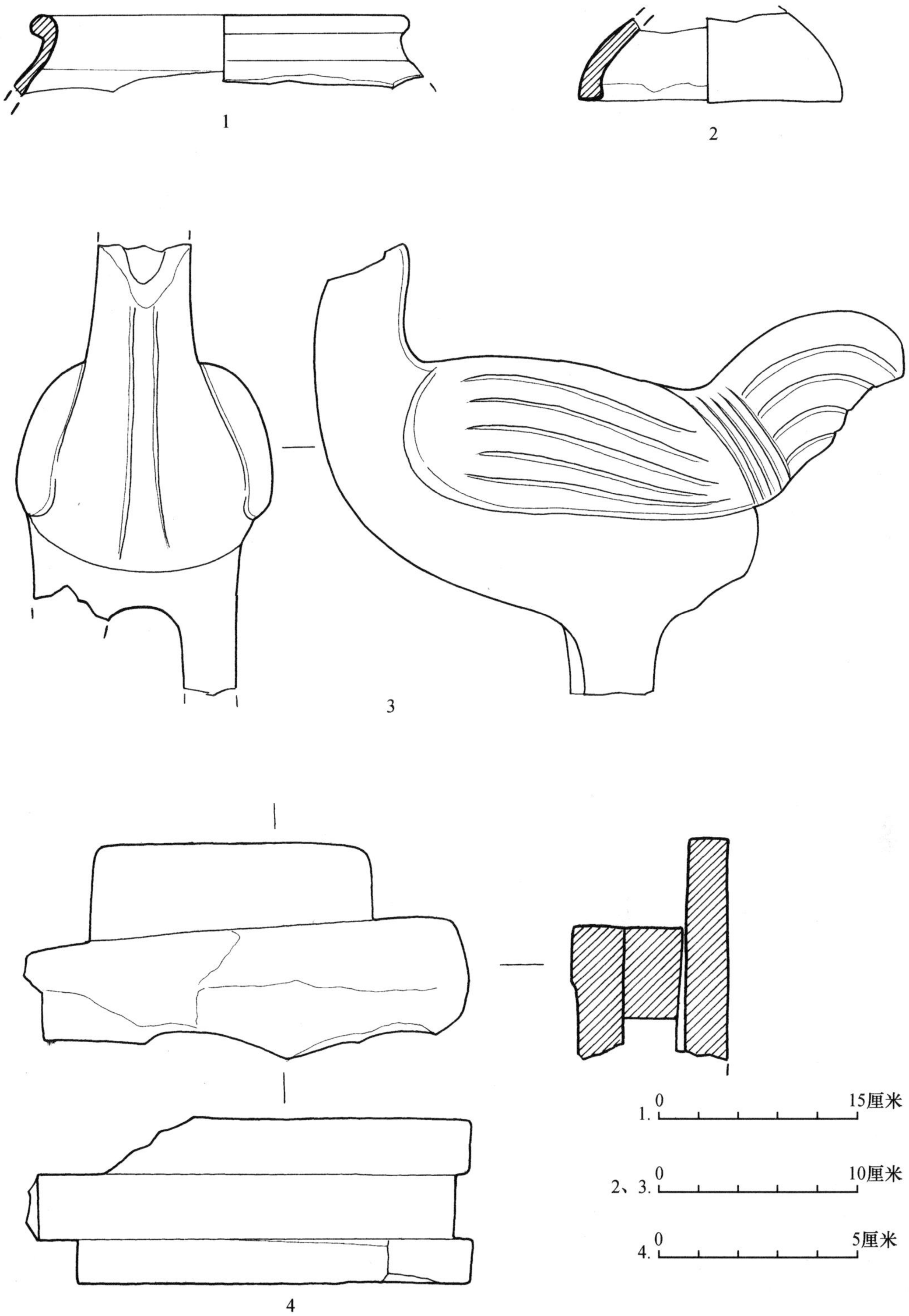

图九五 M8出土陶器

1. 罐（M8：1） 2. 灯（M8：2） 3. 鸡（M8：4） 4. 房构件（M8：3）

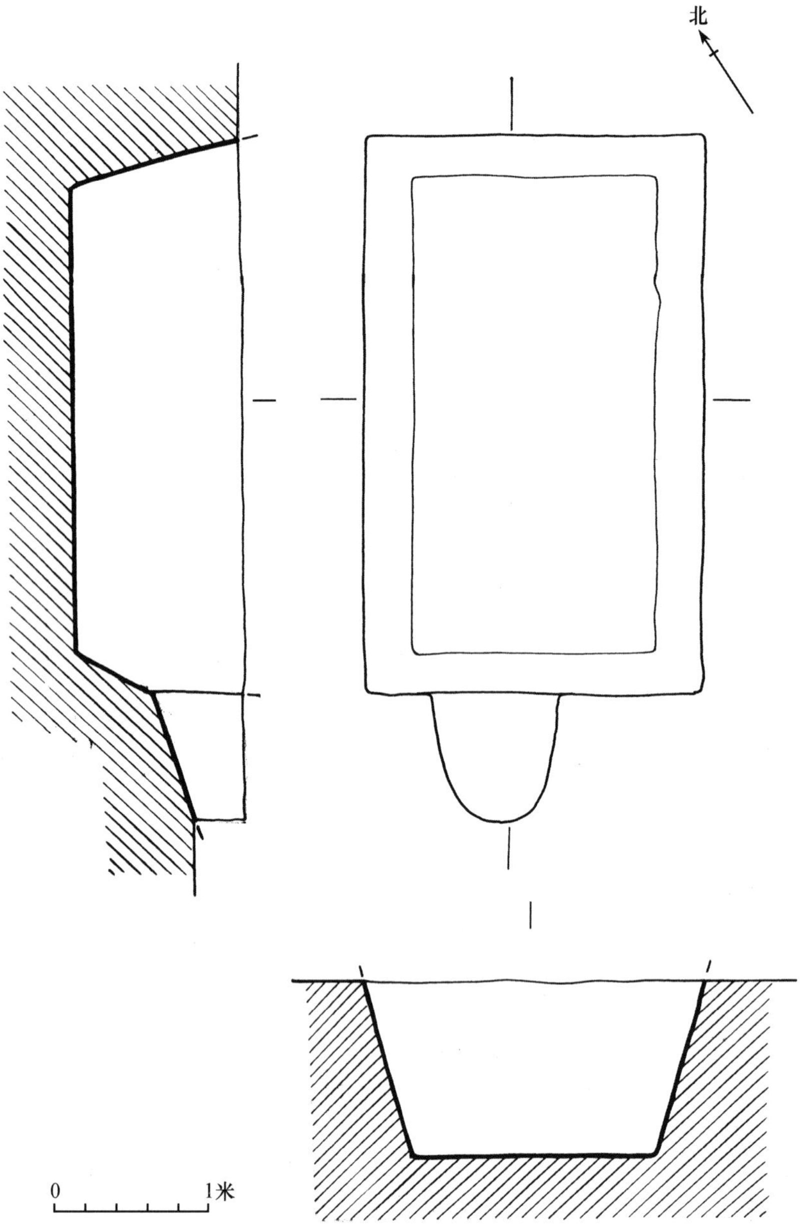

图九六　M9平、剖面图

四、结　　语

墓葬中出土器物以陶器为主，陶器分夹砂和泥质两种，以夹砂陶居多，约占70%以上。成都平原属于冲积性平原，土壤中含沙量比较重，因此夹砂陶比重较大，这也说明这批陶器多为本地生产。陶色以灰陶为主，其他还有红陶、褐陶、黄陶等。此外，还有少量铜器、铁器、石器等，但保存较差。

由于墓葬破坏严重，出土器物虽然很多，但是保存完好的器物较少，而且钱币等纪年器物也发现较少，给墓葬时代的判定带来一定的困难。

这批墓葬以砖室墓为主，少见土坑墓。砖室墓在四川地区主要出现两汉之际，流行于东汉，所以这批墓葬时代以东汉为主。M16是潘家祠堂A点中最早的墓葬，该墓葬出土有五铢钱，Ⅰ式钱形制与徐承泰、范江欧美所划分东汉五铢钱币的甲类Ⅰ式钱相似，他们将该式钱划归第一期，时代为东汉光武帝时期。Ⅱ式钱与徐承泰、范江欧美所划分东汉五铢钱币的第二期、第三期钱币形制接近，这两期钱币时代为东汉明帝、章帝、和帝时期，大致为东汉中期或略早[5]。所以M16出土的Ⅰ、Ⅱ式钱币时代为东汉早、中期。M16出土的陶釜与新都互助村出土的陶釜（HM1：5）相近，HM1开凿于东汉早期，延续到东汉中期或更晚[6]。综上，M16的时代可大致判断为东汉中期。A点其他墓葬既然晚于M16,那么时代不会早于东汉中期。M10、M11出土的陶瓮(M10：4、M11：9）与四川阿坝藏族羌族自治州发现汉墓中的Ⅰ式陶罐相似，该墓时代为东汉晚期[7]。其他几座墓葬出土器物组合和形制与M10、M11基本相似。因此,潘家祠堂A点墓葬时代为东汉中晚期。

潘家祠堂B点破坏严重，墓葬保存不好，出土器物也很少。M1出土的陶钵（M1：2）与金堂李家梁子M23出土陶钵（M23：126）形制相近，李家梁子M23时代为东汉晚期[8]。其他器物器形较残碎不易比较，但从该点出土釜（M22：1）的形制来看，与A点墓葬中该类器物形制接近。所以B点墓葬时代大致为东汉中晚期。

潘家祠堂C点墓葬以M2时代最早，该墓葬形制为土坑和砖室（无墓顶）结合状态，此类部分用砖的墓葬正是土坑墓向砖室墓过渡的形态。据蒋晓春对三峡地区秦汉墓的研究，他认为土（石）坑墓中的BⅣ式局部用砖、石，属于土坑向砖（石）室墓过渡的形态，如98丰都汇南M18，蒋晓春判定该墓时代为新莽至东汉初[9]。M2中出土有大泉五十，且未见东汉五铢钱，时代与墓葬形制吻合。M2中虽然出现陶俑，但形制较小，数量不多，具有两汉之际陶俑的特征。因此M2时代大致为王莽至东汉初。M3、M4、M8、M9都晚于M2，所以时代不会早过王莽时期。M3出土的陶瓮（M3：5）与牛头山M3的陶瓮（M3：7）形制接近，牛头山M3时代为东汉初[10]。M3、M4、M8、M9出土陶俑不多，形制较小，具有东汉偏早的特征。M4出土有摇钱树，摇钱树出现于东汉早期，流行于东汉中晚期。综上，C点墓葬大致为东汉早中期。

潘家祠堂A、B、C三个点形成方式基本一致，都是先平整场地，然后在场地正中夯筑土台，土台上下挖墓圹，修建墓葬，最后再覆以封土。以后的墓葬便会沿着第一个墓周围修建，修建过程一致，但墓室与墓室之间绝无打破关系。墓地经过不断的扩展，最后会形成一个很大的封土包。两汉时期，成都平原特别流行这类家族墓地，墓地中的墓葬分布非常有规律，墓葬之间的早晚关系明确，对于研究汉代家族墓具有重要意义。

领队：刘雨茂
发掘：索德浩　李　平　谢　常　何　强
龙　岗　颜　斌
整理：索德浩　屈　玥　杨叶语　周　静
卢素文
绘图：卢引科　曹桂梅
拓片：严　彬　代福尧
执笔：索德浩　刘雨茂　朱寒冰

注　　释

[1] 成都文物考古研究所、都江堰文物局：《四川都江堰界牌村以及大桥村唐、宋墓发掘简报》，《成都考古发现》（2009），科学出版社，2011年。

[2] 成都文物考古研究所、都江堰文物局：《四川省都江堰市梳妆台商周遗址发掘简报》，《成都考古发现》（2010），科学出版社，2012年。

[3] 南部盖在封土下，情况不详。

[4] 为清理方便，墓葬在平面上出现后就予以编号，此时部分墓葬的打破关系不明，部分墓葬的编号顺序与墓葬的早晚关系存在矛盾，但为了体现当时清理顺序，整理过程中并未改变墓葬编号。

[5] 徐承泰、范江欧美：《东汉五铢钱的分期研究》，《文物》2010年第10期。

[6] 成都文物考古研究所、新都区文物管理所：《成都市新都区东汉崖墓的发掘》，《考古》2007年第9期。

[7] 赵殿增、高英民：《四川阿坝州发现汉墓》，《文物》1976年第11期。

[8] 成都文物考古研究所、金堂文物保护管理所：《金堂李家梁子墓地》，待刊。

[9] 蒋晓春：《三峡地区秦汉墓研究》，巴蜀书社，2010年，第80页。

[10] 荥经严道古城遗址博物馆：《四川荥经县牛头山发现汉墓》，《考古》2000年第11期。

都江堰市界牌村以及大桥村唐、宋墓发掘报告

成都文物考古研究院
都江堰市文物局

成都至都江堰快速客运铁路起于成都北站，在铁路西环线安靖（郫县）站向西引出后，沿国道317线成灌公路走向延伸，止于都江堰市青城山镇。其中都江堰段长24.6千米，涉及崇义镇、聚源镇、幸福镇、经开区、玉堂镇、中兴镇、青城山镇7个乡镇。经先期考古调查，境内共发现8个文物点（10～17号点），2008年12月22日～2009年2月28日，成都文物考古研究院、都江堰市文物局对各个文物点进行了发掘，共发现唐宋时期墓葬8座，主要发现于10、12号两个文物点（图一），将发掘情况报告如下。

一、墓葬介绍

1. 10号文物点

10号点为梳妆台墓地，位于都江堰市崇义镇界牌村12组梳妆台东120米处，北距周家院子200米，东南距成灌铁路K35＋982框架涵约8米，西北距潘家祠堂汉墓群C号点约240米。地理坐标为东经103° 44′ 2.7″、北纬30° 54′ 0.1″。传说此处原为杨贵妃的梳妆台，因此得名。墓葬位于台地上，略高于四周，是人工夯筑的一个台基。台基上及附近共发现墓葬7座，其中唐、宋时期墓3座（图二），编号为08DCSM4、08DCSM7、08DCSM8（以下省略“08DC”）。

SM4　砖室墓，墓向325°。平面略呈梯形，长3.1、宽1.12、残深0.48米。整体系用汉砖修筑，部分墓砖一侧有菱形几何纹，规格35×19－6厘米。修墓前，先挖一平面近长方形的竖穴土圹，紧贴墓圹砌砖室。墓顶已残，不详。东、西、南三墙用砖错缝平砌，北面为封门，封门底部两层用砖平铺错砌，上面逐层后退，内壁形成阶梯状封门。墓底未铺砖，有夯打痕迹，土微呈红色，夹杂较多的白色砂粒，可能为烧过痕迹。填土中发现有少量瓷片，未见完整器形（图三）。

SM7　砖室墓，也是先挖一墓圹之后，再修筑砖室墓。破坏严重，墓墙仅南壁残存2层，墓底多用残砖铺地。残长1.86、残宽1、深0.12米，用砖较杂，有汉、唐砖，均是素面（图四）。墓东南角上发现一双耳提梁瓷壶。

瓷壶　1件。SM7：1，褐赭色胎，质较粗，器内外施化妆土，器表施青黄釉至腹部，釉层匀薄，有流釉现象。侈口，圆唇，溜肩，弧腹，饼足，平底略上凹。肩上一对桥形耳和一圆柱短流。器内

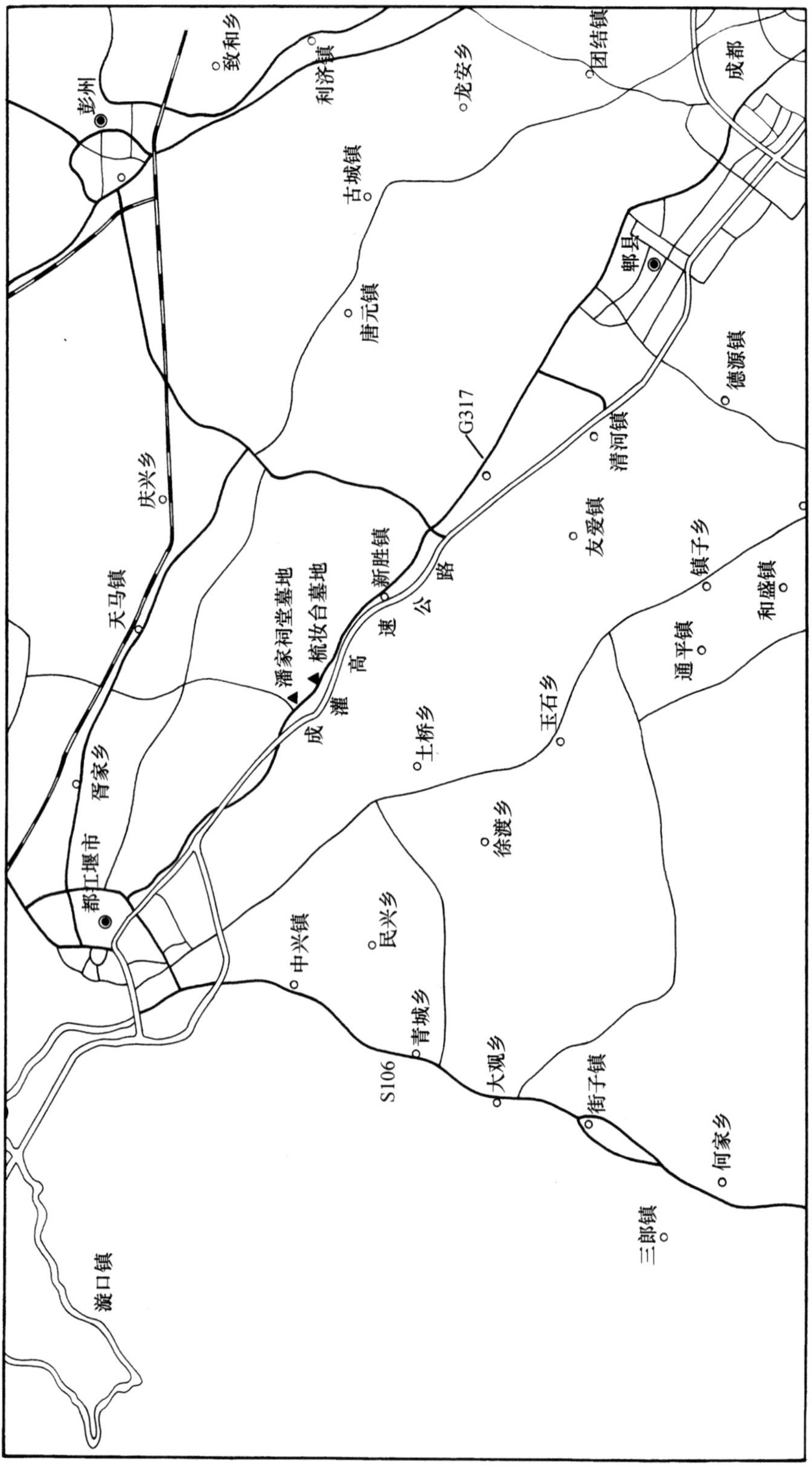
致和乡
彭州
利济镇
龙安乡
团结镇
成都
古城镇
郫县
唐元镇
德源镇
G317
清河镇
庆兴乡
友爱镇
镇子乡
新胜镇
天马镇
潘家祠堂墓地
梳妆台墓地
成灌高速公路
和盛镇
通平镇
玉石乡
土桥乡
胥家乡
徐渡乡
都江堰市
民兴乡
中兴镇
青城乡
S106
大观乡
街子镇
何家乡
三郎镇
漩口镇

图一　墓地位置示意图

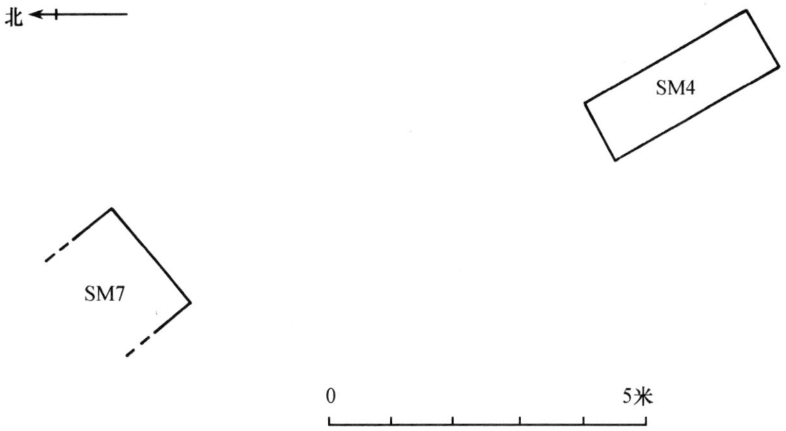

图二 梳妆台墓地墓葬平面分布图

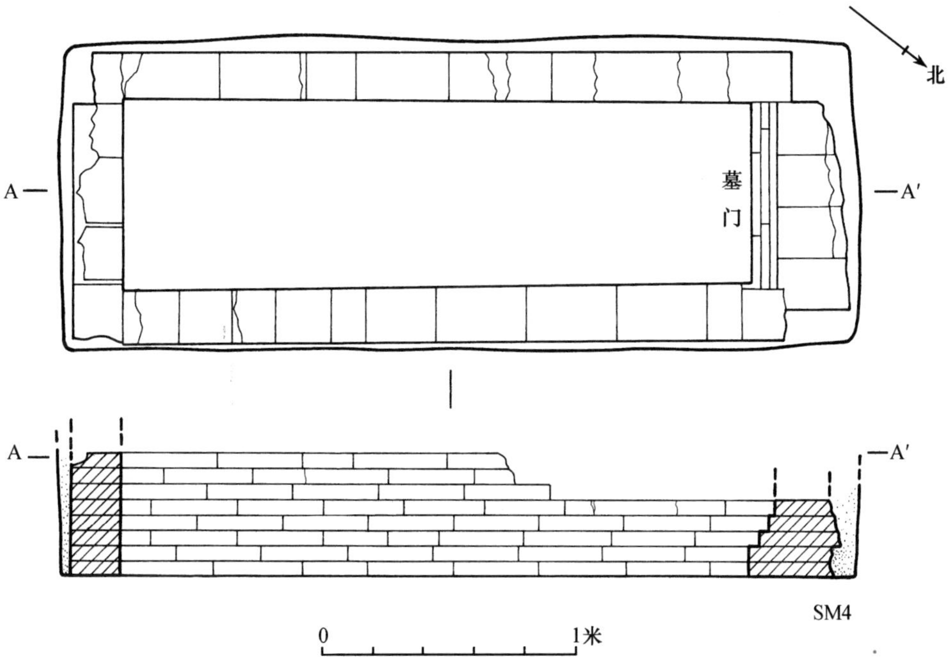

图三 SM4平、剖面图

外留有轮制痕迹。口径 9.6、底径 8、高 13.8 厘米（图五）。

SM8 砖室墓，先挖一竖穴土圹，内砌砖室。墓室上部及后端遭严重破坏，墓墙用砖侧立砌筑，平面结构呈“丁”字形，封门处仅残存两层，底层砖横立，中间三砖侧立垂直于封门，上层用残砖平铺。墓底未见铺地砖。墓室残长 1.56、宽 0.94、残深 0.26 米。整墓均用汉砖砌筑，部分侧面装饰菱形纹，规格 35 × 20−6 厘米。墓内发现人腿骨，但已粉化。墓室南壁下发现一瓷四系罐（图六）。

瓷罐 1 件。SM8 : 1，砖红色胎，上半部施化妆土。近直口，外折沿，尖唇，溜肩，弧腹，平底，颈部较短，最大径在肩部。肩上有四个对称竖桥形系耳。器外壁可见轮制痕迹。口径 10.2、底径 10.2、高 23.2 厘米（图七）。

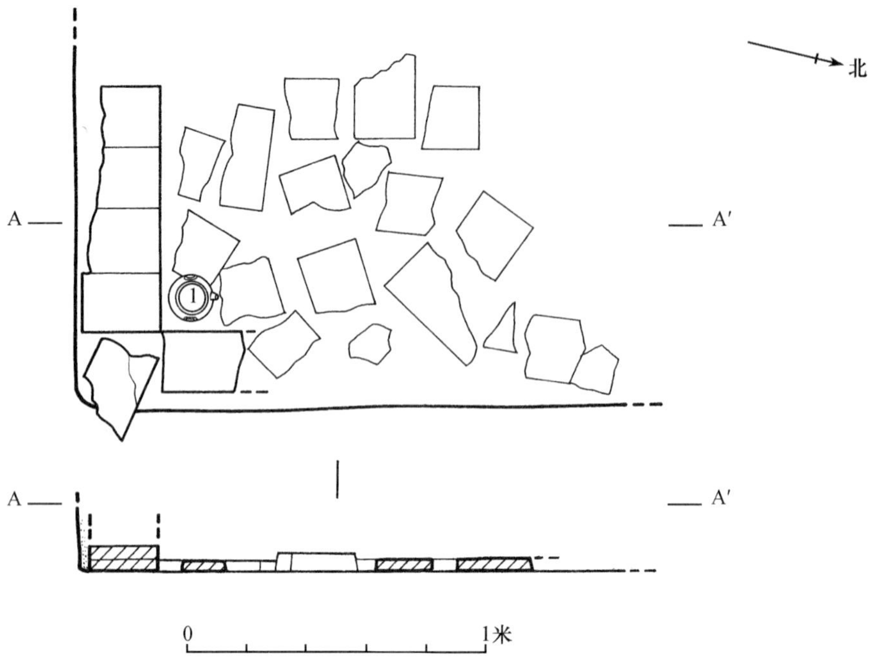

图四　SM7平、剖面图

1. 瓷壶

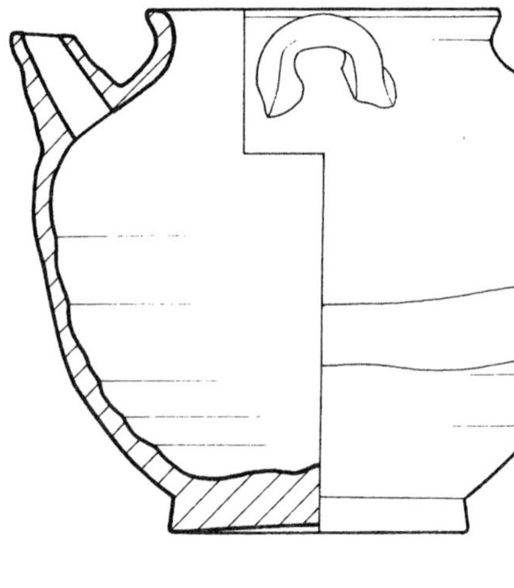

图五　SM7出土瓷双耳壶

（SM7：1）

2. 12号文物点

12 号点为潘家祠堂墓地，位于都江堰市崇义镇大桥村，又分 A、B、C 三个小点。唐宋墓主要发现于 C 点，C 点隶属大桥村五组，北面 50 米为刘家院子，南面 20 米为李家院子，西南面 80 米为宋家院子。中心地理坐标为东经 103° 44′ 9.5″、北纬 30° 53′ 56.3″。此处为两级台地的交界，地表原为农田。共发现 5 座唐宋时期墓葬，编号为 08DCPM5～08DCPM7、08DCPM19、08DCPM20（以下省略“08DC”），其中 PM5、PM6、PM7、PM19 四座墓葬呈“人”字形分布，形制接近（图八）。

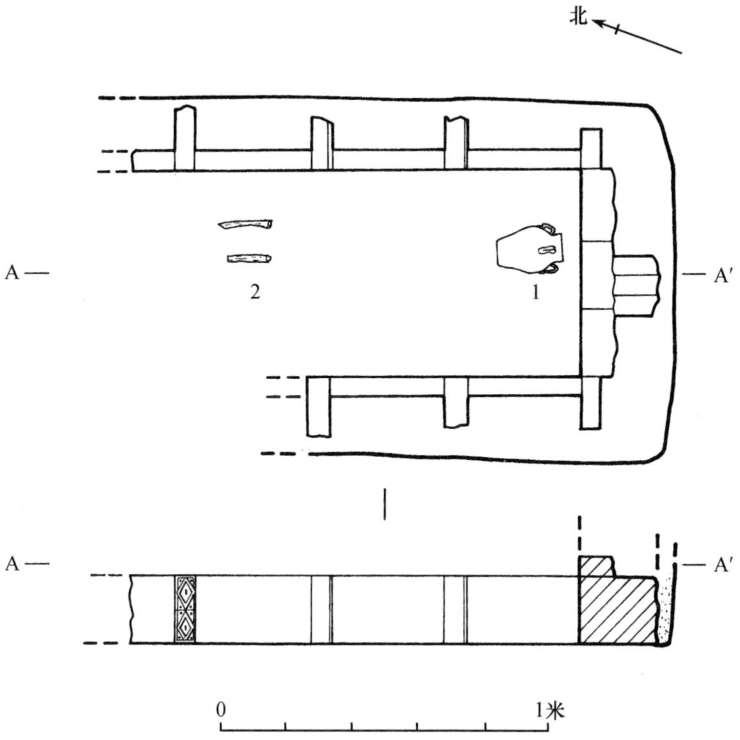

图六　SM8平、剖面图
1. 瓷罐　2. 人骨

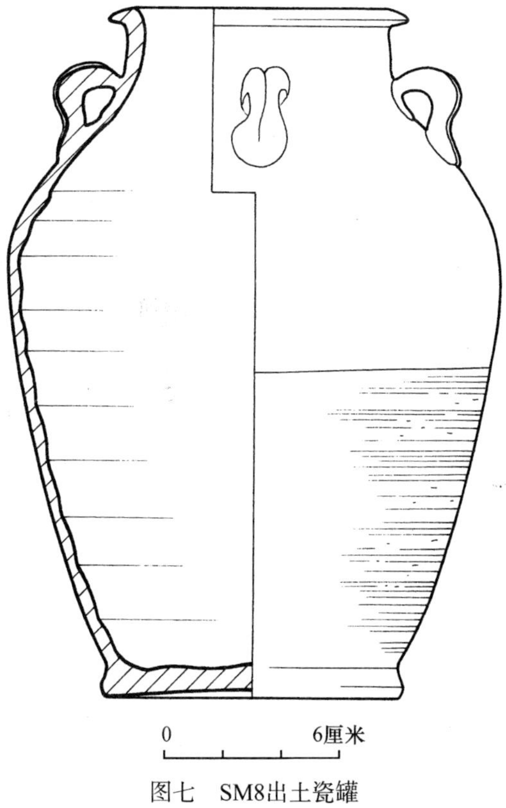

图七　SM8出土瓷罐
（SM8：1）

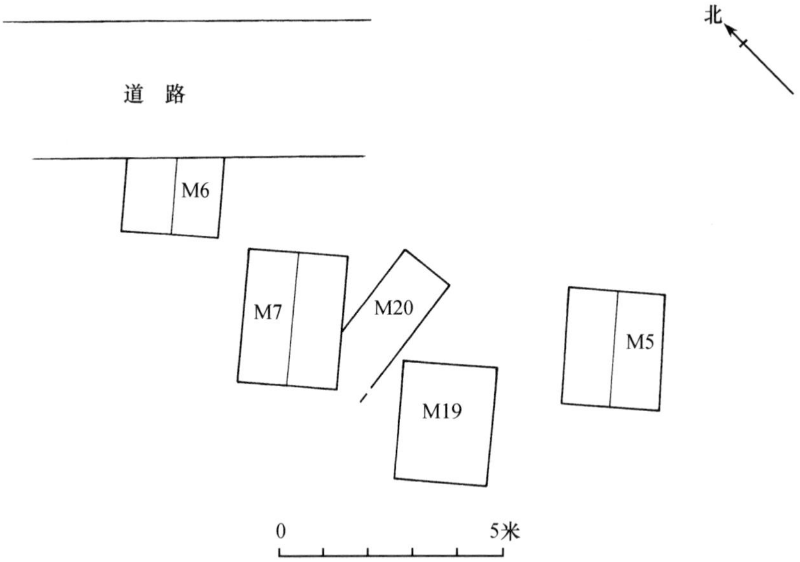

图八　潘家祠堂墓地墓葬平面分布图

PM5　保存最好，为夫妻合葬的双室墓。平面呈长方形，先挖一长方形墓圹，长2.87、宽2.18米，然后在墓圹中砌筑两室，两室各自独立。墓室东、西墙均是用素面砖错缝平砌。南壁各有一龛，龛两侧用砖竖立砌筑。其他部位砌法同于东、西两壁。东墓室封门基本被毁，仅存底砖，西墓室用汉代陶棺残片封门。墓底用素面砖铺筑，西墓室部分被毁。墓顶不存，情况不详。两墓室大小相同，长2.76、宽1.07、残深0.65米。东墓室出土较多随葬品，有铜镜、瓷盒、瓷壶等，多分布于墓室后部，墓室后部还发现人头骨残部。瓷盒为宋代化妆用品，因此推测东墓室葬女性，西墓室葬男性。墓砖规格为42×20－3厘米、38×20－3厘米（图九）。

铜镜　1件。PM5：1，平面呈花瓣形，保存较好，镜面光亮。镜缘微凸，桥形纽，背面有铭文："湖州真石家，二仅店照子"。直径17、厚2.9厘米（图一〇，2）。

瓷盒　5件。PM5：6、PM5：3，白胎，外壁施影青釉。子母口。盒盖弧形顶，盖面饰有多组细花纹，外壁饰一周瓜棱纹。直径6.4、高1.9厘米。盒身敛口，弧腹，平底上凹，外壁饰瓜棱纹。口径5.4、底径5.7、高1.7厘米（图一一，1）。PM5：5、PM5：11，白胎，外壁施影青釉。子母口。盒盖弧形顶，盖面饰有多组细花纹，外壁饰一周瓜棱纹。直径6.4、高2厘米。盒身敛口，弧腹，平底上凹，外壁饰有瓜棱纹。口径5.4、底径5.6、高1.6厘米（图一一，3）。PM5：4、PM5：2，白胎，外壁施影青釉。子母口。盒盖弧形顶，盖面饰有多组细花纹，外壁饰一周瓜棱纹。直径6.4、高1.9厘米。盒身敛口，弧腹，平底上凹，外壁饰有瓜棱纹。口径5.4、底径5.6、高1.7厘米（图一一，2）。PM5：9、PM5：8，白胎，外壁施影青釉。子母口。盒盖平顶，弧壁，盖面饰折枝花纹，外壁饰一周瓜棱纹。直径6.6、高1.8厘米。盒身敛口，鼓腹，平底上凹，外壁饰有瓜棱纹。口径5.5、底径4.6、高1.8厘米（图一一，4）。PM5：7，白胎，外壁施影青釉。子母口。盒盖尖顶，弧壁。盖面饰六叶花纹，外壁

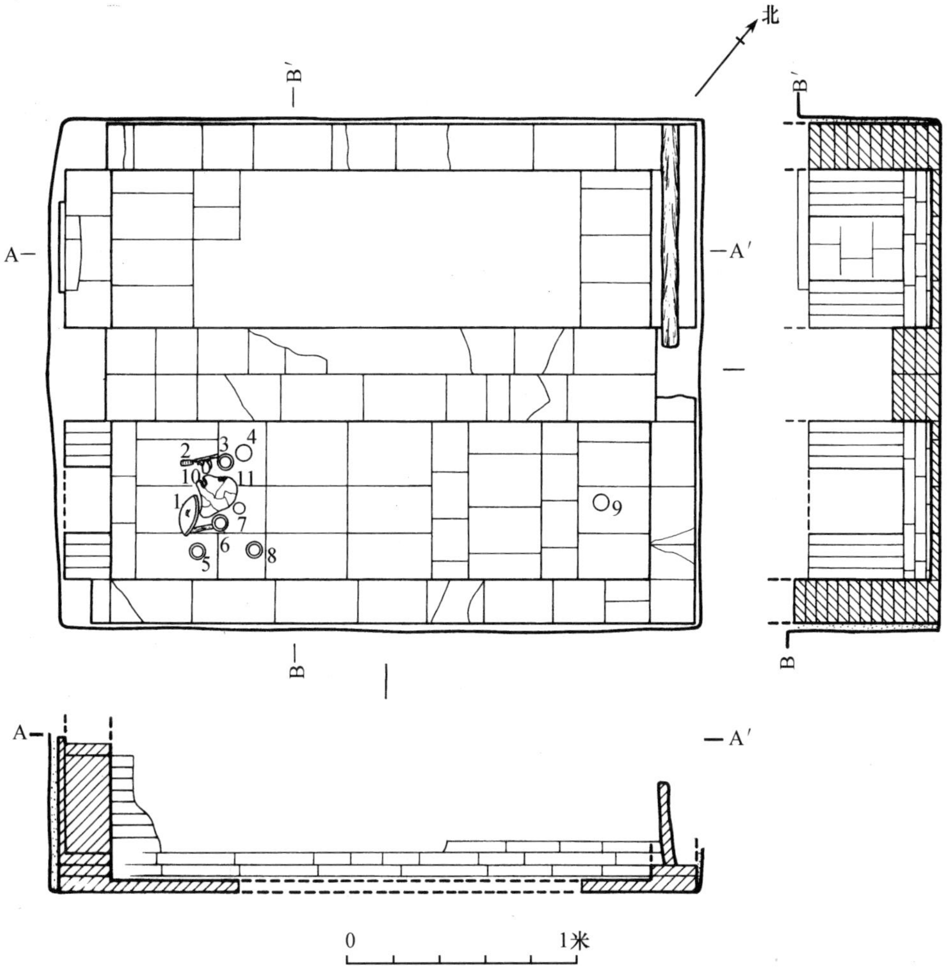

图九 PM5平、剖面图
1. 铜镜 2～9. 瓷盒 10. 瓷壶 11. 人骨

饰一周瓜棱纹。直径 4.8、高 1.7 厘米。盒身敛口，弧腹，平底上凹，底外壁饰有瓜棱纹。口径 3.5、底径 3.7、高 1.6 厘米（图一〇，3）。

瓷壶 1 件。PM5：10，白胎，影青釉。敛口，折肩，鼓腹，平底略上凹。肩上一侧为錾，一侧为圆柱短流。肩部以上装饰交错的莲瓣纹，腹部饰瓜棱纹。口径 2.2、底径 6、高 6.2 厘米（图一〇，1）。

PM6 与 PM5 形制相近，也是夫妻合葬的双室墓，但北部压于道路下，未能清理完。先挖一长方形墓圹，然后在墓圹中砌筑两室，两室各自独立。墓室东西墙均是用素面砖错缝平砌。南壁各有一龛，龛两侧用砖竖立砌筑。其他部位砌法同东西两壁。封门不详。墓底用素面砖铺地。墓顶被毁，情况不详。两墓室大小相同，残长 1.72、宽 1.1、残深 0.6 米。墓葬扰乱严重，随葬品多出于扰土之中。墓砖规格为 36×20–4 厘米（图一二）。

瓷碗 4 件。PM6：1，褐赭色胎，质较粗，器表刷化妆土，上施酱黄色釉，较均匀，器底未施釉。上部残，弧腹，圈足。足径 7、残高 6 厘米（图一三，2）。PM6：2，砖红色胎，质较粗，器

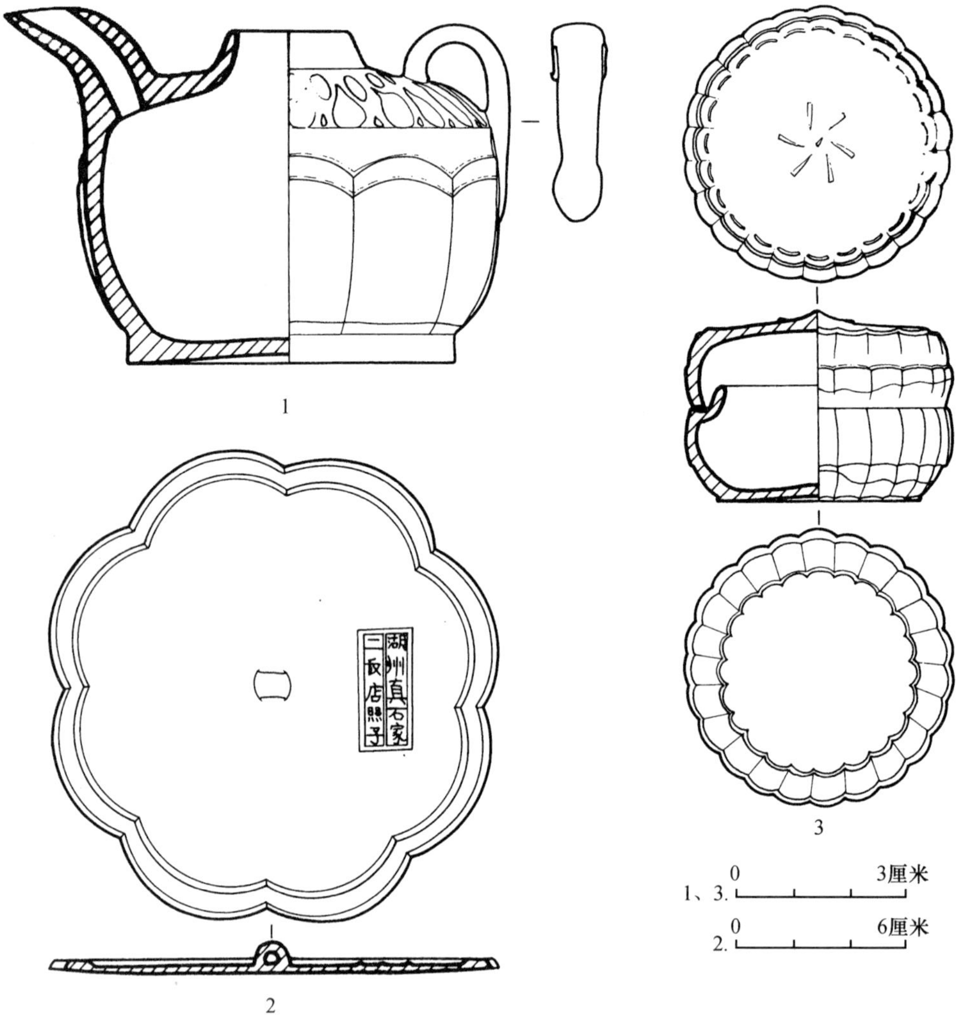

图一〇　PM5出土器物

1. 瓷壶（PM5：10）　2. 铜镜（PM5：1）　3. 瓷盒（PM5：7）

内外均施化妆土，釉已脱落。上部残，圈足。足径6、残高2.4厘米（图一三，4）。PM6：5，砖红色胎，质较粗，器内施酱青色釉，略泛黄，施釉均匀，釉层较薄；器外仅施酱青色釉于口沿下，腹部未施釉，有流釉现象。敞口微敛，圆唇，斜直腹，圈足。口径16、足径5.6、高5厘米（图一三，5）。PM6：4，砖红色胎，器内口沿处施酱黄色釉，器外施酱黄色釉至腹部上，釉层匀薄，腹部及以下未施釉。敞口，圆唇，腹近直，圈足。外壁可见明显轮制痕迹。口径18、足径7、高6厘米（图一三，3）。

瓷器底　1件。PM6：3，砖红色胎，质较粗，器内施酱黄色釉，较均匀，器外有流釉现象。平底。残高5.2厘米（图一三，1）。

PM7　形制与PM5基本相同。平面呈长方形，先挖一长方形墓圹，长2.82、宽2.16米，然后在墓圹中砌筑两室，两室各自独立。东墓室稍长，东西墓室墙壁均是用素面砖错缝平砌。南壁各有一龛，龛两侧用砖竖立砌筑。其他部位砌法同东西两壁。两墓室封门有所区别，东墓室封门用砖横立逐层砌起，西墓室用砖竖立砌筑。墓底用素面砖一横一竖铺筑。墓顶被毁，情况

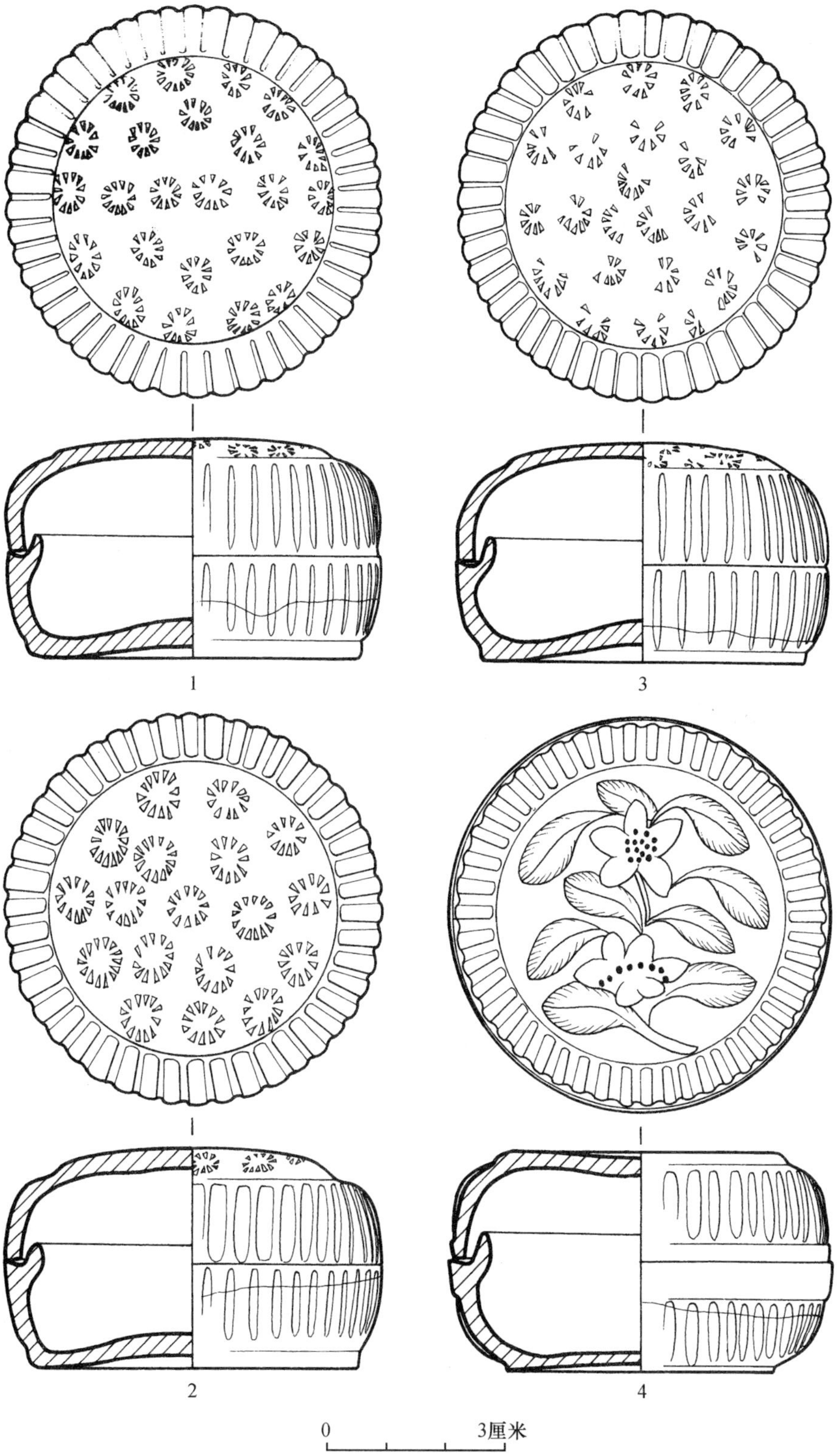

图一一　PM5出土瓷盒

1. PM5：6、PM5：3　2. PM5：4、PM5：2　3. PM5：5、PM5：11　4. PM5：9、PM5：8

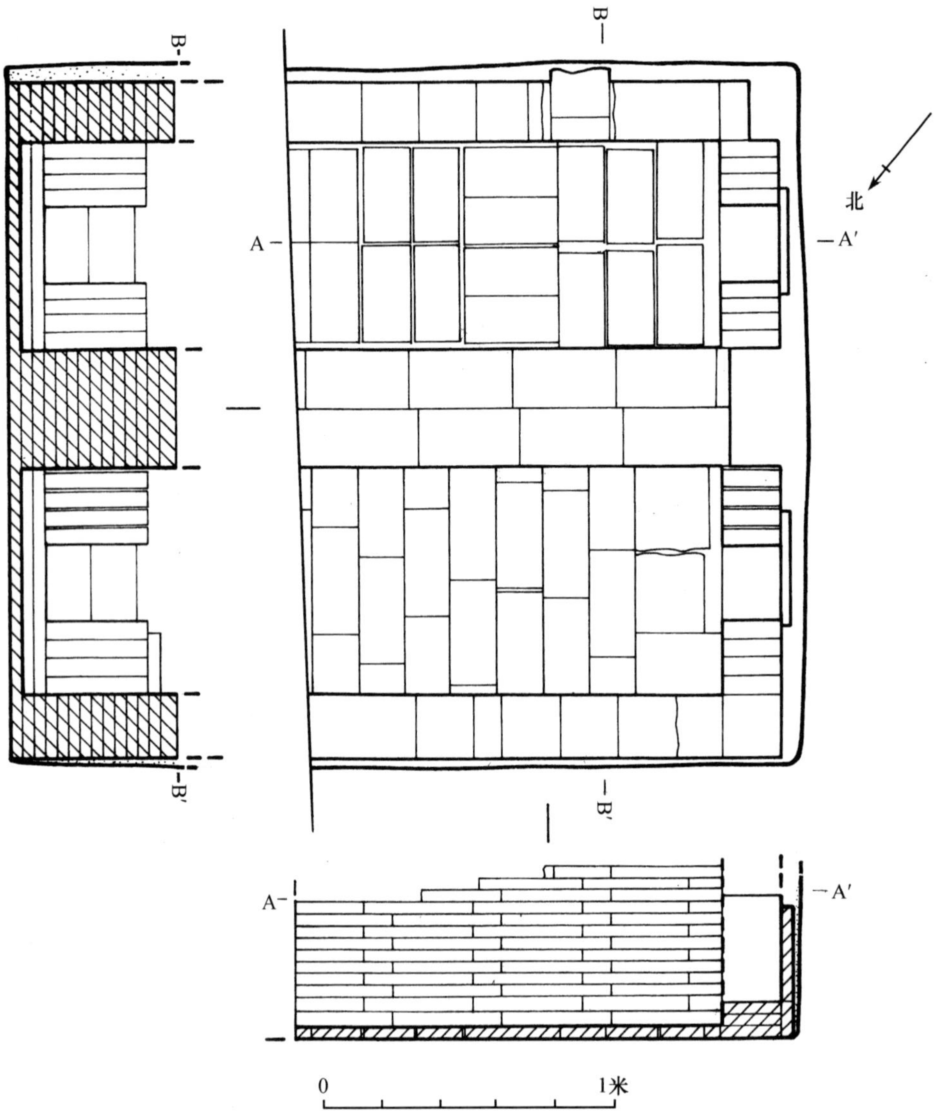

图一二　PM6平、剖面图

不详。东墓室长 2.68、宽 1、残深 0.48 米。墓葬扰乱严重，未发现随葬品，在西墓室底中部有一腰坑，坑内出土 1 件双耳瓷罐，周围有 5 件瓷提梁小罐。东墓室外的东北角埋有 1 件三彩俑。墓砖大小不一，主要有两种规格 40 × 20 － 5 厘米（东西墙）、38 × 18 － 3 厘米（封门）（图一四）。

瓷罐　1 件。PM7：1，褐赭色胎，质较粗，青黄色釉，釉面较光洁，施釉至腹中部，大部分已脱落，有流釉现象。直领稍内敛，溜肩，肩上部有对称的横桥形系耳，深弧腹较瘦，饼足略上凹。内外部均有明显轮制痕迹。口径 5、底径 5.8、高 12.4 厘米（图一五，6）。

瓷提梁小罐　5 件。形制基本相同，只是大小略有差异。褐赭色胎。敛口，溜肩，折腹，平底。口部上方堆塑蛙形提梁，头部与尾部相似，均交叉作“巾”字形。PM7：2，口径 3.2、底径 3.3、高 3.5 厘米（图一五，1）。PM7：3，器表有轮制痕迹。口径 3.6、底径 3.3、高 3.4

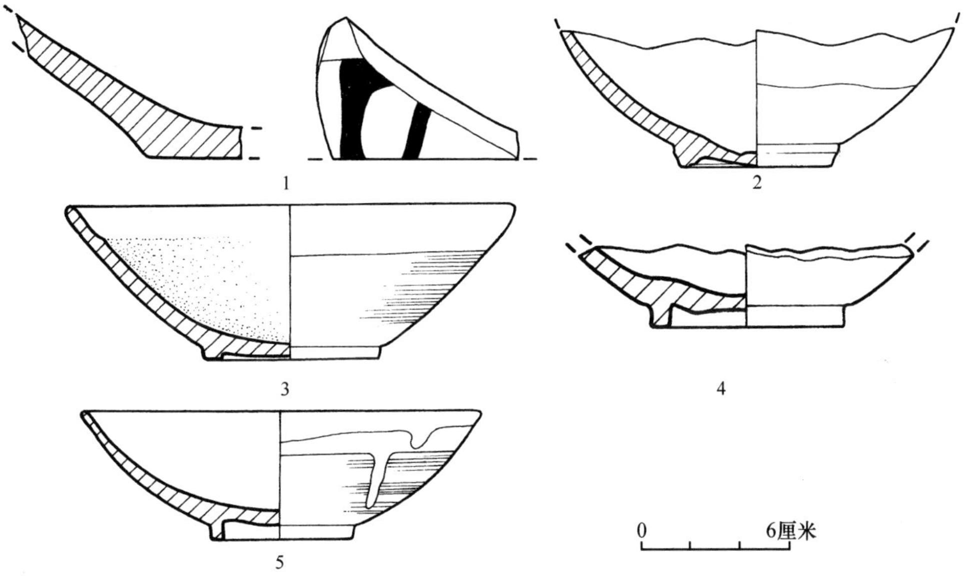

图一三　PM6出土瓷器

1. 器底（PM6∶3）　2～5. 碗（PM6∶1、PM6∶4、PM6∶2、PM6∶5）

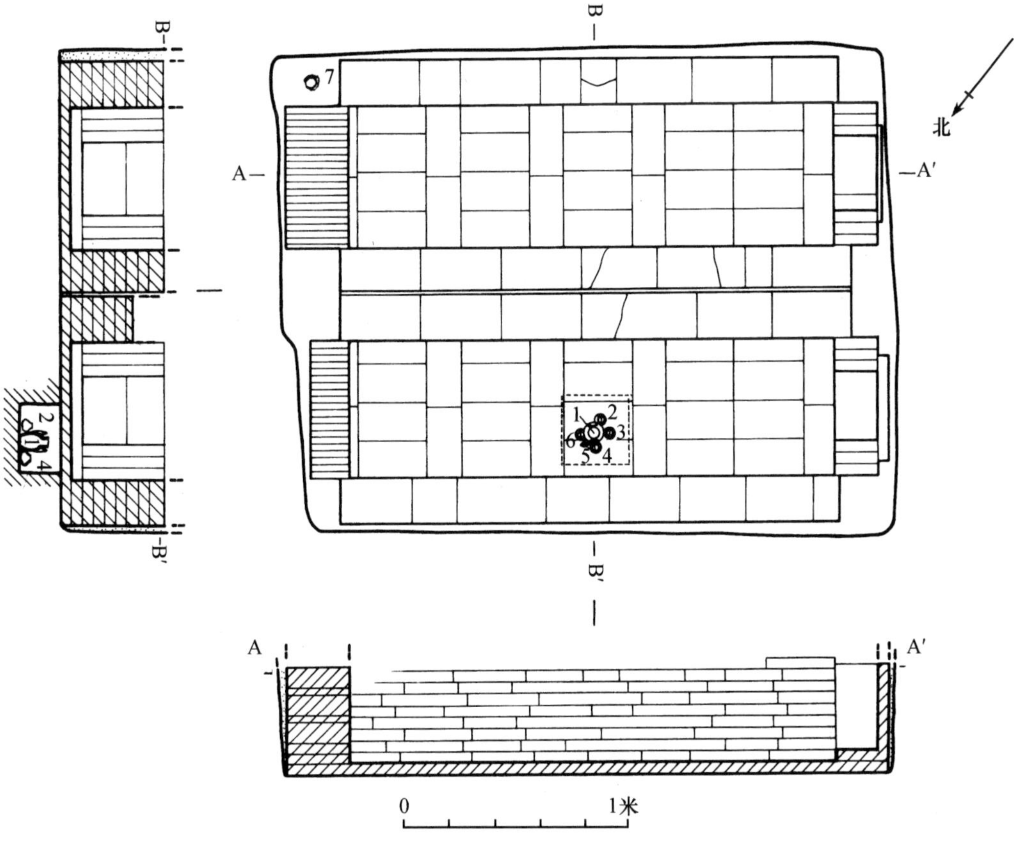

图一四　PM7平、剖面图

1. 瓷罐　2～6. 瓷提梁小罐　7. 三彩俑

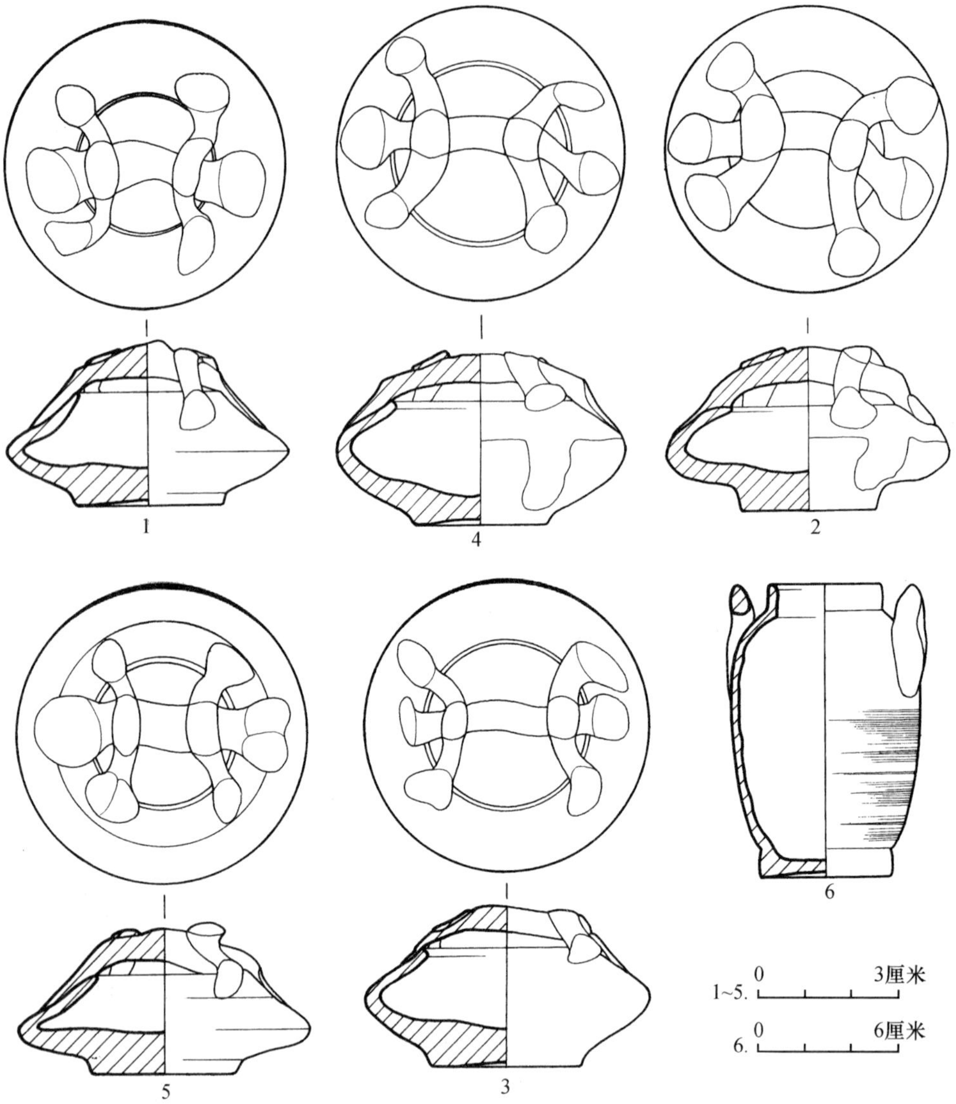

图一五　PM7出土瓷器

1～5. 提梁小罐（PM7：2、PM7：5、PM7：3、PM7：4、PM7：6）　6. 罐（PM7：1）

厘米（图一五，3）。PM7：4，器表较粗糙，提梁及腹以上施酱釉。平底略内凹。口径4、底径3、高3.7厘米（图一五，4）。PM7：5，腹上局部施有酱釉，器表较粗糙。口径3.5、底径3.1、高3.6厘米（图一五，2）。PM7：6，腹上局部施有酱釉，器表较粗糙。口径3、底径3.2、高3.2厘米（图一五，5）。

三彩俑　1件。PM7：7，头部残失。身穿绿色交领紧袖长袍，外罩鳞状甲身，腰腹间围有圆头抱肚并系革带，下着蔽膝，腿着鳞状短甲袍，蔽膝下端呈三角形，其前后饰月牙形等纹饰。双手合抱于腹前，两手间有一孔，手中应持有一物。双脚分立于半圆筒形座上。宽7.2、残高18.4厘米（图一六）。

PM19　形制与PM5、PM6、PM7基本一致。平面呈长方形，先挖一长方形墓圹，长2.72、宽2.21米，然后在墓圹中砌筑两室。墓室东、西墙均用素面砖错缝平砌。南壁各有一龛，但已被破

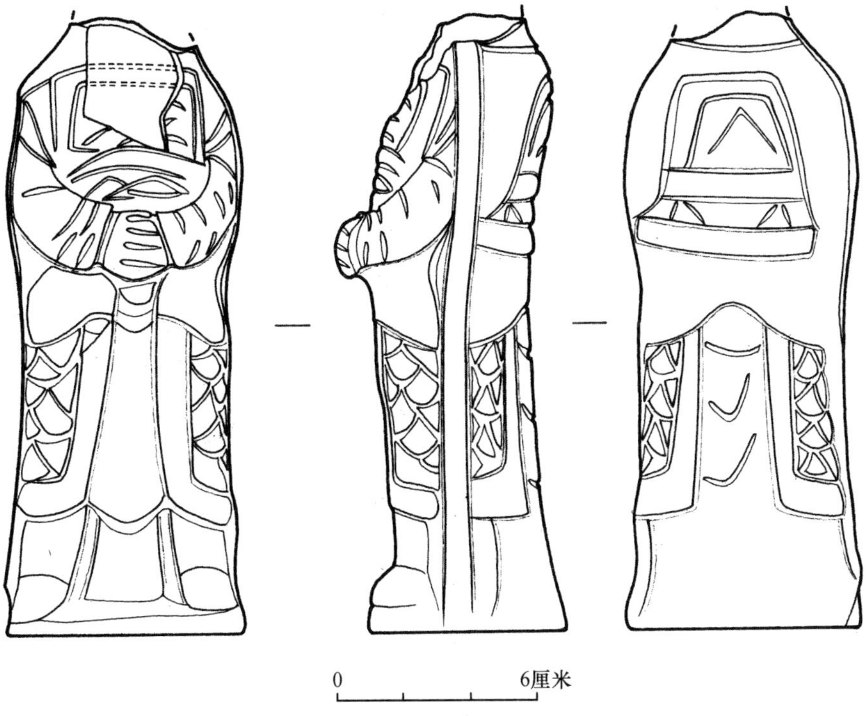

图一六 PM7出土三彩俑
（PM7：7）

坏，情况不详。封门已毁，情况不详。墓底用素面砖一横一竖铺筑，大部被毁。墓顶不详。墓葬扰乱严重，随葬品均发现于扰土之中。墓砖大小不一，部分利用早期墓砖，规格主要有两种：34×22－6厘米、33×17－3厘米（图一七）。

瓷罐 2件。出于近墓底位置。PM19：1，褐赭色胎，质较粗，酱黑釉，釉面较光洁，施釉至腹中部，大部分已脱落，有流釉现象。直领略内敛，尖唇，溜肩，肩上有一对横桥形系耳，深弧腹较瘦，饼足略外撇，底向内凹。内外部均有明显轮制痕迹。口径5.4、足径6、高12.6厘米（图一八，1）。PM19：16，褐赭色胎，质较粗。仅存底部，略内凹。残高6.6厘米（图一八，2）。

瓷碗 8件。PM19：2，砖红色胎，质较粗，器内施化妆土，色彩灰暗，内壁有支钉印痕，器外部分施灰黑釉，有流釉现象。圈足，上部残。足径4.1、残高1.9厘米（图一八，3）。PM19：3，砖红色胎，质较粗，器内施化妆土，颜色灰暗，器外下部未施釉。圈足，上部残。足径5.6、残高2.7厘米（图一八，4）。PM19：8，褐赭色胎，质较粗，器内外均施白釉，釉面光洁，有流釉现象，圈足施化妆土。仅剩底部，圈足。足径6.6、残高1.5厘米（图一八，6）。PM19：9，灰白色胎，质较细，器内外均施豆青釉，釉面光洁，施釉均匀，釉层匀薄。仅存底部，圈足。足径8.8、残高2.5厘米（图一八，5）。PM19：4，砖红色胎，器内施灰白釉，釉色灰暗，器外口部施青灰釉。敞口，圆唇，斜直腹，下部残。器外有轮制痕迹。口径17、残高4厘米（图一九，3）。PM19：5，砖红色胎。器内外均施酱黄釉，器外施釉至腹上部，釉不均匀，有流釉现象。敞口，尖唇，弧腹近直，底部残。口径16.8、残高4厘米（图一九，4）。PM19：6，砖红色胎，质略粗，器内外均施灰黄色釉，器外施釉至上腹，以下未施釉，器内施

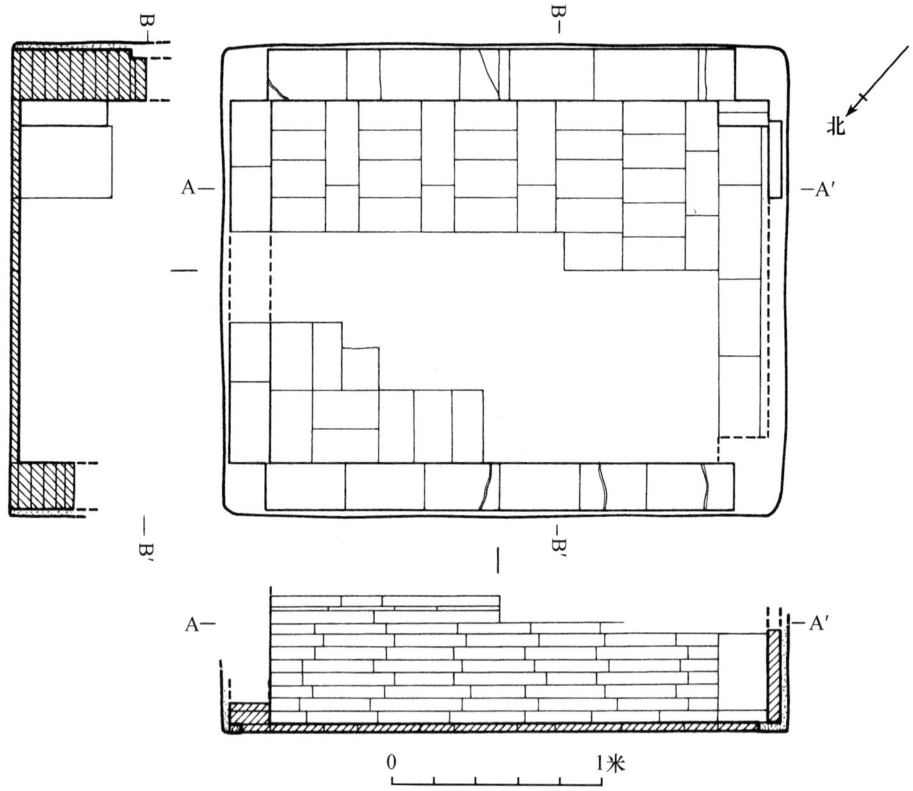

图一七　PM19平、剖面图

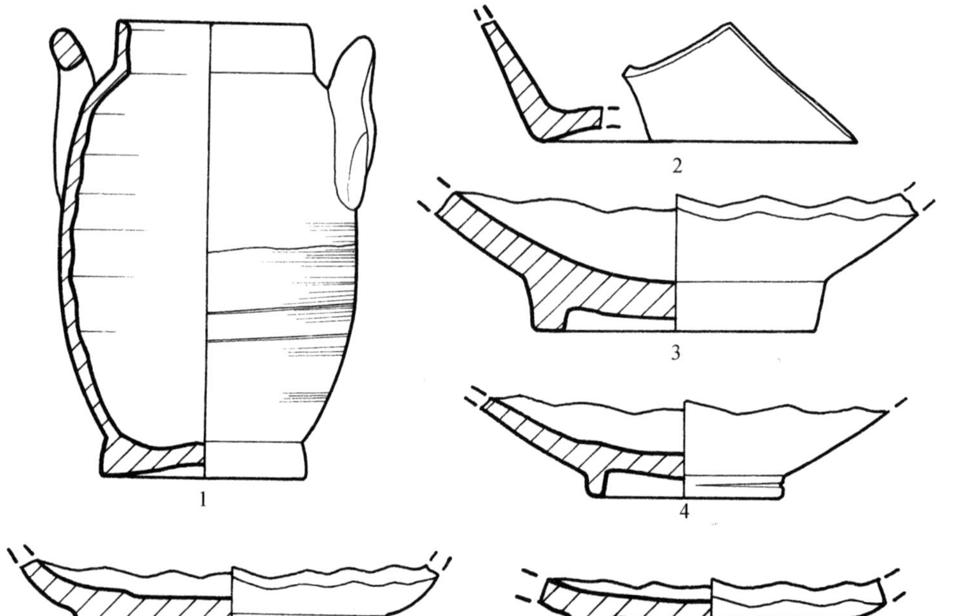

图一八　PM19出土瓷器

1、2. 罐（PM19：1、PM19：16）　3～6. 碗（PM19：2、PM19：3、PM19：9、PM19：8）

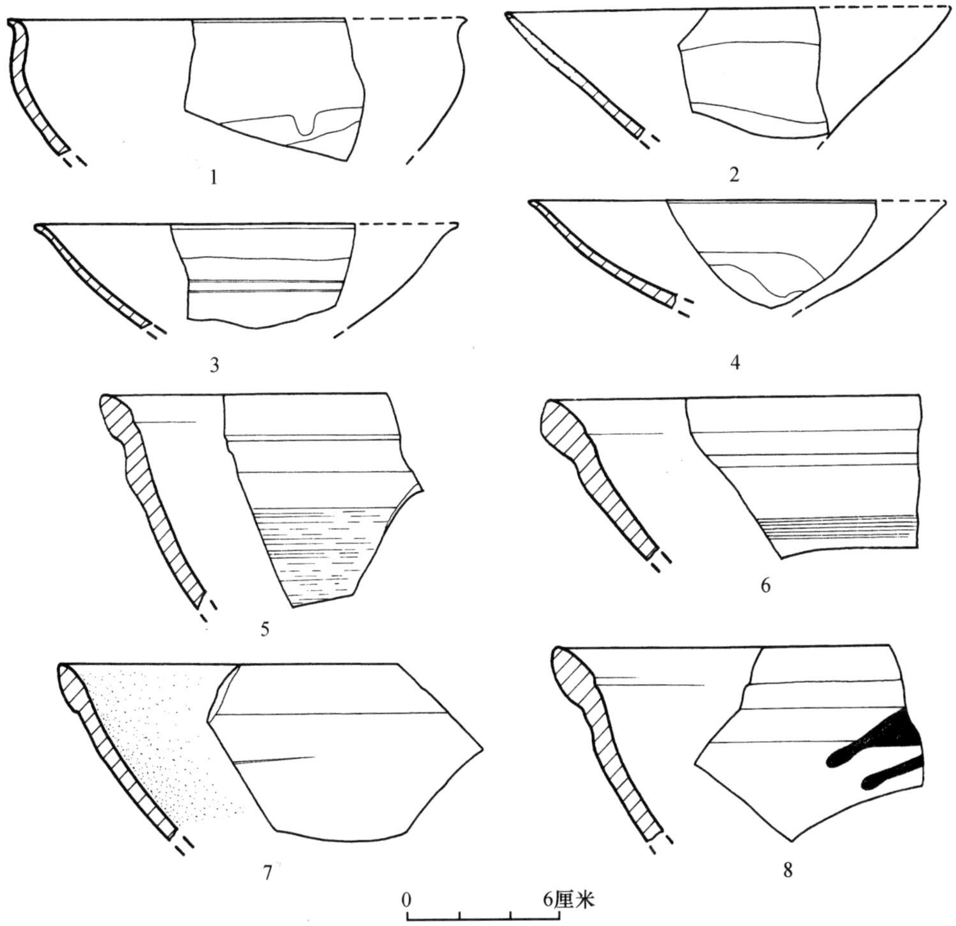

图一九 PM19出土瓷器

1～4. 碗（PM19：6、PM19：7、PM19：4、PM19：5） 5～8. 盆（PM19：12、PM19：11、PM19：10、PM19：13）

釉至口部偏下处，以下施化妆土，釉面较均匀。侈口，尖唇，折腹，上腹内曲，下腹斜收稍鼓，底部残缺。器内外均见轮制痕迹。口径 18、残高 5.4 厘米（图一九，1）。PM19：7，口沿施酱黄釉，腹部施酱青釉，腹部以下未施釉。敞口，尖唇，斜直腹。砖红色胎，质较粗。口径 18、残高 5 厘米（图一九，2）。

瓷盆 4 件。PM19：10，褐赭色胎，质较粗，器内施有化妆土，器外施酱褐色釉。敞口，尖唇，弧腹。残高 6.8 厘米（图一九，7）。PM19：11，砖红色胎，质较粗，器内施化妆土，较均匀，器外施酱黄釉，釉大部分已脱落。敞口，方唇，弧腹，口沿与腹部相接处内凹。外壁有轮制痕迹。残高 5.6 厘米（图一九，6）。PM19：12，褐赭色胎，质较粗。器内先施化妆土，然后再施一层酱黄釉，釉大部分已脱落；器外施酱青釉，施釉不均匀，大部分已脱落。敞口，尖唇，弧腹，口沿与腹部相接处内凹。外壁有轮制痕迹。残高 8.2 厘米（图一九，5）。PM19：13，褐赭色胎，质较粗，坚硬，器内施酱青釉；器外唇部下施酱黑釉，有流釉现象。敞口，尖唇，弧腹。口沿下外壁有两周凹弦纹。残高 7.4 厘米（图一九，8）。

PM20 被 PM19 打破，破坏严重，东部不存，墓壁仅存一层墓砖。平面近长方形，残长 2.82、宽 1.32 米。墓葬均用早期墓砖修筑。砖规格为 40×22－6 厘米。墓内未见出土物（图二〇）。

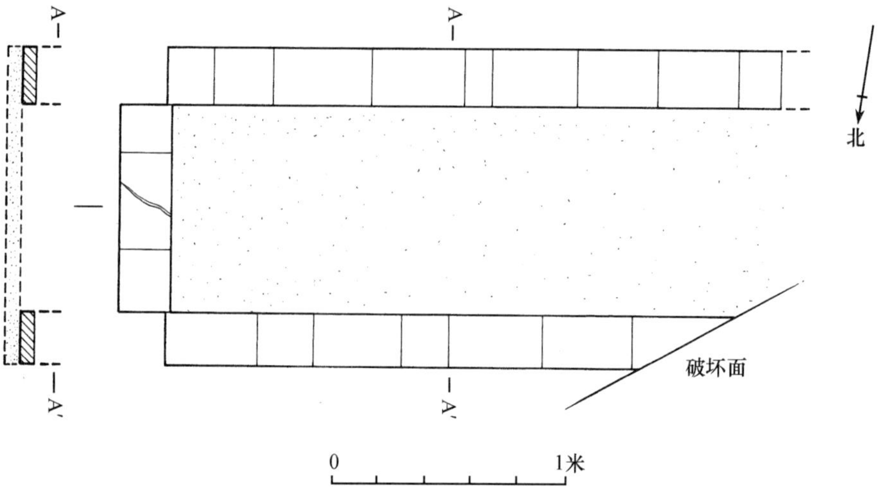

图二〇　PM20平、剖面图

二、年　代

根据陈云洪对四川宋墓的研究[1]，潘家祠堂PM5、PM6、PM7、PM19无论是墓葬形制还是随葬品都具有南宋时期特征。PM19、PM7出土的瓷双耳罐与成都温江区“学府尚郡”M4[2]（M4∶5）、“边城·香格里拉”[3]M2出土的双耳罐（M2∶6）非常相似，发掘者将学府尚郡M4定为南宋，香格里拉M2定为南宋中期前后。所以PM19、PM7也应为南宋中期左右。

PM5与石岭村M1墓葬形制较为接近，都是双室墓，只是石岭村M1结构上多了几个壁龛而已，两墓出土铜镜的形制、铭文、大小几乎相同，很有可能是同一作坊生产，石岭村M1出土有纪年的镇墓券，年代为1225年[4]，PM5时代与之相近。

PM6未出土完整器物，但形制与PM7、PM19、PM5一致，且属于同一组墓葬，所以PM6也应为南宋时期，且时代与这几座墓葬相距不远。

PM20未见随葬品，该墓被M19打破，所以时代不晚于南宋。

梳妆台SM8墓葬较残，且均用汉代墓砖修筑，但出土的一件瓷四系罐与双流华阳“绿水康城”M18出土的四系罐接近[5]，该墓时代为唐至北宋初期，所以SM8也大致为此时期。

SM7墓葬较残，从出土的瓷器来看，大致为唐宋时期，且出土的瓷壶偏胖，可能在北宋初以前。

SM4未见出土器物，但墓葬略呈梯形，川西平原的梯形砖室墓大致为唐代晚期至五代[6]、宋，所以该墓时代为唐宋时期。

三、结　语

潘家祠堂PM5、PM6、PM7、PM19墓葬形制接近，方向一致，间距也很有规律，很有可能是一组家族墓，该墓地以PM19为中心，其他几座墓葬分列于两侧，依次后退，呈“人”字形。此类墓地在高新西区也有发现[7]，“3座双室墓为一组，构成‘品’字形”。PM7东墓室外的东北角埋有一武士俑，推测是镇墓功能，但这种情况在宋墓中较为少见，还需要更多的资料才能给出确切结论。

这批墓葬的发现为研究南宋时期家族墓地增添了新资料。

领队：刘雨茂
发掘：龙 岗 索德浩 颜 斌 李 平
何 强 谢 常 谢 林
绘图：逯德军
执笔：索德浩 谢 林 颜 斌 朱寒冰

注 释

［1］陈云洪：《试论四川宋墓》，《四川文物》1999年第3期。

［2］成都文物考古研究所、温江区文物保护管理所：《成都市温江区“学府尚郡”工地五代及宋代墓葬发掘简报》，《成都考古发现》（2006），科学出版社，2008年。

［3］成都文物考古研究所、温江区文物保护管理所：《成都市温江区“边城·香格里拉”工地宋代墓葬发掘简报》，《成都考古发现》（2007），科学出版社，2009年。

［4］成都市文物考古研究所：《成都市青龙乡石岭村宋墓发掘简报》，《成都考古发现》（2003），科学出版社，2005年。

［5］成都文物考古研究所、双流县文物管理所：《成都市双流县华阳镇绿水康城小区发现一批砖室墓》，《成都考古发现》（2003），科学出版社，2005年。

［6］邱艳：《四川盆地隋唐五代墓葬研究》，四川大学硕士学位论文，2010年。

［7］成都文物考古研究所：《成都市高新区石墙村宋墓发掘简报》，《成都考古发现》（1999），科学出版社，2001年。

都江堰市沿江村唐五代灰沟及宋代墓葬发掘报告

成都文物考古研究院
都 江 堰 市 文 物 局

都江堰市位于成都平原西北边缘，距成都市区 48 千米，以著名的都江堰水利工程而得名。地理坐标为东经 103° 25′ 42″～103° 47′、北纬 30° 44′ 54″～31° 22′ 9″。东西宽 54 千米，南北长 68 千米，地跨川西龙门山地带和成都平原岷江冲积扇扇顶部位。市境内地势西北高、东南低，全市山地丘陵面积占 65.79%，平坝面积占 34.21%。地势从高山、中山到低山再到平原逐级降低，海拔 592～4582 米，相对高差 3900 米。都江堰市在地质构造体系上，属华夏构造体系，跨成都平原和龙门山地区两个不同自然地理区，地貌单元属岷江冲积扇一级阶地。

2008 年 7 月，成都文物考古研究院为配合成都至都江堰快速客运铁路的修建，在中兴镇沿江村一带调查发现了一处唐宋时期遗址。遗址核心区西临 S106 省道，南临东软大道，西南方向距离成都至都江堰快速客运铁路规划的青城山站仅数百米，地理坐标为东经 103° 36′ 43″、北纬 30° 53′ 48″（图一）。由于当时铁路规划路线并未穿越遗址核心区，同时为支持项目的开工建设，故未对其开展进一步的发掘工作。2013 年 1 月，中国水电地产“青云阶”项目将要在遗址区实施工程建设，随后由成都文物考古研究院与都江堰市文物局组成联合考古队进入施工现场，并开展了抢救性发掘，工地编号“2013DZY”。该项目发掘过程中清理出灰沟、墓葬等重要遗迹，出土了瓷器、陶器等大量生活遗物。现将基本情况报告如下。

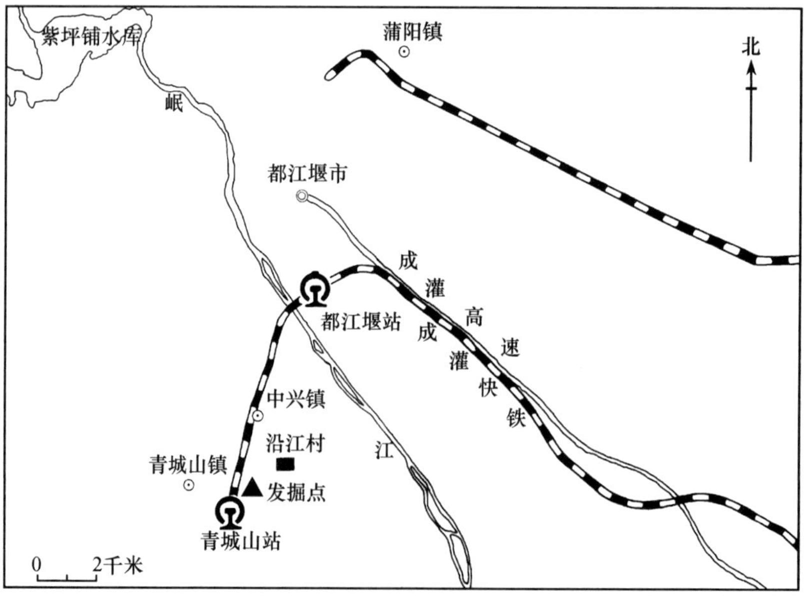

图一　发掘点位置示意图

一、地层堆积

发掘区的地层堆积较为简单，现以TG27西壁剖面为例说明如下（图二）：

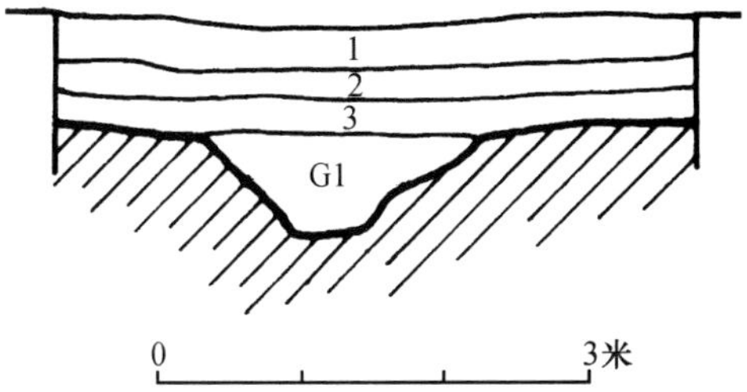

图二 TG27西壁剖面图

第1层：表土层，黑褐色黏土，土质较硬。厚0.25～0.3米。夹杂较多植物根茎及少许近现代瓷片、碎砖粒。M1叠压于该层下。

第2层：青灰色黏土层，土质较硬，极少包含物。厚0.2～0.25米。

第3层：黑褐色黏土层，较致密。厚0.2米。仅于G1东半部分沟内堆积上发现少量覆盖，无包含物。G1叠压于该层下。

第3层以下为生土。

二、灰沟及出土器物

G1 叠压于第3层下，打破生土。西南—东北走向，平面呈长条带状，斜直壁，锅底，剖面近漏斗形。揭露部分长36.2米，最窄处1.75米，最宽处2.5米，残深0.75米。沟内堆积可分上、下两层：上层为灰黑色淤土层，遍布全沟，土质致密，夹杂少量炭屑及些许植物根茎，出土瓷片较少，以瓷碗口沿、瓷盏腹部碎片等为主，多为青釉灰胎，亦有部分黄釉红胎瓷片及极少酱釉瓷片；下层为深灰色沙土层，遍布全沟，土质较疏松，含有大量细沙及些许炭屑，大部分瓷器瓷片均出土于此层。沟内出土遗物有瓷器和陶器两类，瓷器可辨器形有碗、盘、盏、钵、盆、罐、注壶、盘口壶、灯碟、甑、灯座、炉、急须、盒、盖等，陶器可辨器形有釜、器座、缸等（图三）。

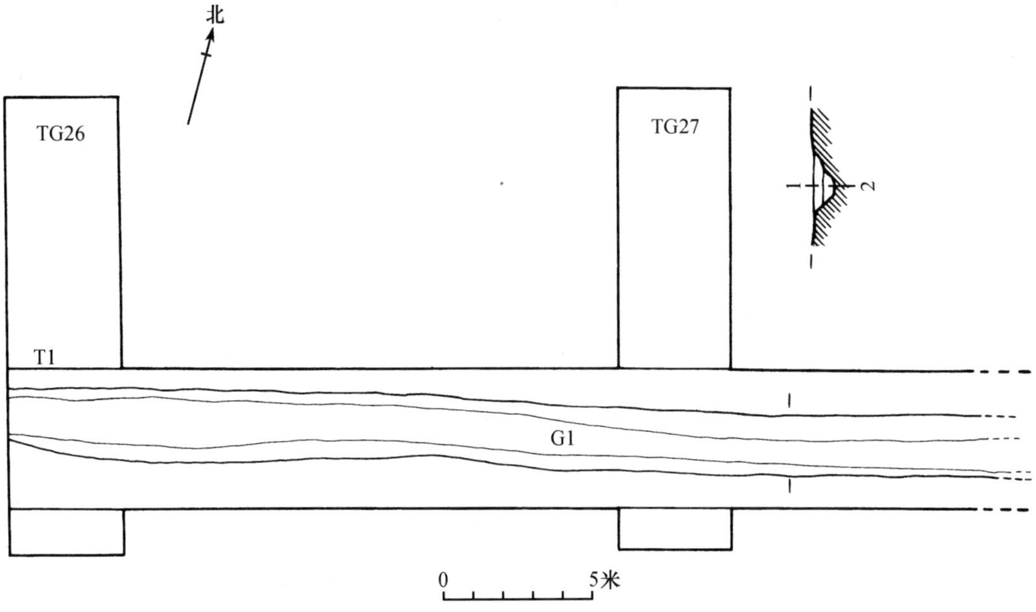

图三 G1平、剖面图

（1）瓷器

碗　29 件。足部多为饼足，有少量的圈足。按腹部和足部形态的差异，分为四型。

A 型　11 件。侈口，尖圆唇，弧腹，饼足。按腹部形态的差异，分为二亚型。

Aa 型　5 件。腹部略圆弧。G1：84，红胎，挂灰白色化妆土，淡青釉，内底残留支钉痕。口径 13.4、底径 6.4、高 4.2 厘米（图四，2）。G1：140，灰胎，挂灰白色化妆土，淡青釉，内底残留支钉痕。口径 13、底径 5.7、高 4.8 厘米（图四，1）。G1：3，灰胎，淡青釉，内底残留支钉痕。口径 13.2、底径 6.2、高 4.2 厘米（图四，3）。G1：11，灰胎，挂灰白色化妆土，青黄釉，内底残留支钉痕。口径 13.8、底径 7、高 4.4 厘米（图四，4）。G1：120，灰胎，挂灰白色化妆土，淡青釉，内底残留支钉痕。口径 18、底径 7.8、高 5.6 厘米（图四，5）。

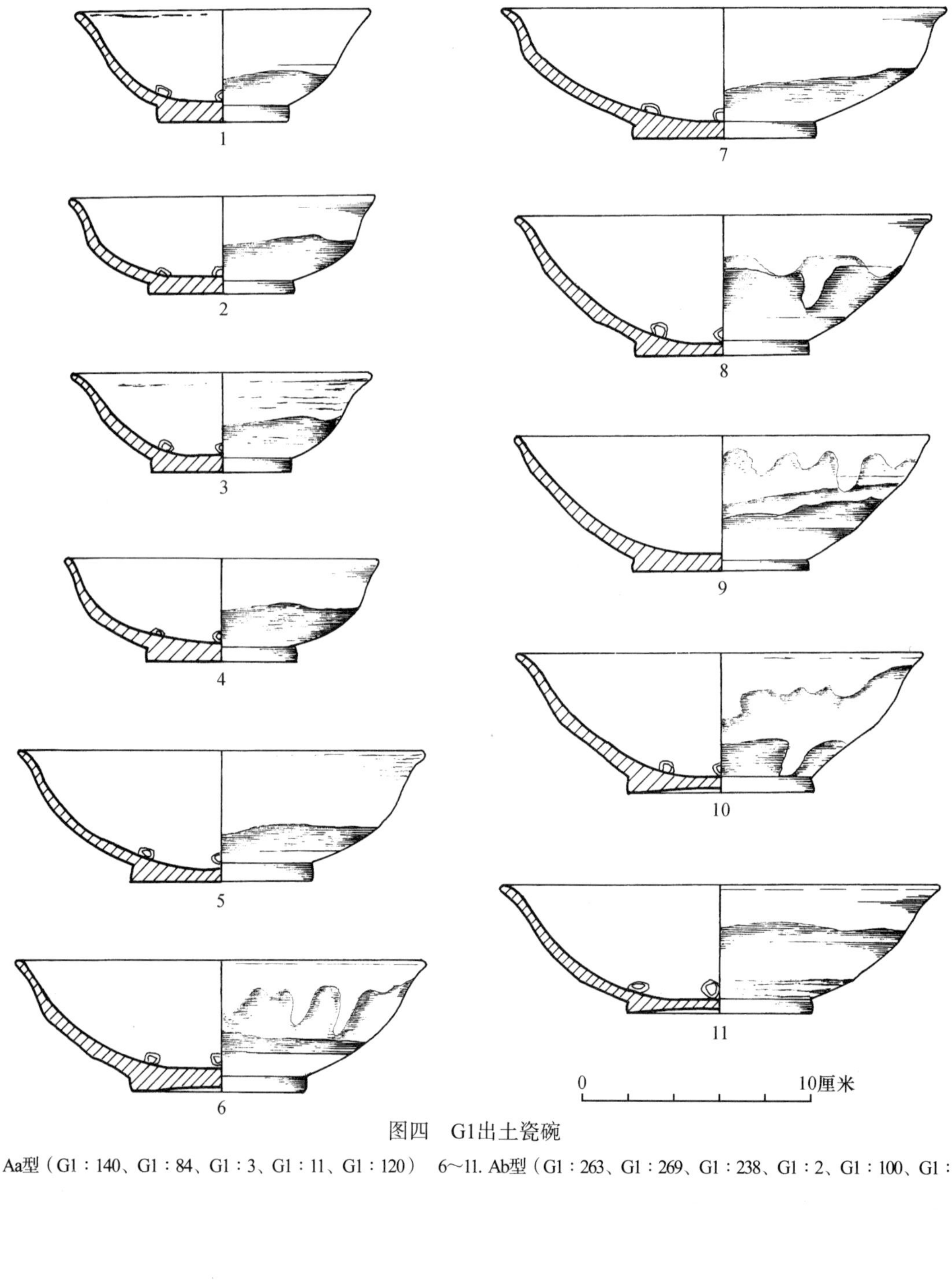

图四　G1出土瓷碗

1～5. Aa型（G1：140、G1：84、G1：3、G1：11、G1：120）　6～11. Ab型（G1：263、G1：269、G1：238、G1：2、G1：100、G1：116）

Ab型 6件。斜弧腹。G1：2，灰胎，挂灰白色化妆土，淡青釉，内底残留支钉痕。口径18、底径7.8、高5.8厘米（图四，9）。G1：100，红胎，挂灰白色化妆土，釉面大部分脱落，内底残留支钉痕。口径17.6、底径8、高6厘米（图四，10）。G1：263，灰胎，挂灰白色化妆土，釉面大部分脱落，内底残留支钉痕。口径18、底径7.6、高5.6厘米（图四，6）。G1：116，灰胎，挂粉白色化妆土，淡青釉，内底残留支钉痕。口径19、底径8、高5.4厘米（图四，11）。G1：269，粉黄胎，挂米色化妆土，淡青釉，内底残留支钉痕。口径19.2、底径8、高5.6厘米（图四，7）。G1：238，灰胎，挂灰白色化妆土，淡青釉，内底残留支钉痕。口径18、底径7.6、高6厘米（图四，8）。

B型 5件。侈口，尖圆唇，上腹斜直，下腹弧收，圈足。G1：159，黑胎，挂灰白色化妆土，淡青釉，内底残留支钉痕。口径17.4、足径10、高6厘米（图五，6）。G1：164，灰胎，挂灰白色化妆土，釉面大部分脱落，内底残留支钉痕。残口径16、足径8、残高6.8厘米（图六，1）。G1：303，灰胎，挂灰白色化妆土，淡青釉，内底残留支钉痕。口径14.2、足径7.6、高6.4厘米（图七，13）。G1：236，灰胎，挂灰白色化妆土，淡青釉。口径14、足径7.4、高6.4厘米（图七，12）。G1：221，黑胎，挂灰白色化妆土，釉面大部分脱落。口径15、足径8.6、高6.4厘米（图五，7）。

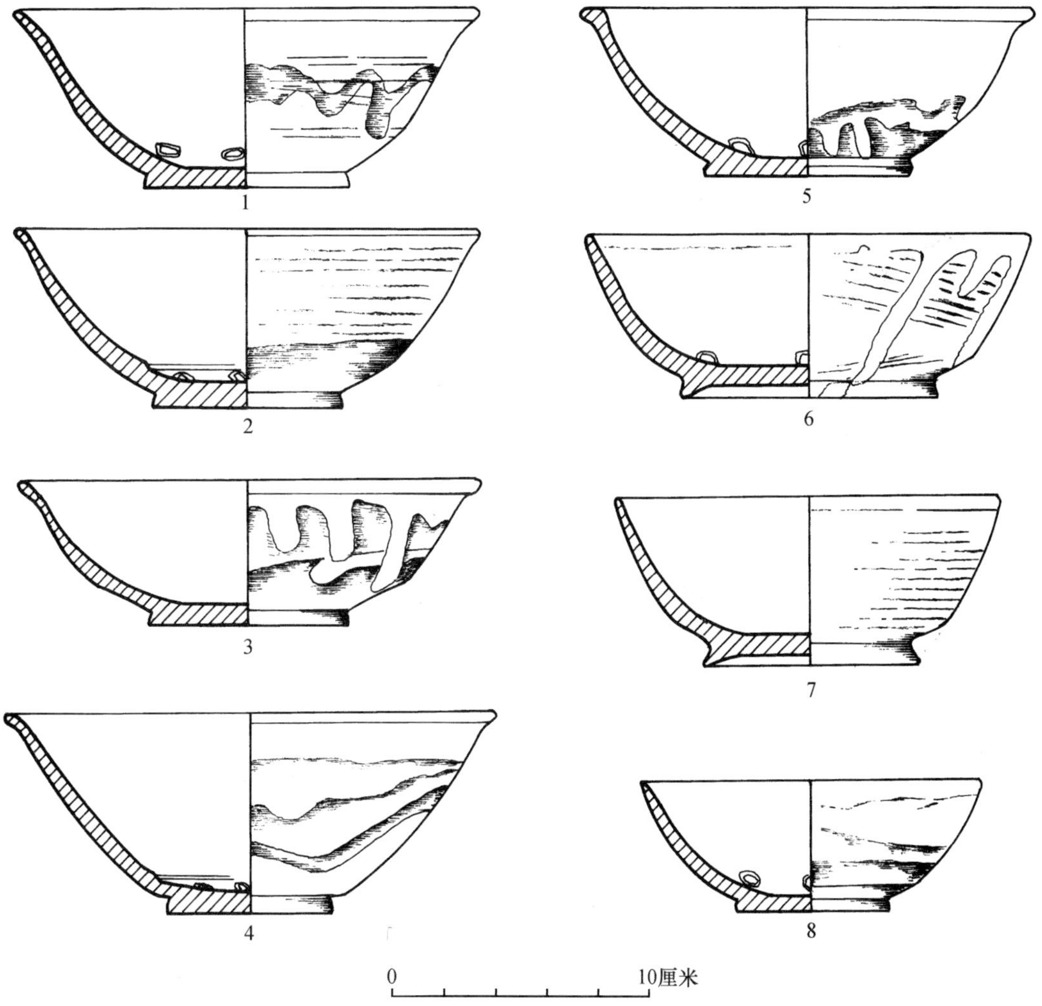

图五 G1出土瓷器

1～4. Cb型碗（G1：12、G1：311、G1：83、G1：312） 5. Cd型碗（G1：117）
6、7. B型碗（G1：159、G1：221） 8. C型盏（G1：4）

C 型　12 件。尖圆唇，斜直腹，饼足。按口部形态的差异，分为四亚型。

Ca 型　6 件。直口。G1：19，灰胎，挂浅灰色化妆土，釉面大部分脱落，内底残留支钉痕。口径 17、底径 7.2、高 6.6 厘米（图六，8）。G1：9，灰胎，挂灰白色化妆土，淡青釉，内底残留支钉痕。口径 14.4、底径 6.4、高 4.6 厘米（图六，3）。G1：14，灰胎，挂灰白色化妆土，淡青釉，内底残留支钉痕。口径 15、底径 6.4、高 4.6 厘米（图六，4）。G1：175，灰胎，挂米色化妆土，釉面大部分脱落，内底残留支钉痕。口径 14.6、底径 6.8、高 4.6 厘米（图六，7）。G1：8，灰胎，挂米色化妆土，淡青釉，内底残留支钉痕。口径 15、底径 6.4、高 4.6 厘米（图六，5）。G1：13，红胎，挂粉黄色化妆土，釉面大部分脱落，内底残留支钉痕。口径 14.2、底径 6.6、高 4.6 厘米（图六，2）。

Cb 型　4 件。侈口。G1：312，灰胎，挂米色化妆土，青黄釉，内底残留支钉痕。口径 19、底

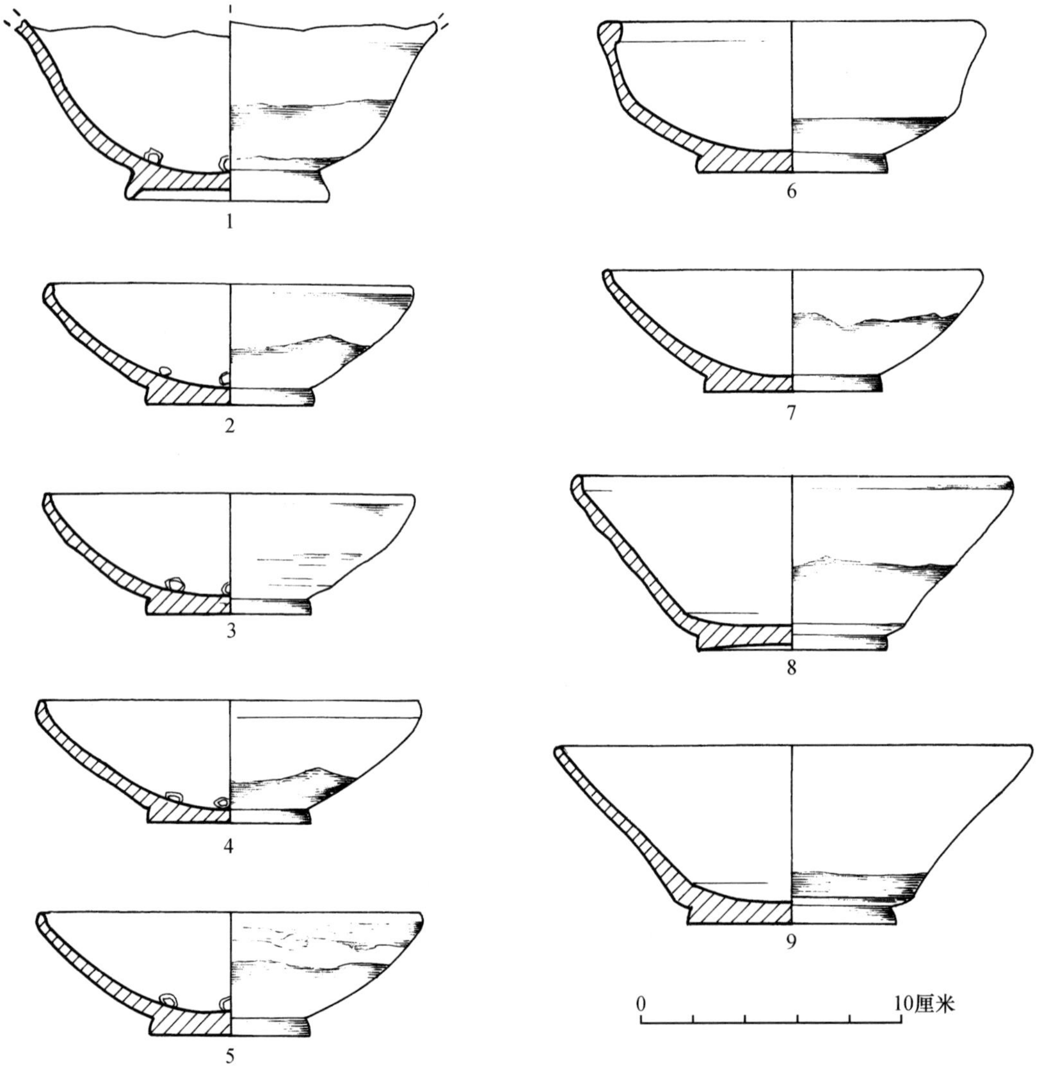

图六　G1出土瓷碗

1. B型（G1：164）　2～5、7、8. Ca型（G1：13、G1：9、G1：14、G1：8、G1：175、G1：19）
6. D型（G1：118）　9. Cc型（G1：305）

径6.6、高7.7厘米（图五，4）。G1：83，灰胎，挂米色化妆土，青灰釉，内底残留支钉痕。口径17.8、底径7.8、高5.6厘米（图五，3）。G1：311，粉白胎，淡青釉，内底残留支钉痕。口径18、底径7.4、高6.8厘米（图五，2）。G1：12，灰胎，挂灰白色化妆土，淡青釉，内底残留支钉痕。口径18、底径8、高6.8厘米（图五，1）。

Cc型　1件。敞口。G1：305，灰白胎，挂米色化妆土，淡青釉，内底残留支钉痕。口径18.4、底径8.2、高6.8厘米（图六，9）。

Cd型　1件。敞口，沿面平折。G1：117，灰胎，挂灰白色化妆土，淡青釉，内底残留支钉痕。口径17.8、底径8、高6.4厘米（图五，5）。

D型　1件。敛口，圆唇，折腹，饼足。G1：118，红胎，挂粉黄色化妆土，釉面大部分脱落，内底残留支钉痕。口径15、底径7.4、高5.8厘米（图六，6）。

盏　12件。尖圆唇，饼足。按口部和腹部形态的差异，分为三型。

A型　4件。口微敛，斜直腹。G1：115，灰胎，挂灰白色化妆土，淡青釉，内底残留支钉痕。口径14.8、底径6.2、高4.6厘米（图七，8）。G1：180，黑胎，挂灰白色化妆土，淡青釉，内底残留支钉痕。口径14.2、底径6.2、高4.4厘米（图七，11）。G1：228，灰胎，挂灰白色化妆土，淡青釉，内底残留支钉痕。口径13.6、底径6、高4.8厘米（图七，9）。G1：92，灰胎，挂灰白色化妆土，釉面大部分脱落，内底残留支钉痕。口径13.6、底径6、高4.8厘米（图七，10）。

B型　6件。侈口，斜弧腹。G1：289，灰胎，挂灰白色化妆土，淡青釉，内底残留支钉痕。口径14、底径6、高4.4厘米（图七，2）。G1：10，红胎，挂米色化妆土，釉面大部分脱落，内底残留支钉痕。口径13.6、底径5.8、高4.8厘米（图七，1）。G1：122，灰胎，挂米色化妆土，釉面大部分脱落，内底残留支钉痕。口径13.6、底径6.2、高4厘米（图七，3）。G1：168，灰胎，挂灰白色化妆土，淡青釉，内底残留支钉痕。口径14、底径6.4、高4.2厘米（图七，4）。G1：113，灰胎，挂灰白色化妆土，青灰釉，内底残留支钉痕。口径13.6、底径6、高4.2厘米（图七，6）。G1：257，红胎，挂米色化妆土，釉面大部分脱落，内底残留支钉痕。口径13、底径5.8、高4.3厘米（图七，5）。

C型　2件。敞口，斜直腹。G1：4，口沿一周做成六曲花瓣状。灰胎，挂灰白色化妆土，淡青釉，内底残留支钉痕。口径13.4、底径6、高5厘米（图五，8）。G1：73，黑胎，挂灰白色化妆土，釉面大部分脱落，内底残留支钉痕。口径13.6、底径6.4、高5.2厘米（图七，7）。

盘　13件。按口部和腹部形态的差异，分为三型。

A型　2件。侈口，尖圆唇，浅弧腹。按足部形态的变化，分为二式。

Ⅰ式：1件。饼足。G1：279，灰胎，挂灰白色化妆土，釉面大部分脱落，内底残留支钉痕。口径19.6、底径8、高5.4厘米（图八，1）。

Ⅱ式：1件。圈足。G1：106，红胎，酱釉。口径13、足径4.2、高4.2厘米（图八，2）。

B型　6件。尖圆唇，折腹，腹部转折处靠近足部。按口部形态的差异，分为二亚型。

Ba型　5件。口沿微上翘近直口。G1：177，灰胎，挂浅灰色化妆土，釉面大部分脱落，内底残留支钉痕。口径20.2、底径8、高4.6厘米（图八，12）。G1：213，灰胎，挂浅灰色化妆土，淡青釉，内底残留支钉痕。口径19.8、底径8.2、高5厘米（图八，11）。G1：203，灰胎，挂米色化妆土，釉面大部分脱落，内底残留支钉痕。口径16.6、底径7、高3.4厘米（图八，10）。G1：6，灰胎，挂浅灰色化妆土，釉面大部分脱落。口径16、底径6.6、高3.8厘米（图八，8）。G1：229，足底刻划一周凹槽。黑胎，挂灰白色化妆土，淡青釉，内底残留支钉痕。口径16、底径6.6、高

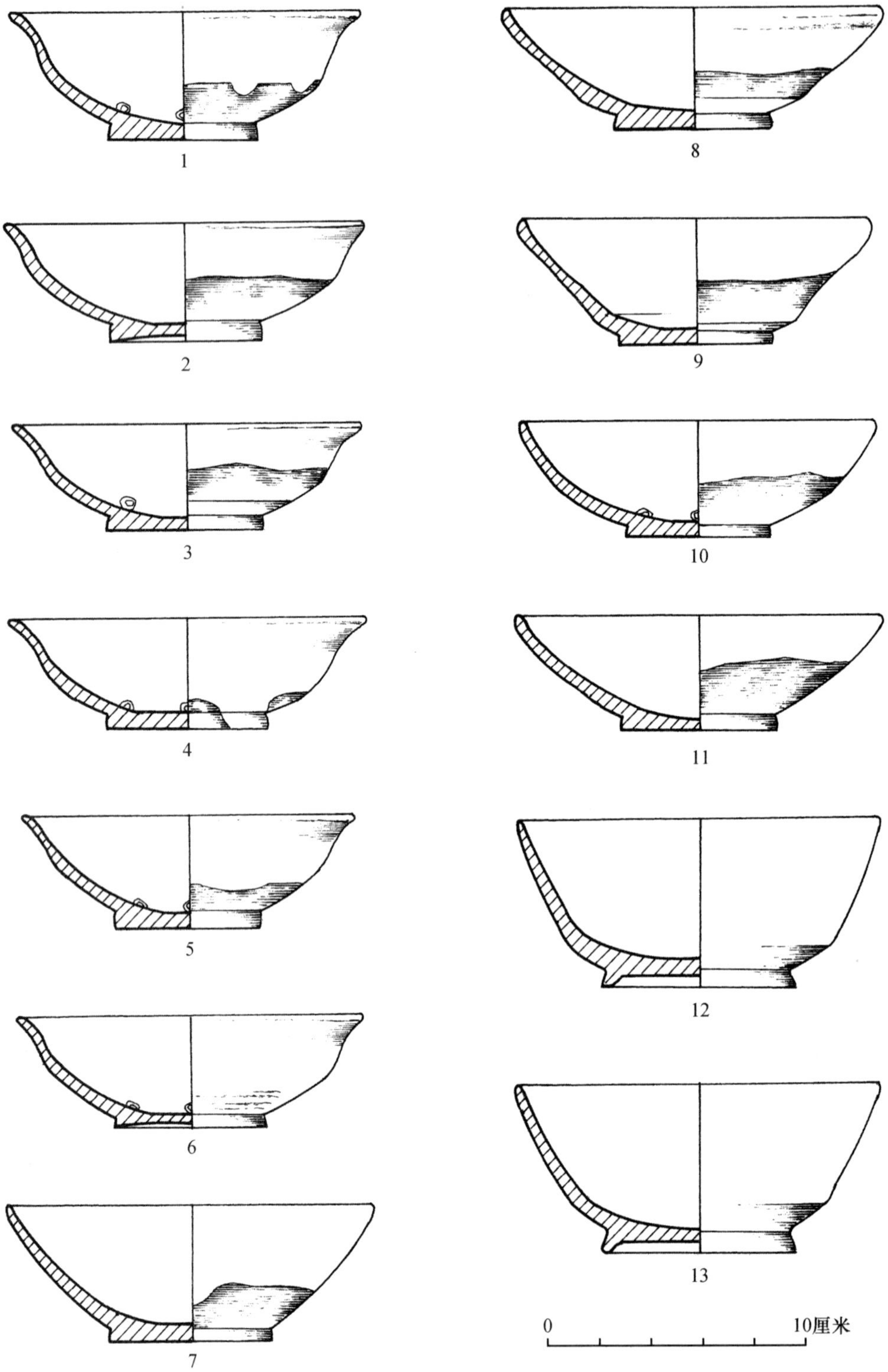

图七　G1出土瓷器

1～6. B型盏（G1：10、G1：289、G1：122、G1：168、G1：257、G1：113）　7. C型盏（G1：73）
8～11. A型盏（G1：115、G1：228、G1：92、G1：180）　12、13. B型碗（G1：236、G1：303）

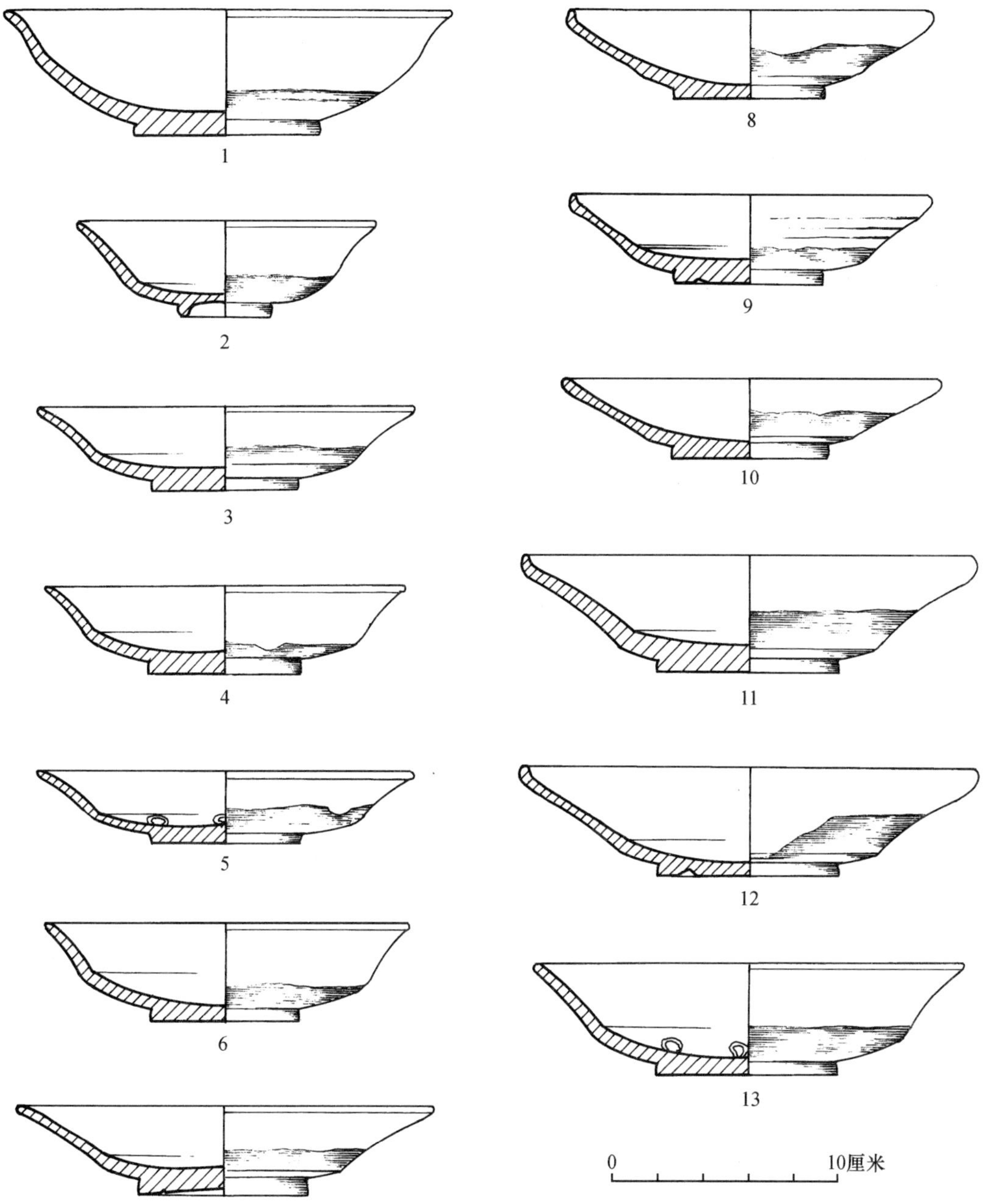

图八　G1出土瓷盘

1. AⅠ式（G1：279）　2. AⅡ式（G1：106）　3～6、13. C型（G1：205、G1：281、G1：317、G1：219、G1：299）　7. Bb型（G1：227）　8～12. Ba型（G1：6、G1：229、G1：203、G1：213、G1：177）

3.8厘米（图八，9）。

Bb型　1件。侈口。G1：227，灰胎，挂浅灰色化妆土，釉面大部分脱落，内底残留支钉痕。口径18.2、底径7.4、高3.8厘米（图八，7）。

C型　5件。侈口，尖圆唇，折腹，腹部转折处在中部。G1：219，灰胎，挂灰白色化妆土，釉面大部分脱落。口径16、底径6.4、高4.2厘米（图八，6）。G1：281，灰胎，挂灰白色化妆土，釉面大部分脱落。口径15.6、底径6.6、高3.8厘米（图八，4）。G1：299，灰胎，挂灰白色化妆土，淡青釉，内底残留支钉痕。口径 19、底径 8、高 4.8 厘米（图八，13）。G1：317，灰胎，挂灰白色化妆土，淡青釉，口沿处施深绿釉斑，内底残留支钉痕。口径 16.4、底径 6.4、高 3 厘米（图八，5）。G1：205，灰胎，挂灰白色化妆土，青灰釉。口径 16.4、底径 6.4、高 3.6 厘米（图八，3）。

钵　3 件。敛口，圆唇，丰肩，弧腹内收。G1：217，灰胎，挂米色化妆土，釉面大部分脱落。口径 23、残高 8 厘米（图九，1）。G1：153，灰胎，挂灰白色化妆土，淡青釉。口径 23、残高 6 厘米（图九，2）。G1：284，灰胎，挂灰白色化妆土，淡青釉。口径 20、残高 7 厘米（图九，3）。

盆　10 件。按口部、腹部和底部形态的差异，分为三型。

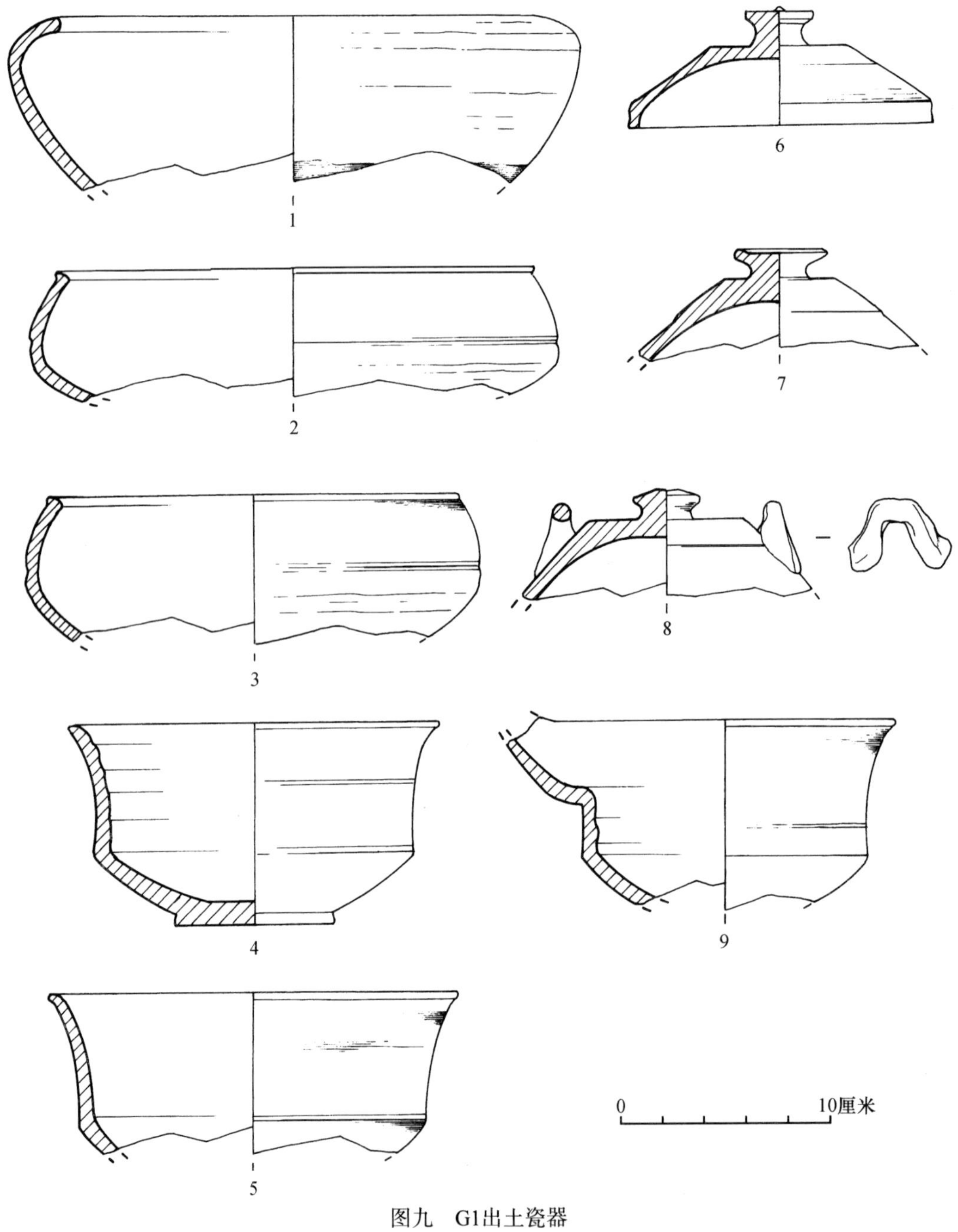

图九　G1出土瓷器

1～3. 钵（G1：217、G1：153、G1：284）　4、5、9. 急须（G1：151、G1：129、G1：263）　6～8. 盖（G1：20、G1：266、G1：94）

A型 4件。敞口，折沿，圆唇，斜直腹，饼足。G1：127，红胎，挂浅灰色化妆土，淡青釉，内底残留支钉痕。口径27.6、底径10、高7.4厘米（图一〇，1）。G1：98，红胎，挂浅灰色化妆土，淡青釉，内底残留支钉痕。口径28、底径11、高7.2厘米（图一〇，2）。G1：30，灰胎，挂浅灰色化妆土，淡青釉，内底残留支钉痕。口径27、底径10、高6.8厘米（图一〇，3）。G1：171，灰胎，挂浅灰色化妆土，淡青釉，内底残留支钉痕。口径27、底径10、高6.6厘米（图一〇，4）。

B型 2件。敛口，折沿，尖圆唇，弧腹，饼足。G1：211，灰胎，挂灰白色化妆土，釉面大部分脱落。口径24.6、底径11、高10.3厘米（图一〇，6）。G1：204，足底刻划一周凹槽。灰胎，挂灰白色化妆土，淡青釉，内底残留支钉痕。口径26.8、底径10.8、高10.4厘米（图一〇，7）。

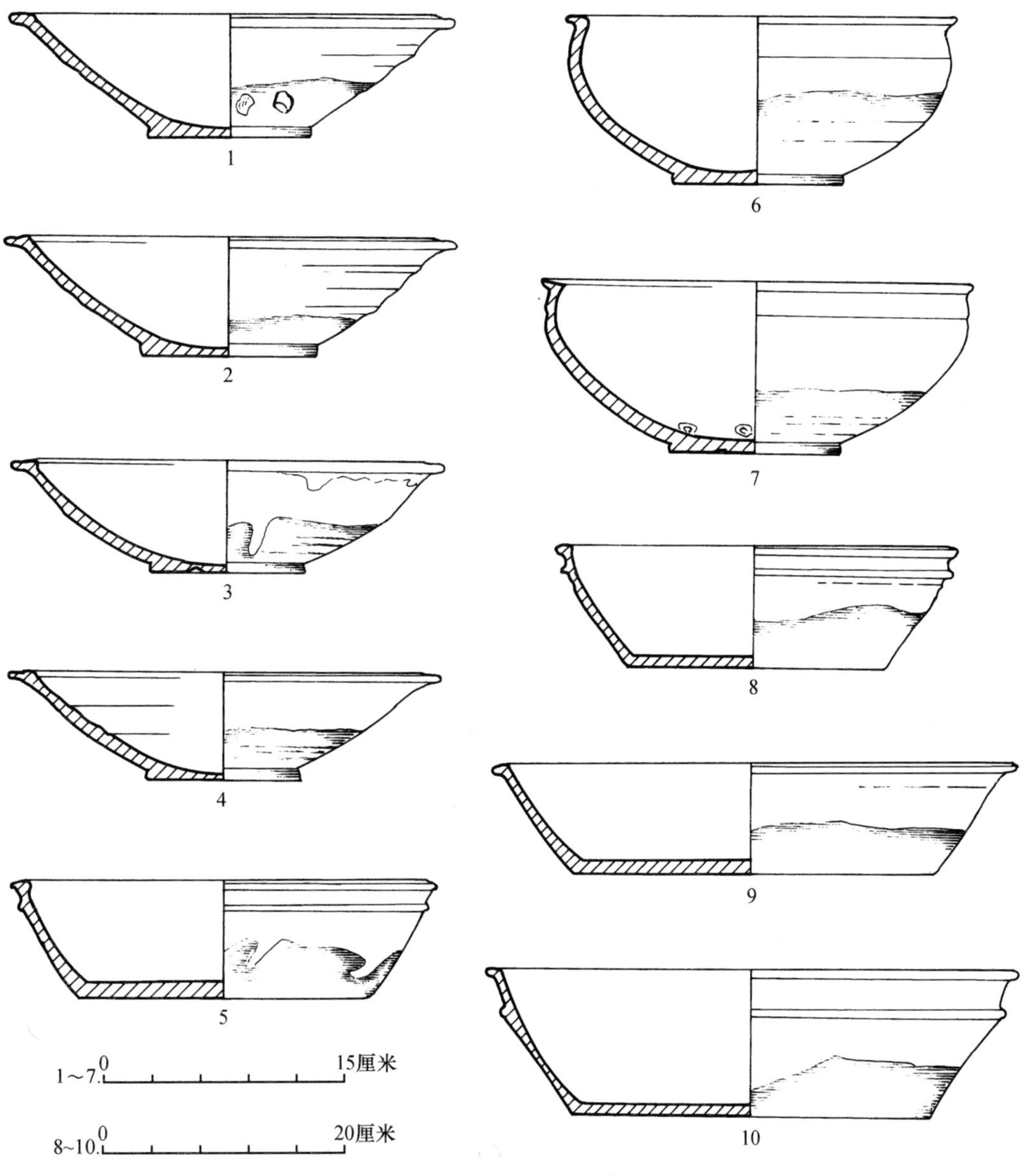

图一〇 G1出土瓷盆

1～4. A型（G1：127、G1：98、G1：30、G1：171） 5、8～10. C型（G1：249、G1：192、G1：218、G1：245）

6、7. B型（G1：211、G1：204）

C 型　4 件。敞口，折沿，圆唇，口沿下附加一周凸棱，斜直腹，平底。G1：245，灰胎，挂灰白色化妆土，釉面大部分脱落。口径 44.4、底径 30、高 12 厘米（图一〇，10）。G1：249，灰胎，挂灰白色化妆土，釉面大部分脱落，内底残留支钉痕。口径 26.2、底径 17.4、高 7.2 厘米（图一〇，5）。G1：218，灰胎，挂灰白色化妆土，青灰釉。口径 44、底径 30、高 9 厘米（图一〇，9）。G1：192，灰胎，挂米色化妆土，淡青釉，内底残留支钉痕。口径 34、底径 22、高 10 厘米（图一〇，8）。

罐　8 件。按口、颈、肩部形态的差异，分为四型。

A 型　3 件。直口，圆唇，短颈，颈部饰凸弦纹，溜肩，肩部一周带耳形系。G1：110，褐胎，挂粉白色化妆土，淡青釉。口径 12、残高 6.4 厘米（图一一，4）。G1：132，红胎，挂粉白色化妆

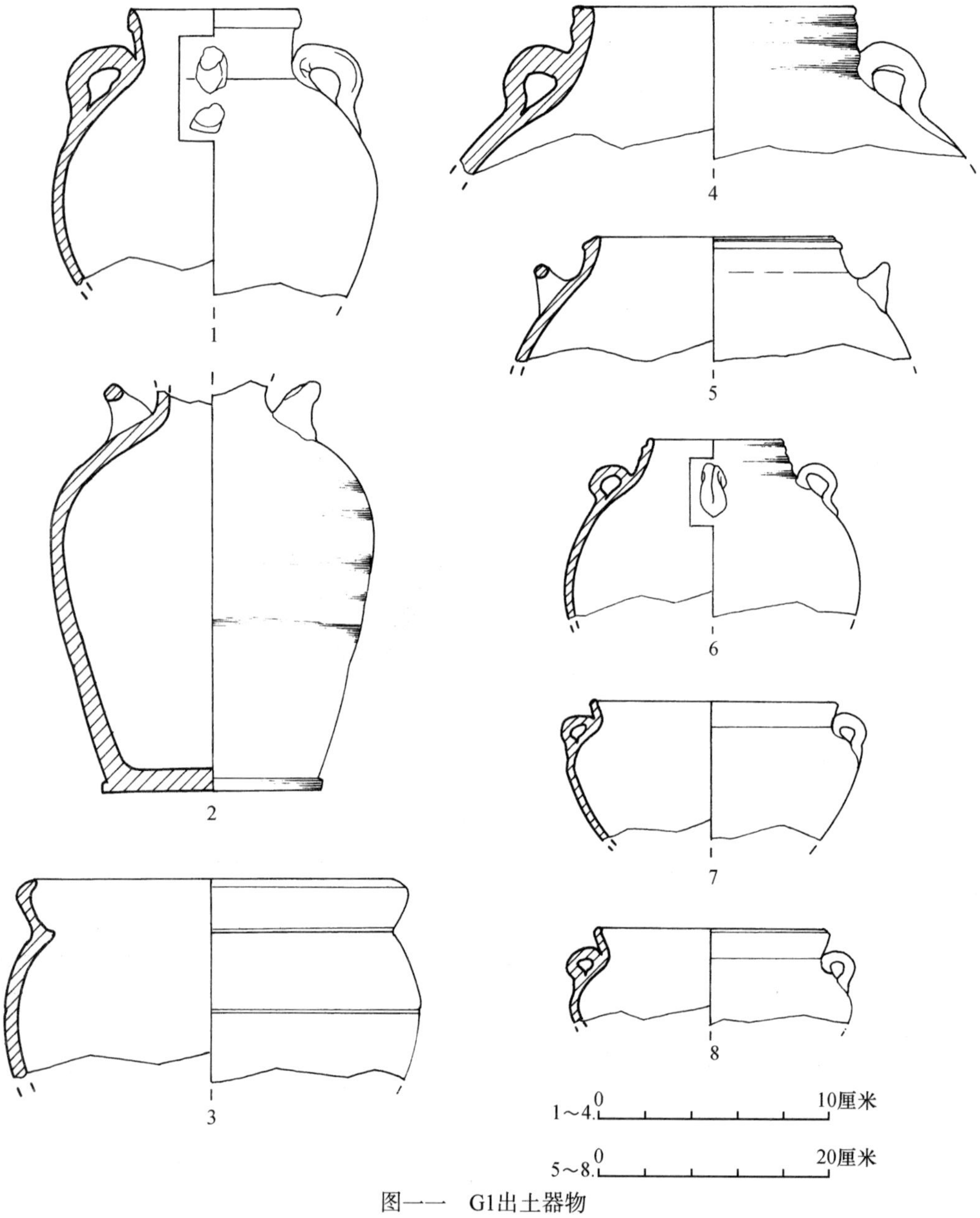

图一一　G1出土器物

1. B型陶罐（G1：17）　2、5. B型瓷罐（G1：15、G1：208）　3. C型瓷罐（G1：195）　4、6. A型瓷罐（G1：110、G1：132）　7、8. D型瓷罐（G1：241、G1：240）

土，釉面大部分脱落。口径 11.6、腹径 25.6、残高 15.2 厘米（图一一，6）。G1：313，红胎，挂粉白色化妆土，淡青釉。口径 8、残高 9 厘米（图一二，6）。

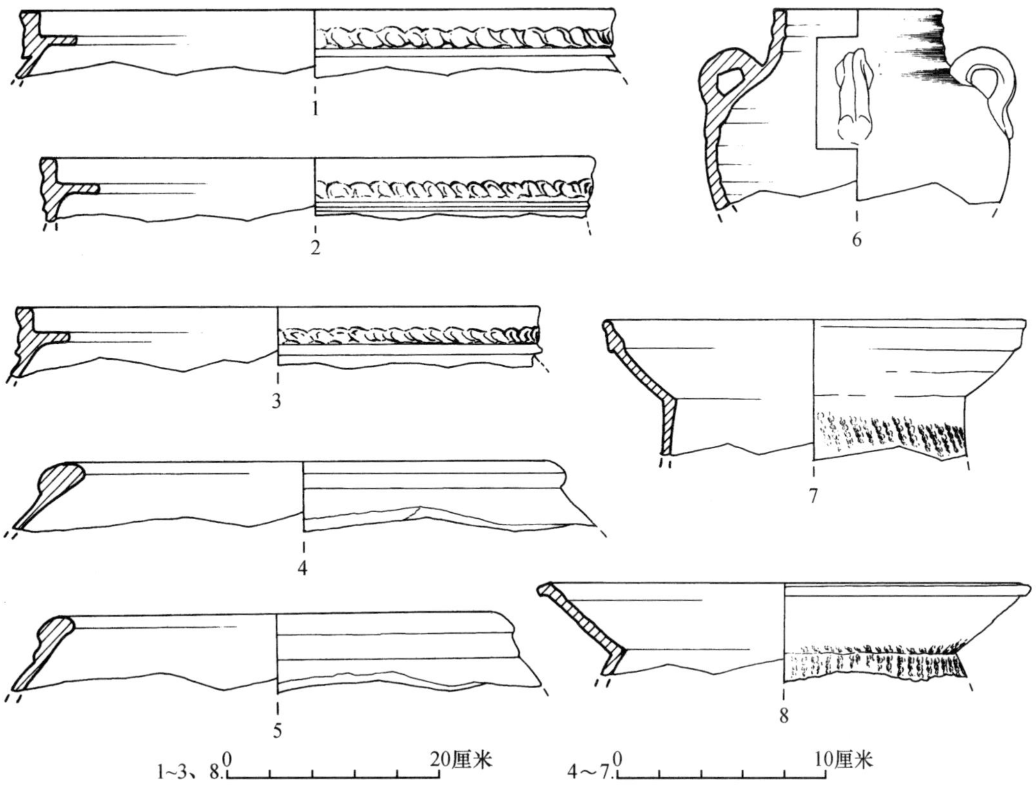

图一二　G1出土器物

1～3. 陶器座（G1：324、G1：322、G1：323）　4、5. A型陶罐（G1：51、G1：53）
6. A型瓷罐（G1：313）　7、8. 陶釜（G1：63、G1：69）

B 型　2 件。直口，圆唇，短颈，溜肩，肩部一周带方桥系。G1：15，褐胎，挂粉白色化妆土，淡青釉。腹径 14、底径 9.6、残高 17.4 厘米（图一一，2）。G1：208，灰胎，挂粉白色化妆土，釉面大部分脱落。口径 20、残高 10.6 厘米（图一一，5）。

C 型　1 件。敛口，尖唇，短颈，溜肩。G1：195，黑胎，挂粉白色化妆土，酱釉。颈腹部刻划弦纹。口径 16、残高 8.6 厘米（图一一，3）。

D 型　2 件。直口，平唇，短颈，丰肩，肩部一周带耳形系。G1：240，灰胎，挂灰白色化妆土，青灰釉。口径 20、残高 8 厘米（图一一，8）。G1：241，灰胎，挂灰白色化妆土，青灰釉。口径 21、残高 12 厘米（图一一，7）。

注壶　5 件。按颈部形态的差异，分为二型。

A 型　4 件。盘口，细颈。G1：19，灰胎，酱釉。腹径 12.6、残高 11.8 厘米（图一三，3）。G1：21，灰胎，挂灰白色化妆土，淡青釉。口径 7.4、残高 8.2 厘米（图一三，2）。G1：22，红胎，挂粉白色化妆土，淡青釉。口径 7.4、残高 7.6 厘米（图一三，4）。G1：71，红胎，酱釉。口径 7.8、残高 9.4 厘米（图一三，1）。

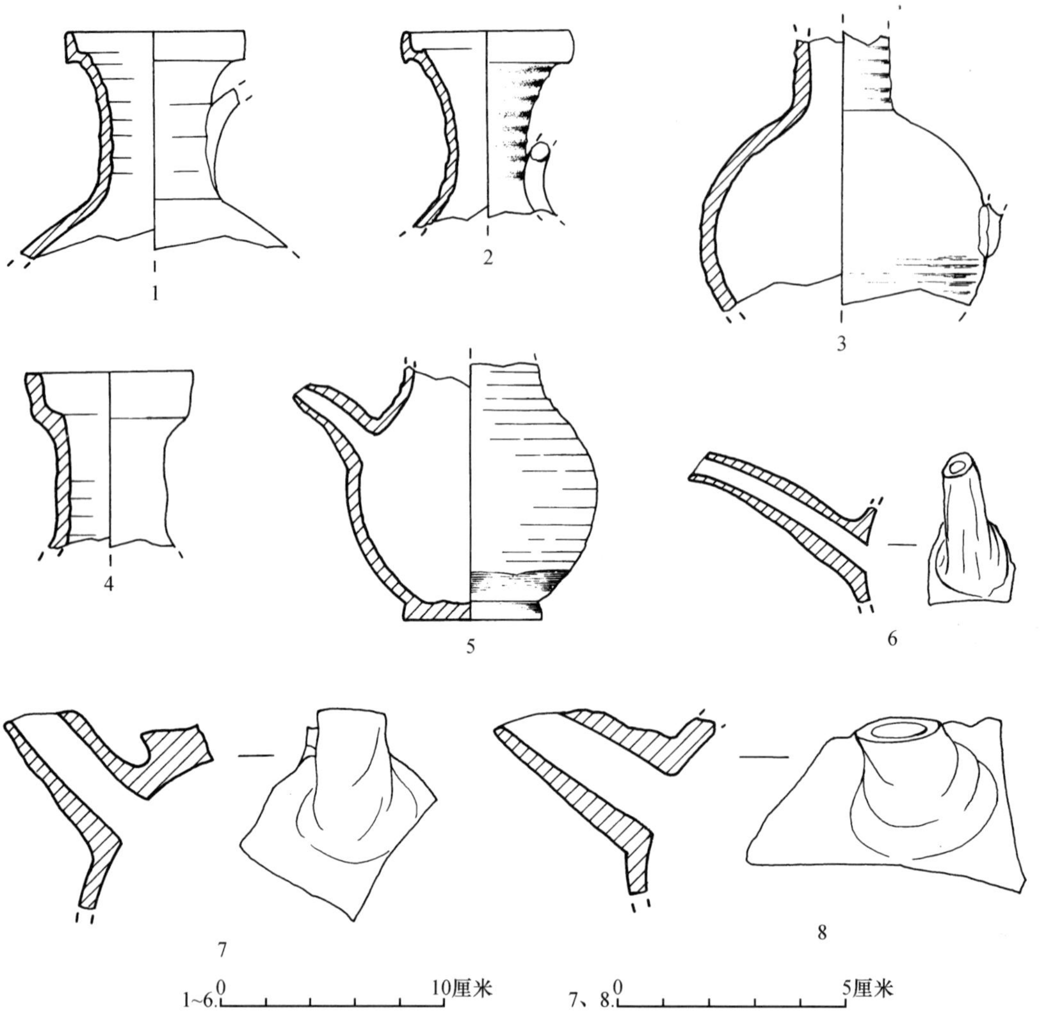

图一三 G1出土瓷器

1～4. A型注壶（G1：71、G1：21、G1：19、G1：22） 5. B型注壶（G1：18） 6. B型壶流（G1：152）
7、8. A型壶流（G1：274、G1：155）

B型 1件。粗颈。G1：18，灰胎，酱釉。底径6、残高11厘米（图一三，5）。

壶流 3件。按形态的差异，分为二型。

A型 2件。流部短直。G1：155，红胎，挂灰白色化妆土，釉面大部分脱落。残长4厘米（图一三，8）。G1：274，灰胎，挂灰白色化妆土，淡青釉。长3.4厘米（图一三，7）。

B型 1件。流部细长。G1：152，红胎，挂米色化妆土，淡青釉。长9厘米（图一三，6）。

盘口壶 2件。G1：80，红胎，挂灰白色化妆土，釉面大部分脱落。残高9厘米（图一四，3）。G1：107，红胎，挂灰白色化妆土，酱釉。口径34、残高10.4厘米（图一四，1）。

灯碟 5件。敞口，厚圆唇，浅斜腹，小饼足。G1：72，红胎，釉面大部分脱落。口径8、底径3、高2.8厘米（图一五，4）。G1：235，红胎，酱釉。口径12.2、底径3.6、高3.8厘米（图一五，1）。G1：5，灰胎，釉面大部分脱落。口径9.8、底径4.6、高3.1厘米（图一五，2）。G1：296，灰胎，酱釉。口径11.2、底径2.8、高2.8厘米（图一五，3）。G1：128，灰胎，釉面大部分脱落。口径8.8、底径3.4、高2.7厘米（图一五，5）。

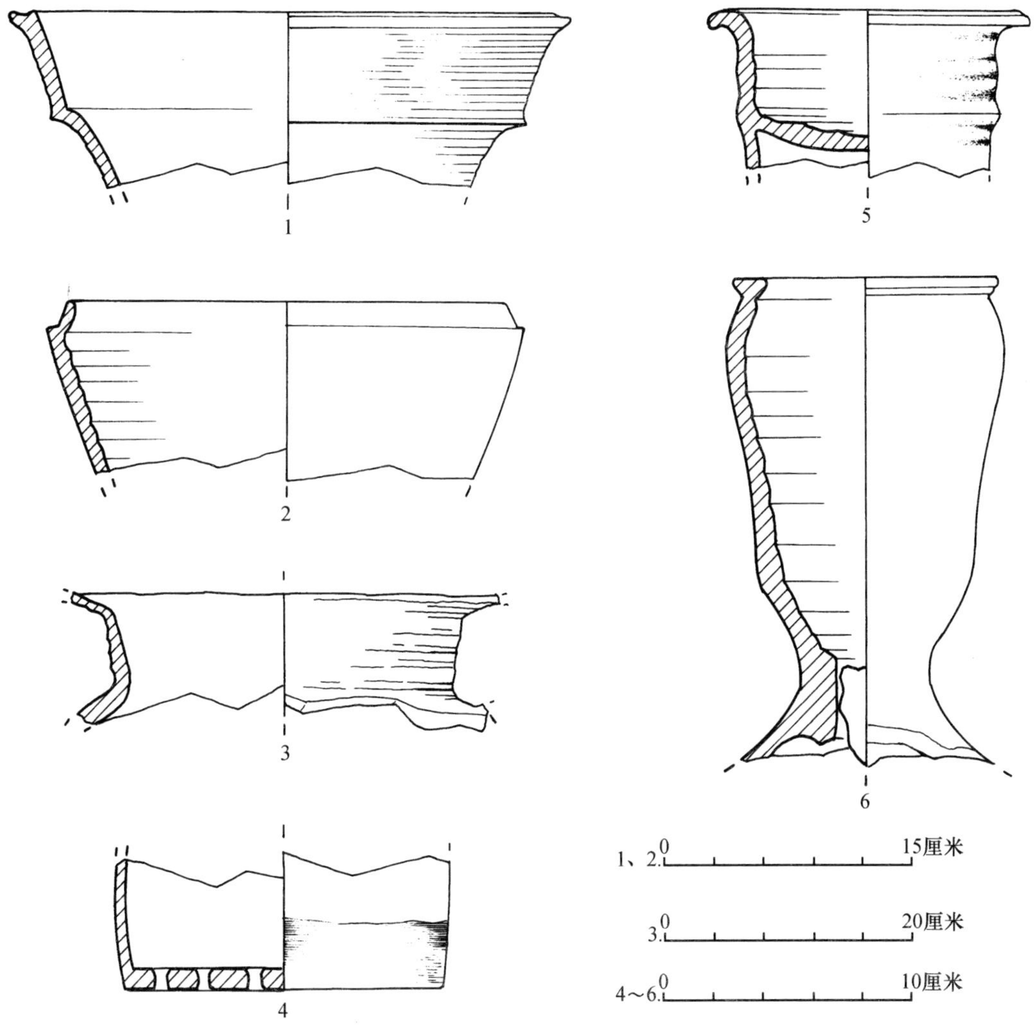

图一四 G1出土瓷器

1、3. 盘口壶（G1：107、G1：80） 2. 盒（G1：131） 4. 甑（G1：108）
5. 炉（G1：301） 6. 灯座（G1：290）

急须 3件。侈口，尖圆唇，折腹，上腹略内曲，下腹斜直内收，饼足，口沿一侧带“U”形流。G1：151，红胎，挂灰白色化妆土，釉面大部分脱落。口径18、底径7.8、高9.6厘米（图九，4）。G1：129，灰胎，挂灰白色化妆土，淡青釉。口径20、残高7.7厘米（图九，5）。G1：263，灰胎，挂灰白色化妆土，淡青釉。口径16.6、残高9厘米（图九，9）。

炉 1件。卷沿外翻，圆唇，矮筒形。G1：301，灰胎，釉面大部分脱落。口径13、残高6.4厘米（图一四，5）。

盒 1件。子口，矮筒形。G1：131，红胎，挂米色化妆土，釉面大部分脱落。口径26.4、残高10.4厘米（图一四，2）。

盖 3件。均为盒盖，母口，斜直壁，平顶，顶部带圆纽，有的盖面附加两只方桥系。G1：20，灰胎，酱釉。顶径6.4、口径14.6、高5.4厘米（图九，6）。G1：94，红胎，挂米色化妆土，釉面大部分脱落。顶径6.6、残高5厘米（图九，8）。G1：266，红胎，挂灰白色化妆土，淡青釉。残高4.6厘米（图九，7）。

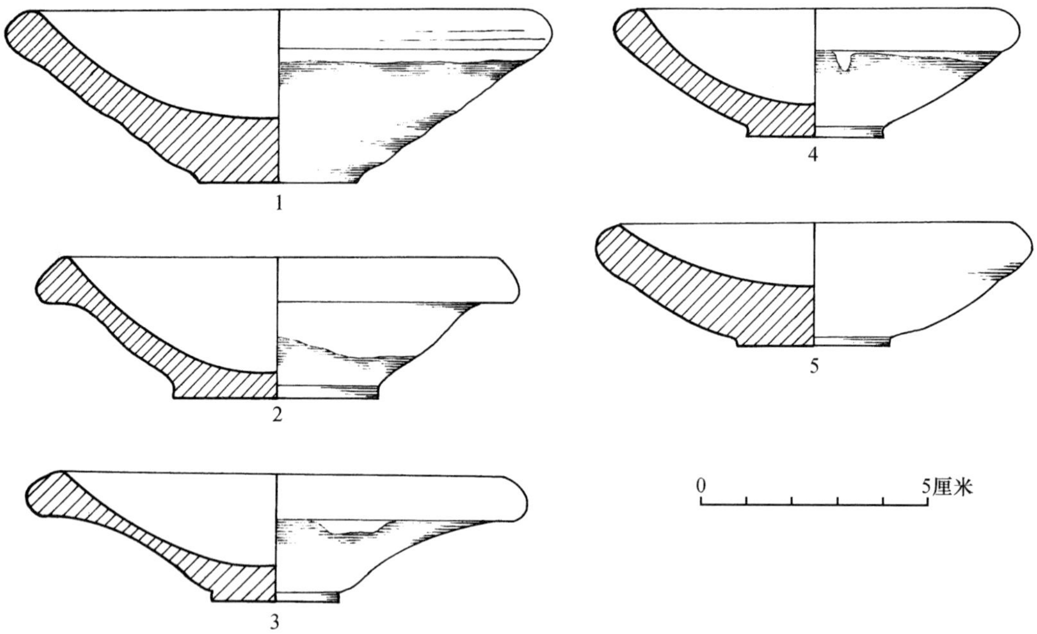

图一五 G1出土瓷灯碟

1. G1：235 2. G1：5 3. G1：296 4. G1：72 5. G1：128

甑 1件。平底，底面密布漏孔。G1：108，灰胎，酱釉。底径12.4、残高5.4厘米（图一四，4）。

灯座 1件。亚腰，筒形。G1：290，红胎，酱釉。残高19厘米（图一四，6）。

（2）陶器

盆 3件。敛口，折沿，圆唇。G1：35，灰胎，器表施黑色陶衣。口径46、残高13.2厘米（图一六，1）。G1：300，灰胎，器表施黑色陶衣。口径35.6、残高10厘米（图一六，2）。G1：38，灰胎，器表施黑色陶衣。口径50、残高7厘米（图一六，3）。

罐 3件。按口部、颈部形态的差异，分为二型。

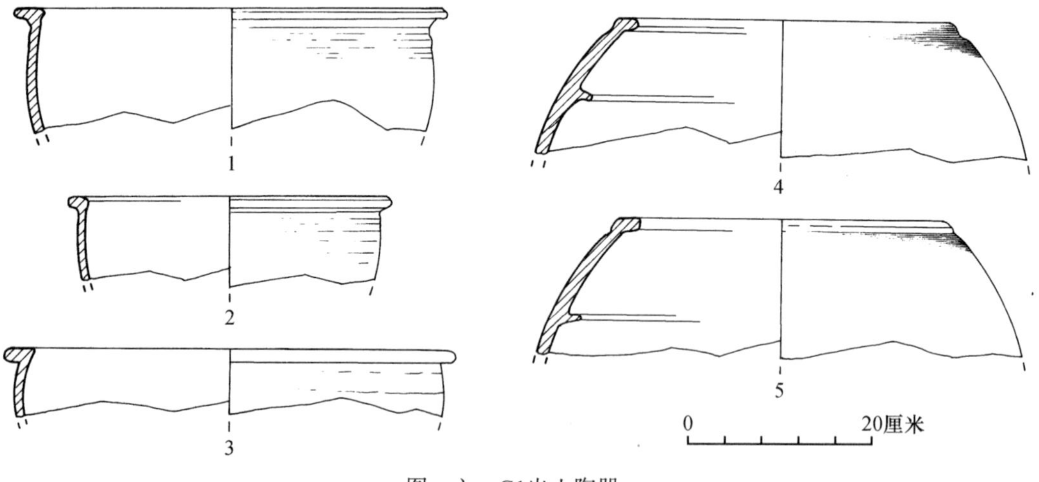

图一六 G1出土陶器

1～3. 盆（G1：35、G1：300、G1：38） 4、5. 缸（G1：134、G1：26）

A型　2件。敛口，圆唇，无颈。G1：53，灰胎，器表施黑色陶衣。口径20.4、残高3.8厘米（图一二，5）。G1：51，粉白胎，器表施黑色陶衣。口径23.4、残高3.4厘米（图一二，4）。

B型　1件。直口，尖唇，短颈，肩部带耳形系。G1：17，红胎。口径7.2、残高12.4厘米（图一一，1）。

釜　2件。G1：63，灰胎。腹部饰绳纹。口径20、残高6.4厘米（图一二，7）。G1：69，灰胎，器表局部呈黑色。腹部饰绳纹。口径47.2、残高9厘米（图一二，8）。

器柄　2件。细长柱状，截面呈方形。G1：56，褐胎，器表呈黑灰色。残长4.5厘米（图一七，5）。G1：52，褐胎，器表呈黑灰色。残长7.6厘米（图一七，4）。

器耳　3件。G1：47，灰胎，器表施黑色陶衣。残高4.4厘米（图一七，2）。G1：64，灰白胎。残高2.8厘米（图一七，1）。G1：327，灰胎，器表施黑色陶衣。残高6.2厘米（图一七，3）。

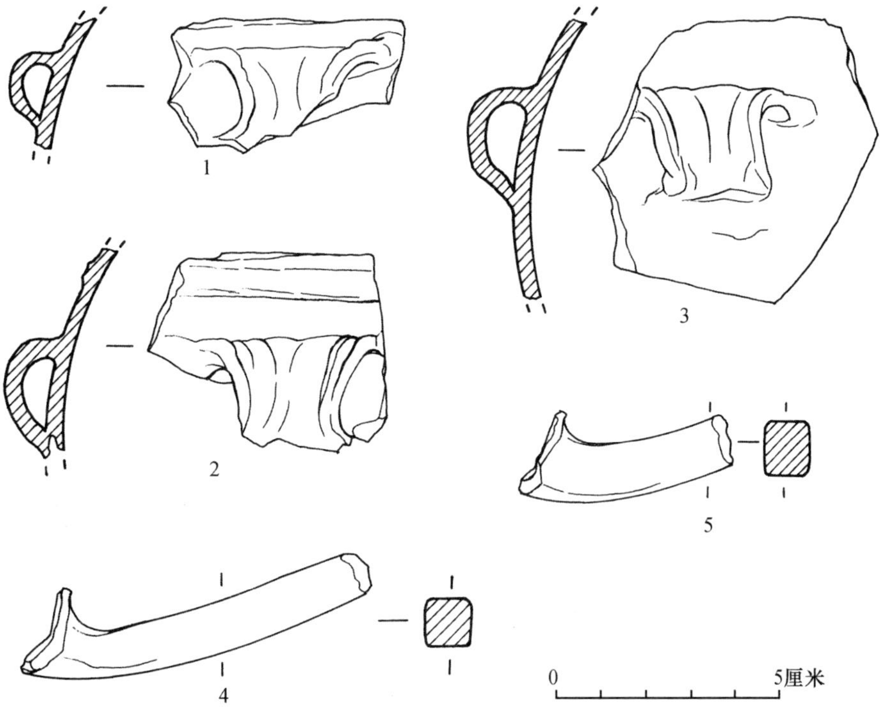

图一七　G1出土陶器

1~3. 器耳（G1：64、G1：47、G1：327）　4、5. 器柄（G1：52、G1：56）

器座　3件。G1：322，灰胎，器表施黑色陶衣。外壁有泥条贴饰。残高5.4厘米（图一二，2）。G1：323，灰胎，器表施黑色陶衣。外壁有泥条贴饰。残高5.4厘米（图一二，3）。G1：324，灰胎，器表施黑色陶衣。外壁有泥条贴饰。残高6.2厘米（图一二，1）。

缸　2件。敛口，方唇，内壁有一周凸棱。G1：134，灰胎，器表施黑色陶衣。口径37.2、残高15厘米（图一六，4）。G1：26，灰胎，器表施黑色陶衣。口径36、残高15.4厘米（图一六，5）。

三、墓葬及出土器物

M1　斜坡墓道双室券顶砖室墓，坐北朝南。叠压于耕土层下，券顶已自然坍塌。墓葬由墓圹、墓道及东、西两个墓室组成。方向5°。南北残长5.6米，东西宽2.98米（图一八）。

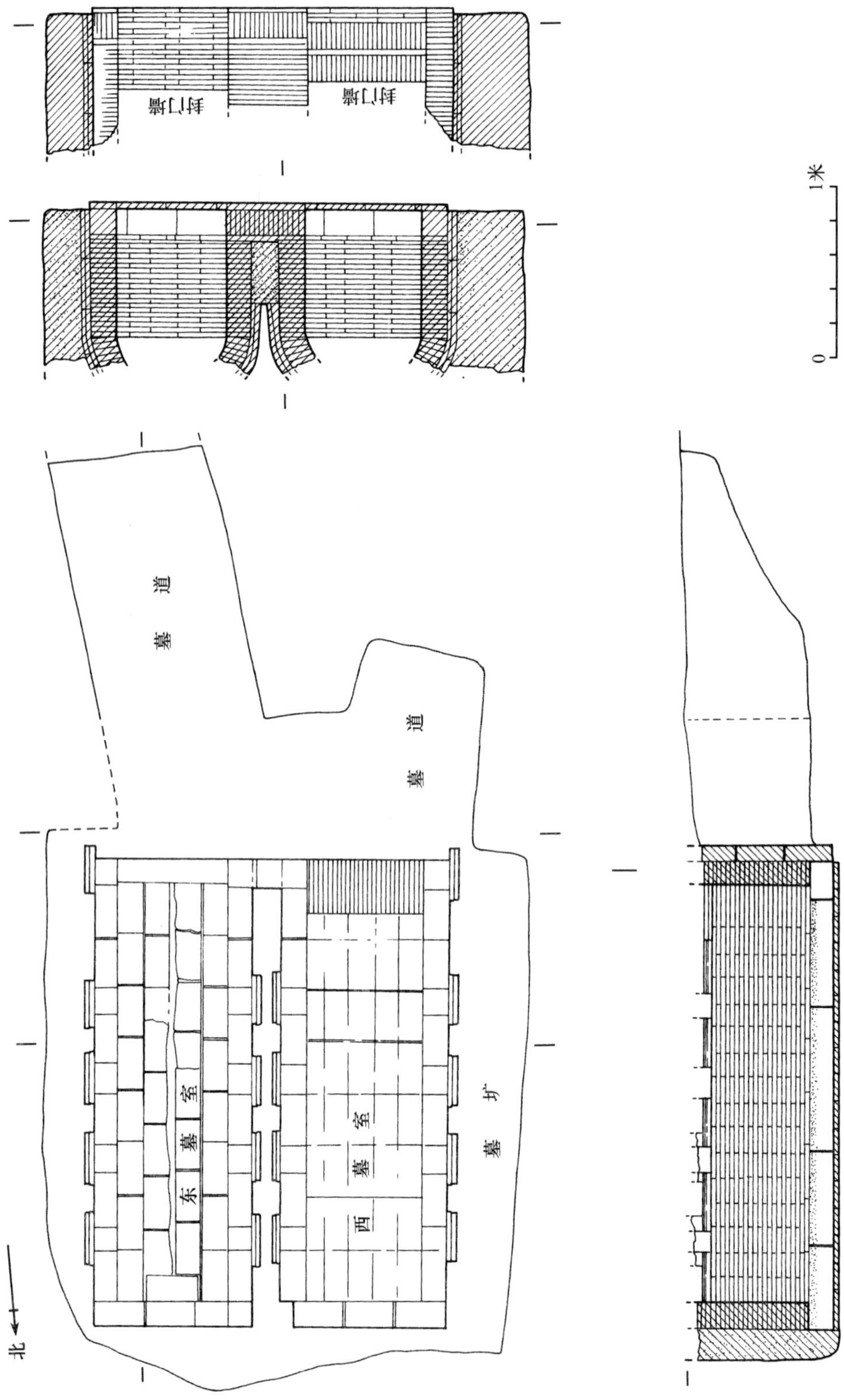

图一八 M1平、剖面图

墓圹形状不甚规则，略呈长方形，墓道西侧又有为方便进入西墓室的掏挖处理。墓圹壁面稍经修整，整体加工较粗糙。南北总长 5.6 米，东西宽 2.98 米，残深 0.92 米。墓圹填土为黄褐色五花土，未夯打。

墓道分东、西两条，以东墓道为例，平面呈长方形，直壁，较为平整，斜坡底，坡度 28°。残长 1.65 米，宽 1～1.05 米，坡长 1.75～1.8 米。墓道填土为黄褐色五花土，土质较硬，内含少量植物根茎及些许墓砖碎块，填土未经夯打。

墓室分为东、西两室，东墓室长 2.78 米，宽 0.98 米，残高 1.02 米，西墓室长 2.78～2.8 米，宽 1.04 米，残高 1 米。两墓室结构基本一致，均为长条形青砖错缝垒砌并宽向弧起形成券顶，东西两墓室亦各用四道两层砖墙压缝堆砌至券顶构成简单肋拱结构。差别仅在于东墓室封门墙为长条形砖以宽向多层错缝平砌，而西墓室封门墙则为单列宽向平砌与双列长向竖砌相间。墓室用砖均为长方形青砖，规格较为统一，长 31 厘米，宽 16 厘米，厚 3 厘米，个体之间长度差异在 1 厘米以内。两墓室底部结构均一致且较为复杂：最上层为单层长方形铺底墓砖，均为南北向铺底；其下东西两侧为长方体红砂条石垫铺，条石加工较为规整，宽 8.2～9 厘米，厚 15.5～17 厘米，长度不等，南北两侧为墓砖宽向单列围砌，中间部分由上至下分别垫厚约 7 厘米的灰色垫土层及厚约 10 厘米的白色石灰层两层；最底层为南北向铺砖一层，其下为墓圹底部生土层，未见腰坑。

M1 的出土遗物共 11 件，陶俑 10 件、陶指环 1 件。所有遗物均出土于西墓室，由于客观原因，具体的出土位置不详。东、西两墓室亦均未发现人骨。陶俑均为泥质陶，中空。分人俑和动物俑两种。其中人俑 6 件，均为男性俑。动物俑 4 件，分别为陶龟、陶鸡、陶狗以及陶鸟形俑残件各 1 件。

陶立俑　1 件。M1：1，泥质红陶，通体施釉。头裹布巾，双目圆睁，神态较威严。身施黄绿二彩，着交领右衽长衣，双足外露。由于中部残缺，推测通高 27～29 厘米（图一九，1）。

陶武官俑　1 件。M1：6，泥质红陶，未施釉。仅余部分上身及头部，头戴武士盔，五官随意刻划，神态不清。残高 13 厘米（图一九，6）。

陶文官俑　4 件。M1：2，泥质灰陶，未施釉。头戴幞头，面部朝左上方稍斜，神情自然，身着公服，双手交握于胸前，右臂残缺。通高 23.7 厘米（图一九，2）。M1：3，泥质红陶，未施釉。头戴幞头，双手交握于胸前，五官刻划较为粗率，表情怪异，下半身残缺。残高 22.1 厘米（图一九，4）。M1：4，泥质红陶。仅存头部，戴幞头，双眼圆睁，表情怪异。残高 7 厘米（图一九，5）。M1：5，泥质红陶。仅存头部，戴幞头，双目微闭，神态安详。残高 5.9 厘米（图一九，3）。

陶龟　1 件。M1：9，泥质红陶，中空。头部伸出，微微上扬，四足抓地，尾巴自然向下，整体造型呈爬行状，较为生动。头部及龟壳施酱釉，四足及尾巴施黄釉，底部裸胎。长 11.5、通高 6.7 厘米（图一九，9）。

陶鸡　1 件。M1：8，泥质红陶，中空。头部上扬，微挺胸，头顶堆塑冠和喙，冠喙合一，不易区分，头部两侧阴刻凹槽，泥贴双眼，两翅及尾均一体成形，未加刻划装点。长 10.6、通高 13 厘米（图一九，8）。

陶狗　1 件。M1：11，泥质红陶，中空，稍残。呈蹲踞状，头部稍前倾，一耳竖起，一耳残缺，双眼贴塑而成，头部前方阴刻鼻和嘴，尾巴贴塑于身，仅尾尖部分翘出。正面身前有两道竖向阴刻线。长 10.1、通高 13 厘米（图一九，11）。

陶鸟形俑　1 件。M1：10，泥质红陶，中空。仅存鸟形身体及少许颈部，身体两侧阴刻两翅。通体施黄、绿彩釉。残高 6.4 厘米（图一九，10）。

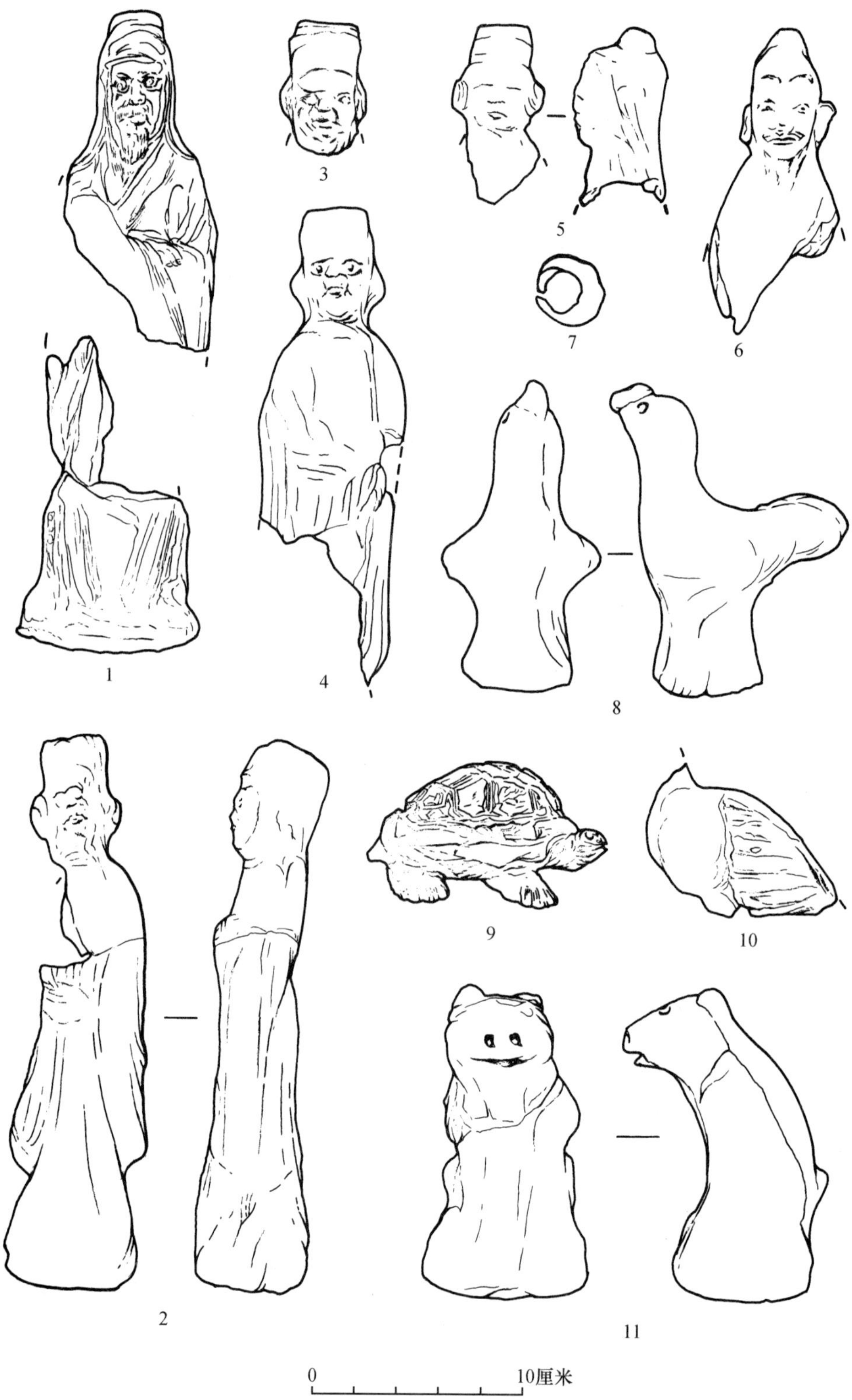

图一九　M1出土陶器

1. 立俑（M1∶1）　2～5. 文官俑（M1∶2、M1∶5、M1∶3、M1∶4）　6. 武官俑（M1∶6）
7. 指环（M1∶7）　8. 鸡（M1∶8）　9. 龟（M1∶9）　10. 鸟形俑（M1∶10）　11. 狗（M1∶11）

陶指环 1件。M1：7，泥质灰陶。外径3.1～3.4、内径2.9厘米（图一九，7）。

四、结 语

G1的出土遗物基本都属于生活日用器具，以青釉瓷器占绝大多数。其中Aa型碗侈口，尖圆唇，腹部略圆弧，饼足，与成都东郊保和公社后蜀张虔钊墓出土的瓷碗相同，张虔钊墓的年代为广政十一年（948年）[1]；C型碗为尖圆唇，斜直腹，饼足，具有唐代中、晚期的造型特征，如成都南郊桐梓林村唐贞元二年（786年）爨公墓[2]、西郊红色村唐元和十年（815年）王怀珍墓[3]、金沙村唐大中四年（850年）鲜腾墓[4]出土的青瓷碗等；Ba型盘和急须的造型分别与成都金牛区城乡一体化拆迁安置房5号A地点唐代晚期至五代水井（J5）[5]出土的青瓷盘和匜相同；A型罐为直口，圆唇，短颈，颈部饰凸弦纹，溜肩，肩部一周带耳形系，与前蜀王建墓[6]及洪河大道南延线M1[7]出土的青瓷四系罐相仿，王建墓的年代为光天元年（918年），洪河大道南延线M1的年代也在唐末五代之际；酱釉盘口壶的盘口较大，束颈短粗，与双流籍田竹林村后蜀徐公墓出土的盘口罐相同，徐公墓的年代为广政二十七年（964年）[8]。综合考虑，G1的年代约在五代至北宋初年。受发掘面积所限，灰沟的具体走向、性质及其周边是否有共存的其他建筑遗迹，目前还无法做出判断。

灰沟内出土的瓷器制作规整，胎体一般偏灰色，挂灰白色化妆土，施釉较均匀，釉色呈淡青、青灰等，器表通体素面无纹饰，内底常残留五至六枚支钉痕，具有都江堰玉堂窑青釉瓷器的基本特征。玉堂窑是成都平原著名的古代民间窑场，地处都江堰市区西南的玉堂镇凤岐村，东南方向距此次发掘地点约6千米，窑址内现存大小窑包17座，以考古工作开展较多的6号窑包（即马家窑包）为例，该窑自中、晚唐时期开始大量烧造青釉瓷器，类型有碗、盘、盏、罐、盆、急须、注壶等[9]。由于玉堂窑的瓷器在装烧过程中不使用匣钵，且碗、盘、盏类常使用支钉作间隔，故内底面都留有一周支钉痕，其产品主要满足普通大众的日常生活需求，G1出土的这批瓷器为研究唐末五代时期玉堂窑产品的行销与流布状况提供了重要的考古材料。

M1未出土钱币、墓志或买地券等年代性较强的遗物，绝对年代不得而知，其大体时代只能通过类型学分析加以框定。从其墓葬形制而言，M1符合四川地区北宋晚期至南宋初期的长方形单层券顶双室墓的形制特点[10]。从所出遗物而言，M1：5文官俑所戴幞头与二仙桥南宋早期墓所出陶俑（二仙桥M1：43）[11]所戴幞头颇似，M1：1男立俑所戴头巾与成都东北郊海滨村北宋晚期墓[12]陶俑（M5：33）及汽车配件厂北宋晚期墓[13]陶俑（M1：4）的巾顶形象接近，外加双手交握于胸前是北宋时期及南宋早期文官俑的典型手势。因此综合推测，此墓葬的大体时代应为南宋早期。

领队：陈云洪
发掘与整理：（成都文物考古研究院）
陈云洪 王天佑 程远福 易 立
（都江堰市文物局）
徐 军 刘文强 龙 岗 杨 莉
绘图：钟雅莉
执笔：刘文强 易 立 徐 军 傅 浩
杨 莉 王天佑

注　释

[1] 成都市文物管理处:《成都市东郊后蜀张虔钊墓》,《文物》1982年第3期。

[2] 成都市文物考古研究所:《成都市南郊桐梓林村唐代爨公墓发掘》,《成都考古发现》(1999),科学出版社,2001年。

[3] 成都文物考古研究所:《成都市西郊红色村唐代王怀珍墓》,《成都考古发现》(2005),科学出版社,2007年。

[4] 成都文物考古研究所:《成都市金沙村唐墓发掘简报》,《成都考古发现》(2004),科学出版社,2006年。

[5] 成都文物考古研究所:《成都金牛区城乡一体化拆迁安置房5号A地点唐—五代墓葬、水井发掘简报》,《成都考古发现》(2007),科学出版社,2009年。

[6] 冯汉骥:《前蜀王建墓发掘报告》,文物出版社,2002年,第64页。

[7] 成都市文物考古研究所、龙泉驿区文物保管所:《成都市龙泉驿区洪河大道南延线唐宋墓葬发掘简报》,《成都考古发现》(2001),科学出版社,2003年。

[8] 成都文物考古研究所、双流县文物管理所:《成都双流籍田竹林村五代后蜀双室合葬墓》,《成都考古发现》(2004),科学出版社,2006年。

[9] 成都文物考古研究所、都江堰市文物局:《2007年玉堂窑遗址六号窑包试掘简报》,《成都考古发现》(2007),科学出版社,2009年。

[10] 陈云洪:《试论四川宋墓》,《四川文物》1999年第3期。

[11] 成都市文物考古研究所:《成都市二仙桥南宋墓发掘简报》,《成都考古发现》(1999),科学出版社,2001年。

[12] 成都市文物考古研究所:《成都市青龙乡海滨村墓葬发掘简报》,《成都考古发现》(2003),科学出版社,2005年。

[13] 成都市文物考古工作队:《四川成都市北郊战国东汉及宋代墓葬发掘简报》,《考古》2001年第5期。

郫县安德镇红专村唐宋遗址发掘报告

成都文物考古研究院

2008 年 7 月，为配合成都至都江堰快速客运铁路的建设，成都文物考古研究院对铁路沿线进行了文物调查和勘探，整个工作中发现并确认了 17 处较重要的地下文物分布点，其中的 7 号地点位于郫县安德镇红专村十组，南距老成灌公路约 700 米，西面临靠一条村级水泥道路，中心地理坐标为东经 103° 47′ 20″、北纬 30° 53′ 23″（图一）。该地点地势较平坦，地表遍植玉米、蔬菜等农作物，早年村民们开垦田地时常有碎砖及陶、瓷片出土，遂相传为“古坟茔”所在。钻探结果显示，该区域内多处存在唐宋时期文化堆积，尤以南部最丰厚，平均约 30 厘米以上，包含遗物除陶瓷器残片外，另有相当数量的青灰砖、瓦块。

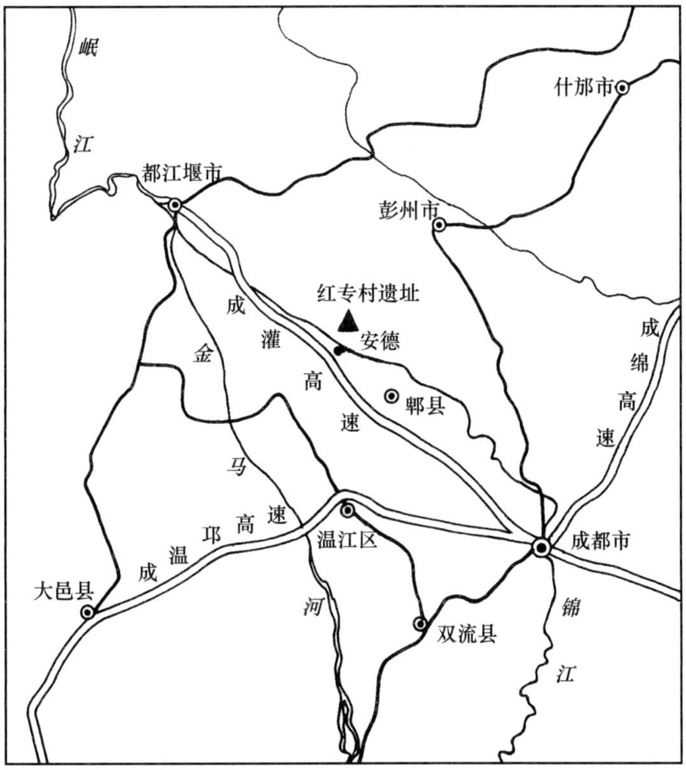

图一　遗址位置示意图

2008 年年底，成都至都江堰快速客运铁路正式破土动工，为保护地下文物，同时进一步摸清和掌握该遗址的文化特征与面貌，成都文物考古研究院于 2009 年 1 月初进场开展了抢救性考古发掘，发掘工作按铁路线走向在遗址北部（南部处于线路征地范围外）布 10 米 ×10 米探方 6 个（编号 2009PAHT1～2009PAHT6，以下简写为 T1～T6），探方方向 290°，实际发掘面积共 551 平方米，发现沟渠、灰坑等遗迹现象，并出土了大量的陶瓷器等遗物。以下就本次发掘的情况报告如下。

一、地 层 堆 积

发掘区内的地层堆积较简单，经过统一划分后根据土质土色及包含物的差异可分作 6 层，基本堆积情况可以 T2 西壁剖面为例说明如下（图二）：

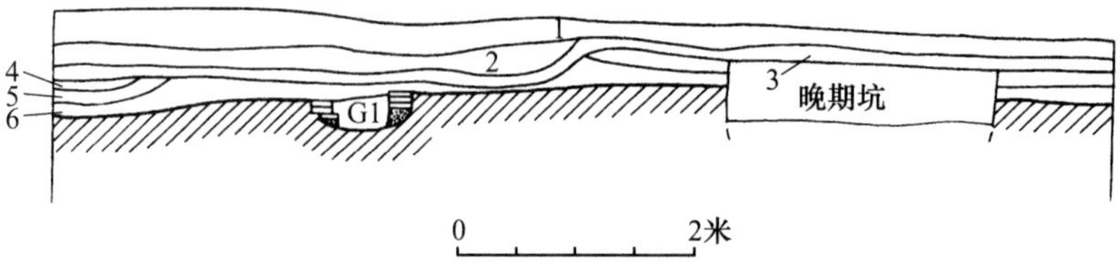

图二　T2西壁剖面图

第 1 层：现代农耕土，土色青灰，质地较松软，含少量细沙，夹杂草木、蔬菜根茎。厚 0.12～0.35 米。出土零星的红烧砖残块。

第 2 层：灰褐色土，含少量细沙，土质较松软，夹杂零星灰烬和烧土颗粒。厚 0～0.25 米。出土有制作粗糙的灰白釉青花碗类瓷片，为近代地层。

第 3 层：淡黄色土，黏性重，夹杂一定含量的灰色泥土，土质松软。厚 0.07～0.15 米。包含物极少。该层北部叠压一晚期坑。

第 4 层：浅灰色土，黏性重，夹褐、黄土颗粒，土质松软。厚 0～0.13 米。出土遗物不多，包括青花蟠螭纹碗残片、粉彩瓷片及“嘉庆通宝”钱币，为晚明至清代地层。

第 5 层：褐色土及浅灰色土混杂堆积，土质较松软，带一定沙性。厚 0～0.15 米。出土遗物以青釉、米黄釉瓷片及泥质灰陶片、残碎砖块为主，另可见一些乳浊绿釉、青白瓷碗类残片，为两宋时期地层。

第 6 层：褐色土，含沙性偏重，质地松软，夹少量浅灰土和黑色斑点痕。厚 0.04～0.27 米。出土遗物有青釉、米黄釉、酱釉瓷片及灰陶片等，为晚唐五代时期地层。该层下叠压有 H1 和 G1，其中 H1 又打破 G1，即⑥→H1→G1。

第 6 层下为黏性较重的青灰色生土，夹杂褐色土斑点。

二、出 土 遗 迹

发掘区内仅发现两个遗迹单位，分别为沟渠（编号 G1）和灰坑（编号 H1）。

1. G1

位于 T2 中部偏南。叠压于第 6 层下，西端部分压于 T1 东隔梁下，东端被 H1 打破。平面大体呈东西走向，距地表 0.7～0.75 米，揭露部分东西长 4.14、南北宽 0.8、残高 0.28 米，沟渠两壁使用宽 0.17、厚 0.035～0.04 米的长方形青砖错缝平铺砌筑，用砖均无完整者，最高处现存七层，沟底未铺砖，为质地较硬的泥土面（图三）。沟内堆积主要是疏松的青黄色细沙，夹杂泥土极少，包含有大量的陶瓷器残片和破碎砖块。

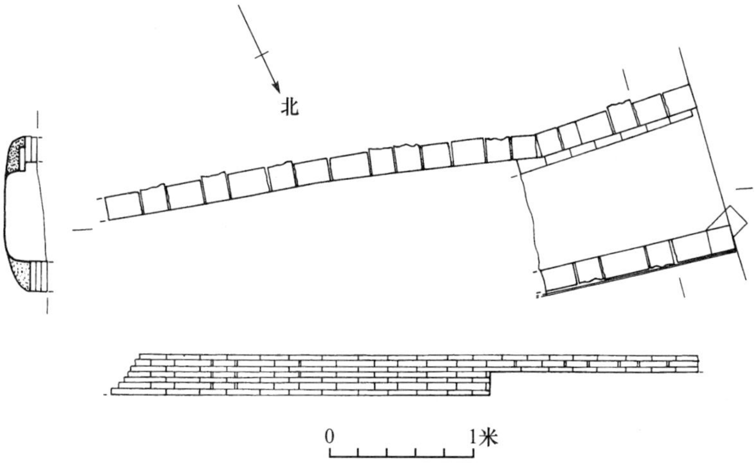

图三 G1平、剖面图

2. H1

位于 T2 东部。叠压于第 6 层下，打破 G1。平面呈不规则形，浅锅形底。坑口东西长 3.45、南北长 3.1、距地表 0.43～0.47、深 0.4 米（图四）。坑内填土为青褐色，结构疏松，含沙量较重，包含遗物与沟内接近，以瓷器和陶器为主。

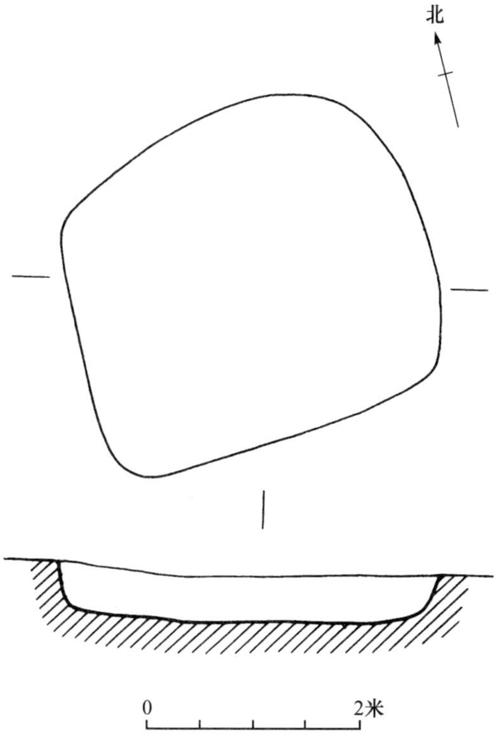

图四 H1平、剖面图

三、出 土 遗 物

出土遗物按其质地可分为瓷器、陶器两大类，分别介绍如下。

（1）瓷器

出土遗物以瓷器占大宗，釉色品种可分为青釉、酱釉、绿釉、青白釉四个品种，又以青釉为多。其胎体大都略显粗糙，烧结程度较高，一般呈灰、暗红、棕色三种，胎面基本都挂有一层化妆土，外壁施半截釉，青釉多偏黄或灰色调，碗、盘内底常留有一周支钉痕。器形上主要是日常生活用具之类，包括有碗、盘、碟、钵、罐、瓶、匜、灯、炉、注壶、盘口壶等。

碗　10件。按腹部、足部形态的差异，分为三型。

A型　4件。敞口，斜直腹，饼足。按腹部的细节差异，分为二式。

Ⅰ式：3件。腹壁近足部斜内收。G1：40，灰黑胎，胎面挂有一层米黄色化妆土，淡青釉，内底一周留有数枚支钉痕。通体素面无纹。口径12、底径5、高4.2厘米（图五，5）。G1：51，暗红胎，胎面挂有一层米黄色化妆土，釉层基本脱落，内底一周留有支钉痕。口径13.4、底径6.4、高4.2厘米（图五，7）。G1：18，灰胎，胎面挂有一层化妆土，青釉偏黄，内底一周留有数枚支钉痕。通体素面无纹。口径15、底径6.6、高4.8厘米（图五，1）。

Ⅱ式：1件。腹壁近足部旋削一周形成折面。T3⑤：5，灰胎，胎面无化妆土，青釉泛灰白色，釉面失透呈乳浊状，内底一周留有数枚支钉痕。通体素面无纹。口径14、底径5.2、高5.6厘米（图五，3）。

B型　3件。撇口，弧腹，小饼足，足底内凹。T3⑥：12，灰胎，胎体较厚重，胎面无化妆

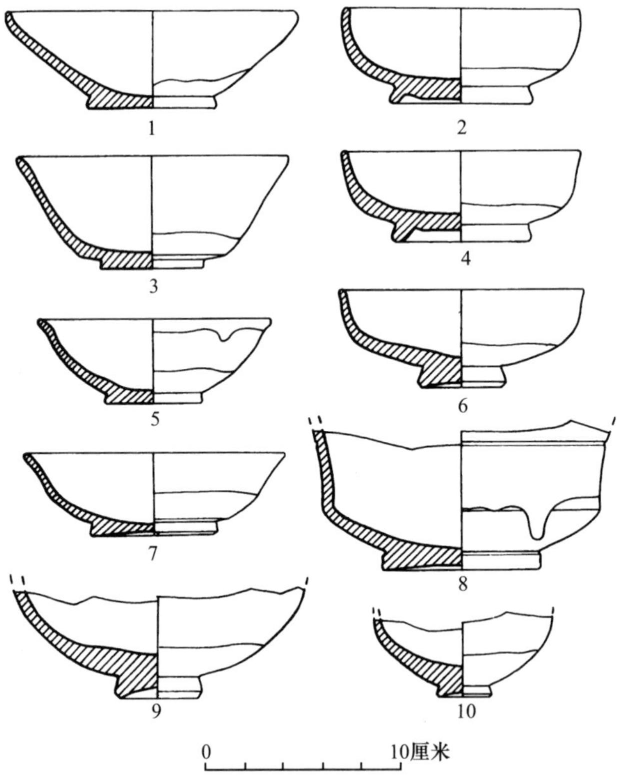

图五　瓷碗

1、5、7. AⅠ式（G1：18、G1：40、G1：51）　2、4. C型（T3⑥：1、T3⑥：3）　3. AⅡ式（T3⑤：5）
6、9、10. B型（G1：30、T3⑥：12、T3⑥：11）　8. D型（G1：42）

土，酱青釉，釉面可见细小的冰裂状开片，内底一周留有数枚支钉痕。通体素面。底径4、残高5.4厘米（图五，9）。T3⑥：11，灰胎，胎体较厚重，胎面挂有一层白色化妆土，釉层多脱落，内底留有支钉痕。通体素面。底径2.6、残高3.8厘米（图五，10）。G1：30，灰胎，胎体较厚重，胎面挂有一层白色化妆土，釉层脱落，内底留有支钉痕。通体素面。口径12.4、底径4、高5厘米（图五，6）。

C型　2件。口部近直，圈足较大，足端圆钝。T3⑥：1，棕色胎，胎面挂有一层白色化妆土，青黄釉，釉面可见细小的冰裂状开片，内底一周留有五枚支钉痕。通体素面。口径12、足径7、高4.8厘米（图五，2）。T3⑥：3，灰胎，胎面挂有一层米黄色化妆土，青黄釉，釉层多脱落，内底一周留有数枚支钉痕。通体素面无纹。口径12、足径7、高4.8厘米（图五，4）。

D型　1件。上腹略束，腹中部折内收，饼足。G1：42，灰胎，胎体较厚重，胎面挂有一层白色化妆土，青黄釉，内底留有支钉痕。通体素面无纹。足径8、残高7厘米（图五，8）。

盘　3件。按腹部形态的差异，分为二型。

A型　2件。折腹。按腹部特征，分为二亚型。

Aa型　1件。腹部转折处在中部。T2⑥：9，灰黑胎，胎面挂有一层灰白色化妆土，青灰釉，内底一周留有五枚支钉痕。通体素面无纹。口径17.8、底径6.4、高4.6厘米（图六，7）。

Ab型　1件。腹部转折处在近口部，上腹略收束。G1：60，棕色胎，胎面挂有一层化妆土，青黄釉，口部施一周酱黑釉边。通体素面无纹。口径15、底径6.4、高3.6厘米（图六，4）。

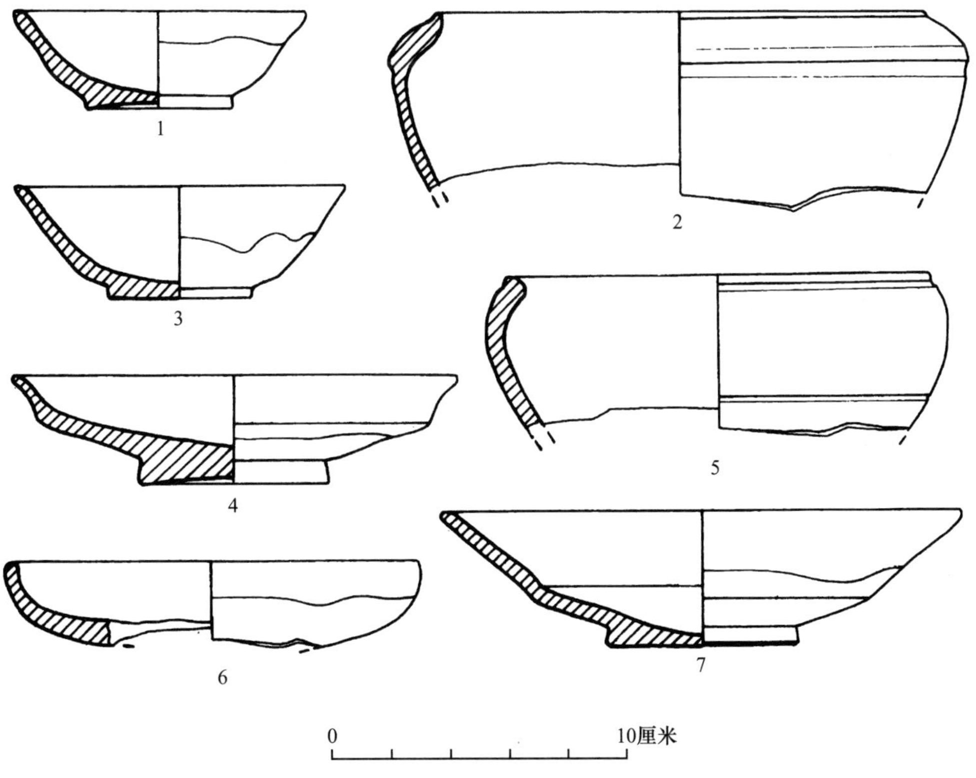

图六　瓷盏、盘、钵

1. A型盏（T2⑤：7）　2. A型钵（T3⑤：7）　3. B型盏（T3⑤：6）　4. Ab型盘（G1：60）　5. B型钵（H1：7）　6. B型盘（H1：12）　7. Aa型盘（T2⑥：9）

B 型　1 件。浅弧腹。H1∶12，灰黑胎，胎面挂有一层灰白色化妆土，釉层多脱落，内底留有支钉痕。通体素面无纹。口径 14、残高 3 厘米（图六，6）。

盏　2 件。敞口，饼足。按腹部特征，分为二型。

A 型　1 件。浅斜腹。T2⑤∶7，棕色胎，胎面无化妆土，青黄釉，釉面光洁。内底刻划一周弦纹。口径 9.8、足径 4.8、高 3.2 厘米（图六，1）。

B 型　1 件。斜直腹。T3⑤∶6，淡灰胎，胎面无化妆土，青釉泛灰白色，釉面失透呈乳浊状，内底一周留有数枚支钉痕。通体素面无纹。口径 11、底径 4.8、高 3.8 厘米（图六，3）。

碟　4 件。浅斜直腹。按口唇部特征，分为二式。

Ⅰ式：3 件。敞口，厚圆唇。G1∶23，灰胎，胎面挂有一层米黄色化妆土，酱釉，釉面光洁可见细小的冰裂状开片。通体素面无纹。口径 9.4、底径 3.8、高 2.8 厘米（图七，3）。G1∶47，棕色胎，胎面无化妆土，酱釉，釉层多脱落。通体素面无纹。口径 11.2、底径 4.8、高 3.5 厘米（图七，5）。G1∶35，暗红胎，胎面挂有一层米黄色化妆土，釉层多脱落。通体素面无纹。口径 11.6、底径 4.4、高 3.6 厘米（图七，2）。

Ⅱ式：1 件。敞口，方唇。T3⑤∶4，灰胎，绿釉，釉面失透呈乳浊状。通体素面无纹。残高 3.6 厘米（图七，6）。

钵　2 件。按肩腹部形态差异，分为二型。

A 型　1 件。折肩，斜直腹。T3⑤∶7，灰胎，胎面无化妆土，青黄釉，釉面可见细小的冰裂状开片。通体素面无纹。口径 16.8、残高 6 厘米（图六，2）。

B 型　1 件。溜肩，鼓腹。H1∶7，暗红胎，胎面挂有一层米黄色化妆土，釉层多脱落。通体素面无纹。口径 14.6、残高 5.2 厘米（图六，5）。

罐　6 件。矮领，溜肩，肩部带系。按系耳的特征，分为二型。

A 型　2 件。条带状纵系。G1∶25，灰胎，胎面挂有一层米黄色化妆土，青釉，釉面局部装饰褐色彩斑。口径 12、残高 9 厘米（图八，7）。G1∶21，灰胎，胎面挂有米黄色化妆土，青釉，釉面可见细小的冰裂状开片，局部装饰褐色彩斑。残高 5 厘米（图八，2）。

B 型　4 件。桥形横系。按领部形态，分为二亚型。

Ba 型　3 件。斜直领。H1∶10，灰胎，胎体较厚重，胎面无化妆土，酱青釉，釉层多脱落。通体素面无纹。残高 7 厘米（图八，5）。G1∶44，棕色胎，胎体较厚重，胎面无化妆土，酱青釉，釉层多脱落。通体素面无纹。残高 6.8 厘米（图八，4）。G1∶53，灰胎，胎体较厚重，胎面无化妆土，酱青釉，聚釉处泛黑。通体素面。残高 10.6 厘米（图八，6）。

Bb 型　1 件。直领。G1∶17，棕色胎，胎面挂有一层米黄色化妆土，酱釉略偏黄。通体素面无纹。口径 9、残高 6.4 厘米（图七，9）。

盆　5 件。敛口，厚圆唇，唇部以下有一周凸棱。G1∶26，暗红胎，胎面挂有一层灰白色化妆土，青黄釉，釉面有脱落。通体素面无纹。口径 19、残高 5.6 厘米（图八，3）。G1∶45，棕色胎，胎面挂有一层米黄色化妆土，青黄釉，釉面光洁。通体素面无纹。口径 19.2、残高 4.6 厘米（图八，1）。

炉　1 件。宽展沿，直腹。G1∶54，棕色胎，胎面挂有一层灰白色化妆土，青黄釉，釉面可见细小的冰裂状开片，口沿处釉下以褐、绿二彩描绘一周草叶图案。残高 4.1 厘米（图九，3）。

灯　1 件。饼足，内底中部粘连一横耳。G1∶31，暗红胎，胎面挂有一层米黄色化妆土，釉层

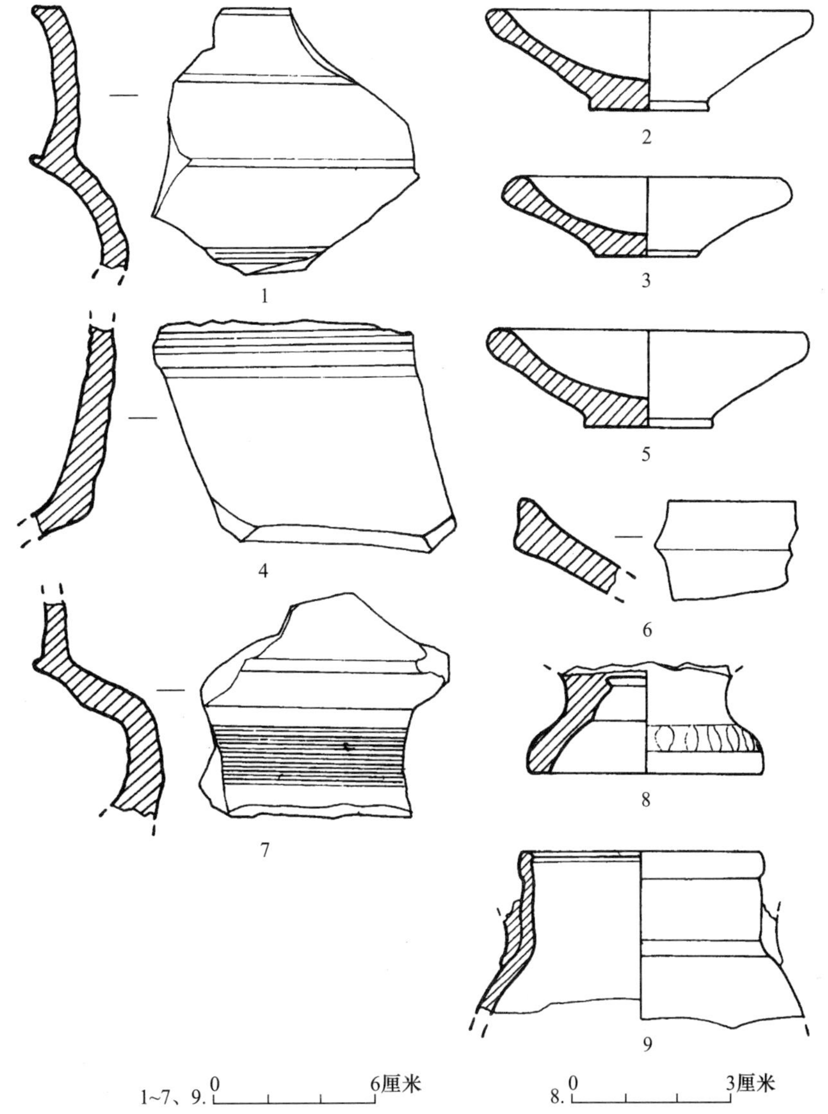

图七 瓷盘口壶、碟、器足、罐

1、4、7. 盘口壶（G1：55、T3⑥：6、H1：5） 2、3、5. Ⅰ式碟（G1：35、G1：23、G1：47） 6. Ⅱ式碟（T3⑤：4）

8. B型器足（T3⑤：10） 9. Bb型罐（G1：17）

多脱落，器内底留有支钉痕。底径 8.2、残高 2.6 厘米（图九，7）。

瓶 1件。直口，矮直领，颈部微收束，溜肩。T2⑤：8，棕色胎，胎体较轻薄，胎面挂有一层米黄色化妆土，青黄釉。通体素面无纹。口径 6.6、残高 8 厘米（图九，2）。

注壶 1件。丰肩，倒卵形腹，饼足，肩部一侧置流，另一侧接柄。T3⑥：10，暗红胎，胎面挂有一层米黄色化妆土，青釉，釉层多脱落。通体素面无纹。底径 7.6、残高 12.3 厘米（图九，1）。

盘口壶 4件。G1：55，棕色胎，胎面无化妆土，酱釉，釉层多脱落。通体素面无纹。残高 9.6 厘米（图七，1）。T3⑥：6，棕色胎，胎面无化妆土，酱釉偏黑，领部下端刻划出三周弦纹。残高 8.2 厘米（图七，4）。H1：5，棕色胎，胎面无化妆土，酱釉，聚釉处泛黑。通体素面无纹。残高 8 厘米（图七，7）。

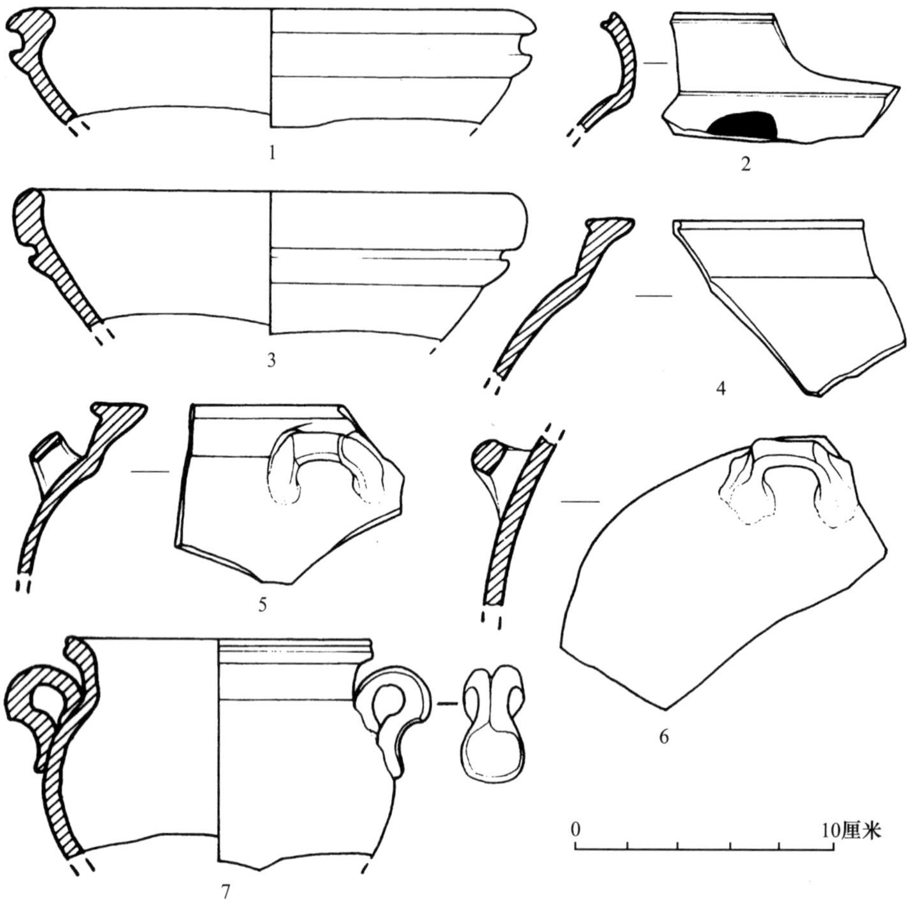

图八　瓷盆、罐

1、3. 盆（G1：45、G1：26）　2、7. A型罐（G1：21、G1：25）　4～6. Ba型罐（G1：44、H1：10、G1：53）

器柄　2件。分为二型。

A型　1件。通体较长呈圆柱形，中空。T3⑥：2，棕色胎，胎面挂有一层灰白色化妆土，青黄釉。通体素面无纹。残长10厘米（图九，5）。

B型　1件。通体较短近椭圆形，中空。G1：39，灰胎，胎面无化妆土，青釉，釉层多脱落。通体素面无纹。残长7.6厘米（图九，4）。

器足　2件。分为二型。

A型　1件。蹄形足。G1：52，暗红胎，胎面挂有一层灰白色化妆土，酱青釉，釉层多脱落，足正面模印出一兽面形象。残长6.5厘米（图九，6）。

B型　1件。通体呈矮喇叭形。T3⑤：10，白胎，胎质细密，青白釉，釉面光洁莹润，足面剔刻出一周覆莲瓣图案。足径4.3、残高4厘米（图七，8）。

（2）陶器

陶器的数量较少，可辨器形有盆、罐、釜、器足等，胎体以泥质灰陶为主，通体素面居多，仅见少量细绳纹。

盆　8件。按口沿部特征，分为二型。

A型　6件。平沿略向下翻卷。按腹部形态的差异，分为二亚型。

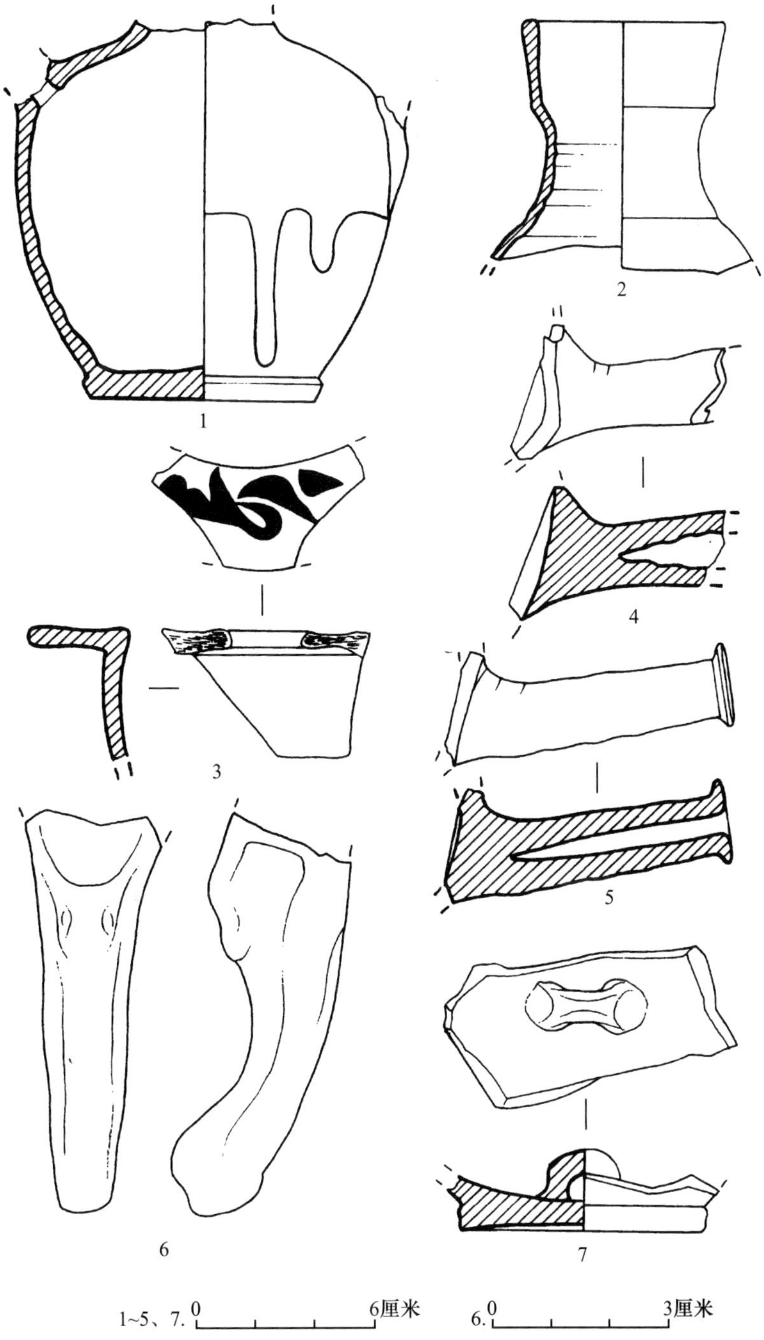

图九 瓷注壶、瓶、炉、器柄、器足、灯

1. 注壶（T3⑥：10） 2. 瓶（T2⑤：8） 3. 炉（G1：54） 4. B型器柄（G1：39）
5. A型器柄（T3⑥：2） 6. A型器足（G1：52） 7. 灯（G1：31）

Aa型 5件。斜腹。T3⑥：9，黄灰胎。通体素面无纹。口径35.2、残高7.6厘米（图一〇，5）。G1：8，灰胎，胎面留有明显的拉坯痕迹。通体素面无纹。口径39.2、残高9.2厘米（图一〇，2）。G1：5，灰胎，胎体较轻薄，胎面留有明显的拉坯痕迹。通体素面无纹。口径31.2、残高10.4厘米（图一〇，7）。

Ab型 1件。直筒腹。H1：3，灰胎。通体素面无纹。口径47.2、残高12.4厘米（图一〇，3）。

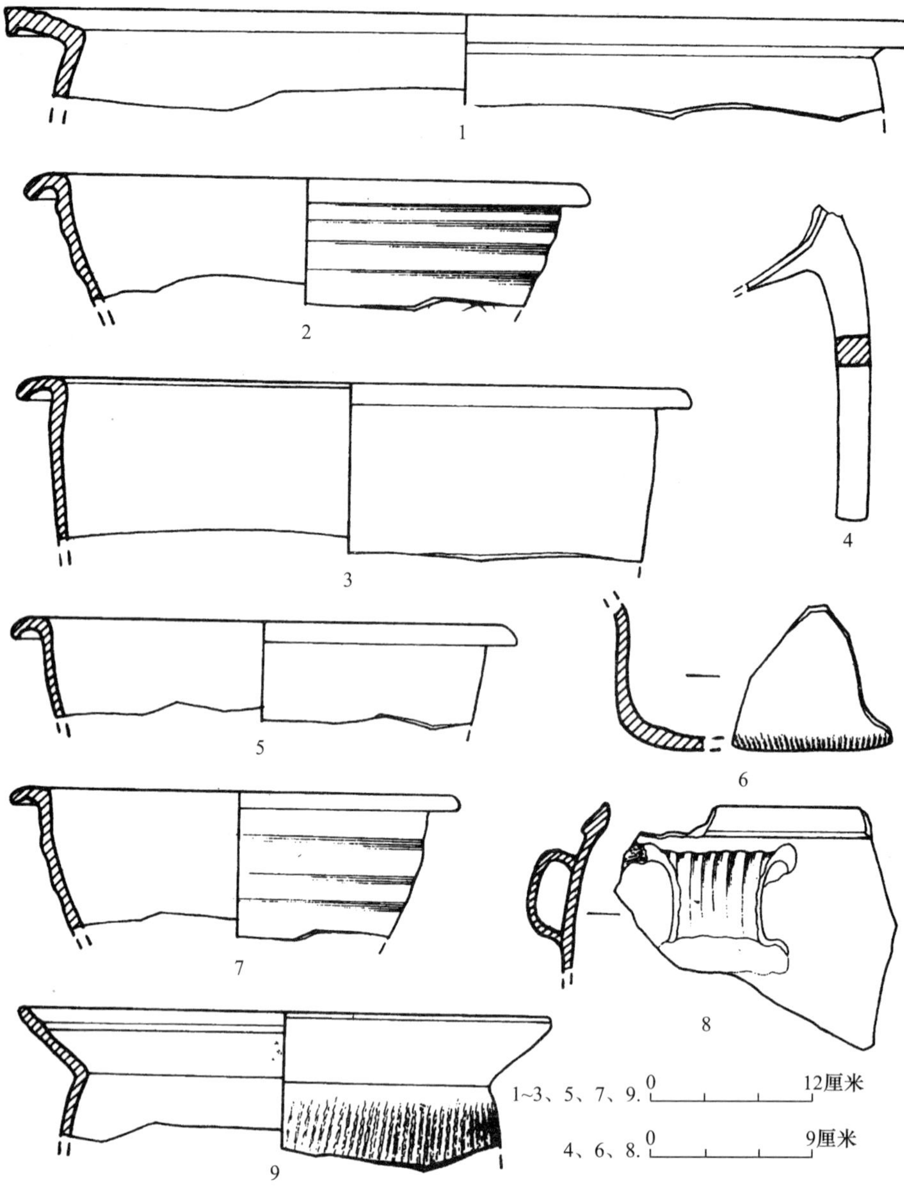

图一〇　陶器

1. B型盆（G1∶4）　2、5、7. Aa型盆（G1∶8、T3⑥∶9、G1∶5）　3. Ab型盆（H1∶3）　4. 器足（T2⑤∶1）
6、9. 釜（H1∶1、G1∶13）　8. 罐（H1∶4）

B型　2件。宽展沿。G1∶4，淡灰胎，胎体较厚重。口沿面有数周凸弦纹。口径70、残高6.8厘米（图一〇，1）。

罐　6件。斜方唇，肩部带纵系。H1∶4，灰胎，胎体较轻薄。通体素面无纹。残高13.2厘米（图一〇，8）。

釜　2件。折沿，圜底。G1∶13，褐胎。腹部饰细绳纹。口径40.4、残高10厘米（图一〇，9）。H1∶1，淡灰胎。底部饰细绳纹。残高7.8厘米（图一〇，6）。

器足　1件。足部细长呈方柱状。T2⑤∶1，褐胎。通体素面无纹。残长17.1厘米（图一〇，4）。

四、结　　语

遗址第5层出土遗物不多，仅见少量瓷器。其中AⅡ式碗与成都东郊圣灯乡北宋元祐八年（1093年）张确夫妇墓青绿釉碗[1]、西郊西窑村“都市花园”工地宋墓（M28）黄釉碗[2]造型接近。A型盏与成都三圣乡花果村南宋庆元六年（1200年）□氏四小娘子墓所出盏[3]相似，而B型盏的形态则与前述“都市花园”工地一座南宋隆兴元年（1163年）墓（M18）所出黄釉碟[4]类同。青釉瓶呈直口、矮直领、束颈状，形制特征与成都龙泉驿区洪河大道南延线南宋火葬墓（M9）出土的酱釉双耳罐[5]大体一致。另一件绿釉碟方唇、浅斜腹的造型也同四川蒲江东北公社北宋元祐年间（1086～1094年）墓[6]及成都龙泉驿区十陵宋墓（M5）[7]所出的盏相仿。此外，同地层出土的一件青白瓷B型器足也属于典型的宋代景德镇湖田窑作品[8]。综上所述，第5层的年代大约相当于北宋晚期至南宋之际。

遗址第6层与H1、G1出土物的面貌基本一致，主要为瓷器和陶器两大类。瓷器方面，如AⅠ式碗与成都西郊红色村唐元和十年（815年）王怀珍墓[9]、金沙村唐大中四年（850年）鲜腾墓[10]所出灰白釉和青釉碗相似；Aa型盘与成都梁家巷中晚唐时期墓（98CLM1）[11]、清江路晚唐五代墓（2000CHQM2）[12]出土的酱釉和青釉碗大体相同，Ab型盘与四川广汉烟堆子晚唐墓（M1）青黄釉碗[13]、湖南长沙窑址AⅠ式碟[14]造型较为接近；灯盏内底中部粘连一横耳，类似的遗物也见于安徽淮北柳孜运河遗址唐代地层[15]及浙江慈溪寺龙口越窑址五代时期遗物[16]中；另如A型罐、蹄形兽面炉足、Ⅰ式碟、盘口壶等则都属于四川地区唐五代墓葬中常见的器物[17]。此外，与之伴出者也包括了少数年代较早的作品，如B型碗，弧腹、小饼足、足底呈内凹状，通体形制与四川邛崃固驿瓦窑山窑址Ⅲ式碗[18]、临邛大渔村1号窑址A型碗[19]及四川三台牌坊垭唐墓Ⅱ式饼足碗[20]相仿，其年代约在7世纪初，即隋至唐代早期。陶器方面，罐的肩腹部带较宽的纵系，其特征与成都上汪家拐街遗址唐代中、晚期地层灰陶罐（T3③A：80）[21]相近，同种器物另见于四川蒲江西来镇“残城址”遗址一座唐宋时期灰坑（H1）内[22]；细长方柱状器足则与四川邛崃南街唐宋遗址所见Ⅱ式陶器足[23]比较类似。因此，第6层及H1、G1的年代相距不大，均集中在晚唐至五代时期，其中又以G1的年代稍早。

遗址内出土的部分陶器中还带有较明显的汉代文化特征，如Aa型盆平沿略下翻、腹部较深的形制与成都西郊“博瑞都市花园”工地新莽至东汉早期墓（M9）陶甑[24]、电子科技大学清水河校区汉代遗址B型陶盆（如T602④：1）[25]相似；陶釜呈敞口、折沿、圜底的特征则见于成都高新区紫荆路东汉墓[26]出土的同类器物之上，且类似的遗物也曾出于成都十二桥遗址东汉时期遗存中（D型釜）[27]。由于这些器物均出自晚期地层或遗迹单位中，故其性质究竟属于生活用具还是墓葬明器尚不好判断。

红专村遗址的发掘范围有限，遗迹面貌难以全面了解，且出土物中未见带有任何可资参考的文字材料，故其性质尚不明确，但根据大量遗物均属于日常生活用具的情况，该地点有可能系当时彭州唐昌县[28]（即崇宁县[29]）境内某个集市、城砦村落的生活区所在，《全唐文》卷八百零四引陈谿《彭州新置唐昌县建德草市歇马亭镇并天王院等记》载咸通年间（860～874年），御史中丞吴行鲁出知彭州，“以唐昌县中界接导江郫城，东西绵远，不啻两舍。虽有村落，僻在荒塘。昔置邮亭，废毁将久。遂使行役者野食而泉饮，贸易者星往而烛归”，遂“于其心而置草市。因其乡名，便以建德为号。自此四来者旋踵而迓近，中望者举目而知归。老幼携挈，倏忽而至。万家欢笑，共事修营，不旬日而告就。今则百货咸集，蠢类莫遗。旗亭旅舍，翼张鳞次。榆杨相接，桑麻渐繁”[30]。另一方面，考古工作表明，北部发掘区应当只是遗址的一部分或一角，其南面地势相对略高，文化堆积亦较为丰厚，应当是遗址的中心分布地带，也是今后工作的一个重点。

发掘：刘雨茂　易　立　谢　林　程远福
　　　刘守强　高　攀　李彦川
绘图：程远福　李福秀
执笔：刘雨茂　易　立

注　释

[1] 成都市博物馆考古队：《成都东郊北宋张确夫妇墓》，《文物》1990年第3期。

[2] 成都市文物考古工作队：《成都博瑞“都市花园”汉、宋墓葬发掘报告》，《成都考古发现》(2001)，科学出版社，2003年。

[3] 成都市文物考古工作队：《成都市成华区三圣乡花果村宋墓发掘简报》，《成都考古发现》(2001)，科学出版社，2003年。

[4] 成都市文物考古工作队：《成都博瑞“都市花园”汉、宋墓葬发掘报告》，《成都考古发现》(2001)，科学出版社，2003年。

[5] 成都市文物考古研究所、龙泉驿区文物保管所：《成都市龙泉驿区洪河大道南延线唐宋墓葬发掘简报》，《成都考古发现》(2001)，科学出版社，2003年。

[6] 四川省文物管理委员会：《四川省蒲江县发现两座宋墓》，《考古与文物》1986年第5期。

[7] 成都市文物考古研究所、龙泉驿区文物管理所：《成都市龙泉驿区十陵宋墓发掘简报》，《成都考古发现》(2001)，科学出版社，2003年。

[8] 江西省文物考古研究所、景德镇湖田窑陈列馆：《江西湖田窑H区发掘简报》，《考古》2000年第12期；徐长青：《景德镇湖田窑作品集》，湖北美术出版社，2005年；江西省文物考古研究所、景德镇民窑博物馆：《景德镇湖田窑址——1988～1999年考古发掘报告》，文物出版社，2007年。

[9] 成都文物考古研究所：《成都市西郊红色村唐代王怀珍墓》，《成都考古发现》(2005)，科学出版社，2007年。

[10] 成都市文物考古研究所：《成都市金沙村唐墓发掘简报》，《成都考古发现》(2004)，科学出版社，2006年。

[11] 成都市文物考古工作队：《成都市梁家巷唐宋墓葬发掘简报》，《四川文物》1999年第3期。

[12] 成都市文物考古研究所：《成都西郊清江路唐宋墓葬发掘简报》，《成都考古发现》(2000)，科学出版社，2002年。

[13] 四川省文物考古研究院、德阳市文物考古研究所、广汉市文管所：《2004年广汉烟堆子遗址晚唐、五代墓地发掘简报》，《四川文物》2005年第3期。

[14] 长沙窑课题组：《长沙窑》，紫禁城出版社，1996年。

[15] 安徽省文物考古研究所、安徽省淮北市博物馆：《淮北柳孜——运河遗址发掘报告》，科学出版社，2002年。

[16] 浙江省文物考古研究所、北京大学考古文博学院、慈溪市文物管理委员会：《寺龙口越窑址》，文物出版社，2002年。

[17] 刘雨茂、朱章义：《四川地区唐代砖室墓分期研究初论》，《四川文物》1999年第3期。

[18] 四川省文物管理委员会、四川省文物考古研究所等：《四川省邛崃县固驿瓦窑山古瓷窑遗址发掘简报》，《南方民族考古》(第三辑)，四川科学技术出版社，1991年。

[19] 成都文物考古研究所、北京大学考古文博学院、邛崃市文物保护管理所：《四川省邛崃市大渔村窑区调查报告》，《成都考古发现》(2005)，科学出版社，2007年。

[20] 钟治：《三台县牌坊垭唐代崖墓清理简报》，《四川文物》2002 年第 2 期。

[21] 成都市文物考古队、四川大学历史系：《成都市上汪家拐街遗址发掘报告》，《南方民族考古》（第五辑），四川科学技术出版社，1993 年。

[22] 成都文物考古研究所、蒲江县文物保护管理所：《蒲江“残城址”遗址试掘简报》，《成都考古发现》（2006），科学出版社，2008 年。

[23] 成都市文物考古研究所、邛崃市文物保护管理所：《成都邛崃市南街唐宋遗址发掘简报》，《成都考古发现》（2000），科学出版社，2002 年。

[24] 成都市文物考古工作队：《成都博瑞“都市花园”汉、宋墓葬发掘报告》，《成都考古发现》（2001），科学出版社，2003 年。

[25] 成都文物考古研究所：《成都市电子科技大学清水河校区学生宿舍地点汉代遗址发掘简报》，《成都考古发现》（2005），科学出版社，2007 年。

[26] 成都市文物考古研究所：《成都高新区紫荆路汉墓发掘简报》，《成都考古发现》（2000），科学出版社，2002 年。

[27] 四川省文物考古研究院、成都文物考古研究所：《成都十二桥》，文物出版社，2009 年。造型类似的陶釜在川渝两地的六朝墓葬中也时有发现，参见石光明、沈仲常、张彦煌：《四川章明县常山村崖墓清理简报》《考古通讯》1955 年第 5 期；沈仲常：《四川昭化宝轮镇南北朝时期的崖墓》《考古学报》1959 年第 2 期；四川省文物管理委员会：《四川忠县涂井蜀汉崖墓》《文物》1985 年第 7 期；重庆市文化局、重庆市移民局：《忠县仙人洞与土地岩墓地》，科学出版社，2008 年。

[28] 唐昌县，唐仪凤二年（677 年）以导江、郫、九陇三县地置，武周长寿二年（693 年）改周昌县，神龙元年（705 年）复名唐昌，后梁开平二年（908 年）改归化县，后唐同光元年（923 年）又称唐昌，后晋天福元年（936 年）改彭山县，天福七年（942 年）复名唐昌，北宋开宝四年（971 年）改永昌县，崇宁元年（1102 年）又改称崇宁县。参见任乃强、任新建：《四川州县建置沿革图说》，巴蜀书社、成都地图出版社，2002 年。

[29] 清嘉庆二十一年编修《崇宁县志》“舆地图”记崇宁县域：“北至彭县界十四里，东至新繁郫邑界二十里，南至安德铺郫邑界十五里，西至桂花、丰乐场三十里，再至灌县界十一里。”

[30]（清）董浩等：《全唐文》卷八百零四《彭州新置唐昌县建德草市歇马亭镇并天王院等记》，中华书局影印本，1983 年。

郫县波罗村遗址“宽锦”地点2011年浮选结果及分析

成都文物考古研究院

一、遗址背景及浮选概况

波罗村遗址位于成都市郫县郫筒镇波罗村和红石村，主体部分在波罗村境内，是一处规模相当大的商末周初时的聚落，总面积达317000余平方米，海拔约为566米。沱江在遗址南部自西北向东南流过，遗址靠近沱江的部分稍低，远离沱江的部分稍高，呈东北—西南向不规则形的带状分布，且起伏不大，地表原为农田和园林。2011年，成都文物考古研究院联合郫县博物馆发掘了“宽锦”地点，布10米×10米探方16个，发掘面积1600平方米，清理灰坑143个，灰沟5条，墓葬4座，窑址2座[1]。

在2011年对“宽锦”地点的发掘中，我们采集了50个共1299.5升土样进行浮选，这50个样品来自23个灰坑、1座窑址、2个地层。统计时，把同一遗迹单位或同一探方同一地层中出土的多个样品的浮选结果合并为同一份，按照遗迹单位或地层的不同，把这批浮选结果视为26份。浮选工作在发掘现场进行，采用小水桶浮选法。筛网分4层堆叠，从上至下孔径由粗转细，孔径分别为2毫米、1毫米、0.5毫米和0.25毫米，同一份样品经4层筛网过滤后，最终仍收入同一份浮选结果中。浮选结果在现场阴干之后，送往成都文物考古研究院植物考古实验室进行分类、鉴定和分析。

二、浮选结果

波罗村遗址“宽锦”地点的浮选结果可分为炭化木屑和植物种子两大类。

（一）炭化木屑

炭化木屑是指经过燃烧的木质残存，其主要来源应该是未燃尽的燃料，或遭到焚烧的建筑木材以及其他用途的木料等。结果显示，“宽锦”地点26份浮选样品所含的炭化木屑总重为151.881克，平均每份样品炭化木屑的含量为1.169克/10升土样（表一）。与区内其他考古遗址的浮选结果相比较，“宽锦”地点浮选样品中的炭化木屑含量较少。

表一　各地层/遗迹单位炭化物密度表

单位号	体积（L）	＞1mm炭化物重量（g）	密度（g/10L）
E1S3③	51	2.63	0.516
E2S3③	63	5.115	0.812
H1	58	11.079	1.910

续表

单位号	体积（L）	＞1mm炭化物重量（g）	密度（g/10L）
H10	23	0.633	0.275
H12	30	1.838	0.613
H14	3	0.576	1.920
H22	171	19.376	1.133
H24	29	1.341	0.462
H27	204	18.497	0.907
H31	117	21.289	1.820
H34	67	10.12	1.510
H38	44	8.673	1.971
H42	42	6.423	1.529
H50	24	0.950	0.396
H52	23	1.437	0.625
H57	32	0.226	0.071
H59	30	0.630	0.210
H62	15	0.006	0.004
H65	20	0.143	0.072
H67	23	2.051	0.892
H68	39	5.435	1.394
H70	58	10.581	1.824
H71	50	10.482	2.096
H81	15	0.420	0.280
H93	25	4.249	1.700
Y1	43.5	7.681	1.766
汇总/平均含量	1299.5	151.881	1.169

（二）植物种子

26份样品中，共浮选出植物种子2075粒，另有8654粒稻谷穗轴/基盘。这些植物种子可以分为农作物、非农作物和未知三大类，分属15个已知种类和1个未知种类，其中，非农作物又可以进一步分为杂草类、疑似中药类、果实类。

1. 农作物

农作物中，可鉴别出稻谷（*Oryza sativa*）、粟（*Setaria italica*）和黍（*Panicum miliaceum*）三种，共1603粒，占总数的77.25%。

1）稻谷（*Oryza sativa*）

有37粒完整稻谷和1445粒碎稻谷，分别占总数的1.78%和69.64%，出土概率[2]分别为

42.31% 和 88.46%，种子密度分别为 0.285 粒 /10 升和 11.12 粒 /10 升。这批稻谷谷粒普遍较长，个头较大（图版一一，1）。

另有稻谷穗轴 / 基盘 8654 粒（图版一一，2），其数量约为稻谷颗粒数量的 6 倍，出土概率为 96.15%。

2）粟（*Setaria italica*）

粟 119 粒，占总数的 5.73%，出土概率为 42.31%，种子密度为 0.916 粒 /10 升。这些粟大多不完整，完整的多呈近椭球形，背部略鼓，腹部较平，胚区占粒长约 2/3，粟粒因炭化爆裂的 U 状沟较深（图版一一，5）。

3）黍（*Panicum miliaceum*）

黍 2 粒，占总数的 0.1%，出土概率为 7.69%，种子密度为 0.015 粒 /10 升。其中 1 粒较完整，整体呈近球形，长 1.97 毫米，宽 1.74 毫米，厚 1.53 毫米，胚区长小于粒长的 1/2，黍粒因炭化爆裂的 V 状沟较浅（图版一一，3）。

2. 非农作物

非农作物分为三类：杂草类、疑似中药类和果实类。其中，杂草类可鉴别出藜科（Chenopodiaceae）、藜属（*Chenopodium*）、狗尾草属（*Setaria*）、拉拉藤属（*Galium*）、稗属（*Echinochloa*）、禾本科（Gramineae）、蓼科（Polygonaceae）、唇形科（Labiatae）和豆科（Leguminosae）共 9 种，疑似中药类有紫苏（*Perilla frutescens*），果实类有猕猴桃（*Actinidia chinensis*）和果壳（*Shell*）两种。

（1）杂草类

1）藜科（Chenopodiaceae）

藜科种子 2 粒，占总数的 0.1%，出土概率为 7.69%，种子密度为 0.015 粒 /10 升（图版一一，4）。

2）藜属（*Chenopodium*）

藜属种子 6 粒，占总数的 0.29%，出土概率为 19.23%，种子密度为 0.046 粒 /10 升。这批藜属种子粒形较扁平，种子边缘有一圈明显的裂痕，色泽黑而发亮。测得其中一粒种子长 1.05 毫米，宽 0.95 毫米，厚 0.53 毫米（图版一二，1）。

3）狗尾草属（*Setaria*）

狗尾草属种子 59 粒，占总数的 2.84%，出土概率为 34.62%，种子密度为 0.454 粒 /10 升。这些狗尾草种子大多呈梭形，极少数呈形体较宽，腹部平坦，背部较鼓，背部宽深的凹槽占据了近 1/2 的面积，延伸至种粒的一端时部分贯通，从而在粒端处形成了小缺口（图版一二，2）。

4）拉拉藤属（*Galium*）

拉拉藤属种子 2 粒，占总数的 0.1%，出土概率为 7.69%，种子密度为 0.015 粒 /10 升。种粒整体呈椭圆形，腹部中央有一椭圆形凹槽深陷，几乎把种粒掏空，种粒表面密布因瘤基脱离而形成的小凹坑（图版一二，3）。测得其中 1 粒长 1.85 毫米，宽 1.39 毫米，厚 1.1 毫米。

5）稗属（*Echinochloa*）

稗属种子 1 粒，占总数的 0.05%，出土概率为 3.85%，种子密度为 0.008 粒 /10 升（图版一二，4）。

6）禾本科（Gramineae）

禾本科种子 10 粒，占总数的 0.48%，出土概率为 19.23%，种子密度为 0.077 粒 /10 升。多呈圆柱状或梭形，部分表面有竖向浅凹槽，因表面特征不明显而难以鉴定到属或种（图版一二，5）。

7）蓼科（Polygonaceae）

蓼科种子4粒，占总数的0.19%，出土概率为11.54%，种子密度为0.031粒/10升（图版一二，6）。

8）唇形科（Labiatae）

唇形科种子1粒，占总数的0.05%，出土概率为3.85%，种子密度为0.008粒/10升（图版一三，1）。

9）豆科（Leguminosae）

豆科种子3粒，占总数的0.14%，出土概率为11.54%，种子密度为0.023粒/10升（图版一三，2）。

（2）疑似中药类

紫苏（*Perilla frutescens*）种子3粒，占总数的0.14%，出土概率为11.54%，种子密度为0.023粒/10升（图版一三，6）。另外，紫苏的叶和花也可作为食材。

（3）果实类

1）猕猴桃（*Actinidia chinensis*）

猕猴桃种子4粒，占总数的0.19%，出土概率为3.85%，种子密度为0.031粒/10升。猕猴桃种子呈椭圆形，表面密布小浅坑，从1粒残碎的种子可观察到猕猴桃种子内部是中空的（图版一三，3）。

2）果壳（*Shell*）

果壳碎块7块，占总数的0.34%，出土概率为11.54%，种子密度为0.054粒/10升。这些果壳块头较大，壁厚约3毫米，内壁处可观察到非常明显的弧形，但因残缺太甚而无法判明属于何种果实（图版一三，4）。

3. 未知（unknown）

未知种子370粒，占总数的17.83%。部分未知种子颗粒较大，与细小的杂草种子有明显的差别，可能为树种（图版一三，5）。

三、分析讨论

（一）波罗村遗址的农业结构

从附表二可以观察到，在稻谷、粟和黍的农作物组合中，无论是从数量还是出土概率上看，稻谷都占据绝对优势，碎稻谷的数量百分比及出土概率更是分别高达69.64%和88.46%，远超其他类别的农作物，可见波罗村遗址的农业是以种植稻谷为主的。粟的数量百分比和出土概率分别为5.73%和42.31%，在农业结构中的重要性居于第二位，黍的重要性居于末位。由此观察，波罗村遗址的农业结构是以稻作经济为主，辅以粟和黍，是稻粟混作的农业形态。

实际上，从新石器时代起，直至商末周初时止，成都平原的农业形态一直都是以稻作为主、以粟作为辅的稻粟混作农业。成都平原目前最早的新石器时代遗址新津宝墩遗址2009年度浮选结果显示，在宝墩文化时期稻谷、粟、黍属三种作物中（含不能识别的小米），稻谷的数量百分比是80.42%，出土概率高达91.67%；粟的数量百分比是9.58%，出土概率是58.33%；黍属的数量百分比是0.83%，出土概率是16.67%，且黍属尚无法确定是否为驯化的农作物；另有无法辨别的小米占数量百分比的 9.17%，出土概率为 75%[3]。金沙遗址金牛区 5 号 C 地点 2007～2008 年的浮选结果中，农作物仅发现有稻谷和粟，其中稻谷的数量百分比为 77.6%，粟的数量百分比为 22.4%[4]。

（二）关于稻谷小穗轴/基盘与稻谷颗粒间巨大数量差异的解释

在波罗村遗址“宽锦”地点的浮选结果中，有一个非常有意思的现象：发现的稻谷完整颗粒为 37 粒，碎稻谷为 1445 粒，两者合计为 1482 粒，但是发现的稻谷小穗轴 / 基盘的数量却多达 8654 粒，是稻谷颗粒的近 6 倍。稻谷颗粒和稻谷小穗轴 / 基盘的数量差异如此之大，在成都平原目前已经开展浮选工作的先秦时期遗址中是从未有过的现象。

我们知道，稻谷和稻谷小穗轴 / 基盘存在一一对应的关系：一个稻谷小穗轴 / 基盘上有且只有一粒稻谷，而一粒稻谷必然有一个与之对应的小穗轴 / 基盘。在波罗村遗址“宽锦”地点中，如果我们假设 1482 粒稻谷的小穗轴 / 基盘都能在这 8654 粒小穗轴 / 基盘中找到对应关系，那么，还有多达 7172 粒稻谷小穗轴 / 基盘来自何方?

稻谷和稻谷小穗轴 / 基盘数量差别很大的有 Y1、H22、H27、H42、H67 和 H71 这 6 个遗迹单位，特别是 Y1、H22 和 H27 这 3 个遗迹单位，两者的差值更是在千粒以上。

对于那些稻谷颗粒和稻谷小穗轴 / 基盘数量差别不大的情形，笔者倾向于这类灰坑中收纳的是普通的生活垃圾，而对于那些差别很大的遗迹单位，应当作进一步的考察。

H27 的填土为黑褐色，土质松软，含有大量灰烬和少量红烧土块及个别卵石[5]。虽然不能据此就笃定 H27 为灶或火塘之类的遗迹，但是它具有非常明显的用火痕迹，这是不争的事实，由此推测没有彻底脱粒的稻秆曾在此灰坑中焚烧过，附着在稻秆上的大量小穗轴 / 基盘及少量稻谷颗粒随之留在了此坑中。Y1 工作坑内填土为黑褐色，近底部有大量的草木灰[6]，这些草木灰当为窑室火膛内燃料产生的灰烬，在烧窑过程中被排出而产生的堆积，而非从其他地方刻意搬运过来。因为产量大，以致把工作坑内的填土染成了黑褐色，可见烧窑时对燃料的需求量非常大。Y1 的浮选土样全部来自工作坑，可以推测，脱粒后的稻秆应当是烧窑燃料的一种，所以才留下了大量的稻谷小穗轴 / 基盘，而没有多少稻谷颗粒。至于稻秆在 Y1 中是引火之物还是提供高温的燃料，目前证据不多，尚不能作出明确的判断。

（三）稻谷尺寸大异于周边地点引发的推测

波罗村遗址宽锦地点可测量尺寸的完整稻谷共计 37 粒，粒长范围 4.2～5.71 毫米，平均粒长 4.92 毫米；粒宽范围 1.82～2.83 毫米，平均粒宽 2.45 毫米；粒厚 1.56～2.34 毫米，平均粒厚 1.86 毫米；长宽比范围 1.52～2.72，平均长宽比 2.02（表二）。同为商末周初时期的金沙遗址金牛区城乡一体化 5 号 C 地点稻谷平均粒长 4.34 毫米，平均粒宽 2.2 毫米，平均粒厚 1.6 毫米，长宽比 1.37[7]。中海国际社区遗址商代中期 H26 出土 50 粒稻平均长 4.655 毫米，宽 2.349 毫米，厚 1.833 毫米，长宽比 2.014[8]。金沙遗址“阳光地带二期”地点西周早中期时的稻粒平均长 4.258 毫米，宽 2.139 毫米，厚 1.612 毫米，长宽比 2.022[9]。更早的中海国际社区遗址宝墩晚期 H30、H34 出土 21 粒稻平均长 3.874 毫米，宽 2.242 毫米，厚 1.802 毫米，长宽比 1.779[10]，宝墩遗址一期 2 段时的稻粒平均长 3.93 毫米，宽 2.37 毫米，长宽比 1.67[11]。与这些地点相比，波罗村遗址宽锦地点的稻谷颗粒在各种指标中明显都大得多。石涛对成都平原宝墩早期、宝墩晚期、三星堆时期、十二桥早期及晚期巴蜀时期共368粒稻米的长、宽、厚三个数据进行了长程考察，认为“从宝墩早期到晚期巴蜀时期，成都平原稻米的粒形并没有太大的变化，几个时期的粒形变化都很小，从稻米粒形的变化显示了成都平原从早到晚在粒形上发展较为稳定。”[12]而闫雪等的研究表明，商代中期稻粒粒长有明显增长[13]。根据上述数据，笔者赞同成都平原从新石器时代晚期到商周时期，稻粒尺寸有较明显变化、且粒长有增长的趋势这一观点，而波罗村遗址宽锦地点的稻谷尺寸明显比成都平原先秦时期其他地点的稻谷尺寸要大得多，则显得十分引人注目。

表二　稻粒尺寸测量表

单位号	长（mm）	宽（mm）	厚（mm）	长宽比
H12	4.88	2.38	2.04	2.05
H22	4.81	2.34	1.78	2.06
	4.51	2.38	1.75	1.89
	4.93	2.49	1.56	1.98
	4.83	2.32	1.86	2.08
H27	4.93	2.26	1.86	2.18
	5.29	2.49	1.60	2.12
	4.63	2.70	1.99	1.72
	4.82	2.40	1.73	2.01
	4.81	2.60	2.02	1.85
H31	5.07	2.27	1.69	2.24
	4.95	1.82	1.72	2.72
	5.01	2.70	1.74	1.85
H34	4.80	2.43	1.65	1.98
	4.23	2.62	1.80	1.62
	4.57	2.30	1.82	1.99
	4.96	2.65	2.25	1.87
	5.24	2.44	2.34	2.15
H38	5.14	2.35	1.63	2.19
	5.19	2.32	1.70	2.24
	4.32	2.49	1.75	1.73
	4.95	2.35	1.81	2.10
	5.63	2.83	1.93	1.99
	5.31	2.72	2.08	1.95
	5.71	2.50	2.23	2.28
H68	4.75	2.32	1.94	2.05
H71	4.88	2.33	2.07	2.09
H93	4.66	2.74	1.89	1.70
	4.58	2.51	1.96	1.82
	4.20	2.76	2.12	1.52

续表

单位号	长（mm）	宽（mm）	厚（mm）	长宽比
TE2S3③	4.86	2.51	1.84	1.94
	5.41	2.35	1.89	2.31
	5.50	2.36	1.86	2.33
Y1	5.09	2.51	1.81	2.03
	4.69	2.43	1.84	1.93
	5.11	2.56	1.58	2.00
	4.96	2.25	1.69	2.20
平均值	4.92	2.45	1.86	2.02

考虑到这批稻谷的绝对年代分布在1400BC～890BC这段长达500余年的时间范围内[14]，从成都平原以外的地方通过长程贸易长期获得稻谷的可能性不大，从成都平原其他地方直接传入如此大粒的稻谷暂时也没有发现明显的证据，笔者倾向于当地微环境的水土条件在当时可能明显优于成都平原的其他地方，再加上当地先民的田间管理水平可能也较周边地点高出不少，所以使当地的稻谷发生了粒形尺寸的突变。如果这个假设成立的话，则波罗村遗址宽锦地点商末周初时期先民的田间管理技术应另有源头，似可进一步推测其人群的来源很可能异于周边其他地点。

（四）其　　他

在H38中还发现了4粒猕猴桃种子。

在周边同时代或稍晚阶段的其他地点，也发现有猕猴桃种子，分别是十二桥文化早期的新都褚家村遗址1粒和春秋—西汉早期新一村遗址2粒[15]。虽然我们认为当时人们的食谱中除了农作物之外，还应当有果类，以保持营养的平衡，比如发现的7块果壳碎块就是一个重要的证据，但是发现猕猴桃种子的地点只有零星几处，并且数量也很少，这些种子究竟是无意中带入遗址，还是人们有意识的收获，目前还很难判断。

四、小　　结

波罗村遗址是一个规模相当大的商末周初时期的聚落，在其中的宽锦项目地点我们进行了较为系统的土样采集浮选工作，从中发现了较为丰富的植物种子。这批植物种子种类多、数量大，为我们研究当地当时的农业经济结构及相关问题提供了十分可靠的材料。

通过这批浮选结果，我们认为波罗村遗址在商末周初时是以稻作为主、辅以粟作的混作农业形态，其中，稻作农业的副产品之一——稻秆可能为当时的烧窑作业提供了引火之物或充当了燃料，而这批稻谷的尺寸明显大于成都平原其他地点的稻谷尺寸，十分引人注目，推测当地优越的微环境及高水平的田间管理促成了稻粒尺寸的突变，进而引发了当地人群的来源可能异于周边地点的猜测。虽然发现了果壳碎块及猕猴桃种子，但是数量太少，判断波罗村遗址是否有果树的栽培为时尚早。

应当看到的是，波罗村遗址是一个具有相当规模的聚落，而宽锦地点仅是其中一处发掘点，其浮选结果到底是反映了一种特殊情况还是具有相当的代表性，还需要其他地点的浮选结果进行检验。

执笔：姜 铭

注 释

[1] 成都文物考古研究院、郫县望丛祠博物馆：《郫县波罗村商周时期遗址发掘报告》，见本书。

[2] “出土概率是指在遗址中发现某种植物种类的可能性，是根据出土有该植物种类的样品在采集到的样品总数中所占的比例计算得出的……这种统计方法仅以‘有’和‘无’二分法作为统计标准，因此在客观上最大限度地减少了由绝对数量造成的误差对分析结果的影响。”参见赵志军：《植物考古学的实验室工作方法》，《植物考古学：理论、方法和实践》，科学出版社，2010年，第50、51页。

[3] 姜铭、玳玉、何锟宇、张倩：《新津宝墩遗址2009年度考古试掘浮选结果分析简报》，《成都考古发现》(2009)，科学出版社，2011年。

[4] 姜铭、赵德云、黄伟、赵志军：《四川成都城乡一体化工程金牛区5号C地点考古出土植物遗存分析报告》，《南方文物》2011年第3期。其中，“表三出土稻米测量数据”长宽比平均值数据原文有误，应为1.375。

[5] 成都文物考古研究院、郫县望丛祠博物馆：《郫县波罗村商周时期遗址发掘报告》，见本书。

[6] 成都文物考古研究院、郫县望丛祠博物馆：《郫县波罗村商周时期遗址发掘报告》，见本书。

[7] 姜铭、赵德云、黄伟、赵志军：《四川成都城乡一体化工程金牛区5号C地点考古出土植物遗存分析报告》，《南方文物》2011年第3期。其中，“表三出土稻米测量数据”长宽比平均值数据原文有误，应为1.375。

[8] 闫雪、周志清、姜铭：《成都市中海国际社区遗址浮选结果及初步分析》，见本书。

[9] 闫雪、周志清、姜铭：《成都市“阳光地带二期”地点浮选结果及初步分析》，见本书。

[10] 闫雪、周志清、姜铭：《成都市中海国际社区遗址浮选结果及初步分析》，见本书。

[11] 姜铭、玳玉、何锟宇、张倩：《新津宝墩遗址2009年度考古试掘浮选结果分析简报》，《成都考古发现》(2009)，科学出版社，2011年。

[12] 石涛：《成都平原先秦时期植物遗存研究》，北京大学硕士研究生学位论文，2012年，第20页。

[13] 闫雪、周志清、姜铭：《成都市中海国际社区遗址浮选结果及初步分析》，见本书。

[14] 成都文物考古研究院、郫县望丛祠博物馆：《郫县波罗村商周时期遗址发掘报告》，见本书。

[15] 石涛：《成都平原先秦时期植物遗存研究》，北京大学硕士学位论文，2012年，第9、79、80页。

附表一 浮选结果总表（未合并同一单位数据）

浮选号	单位号	体积（L）	＞1mm炭化物重量（g）	稻谷（整）	稻谷（碎）	稻谷穗轴／基盘	粟	黍	紫苏	藜属	藜科	狗尾草属	拉拉藤属	稗属	禾本科	蓼科	唇形科	豆科	猕猴桃	果壳	未知	种子小计
01	H1	25	4.327		9	30															4	43
02	H1	33	6.752		14	19			1													34
03	H62	15	0.006			19				1												20
04	H68	28	2.034	1	22	28									1							52
05	H70	27	7.219		26	40	1														3	70
06	H81	15	0.420		9	33															2	44
07	H50	24	0.950		4	38									1							43
08	H71	25	5.365	1	6	148										1					5	161
09	H67	23	2.051		20	466	2					10			3			1			6	508
10	TE1S3③	18	0.995		15	14															2	31
11	H31	24	4.190		54	98	1					1									9	163
12	H34	32	2.973		86	112	1				1										4	204
13	H38	32	5.998		111	141	5			1					1						9	268
14	H71	25	5.117		9	66																75
15	H68	11	3.401		3	3																6
16	H59	30	0.630		3	51						7									3	64
17	H70	31	3.362		4	22														1		27
18	H52	23	1.437		1	75	6															82
19	H42	22	0.969		5	97															2	104
20	H65	20	0.143			18																18
21	H27	32	0.365	1	25	44															1	71

续表

浮选号	单位号	体积（L）	＞1mm炭化物重量（g）	稻谷（整）	稻谷（碎）	稻谷穗轴/基盘	粟	黍	紫苏	藜属	藜科	狗尾草属	拉拉藤属	稗属	禾本科	蓼科	唇形科	豆科	猕猴桃	果壳	未知	种子小计
22	H34	35	7.147	5	130	173	1	1				1									4	315
23	H31	35	8.135	3	123	86	1					1				1					5	220
24	H57	32	0.226		5	36															4	45
25	H42	20	5.454		14	79	11						1								2	107
26	TE1S3③	33	1.635		20	30		1									1				3	55
27	H31	25	3.830		61	46															1	108
28	TE2S3③	31	2.461	2	41	26							1								2	72
29	H38	12	2.675	7	105	103	21												4	1		241
30	H27	38	0.201		5	25			1													31
31	H27	23	2.578		18	43	1					1								2		65
32	TE2S3③	32	2.654	1	53	39	1															94
33	H10	23	0.633		6	47						2				1		1				57
34	H22	31	7.968	1	28	822	61			1		15						1			26	955
35	H22	30	2.689	1	23	284			1			4									1	314
36	H31	33	5.134		66	65	3			2		3				1					12	152
37	H27	27	6.136	2	94	1558															7	1661
38	H27	25	3.738	2	51	510				1		2										566
39	H22	40	1.486	1	16	329						5									3	354
40	H24	29	1.341		22	28						1									1	52
41	H27	28	4.331		19	128														2		149
42	H27	31	1.148		3	52														1		56

续表

浮选号	单位号	体积（L）	>1mm炭化物重量（g）	稻谷（整）	稻谷（碎）	稻谷穗轴/基盘	粟	黍	紫苏	藜属	藜科	狗尾草属	拉拉藤属	稗属	禾本科	蓼科	唇形科	豆科	猕猴桃	果壳	未知	种子小计
43	H12	30	1.838	1	58	15																74
44	H14	3	0.576																			0
45	H22	5	2.462		2	13																15
46	H22	33	1.997		6	141	1					1									6	155
47	H22	32	2.774	1	6	103	1														3	114
48	H93	25	4.249	3	15	10	1															29
49	Y1	23	3.652	2	23	1840						3		1							80	1949
50	Y1	20.5	4.029	2	6	461					1	2			4						160	636
小计		1299.5	151.881	37	1445	8654	119	2	3	6	2	59	2	1	10	4	1	3	4	7	370	10729

附表二　植物种子统计表（已合并同一单位数据）

单位号	稻谷（整）	稻谷（碎）	稻谷穗轴/基盘	粟	黍	紫苏	藜属	藜科	狗尾草属	拉拉藤属	稗属	禾本科	蓼科	唇形科	豆科	猕猴桃	果壳	未知
TE1S3③		35	44		1									1				5
TE2S3③	3	94	65	1						1								2
H1		23	49			1												4
H10		6	47						2				1		1			
H12	1	58	15															
H14																		
H22	4	81	1692	63		1	1		25						1			39
H24		22	28						1									1
H27	5	215	2360	1		1	1		3								5	8

续表

单位号	稻谷（整）	稻谷（碎）	稻谷穗轴 / 基盘	粟	黍	紫苏	藜属	藜科	狗尾草属	拉拉藤属	稗属	禾本科	蓼科	唇形科	豆科	猕猴桃	果壳	未知
H31	3	304	295	5			2		5				2					27
H34	5	216	285	2	1			1	1									8
H38	7	216	244	26			1					1				4	1	9
H42		19	176	11						1								4
H50		4	38									1						
H52		1	75	6														
H57		5	36															4
H59		3	51						7									3
H62			19				1											
H65			18															
H67		20	466	2					10			3			1			6
H68	1	25	31									1						
H70		30	62	1													1	3
H71	1	15	214										1					5
H81		9	33															2
H93	3	15	10	1														
Y1	4	29	2301					1	5		1	4						240
数量小计	37	1445	8654	119	2	3	6	2	59	2	1	10	4	1	3	4	7	370
种子密度（粒/10L）	0.285	11.120	66.595	0.916	0.015	0.023	0.046	0.015	0.454	0.015	0.008	0.077	0.031	0.008	0.023	0.031	0.054	2.847
数量百分比（%）（n=2075）	1.78	69.64	—	5.73	0.10	0.14	0.29	0.10	2.84	0.10	0.05	0.48	0.19	0.05	0.14	0.19	0.34	17.83
出土概率（%）（n=26）	42.31	88.46	96.15	42.31	7.69	11.54	19.23	7.69	34.62	7.69	3.85	19.23	11.54	3.85	11.54	3.85	11.54	65.38

附表三　粟、黍粒尺寸测量表

单位号	种子	长（mm）	宽（mm）	厚（mm）	长宽比
H34	黍	1.97	1.74	1.53	1.13
H42	粟	1.27	1.10	0.89	1.16
H42	粟	1.35	1.23	1.00	1.09
H42	粟	1.15	1.09	0.79	1.06
H70	粟	1.27	1.08	0.68	1.17
粟粒平均值		1.26	1.13	0.84	1.12

附表四　猕猴桃种粒尺寸测量表

单位号	长（mm）	宽（mm）	厚（mm）	长宽比
H38	1.82	1.43	1.02	1.27
	1.86	1.34	1.04	1.39
	1.96	1.38	0.94	1.42
平均值	1.88	1.38	1.00	1.36

附表五　其他种子种粒尺寸测量表

单位号	种子	长（mm）	宽（mm）	厚（mm）	长宽比	孔长	孔宽
H22	紫苏	1.49	1.26	1.06	1.18		
H31	藜属	1.05	0.95	0.53	1.11		
H42	拉拉藤属	1.85	1.39	1.10	1.33	0.73	0.56

后　记

《新建成都至都江堰快速铁路考古发掘报告集》编辑完成了，放下这本沉甸甸的书稿，我们编委会的同志也都长长出了口气。虽然这本报告集中的许多篇目已先后发表，但是此次结集出版作者们重新进行了许多修订，增添了一些新的内容。报告集中也有篇目是这次才发表出来的，属新的材料，算是最后的完整版。总之，从内容上看，报告中一些观点和描述与以往的发表略有不同，作者们就新的观点和认识做了一些修改，应该以这次发表的为准。报告集最后由刘雨茂统稿校定。

在我们看来，《新建成都至都江堰快速铁路考古发掘报告集》和以往的考古报告集有些不同，它让我们永远不会忘记十年前那场震惊世界的大灾难，同时也真实地记录了成都考古工作者面对特大灾难不畏艰险的勇敢担当精神和科学严谨的工作作风。报告集的出版是我们成都文物考古研究院上下一心、团结合作、集体智慧的结晶。

在新建成都至都江堰快速铁路沿线考古发掘和报告编写过程中，得到了国家文物局、四川省文物局和成都市文化广电新闻出版局领导的关心、支持和帮助，也得到了铁路经过的郫都区（原郫县）、都江堰市政府和文化、文物部门的支持和帮助。特别值得一提的是作为业主和施工方的成都市域铁路有限责任公司和中铁集团第二工程局的各级领导和全体职工在工期紧、任务重的情况下仍然对文化遗产的保护表现出了充分的理解和支持，多次反复与我们沟通、协调，尽力做到文物保护和铁路建设两不误。综上所述，在报告集即将出版之际，我们在此致以衷心的感谢！另外，科学出版社责任编辑柴丽丽为本报告集的顺利出版也付出了很多辛劳，在此一并致以谢忱！

最后，鉴于我们水平有限，报告集中难免有不少错误、疏漏，敬请谅解为感。

1. “宽锦”地点发掘区全景（西南—东北）

2. YF1（西南—东北）

图版二

1. KY1、KY2（东北—西南）

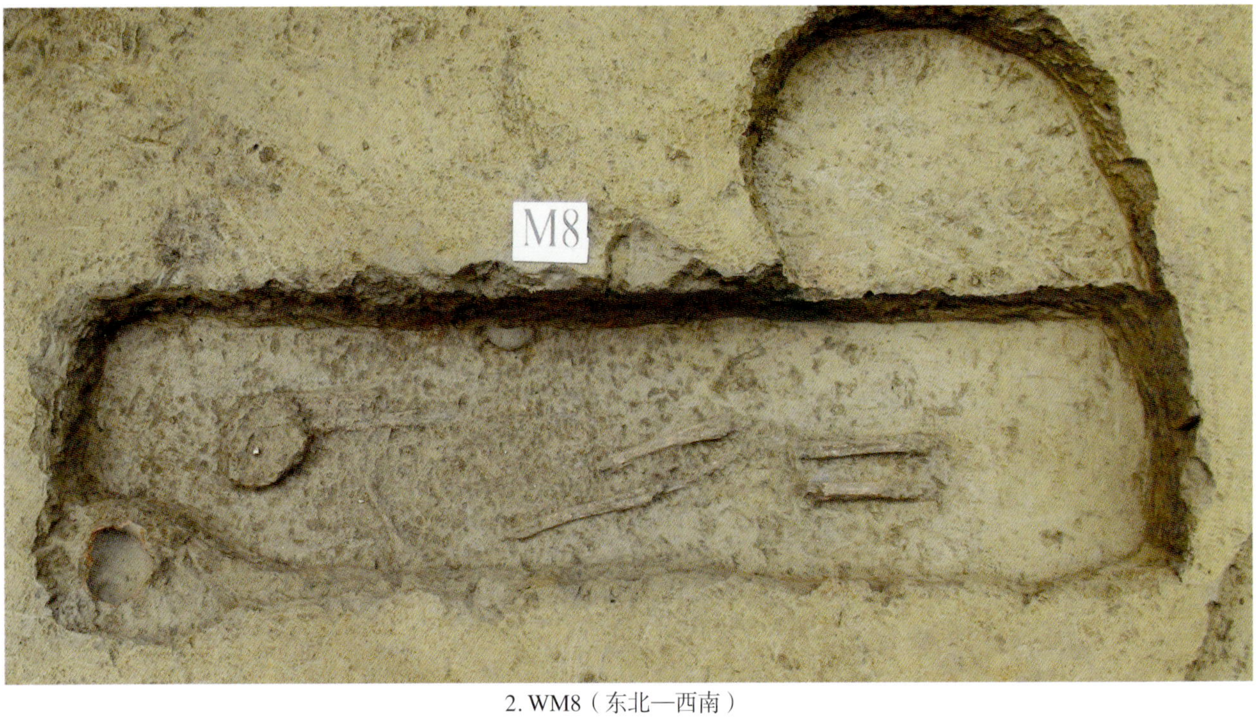

2. WM8（东北—西南）

1. WM10（西北—东南）

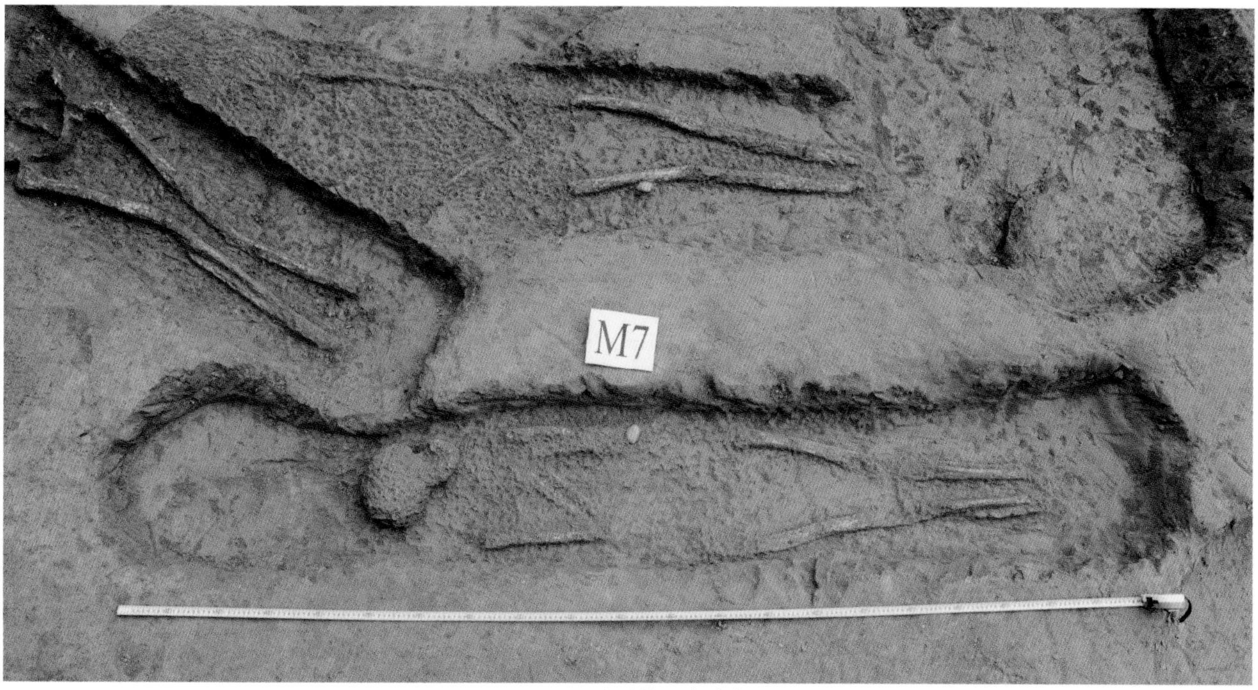

2. WM7（西北—东南）

图版四

1. Aa 型绳纹侈口罐（WH18：6）

2. Aa 型绳纹侈口罐（WH18：3）

3. Ab 型绳纹侈口罐（WH25：7）

4. B 型绳纹侈口罐（WH37：4）

5. A 型素面敛口罐（KH38：9）

6. Ab 型高领罐（KH143：2）

郫县波罗村商周遗址出土陶罐

1. Ac 型高领罐（KH38：14）

2. 半高领罐（WM8：1）

3. Ac 型小平底罐（KH34：1）

4. Ba 型小平底罐（KH38：8）

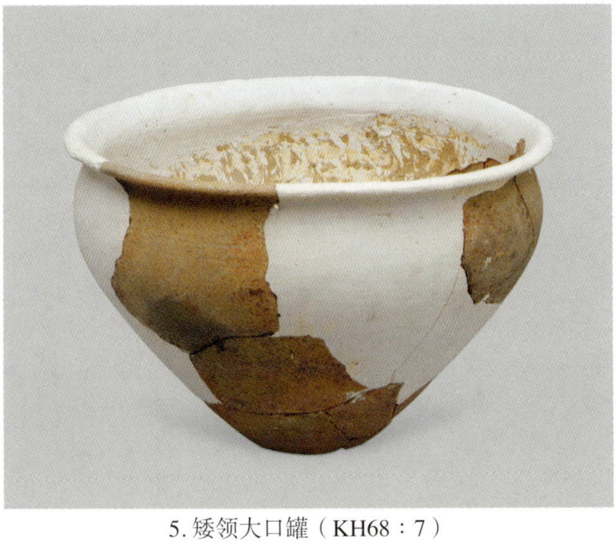

5. 矮领大口罐（KH68：7）

6. 矮领大口罐（KH68：8）

郫县波罗村商周遗址出土陶罐

图版六

1. Ca 型（WH26：2）

2. Cb 型（KTE3S3 ④：2）

3. Cc 型（KTE3S3 ④：6）

4. Da 型（KH81：2）

5. Db 型（KH41：1）

6. Dc 型（KH38：3）

7. Ea 型（WH34：1）

8. Eb 型（WH49：2）

郫县波罗村商周遗址出土陶小平底罐

1. Ec 型小平底罐（KG3：1）

2. F 型小平底罐（KH27：2）

3. 尖底小罐（YH84：14）

4. 尖底盏（YH6：1）

5. 尖底杯（KH40：6）

6. 尖底杯（KH38：2）

7. 尖底杯（KTE3S2 ③：2）

郫县波罗村商周遗址出土陶器

图版八

1. KH68：2

2. KH68：15

3. KH68：16

4. KH71：2

鄞县波罗村商周遗址出土陶盉

1. A 型（KH42：2）

2. B 型（KH68：1）

3. C 型（YT10⑤：1）

4. D 型（KH70：1）

5. E 型（WH26：1）

6. E 型（KTE1S3③：1）

7. E 型（WH81：7）

郫县波罗村商周遗址出土陶器盖

1. G 型器盖（KH68：10）

2. C 型器座（YH17：1）

3. 灯座形器（KH31：1）

4. F 型器座（WH22：1）

5. 钵（KG3：3）

郫县波罗村商周遗址出土陶器

1. 稻谷（H38）

2. 稻谷小穗轴 / 基盘（H42）

3. 黍（H34）

4. 藜科（Y1）

5. 粟（H38）

郫县波罗村遗址“宽锦”地点2011年出土植物遗存

图版一二

1. 藜属（H31）

2. 狗尾草属（H67）

3. 拉拉藤属（TE2S3 ③）

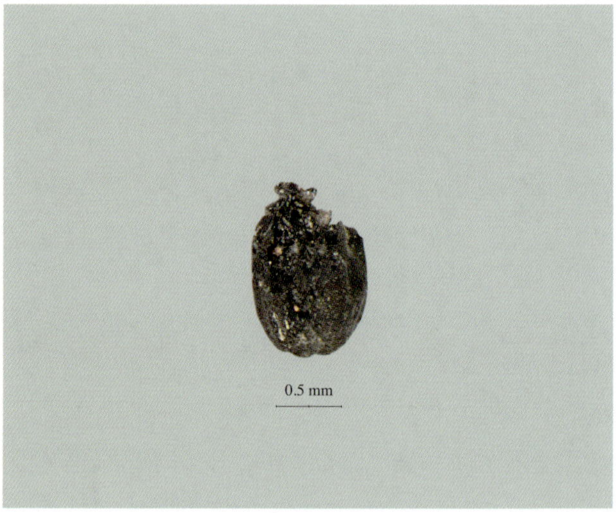

4. 稗属（Y1）

5. 禾本科（Y1）

6. 蓼科（H71）

图版一三

1. 唇形科（TE1S3 ③）

2. 豆科（H22）

3. 猕猴桃属（H38）

4. 果壳（H27）

5. 未知（Y1）

6. 紫苏（H27）

郫县波罗村遗址“宽锦”地点2011年出土植物遗存

图版一四

1. 遗址发掘区全景

2. H2

3. H3

图版一五

1. 带系罐（H2：53）

2. 圈足罐（H6：2）

3. 器盖（H12：10）

4. 小平底罐（H20：2）

郫县广福村李家院子遗址出土陶器